국내최초의 한문 주석본

풍몽룡의 동주열국지

국내최초의 한문 주석본

풍몽룡의 동주열국지

3

진초시대

풍몽룡 지음

신동준 역주

인간사랑

●표시는 독자의 이해를 돕기 위해 진초시대 제후국의 위치와 현재 지명을 같이 표기했다.

차 례

제3부 진초시대晉楚時代

일러두기

1. 본서는 지난 1973년 인민문학출판사人民文學出版社에서 출간한 『동주열국지東周列國志』 상하 2권을 저본으로 하여 완역한 것이다. 이밖에도 지난 2005년 중국의 악록서사岳麓書社에서 출간한 『동주열국지』 도문본圖文本과 지난 1974년 대만의 문원서국文源書局에서 출간한 『동주열국지』 등을 참고했다. 국내 번역본으로는 김구용과 최이산 및 김영문 번역본을 주로 참고했다.

2. 『열국지』는 여타 『삼국연의』와 마찬가지로 장회소설章回小說 형식으로 편제돼 있다. 모두 108회回이다. 1회는 2개 이야기로 구성돼 있다. 제목 자체가 2개로 구성돼 있는 이유다. 본서 역시 원문과 마찬가지로 2개의 단락으로 나누면서 따로 제목을 붙였다. 기존의 국내 번역본들처럼 각 회回의 제목은 따로 붙이지 않은 것이다. 원문에 충실한 번역을 의도한 결과다.

3. 인명과 지명 모두 우리 한자음을 기준으로 했다. 처음 나오는 경우만 한자를 병기하는 것으로 했다. 다만 단락이 자주 바뀌면서 혼동될 우려가 있을 때는 재차 병기했다. 통상적인 음과 다르게 발음될 때는 각주에서 그 배경을 자세히 설명해 놓았다.

4. 중국의 지명은 수천 년 동안 그대로 이어지고 있는 경우가 매우 많다. 이는 원래의 지명대로 표기했고, 지명이 바뀐 경우는 본문에 해설 형식으로 덧붙여 놓았다. 또한 독자들의 이해를 돕기 위해 원문에 나오는 연호에 기원전 몇 년 등의 서력기원을 덧붙여 『열국지』의 사서史書로서의 의미를 부각시켰다.

5. 『열국지』에는 수많은 성어와 격언, 속담 등이 등장한다. 원문과 각주에 그 의미를 상세히 풀이해 놓았다. 4자성어가 그렇듯이 한문구절로 암기할 경우 오래 기억되는 점을 감안해 번역문 곁에 원문에 나오는 한문도 덧붙여 놓았다. 독자들의 이해에 도움을 주고자 한 것이다.

6. 『열국지』가 다루는 시대는 무려 550년에 달한다. 내용도 복잡하고 등장인물도 매우 많다. 더욱 헷갈리는 것은 시대구분이다. 본서는 기존의 춘추전국시대 구분법과 달리 춘추시대와 전국시대를 잇는 '춘추전국지제春秋戰國之際' 즉 오월시대의 존재를 인정해 크게 3분했다. 이어 다시 춘추시대를 최초로 패업을 이룬 제환공齊桓公의 시대와 두 번째로 패업을 이룬 진문공晉文公의 시대 및 진문공 사후 중원의 진晉나라와 남방의 강국 초楚나라가 천하의 패권을 놓고 다투는 진초晉楚시대로 3분했다. 통상적인 춘추전국시대를 모두 5개의 시대로 세분한 셈이다. 이는 당시 천하의 패권을 장악한 나라를 중심으로 한 구분으로 필자가 처음으로 시도한 것이기도 하다. 이런 분류가 독자들로 하여금 춘추전국시대를 일목요연하게 파악하는 데 나름 도움이 될 것으로 본다.

제3부 진초시대晉楚時代

제45회

89話 진양공이 상복을 입고 진군을 물리치다
– 진양공묵최패진晉襄公墨縗敗秦

진晉나라 중군 원수 선진은 진秦나라의 정나라 기습계책을 탐지한 뒤 곧바로 곡옥으로 가 진양공에게 고했다.

"진군秦君이 건숙과 백리해의 간언을 듣지 않고 1천 리나 멀리 떨어진 정나라를 치려고 합니다. 이는 전에 곽언이 '쥐가 서쪽에서 와 우리의 담장을 넘는다.'고 말한 점괘에 들어맞는 일이 아닙니까? 주공은 서둘러 진秦나라 군사를 쳐야 합니다. 이 기회를 놓치지 마십시오."

난지欒枝가 나서서 말했다.

"지난날 진秦나라는 선군에게 많은 은혜를 베풀었습니다. 그 은덕을 아직도 갚지 못한 터에 진나라 군사를 치는 것은 선군에 대한 예의가 아닙니

다."

선진이 말했다.

"그렇지 않소. 진秦나라를 치는 것이야말로 선군의 뜻을 계승하는 길이오. 선군의 상을 당해 우리와 동맹한 열국 제후들이 문상하느라 바쁜 걸음을 했소. 그런데 진秦나라는 애도를 표하기는커녕 오히려 군사를 보내 우리의 경계를 넘어 동성同姓의 나라인 정나라를 치러 갔소. 진나라의 무례가 도를 넘었소. 선군도 구천에서 진秦나라를 원망하고 있을 것이오. 이런 터에 무슨 은덕을 갚아야 한다는 것이오? 우리와 진秦나라는 전에 군사를 동원할 때는 함께 일으키기로 약속한 바 있소. 우리가 정나라를 포위했을 때 저들은 우리를 배신하고 임의로 돌아가 버렸소. 이를 통해 진秦나라의 우정이 어떠한지 가히 짐작할 수 있소. 저들이 신의를 돌보지 않는데 우리만 유독 은덕을 돌아볼 필요가 있겠소?"

난지가 물었다.

"진나라 군사가 아직 우리나라 경계에 들어오지도 않았소. 그런 터에 저들을 치는 것은 너무 지나친 게 아니오?"

선진이 대답했다.

"전날 진백秦伯이 선군을 보위에 세운 것은 우리 진나라를 좋아해 그런 게 아니라 자신을 위해 그런 것이었소. 이후 선군이 패업伯業을 이루자 진백은 겉으로만 복종하는 체하고 속으론 선군을 시기했소. 이들이 우리 진나라의 국상을 틈타 용병한 것은 우리가 상중인 까닭에 정나라를 비호하지 못할 것으로 알고 그런 것이오. 우리가 군사를 보내지 않으면 실로 정나라를 비호하지 못할 것이오. 이들은 정나라 기습에 그치지 않고 장차 우리 진나라까지 쳐들어올 것이오. 적을 하루 동안 방치하는 바람에 몇 대에 걸쳐 그 재앙을 입는다는 뜻의 '일일종적一日縱敵, 수세이앙數世貽殃' 속담이 있소. 차제에 진秦나라 군사를 치지 않으면 앞으로 우리가 어찌 자립할 수 있겠소?"

조최가 말했다.

"선 원수의 말대로 우리는 진秦나라 군사를 칠 수 있소. 그러나 지금 주공은 상주의 몸이오. 갑자기 군사를 일으키면 상례에 어긋나지 않을까 두렵소."

선진이 대답했다.

"예법에 이르기를, '자식이 친상親喪을 당하면 깨어 있거나 잘 때 거적자리를 깔고 흙덩이를 베개로 삼는다.'고 했소. 이는 효를 다하기 위한 것이오. 하지만 강적을 쳐 사직을 안정시키는 것도 효를 행하기 위한 것이오. 이 둘을 비교하면 어느 쪽이 더 큰 효가 되는 것이오? 대신들이 찬성하지 않으면 청컨대 나 혼자만이라도 나가 싸우겠소."

서신 등이 모두 선진의 말에 찬동했다. 마침내 선진이 진양공으로 하여금 검은 상복을 입고 군사를 일으키게 했다.

진양공이 선진에게 물었다.

"선 원수가 보기에 진秦나라 군사는 언제 어느 길로 회군할 듯하오."

선진이 손가락을 꼽아보고 말했다.

"신이 보기에 진나라 군사는 틀림없이 정나라를 쳐도 이기지 못할 것입니다. 너무 멀리까지 간데 이어 후속부대도 없어 공세를 계속 유지할 수 없기 때문입니다. 진나라 군사의 왕복과 체류 등을 다 계산하면 돌아오는데 족히 4달 넘게 걸린다고 봐야 합니다. 올해 초여름이면 틀림없이 면지澠池 땅을 지날 것입니다. 면지는 진秦나라와 우리나라의 경계에 있습니다. 그 서쪽에 효산崤山이 쌍으로 솟아 있습니다. 동쪽 효산과 서쪽 효산의 거리는 35리나 됩니다. 진나라 군사가 회군할 때 반드시 지나가야만 합니다. 수목이 울창하고 절벽과 바위가 험준해 수레가 다닐 수 없는 곳이 여러 군데 있습니다. 반드시 수레에서 말을 풀고, 병사들이 수레를 떠메다시피 하여 조심스레 나아가야 합니다. 그곳에 매복하고 있다가 출기불의出其不意로 치면 진나라 장병을 모두 사로잡을 수 있습니다."

진양공이 말했다.

"선 원수가 알아서 조치토록 하시오."

선진은 아들 선저거先且居와 대부 도격屠擊에게 군사 5,000명을 내준 뒤 효산 왼쪽에 가서 매복하게 했다. 서신의 아들 서영胥嬰과 호국거狐鞫居에게 군사 5,000명을 내준 뒤 효산 오른쪽에 가서 매복케 했다. 이들은 진秦나라 군사가 오면 일시에 좌우협공을 가할 심산이었다.

이어 호언의 아들 호야고狐射姑와 한자여韓子輿에게 군사 5,000명을 내준 뒤 서쪽 효산에 매복하되 미리 나무를 베어 진秦나라 군사의 행로를 차단케 했다. 양유미의 아들 양홍梁弘과 내구萊駒에게 5,000명의 군사를 내준 뒤 동쪽 효산에 매복케 했다. 이들은 진나라 군사가 지나가게 놓아두었다가 그 뒤를 추격할 심산이었다.

선진은 조최趙衰와 난지欒枝, 서신胥臣, 양처보陽處父, 선멸先蔑 등 노련한 장수인 숙장宿將들과 함께 진양공을 받들고 효산에서 20리쯤 떨어진 곳에 가서 영채를 세웠다.

진晉나라 군사는 그처럼 군사를 나눠 배치해 사방에서 접응토록 준비했다. 함정과 활을 준비해 맹호를 잡고, 향기로운 미끼로 큰 거북을 잡을 태세를 갖춘 셈이다.

한편 진秦나라 군사는 그해 2월에 활나라를 멸망시키고, 노략질한 물건을 수레마다 가득 싣고 귀국길에 올랐다. 맹명시 등은 정나라를 굴복시키는 공을 세우지 못한 탓에 그것들이나마 싣고 가 속죄할 속셈이었다.

선진의 예언대로 이해 4월 초순, 진秦나라 군사가 면지에 이르렀다.

백을병이 맹명시에게 말했다.

"이 면지에서 서쪽으로 가면 바로 험준한 효산 길이 나타나오. 나의 부친이 그곳을 조심하라고 거듭 당부했소. 장군은 그곳을 가볍게 보아서는 안 될 것이오."

맹명시가 말했다.

"내가 여기까지 1천 리 길을 달려왔으나 한 번도 두려워한 적이 없소. 저 효산만 넘으면 바로 우리 진나라 경계에 들어서게 되오. 거기서부터는 고을과 집이 연달아 들어서 있소. 바삐 가든 천천히 가든 우리 마음대로 할 수 있소. 무엇을 걱정한단 말이오?"

서기술이 나서서 말했다.

"장군의 범같은 위엄을 모르는 바는 아니나 조심해서 손해 볼 것은 없습니다. 만일 진晉나라 군사가 매복해 있다가 급습하면 어찌 대적할 생각입니까?"

맹명시가 대답했다.

"장군이 진晉나라를 그토록 두려워하니 내가 앞장서 가겠소. 만일 복병이 나타나면 내가 도맡아 격퇴하겠소."

그러고는 효장 포만자에게 명해 자신의 관직명과 성씨를 함께 써 넣은 '원수백리元帥百里'의 깃발을 들고 앞에서 길을 열게 했다. 맹명시가 제2대, 서기술이 제3대, 백을병이 제4대가 되어 그 뒤를 따랐다. 각 부대 간의 거리는 1-2리 정도였다.

원래 포만자는 무게가 80근이나 나가는 방천화극方天畵戟을 사용했다. 그처럼 무거운 방천화극을 들고도 몸을 날렵하게 움직였다. 그는 방천화극을 다루는 자신의 솜씨가 천하무적이라고 뽐냈다. 병거를 몰고 면지를 지나 서쪽 길을 향해 내달렸다.

면지를 지나 동쪽 효산에 이르렀을 때 문득 산기슭에서 우묵 패인 곳에서 북소리가 요란하게 일어났다. 동시에 한 무리의 병거가 달려 나왔다. 병거 위의 장수가 길을 가로막으며 물었다.

"그대가 진秦나라 장수 맹명시인가? 그대를 기다린 지 이미 오래됐다."

포만자가 말했다.

"그대부터 먼저 성명을 대라."

그 장수가 대답했다.

"나는 진晉나라 대장 내구萊駒이다."

포만자가 말했다.

"너희 나라의 난지와 위주라면 몇 합 정도는 장난삼아 싸워볼 수 있다. 너는 무명의 소졸小卒인데 어찌 감히 나의 귀로를 막는단 말인가? 빨리 길을 열어 지나가게 하라. 어물거리면 방천화극의 맛을 보게 될 것이다."

내구가 대로했다. 곧바로 긴 창을 들어 포만자의 가슴을 찔렀다. 포만자가 가벼이 몸을 틀어 피하면서 방천화극으로 찔렀다. 내구도 급히 몸을 피했다. 그러나 무거운 방천화극이 병거 앞의 가로대에 깊이 박혔다. 포만자가 잡아당기자 가로대가 두 쪽으로 부서졌다.

내구가 포만자의 신용神勇을 보고는 자신도 모르는 사이 탄복했다.

"과연 맹명시이다. 명성이 헛되이 전해지지 않은 명불허전名不虛傳이다."

포만자가 가가대소呵呵大笑했다.

"나는 맹명시 원수의 부하인 아장 포만자이다. 우리 원수가 어찌 쥐새끼 같은 너와 교봉交鋒한단 말인가? 너는 속히 몸을 피하라. 우리 원수가 곧 뒤에 오신다. 그땐 목숨을 부지하지 못할 것이다."

내구는 그 말을 듣고 혼이 몸에 붙어있지 않을 만큼 크게 놀랐다. 속으로 생각했다.

'아장이 저렇듯 용맹한데 맹명시는 얼마나 용맹하겠는가?'

내구가 큰 소리로 외쳤다.

"너희들이 이곳을 지나도록 놓아주겠다. 내 병사들은 해치지 마라."

그러고는 휘하 병사들과 함께 한쪽으로 비켜섰다. 전대前隊를 이끌고 있는 포만자가 그곳을 통과하자마자 곧바로 전령을 맹명시에게 보내 보고토록 했다.

"약간의 진晉나라 군사가 매복하고 있었으나 소장이 모두 격퇴했습니다. 원수는 속히 전대 쪽으로 오십시오. 모든 군사를 합쳐 효산을 넘으면 별 문제가 없을 듯합니다."

맹명시가 크게 기뻐했다. 마침내 서기술 및 백을병에게 빨리 따라오도록 독촉했다. 자신이 거느린 제2대와 합쳐 함께 출발했다.

한편 진晉나라 장수 내구는 군사를 이끌고 양홍에게 가서 포만자의 용맹을 높이 평가했다.

양홍이 웃으며 말했다.

"비록 고래나 상어라 할지라도 이미 철망鐵網 안에 들어왔으니 어찌 힘을 쓸 수 있겠소? 우리는 병사들을 다독이며 조용히 기다리는 안변물동按兵勿動의 계책으로 저들이 지나가기를 기다리기만 하면 되오. 저들이 지나간 뒤 그 뒤를 추격하면 이내 완벽한 승리인 전승全勝을 거둘 수 있소."

당시 맹명시 등 진秦나라의 세 장수는 동쪽 효산으로 들어가 몇 리가량 전진했다. 그곳에서부터 험준키로 유명한 상천제上天梯와 타마애墮馬崖, 절명암絶命巖, 낙혼간落魂澗, 귀수굴鬼愁窟, 단운욕斷雲峪 등이 차례로 나타난다. 병거와 말이 제대로 갈 수 없는 곳이다. 전초인 포만자는 이미 멀리 앞서 가고 있었다. 맹명시가 말했다.

"포만자가 아무 탈 없이 멀리 간 것을 보니 아마도 복병이 없는 모양이오."

그러고는 병사들에게 명해 말고삐인 비색轡索를 풀고, 갑옷과 투구를 벗는 사갑卸甲을 행하도록 했다. 일부는 말을 끌고 가고 또 일부는 수레를 밀기도 했다. 길이 워낙 험해 한 걸음에 두 번씩 자빠졌다. 실로 어렵고 고생스러운 행군이었다. 마구 흩어져 산길을 가기 때문에 전혀 대열을 갖출 수 없었다.

어떤 사람이 물었다.

"진秦나라 군사가 전날 출병할 때도 이 효산을 지났소. 그때는 이처럼 큰 어려움이 있는 줄 몰랐소. 그런데 이번에 돌아올 때는 왜 이토록 험한 것이오?"

거기엔 그만한 이유가 있다. 당초 진나라 군사가 출병할 때는 병사들이 예기에 차 있었고, 또 앞을 막는 진晉나라 군사도 없었다. 수레는 가볍고 말들은 싱싱했다. 느린 걸음걸이로 천천히 행군하면서 쉬고 싶을 때 쉴 수 있었다. 험준한 산길을 가면서도 별로 괴로움을 느끼지 못했다.

그런데 지금은 1천 리를 행군했다가 돌아가는 길이었다. 사람과 말이 모두 지칠 대로 지쳤다. 또 활나라에서 노략질해 갖고 가는 수많은 여인과 황금 및 비단 등을 수레나 등에 지고 돌아가는 길이었다. 더구나 진晉나라 군사와 한 번 조우했기에 또 복병이 있지나 않을까 우려한 까닭에 마음이 황망했다. 행군이 고생스럽고 어려운 건 당연한 일이었다.

맹명시 등은 간신히 상천제上天梯에 올랐다. 길이 더욱 좁고 험했다. 얼마쯤 갔을 때 문득 어디선지 북과 뿔피리 소리가 은은히 들려왔다. 후대의 전령이 앞으로 달려와 보고했다.

"진나라 군사가 뒤에서 추격해 오고 있습니다."

맹명시가 대답했다.

"우리도 전진하기 어려운데 그들이라고 쉽겠는가? 다만 문제는 앞쪽에 또 복병이 있는가 하는 것이다. 추격해 오는 적은 두려울 게 없다. 군정軍正은 나의 명령을 각 부대에 내려 속히 전진토록 하라!"

그러고는 백을병에게 말했다.

"장군은 앞장서 가도록 하시오. 나는 뒤따라오는 적들을 막겠소."

이들이 타마애墮馬崖를 지나 절명암絶命巖 가까이 이르렀을 때 앞서 가던 병사들이 함성을 질렀다. 전령이 와서 보고했다.

"앞에 많은 난목亂木들이 길을 막고 있습니다. 인마人馬가 갈 수 없습니다. 어찌하면 좋겠습니까?"

맹명시가 속으로 생각했다.

'그 많은 나무를 누가 여기다 가져다 놓은 것일까? 앞에 복병이 있는 건 아닐까?'

맹명시가 직접 그곳으로 가보았다. 절명암의 큰 바위 곁에 주문왕이 비를 피한 곳이라는 뜻의 '문왕피우처文王避雨處' 글자가 새겨진 비석이 서 있었다. 그 곁에 붉은 기가 하나 꽂혀 있었다. 깃대 길이는 약 3장丈 남짓했다. 기에는 '진晉'이라는 단 한 글자가 씌어져 있었다. 그 기는 종횡으로 쌓아올린 통나무 속에 꽂혀 있었다.

맹명시가 그곳을 둘러보고 말했다.

"이는 복병이 있는 것처럼 꾸며놓은 의병계疑兵計에 지나지 않는다. 설령 복병이 있다 할지라도 사세에 비춰 앞으로 나아갈 수밖에 없다."

그러고는 좌우에 명을 내려 먼저 그 깃대를 자빠뜨리게 했다. 이어 나무들을 치우게 한 뒤 행군을 계속할 생각이었다. 그러나 누가 알았으랴. 그 '진' 자 홍기가 매복하고 있는 진晉나라 군사에게는 하나의 신호였다. 매복한 병사들은 암벽 사이의 으슥한 골짜기 여기저기에 숨어 있다가 기가 쓰러지는 걸 보고는 진秦나라 군사가 왔다는 걸 알았다. 이들이 일제히 뛰쳐나왔다.

진秦나라 군사들은 나무들을 치우다가 앞쪽에서 북소리가 우레처럼 크게 울리는 걸 들었다. 일손을 멈추고 그곳을 바라보았다. 수많은 깃발이 그들을 향해 빨리 움직이고 있었다. 깃발들만 보아서는 매복군의 병력이 얼마나 많은지 도무지 가늠할 수 없었다.

다급해진 백을병이 병사들로 하여금 수레 위에 긴 통나무를 장착한 기계를 만들어 장애물에 충돌시켜 길을 열고자 했다. 이때 암벽 위의 높은 곳에 장군 한 사람이 나타났다. 바로 자가 가계賈季인 대부 호야고狐射姑였다.

그가 큰 소리로 외쳤다.

"너희들의 선봉 포만자는 이미 붙잡혀 이곳에 포박돼 있다. 거기서 오고 있는 장수는 속히 투항하라. 그래야 도륙을 면할 수 있다."

원래 포만자는 용기만 믿고 전진하다가 함정에 빠졌다. 매복해 있던 진晉나라 군사가 갈고리로 끌어올린 뒤 결박해 수거囚車에 가뒀다.

백을병은 이 말을 듣고 크게 놀랐다. 곧 전령을 시켜 서기술과 맹명시에게 이를 알렸다. 세 장수가 상의한 끝에 온 힘을 다해 길을 빼앗아 달아나기로 했다.

맹명시가 빠져나갈 길을 살펴보니 너비가 1척 남짓했다. 길의 한쪽은 깎아지른 듯한 높은 암벽이고, 다른 한쪽은 천길만길의 깊은 계곡이었다. 그곳이 바로 낙혼간落魂澗이었다. 천군만마千軍萬馬를 이끌고 있을지라도 별 도리가 없는 곳이었다.

맹명시가 내심 한 가지 계책을 생각해냈다. 넓은 곳으로 나가 진晉나라 군사와 싸우는 것이었다. 곧바로 하명했다.

"이곳은 적과 싸울 곳이 못된다. 모두 퇴각해 동쪽 효산 옆의 넓은 곳으로 가라. 거기서 결사의 각오로 한바탕 싸울 것이다. 이후 다시 돌아갈 계책을 세우겠다."

백을병이 맹명시의 명을 받고 퇴각을 지시했다. 이들이 후퇴하는 사이 사방에서 울리는 징과 북소리가 끊임없이 귀를 때렸다.

그들은 가까스로 타마애墮馬崖에 이르렀다. 타마애로 이르는 동쪽 길에서 깃발들이 잇달아 움직이는 것을 보았다. 진秦나라 병사들에게 길을 비켜준 대장 양홍과 부장 내구가 5,000명의 군사를 이끌고 추격해 오는 중이었다.

진秦나라 군사는 타마애를 지나갈 수 없었다. 다시 서쪽으로 발길을 돌렸다. 마치 왕개미인 마의螞蟻가 뜨거운 철판 위에서 동서로 헤매는 동전서전東旋西轉을 하지만 갈 곳이 없어 궁지에 몰린 것과 같았다. 앞뒤가 모두 진晉나라 군사였다. 맹명시가 병사들에게 좌우 양쪽의 산과 시내를 기어오르고 건너서라도 적의 포위에서 빠져나가게 했다.

이때 왼쪽 산 위에서 징과 북소리가 어지럽게 울렸다. 왼쪽에서 한 무리의 군사가 길을 막고 나섰다. 선두의 장수가 외쳤다.

"대장 선저거先且居가 여기 있다. 맹명시는 속히 투항하라."

오른쪽 시내 건너에서도 포가 터지면서 포 소리가 산골짜기를 뒤흔들었다. 포 소리에 따라 대장 서영胥嬰의 기가 세워졌다. 맹명시는 이런 광경을 보자 마치 1만 개의 화살이 가슴을 뚫는 듯한 아픔을 느꼈다. 더 이상의 계교가 나오지 않았다.

진秦나라 군사들은 사방으로 어지럽게 달아났다. 산을 기어오르고 시내를 건너다가 기다리고 있는 진晉나라 군사에게 사로잡히거나 맞아 죽었다. 맹명시는 이를 보고 크게 화를 냈다. 다시 서기술 및 백을병과 함께 타마애 쪽으로 달려갔다. 하지만 그곳엔 이미 벌목된 나무 위에 유황과 염초가 뿌려져 있었다.

진晉나라 장수 한자여는 맹명시 등 진秦나라의 세 장수가 달려오는 걸 보고 곧바로 불을 질렀다. 타오르는 불길이 하늘로 치솟았다. 나무가 타면서 불똥이 사방으로 튀었다. 일대가 온통 불바다가 되었다. 뒤쪽에서 양홍의 군사가 육박해 왔다. 전후좌우에 오직 진晉나라 군사뿐이었다.

맹명시가 백을병에게 말했다.

"그대의 부친은 실로 귀신처럼 앞날을 내다봤소. 오늘 이 절지絶地에서 이런 곤경에 빠졌으니 나는 이제 죽는 몸이오. 그대 두 사람은 졸병처럼 변

진양공이 상복을 입고 진군을 물리치다

복한 뒤 각자 달아나 목숨을 부지하도록 하시오. 만일 천행으로 한 사람이라도 살아서 돌아가거든 주공에게 이 사실을 소상히 보고한 뒤 군사를 일으켜 이 원수를 갚아 주시오. 그래야만 구천에 가서라도 비로소 울분을 풀 수 있을 듯하오."

서기술과 백을병이 울며 말했다.

"우리는 살아도 함께 살고, 죽어도 함께 죽어야 합니다. 설령 이곳에서 빠져 나갈 수 있을지라도 무슨 면목으로 홀로 살아서 귀국할 수 있겠습니까?"

그 말이 끝나기도 전에 그나마 남아 있던 수하 병사들이 모두 흩어져 달아났다. 내버린 병거와 병기들만 좁은 길을 따라 수북이 쌓여 있었다. 이들 세 장수는 바위 아래 모여 앉아 포박을 기다릴 수밖에 없었다.

진晉나라 군사가 사방에서 에워싼 뒤 포위망을 좁혀왔다. 만두를 빚는 것이나 마찬가지였다. 진秦나라 장병들은 만두피 속에 들어가는 만두 속이나 다름없었다. 세 명의 장수를 포함해 진秦나라 군사 모두 하나씩 포박 당했다. 시냇물은 시체에서 흘러나온 피로 인해 시뻘겋게 물들여졌다. 시체는 온 산의 길을 뒤덮었다. 단 한 마리의 말도, 단 한 대의 병거도 빠져나가지 못했다.

염옹이 이를 시로 읊었다.

천 리 웅심 일시에 재 되고	千里雄心一旦灰
병거 한 대도 효산 못 넘다	西崤無復只輪回
선진은 기책을 자랑치 마라	休誇晉帥多奇計
건숙 미리 알고 눈물 흘리다	蹇叔先曾墮淚來

진晉나라 장수 선저거는 제장들을 동쪽 효산 밑으로 집합시켰다. 진秦나라 장수 맹명시와 백을병과 서기술 및 포만자를 함거에 실었다. 이어 포로로 잡은 진秦나라 병사와 병거 및 군마를 비롯해 활나라에서 잡혀 온 남녀와 보옥 및 비단을 모두 이끌고 회군했다. 선저거 등은 진양공의 대영으로 돌아왔다.

진양공은 상복을 입은 채 장수들이 바치는 포로와 전리품을 둘러봤다. 병사들의 환호 소리가 땅을 흔들 만큼 널리 퍼졌다. 진양공이 진秦나라 세 장수의 이름을 물었다. 이어 포만자에 대해서도 물었다.

"포만자는 어떤 사람인가?"

양홍이 나서서 대답했다.

"그는 비록 아장이지만 홀로 능히 몇 사람을 당해내는 용기인 겸인지용兼人之勇을 지니고 있습니다. 내구도 그와 싸워 실리失利했습니다. 그가 함정에 빠지지 않았다면 사로잡기 어려웠을 것입니다."

진양공이 크게 놀랐다.

"그처럼 용맹한 자를 살려뒀다가는 훗날 무슨 변이 생길지 두렵다."

그러고는 내구를 불러 분부했다.

"그대가 저놈과 싸워서 졌다 하니 이제 과인의 면전에서 그의 머리를 베어 패배한 한을 풀도록 하라."

내구가 진양공의 분부를 받고 포만자를 기둥에 동여맸다. 이어 대도를 뽑아들고 그의 목을 치려고 했다.

포만자가 큰 소리로 외쳤다.

"너는 나에게 진 패장인데 어찌 감히 나를 범하려 하는가?"

그 소리는 공중에서 바로 떨어지는 벽력과 같았다. 영채의 기둥과 지붕이 흔들렸다. 포만자가 기합소리를 지르며 두 팔에 힘을 줬다. 순간 그를 결박한 밧줄이 일시에 끊어졌다. 벽력같은 소리에 크게 놀란 내구는 혼비백산해 손에 들고 있던 칼을 떨어뜨렸다. 포만자가 나는 듯이 달려들어 땅바닥에 떨어진 칼을 집어 들려고 했다. 당시 포만자 뒤에 마침 한 소교小校가 서 있었다. 이름은 낭심狼瞫이었다. 낭심이 먼저 그 칼을 집어들고 포만자를 내리쳤다. 포만자가 칼을 맞고 쓰러지자 단칼에 머리를 베었다. 낭심이 포만자의 수급을 진양공에게 바쳤다.

진양공은 크게 기뻐하며 말했다.

"내구의 용기는 일개 소교만도 못하다."

그러고는 곧 내구의 벼슬을 빼앗은 뒤 궁중에서 추방했다. 이어 낭심을 수레의 오른쪽에 타 호위를 담당하는 거우車右로 승격시켰다. 낭심이 진양공에게 사은하고 물러갔다.

낭심은 진양공이 친히 벼슬을 내린 것을 자부한 나머지 원수 선진에게 승진 사실을 보고하지도 않고, 사례하지도 않았다. 선진은 내심 괘씸하게 생각했다.

이튿날 진양공은 제장들과 함께 개선가를 울리며 귀국했다. 그는 도성인 강도로 가지 않고 우선 선군의 빈궁을 차려 놓은 곡옥으로 갔다. 장례를 마치고 강도로 돌아가 맹명시 등 3명의 진秦나라 장수를 종묘에 바치고 처형할 작정이었다. 우선 진문공의 관을 모셔 놓은 빈궁 앞에서 승전을 고했다. 이어 진문공을 장사지냈다.

그는 검은 상복을 입고 몸소 진문공의 매장을 지켜봤다. 당시 모부인母夫人 영씨嬴氏도 남편인 진문공의 장례에 참석하기 위해 곡옥에 와 있었다. 진목공의 딸로 진회공의 부인이 돼 회영懷嬴으로 불렸다가 다시 진문공의 부인이 돼 문영文嬴으로 불리게 된 그녀는 이미 친정 나라의 세 장수가 사로잡혀 왔다는 사실을 알고 있었다. 짐짓 진양공에게 물어보았다.

"듣건대 우리나라 군사가 크게 이겨 맹명시 등 적장을 사로잡았다고 하니 이는 종묘사직의 큰 복이오. 다만 나는 그들을 이미 죽였는지 모르고 있소."

진양공이 대답했다.

"아직 죽이지 않았습니다."

문영이 말했다.

"원래 진秦나라와 우리 진晉나라는 대대로 혼인을 해왔소. 서로 친밀하게 지낸 이유요. 지금 맹명시 등이 공을 탐해 말썽을 일으키고 함부로 전쟁을 일으켜 마침내 두 나라 사이의 은덕을 원한으로 바꿔놓았소. 생각건대 진군秦君은 지금 반드시 이들 세 사람을 크게 원망하고 있을 것이오. 그러니 이들을 진秦나라로 돌려보내 진군이 참형으로 다스리게 해야 하오. 그러면 두 나라 사이의 원한도 풀릴 것이오. 이 어찌 아름다운 일이 아니겠소?"

진양공이 대답했다.

"저들 세 장수는 진秦나라에서 권세가 있는 자들입니다. 그들을 놓아주면 앞으로 우리 진晉나라에 우환이 될까 두렵습니다."

문영이 말했다.

"장수가 싸움에 지면 죽음을 내리게 되어 있소. 이는 나라의 상형常刑이오. 지난날 초나라 군사가 우리 진나라 군사에게 패하자 초군楚君은 장수 성득신을 죽였소. 어찌 유독 진秦나라에만 군법이 없겠소? 하물며 지난날 진혜공이 진秦나라에 사로잡혔을 때 나의 부친인 진군秦君은 진혜공에게 예를 베풀고 돌려보냈소. 진秦나라가 우리에게 그처럼 예를 베풀었는데 우리가 구구한 패장 따위를 기어이 주륙誅戮하는 것은 우리의 무정無情을 널리 드러내는 것이오."

진양공은 처음에 귀를 기울이지 않다가 진혜공을 석방해 돌려보냈다는 대목에 이르자 송구스런 생각이 들어 마음이 움직였다. 곧바로 유사有司에게 명해 세 장수를 석방해 돌려보내도록 했다.

맹명시 등 세 장수는 옥에서 풀려나오자 진양공에게 사은의 예를 올릴 경황도 없이 본국을 향해 바삐 달아났다. 당시 선진은 마침 자기 처소에서 밥을 먹고 있었다. 그는 진양공이 맹명시 등 세 장수를 모두 용서해줬다는 말을 듣자 먹던 음식을 토해낸 뒤 곧바로 진양공에게 갔다.

선진이 노기등등한 모습으로 물었다.

"진秦나라 죄수들은 어디에 있습니까?"

진양공이 대답했다.

"모부인이 이르기를, '그들을 놓아주면 본국에서 처형할 것이다.'라고 했소. 과인은 그 말을 좇아 그들을 놓아주었소."

선진이 발끈 성을 내며 진양공의 얼굴에 침을 뱉었다.

"이런! 아무리 나이가 어리다지만 이토록 사리를 모른단 말인가! 무부武夫가 천신만고千辛萬苦 끝에 간신히 잡아온 적장을 부인婦人의 말 한마디에 그냥 돌려보낼 수 있단 말인가? 호랑이를 풀어 산으로 돌려보내는 방호귀산放虎歸山을 행한 꼴이다. 훗날 후회한들 무슨 소용이 있겠는가?"

진양공이 비로소 자신의 잘못을 깨달았다. 진양공이 얼굴에 묻은 침을 닦으면서 사과했다.

"과인이 잘못했소."

좌중을 둘러보며 물었다.

"누가 곧바로 추격해 진秦나라 장수를 다시 잡아오겠는가?"

양처보가 자청했다. 선진이 재촉했다.

"장군은 전력을 다해 추격하시오. 그들을 잡아오면 이번 싸움의 가장 큰 공이 될 것이오."

양처보가 곧바로 잘 달리는 추풍마秋風馬를 올라타고 날카로운 참장도斬將刀를 휘두르면서 곡옥성의 서문을 빠져나가 맹명시 등을 추격했다.

사신은 시를 지어 진양공이 선진의 무례한 행동을 용납했기에 진문공의 패업을 계승할 수 있었다고 칭송했다. 해당 시이다.

부인이 장수의 공을 경시하니	婦人輕喪武夫功
선진이 군주 얼굴에 침을 뱉다	先軫當時怒氣沖
군주는 침 닦고 무례 용서하니	拭面容言無慍意
패업 잇게 된 이유 알만 하다	方知嗣伯屬襄公

맹명시 등 세 장수는 죽을 고비에서 벗어나자 황급히 본국으로 달아났다. 도중에서 상의했다.

"우리가 황하를 건너면 살 수 있지만 그렇지 못하면 잡혀 죽기 십상이오. 진후晉侯가 그새 후회하고 우리를 추격할 것이오. 어찌하면 좋겠소?"

이들은 급히 걸어 황하 기슭에 당도했으나 배가 한 척도 없었다. 맹명시가 탄식했다.

"하늘이 우리를 버릴 모양인가!"

세 장수의 탄식이 끝나기도 전에 한 어옹漁翁이 작은 배를 타고 서쪽에서 노를 저어왔다. 그는 노를 저으면서 이같이 노래했다.

잔나비 우리서 나오고	囚猿離檻兮
새도 조롱서 벗어났다	囚鳥出籠
어떤 사람 나를 만나니	有人遇我兮
패전이 되레 공이 되다	反敗爲功

맹명시가 그 노래를 기이하게 여겼다. 곧 어옹을 불렀다.

"어옹은 우리를 건네주시오!"

어옹이 대답했다.

"나는 진秦나라 사람만 건네주고 진晉나라 사람은 건네주지 않소."

맹명시가 말했다.

"우리는 진秦나라 사람이오. 속히 건네 주시오."

어옹이 물었다.

"그대들은 효산에서 패전하고 온 사람들이오?"

맹명시가 대답했다.

"그렇소."

어옹이 말했다.

"나는 공손지 장군의 명을 받고 특별히 이곳에 배를 대고 기다렸소. 기다린 지 하루 이틀이 아니오. 허나 이 배는 작아 여러 사람이 탈 수 없소.

여기서 반리쯤 올라가면 큰 배가 기다리고 있을 것이오. 장군들은 빨리 그 곳으로 가시오."

어옹이 말을 마치고 삿대를 돌린 뒤 나는 듯이 서쪽으로 가버렸다. 세 장수가 강을 따라 서쪽으로 올라갔다. 이들이 반리쯤 갔을 때 과연 몇 척의 큰 배가 정박해 있었다. 그 배들은 강기슭에서 활의 사정거리 절반쯤 되는 곳에 머물러 있었다. 작은 배를 탄 어옹은 언제 왔는지 손을 들어 이들을 불렀다. 세 장수는 허겁지겁 맨발로 물속을 걸어 들어가 큰 배 한 척에 올라탔다.

배들이 닻을 올리고 떠나기도 전에 아래쪽 기슭을 따라 한 장수가 병거를 타고 달려왔다. 진晉나라 장수 양처보였다. 그가 큰 소리로 외쳤다.

"진秦나라 장군들은 잠깐 기다리시오."

맹명시 등은 그처럼 빨리 추격해 온 그를 보고 깜짝 놀랐다. 삽시간에 양처보가 기슭에 이르러 병거를 세웠다. 그는 맹명시 등이 이미 큰 배에 탄 걸로 보고 순간 한 가지 계책을 생각해냈다. 병거를 끄는 네 마리 말 가운데 한 마리를 풀어 마치 진양공이 맹명시에게 하사하는 것처럼 꾸미는 계책이었다.

그가 맹명시를 향해 외쳤다.

"과군이 장군이 타고 갈 수레를 내주지 못한 것을 미안하게 생각하고 있소. 이 양처보로 하여금 좋은 말을 장군에게 드리라고 분부한 이유요. 과군은 단지 장군에게 경의를 표하기 위해 그런 것이오. 장군은 이리 와서 말을 받아가도록 하시오."

맹명시가 말을 받으러 오면 기회를 보아 사로잡을 작정이었다. 하지만 맹명시는 이미 그물을 벗어난 물고기였다. 낚시 바늘인 금구金鉤에서 빠져 나온 셈이다. 그는 뱃머리에서 멀리 양처보를 바라보고 머리를 숙여 사례했다.

"진후晉侯가 죽이지 않고 놓아준 것만 해도 이미 큰 은혜인데 어찌 감히 좋은 말까지 받을 수 있겠소? 이번에 돌아가서 과군이 패전한 나를 죽이지 않으면 3년 뒤에 내가 틀림없이 상국으로 가서 진후를 알현한 뒤 직접 받도록 하겠소."

양처보가 다시 말하려고 했다. 그러나 수군병사들이 돛대를 세우고 노를 젓기 시작했다. 배들이 서쪽 기슭을 향해 멀리 떠나갔다. 양처보는 배들을 바라보면서 무엇을 잃기라도 한 듯이 한동안 망연히 서 있다가 원통해하며 돌아갔다. 양처보는 궁으로 돌아가서 맹명시의 말을 진양공에게 전했다. 선진이 나서서 말했다.

"그가 3년 뒤 주공을 알현하겠다고 한 것은 장차 우리나라를 쳐 자신이 당한 수모를 설욕하겠다는 게 아니겠습니까? 차라리 패배해 사기를 잃은 이때를 놓치지 말고 먼저 저들을 쳐야 합니다. 그래야만 저들의 계책을 막을 수 있습니다."

진양공이 동의했다. 곧 신하들을 모아 진秦나라 토벌 방안을 상의했다.

한편 진목공은 맹명시 등 세 장수가 진나라에 사로잡혔다는 보고를 받고는 크게 고민하며 분노했다. 침식을 전폐하다시피 했다. 며칠 후 세 장수가 석방돼 무사히 돌아오고 있다는 보고를 받았다. 기쁨을 감추지 못했다. 좌우 시신侍臣들이 말했다.

"맹명시 등은 군사를 잃고 나라를 욕되게 했습니다. 이들의 죄는 응당 주살誅殺에 해당합니다. 지나날 초나라가 진晉나라에게 패했을 때 초나라 장수 성득신을 죽여 3군에 대한 경계로 삼았습니다. 주공도 그들에게 군법을 시행해야 합니다."

진목공이 대답했다.

"고孤가 건숙과 백리해의 말을 듣지 않은 까닭에 그 누累가 세 장수에게 미쳤을 뿐이다. 패전한 죄는 고에게 있지, 그들에게 있지 않다."

그는 소복素服으로 갈아입은 뒤 교외까지 나가 세 장수를 영접했다. 그는 세 장수를 붙들고 울면서 위로했다. 이어 세 장수로 하여금 다시 군사를 통솔케 했다. 그들을 더욱 후하게 예우했다.

백리해가 감탄했다.

"우리 부자가 살아서 만나게 된 것도 망외望外의 행운이 아닌가? 내 자식을 저토록 우대하니 내게 무슨 소망이 더 있겠는가?"

그는 마침내 진목공에게 늙은 것을 이유로 치정致政[1]의 뜻을 밝혔다. 진목공이 이를 받아들였다. 유여繇余와 공손지公孫枝를 각각 건숙과 백리해 대신 정경의 자리인 좌서장과 우서장에 임명했다. 진秦나라 이야기는 여기서 잠시 접어두기로 하자.

1 치정致政은 『예기』「왕제王制」에 따르면 국정을 총괄하는 집정執政의 권한을 군왕에게 돌려준다는 뜻이다. 치致는 귀歸와 같다. 이후 관원이 나이가 많아 사직을 고하고 귀가하는 것을 뜻하게 됐다. 『춘추공양전』「노선공 원년」조는 치사致仕, 『예기』「곡례 상」은 치사致事, 『명사明史』「선거지選擧志」는 휴치休致로 표현해 놓았다.

90話 원수 선진이 갑옷을 벗고 싸우다 순국하다
– 선원수면주순적先元帥免胄殉翟

이야기가 둘로 나뉜다. 당시 진양공은 연일 신하들과 함께 진秦나라 토벌 방안을 상의했다. 하루는 문득 변경 관원으로부터 급보가 올라왔다. 내용은 대략 이러했다.

> 적翟나라 군주 백부호白部胡가 군사를 이끌고 우리 경계를 침공해 이미 기성箕城을 핍박逼迫하고 있습니다. 바라건대 주공은 곧바로 군사를 보내 방어해 주십시오.

진양공이 급보를 듣고 크게 놀랐다.

"우리나라와 적나라는 아무런 혐극嫌隙도 없는데 어째서 침공한 것인가?"

선진이 대답했다.

"지난날 선군인 진문공이 망명할 때 적나라에 가장 오래 머물렀습니다. 당시 적나라 군주는 자신의 딸인 두 외씨隗氏를 선군과 조최에게 각각 아내로 삼게 해주었습니다. 또한 12년 동안 머물러 살게 하면서 몹시 후하게 대접했습니다. 선군이 즉위하자 적나라 군주는 곧바로 사람을 보내 축하하고 두 딸을 보내주었습니다. 하지만 선군은 생전에 한 번도 적나라 군주에게 답례를 보낸 일이 없습니다. 적나라 군주는 워낙 선군을 좋아한 까닭에 아무 말도 하지 않았습니다. 이제 그 아들 백부호가 즉위하자 스스로 용맹만 믿고 우리의 국상을 틈타 침공한 듯합니다."

진양공이 자가 자재子載인 선진에게 말했다.

"선군은 생전에 근왕勤王으로 바쁜 탓에 사사로운 은혜를 갚을 겨를이 없었소. 이제 적나라가 국상중인 우리를 치니 우리의 원수요. 자재子載는 과인을 위해 군사를 일으키도록 하시오."

선진이 재배하고 사양했다.

"신은 주공이 진秦나라의 세 장수를 석방한 것에 분노해 일시적 분노를 참지 못하고 주공의 얼굴에 침을 뱉었습니다. 이처럼 무도한 일은 없습니다. 신이 듣건대, '병사兵事는 정돈整頓을 숭상하니, 오직 예로써만 정돈할 수 있다.'고 했습니다. 무례한 사람이 어찌 군사를 거느릴 수 있겠습니까? 주공은 신의 직위를 파면하고, 새로 훌륭한 장수를 세우십시오."

진양공이 대답했다.

"경은 나라를 위해 분노했소. 이는 충성심에서 나온 것이오. 과인이 어찌 그 행동을 이해하지 못하겠소? 지금 적나라가 쳐들어오고 있소. 경이 아니면 감당할 사람이 없소. 경은 사양치 마시오."

선진이 부득이 진양공의 명을 받고 그 앞에서 물러났다. 밖으로 나오며 탄식했다.

"나는 원래 진秦나라와 싸우다 죽기를 바랐다. 적나라와 싸우다 죽게 될 줄이야 그 누가 알았겠는가?"

그 말을 들은 사람들은 그 뜻을 몰랐다. 곡옥에서 상례를 마친 진양공은 도성인 강도로 귀환했다.

당시 선진은 중군中軍의 군영으로 돌아와 병사들을 사열한 뒤 장수들에게 물었다.

"누가 이번 싸움에 전대前隊의 선봉이 되겠는가?"

한 장수가 고개를 바짝 드는 모습으로 앙연昂然히 나서며 자원했다.

"소장이 나서겠습니다."

선진이 보니 새로 거우가 된 낭심이었다. 선진은 낭심이 전에 포만자를 죽이고 거우로 승진했지만 자신에게 사례하지 않은 것을 불쾌하게 여기고 있었다. 이번에 또 선봉을 자청하고 나서자 더욱 불쾌하게 생각했다.

선진이 큰 소리로 꾸짖었다.

"너는 이번에 장수 반열에 오른 졸개 출신으로, 우연히 한 죄수를 참하고 주공에게 중용됐을 뿐이다. 이제 적의 대군이 우리 국경을 침범한 마당에 너는 겸양하는 마음이 조금도 없다. 어찌하여 내 장하帳下에 양장良將이 단 한 사람도 없는 것처럼 구는 것인가?"

낭심이 대답했다.

"소장은 나라를 위해 힘쓰려고 한 것일 뿐입니다. 원수는 어째서 소장의 뜻을 막는 것입니까?"

선진이 말했다.

"내 앞에는 네가 아니더라도 힘쓸 사람이 적지 않다. 너에게 무슨 지략과 용기가 있다고 감히 여러 장수들 앞에 나서는 것인가?"

선진이 낭심을 물리친 뒤 효산 싸움에서 세운 공을 인정해 호국거를 낭심 대신 거우에 임명했다. 낭심이 머리를 숙이고 한탄하다가 분한 마음을 억누르고 자리를 떠났다.

집으로 돌아오는 도중 친구인 선백鮮伯을 만났다. 선백이 물었다.

"듣자니 선 원수가 장수들을 뽑아 적나라 군사를 방어하려고 한다는데 그대는 어째서 이처럼 한가로이 돌아다니는 것인가?"

낭심이 대답했다.

"나는 선봉을 자청했소. 오직 국가를 위해 힘을 쓰고자 하는 마음에서 그리한 것이오. 그런데 오히려 선진의 미움을 사 질책만 당할 줄이야 누가 알았겠소? 그는 나를 보고 질책키를, '너에게 무슨 지략과 용기가 있다고 감히 여러 장수들 앞에 나서는 것인가?'라고 했소. 더구나 그는 나를 기용하지 않았을 뿐만 아니라 거우의 자리에서 내쫓았소."

선백이 대로했다.

"선진은 현능賢能한 자를 질투한 것이오. 그대는 나와 함께 가병을 이끌고 가 그 자를 척살해 버립시다. 그래야 흉중의 불평不平도 시원하게 분출할 수 있고, 설령 죽을지라도 통쾌할 수 있소."

낭심이 말했다.

"불가, 불가하오! 대장부의 죽음은 반드시 의로워야 하오. 의롭지 않게 죽은 것은 용기가 아니오. 나는 용기를 발휘해 군주의 지우知遇를 얻었고, 그 때문에 융우戎右로 발탁됐소. 그러나 선진은 나를 용기 있는 자가 아니라는 이유로 파면했소. 만일 내가 그대와 함께 상사를 척살하는 의롭지 못한 짓을 하다가 죽으면 내가 파면을 당한 게 당연한 일이 되오. 이는 오히려 선진에게 변명할 구실을 주는 것이오. 그대는 잠시 기다리시오."

선백이 탄복했다.

"그대의 높은 식견을 나는 도저히 따를 수 없소."

선백은 마침내 낭심과 함께 집으로 돌아왔다.

후대인이 시를 지어 낭심을 내쫓은 선진의 잘못을 비난했다.

포만자의 목을 벤 낭심의 용맹	提戈斬將勇如賁
거우 발탁은 군주의 은혜이다	車右超升屬主恩
나라 위하려는 자 왜 쫓아내나	效力何辜遭黜逐
자고로 충용은 원망을 받았다	從來忠勇有冤呑

선진은 자신의 아들 선저거先且居를 전대의 선봉, 난돈欒盾과 극결郤缺을 좌대와 우대의 대장, 호야고狐射姑와 호국거狐鞫居를 후대의 대장과 부장으로 삼았다. 병거 400승을 출동시켰다. 선진은 군사를 이끌고 강도의 북

문을 나가 그길로 기성箕城을 향해 진군했다. 적나라와 진나라 군사는 각각 영채를 세우고 전투 준비에 들어갔다.

선진이 제장들을 소집해 계책을 일러주었다.

"기성 옆에 대곡大谷이 있소. 그곳은 이름 그대로 넓고 평탄해 병거로 싸우기 좋은 곳이오. 그 양쪽은 나무들이 울창해 매복할 만하오. 난돈과 극결 두 장수는 좌우로 나뉘어 매복하시오. 선저거가 적과 싸우다가 짐짓 패한 체하고 달아나며 적군을 유인해 오면 일시에 일어나 적들을 공격하시오. 그러면 적나라 군주를 가히 사로잡을 수 있을 것이오. 호야고와 호국거 두 장수는 후대를 이끌고 본진에 접응하면서 적나라 군사가 주력부대를 구하러 오면 이를 저지토록 하시오."

제장들이 각자 계책에 따라 임무를 수행하러 갔다. 선진은 대채大寨를 다시 10여 리 뒤쪽에 세웠다.

이튿날 아침, 두 나라 군사가 대곡 전방에 진을 치고 대치했다. 적나라 군주 백부호가 직접 진나라 진 앞까지 달려와 싸움을 청했다. 선저거가 그와 몇 합 싸우다가 병거를 되돌려 대곡 쪽으로 달아나기 시작했다. 백부호가 100여 기騎를 이끌고 분연奮然히 쫓아갔다. 결국 선저거의 유인책에 빠져 대곡 안으로 깊숙이 들어왔다. 순간 좌우에 매복하고 있던 진나라 복병이 일제히 뛰쳐나왔다.

백부호가 정신을 가다듬고 개미떼처럼 덤벼드는 진군을 향해 좌충우돌했다. 그러나 이내 적나라 기병들이 거의 모두 말 위에서 굴러 떨어져 죽어 나갔다. 진나라 군사도 많은 사상자를 냈다.

백부호가 용력을 발휘해 겹겹이 에워싼 포위망을 뚫고 나갔다. 무예가 뛰어난 까닭에 그의 앞길을 막는 자가 아무도 없었다. 포위를 뚫고 나온 백부호는 대곡 어귀에서 문득 진나라 대장 한 사람과 마주쳤다. 그는 측면에서 비스듬히 병거를 몰아 쏜살같이 달려오면서 활을 당겼다. 화살이 백부

원수 선진이 갑옷을 벗고 싸우다 순국하다

호의 얼굴에 적중했다. 백부호가 말 위에서 굴러 떨어지자 진나라 군사들이 달려가 그를 나포했다.

활을 쏜 사람은 새로 하군대부下軍大夫에 제수된 극결이었다. 그가 쏜 화살은 백부호의 뒤통수까지 꿰뚫은 까닭에 그는 잡히자마자 바로 죽었다. 극결은 그가 적나라 군주인 것을 알았다. 곧바로 그의 목을 끊은 뒤 수급을 들고 선진이 있는 대채로 향했다. 선진은 백부호를 잡았다는 소식을 듣자 하늘을 향해 잇달아 외쳤다.

"진후晉侯는 복이 많다, 복이 많다!"

선진이 붓을 들어 진양공에게 보내는 표장表章을 쓴 뒤 안상案上에 올려놓았다. 이어 장수들이 그 일을 알지 못하도록 자신의 군막 안으로 들어오는 것을 금했다. 그러고는 심복 몇 사람과 함께 병거를 몰아 적나라 진영으로 돌진했다.

백부호의 동생 백돈白暾은 아직 그 형이 죽은 것을 몰랐다. 군사를 이끌고 형을 응원하려고 전진하다가 진나라 군사의 병거 1대가 돌진하는 것을 보았다. 그는 그 병거가 자신을 유인하기 위해 달려오는 줄 알았다. 급히 칼을 휘두르면서 앞으로 달려나갔다.

병거 위에 우뚝 선 선진이 앞에서 달려오는 백돈을 향해 크게 눈을 부릅뜨고 벼락같은 소리를 질렀다. 두 눈초리가 찢어지면서 흘러나온 피가 얼굴을 뒤덮었다. 백돈이 이 처절한 모습을 보고 크게 놀라 수십 보 뒤로 물러섰다. 그러나 뒤따르는 군사가 없는 것을 보고는 궁수들에게 명해 활을 쏘게 했다.

이때 선진은 분기奮起하여 신위神威를 발휘하기 시작했다. 분연히 적나라 진영을 오가며 두목 3인과 병졸 20여 명을 잡아 죽였다. 그러고도 몸은 상처 하나 입지 않았다. 적나라의 궁사들이 선진의 신용神勇에 겁을 냈다. 손에 힘이 빠지는 바람에 화살에 힘이 실리지 않았다. 더구나 선진은 두꺼운 갑옷을 입고 있었기에 화살이 갑옷을 뚫지 못했다.

선진은 그들이 쏜 화살이 자신의 몸을 해치지 못하는 것을 보고 스스로 탄식했다.

"내가 적을 죽이지 못하면 나의 용맹을 알릴 길이 없다. 이제 나의 용맹을 적에게 충분히 알렸으니 더 이상 적을 죽여 무엇 하겠는가? 내가 이곳에서 죽을 것이다."

그러고는 투구를 벗고 갑옷을 벗어 던지고 화살을 받았다. 그는 몸에 고슴도치처럼 무수한 화살을 맞고 죽었다.

그러나 그의 주검은 꼿꼿이 서 있었다. 백돈이 선진의 목을 끊으려고 가까이 갔다. 선진의 성난 눈과 일어선 수염은 살아 있을 때와 같았다. 백돈이 내심 큰 두려움을 느꼈다.

그때 적나라 병사 하나가 선진을 알아보고 말했다.

"이 사람은 진나라 중군 원수 선진입니다."

백돈이 병사들과 함께 주검 앞에 죽 늘어서서 절을 하는 나배羅拜를 행한 뒤 경탄했다.

"장군은 실로 신인神人입니다!"

그러고는 이같이 축원했다.

"제가 신인을 모시고 적나라로 돌아가 공양을 올리고자 합니다. 신인이 허락하면 자빠지십시오."

선진의 주검이 여전히 서 있었다. 백돈이 다시 축원했다.

"신인은 진晉나라로 돌아가려는 게 아닙니까? 제가 응당 보내드리도록 하겠습니다."

그제야 주검이 병거 위에 쓰러졌다.

선진의 주검이 어떻게 진나라에 송환됐는지 알 길이 없으니 다음 회를 보라.

제46회

91話 초나라 상신이 궁중에서 부왕을 시해하다
– 초상신궁중시부楚商臣宮中弑父

적나라 군주 백부호는 극결이 쏜 화살에 맞아 죽었다. 그를 따라 공격에 참여했다가 간신히 목숨을 구한 적나라 병사들이 백부호의 동생인 백돈에게 알렸다.

백돈이 울며 말했다.

"진나라는 하늘이 돕는 나라이니 공격해서는 안 된다고 말렸다. 형이 내 말을 듣지 않다가 결국 목숨을 잃고 말았다."

그는 선진의 시신을 진나라에 내주고 백부호의 시신을 돌려받기 위해 사자를 진나라 진영에 보냈다.

한편 극결은 백부호의 수급을 들고 여러 장수들과 함께 중군의 영채로 갔다. 그러나 선진은 나가고 없었다.

영채를 지키는 병사가 고했다.

"원수는 홀로 병거를 타고 영채 밖으로 나갔습니다. 다만 나가면서 영채를 엄중히 지키라는 지시만 내렸습니다. 행방은 모르겠습니다."

극결 등과 함께 온 선진의 아들 선저거는 이를 의아하게 생각했다. 곧 원수의 군막 안으로 들어가 좌우를 살펴보다가 안상에 표장이 있는 것을 발견했다. 읽어보니 대략 이런 내용이었다.

> 신 중군 대부 선진은 삼가 고합니다. 전날 신은 주공께 무례한 짓을 저질렀으나 주공은 신을 죽이지 않고 다시 중임을 맡겼습니다. 이번 싸움에 다행히 이겼으니 앞으로 주공은 신에게 상을 내리고자 할 것입니다. 신이 돌아가서 상을 안 받으면 공훈이 있어도 상이 없는 게 되고, 상을 받으면 무례한 짓을 해도 상을 받을 수 있는 게 됩니다. 공이 있는데도 상이 없으면 어떻게 공을 세우라고 권할 수 있고, 무례한 짓을 해도 상을 받으면 어떻게 죄를 벌할 수 있겠습니까? 신은 이제 적나라 군사의 손을 빌려 주공의 신에 대한 벌을 대신 내리도록 할 것입니다. 신의 자식 선저거는 장수의 지략을 갖고 있으니 족히 저를 대신할 만합니다. 신 선진은 죽음에 임하여 어리석음을 무릅쓰고 표장을 올립니다.

선저거가 말했다.

"부친은 적나라 군진 속으로 돌진해 진몰했소."

그러고는 방성대곡放聲大哭했다. 이어 곧바로 병거에 올라 적나라 군진 속으로 들어가 선진이 병거에서 떨어져 죽은 곳을 알아보고자 했다. 당시 극결과 난돈, 호국거, 호야고 등 제장들이 선저거를 강력히 말렸다. 이들은 곧바로 회의를 열었다. 우선 원수인 선진의 생사부터 알아본 뒤 적나라 군사를 치기로 했다.

문득 보고가 올라왔다.

"적나라 군주의 동생 백돈이 우리와 강화하기 위해 사자를 보내왔습니다."

극결 등이 불러들인 뒤 오게 된 이유를 물었다. 사자는 선진과 백부호의 시신을 서로 교환할 것을 제의했다. 선저거는 부친이 죽은 것을 알고 또 다시 통곡했다. 선결 등은 이튿날 양군의 진 앞에서 각각 두 사람의 시신을 교환할 것을 약속했다.

적나라 사자가 돌아가자 선저거가 말했다.

"융적戎狄은 속임수가 많습니다. 그에 대비하지 않을 수 없습니다."

선결 등이 대책을 상의했다. 그 결과 극결과 난돈은 좌우의 날개가 되어 양쪽에 숨어 있다가 전투가 벌어지면 적나라 군사를 협공키로 했다. 호국거와 호야고는 중군을 이끌기로 했다.

이튿날 양쪽 군사가 진을 치고 대치했다. 선저거가 소복을 입은 채 수레에 올라 단독으로 진 앞에 나아갔다. 백돈은 선진의 혼령이 무서웠다. 선진의 몸에 박힌 화살을 모두 뽑아내고 향수로 깨끗이 목욕을 시킨 뒤 금포錦袍로 잘 싸서 수레에 실었다. 수레 위에 실려 있는 선진은 마치 살아 있는 사람 같았다.

백돈은 선진의 시신을 태운 수레를 진 앞으로 끌고 나와 선저거로 하여금 수령케 했다. 진나라 군사 역시 백부호의 수급을 갖고 나와 백돈에게 넘겨주었다.

적군이 넘겨 준 선진의 시신은 향내가 코를 찌르는 온전한 시신이고, 진나라 군사가 송환한 백부호의 수급은 피투성이가 된 한 덩이의 머리통이었다.

백돈이 분을 삭이며 소리쳤다.

"너희 진나라가 우리를 이처럼 업신여길 수 있는가? 어째서 온전한 시신을 보내지 않는 것인가?"

선저거가 사람을 시켜 응답했다.

"완전한 시체를 원하거든 스스로 대곡에 가서 어지럽게 널려 있는 시체들 속에서 찾아가도록 하라."

백돈이 대로했다. 손에 든 커다란 도끼인 개산대부開山大斧를 휘두르며 기병들을 이끌고 진나라 진영으로 쳐들어갔다. 진나라 군영은 수비용 수레인 돈거軘車를 연결해서 진을 친 까닭에 마치 견고한 담장을 둘러친 듯했다. 적나라 군사는 몇 차례 돌진하며 그 진을 뚫고자 했으나 모두 실패했다. 격분한 백돈이 오락가락하며 바장이는 이른바 척촉躑躅의 모습을 보이며 포효했으나 결국 분을 풀지 못했다.

이때 문득 진나라 군진 속에서 북소리가 요란스레 일어났다. 진문陣門이 열리면서 장수 한 사람이 긴 창을 빗겨 들고 달려 나왔다. 바로 호야고였다. 백돈이 즉시 그를 맞아 교봉했다.

이 와중에 왼쪽에서 극결이, 오른쪽에서 난돈이 군사를 이끌고 나타난 뒤 양 날개처럼 적나라 군사를 에워싸기 시작했다. 백돈이 진나라 군사의 숫자가 많은 것을 보고 황망하게 말머리를 돌려 달아났다. 진나라 군사가 달아나는 적나라 군사를 뒤쫓으며 엄살했다. 적나라 군사의 사상자는 그 수를 헤아릴 수 없을 만큼 많았다.

당시 호야고는 달아나는 백돈을 알아보고 그 뒤를 바짝 쫓았다. 백돈은 적나라 군사의 본영을 충동해 혼란에 빠뜨릴까 우려해 본영으로 가지 않고 옆으로 비켜 달아났다. 호야고는 그를 놓아주지 않고 거의 말꼬리에 붙다시피 추격해왔다.

궁지에 몰린 백돈이 달아나며 돌아봤다. 자가 가계賈季인 호야고가 바로 뒤에 접근해 오고 있었다. 순간 백돈이 말머리를 돌리면서 물어봤다.

"장군의 얼굴이 익숙하오. 장군은 가계가 아닙니까?"

호야고가 대답했다.

"그렇소."

백돈이 말했다.

"장군은 우리나라를 떠난 후 무양無恙했소? 장군 부자는 망명 때 우리나라서 12년 동안 머물렀소. 그때 나의 부왕이 공자 중이와 그대들을 박하게 대접하지 않았소. 그때의 정리를 생각해 나를 놓아주시오. 훗날 우리가 또 만나게 될지 누가 압니까? 나는 백부호의 동생 백돈이오."

호야고는 백돈이 옛날 이야기를 꺼내자 속으로 더 이상 어쩔 수 없는 마음이 들었다. 즉시 대답했다.

"내가 그대를 놓아줄 터이니 속히 회군하도록 하시오. 이곳에 괜히 머물러 있어서는 안 되오."

호야고는 말을 마치자 곧바로 병거를 돌려 대채로 돌아왔다. 진나라 군사는 이미 승리를 거둔 까닭에 백돈을 나포하지 못한 것에 대해 아무런 말도 꺼내지 않았다. 그날 밤 백돈은 남은 병사를 이끌고 잠행潛行해 적나라로 돌아갔다. 백부호에겐 아들이 없었다. 백돈이 발상한 뒤 뒤를 이어 즉위했다. 이는 나중의 이야기다.

한편 진나라 군사는 개선가를 부르며 본국으로 돌아왔다. 극결 등이 진양공에게 승첩을 고했다. 그 자리에서 선진이 남긴 표장을 올렸다. 진양공이 선진의 죽음을 애석하게 생각했다. 몸소 선진의 시신을 염했다. 선진은 살아 있는 사람처럼 두 눈을 뜨고 있었다. 진양공이 시체를 어루만지며 말했다.

"장군은 나라를 위해 죽었소. 장군의 영령은 아직 꺼지지 않았소. 장군이 남긴 표장에는 충군애국忠君愛國하는 충정이 가득하오. 과인은 감히 그

충정을 잊을 수 없소."

그러고는 곧바로 선진의 영구 앞에서 선저거를 중군 원수로 임명해 부친의 자리를 대신하게 했다. 그러자 선진의 두 눈이 비로소 감겼다. 후대인이 기성箕城에 선진의 사당을 세우고 제사를 지냈다.

진양공은 극결이 적나라 군주인 백부호를 사살한 공을 가상히 여겨 그에게 기冀 땅을 식읍으로 내주면서 말했다.

"그대는 능히 아비 극예의 허물을 덮을 만한 공을 세웠소. 그대 아비의 봉지였던 땅을 다시 내리는 것이오."

서신에게도 상을 줬다.

"극결을 천거한 것은 그대의 공이오. 그대가 아니었다면 선군이 어찌 극결을 임용할 수 있었겠소?"

그러고는 선모先茅의 땅을 내렸다. 장수들은 진양공이 공에 따라 공정히 포상하는 것을 보고 모두 기꺼이 승복했다.

당시 허나라와 채나라는 진문공이 죽자 곧바로 마음이 변해 초나라와 동맹을 맺었다. 진양공은 양처보를 대장으로 삼은 뒤 허나라를 치고 곧이어 채나라까지 치게 했다. 이 소식을 들은 초성왕이 투발과 성대심으로 하여금 군사를 이끌고 가 허나라를 돕게 했다.

초나라 군사는 허나라의 경계인 치수泜水[1]에 이르러 강 건너편 언덕에 진晉나라 군사가 와 있는 걸 보았다. 더 이상 전진하지 못하고 지수 기슭에 영채를 세웠다. 진나라 군사도 지수의 북쪽 기슭에 영채를 세웠다.

양군은 강 하나를 사이에 두고 서로 대치했다. 피차 야경夜警하는 병사들이 딱따기 치는 소리까지 들을 수 있었다. 진나라 군사 역시 초나라 군사

1 치수泜水는 하남성 노산魯山에서 발원해 동쪽으로 흐르다가 북쪽 여하汝河로 유입하는 강을 말한다. 치수滍水(zhìshuǐ)로 쓰기도 한다. 같은 이름의 하북성 소재 강은 지수泜水(zhīshuǐ)로 읽는다.

가 진로를 가로막고 있어 더 이상 전진할 수 없었다.

두 나라 군사가 서로 대치하고 있는 사이 2달이 흘러 그해도 다 저물어 갔다. 진나라 군사는 군량이 거의 바닥이 났다.

양처보는 퇴군할 마음을 먹었다. 그러나 초나라 군사가 퇴군하는 틈을 타 추격해 올까 두려웠다. 또 사람들로부터 초나라를 피해 후퇴했다는 비웃음을 받는 것도 싫었다. 그는 사자를 초나라 진영에 보냈다. 사자가 치수를 건너 초나라 진영으로 갔다. 투발을 만나 양처보의 말을 전했다.

"속담에 공격해 오는 자는 두려움이 없고 두려워하는 자는 공격해 오지 않는다는 뜻의 '내자불구來者不懼, 구자불래懼者不來'라는 말이 있소. 장군이 나와 결전하고자 하면 나는 1사舍의 거리를 후퇴해 장군이 치수를 건너와 진을 치도록 양보하겠소. 우리 두 사람이 거기서 결전을 치릅시다. 하지만 장군이 강을 건너오기 싫으면 장군이 1사의 거리를 물려주시오. 그러면 우리가 강을 건너 남쪽 언덕에 가서 싸우겠소. 양군이 서로 전진도 후퇴도 하지 않으면서 대치하고 있으면 병사들만 피로하고 비용만 허비할 뿐이오. 피차 무슨 이익이 있겠소? 이 양처보는 지금 병거에 말을 매놓고 장군의 회답만 기다리고 있소. 장군은 속히 결정해 주시오."

투발이 분연히 말했다.

"양처보가 나를 깔보고 이런 말을 하는 것이다. 내가 강을 건너지 못할 줄 아는가?"

곧바로 강을 건너가 싸우고자 했다. 성대심이 급히 말렸다.

"원래 진나라 사람은 신의가 없습니다. 우리가 강을 건너가면 1사를 후퇴하겠다는 것은 우리를 유인하기 위한 수작이오. 우리가 강을 반쯤 건너갈 때 공격하면 우리는 나아가지도 물러서지도 못하는 곤경에 빠지게 되오. 차라리 우리가 1사를 후퇴하고 진나라 군사로 하여금 강을 건너오도록 양보합시다. 그러면 우리가 주인이 되고, 진나라 군사가 객이 되오. 그 싸움은 우리에게 유리하오."

투발이 이를 좇았다. 30리를 물려 영채를 세운 뒤 사람을 진나라 장수 양처보에게 보내 치수를 건너오게 했다. 양처보는 그 말을 바꿔 병사들에게 선전했다.

"초나라 장수 투발은 우리 진나라 군사가 무서워 강을 건너오지 못하고 이미 멀리 달아났다."

그 말이 일시에 진나라 군중에 퍼졌다. 양처보가 말했다.

"초나라 군사가 이미 달아났는데 우리가 무엇 때문에 강을 건너겠는가? 한 해도 저물고 날씨도 추우니 일단 돌아가 휴식을 취했다가 기회를 보아 다시 출병하는 게 옳지 않겠는가?"

양처보가 이내 회군했다. 투발은 30리를 물러난 뒤 이틀이나 기다렸으나 진나라 군사는 나타나지 않았다. 사람을 보내 진나라 군영의 동정을 살펴보게 했다. 진나라 군사는 이미 멀리 떠난 뒤였다. 투발도 곧 철군을 명했다.

초성왕의 큰아들 이름은 상신商臣이다. 초성왕은 전에 그를 태자로 세울 생각으로 투발에게 자문을 구한 적이 있다.

투발이 대답했다.

"우리 초나라는 장자가 태자가 된 적이 드물고 차자가 태자가 된 적이 많습니다. 과거를 돌아보건대 대대로 그러했습니다. 상신의 상을 보건대 눈은 벌의 눈과 같고 목소리는 승냥이 같습니다. 게다가 성정이 잔인합니다. 주공이 지금 그를 사랑해 태자로 세웠다가 훗날 그를 미워해 폐출이라도 하면 반드시 나라가 혼란에 빠질 것입니다."

초성왕은 그 말을 듣지 않고 상신을 태자로 삼았다. 이어 반숭潘崇을 상신의 사부로 임명했다.

태자 상신은 자신이 태자가 되는 걸 반대한 사람이 투발이란 걸 알았다.

내심 원한을 품은 이유다. 바로 이때에 이르러 허나라와 채나라를 구하러 간 투발이 진나라 군사와 단 한 번도 싸워 보지도 못한 채 돌아오자 초성왕 앞에서 자가 자상子上인 투발을 참소했다.

"자상子上은 진나라 장수 양처보로부터 많은 뇌물을 받고 고의로 싸움을 피했다고 합니다. 그러고는 진나라 군사가 우리 초나라 군사를 두려워해 달아난 까닭에 그냥 돌아왔다고 둘러댄다고 합니다."

초성왕은 태자 상신의 말을 믿었다. 투발을 만나지도 않은 채 사람을 시켜 칼 한 자루를 투발에게 보냈다. 투발은 변명할 길이 없었다. 이내 칼로 자기 목을 찌르고 죽었다.

성대심은 태자가 투발을 참소했다는 말을 듣고는 초성왕 앞에 나아가 머리를 조아리고 눈물을 흘리며 하소연했다. 초나라 군사가 회군한 이유를 자세히 설명한 뒤 이같이 덧붙였다.

"투발은 뇌물을 받은 일이 없습니다. 만일 싸우지 않고 회군한 것이 죄가 되면 나도 응당 그 죄에 연좌되어야 합니다."

초성왕이 말했다.

"경은 그 일에 대해 책임질 필요가 없소. 고孤도 투발을 죽인 것을 후회하고 있소."

이후 초성왕은 태자 상신을 의심하게 됐다. 이후 작은 아들 직職을 사랑하게 됐다. 이내 상신을 버리고 직을 태자로 삼고자 했으나 상신이 모반할까 두려웠다. 상신의 과실이 드러나면 그것을 핑계 삼아 상신을 죽이려고 했다. 곧 사람을 시켜 그의 잘못을 찾아내게 했다

궁인들이 그 소문을 듣고 속살거렸고, 그 소문은 삽시간에 궁중 밖으로까지 퍼져나갔다. 상신도 그 소문을 들었으나 반신반의했다. 곧 태부太傅 반숭을 찾아가 고했다.

반숭이 말했다.

"그 소문이 사실인지 여부를 알아낼 계책이 있습니다."

상신이 물었다.

"그 계책이 어떤 것이오?"

반숭이 말했다.

"군왕의 누이동생 미씨芈氏는 강江나라로 출가했습니다. 미씨는 지금 귀녕歸寧하러 초나라에 와 있습니다. 하지만 미씨는 돌아가지 않고 궁중에 머물러 있습니다. 틀림없이 이 일에 대해 잘 알고 있을 것입니다. 미씨는 성미가 급하고 격렬합니다. 태자는 고모 미씨를 위해 성심껏 잔치를 차리십시오. 그러나 대접할 때는 짐짓 태만히 하여 미씨의 화를 돋우십시오. 화를 내게 되면 속에 있는 말을 내뱉게 마련입니다."

태자 상신이 이를 좇았다. 먼저 잔칫상을 차려놓고 고모 미씨를 정중히 초청했다. 미씨는 동궁으로 갔다. 상신이 고모 미씨를 정중히 영접했다.

그러나 미씨에게 술 3잔을 올린 후 태도가 일변했다. 부엌에서 일하는 포인庖人을 불러 미씨의 시중을 들게 하면서 자신은 꼼짝도 하지 않았다. 또 짐짓 술심부름을 하는 시동을 곁으로 불러 놓고 계속 이야기를 나눴다. 미씨가 두 번이나 말을 걸었지만 듣고도 못들은 체 대답하지 않았다. 마침내 미씨가 대로했다.

손으로 상을 치고 벌떡 일어나며 큰 소리로 꾸짖었다.

"어찌 이토록 막돼먹은 자가 있는가! 대왕이 너를 죽이고 직職을 세우려고 하는 게 무리가 아니다."

상신은 거짓으로 사죄하는 척했다. 미씨는 뒤도 돌아보지 않고 수레에 올라 집으로 돌아가면서도 연신 상신을 욕했다.

그날 밤, 상신이 태부 반숭에게 가 미씨의 말을 그대로 고했다. 이어 위기를 모면할 수 있는 방법을 물었다. 반숭이 말했다.

"태자는 능히 북면하여 직을 왕으로 섬길 수 있습니까?"

초나라 상신이 궁중에서 부왕을 시해하다

상신이 대답했다.

"형인 내가 동생을 섬길 수는 없소."

반숭이 다시 말했다.

"섬길 수 없다면 다른 나라로 출분할 수밖에 없습니다."

상신이 대답했다.

"나와 인연이 있는 나라가 없으니 망명해 봤자 치욕만 당할 것이오."

반숭이 말했다.

"이 두 가지 방법 말고는 다른 계책이 없습니다."

상신이 다른 방법을 알려 달라고 졸랐다. 한참 뒤 반숭이 말했다.

"아주 편하고 빠른 방법이 하나 있기는 하나 태자가 능히 해낼 수 있을지 모르겠습니다."

상신이 대답했다.

"죽느냐 사느냐 하는 판인데 차마 못할 일이 무엇이겠소?"

반숭이 상신의 귀에 입을 대고 속삭였다.

"큰일을 감행하기만 하면 전화위복轉禍爲福이 될 것입니다."

상신이 대답했다.

"나는 능히 그 일을 해낼 수 있소!"

상신은 동궁의 군사를 소집한 뒤 한밤중에 궁중에서 변란이 일어났다는 핑계를 대고 왕궁을 포위했다. 반숭이 칼을 든 채 역사 몇 사람과 함께 입궐해 곧바로 초성왕의 침실로 들어갔다. 초성왕의 시신들이 크게 놀라 사방으로 흩어졌다.

초성왕이 반숭에게 물었다.

"경이 무슨 일로 이 밤중에 왔는가?"

반숭이 대답했다.

"대왕이 보위에 있은 지도 47년이 됐습니다. 공을 이룬 자는 뒤로 물러나야 합니다. 백성들이 새 군주를 바라고 있습니다. 청컨대 보위를 태자에게 전하십시오."

초성왕이 황망히 말했다.

"고孤는 곧바로 양위하겠다. 그러면 나를 살려줄 것인가?"

반숭이 대답했다.

"한 군주가 죽어야 새 군주가 서는 법입니다. 한 나라에 어찌 2명의 군주가 있을 수 있겠습니까? 평생 보위에 있었으면서 어찌 그런 것도 모른단 말입니까?"

초성왕이 말했다.

"내 조금 전에 포인庖人에게 곰 발바닥인 웅장熊掌을 삶아 오라고 분부했소. 그거나 먹고 죽으면 한이 없겠소."

반숭이 격한 목소리인 여성厲聲으로 말했다.

"웅장은 빨리 익지 않소. 대왕은 시간을 끌며 밖에서 구원이 오기를 기다리려는 것이오? 청컨대 대왕은 신이 손을 대는 것을 기다리지 말고 자진토록 하시오."

그러고는 띠를 풀어 초성왕에게 던졌다. 초성왕이 하늘을 우러러 부르짖었다.

"충성스런 투발, 투발이여! 고가 그대의 충언을 듣지 않았다가 이런 화를 불러들였소. 고가 다시 무슨 말을 하겠소?"

초성왕은 그 허리띠를 자기 목에 감았다. 반숭이 역사들에게 명해 양쪽 끝을 좌우에서 잡아당기게 했다. 초성왕은 삽시간에 숨이 끊어졌다.

그날 밤, 미씨는 초성왕이 죽었다는 소식을 듣고 통곡했다.

"오라버리를 죽인 사람은 바로 나로구나!"

그러고는 스스로 목을 매고 죽었다. 때는 주양왕 26년인 기원전 626년 10월 정미일이었다.

염옹은 이를 두고 이같이 평했다.

> 초성왕은 지난날 동생으로서 형 웅간熊艱을 시해하고 즉위했다. 또 태자 상신은 오늘날 그 아비 초성왕을 시해했다. 하늘의 응보가 어김없다.

그는 또 시를 지어 한탄했다.

초성왕이 전에 웅간 죽이니	楚君昔日弑熊艱

상신이 오늘 그 원한을 갚다　　今日商臣報叔冤
하늘이 반숭 통해 시역하니　　天遣潘崇爲逆傳
어리석게도 웅번만 생각했다　　癡心猶想食熊蹯

태자 상신은 그 아비 초성왕을 시해한 뒤 급한 병으로 죽었다고 열국의 제후에게 부고를 보냈다. 그러고는 스스로 보위에 올랐다. 그가 바로 초목왕楚穆王이다.

초목왕은 반숭의 벼슬을 태사太師로 높이고 근위대장인 환열지윤環列之尹에 임명했다. 그는 왕궁을 호위하는 군사를 거느렸다. 영윤 투반을 비롯한 조정 대신들은 초성왕이 피살된 걸 알고 있었다. 하지만 아무도 이를 드러내 놓고 말하는 자는 없었다.

상商 땅을 다스리고 있던 상공商公 투의신鬪宜申은 초성왕이 변을 당했다는 소식을 듣자 조문을 핑계로 도성 영도郢都로 달려왔다. 그는 대부 중귀仲歸와 함께 역적 초목왕 상신을 척살할 음모를 꾸몄다.

그러나 이 일은 이내 탄로 나고 말았다. 초목왕은 사마司馬 투월초鬪越椒를 시켜 투의신과 중귀를 체포해 처형케 했다. 지난날 범范 땅의 무당 율사矞似가 초성왕이 공자로 있을 때 초성왕과 성득신 및 투의신을 두고 '공자와 자옥子玉 및 자서子西는 비명非命에 죽을 것이다.'라고 예언한 일이 있었다. 이제 와서 보면 그 말이 모두 들어맞은 셈이다.

전부터 투월초는 자가 자양子揚인 투반이 맡고 있는 영윤의 자리를 탐냈다. 투월초가 초목왕 앞에서 투반을 무함했다.

"자양子揚은 늘 사람들에게 말하기를, '부친 투발과 내가 대를 이어 정권을 받고 있는 것은 선왕인 초성왕의 은혜를 크게 입은 덕이다. 내가 선왕의 뜻이 이뤄지도록 힘쓰지 못한 것을 부끄럽게 생각한다.'고 합니다. 그의 속셈은 공자 직職을 옹립하는 데 있는 게 아니겠습니까? 자서子西[3]가 진나라 군사와 싸우지 않고 돌아온 것도 실은 자양이 그를 불러들였기 때문입니다. 자상이 회군한 죄로 처형당한 까닭에 자양은 내심 불안을 느끼고 있을 것입니다. 그는 다른 음모를 꾸미고 있을 것입니다. 주상은 불가불 경계해야 할 것입니다."[2]

초목왕이 투반을 의심했다. 곧 투반을 불러 공자 직을 죽일 것을 지시했다. 투반이 그리할 수 없다며 고사하자 초목왕이 화를 냈다.

"너는 선왕인 초성왕에게 은혜를 갚을 생각으로 그러는 것인가?"

그러고는 직접 구리쇠 망치인 동추銅鎚를 휘둘러 죽였다. 공자 직은 이 소문을 듣고 성문을 빠져나간 뒤 진晉나라를 향했다. 그가 교외까지 갔을 때 어느새 투월초가 추격해 왔다. 돌아보니 투월초가 결국 공자 직을 잡아 죽였다.

초목왕은 성대심을 영윤에 임명했다. 얼마 후 성대심이 세상을 떠났다. 이내 투월초를 영윤으로 임명하고, 투월초의 영전으로 비게 된 사마 자리에는 위가蔿賈를 임명했다.

나중에 초목왕은 다시 투반의 부친인 투자문鬪子文 즉 투누오도鬪穀於菟가 나라를 잘 다스린 공을 생각해 투극황鬪克黃을 간언을 담당하는 잠윤箴尹[3]에 임명했다. 투극왕은 자가 자의子儀이고, 투자문의 손자이자 투반의 아들이었다.

한편 당시 진양공은 초성왕이 그 자식에게 시해를 당했다는 소식을 듣고 조쇠의 아들인 대부 조돈趙盾에게 물었다.

2 자서子西가 『열국지』 원문은 자상子上으로 되어 있다. '자상'은 자결한 투발, '자서'는 투의신의 자이다. 문맥상 '자서'가 옳다. 풍몽룡의 착오가 있었던 듯하다. 번역문은 '자서'로 바꿔 놓았다.

3 잠윤箴尹을 두고 『여씨춘추』「물궁勿躬」에 대한 고유高誘의 주는 간언諫言을 행하는 관직으로 풀이했다. 침윤鍼尹으로도 표현한다. 잠箴과 침鍼 모두 대나무 또는 쇠로 만든 바늘을 뜻한다. 군주 곁에서 바늘처럼 따끔한 경구警句인 잠언箴言을 한데서 이런 관명이 나온 듯하다.

"하늘이 드디어 초나라를 염오厭惡하게 된 게 아니겠소?"

조돈이 대답했다.

"초군楚君은 비록 횡포한 사람이지만 그래도 예의禮義로 백성을 교회敎誨코자 했습니다. 상신은 자식으로서 그 아비도 아끼지 않았는데 하물며 그 밖의 것이야 말해서 무엇 하겠습니까? 신은 이웃나라 제후들의 참화가 그치지 않을까 걱정입니다."

실제로 몇 년 동안 초목왕은 군사를 일으켜 강江나라를 쳐서 멸망시킨데 이어 여세를 몰아 육六나라와 요蓼나라를 차례로 멸망시켰다. 진陳나라와 정鄭나라도 쳤다. 중원이 다사다난多事多難해진 이유다. 조돈의 예언이 맞아떨어진 셈이다. 그러나 이는 나중의 이야기다.

92話 진목공이 효산 계곡에서 시신을 수습하다
– 진목공효곡봉시秦穆公殽谷封屍

주양왕 27년인 기원전 625년 봄 2월, 진秦나라 장수 맹명시가 진목공에게 청했다.

"이제 진晉나라를 칠 때가 됐습니다. 지난 번 효산 싸움의 패배를 설욕하겠습니다."

진목공은 그의 뜻을 장하게 여겨 출병을 허락했다. 맹명시가 서기술 및 백을병과 함께 병거 400승을 이끌고 가 진晉나라를 칠 준비를 했다.

당시 진양공은 진秦나라가 효산 패배의 설욕을 위해 언젠가는 쳐들어올 것으로 내다봤다. 첩자를 멀리 진秦나라 경계까지 내보내 동정을 살피게 한 이유다. 마침내 맹명시가 토벌군을 일으켰다는 보고가 들어왔다. 진양공이 웃으며 말했다.

"맹명시가 과인의 말을 받으러 오겠다고 하더니 이제야 오는구나."

진양공이 선저거를 대장, 조최를 부장, 호국거를 거우로 삼았다. 이어 세 장수로 하여금 양국의 경계로 나가 진秦나라 군사를 영격케 했다.

진晉나라 대군 출발할 즈음, 전날 선진에게 쫓겨났던 낭심이 찾아와 가속들과 함께 참전 허락을 요청했다. 선저거가 허락했다. 그때는 맹명시 등이 아직 진秦나라 경계 밖으로 나오기 전이었다.

선저거가 말했다.

"진秦나라 군사가 오기를 기다렸다가 싸우기보다는 차라리 우리가 먼저 진나라를 치는 게 유리하다."

그러고는 마침내 서쪽으로 진군해 진秦나라 국경을 넘었다. 양국 군사는

진목공이 황하를 건넌 뒤 배를 불태우다

팽아 땅에서 조우했다. 각각 진세를 펴고 대치했다.

낭심이 다시 선저거에게 청했다.

"지난날 작고한 선 원수는 저를 용기 없는 사람이라며 파면하고 쓰지 않았습니다. 오늘 이 낭심이 과연 용기가 있는지 여부를 스스로 시험해 보겠습니다. 이는 공명을 탐하는 욕심에서 나온 게 아닙니다. 다만 전날에 당한 치욕을 씻기 위한 것입니다."

그는 말을 마치자 친구 선백鮮伯 등 100여 명과 함께 곧바로 진秦나라 진영으로 돌진했다. 그가 향하는 곳은 마치 풀잎이 바람을 따라 한쪽으로 눕듯이 좌우로 쫙 갈라졌다. 그는 닥치는 대로 진秦나라 군사를 찔러 죽였다. 그 숫자를 헤아릴 수 없을 정도였다. 그러나 선백은 진나라 장수 백을병의 창에 찔려 죽었다.

한편 선저거는 병거 위에서 진秦나라 진영이 혼란에 빠진 것을 보고는 곧 대군을 몰아 돌격했다. 맹명시 등은 이를 감당할 수 없었다. 크게 패해 달아났다.

선저거는 낭심을 구출했다. 낭심의 몸은 성한 곳이 없었다. 온 몸에 자상刺傷을 입고 피투성이가 되었다. 대채로 돌아온 낭심은 그날 밤 피를 한 말 남짓 토했다. 이튿날 죽고 말았다. 진晉나라 군사가 개선가를 부르며 돌아왔다

선저거가 진양공 앞에 나아가 보고했다.

"이번 승리는 오로지 낭심 덕분입니다. 신은 별로 한 게 없습니다."

진양공이 상대부의 예로 낭심의 장례를 치르게 했다. 이어 그를 도성의 서곽西郭에 묻게 했다. 백관들로 하여금 영구 행렬을 따라 장지까지 가게 했다. 인재를 아끼고 격려하는 마음에서 나온 배려였다.

사신이 시를 지어 낭심의 용기를 칭찬했다.

장하다, 거우로 있던 낭심이여	壯哉狼車右
진나라 장수를 닭 잡듯 죽이다	斬囚如割雞
쫓겨났으나 치욕을 잊지 않고	被黜不妄怒
가벼운 몸으로 적을 유린하다	輕身犯敵威
한번 죽어 평생의 뜻 나타내고	一死表生平
진나라 군사 대패해 돌아가다	秦師因以摧
저 세상에서도 그 사실 알면	重泉若有知
선진 역시 깊이 머리 숙이리라	先軫應低眉

한편 맹명시는 패잔병을 이끌고 귀국했다. 그는 내심 2번이나 패한 책임을 물어 사죄死罪로 다스릴 줄 알았다. 그러나 진목공은 맹명시가 패했다는 보고를 받았으나 조금도 맹명시를 원망하지 않았다. 그는 이전처럼 신하들을 교외로 보내 영접케 했다. 그리고 여전히 나라 일을 맡겼다.

맹명시는 그런 후대를 받자 마음에서 우러나오는 부끄러움을 이기지 못했다. 더욱 나라 일에 힘썼다. 그는 자기 재산을 모두 투입해 전사자의 유가족의 집안을 구휼했다. 매일 군사훈련에 매진하면서 충의忠義를 역설했다. 명년에 다시 한 번 군사를 일으켜 진晉나라를 칠 심산이었다.

이해 겨울, 진양공이 선저거에게 명해 진나라를 먼저 치게 했다. 이번에는 송나라 대부 공자 성成과 진陳나라 대수 원선轅選, 정나라 대부 공자 귀생歸生 등도 군사를 이끌고 와 도왔다. 진晉나라 연합군은 강江과 팽아彭衙 두 고을을 탈취한 뒤 돌아갔다.

진양공이 농담을 했다.

"이번 싸움은 맹명시가 군사를 이끌고 말을 받으러 온 것에 대해 보답한 것이다!"

전에 진晉나라 태복 곽언이 친 점괘의 주사에 '1번 공격해 3번 다치게 한다.'는 말이 있었다. 진양공이 진秦나라 군사를 3번 패퇴시켰으니 점괘가 맞아떨어진 셈이다.

하지만 당시 맹명시는 진晉나라 연합군을 방어하기 위한 조치를 취하지 않았다. 진목공에게 군사의 출동을 요청하지 않은 게 그렇다. 그는 연합군이 두 고을을 빼앗아갈 때까지 일절 군사를 일으키지 않았다. 진秦나라 사람들이 맹명시를 겁쟁이라고 비난했다. 그러나 진목공은 맹명시를 믿었다.

"언젠가 맹명시는 틀림없이 진晉나라에 보복할 것이다. 아직 때가 오지 않았을 뿐이다."

이듬해인 기원전 624년 여름 5월, 맹명시가 군사를 보충하고 병거를 모으는 일을 마무리했다. 군사훈련도 충분히 했다.

맹명시가 진목공에게 청했다.

"이번 싸움엔 주공이 직접 참여해 독전督戰해 주십시오. 이번에도 지난날의 치욕을 씻지 못하면 맹세코 살아서 돌아오지 않겠습니다."

진목공이 대답했다.

"진晉나라에 3번 패한 것은 경이 아니라 과인이오. 이번에 공을 세우지 못하면 과인도 돌아올 면목이 없소."

병거 500승을 선발한 뒤 길일을 택해 군사를 일으켰다. 병사들과 종군자의 집에 양식과 재물을 후하게 보냈다. 장병들의 사기가 하늘을 찔렀다. 모두 죽기를 각오하고 싸우기를 원했다.

맹명시는 진秦나라 군사가 임진관臨晉關으로도 불리는 지금의 섬서성 대려현 동쪽의 포진관蒲津關을 경유해 황하를 건너자 타고 온 배를 모두 불태우도록 했다.[4]

진목공이 물었다.

"왜 배를 불태우는 것이오?"

맹명시가 대답했다.

"병사들의 사기가 살아야 싸움에서 이깁니다. 우리는 여러 번 좌절한 까닭에 사기가 떨어져 있습니다. 다행히 이긴다면 어찌 황하를 건너지 못할까 우려할 일이 있겠습니까? 신이 배를 불태운 것은 필사必死의 각오를 밝히기 위한 것입니다. 진격만 있을 뿐 후퇴는 있을 수 없다는 뜻입니다. 모두 사기를 북돋우려는 취지입니다."

4 이 대목의 『열국지』 원문은 '기도황하旣渡黃河, 사진분기주使盡焚其舟'이다. 여기서 나온 성어가 강을 건넌 뒤 타고 온 배를 불태운다는 뜻의 도하분주渡河焚舟이다. 결사항전의 의지를 가리킨다. 초한전 당시 항우가 행한 파부침주破釜沈舟의 선구에 해당한다. 『춘추좌전』 「노문공 3년」조에는 제하분주濟河焚舟로 돼 있다.

진목공이 말했다.

"좋소."

대장인 맹명시가 선봉이 됐다. 군사를 몰고 진晉나라 깊숙이 들어갔다. 왕관성王官城을 함락시켰다.

왕관성 함락 소식이 진晉나라 도성인 강도에 이르다. 진양공이 곧바로 신하들을 소집해 대책을 논의케 했다.

자가 자여子餘인 조최가 나서서 말했다.

"진秦나라의 분노가 골수에 사무쳤습니다. 이들은 나라의 모든 힘을 기울여 군사를 일으킨 것입니다. 그들은 우리나라에서 싸우다 죽을 각오를 하고 쳐들어왔습니다. 진군秦君도 몸소 참전했습니다. 우리는 이들을 당해낼 수 없습니다. 당분간 싸움을 피하는 게 득책입니다. 이들이 쌓인 분노를 풀 수 있도록 해줘야 되풀이되는 양국 간의 전쟁도 해결할 수 있습니다."

선저거가 말했다.

"짐승도 곤경에 빠지면 사납게 덤벼듭니다. 더구나 진秦나라 같은 대국이야 더 말할 게 있겠습니까? 진군秦君은 3번이나 싸워 모두 패하는 수치를 당했습니다. 저들은 이기지 못하는 한 그만두지 않겠다는 투지에 차 있습니다. 싸움이 계속되면 병화兵禍가 그치지 않을 것입니다. 자여子餘의 말이 옳습니다."

진양공은 이를 좇아 온 나라에 굳게 지킬 뿐 교전하지 말라고 유시했다.

진秦나라 좌서장左庶長 유여가 진목공에게 말했다.

"진晉나라는 우리를 두려워하고 있습니다. 이 기회에 지난번 효산 싸움 때 전사한 우리 병사들의 유해를 수습하십시오. 그러면 우리가 당한 치욕을 그나마 덮을 수 있을 것입니다."

진목공이 이를 좇았다. 황하 기슭을 따라 동남쪽으로 진군했다. 모진茅津 나루에서 황하를 건너 동쪽 효산으로 가 주둔했다. 도중에 감히 영격에 나서는 진晉나라 군사는 단 한 명도 없었다.

진목공이 병사를 풀어 타마애墮馬崖, 절명암絶命巖, 낙혼간落魂澗 등에 흩어져 있는 백골을 수습케 했다. 병사들이 모아 온 해골을 풀로 싸고 묶은 뒤 산골 그윽한 곳에 큰 봉문을 만들어 묻었다. 이어 소와 말을 잡아 그 무덤 앞에 크게 제사상을 차렸다. 소복을 하고 그 앞에 나가 술을 뿌리며 방성대곡放聲大哭을 했다. 3군이 모두 애통해하며 눈물을 흘렸다.

염선髥仙이 이를 시로 읊었다.

일찍이 건숙 백리해 곡을 하더니	曾嗔二老哭吾師
오늘 어째서 진목공이 직접 우나	今日如何自哭之
병사들 묻은 걸 장하다 하지 말고	莫道封屍豪擧事
효산 험하나 시신 있는 곳 아니다	崤山雖險本無屍

강과 팽아 두 고을 백성들은 진목공이 진晉나라로 쳐들어가 이겼다는 소문을 듣고 환호성을 올리며 거리로 쏟아져 나왔다. 힘을 합쳐 각각 진晉나라 수장守將과 수하들을 몰아내고 진秦나라로 복귀했다.

진목공이 개선가를 울리며 본국으로 반사班師했다. 도성으로 돌아온 뒤 맹명시를 아경亞卿으로 임명한 뒤 두 정경과 함께 국정을 다스리게 했다.

서기술과 백을병에게도 상을 내렸다. 이어 포진관蒲津關을 대경관大慶關으로 개칭해 이번의 군공軍功을 기렸다.

한편 서융西戎의 군주 적반赤班은 처음에 진秦나라 군사가 여러 번 진晉나라에 패하는 것을 보고 진秦나라를 얕잡아 보았다. 여러 융족을 이끌고 배반코자 했다. 이를 안 진목공이 진晉나라를 치고 돌아온 뒤 군사를 옮겨 서융을 치려고 했다.

유여가 먼저 융족에게 격문을 보내 조공을 바치도록 요구한 뒤 말을 듣지 않을 때 칠 것을 권했다. 융적의 군주 적반은 맹명시가 승리하고 돌아왔다는 소식을 듣고는 진秦나라 군사가 쳐들어오지나 않을까 우려했다. 이런 터에 진목공의 격문이 온 것이다.

그는 격문을 본 뒤 이내 서쪽 20여 국의 군주를 이끌고 진秦나라로 가 조공한 뒤 땅을 바쳤다. 이어 진목공을 높여 서융의 패주伯主로 모셨다.

사신史臣은 이를 두고 진목공을 이같이 평했다.

1천 명의 군사는 얻기 쉬워도 1명의 장수는 구하기 어렵다.

진목공은 맹명시의 현명함을 믿었기에 시종 변함없이 임용했다. 마침내 패업을 이루게 된 배경이다.

진목공의 명성은 곧바로 경사에도 전해졌다. 주양왕은 그 소문을 듣고 윤무공尹武公에게 말했다.

"진秦나라와 진晉나라는 서로 필적하오. 이들의 선대 모두 우리 왕실에 큰 공을 세웠소. 지난날 진晉나라 중이가 중하中夏의 맹주가 되었을 때 과인은 그를 후백侯伯으로 책명冊命했소. 이제 진백秦伯 임호任好의 강성함이 당시의 중이만 못하지 않소. 과인은 임호를 중이처럼 책명하려고 하는데 경은 어찌 생각하오?"

윤무공이 대답했다.

"진백 임호가 자력으로 서융의 패주가 됐지만 그는 진문공이 근왕하기 위해 애쓴 공로에 견줄 만한 일을 하지 못했습니다. 지금 진晉나라와 진秦나라는 그 관계가 아주 나쁩니다. 진후晉侯 환驩은 부친인 진문공의 업적을 잘 계승하고 있습니다. 그런 터에 진백 임호에게 책명을 내리면 왕실은 진晉나라의 환심을 잃고 말 것입니다. 차라리 사자를 진秦나라에 보내 하사품을 전하고 진백이 서융의 패주가 된 것을 축하하십시오. 그러면 진백 임호도 천자의 은덕에 감격할 것이고, 진후 환도 주왕실을 원망하지 않을 것이오."

주양왕이 이를 좇았다.

뒷일이 어떻게 전개될 것인지 알고자 하면 다음 회를 보라.

제47회

93話 농옥 부부가 퉁소 불며 봉황 타고 떠나다
–농옥취소쌍과봉弄玉吹簫雙跨鳳

진목공은 서융西戎에 속했던 20여 국을 병탄하고, 마침내 서융의 패주가 되었다. 주양왕은 윤무공을 시켜 금으로 만든 북을 하사하고, 진목공이 서융의 패주가 된 것을 치하했다.

진목공은 사은하기 위해 입조해야 했으나 나이가 너무 많아 행차하기가 어려웠다. 대신 대부 공손지를 보내 사은케 했다.

이해에 유여가 병사했다. 진목공이 크게 슬퍼했다. 맹명시를 우서장右庶長으로 삼았다. 주왕실에서 돌아온 공손지는 진목공이 맹명시를 몹시 신임하는 걸 보고 늙었다는 이유로 벼슬자리에서 물러났다.

당시 진목공에게 어린 딸이 있었다. 그녀가 태어났을 때 마침 어떤 백성

농옥

이 진목공에게 박옥璞玉 한 덩이를 바쳤다. 진목옥이 옥장玉匠을 시켜 잘 다듬게 했다. 그 박옥은 푸른빛이 감도는 미옥美玉으로 변했다.

그녀가 돌을 맞이하자 궁중에서 그녀를 위해 풍성한 돌상을 차렸다. 그녀는 유독 옥구슬만 손으로 굴리면서 놓지 않았다. 그녀의 이름을 농옥弄玉이라고 지은 이유다.

농옥은 자라면서 자태와 용모가 뛰어나게 아름다웠다. 또 비할 바 없이 총명했다. 그녀는 생황을 잘 불었다. 악사에게 배우지 않았는데도 스스로 가락을 만들어 연주했다. 이를 보고 진목공이 솜씨 좋은 장인에게 명해 그 옥구슬로 생황을 만들게 했다.

농옥은 그 옥생황을 연주했다. 그 소리가 마치 봉황이 우는 소리 같았다. 진목공은 농옥을 더욱 사랑했다. 그녀를 위해 큰 누각을 짓고 그곳에 기거케 했다. 누각 이름을 봉루鳳樓라고 지었다. 이어 누각 앞에 높은 층대를 쌓고 봉대鳳臺라고 불렀다.

농옥이 15세가 되자 진목공은 그녀에게 훌륭한 배필을 구해주려고 했다. 농옥이 스스로 맹서했다.

"반드시 생황을 잘 불고 저의 생황에 화답할 수 있어야만 남편이 될 수 있다. 그 밖의 사람은 원하지 않는다."

진목공이 사람들을 시켜 널리 사윗감을 찾았으나 생황을 잘 부는 젊은이를 찾지 못했다.

하루는 농옥이 봉루에 앉아 주렴을 걷고 한가롭게 밖을 내다봤다. 구름 한 점 없는 하늘에 보름달이 거울처럼 밝았다. 농옥이 시녀를 불러 향로에 향을 사르게 했다. 이어 창에 기대 옥생황을 불었다. 청아한 소리가 하늘 위까지 울렸다. 미풍이 화답하는 소리가 있는 듯했다. 먼 데서 나는 듯도 하고 가까운 데서 나는 듯도 했다.

농옥은 마음속으로 이상하게 생각했다. 불던 생황을 멈추고 그 소리를 들어보려고 했다. 바로 그때였다. 어디선지 농옥의 생황 소리에 맞춰서 또 하나의 생황 소리가 들려 왔다. 그 생황 소리는 먼 데서 부는 것 같기도 하고 또는 아주 가까운 데서 부는 것 같기도 했다.

농옥은 이상한 생각이 들었다. 불던 생황을 멈추고 그 소리를 들어보려고 했다. 그러자 그 소리도 멈췄다. 다만 여음이 끊어질듯 말듯 가냘프게 들렸다.

농옥은 미풍 속에 망연자실한 채 앉아 있었다. 밤은 점차 깊어만 갔다. 어느덧 달은 기울고 향로의 불도 꺼졌다. 농옥은 생황을 침상 머리에 놓고 억지로 잠을 청했다.

그녀는 꿈속에서 하늘의 서남쪽 천문天門이 열리면서 오색 노을이 대낮처럼 밝게 빛나는 것을 보았다. 그 속에서 우관羽冠을 쓴 채 학의 깃털로 만든 옷인 학창의鶴氅衣를 입은 미장부美丈夫가 오색의 봉황인 채봉彩鳳을 타고 하늘에서 내려왔다. 농옥이 있는 봉루 앞의 봉대 위에 서서 농옥에게 말했다.

"나는 태화산太華山의 주인이오. 상제가 내게 명하기를 그대와 혼인하라고 했소. 중추일中秋日인 오늘 그대를 보러왔소. 우리가 만난 것은 전생의 인연인가 하오."

그러고는 허리춤에서 붉은 옥으로 만든 통소를 꺼내들고 난간에 기대 불었다. 그가 타고 온 채봉이 날개를 펴고 울면서 춤을 췄다. 봉새의 우는 소리와 옥 통소 소리가 어울려 하나의 소리처럼 들려왔다. 통소와 봉황의 궁宮과 상商 소리가 하나로 어울려 낭랑하게 들렸다.

"그게 무슨 곡입니까?"

미장부가 대답했다.

"이 곡은 화산음華山吟의 제1롱第一弄이오."

농옥이 다시 물었다.

"그 곡을 배울 수 있습니까?"

미장부가 대답했다.

"이미 혼인키로 약속한 사이인데 가르쳐 주지 못할 이유가 뭐 있겠소?"

그는 말을 마치자 농옥에게 다가와 손을 잡았다. 손을 잡히는 순간 농옥이 깜짝 놀라 꿈에서 깨어났다. 그러나 꿈속의 광경이 아직도 눈앞에 완연했다.

아침이 되자 농옥이 부친인 진목공에게 꿈 이야기를 했다. 진목공은 맹명시를 불러 농옥이 꿈속에서 본 미장부의 용모를 일러준 뒤 태화산으로 가서 그런 사람을 찾게 했다.

맹명시가 태화산으로 가 미장부를 닮은 사람을 수소문했다. 하루는 들에서 일하는 야부野夫가 산 위를 가리키며 말했다.

"저 산의 명성암明星巖 밑에 한 이인異人이 있습니다. 지난 7월 15일부터 저 산에 와서 초막을 짓고 홀로 삽니다. 밤마다 산에서 내려와 술을 사서 혼자 마십니다. 밤이 되면 반드시 퉁소를 한 곡조씩 붑니다. 소리가 사방으로 퍼지면 사람들은 그 소리를 듣느라 잠자는 것도 잊습니다. 그러나 그가 어디서 온 사람인지 아무도 모릅니다."

맹명시가 태화산으로 올라갔다. 과연 그 명성암 바위 밑에 우관羽冠을 쓰고 학창의鶴氅衣를 입은 사람을 만났다.

얼굴이 백옥처럼 희고, 입술은 연지를 바른 듯이 붉었다. 표일飄逸한 모습이 속세를 벗어난 듯했다. 맹명시는 그가 바로 이인인 걸 알고 앞으로 나아가 읍하고 성명을 물었다. 그 사내가 대답했다.

"이 사람의 성은 소蕭이고, 이름은 사史라고 합니다. 족하足下는 누구십니까?"

맹명시가 대답했다.

"이 사람은 진나라 우서장 백리시百里視이오. 지금 주공이 사랑하는 딸을 위해 사위를 고르고 있소. 주공의 딸이 생황을 잘 부는 까닭에 반드시 그에 어울리는 배필을 구하려 하고 있소. 듣자하니 그대가 음악에 정통하다고 하는데 우리 주공이 그대를 한 번 보고자 하오. 나는 주공의 명을 받고 그대를 모시러 왔소."

소사가 대답했다.

"이 사람은 구앙宮商의 5음五音을 약간 아는 정도입니다. 다른 장기는 없습니다. 제가 어찌 군주의 명을 욕되게 할 수 있겠습니까?"

맹명시가 말했다.

"일단 이 사람과 함께 주공을 보러 갑시다. 그러면 자연 알게 될 것이오."

소사가 맹명시와 함께 가마를 타고 진나라 도성으로 갔다.

맹명시가 먼저 입궁해 진목공을 알현하면서 복명했다. 이어 소사를 인도해 알현을 올리게 했다. 당시 진목공은 봉대 위에서 소사를 맞이했다. 소사가 절을 한 뒤 말했다.

"신은 산야山野의 필부로 예법을 잘 모릅니다. 엎드려 바라건대 신의 행동이 무례할지라도 널리 용서해 주시기 바랍니다."

진목공은 소사의 모습이 수려한데다가 속세를 떠난 듯한 기상을 지니고 있는 것을 보고 심중의 3할 가량 기쁘게 생각했다. 곧 곁에 앉도록 자리를 내주면서 물었다.

"듣자니 퉁소를 잘 분다는데, 생황도 잘 부는가?"

소사가 대답했다.

"신은 퉁소만 불 줄 알고 생황은 못 붑니다."

진목공이 말했다.

"과인은 본래 생황을 잘 부는 배필을 구해주려 했소. 퉁소와 생황은 악기가 다르오. 그대는 내 딸이 배필이 아닌 듯하오.'

그러고는 맹명시를 돌아보며 데리고 나가게 했다. 엿듣고 있던 농옥이 급히 시녀를 보내 진목공에게 말을 전하게 했다.

"퉁소와 생황은 같은 종류의 악기입니다. 빈객이 퉁소를 잘 분다는데, 왜 한번 불어 보라고 하지 않는 것입니까? 어째서 재주 있는 사람을 그냥 내보내는 것입니까?"

진목공이 이 말을 그럴 듯하게 여겼다. 곧 소사에게 퉁소 한 곡조를 부탁했다. 소사가 붉은 옥으로 만든 퉁소를 꺼냈다. 옥빛이 부드럽고 윤기가 났다. 사람을 눈부시게 했다. 보기 드문 보배였다.

소사가 제1곡을 불자 맑은 바람이 불어왔다. 제2곡을 불자 사방에서 오색구름이 모여들었다. 제3곡을 불자 한 쌍의 백학이 날아와 공중에서 날며 춤을 췄다. 공작 여러 쌍이 봉대 앞의 숲으로 모여들고 뭇 새들이 퉁소 소리에 화답하듯 아름답게 울며 모였다가 한참 만에 흩어져 날아갔다.

진목공이 크게 기뻐했다. 농옥 역시 주렴 뒤에 숨어서 소사를 엿보다가 크게 기뻐하며 속으로 생각했다.

'저 사람이야말로 나의 배필이다.'

당시 진목공은 소사에게 다시 물었다.

"그대는 퉁소와 생황이 어떻게 만들어졌고, 언제부터 사람들이 불기 시작했는지 알고 있는가?"

소사가 대답했다.

"생황의 생笙은 곧 생生입니다. 여와씨女媧氏가 처음으로 만들었습니다. 생황의 명칭은 소리가 만들어진다는 취지에서 취한 것입니다. 음률은 태주太簇에 응합니다. 퉁소의 소簫는 곧 숙肅입니다. 복희씨伏羲氏가 처음으로 만들었습니다. 퉁소의 명칭은 소리가 숙청肅淸한다는 데서 취한 것입니다. 음률은 중려仲呂에 응합니다."

진목공이 다시 물었다.

"좀 더 자세히 말해 보오."

소사가 대답했다.

"신이 퉁소를 불기에 퉁소에 대해 말씀드리겠습니다. 옛날 복희씨가 여러 개의 죽관竹管을 엮어 퉁소를 만들었습니다. 죽관의 형태가 길고 짧아 들쭉날쭉한 것은 봉의 날개를 모방한 것입니다. 그 소리는 평화롭고도 아름다운 것은 봉의 울음소리를 모방한 것입니다. 그 중 큰 것을 아소雅簫라고 합니다. 23개의 죽관을 엮어 만든 것입니다. 가장 긴 관이 1척尺4촌寸입니다. 그 중 작은 것을 송소頌簫라고 합니다. 16개의 죽관을 엮어 만든 것입니다. 가장 긴 관이 1척2촌입니다. 이 두 가지를 합친 것이 소관簫管이고, 관에 바닥이 없이 뚫려 있는 것을 퉁소 즉 동소洞簫입니다. 이후 황제黃帝가 전설적인 악사 영륜伶倫을 시켜 곤륜산의 해곡嶰谷인 곤계昆谿로 가서 대를 베어 피리 즉 적笛을 만들게 했습니다. 그 피리는 가로로 들고 불기에 횡적橫笛이라고도 합니다. 구멍이 7개 뚫려 있습니다. 피리 역시 봉의 울음소리를 모방하기 위해 만들어졌습니다. 그 모양이 크게 간편해서 후대인이 여러 개의 관이 있는 것을 번거롭게 여겨 오로지 한 개의 관만으로 만들어 불게 됐습니다. 그 긴 것을 소簫, 짧은 것을 관管이라고 합니다. 오늘날의 퉁소는 옛날의 퉁소와 다릅니다."

진목공이 물었다.

"경이 퉁소를 불면 어째서 진기한 새들이 모여드는 것이오?"

소사가 대답했다.

"퉁소의 제작법은 간편해졌으나 그 소리는 변하지 않았습니다. 원래 복희씨는 봉의 울음소리를 흉내 내기 위해 퉁소를 만들었습니다. 봉은 모든 날짐승의 왕입니다. 모든 날짐승은 봉의 울음소리를 듣고 날아옵니다. 옛날 순임금은 「소소簫韶」라는 음악을 만들었습니다. 그 소리를 듣고 봉황이 날아왔습니다. 봉황도 가히 부를 수 있는데 하물며 다른 새들이야 더 말해 무엇 하겠습니까?"

소사의 응답은 유수와 같았다. 목소리 또한 크고 밝았다. 진목공이 더욱 기뻐했다. 소사에게 부탁했다.

"과인에게 사랑하는 딸 농옥이 있네. 자못 음률을 알고 생황을 잘 부네. 장님사위는 맞고 싶지 않네. 그대가 내 딸을 맞이했으면 하네."

소사가 몸가짐을 단정히 하고 재배한 뒤 사양했다.

"이 소사는 궁벽한 산골에 사는 야인野人입니다. 신이 어찌 왕후王侯의 부귀를 누릴 수 있겠습니까?"

진목공이 대답했다.

"지난날 내 딸은 맹서한 바가 있네. 생황을 잘 부는 사람을 택해 배필로 삼겠다는 것이었네. 이제 보니 그대의 퉁소소리는 천지에 통하고 만물에 가닿는 것을 알았네. 과인이 듣기에도 퉁소가 생황보다 나은 듯하네. 더구나 내 딸은 이상한 몽조夢兆의 꿈을 꾼 바 있네. 오늘이 바로 8월 15일 중추일일세. 이는 하늘이 맺어준 연분인 천연天緣일세. 그대는 사양하지 말게."

소사가 진목공에게 배사拜謝했다. 진목공이 태사에게 명해 혼인의 길일을 택하게 했다. 태사가 진목공에게 말했다.

"오늘 저녁이 중추일로 길일입니다. 달은 하늘 위에서 원만하게 둥글고, 사람은 땅 위에서 원만하게 합칠 수 있는 날입니다."

진목공이 곧바로 궁인들로 하여금 소사를 깨끗하게 목욕시키게 했다. 이어 새 의관을 입혔다. 소사가 마침내 봉루로 가서 농옥과 부부의 인연을 맺었다. 소사 부부는 퉁소와 생황처럼 서로 화순和順했다.

이튿날 아침, 진목공이 소사에게 중대부中大夫의 벼슬을 내렸다. 소사는 조정의 문무백관 반열인 이른바 조반朝班에 들기는 했으나 정사에는 전혀 간섭하지 않았다. 그는 날마다 봉루에 있었다. 불에 익힌 음식인 화식火食을 전혀 하지 않고 간혹 술을 몇 잔씩 마실 뿐이었다. 농옥도 곡식을 먹지 않고 몸을 유지하는 기공氣功을 배우게 됐다. 소사는 농옥에게 퉁소 부는 법과 「내봉來鳳」 곡을 가르쳤다.

소사가 봉루에서 농옥과 부부로 지낸 지 반년쯤 지났다. 하루는 소사 부부가 밝은 달 아래서 함께 퉁소와 생황을 불었다. 이때 자봉紫鳳 한 마리가 날아와 봉대 왼편에 내려앉았다. 이어 적룡赤龍 한 마리가 날아와 봉대 오른편에 웅크리고 앉았다.

소사가 농옥에게 말했다.

"나는 원래 천상계의 신선이오. 상제上帝는 인간의 사적史籍이 흩어지는 것을 우려해 내게 그것을 정리하라고 명했소. 그래서 주선왕 17년 5월에 주나라의 소씨蕭氏 집에서 태어났소. 그 집안의 셋째 아들이어서 소삼랑蕭三

郎이라고 불렀소. 이후 주선왕 말년에 사관史官이 죄를 짓고 그 자리서 물러났다. 내가 사관이 되어 궁중 안팎의 일을 기록 편찬하고, 미비한 전적典籍을 조사해 보충했소. 주나라 사람들은 내가 역사편찬에 공이 있다고 하여 나를 소사蕭史라고 불렀소. 내가 이 세상에 내려온 지도 어언 170년이 되었소. 상제가 나중에 태화산太華山의 주인이 되게 했소. 그대와는 숙연宿緣이 있기에 퉁소를 불어 부부의 인연을 맺은 것이오. 나는 인간 세상에 오래 머물 수 없소. 이제 용봉이 나를 영접하러 왔으니 우리는 이곳을 떠나야 하오."

농옥이 부친인 진목공에게 작별인사를 하려고 했다. 소사가 말했다.

"우리는 이미 신선이 되었소. 응당 속세를 생각하는 마음을 벗어버려야 하오. 어찌 집안 권속眷屬을 생각하며 부모자식의 인연에 연연해하는 것이오?"

마침내 소사는 적룡, 농옥은 자봉을 탔다. 이들은 이처럼 용봉을 타고 구름 속으로 사라졌다. 오늘날 사위를 승룡乘龍[1]이라고 부르는 것은 소사의 이 고사에서 나온 말이다.

그날 밤, 사람들은 태화산에서 봉이 우는 소리를 들었다.

이튿날 아침, 봉루의 궁녀들이 이를 진목공에게 고했다. 진목공이 한동안 넋을 잃은 모습을 보이다가 이같이 탄식했다.

"신선을 반신반의 했는데 과연 있구나. 지금이라도 용봉이 과인을 데리러 오면 과인은 이 나라 강산을 헌신짝인 폐리敝履처럼 버릴 것이다."

그러고는 곧 사람을 시켜 태화산으로 가 두 사람의 종적을 찾게 했다. 그

1 승룡가서乘龍佳婿의 약자이다. 여인이 시집을 가면 사위를 상징하는 용 위에 올라탄다는 취지에서 나온 말이다. 재주와 용모가 모두 뛰어난 재모쌍전才貌雙全의 사위를 상징한다. 남의 사위를 칭예稱譽할 때 사용한다. 당나라 때 서견徐堅이 편찬한 일종의 백과사전인 『초학기初學記』의 「인개부鱗介部」에 '승룡가서'에 관한 일화가 나온다. 풍몽룡이 이를 인용한 것이다.

러나 두 사람의 종적은 그 어디서도 찾을 수 없었다. 진목공은 좌우에 명해 태화산 명성봉明星峰 밑에 소사와 농옥의 사당을 짓고 해마다 술과 과일만으로 제사를 지내게 했다. 지금도 사람들은 그 사당을 소녀사蕭女祠라고 부른다. 사당 안에서 때로 봉의 울음소리가 났다.

위진남북조 시대 남조 송宋나라의 시인 포조鮑照가 「소사곡蕭史曲」[2]을 지었다.

소사는 늘 늙지 않았으니	蕭史愛少年
농옥은 동안을 사랑했지	嬴女戀童顔
곡식과 익힌 음식 버리고	火粒願排棄
놀과 안개 속에서 놀았지	霞霧好登攀
용은 하늘 길로 올라가고	龍飛逸天路
봉은 진나라 관문 떠나다	鳳起出秦關
한번 간 뒤 안 돌아오니	身去長不返
퉁소소리만 오락가락하다	蕭聲時往還

같은 시대 남조 진陳나라의 시인 강총江總 역시 동일한 제목의 「소사곡蕭史曲」을 지은 바 있다.

농옥은 진나라 여자이고	弄玉秦家女
소사는 선계의 젊은이다	蕭史仙處童

2 포조鮑照는 남북조시대 남조 송나라 때 임천왕臨川王 유의경劉義慶에게 발탁돼 국시랑國侍郎이 된 후 임해왕臨海王 유자욱劉子頊 밑에서 참군參軍으로 일했다. 포참군鮑參軍으로 불린 이유다. 후에 유자욱과 함께 반기를 들었다가 목숨을 잃었다. 비분강개한 시풍으로 명성을 떨쳐 사령운謝靈運 및 안연지顔延之와 함께 원가元嘉 3대가三大家로 불린다. 「소사곡蕭史曲」은 현재 서진의 문인 장화張華의 작품으로 알려져 있다.

저들은 보름날 인연 맺고	來時兎月滿
저들이 떠나자 봉루 비다	去後鳳樓空
다정한 밀어와 웃음 속에	密笑開還斂
퉁소 생황 소리 상통하다	浮聲咽更通
서로 불로장생 기약하고	相期紅粉色
자색 연기 속으로 가다	飛向紫煙中

이우 진목공은 전쟁과 무기 등의 병혁兵革에 관해 말하는 것을 싫어했다. 마침내 세속을 벗어나 초연超然한 생각을 갖게 됐다. 정사를 모두 맹명시에게 맡기고 청정한 무위지업無爲之業을 닦았다.

얼마 후 공손지가 세상을 떠났다. 맹명시가 자거씨子車氏의 세 아들인 엄식奄息과 중행仲行 및 감호鍼虎를 진목공에게 천거했다. 이들 3인 모두 현량賢良한 까닭에 진나라 백성들이 3량三良으로 불렀다. 진목공이 3량에게 대부 벼슬을 내렸다.

이로부터 3년이 지나 주양왕 31년인 기원전 621년 봄 2월 보름날 밤, 진목공이 봉대에 앉아 밝은 달을 쳐다보며 사랑하는 딸 농옥을 생각했다. 어디로 갔는지, 다시 만날 수 있는지 여부를 생각하다가 삽시간에 밀려드는 모습으로 맥연驀然히 잠이 들고 말았다.

꿈속에서 소사와 농옥을 만났다. 두 사람이 타고 온 봉황 위에 올라 함께 달나라 광한궁廣寒宮에 가서 놀았다. 맑고 차가운 기운이 뼈 속까지 스며들었다. 꿈에서 깨어난 뒤 한질寒疾에 걸렸다. 며칠 후 세상을 떠나고 말았다. 진나라 사람들은 진목공이 신선이 되어 세상을 떠났다고 생각했다.

진목공은 39년 동안 보위에 있었다. 향년 69세였다. 처음에 진헌공의 딸 백희伯姬를 아내로 맞이했다. 그녀는 태자 앵罃을 낳았다. 진목공의 뒤를 이어 태자 앵이 즉위했다. 그가 진강공秦康公이다.

농옥 부부가 퉁소를 불며 봉황을 타고 떠나다

진강공은 선군인 진목공을 서융의 풍습을 좇아 장사지냈다. 살아 있는 사람을 순장殉葬했다. 순장된 사람이 177명에 달했다. 거기에는 자거씨의 세 아들인 '3량'도 들어 있었다. 진나라 백성들은 '3량'이 순장당한 것을 크게 슬퍼한 나머지 「황조黃鳥」의 노래를 지어서 불렀다. 현존 『시경』「국풍國風, 진풍秦風」에 나온다.

후대인이 진목공이 '3량'을 순장케 한 것을 두고 이같이 평했다.

> 이는 죽은 사람을 위해 살아 있는 현인을 버린 것으로 나라를 위한 계책이 아니다.

오직 북송 때의 소동파蘇東坡만 「제진목공題秦穆公墓」의 시를 지어 진목공을 변호했다. 그 내용은 사람의 의표를 찌르고 있다.

탁천이란 샘물은 성 동쪽에 있고	槖泉在城東
묘지는 성안의 100보 거리에 있다	墓在城中無百步
그로 보아 옛날엔 그 성씨 없으니	乃知昔未有此城
사람들 이를 통해 목공의 묘 알다	秦人以此識公墓
그는 패한 맹명시도 안 죽였는데	昔公生不誅孟明
어찌 죽는 날 3량을 순장시켰을까	豈有死之日而忍用其良
3량 자진해 죽은 걸 알 수 있다	乃知三子殉公意
초한전 때 전횡의 경우와 닮았다	亦如齊之二子從田横
고인은 밥 한 그릇에도 감격해	古人感一飯
은혜 갚기 위해 죽음을 무릅썼다	尙能殺其身
요즘 사람 이런 모습 볼 수 없다	今人不復見此等
좁은 소견으로 고인만 의심하다	乃以所見疑古人
옛사람의 금도를 따르지 못하니	古人不可望
요즘 사람 더 한심하기만 하다	今人益可傷

94話 조돈이 진나라를 배반하고 영공을 세우다
– 조돈배진립영공趙盾背秦立靈公

이야기가 둘로 나뉜다. 진양공 6년인 기원전 622년, 진양공이 아들 이고夷皐를 태자로 삼았다. 이어 서제庶弟 공자 낙樂을 진陳나라로 보내 벼슬을 살게 했다. 이해에 조최와 난지, 선저거, 서신 등이 앞뒤로 세상을 떠났다. 대신들이 잇달아 4명이나 죽자 중요한 벼슬자리가 많이 비게 되었다.

이듬해에 진양공이 모든 군사와 병거를 이夷 땅에 소집했다. 그곳에서 진문공 때 6군으로 증설했다가 5군을 유지한 군대 편제를 원래대로 3군으로 축소했다. 진양공은 사곡士穀[3]과 양익이梁益耳에게 중군, 기정보箕鄭父와 선도先都에게 상군의 지휘를 맡길 심산이었다.

선저거의 아들 선극先克이 말했다.

"호언과 조최는 우리 진나라에 대공을 세웠습니다. 그 자제를 반드시 등용해야 합니다. 더구나 사곡은 사공司空 벼슬에 있기는 하나 양익이와 더불어 아직 전공을 세운 적이 없습니다. 두 사람을 문득 대장으로 삼으면 인심이 복종하지 않을까 두렵습니다."

진양공이 이를 좇아 호언의 아들 호야고狐射姑를 중군 원수로 삼고, 조최의 아들 조돈趙盾으로 하여금 그를 보필하게 했다. 또 기정보를 상군 대장으로 삼고, 순림보荀林父로 하여금 그를 보필하게 했다. 이어 선멸先蔑을 하군 대장으로 삼고, 선도로 하여금 그를 보필하게 했다.

중군 원수가 된 호야고가 단상에 올라 3군을 호령했다. 호령을 멋대로

3 사곡士穀의 『열국지』 원문은 사곡士穀이나 『춘추좌전』에는 사곡士穀으로 나온다. 번역문은 『춘추좌전』을 좇아 곡穀을 모두 곡穀으로 바꿔 놓았다.

하면서 마치 옆에 아무도 없는 듯이 방약무인傍若無人한 모습을 보였다. 부하인 군사마軍司馬 유변臾駢이 간했다.

"군대의 승리는 숫자에 있지 않고 화목에 있다는 뜻의 사극재화師克在和 경구를 저는 들은 바 있습니다. 지금 3군의 대장은 모두 오랜 관록을 지닌 숙장宿將이 아니면 대대로 벼슬한 집안의 세신世臣입니다. 원수는 허심탄회하게 그들에게 자문을 구하고 늘 겸퇴謙退하는 태도를 가지십시오. 전에 초나라 장수 성득신이 우리 진나라에 패한 것도 바로 강퍅剛愎하고 자긍自矜했기 때문이었습니다. 불가불 경계하지 않을 수 없습니다."

호야고가 성을 내며 유변을 꾸짖었다.

"내가 명령을 내리는 마당에 필부가 어찌 감히 난언亂言으로 병사들의 사기를 떨어뜨리려 하는가!"

좌우에 명해 채찍을 100대 때리게 했다. 이를 보고 병사들 모두 호야고에게 불복할 마음을 품었다.

당시 사곡과 양익이는 선극이 자신들의 임용을 막은 것을 알고 내심 큰 원한을 품었다. 상군 대장의 직위를 얻지 못한 선도도 선극을 깊이 원망했다. 태부 양처보는 위나라에 보빙사報聘使로 가 있었던 까닭에 이 일에 간여하지 않았다.

양처보가 돌아왔을 때 호야고는 원수가 되어 있었다. 그가 진양공에게 은밀히 말했다.

"호야고는 성품이 강퍅하고 윗사람에게 아첨하기를 좋아해 병사들의 마음을 얻지 못할 것입니다. 그는 장수의 재목이 아닙니다. 신은 지난날에 조최의 군대에 있으면서 그를 보좌한 일이 있는 까닭에 그의 아들 조돈의 인품을 잘 압니다. 그는 현명하고 능력도 있습니다. 현능한 사람을 임용하는 것은 나라를 강하게 만드는 첩경입니다. 주공이 장수를 고르고자 하면 조돈만한 인물이 없을 것입니다."

진양공은 수긍했다. 다시 양처보로 하여금 동董 땅에 군사를 소집케 했다. 호야고는 장수를 바꾸는 일에 대해 전혀 몰랐다. 그는 흔현이 나가 앉았다.

진양공이 자가 가계賈季인 호야고를 불러 말했다.

"가계는 내말을 들으시오. 지난번에 조돈으로 하여금 그대를 보필토록 했으나 앞으론 그대가 조돈을 보필토록 하시오."

호야고는 감히 딴소리를 하지 못했다. 그저 '예, 예'하며 물러갔다. 진양공이 곧바로 조돈을 중군 원수에 임명하고, 호야고로 하여금 그를 보필케 했다. 상군과 하군의 원수는 바꾸지 않고 그대로 두었다.

이후 조돈은 국정까지 떠맡아 정령을 정성껏 공정하게 시행했다. 백성들이 기꺼이 복종했다.

어떤 사람이 자가 자맹子孟인 양처보에게 말했다.

"자맹이 실정實情을 감추지 않고 진언하니 충성스럽기는 하오. 그러나 그로 인해 다른 사람으로부터 원망을 사지나 않을까 염려되오."

양처보가 대답했다.

"실로 나라에 이익이 된다면 어찌 감히 사원私怨을 피하겠소?"

이튿날 호야고는 단독으로 진양공을 찾아가 물었다.

"주공은 신의 아비의 노고를 생각해 신을 불초하다고 여기지 않고 신에게 군대의 지휘를 맡겼습니다. 그런데 갑자기 신의 직위를 빼앗았습니다. 신은 그 까닭을 모르겠습니다. 신의 아비 공로가 조최보다 못해서 그런 것입니까? 아니면 다른 이유가 있기 때문입니까?"

진양공이 대답했다.

"다른 이유는 없소. 다만 양처보가 과인에게 그대는 민심을 얻지 못해 대장노릇을 하지 못할 것이라고 했소. 그 때문에 바꾼 것이오."

호야고가 묵묵히 물러나갔다.

이해 가을 8월, 진양공이 병이 났다. 그는 자신이 회생하지 못할 것을 알았다. 곧 태부太傅 양처보와 상경 조돈을 비롯해 신하들을 병상 앞으로 불렀다. 그러고 후사를 부탁했다.

"과인은 선군의 패업을 이어받아 적翟나라를 격파하고, 진秦나라를 3번 쳤소. 우리의 예기銳氣는 외국에 의해 한 번도 꺾인 적이 없소. 이제 불행하게도 과인은 오래 살지 못하고 여러 경들과 이별해야 할 것 같소. 태자 이고夷皐는 아직 어리니 경들이 응당 마음을 다해 보필해 주시오. 또 이웃 나라들과 우호를 유지하면서 맹주의 위치도 잃어서는 안 될 것이오."

신하들이 재배하고 분부를 받았다. 이날 진양공은 세상을 떠났다. 이튿날 신하들은 진양공의 유명을 좇아 태자 이고를 보위에 옹립코자 했다. 조돈이 반대했다.

"지금 나라엔 어려운 일이 많고, 진秦나라와 적翟나라도 우리의 원수가 되어 있소. 나이가 어린 군주를 세워선 안 되오. 선군 진문공의 후실인 두기杜祁 소생인 공자 옹雍이 지금 진秦나라에서 벼슬을 살고 있소. 그는 선善을 좋아하는데다 나이도 어른이오. 그를 맞아들여 대위大位를 잇도록 하는 게 합당하오."

신하들이 입을 다물었다. 이때 호사고가 나서서 말했다.

"차라리 공자 낙樂을 세우느니만 못하오. 공자 낙도 선군의 동생이오. 그는 지금 진陳나라에서 벼슬을 살고 있소. 진陳나라는 원래 우리 진晉나라와 친한 사이요. 공자 옹이 벼슬을 살고 있는 진秦나라는 우리와 원수지간이오."

조돈이 반박했다.

"그렇지 않소. 진陳나라는 작고 또 너무 멀리 떨어져 있소. 진秦나라는 크고 또 우리와 가까운 거리에 있소. 군주를 진陳나라에서 맞아들일지라도 우리와 화목한 관계에 더 보탬이 될 것이 없소. 그러나 진秦나라에 있는 공자 옹을 영립迎立하면 진秦나라와 화해할 수 있고, 또 앞으로 후원도 기대할 수 있소. 반드시 공자 옹을 영립해야만 하오."

대신들이 조돈의 의견을 지지했다. 선멸先蔑이 정사正使, 사회士會가 부사副使가 되었다. 국상을 알리고 겸하여 공자 옹을 영립할 뜻을 전하게 했다. 순림보가 선멸을 찾아와 말했다.

"지금 선군의 부인과 태자가 엄연히 있소. 무엇 때문에 다른 나라에서 군주를 맞아들이려고 하는 것이오. 이번 일이 성공하지 못하는 날엔 다른 변이 생길까 두렵소. 그대는 어째서 병이 났다고 핑계대고 사자의 자리를 사퇴하지 않는 것이오."

선멸이 대답했다.

"지금 정권이 조돈에게 있는데 무슨 변이 일어난단 말이오?"

순림보는 자가 사백士伯인 선멸의 집에서 나와 다른 사람에게 말했다.

"같은 벼슬자리에 있으면 동료인 셈이오. 나는 사백과 동료인 까닭에 나의 진심을 말하지 않을 수 없었소. 그러나 그는 내 말을 듣지 않았소. 그는 진秦나라로 가기는 해도 돌아오지는 못할 것이오."

선멸이 사회와 함께 진나라로 갔다. 당시 호야고는 조돈이 자신의 건의를 좇지 않은 것에 대해 격분했다.

"호씨와 조씨는 모두 나라를 위해 공을 세웠다. 그런데 오늘날 이 나라엔 조씨만 있고 호씨는 없단 말인가?"

호야고 역시 몰래 심복을 진陳나라로 보내 공자 낙을 데려오게 했다. 보위를 놓고 공자 옹과 다투게 할 심산이었다. 이 계책은 밀고자에 의해 이내 조돈에게 알려졌다.

조돈이 식객으로 있는 공손저구公孫杵臼에게 명해 집안의 장정인 가정家丁 100명을 이끌고 가 도중에서 매복하고 있다가 공자 낙이 오거든 죽여버리게 했다. 이 계책 역시 도중에 밀고자에 의해 호야고에게 알려졌다. 호야고가 대로했다.

"조돈을 돕는 자는 바로 양처보다. 양처보는 집안이 한미하고 도와주는 사람도 적다. 그는 지금 국장國葬에 관한 일을 주관하느라고 교외에 나가 유숙할 때가 많다. 그를 몰래 척살하는 일은 어렵지 않다. 조돈이 공자 낙을 죽였으니 나 또한 양처보를 죽이는 게 가하지 않겠는가?"

그러고는 동생인 호국거와 이를 상의했다. 호국거가 대답했다.

"이 일은 제가 능히 해낼 수 있습니다."

호국거가 집안의 장정들과 함께 도적을 가장했다. 한밤중에 담을 뛰어넘어 양처보의 집으로 들어갔다. 양처보는 촛불을 밝히고 책을 보고 있었다. 호국거는 곧바로 양처보 앞으로 달려들어 그를 칼로 내리쳤다.

어깨에 칼을 맞은 양처보가 놀라 달아났다. 호국거가 그 뒤를 쫓아가 죽였다. 이내 그의 목을 끊어가지고 돌아갔다. 양처보의 시종들 가운데 호국거를 알아본 사람이 있었다. 그가 조돈에게 가 이 사실을 알렸다. 조돈은 짐짓 믿지 않는 체 꾸미면서 그 시종을 꾸짖었다.

"양 태부는 도적에게 피살된 것이다. 네가 어찌 감히 사람을 무함하는 것인가?"

그러고는 사람을 시켜 양처보의 머리 없는 시신을 수습케 했다. 이해 9월에 생긴 일이었다.

이해 겨울 10월, 조돈을 비롯한 대신들이 진양공을 곡옥 땅에 장사지냈다. 그날 진양공의 부인 목영穆嬴이 어린 태자 이고와 함께 송장送葬하면서 조돈에게 물었다.

"선군에게 무슨 죄가 있고 어린 태자에게 무슨 죄가 있기에 선군의 이 일점혈육을 버리고 타국에 나가 있는 공자를 불러들여 군주로 삼겠다는 것이오?"

조돈이 대답했다.

"이는 국가대사입니다. 저 조돈 한 사람의 사사로운 일이 아닙니다."

장례가 끝나자 신하들은 진양공의 신주를 모시고 종묘로 들어갔다. 조돈이 종묘 가운데 서서 대부들에게 말했다.

"선군은 생전에 형과 상을 공정히 집행한 까닭에 제후들을 제패할 수 있었소. 지금 선군의 영구가 아직도 빈소에 모셔져 있소. 그런데도 호국거는 양 태부를 함부로 죽였소. 이래서야 어느 신하인들 위협을 느끼지 않겠소? 불가불 그를 단죄해야만 하오."

호국거는 달아날 겨를도 없이 곧바로 장사들에게 포박돼 형벌을 맡은 사구司寇로 압송됐다. 사구가 호국거의 죄를 따져 참형에 처했다. 이어 호국거의 집을 수색해 양처보의 수급을 찾아냈다. 이를 시신의 목에 꿰맨 뒤 장사를 지냈다.

호야고는 동생 호국거가 참형을 당하자 조돈이 자신의 모의 가담 사실을 알고 있을 것으로 짐작했다. 그날 밤 작은 수레를 타고 적翟나라로 달아난 이유다. 그는 지난날 자신이 살려서 돌려보낸 적나라 군주 백돈白暾에게 몸을 의탁했다.

당시 적나라에 거인이 있었다. 이름 교여僑如였다. 키가 1장5척이나 돼 장적長翟으로 불렸다. 그는 1천 균鈞의 무게를 들어 올릴 수 있었다. 교여의 머리는 구리쇠, 이마는 무쇠 같았다. 돌이나 기왓장으로 쳐도 상처가 나지 않았다.

적나라 군주 백돈이 교여를 장수로 삼은 뒤 군사를 내주면서 노나라를 치게 했다. 노문공魯文公은 대부 숙손득신叔孫得臣에게 명해 군사를 이끌고 가 적나라 군사를 막게 했다. 그때는 마침 겨울인 까닭에 노나라 군사가 출전한 날에 하늘엔 얼어붙은 안개가 가득 끼어 있었다. 노나라 대부 부보종생富父終甥은 하늘에 낀 안개를 보고 이내 눈이 내릴 것을 짐작했다.

"교여는 힘과 용기가 대단한 자입니다. 그런 자는 꾀로 잡아야지 힘으로 대적할 수는 없습니다."

숙손득신이 이를 좇았다. 교여가 진격해 올 도로의 여러 곳에 함정을 판 뒤 그 위에 막대기와 마른 풀을 덮고 다시 그 위에 흙을 덮었다.

그날 밤 과연 큰 눈이 내렸다. 함정 위는 평지나 다름없었다. 부보종생이 일지군을 이끌고 가서 교여의 영채를 쳤다. 곧바로 교여가 나와 이들을 영격했다. 부보종생이 짐짓 패한 체하고 달아났다. 교여가 더욱 용기를 내 종생의 뒤를 쫓았다. 부보종생이 미리 표시해 둔 표적을 따라 함정을 피하며 달아났다. 뒤쫓아 가는 교여는 그것도 모르고 정신없이 쫓아가다가 함정에 빠지고 말았다.

이때 매복하고 있던 숙손득신이 일제히 뛰쳐나와 적나라 군사를 격살했다. 부보종생이 긴 창으로 함정 속에 들어 있는 교여의 목을 찔러 죽였다. 그가 큰 수레에 교여의 시체를 싣고 돌아왔다. 사람들 모두 거인의 시체를 보고는 전설 속의 방풍씨防風氏의 뼈도 이보다 크지는 않았을 것이라며 놀라움을 금치 못했다.

마침 숙손득신은 아내가 맏아들을 낳았다는 보고를 받았다. 맏아들 이름을 숙손교여叔孫僑如라고 지었다. 자신이 세운 전공을 기념코자 한 것이다. 이어 노나라는 제나라 및 위나라와 연합해 적나라를 쳤다. 적나라 군주 백돈이 달아나다가 노나라 군사에게 붙들려 죽었다. 결국 적나라는 멸망하고 말았다.

적나라가 패망하자 망명 중이던 진나라 대부 호야고는 적적赤狄이 세운 노潞나라로 달아난 뒤 노나라 대부 풍서酆舒에게 몸을 맡겼다.

이 소식을 들은 조돈이 말했다.

"호야고 부자는 나의 선고先考와 함께 진문공을 모시기 위해 같은 날에 망명했다. 선군 진문공을 오랫동안 함께 보필했으니 그 공이 적지 않다. 내가 그의 동생 호국거를 죽인 것은 호야고의 안전만은 보장해주기 위한 조치였다. 그러나 그는 죄책을 당할까 두려운 나머지 적나라로 망명했다. 내가 어찌 차마 그로 하여금 적족狄族의 땅에서 홀로 살게 내버려 둘 수 있겠는가?"

그러고는 유변을 돌아보며 호야고의 아내와 자식을 노潞나라에 데려다 주고 오도록 했다. 유변이 집안의 장정들을 불러 모아 호야고의 처자를 호송코자 했다. 장정들이 말했다.

"지난날 이夷 땅에 군사를 소집했을 때 주인은 호야고 원수에게 충성을 다했지만 그는 오히려 주인을 욕보였습니다. 그 원한을 이번에 갚아야 합니다. 조 원수가 주인에게 그 자의 처자를 데려다 주라고 부탁했으니 이야말로 하늘이 내린 기회입니다. 주인은 이번에 노나라로 가다가 도중에서 호야고의 처자를 모두 죽여 이전의 원통함을 푸는 설한雪恨을 하십시오."

유변이 황망히 대답했다.

"불가, 불가하다. 조 원수가 그의 가솔을 호송하라고 부탁한 것은 나를 믿기 때문이다. 조 원수가 보내는 사람을 내가 죽여 버린다면 원수가 나를 어떻게 생각하겠는가? 남의 불행을 이용하는 것은 인仁이 아니고, 남의 믿음을 배반하는 것은 지智가 아니다."

유변이 호야고의 처자를 수레에 태우고 또 호야고의 집안 재산을 모두 수레에 실었다. 이어 물품 목록까지 만들어서 준 뒤 직접 국경까지 호송해 보냈다. 호야고가 유변의 행동을 전해 듣고 탄식했다.

"내 곁에 현인이 있었는데도 나는 그를 몰라 봤다. 내가 타국에서 망명 생활을 하게 된 것도 마땅하다."

조돈도 이후 유변의 인품을 알고는 그를 중용할 생각을 갖게 됐다.

당시 선멸과 사회는 진秦나라로 가서 진강공秦康公에게 공자 옹을 본국으로 맞아들여 군주로 세우려 한다는 뜻을 전했다.

진강공이 기뻐했다.

"지난날 우리 선군 진목공은 2번이나 진후晉侯를 정해 주셨소. 이젠 과인도 공자 옹을 진후로 들여보내게 됐소. 진후는 몇 대째 우리 진秦나라에서 정해 주게 되는구려."

진강공이 백을병으로 하여금 병거 400승을 이끌고 공자 옹을 호위해 진晉나라로 가게 했다.

한편 죽은 진양공의 부인 목영穆嬴은 남편의 장례를 치르고 환궁한 후 아침마다 태자 이고를 품에 안고 조당 앞으로 가서 통곡했다.

그녀는 조당 앞으로 모여드는 대부들에게 호소했다.

"태자는 선군의 적자嫡子요. 어찌하여 버리려고 하는 것이오."

조회가 파하면 그녀는 어자에게 명해 수세를 조돈의 부중으로 몰고 가게 했다. 이어 조돈에게 머리를 조아리며 호소했다.

"선군이 임종할 때 어린 태자를 마음을 다해 보좌하라고 경에게 유언하지 않았습니까? 선군이 비록 세상을 떠났지만 그 유언은 아직도 귀에 남아 있을 것입니다. 만일 다른 사람을 보위에 앉힌다면 이 아이는 장차 어디로 가야 한단 말입니까? 내 아들을 세워주지 않으면 우리 모자는 죽는 수밖에 없습니다."

목영이 말을 마치고 나면 그 자리서 오랫동안 목을 놓아 울었다. 국인들이 이 이야기를 듣고는 목영을 동정하며 조돈을 탓하지 않는 사람이 없었다. 대부들도 공자 옹을 영립코자 한 조돈의 주장을 실책이라고 나무라기 시작했다.

조돈은 민심이 자신에게 불리하게 돌아가는 것을 보고 걱정했다. 곧 극결郤缺을 불러 상의했다.

"이미 선멸을 진秦나라로 보내 공자 옹을 모셔오라고 시킨 마당에 다시 태자를 군주로 세우는 게 가하겠소?"

극결이 대답했다.

"오늘 어린 태자를 버리고 공자 옹을 모실지라도 태자가 장성하면 틀림없이 변란이 일어날 것입니다. 속히 사람을 진나라로 보내십시오. 원수가 주도적으로 나서서 공자 옹의 입경을 저지하는 게 상책입니다."

조돈이 말했다.

"그렇다면 먼저 군주를 정한 뒤 사람을 보내야 명목이 설 것이오."

조돈이 곧바로 신하들을 소집한 뒤 태자 이고를 옹립했다. 그가 진영공晉靈公이다. 당시 그의 나이는 겨우 7세였다.

문무백관이 어린 진영공에게 막 조하朝賀를 마쳤을 때 문득 변경에서 보고가 올라왔다.

> 진秦나라 대부 백을병이 공자 옹을 호위하고 이미 황하 아래쪽에 당도했습니다.

대부들이 조돈에게 말했다.

"우리가 진秦나라에게 신의를 잃었으니 백을병에게 어찌 사절해야만 하오?"

조돈이 말했다.

"공자 옹을 세우면 진秦나라는 우리의 빈객이 되지만, 이미 받아들이지 않기로 했으니 우리의 적이 될 뿐이오. 공연히 사람을 보내 사절하면 책잡힐 구실을 주게 되오. 우리도 군사를 보내 힘으로 막는 수밖에 없소."

그러고는 상군 대장 기정보로 하여금 진영공을 모시고 도성을 지키게 했다. 그는 중군을 이끌면서 이미 망명한 호야고 대신 선극을 중군 부장으로 삼았다. 상군 대장 기정보가 도성에 남게 된 까닭에 부장 순림보가 단독으로 상군을 지휘했다. 하군도 대장인 선멸이 진秦나라에 사자로 간 까닭에 부장 선도가 단독으로 지휘하게 됐다.

조돈이 진나라를 배반하고 영공을 세우다

조돈은 3군을 정비한 뒤 출병했다. 지금의 산서성 임의현 서북쪽의 근음廑陰 땅에 주둔하며 진秦나라 군사가 오기를 기다렸다. 당시 백을병이 이끄는 진秦나라 군사도 황하를 건너 이미 영호令狐 땅에 와 있었다. 백을병은 진晉나라 군사가 자신들 앞에 와 있다는 보고를 받았으나 공자 옹을 맞이하기 위한 것으로 알았다. 전혀 경계하지 않은 이유다.

선멸이 경과를 보고하기 위해 먼저 와 조돈을 만났다. 조돈은 선멸에게 태자 이고를 군주로 삼지 않을 수 없게 된 국내 사정을 설명했다. 선멸이 대로했다. 두 눈을 부라리고 조돈을 노려보며 외쳤다.

"공자 옹을 영립하자고 주장한 사람이 누구요? 어찌 그 사이에 태자 이고를 옹립하고 나를 곤경에 빠뜨릴 수 있단 말이오?"

선멸이 소매를 떨치고 일어나 밖으로 나왔다. 곧바로 순림보에게 가서 말했다.

"내가 그때 가지 말라고 만류한 그대의 충고를 듣지 않았다가 오늘 이런 꼴을 당하는구려. 실로 후회막급이오."

말을 마친 선멸은 곧바로 진秦나라 영채로 가려고 했다. 순림보가 말렸다.

"그대는 우리 진晉나라의 신하요. 진나라를 버리고 어디로 간단 말이오."

선멸이 대답했다.

"내가 조정의 명을 받고 진秦나라로 공자 옹을 맞이하러 갔으니 공자 옹이 나의 주군이오. 또 진秦나라는 공자 옹을 돕고 있는 나라요. 내가 어찌 이전에 한 말을 어기고 구차하게 고국에서 부귀를 도모할 수 있겠소?"

자가 사백士伯인 선멸은 끝내 진秦나라 군영으로 갔다. 조돈이 순림보에게 말했다.

"사백이 우리 군중에 머물러 있지 않고 갔으니 진秦나라 군사가 내일 반드시 우리를 칠 것이오. 차라리 오늘 밤에 우리가 먼저 저들의 영채를 겁탈합시다. 이것이 출기불의出其不意의 계책이오. 그래야만 우리의 뜻을 관철할 수 있소."

조돈이 좌우에 명해 병사들의 사기를 북돋우고, 말들을 배불리 먹이도록 했다. 병사들은 잠자리에서 포식한 뒤 서로 입에 함매銜枚하고 출격했다. 이들이 진秦나라 영채 당도했을 때는 한밤중인 3경이었다. 진晉나라 군사가 일제히 함성을 지르며 북을 치고 나팔을 불었다. 이들이 영채 안으로 쇄도해 들어갔다.

진秦나라 군사는 깊은 잠에 빠져 있다가 깜짝 놀라 깨어났다. 말에 안장을 얹거나, 창과 칼을 잡을 겨를도 없었다. 사방으로 흩어져 달아나기 시작했다. 진晉나라 군사들이 이들을 무찌르면서 지금의 산서성 임의현 서남쪽의 고수刳首 땅까지 쫓아갔다. 백을병은 사력을 다해 싸운 덕에 간신히 탈출했으나 공자 옹은 난군 속에서 칼을 맞고 죽었다.

선멸이 탄식했다.

"만사는 끝났다. 조돈은 나를 배반했지만 나는 진秦나라를 배반할 순 없다."

그러고는 마침내 진秦나라로 달아났다. 자가 수계隨季인 사회도 이를 보고 한탄했다.

"나도 사백과 함께 같은 일을 맡았던 사람이다. 사백이 이미 진秦나라로 갔는데 나만 어찌 홀로 고국에 돌아갈 수 있겠는가?"

그 역시 패주하는 군사들과 함께 진秦나라로 갔다. 진강공이 선멸과 사회 두 사람에게 대부 벼슬을 내렸다.

순림보가 조돈에게 말했다.

"지난날 호야고가 노潞나라로 달아났을 때 원수는 동료의 의리를 생각해 그의 처자를 보내 준 일이 있습니다. 이번에 사백과 수계 역시 저와 동료의 의리가 있습니다. 이제 그들이 진秦나라로 달아났으니 저 역시 동료의 의리를 감안해 상국의 행보를 본받고자 합니다."

조돈이 대답했다.

"그대가 의리를 중하게 여기는 게 내 마음과 같소."

순림보가 위사衛士에게 명해 두 집안의 가솔과 가재를 진秦나라로 보내게 했다.

호증 선생이 이를 시로 읊었다.

누가 국경 밖으로 처자 보냈을까 　　　　誰當越境送妻孥

동료 의리 중히 여긴 순림보이지　　只爲同僚義氣多
요즘 인정 서로 시기하고 각박해　　近日人情相忌刻
평소에도 동료 우의 간 곳이 없다　　一般僚誼卻如何

염옹은 조돈이 경솔히 공자 옹을 맞아들이려 하다가 오히려 빈객으로 대해야 할 진秦나라를 원수로 만든 것을 시로 풍자했다.

바둑 둘 때도 주저하며 생각하니　　奕棋下子必躊躇
태자 있는데 왜 밖에서 구했을까　　有嫡如何又外求
빈객과 원수 삽시간에 뒤바뀌니　　賓寇須臾成反覆
조돈의 나라 위한 계책 무엇인가　　趙宣謀國是何籌

이번 싸움에서 진晉나라의 각 군 장수들 모두 많은 포로와 병기들을 노획했다. 오직 선극 휘하의 용장 괴득蒯得만은 진격만 고집하다가 패했다. 병거 5승을 잃었다. 선극이 그를 군법에 회부해 참수코자 했다. 제장들이 나서서 그를 살려 줄 것을 간청했다. 선극이 조돈에게 고한 뒤 그의 녹봉과 사전賜田을 몰수케 했다. 괴득이 내심 선극에게 원한을 품었다.

당시 진영공과 함께 도성인 강도를 지키고 있던 기정보는 딴 생각을 했다. 그는 조돈이 중군 원수가 된 이후 사곡士穀 및 양익이梁益耳와 함께 병권을 잃고 말았다. 이들 역시 내심 조돈에 대해 커다란 원한을 품고 있었다.

공교롭게도 기정보는 평소 사곡 및 양익이와 함께 친하게 지내왔다. 이들 3인은 조돈이 밖에 나가 있는 동안 한 곳에 모여 상의했다. 기정보가 말했다.

"조돈은 군주의 폐립을 멋대로 하고 있소. 게다가 안하무인의 행동을 보이고 있소. 이제 듣자니 진秦나라가 많은 군사를 동원해 공자 옹을 호송하고 있다고 하오. 만일 두 나라 군사가 대결하며 승패가 쉽게 나지 않을 것이오. 우리는 이 기회를 이용해 도성 안에서 변란을 일으켜 조돈을 몰아내고 보위에 앉아 있는 이고도 폐출합시다. 공자 옹을 영립하면 대권은 우리의 수중으로 들어올 것이오."

논의가 그같이 결정됐다.

이들의 계책이 성공할지 여부를 알 길이 없으니 다음 회를 보라.

제48회

95話 선극을 죽여 진나라를 혼란에 빠뜨리다
–자선극오장란진刺先克五將亂晉

당시 기정보와 사곡 및 양익이 등 3인은 서로 상의를 마친 뒤 진秦나라 군사가 쳐들어오기만을 기다렸다. 긴급한 상황에서 조돈의 직위를 박탈코자 했다. 뜻밖에도 조돈이 진秦나라 군사를 무찌르고 개선해서 돌아왔다. 3인이 내심 더욱 분노했다. 하군의 부장으로 있는 선도는 원래 자신의 상관이며 하군 대장이었던 선멸이 조돈에게 배신을 당해 진秦나라로 망명한 일로 인해 조돈을 원망했다.

당시 괴득은 선극이 자신의 사소한 잘못을 구실삼아 봉록과 사전賜田을 몰수한 일로 인해 선극에 대해 큰 원한을 품었다. 그는 사곡을 찾아가 억울한 사정을 호소했다. 사곡이 말했다.

"선극은 조돈만 믿고 의지하는 자요. 그가 이처럼 방자한 짓을 하는 것은 바로 이 때문이오. 그러나 조돈이 완벽히 장악하고 있는 것은 중군뿐이오. 만일 사사死士 한 삼을 구해 먼저 선극을 척살하면 조돈의 세력은 외로워질 것이오. 이 일은 선도를 끌어들이지 않으면 성공할 수 없소."

괴득이 말했다.

"선도는 대장인 선멸이 조돈의 배신 때문에 진秦나라로 출분한 것을 보고 조돈을 원망하고 있다고 합니다."

사곡이 말했다.

"그렇다면 선극의 제거는 결코 어려운 일이 아니오."

그러고는 괴득의 귀에 대고 속삭였다.

"이같이 하면 일을 쉽게 끝낼 수 있소."

괴득이 크게 기뻐했다.

"내가 당장 가서 그리 말하겠습니다."

괴득이 선도의 집으로 갔다. 선도는 괴득이 입을 열기도 전에 먼저 말했다.

"조돈은 선멸과 사회를 배신하고 문득 공자 옹을 모시고 오는 진秦나라 군사를 습격해 패퇴시켰소. 그는 전혀 신의가 없는 사람이라 그와 함께 일하기가 어렵소."

괴득이 마침내 사곡의 말을 선도에게 고했다. 선도가 말했다.

"실로 그렇다면 우리 진晉나라엔 큰 다행이오."

때는 겨울의 마지막인 섣달이 다 지나고 신춘新春으로 접어들 무렵이었다. 선극은 정초에 기성箕城으로 가서 조부인 선진先軫의 사당에 참배했다. 선도는 이 사실을 정탐해 알아낸 뒤 자기 집안 장정들을 기성 밖에다 매복시켰다.

이들은 선극이 선진의 사당에 제사를 지내고 도성으로 돌아오기 위해

선극을 죽여 진나라를 혼란에 빠뜨리다

그곳을 지나자 그 뒤를 몰래 따라갔다. 사람이 없는 한적한 곳을 지날 때 벌떼처럼 달려들어 선극을 난자해 죽였다. 선극의 시종들이 놀라서 달아났다. 조돈은 선극이 도적에게 죽었다는 보고를 받고 대로했다. 사구司寇에게 명해 범인을 속히 체포토록 했다. 체포 시한을 5일로 못 박으면서 도적 일당에 대한 조속한 포획을 다그쳤다.

사구 수하의 포리捕吏들이 엄중한 수색을 하자 선도는 마음이 다급해졌다. 괴득과 상의한 뒤 사곡과 양익이 등에게 속히 거사할 것을 종용했다.

그날 밤, 양익이가 친척인 양홍梁弘과 술을 마시다가 취중에 반란을 일으킬 작정이라고 말했다. 양홍은 크게 놀라 속으로 중얼거렸다.

'이는 우리 양씨가 멸족당할 일이다.'

양홍이 이를 유변에게 밀고했다. 유변이 곧바로 조돈을 찾아가 고했다. 조돈은 병거와 갑사를 차출했다. 지시가 떨어질 때까지 대기할 것을 명했다.

당시 선도는 이 소식을 듣고는 음모가 사전에 누설되지나 않았을까 의심해 사곡에게 달려가 속히 거사할 것을 촉구했다. 사곡과 함께 있던 기정보는 정월 대보름인 상원절上元節에 군신이 함께 모여 연회를 베풀 때 거사하는 게 가장 좋다고 우겼다. 오랫동안 의논했으나 결정을 내리지 못했다. 선도는 부득이 집으로 돌아올 수밖에 없었다.

조돈이 이를 알고 유변을 보내 선도의 집을 포위케 했다. 유변이 그를 옥에 가두었다. 선도가 잡혀간 소문을 듣고 양익이와 괴득이 황망히 기정보 집으로 몰려갔다. 이들은 각각 가정家丁들을 총동원해 선도를 구출하는 동시에 변란을 일으키는 방안을 집중 상의했다.

바로 이때 조돈이 사람을 기정보에게 보내 오히려 선도의 음모를 알렸다. 이 일에 대해 상의해야 하니 속히 조정으로 들어오라는 내용이었다. 기정보가 양익이 등에게 말했다.

"조돈이 나를 부르는 것으로 미뤄 아직 우리를 의심하지 않고 있는 모양이오."

그는 가벼운 옷차림을 하고 조당으로 갔다. 원래 조돈은 기정보가 상군대장이 된 이후 혹여 변란을 일으키지나 않을까 우려해 늘 경계하고 있었다. 이번에 낌새를 눈치 채고는 짐짓 핑계를 대어 궁으로 불러들인 것이었다. 기정보는 그것이 계략인 줄도 모르고 당당히 조당으로 들어갔다.

조돈은 기정보를 조방으로 영접해 들이고 가장 선도의 일을 심각히 상의하는 체했다. 조돈은 조당의 한켠에 있는 조방朝房으로 불러들여 앉혀 놓은 뒤 함께 선도의 음모에 대해 논의하는 척했다. 조돈은 이미 순림보와 극결 및 난돈 등에게 명해 각각 일지군을 이끌고 기정보의 집으로 가 사곡과 양익이 및 괴득을 나포케 했다. 잡혀온 3인은 감옥에 갇혔다.

순림보 등 3인의 장수가 조방으로 와 조돈에게 복명했다. 순림보는 기정보가 조돈과 함께 있는 걸 보고 큰 소리로 꾸짖었다.

"기정보, 그대도 이번 모의에 끼여 있었는데 어째서 감옥에 있지 않고 여기에 있는 것인가?"

기정보가 말했다.

"나는 그대들이 진秦나라 군사와 싸우러 나갔을 때 홀로 도성을 지켰소. 당시 3군은 밖에 있었고 나 홀로 도성에 남아 있었소. 난을 일으키고자 했다면 그때 하지, 왜 오늘처럼 경들이 모두 모여 있는 이때 내가 죽을 자리를 찾는단 말이오?"

조돈이 기정보에게 말했다.

"네가 거사를 늦춘 것은 선도와 괴득이 돌아오면 그때 함께 변란을 일으키려고 그런 게 아니겠는가? 나는 이미 너희 음모를 다 알고 있었다. 쓸데없는 변명을 늘어놓지 마라."

기정보는 그 말을 듣자 머리를 아래로 뚝 떨어뜨리는 부수俯首의 모습을 보인 뒤 이내 감옥으로 끌려갔다.

조돈이 곧 진영공을 찾아가 고했다.

"선도 등 다섯 사람이 반역을 꾀하다가 잡혀 지금 옥에 있습니다. 모두 참형에 처해야 합니다."

어린 진영공은 그저 머리만 끄덕였다. 그가 내궁으로 들어가자 벌써 신하 5명이 하옥된 사실을 알고 있는 진영공의 모친 양부인襄夫人이 물었다.

"조 상경上卿이 어찌 처치한다고 합니까?"

어린 진영공이 대답했다.

"상경은 이들을 모두 죽여야 한다고 했습니다."

양부인이 이마를 찌푸리며 탄식했다.

“그들은 조돈으로부터 권력을 빼앗기 위해 일을 꾸몄지 역모를 획책하기 위해 그런 것은 아닙니다. 또 선극을 모해한 주동자는 한두 사람이 아니라고 들었습니다. 범죄에는 주모자가 있고 가담자가 있는 법입니다. 어찌하여 하나같이 죽인단 말입니까? 근래 노성老成한 대신들이 여럿 세상을 떠나 인재가 희소한 판인데 하루아침에 5명의 대신을 죽여야 되겠습니까? 조정의 벼슬자리가 텅 빌까 걱정입니다.”

이튿날 진영공은 양부인의 말을 조돈에게 그대로 전했다.

조돈이 말했다.

“주공은 어리고, 나라는 불안정합니다. 이번에 음모를 꾸민 자들은 선극 같은 대신을 함부로 죽였습니다. 그들을 주륙誅戮하지 않으면 앞으로 유사한 짓을 저지른 자들을 어떻게 경계할 수 있겠습니까?”

이날 선도와 사곡, 기정보, 양익이, 괴득 등 5인 모두 군주를 거역한 이른바 불군지죄不君之罪의 죄목으로 저잣거리에서 참형을 당했다. 조돈은 진영공의 재가를 얻어 선극의 아들 선곡先穀[1]에게 대부 벼슬을 줬다. 진나라 사람들 가운데 조돈의 삼엄한 조치에 전율하지 않는 자가 없었다.

한편 노潞나라에 망명 중인 호야고는 그 소식을 듣고 크게 놀랐다.

“내가 지난번에 죽음을 모면한 것만도 천만다행이다.”

하루는 노나라 대부 풍서가 호야고에게 물었다.

“조돈을 그 아비 조최와 비교하면 누가 더 현명합니까?”

호야고가 대답했다.

“누가 더 현명한지는 잘 모르겠소. 다만 조최가 겨울날에 해라면 조돈은 여름날의 해에 해당합니다. 겨울의 해는 따뜻하기에 그 햇볕에 의지하지만

1 선곡先穀의 『열국지』 원문은 선곡先縠이나 『춘추좌전』은 선곡先穀으로 돼 있다. 번역문은 『춘추좌전』을 좇아 곡縠을 모두 곡穀으로 바꿔 놓았다.

여름의 해는 뜨겁기 때문에 사람들이 그 햇볕을 두려워합니다."

풍서가 웃으며 말했다.

"그대는 산전수전 다 겪은 숙장宿將인데도 조돈을 두려워하는구려."

이런 한가한 이야기는 접어두기로 하겠다.

당시 부친인 초성왕을 시해하고 즉위한 초목왕 상신商臣은 주변의 소국을 병탄한 뒤 중원을 제패하려는 뜻을 품고 있었다. 첩자로부터 진晉나라에 새 군주가 들어서고 조돈이 실권을 장악했고, 여러 대부들이 서로 다투며 살육을 자행한다는 보고를 받았다.

이에 고무된 초목왕이 신하들을 소집한 뒤 가까운 정나라부터 치는 방안을 논의케 했다.

대부 범산范山이 나서서 말했다.

"지금 진군晉君은 나이가 어립니다. 신하들은 서로 권력을 쟁탈하는 쟁권爭權에만 뜻이 있고 열국의 제후들을 돌보는 데는 뜻이 없습니다. 이 기회를 놓치지 말고 군사를 동원해 북방을 치면 누가 능히 우리를 당해내겠습니까?"

초목왕은 크게 기뻐했다. 곧 투월초鬪越椒를 대장, 위가蔿賈를 부장으로 삼은 뒤 병거 300승을 이끌고 가 정나라를 치게 했다. 본인은 직접 동광東廣과 서광西廣의 양광 군사를 비롯한 많은 정예병을 이끌고 낭연狼淵 땅으로 가 주둔했다. 투월초의 군사를 지원키 위한 조치였다. 그는 또 별도로 식공息公인 공자 주朱를 대장, 공자 패茷를 부장으로 삼은 뒤 병거 300승을 이끌고 가 진陳나라를 치게 했다.

당시 정목공은 초나라 군사가 국경에 임박했다는 보고를 받자 곧바로 대부인 공자 견堅과 공자 방尨 및 악이樂耳 등 3인에게 명해 곧바로 군대를 이끌고 가 영격케 했다. 그는 이들 세 장수에게 굳게 지키기만 할 뿐 나가서 싸우지 말라고 엄중히 당부했다. 이어 진晉나라에 사자를 보내 구원을 청했다.

초나라 군사는 날마다 싸움을 걸었으나 정나라 군사는 굳게 지키기만 할 뿐 나오지 않았다. 위가가 투월초에게 은밀히 말했다.

"우리 초나라 군사는 성복의 싸움 이후 오랫동안 정나라를 치기 위해 중원으로 나온 적이 없었습니다. 정나라는 진晉나라의 원조만 믿고 우리와 단독으로 싸우려 하지 않는 듯합니다. 우리는 진나라 구원병이 오기 전에 적을 유인해 적장을 사로잡아 옛날 성득신이 당한 치욕을 씻어야 합니다. 시간만 허비하다간 중원의 제후들이 이리로 몰려올 것입니다. 그리 되면 성득신이 당한 일을 또 당하게 될까 우려됩니다. 그리되면 어찌할 생각입니까?"

투월초가 물었다.

"정나라 장수를 유인하려면 어떤 계책을 써야 하오?"

위가가 투월초의 귀에다 입을 대고 뭔가 속삭였다.

"이렇게 저렇게 해야 합니다."

투월초가 위가의 계책을 좇았다. 곧바로 분부했다.

"지금 우리는 군량이 떨어지려고 한다. 병사들은 각자 마을로 내려가 양식을 약탈해 오라. 그것으로 군량을 삼겠다."

그리고는 군막 안에서 날마다 풍류를 즐기고 술만 마셨다. 날마다 자정 때까지 술과 음악을 즐기다가 흩어지곤 했다. 첩자가 이를 보고하자 낭연 땅의 초목왕의 귀까지 들어갔다. 초목왕은 투월초가 적을 너무 만만하게 보고 있는 것이나 아닌지 의심했다. 몸소 그곳으로 가 싸움을 독려코자 했다.

대부 범산이 말했다.

"위가는 지혜로운 모사입니다. 이는 틀림없이 그가 마련한 계책일 것입니다. 주공이 며칠만 여기에서 기다리면 곧 승전보가 올라올 것입니다."

당시 정나라 장수 공자 견 등은 이후 초나라 군사가 일절 싸움을 걸어오지 않자 오히려 의혹을 품었다. 첩자들을 보내 정탐케 했다. 그들이 돌아와 보고했다.

"초나라 병사들이 사방으로 흩어져 마을의 식량을 노략질하고 있습니다. 적장 투월초는 군막 안에서 날마다 음악을 연주케 하며 술을 마시고 있습니다. 그는 술에 취하면 '정나라 군사는 쓸모없는 자들이다. 그들과 구태여 싸울 것도 없다.'고 떠든다고 합니다."

공자 견이 기뻐했다.

"초나라 군사가 사방으로 흩어져 노략질을 한다고 하니 초나라 영채는 틀림없이 비어 있을 것이다. 또 초나라 대장이 술과 음악에 파묻혀 있으니 그 마음이 반드시 나태해져 있을 것이다. 한밤중에 초나라 영채를 기습하면 대승을 거두지 않겠는가?"

공자 방과 악이도 그 말에 찬동했다. 그날 밤, 정나라 군사가 장속裝束을 단단히 한 뒤 배부르게 먹었다. 출동에 즈음해 공자 방이 군사를 전대와 중대 및 후대 등 3개 부대로 나눠 차례로 진격하는 방안을 제안했다.

공자 견이 대답했다.

"영채를 겁탈하는 것은 진세를 펼치고 대전하는 것과 다르오. 일시에 쳐들어가야만 하오. 좌우로 나눌지언정 전후로 나눠서는 안 되오."

결국 세 장수가 이끄는 각 부대는 한꺼번에 나란히 진격했다. 가까이 다가가자 초나라 영채의 불빛이 휘황했다. 속에서 생황과 노랫소리가 흥겹게 들려왔다.

공자 견이 말했다.

"초나라 장수 투월초의 목숨도 오늘 밤이 마지막이다."

그러고는 일거에 병거를 몰아 초나라 영채로 쳐들어갔다. 하지만 초나라 병사들은 전혀 저항하지 않았다. 공자 견이 맨 먼저 초나라 영채 속으로 들어갔다. 음악을 하던 악인들이 기겁을 하고 사방으로 흩어져 달아난다. 투월초만 움직이지 않고 멍청히 앉아 있었다.

공자 견이 가까이 다가가 초나라 군사의 대장을 보고는 크게 놀랐다. 풀을 엮어 만든 인형이었다. 공자 견이 급히 계책에 빠졌다는 취지로 이같이 부르짖었다.

"중계中計!"

공자 견이 영채 앞으로 물러 나왔을 때 문득 영채 뒤에서 포성이 울렸다. 동시에 초나라 장수 한 사람이 군사를 이끌고 들이닥치며 외쳤다.

"투월초가 여기 있다."

공자 견이 황급히 달아나면서 공자 방과 악이를 도중에서 만났다. 세 장수가 같은 길로 나란히 달아났다. 1리도 가지 못했을 때 정면에서 또 포성이 일어났다. 매복한 채 기다리던 위가가 일지군을 이끌고 이들의 앞을 가로막고 요격해 왔다.

위가와 투월초의 군사가 협공을 가했다. 정나라 군사는 싸워보지도 못한 채 대패했다. 공자 방과 악이가 가장 먼저 사로잡혔다. 공자 견은 두 사람을 구하려고 했으나 병거를 끄는 말들이 쓰러져 수레가 뒤집히는 바람에 사로잡히고 말았다.

이 소식을 들은 정목공은 크게 두려워하며 신하들에게 물었다.

"세 장수는 적군에게 사로잡혀 가고, 진晉나라 원군은 아직 안 오니 어찌하면 좋겠소?"

신하들이 이구동성으로 말했다.

"초나라의 기세가 몹시 성합니다. 항복하지 않으면 조만간 우리 도성을 격파할 것입니다. 그러면 진나라 원군이 와도 어찌할 도리가 없습니다."

정목공이 이를 좇았다. 공자 풍豊을 초나라 영채로 보내 사죄하게 했다. 뇌물을 바치고 강화를 청하면서 앞으로 초나라를 섬기겠다고 맹서했다. 투월초가 곧바로 사람을 낭연 땅의 초목왕에게 보내 강화를 받아들일 것인지 여부를 물었다. 초목왕이 이를 허락했다. 투월초가 감금하고 있던 공자 견과 공자 방 및 악이 등 장나라 장수 3인을 석방해 돌려보냈다.

초목왕이 반사班師를 명했다. 반사 도중 진陳나라를 치러 갔던 공자 주朱는 싸움에 패하고 말았다. 부장으로 참전한 공자 패茷는 포로로 잡혔다. 패전한 공자 주가 낭연으로 초목왕을 찾아갔다가 회군한 것을 알고 곧바로 뒤를 좇아왔다. 회군하고 있는 초목왕과 만나 간청했다.

"한번만 더 군대를 내주시면 다시 진陳나라를 쳐서 이번의 패배를 설욕하겠습니다."

초목왕이 대로했다. 곧바로 군사를 돌려 진陳나라를 치려고 했다. 이때 문득 보고가 올라왔다. 진陳나라 사자가 공자 패를 송환하면서 아울러 항복을 청하는 국서를 갖고 왔다는 내용이었다. 초목왕이 국서를 받아 보았다. 진공공陳共公 삭朔이 보낸 국서의 내용은 대략 이러했다.

> 과인 삭이 다스리는 폐읍은 좁고도 궁벽한 곳에 위치하고 있습니다. 미처 군왕의 좌우에 나가 모시지 못한 이유입니다. 이번에 주상이 군사를 보내 저희를 훈계코자 했는데도 변경의 장수가 어리석고 무지해 공자 패에게 죄를 지었습니다. 이 삭은 그것을 알고 잠을 이루지 못했습니다. 이제 사자로 하여금 거마를 갖춰 공자 패를 대국으로 호송케 했습니다. 과인 삭은 끝까지 대국의 우하宇下에 있기를 바랍니다. 군왕은 폐읍을 비호하고 도와주십시오. 삼가 바라건대 군왕은 이 삭의 간청을 들어주십시오.

초목왕이 국서를 읽고는 웃으며 말했다.

"진陳나라는 우리가 그의 죄를 물을까 두려운 나머지 이처럼 아부하며 빌고 있다. 그는 일의 기미機微를 아는 사람이다."

초목왕이 이를 허락했다. 이어 정나라와 진陳나라를 포함해 채蔡나라 제후에게 격문을 보냈다. 그해 겨울 10월 초하룻날에 4국이 궐학厥貉 땅에 모여 우의를 다짐하자는 내용이었다.

한편 진나라 원수 조돈은 정나라 사자의 구원 요청을 받고 사자들을 송나라와 노나라, 위나라, 허나라 등 4국에 보내 연합군을 결성해 정나라를 구원키로 약속했다. 그러나 진晉나라를 포함한 5국 연합군이 미처 정나라 국경에 이르기도 전에 정목공이 초나라에 항복하고 초나라 군사가 이미 회군했다는 소식을 듣게 됐다. 게다가 진陳나라마저 초나라 군사에게 항복했다는 소식도 들려 왔다.

송나라 대부 화우華耦와 노나라 대부 공자 수遂가 격분했다. 구원을 요청해 놓고도 초나라에 항복한 정나라와 진나라를 칠 것을 조돈에게 건의했다.

조돈이 말했다.

"우리가 속히 와서 구원하지 못한 까닭에 그런 일이 빚어졌을 뿐이오. 그들에게 무슨 죄가 있겠소? 차라리 돌아가서 각자 국내 정사를 잘 펼치느니만 못하오."

5국 군대 모두 본국으로 돌아갔다.

염옹이 시를 지어 이를 탄식했다.

누가 권력 잡고 제후를 통솔하나	誰專國柄主諸侯
초나라가 방자하게 중원 도모하다	卻令荊蠻肆蠢謀
정나라와 진나라 형만에 붙었으니	今日鄭陳連臂去
중원의 패기가 일시에 줄어들었다	中原伯氣黯然收

진공공陳共公 삭朔과 정목공鄭穆公 난蘭은 그해 가을이 끝날 무렵 일제히 초나라의 식息 땅으로 가서 초목왕의 어가가 오기를 기다렸다. 이윽고 그곳에 당도한 초목왕이 두 군주와 상견례를 한 뒤 물었다.

"원래 궐학 땅에서 만나기로 했는데 어째서 이곳에 온 것이오?"

진공공과 정목공이 이구동성으로 말했다.

"군왕과 그리 약속하기는 했으나 혹여 기일을 어기는 죄를 범하지나 않을까 우려해 미리 이곳에 와 기다리고 있었습니다. 궐학 땅까지 수행할 생각입니다."

초목왕은 크게 기뻐했다. 이때 문득 첩보가 올라왔다.

"채후蔡侯 갑오甲午가 이미 궐학 땅 경계에 와 있습니다."

초목왕이 진공공 및 정목공과 함께 수레를 달려 궐학 땅으로 향했다. 채장공蔡莊公 갑오는 궐학 땅에서 초목왕을 영접했다. 연신 머리를 조아려 재배하며 신하가 군주를 대하는 예를 베풀었다. 진공공과 정목공이 크게 놀랐다.

진공공과 정목공이 서로 은밀히 말했다.

"채후가 이토록 비굴한 자세로 예를 올렸으니 초왕은 틀림없이 우리를 거만하다고 생각할 것이오."

두 사람이 서로 상의한 뒤 아첨하기 위해 초목왕에게 청했다.

"이곳은 송나라 땅입니다. 군왕이 이곳에 탈가稅駕[2]했는데 송군宋君은 참알參謁하지 않고 있습니다. 가히 토벌할 만합니다."

초목왕이 연신 머리를 끄덕이며 미소했다.

"고孤가 군사를 이끌고 와 이곳에 주둔한 것은 바로 송나라를 치기 위

2 탈가稅駕를 두고 사마정은 『사기색은史記索隱』에서 정거停車 내지 휴식休息의 뜻인 해가解駕로 풀이했다. '해가'는 멍에를 풀어놓는다는 의미이다. 여기의 탈稅은 탈挩 내지 탈脫의 가차로 사용됐다. 원래의 글자대로 '세가'로 읽어도 가하다.

한 것이었소."

송나라 첩자가 이를 곧바로 송소공宋昭公 저구杵臼에게 알렸다. 당시 송나라는 송환공이 죽고 그의 아들 송소공 저구가 즉위해 3년째 나라를 다스리고 있었다. 송소공은 소인배들을 신임하고, 공족公族을 멀리했다. 화가 난 송목공宋穆公과 송양공宋襄公의 후예들이 난을 일으켜 사마로 있던 공자 앙卬을 척살했다. 이 와중에 사성司城[3] 탕의제蕩意諸가 노나라로 달아났다. 송나라가 일거에 혼란에 빠진 이유다.

송나라의 위기를 구하기 위해 사구司寇 화어사華御事가 나서서 나랏일을 조정했다. 그는 송소공에게 탕의제를 노나라에서 불러 복직시킬 것을 청했다. 이를 계기로 송나라가 가까스로 안정을 되찾았다. 이런 상황에서 송소공은 초목왕이 제후들을 궐학 땅으로 소집해 송나라를 칠 기회를 엿보고 있다는 보고를 접하게 된 것이다.

화어사가 나서서 송소공에게 말했다.

"신이 듣건대, '소국이 대국를 섬기지 않으면 망한다.'고 했습니다. 초나라는 진陳나라와 정나라를 굴복시켰습니다. 아직 굴복시키지 못한 나라는 우리 송나라입니다. 주공은 지체하지 말고 이들을 영접하십시오. 이들이 우리를 친 다음에 강화를 청하면 이미 때가 늦습니다."

송소공이 이를 좇았다. 몸소 궐학 땅으로 가 초목왕을 영접하며 배알하는 영알迎謁을 행했다. 이때 사냥도구를 준비해 초목왕에게 바치면서 지금의 하남성 상구시 동북쪽의 맹저孟諸[4] 땅에서 열국 제후들과 함께 사냥하며 즐길 것을 권했다. 초목왕이 크게 기뻐했다.

3 사성司城은 사공司空과 같은 직책이다. 송나라에서는 송무공의 이름이 사공司空인 까닭에 이를 꺼려 '사공'의 관직명을 '사성'으로 바꾼 것이다.

4 맹저孟諸는 송宋나라에 있던 고대의 택명澤名이다. 『서경』「하서夏書, 우공禹貢」에는 맹저孟豬로 나온다. 맹저孟猪 또는 맹저孟潴로 쓴 문헌도 있다.

진공공이 전대前隊, 송소공이 우진右陣, 정목공이 좌진左陣, 채장공은 후대後隊가 되어 초목왕을 앞뒤 좌우로 모시고 나아갔다.

맹저 땅에 당도하자 초목왕이 열국 군주들에게 내일 이른 새벽까지 사냥준비를 하여 수레를 타고 오되 불을 피울 수 있게 부싯돌을 준비해 줄 것을 당부했다. 이튿날 일찍부터 사냥이 시작됐다. 초목왕이 한참 동안 사냥감을 쫓아 오른쪽으로 몰아넣었다. 이때 여러 마리의 여우들이 앞에서 달아났다. 다시 여우들을 쫓았다. 여우들이 일제히 굴속으로 들어가 버렸다.

초목왕이 송소공을 돌아보며 속히 불을 피워 연기를 굴속으로 들여보내도록 부탁했다. 송소공의 수레엔 부싯돌이 없었다.

초나라 사마 신무외申無畏가 말했다.

"송공이 명을 어겼습니다. 군주에게 벌을 가할 수는 없으니 그 종자에게 형벌을 내리십시오."

초목왕은 이를 그럴 듯하게 여겼다. 송소공의 어자를 꾸짖은 뒤 병사로 하여금 3백 번 매질을 가하게 했다. 제후들에게 초나라의 위엄을 보이고자 한 것이다.

송소공은 그런 무참한 일을 당하자 속으로 크게 분노했다. 그러나 겉으로 드러내지는 않았다. 그때가 주경왕周頃王 2년인 기원전 617년이었다. 당시 열국 가운데 초나라가 가장 강했다. 그런 횡포한 짓을 서슴지 않은 이유다. 초목왕은 투월초를 보내 제나라와 노나라 군주를 초빙키도 했다. 초목왕은 이처럼 안하무인으로 행동하면서 중원의 패자를 자임했다. 그러나 진晉나라는 이런 초나라를 제압하지 못했다.

96話 사회를 부르려고 위수여를 사자로 보내다
– 소사회수여태진召士會壽餘紿秦

주경왕 4년인 기원전 615년, 진강공秦康公이 신하들을 소집해 놓고 자신의 심경을 말했다.

"과인이 영호令狐 땅에서 우리를 배반한 조돈에 대해 원한을 품은 지 올해로 벌써 5년이 지났소. 이제 천하대세를 보건대 진晉나라에선 조돈이 5명의 대신을 살육했고, 고경에 처한 제후들을 돕지 않아 진陳나라와 채나라, 정나라, 송나라 등 4국이 어깨를 나란히 해 초나라를 섬기고 있소. 그런데도 진晉나라는 아무런 대책도 내놓지 못하고 있소. 대략 진나라가 얼마나 약한지 짐작할 수 있소. 이런 때를 틈타 치지 않으면 다시 언제를 기다려야 한단 말이오?"

모든 대부가 일제히 대답했다.

"사력을 다해 명을 받들겠습니다."

진강공이 군대를 대대적으로 사열했다. 맹명시로 하여금 도성을 지키게 했다. 서기술을 대장, 백을병을 부장으로 삼았다. 또 진晉나라에서 귀순한 사회를 참모로 삼았다. 진강공은 이들과 함께 병거 500승을 이끌고 호호탕탕히 황하를 건너 동쪽으로 진격했다. 곧바로 지금의 산서성 영제현 남쪽의 기마羈馬를 쳐 점령했다.

진晉나라의 조돈은 진秦나라 군사가 쳐들어온다는 급보를 받자 서둘러 대책 마련에 들어갔다. 상경인 그는 다시 중군의 원수가 됐다. 상군 대부 순림보를 중군보좌로 삼아 죽은 선극의 자리를 채웠다. 그는 제미명提彌明을 거우로 발탁했다. 또 극결로 하여금 죽은 기정보를 대신해 상군 대장의 자리를 맡게 했다.

조돈에게는 집안 조카인 조천趙穿[5]이 있었다. 선군인 진양공의 사위였다. 조천이 상군의 보좌를 자청했다.

조돈이 말했다.

"너는 나이가 젊고 용감하지만 아직 경험이 부족하다. 지금은 나서지 말고 후일을 기약토록 하라."

그러고는 유변을 상군보좌로 삼았다. 또 난돈欒盾을 하군 대장으로 삼아 진秦나라로 귀순한 선멸의 자리를 대신하게 했다. 죽은 서신의 아들 서갑胥甲을 하군 보좌로 삼아 죽은 선도의 공석을 채웠다.

이때 조천이 자신의 사병私兵을 이끌고 상군에 배속돼 활약할 뜻을 밝혔다. 조돈이 허락했다. 군중軍中에 사마 자리가 비어 있었다. 조돈은 한궐韓厥을 천거해 사마로 삼았다. 한궐은 한자여韓子輿의 아들로 어려서부터 조돈의 집안에서 자랐다. 어른이 되어서는 조돈의 문객이 되었다. 조돈은 그가 현능한 인물이라는 것을 잘 알고 있었다.

정비를 마친 진晉나라 3군은 도성인 강도를 출발했다. 모습이 실로 엄숙했다. 진晉나라 군사가 10리쯤 갔을 때 병거 1대가 중군의 행렬을 뚫고 들어왔다. 한궐이 부하를 시켜 어자御者가 누구인지 알아오게 했다.

그 어자가 한궐 앞에 와서 말했다.

"조 상경이 물그릇을 가져오는 것을 깜박 잊었기에 상경의 명을 받들고 특별히 도성으로 가 그것을 갖고 돌아오는 길입니다."

한궐이 화를 냈다.

5 '집안 조카'의 『열국지』 원문은 4촌 동생을 뜻하는 종제從弟이다. 그러나 『열국지』 제51회에서는 조천이 조돈을 숙부叔父로 칭한 대목이 나온다. 『춘추좌전』「노문공 12년」조는 조천을 방계 자손을 뜻하는 측실側室로 표현해 놓았다. 본 번역서는 『춘추좌전』의 기록을 좇아 원문의 '종제'를 '집안 조카'로 바꿔 번역했다.

"병거의 행렬이 이미 정해졌는데, 네가 어찌 병거를 몰고 행렬 사이를 끼어든단 말인가? 군법에 따라 너를 참형에 처하겠다."

어자가 체읍涕泣하며 호소했다.

"저는 상경의 명에 따랐을 뿐입니다."

한궐이 말했다.

"나는 군법을 관장하는 사마이다. 사마는 단지 군법이 있다는 것만 알 뿐 상경이 있다는 것은 알지 못한다."

그러고는 그 어자를 참하고 수레를 부숴버렸다. 제장들이 이를 보고 조돈을 찾아가 말했다.

"상경이 한궐을 천거했습니다. 한궐은 상경의 수종을 참하고 수레를 부숴버렸습니다. 그는 배은망덕한 사람입니다. 상경은 어찌 그런 사람을 쓸 수 있는 것입니까?"

조돈이 그 말을 듣고 미소만 지었다. 이어 사람을 시켜 한궐을 불렀다. 제장들은 한궐이 오면 조돈이 자신의 수종을 죽인 한궐을 원망해 질책할 것으로 생각했다. 그러나 조돈은 그가 오자 자리에서 일어나 깍듯이 맞이하면서 이같이 말했다.

"무릇 군주를 섬기는 자는 일을 공평히 처리할 뿐 무리를 짓지 않는다는 뜻의 '사군자비이부당事君者比而不黨' 이야기를 들은 바 있소. 그대가 이토록 법을 엄정히 집행하니 내가 그대를 천거한 보람을 느끼오. 앞으로 더욱 힘써주기 바라오."

한궐이 배사하고 물러갔다. 조돈은 제장들을 둘러보며 말했다.

"앞으로 진晉나라 정권을 잡을 사람은 틀림없이 한궐일 것이오. 한씨는 장차 그 집안이 창성할 듯하오."

당시 진晉나라 군사는 지금의 산서성 영제현에 있는 하곡河曲에 영채를 세웠다. 유변이 조돈에게 계책을 올렸다.

"진秦나라 군사가 예기銳氣를 축적한 지 여러 해가 지났습니다. 그들이 이번에 쳐들어 왔으니 우리는 그들의 예봉銳鋒을 당할 수 없습니다. 우선 해자를 깊이 파고 보루를 높이 쌓는 심구고루深溝高壘를 한 뒤 굳게 지킬 뿐 싸우지는 마십시오. 적들이 무작정하고 오래 있진 못할 것입니다. 이들이 물러갈 때를 기다려 치면 틀림없이 승리에 만전을 기할 수 있습니다."

조돈이 이를 좇기로 했다.

진강공秦康公이 누차 싸움을 걸었으나 진晉나라 군사는 일절 응하지 않았다. 진晉나라에서 귀화한 사회士會에게 계책을 물었다.

사회가 말했다.

"지금 조돈이 유변이라는 장수를 새로 임명했습니다. 그는 지모가 많습니다. 진晉나라 군사가 굳게 지킬 뿐 싸우지 않는 이른바 견벽부전堅壁不戰의 계책을 쓰는 게 그렇습니다. 이들은 우리가 싸움을 걸다가 지쳐 돌아갈 때를 기다리고 있습니다. 조돈에게 조카인 조천이 있습니다. 그는 진양공의 사위입니다. 그는 상군의 보좌가 되겠다고 자청했는데 조천이 그 청을 물리치고 유변을 임명했다고 합니다. 조천은 틀림없이 그에게 원망을 품고 있을 것입니다. 더구나 조돈이 유변의 계책을 쓰고 있으니 틀림없이 그 계책을 못마땅하게 생각하고 있을 것입니다. 조천이 이번에 자원해서 온 것은 유변의 공로를 빼앗기 위한 것입니다. 우리는 진나라 상군에 싸움을 걸어야 합니다. 상군 대장 극결과 보좌 유변은 나오지 않을지라도 조천은 틀림없이 출격해 대적코자 할 것입니다. 이를 계기로 일전을 벌이면 그 또한 좋은 유인책이 아니겠습니까?"

진강공은 이를 좇았다. 백을병으로 하여금 병거 100승을 이끌고 가 진나라 상군에 싸움을 걸도록 했다. 상군 대장 극결과 보좌 유변은 더욱 굳게 지킬 뿐 꿈적도 하지 않았다.

그러나 조천은 진秦나라 군사가 와서 싸움을 건다는 말을 듣자 곧바로 병거 100승을 이끌고 싸우러 나갔다. 백을병은 싸우는 체 하다가 곧바로 병거를 돌려 달아났다. 조천이 10여 리나 쫓아가다가 결국 따를 수 없어 말머리를 돌렸다. 그는 내심 유변이 자신을 도와 함께 추격하지 않은 것을 못마땅하게 생각했다.

곧 군리軍吏를 불러 크게 꾸짖었다.

"병사들이 갑옷을 입고 군량을 짊어지고 나오는 이른바 과량피갑裹糧被甲을 하는 것은 원래 싸우기 위한 것이 아닌가? 그런데 지금 적이 와서 싸움을 거는 데도 나가서 싸우려 않으니, 상군의 장병 모두 아녀자가 아닌가?"

군리가 대답했다.

"극 원수는 이미 적군을 격파할 계책을 갖고 있습니다. 다만 지금은 그 계책을 쓸 때가 아니라고 했습니다."

조천은 그 말을 듣고 더욱 성을 내며 크게 꾸짖었다.

"쥐새끼 같은 서배鼠輩들에게 무슨 심모深謀가 있단 말인가? 단지 죽음을 두려워할 뿐이다. 다른 사람들은 진秦나라 군사를 두려워하지만 나는 조금도 두려워하지 않는다. 나는 혼자라도 저들을 쫓아가 목숨을 건 사전死戰을 한바탕 벌일 것이다. 그래야 지키기만 하고 싸우지 않는 견벽부전堅壁不戰의 치욕을 씻을 수 있다."

그러고는 다시 병거를 타고 앞으로 내달리면서 외쳤다.

"나와 뜻을 같이하는 자는 모두 나를 따르라."

진晉나라 3군 가운데 아무도 나서지 않았다. 다만 하군 부장副將 서갑胥甲은 이같이 감탄했다.

"저 사람이야말로 호한好漢이다. 내가 응당 그를 도울 것이다."

그러고는 휘하 군사를 이끌고 그 뒤를 따랐다.

한편 상군 대장 극결은 보고를 받고는 곧바로 조돈에게 보고했다.

조돈이 크게 놀랐다.

"광부狂夫가 홀로 출전했으니 틀림없이 적에게 사로잡힐 것이다. 불가불 구하지 않을 수 없다."

곧바로 3군에 명해 일시에 출격해 진秦나라 군사와 싸우게 했다.

한편 조천은 진秦나라 군영을 향해 돌진했다. 백을병이 영격에 나섰다. 서로 30여 합을 싸우는 동안 양군 병사들은 서로 많은 사상자를 냈다. 이때 서기술이 백을병을 도와 조천을 협공하려고 했다. 그러나 전면에서 진晉나라 대군이 달려왔다. 양측은 일대 혼전을 피하기 위해 각각 징을 울리고 군사를 거두었다.

조천이 본진으로 돌아와 조돈에게 불평했다.

"제가 홀로 진秦나라 군사를 쳐부수고 출전하지 못한 장수들의 굴욕을 씻으려고 했는데, 왜 문득 징을 울려 군사를 거둬들인 것입니까?"

조돈이 대답했다.

"진秦나라는 대국이다. 그들을 가볍게 봐선 안 된다. 마땅히 계책을 써 물리쳐야 한다."

조천이 말했다.

"매번 '용계用計, 용계用計'만 말하니 너무 기가 차서 배가 부를 지경입니다."

그 말이 끝나기도 전에 진秦나라 쪽에서 전서戰書를 보내왔다는 보고가 올라왔다. 조돈이 유변을 시켜 그 전서를 접수케 했다. 진秦나라 사자가 전서를 올리자 유변이 받은 뒤 곧바로 조돈에게 바쳤다. 조돈이 전서를 뜯어보니 내용은 이러했다

> 양국 군사 모두 손상을 입지 않았습니다. 청컨대 내일 결전을 벌여 승부를 가리고자 합니다.

조돈이 진秦나라 사자를 불러들였다.

"삼가 명을 좇도록 하겠소."

진나라 사자가 돌아가자 유변이 조돈에게 말했다.

"진나라 사자가 비록 입으로는 싸움을 청했으나 곁눈질로 사방을 둘러보았습니다. 불안을 느끼고 있는 게 분명합니다. 대략 우리를 두려워하고 있기에 그런 듯합니다. 오늘 밤에 틀림없이 달아날 듯합니다. 우리는 황하 어귀에 매복하고 있다가 저들이 황하를 건널 때 치면 됩니다. 반드시 전승全勝을 거둘 수 있을 것입니다."

조돈이 말했다.

"그 계책이 아주 묘하오."

그러고는 곧바로 각 군에 매복을 명하려고 했다. 서갑이 이 사실을 조천에게 알렸다. 조천이 서갑과 함께 즉각 군문軍門으로 가서 큰 소리로 외쳤다.

"여러 장병들은 내 말을 들으시오. 우리 진나라는 군대가 강하고, 장수들 또한 많소. 어찌 서쪽 진秦나라만 못하겠소? 오늘 저들이 우리에게 전서를 보내 왔소. 우리는 내일 저들과 싸우기로 약속했소. 그런데 무엇 때문에 황하 어귀에 매복했다가 엄습해야 한단 말이오? 이 어찌 대장부의 소행이라고 할 수 있겠소?"

조돈이 사람을 보내 조천을 급히 불러들였다.

"내겐 원래 그리할 뜻이 없었다. 공연히 입을 놀려 군심을 어지럽히지 마라."

하지만 진秦나라 첩자가 이미 조천과 서갑이 군문 앞에서 외친 말을 탐지해 곧바로 본영에 보고했다. 이날 진秦나라 군사가 밤을 새워 퇴각했다. 퇴각 도중 진晉나라의 하읍瑕邑을 치고 도림桃林의 요새를 빠져나가 본국으로 돌아갔다.

조돈 역시 군사를 거둬 회군했다. 도성으로 돌아온 뒤 군사기밀을 누설한 죄를 다스렸다. 그러나 그는 조천의 죄에 대해서는 선군의 사위이자 자신의 조카라는 이유로 사면하고 오로지 서갑에게만 죄를 물었다. 서갑은 모든 관직을 삭탈당하고 위衛나라로 추방돼 안치安置됐다.

조돈은 얼마 후 다시 말했다.

"서갑의 부친인 구계臼季의 공을 참작하지 않을 수 없다."

서갑의 아들 서극胥克을 임용해 하군 보좌로 삼았다.

염옹이 시를 지어 조돈의 불공정한 처사를 풍자했다.

함께 군문에서 외쳐 죄가 같은데	同呼軍門罪不殊
홀로 서갑만 불공정한 벌 받았다	獨將胥甲正刑書
조돈이 일족 감싸준 시비 알려면	相君庇族非無意
진나라 사관 동호의 붓에 물어라	請把桃園問董狐

때는 주경왕 5년인 기원전 614년이었다.

조돈은 진秦나라 군사가 다시 쳐들어오지나 않을까 걱정했다. 대부 첨가詹嘉로 하여금 하읍瑕邑을 다스리면서 도림의 요새까지 지키게 했다.

유변이 조돈에게 말했다.

"지난번 하곡河曲 싸움에서 진秦나라에 여러 계책을 일러준 사람은 사회입니다. 그가 진秦나라에 있는 한 우리는 베개를 높이 베고 편히 잘 수 없습니다."

조돈은 그럴 듯하게 여겼다. 이내 국정을 논의할 일이 있다며 3군을 책임진 육경六卿을 제부諸浮 땅의 별관에 소집했다. 누가 육경인가? 조돈趙盾을 위시해 극결郤缺과 난돈欒盾, 순림보荀林父, 유변臾駢, 서극胥克 등이 그들이다.

이날 모임에 육경이 모두 참석했다.

조돈이 먼저 말했다.

"지금 호야고는 노潞나라, 사회는 진秦나라에 가 있소. 두 사람이 자신들의 조국인 진晉나라를 모해하고 있소. 이를 어찌 대처하면 좋겠소?"

순림보가 대답했다.

"사람을 보내 호야고를 데려오십시오. 그에겐 가히 변경을 맡길 만합니다. 또 그의 부친 자범子犯은 진문공 때 큰 공을 세웠습니다. 이를 참작해야만 합니다."

극결이 반대했다.

"그렇지 않소. 호야고가 비록 공신의 자식이기는 하나 대신을 함부로 죽인 죄가 있습니다. 그를 복직시키면 장차 어떻게 다른 신료들을 경계할 수 있습니까? 그보다는 사회를 부르는 게 낫습니다. 사회는 성품이 유순하고 지혜가 많습니다. 그가 진秦나라로 달아난 것은 그가 죄를 지었기 때문이 아닙니다. 선멸과의 의리 때문에 그리한 것입니다. 적翟나라는 멀고, 진秦나라는 가깝습니다. 가까운 진나라의 우리나라에 대한 공격을 저지하려면 먼저 계책을 일러주는 자를 제거해야 합니다. 사회를 데려오는 게 가장 좋은 방법입니다."

조돈이 물었다.

"진군秦君은 사회를 총임寵任하고 있소. 우리가 돌려 달라고 말한들 응할 리 없소. 어떤 계책을 써야만 그를 데려올 수 있겠소?"

유변이 대답했다.

"제가 잘 알고 있는 사람이 있습니다. 그는 지난날 우리나라에서 대부 벼슬을 산 필만畢萬의 손자입니다. 이름은 수여壽餘로 위주魏犨의 조카가 됩니다. 그 집안의 식읍은 위읍魏邑입니다. 명문가의 자손인데도 아직 벼슬을 얻지 못하고 있습니다. 그는 임기응변의 권변權變에 능합니다. 사회를 데

사회를 부르려고 위수여를 사자로 보내다

려오고자 하면 그에게 일을 부탁하는 방안밖에 없습니다."

유변이 조돈의 귀에다 뭔가 속삭였다.

"이리저리 하는 게 어떻겠습니까?"

조돈이 크게 기뻐했다.

"번거롭겠지만 그대는 나를 위해 그를 불러주시오."

이날 육경은 각자 자기 집으로 돌아갔다. 이튿날 유변이 위 땅의 수여를 방문했다. 수여가 유변을 반가이 맞았다. 유변은 수여에게 밀실에서 이야기하고 싶다고 청했다. 밀실로 들어온 그는 진秦나라에 가 있는 사회를 데려올 임무를 맡아 달라고 청했다. 수여는 쾌히 수락했다. 유변이 돌아와서는 밤중에 조돈을 찾아가 경과를 보고했다.

이튿날 아침, 조돈이 궁에 들어가서 진영공에게 말했다.

"진秦나라 군사가 자주 우리나라를 침공했습니다. 하동河東의 읍재邑宰들로 하여금 장정들을 훈련시킨 뒤 황하 일대의 나루터에 영채를 세우고 윤번제로 지키도록 해야 합니다. 또 그곳에 식읍을 갖고 있는 신하들로 하여금 그 일을 감독하도록 책임을 지워야 합니다. 혹여 그 일을 소홀히 하면 즉시 그 식읍을 박탈해야 합니다. 그래야만 그들이 힘을 합쳐 고을을 지킬 것입니다."

진영공이 조돈의 주청을 비준批准했다. 조돈이 또 말했다.

"하동의 여러 고을 가운데 위읍魏邑이 가장 큽니다. 황하를 지키는 일은 위읍이 솔선수범해야 합니다. 그러면 다른 고을도 따라하지 않을 수 없습니다."

그러고는 진영공의 명으로 대부 위수여魏壽餘를 부른 뒤 하동의 여러 고을 수령과 민병들을 감독해 황하 연안을 지키도록 했다. 위수여가 말했다.

"신은 선대의 공을 인정한 주공의 은덕에 큰 고을을 식읍으로 받았습니다. 그러나 군사에 관해서는 아는 게 없습니다. 더구나 진秦나라와 경계를 이루고 있는 황하 연안은 그 길이만 해도 100여 리가 넘습니다. 곳곳에 나루터가 있습니다. 공연히 병사들만 괴롭힐 뿐 아무런 도움이 되지 않습니다."

조돈이 짐짓 화를 냈다.

"소신小臣이 어찌 감히 나의 대계大計를 훼방하는 것인가? 3일 내에 민병들의 병적兵籍을 만들어 오도록 하라. 명을 어기면 군법으로 다스릴 것이다."

위수여도 짐짓 탄식하며 물러났다. 집으로 돌아온 뒤 수심 가득한 얼굴로 크게 고민했다. 아내와 자식들이 이유를 물었다.

수여가 대답했다.

"실로 조돈은 무도無道한 자이다. 나에게 황하 어귀를 지키는 일을 감독하라고 했다. 내가 언제까지 그 어려운 일을 맡아서 해야 하는지 모르겠소. 당신은 가재도구를 챙기도록 하시오. 아들을 데리고 진秦나라로 갑시다. 그곳에 사회도 있지 않소."

그러고는 가인家人들을 불러 거마를 정비해 망명 준비를 하게 했다. 그날 밤 수여는 술을 가져 오게 해 통음痛飮했다. 술에 취한 그는 안주가 부실하다며 요리사인 선부膳夫를 채찍으로 1백 대나 때렸다. 그러고도 분이 덜 풀린 듯이 선부를 죽이겠다고 소리쳤다.

선부가 밤길을 달려 강성으로 가서는 곧바로 조돈에게 위수여의 모반 행각을 밀고했다. 조돈이 곧바로 한궐에게 명해 군사를 이끌고 가 위수여를 잡아오게 했다. 한궐은 달아나는 위수여를 달아나도록 눈감아준 뒤 그의 처자만 체포해 감옥에 가뒀다.

위수여는 밤낮을 가리지 않고 진秦나라로 달아났다. 이어 진강공을 찾아가 조돈의 포학무도한 짓을 자세히 일렀다.

"아내와 자식이 모두 옥에 갇혀 있습니다. 저는 간신히 탈출한 뒤 투항을 위해 이곳을 특별히 찾아온 것입니다."

진강공이 사회에게 물었다.

"위수여의 말이 사실이오?"

사회가 대답했다.

"진晉나라 사람은 사술詐術을 잘 쓰니 믿지 마십시오. 그가 정말 투항해 왔다면 응당 신표가 될 만한 물건을 바쳐야 할 것입니다."

위수여가 소매 속에서 한 장의 문서를 꺼냈다. 위읍의 토지 넓이와 백성의 수효를 기록한 문서였다. 그는 이를 진강공에게 바치면서 말했다.

"명공明公이 저를 받아주면 식읍을 모두 봉헌하겠습니다."

진강공이 또 사회에게 물었다.

"위읍을 거둘 수 있겠소?"

위수여가 사회에게 눈짓을 하며 발을 슬쩍 밟았다. 사회는 고국을 떠나 진나라에 와서 벼슬을 살고 있지만 마음속으론 늘 진晉나라가 그리웠다. 위수여가 자신에게 눈짓 몸짓을 하는 것을 보고 암암리에 그 뜻을 알아차렸다.

사회가 진강공에게 대답했다.

"지난날 진秦나라가 진晉나라에 하동의 5개 성읍을 돌려 준 것은 인척 간의 우호를 지키기 위한 것입니다. 그러나 근래 두 나라가 잇달아 서로를 공격한 지 이미 여러 해가 되었습니다. 성을 공격하고 고을을 탈취하는 것은 오직 무력으로만 가능합니다. 만일 힘들이지 않고 고을을 얻을 수 있다면 얼마나 좋겠습니까? 하동의 여러 고을 가운데 가장 큰 고을이 위읍입니다. 우리가 위읍만 차지하면 점차 하동 일대를 모두 우리의 것으로 만들 수 있습니다. 위읍을 얻는 것은 멀리 앞을 내다본 장책長策에 해당합니다. 다만 위읍의 유사有司들이 진晉나라의 책임추궁을 두려워해 귀순하지 않을까 염려될 뿐입니다."

위수여가 말했다.

"위읍의 유사는 비록 진晉나라 신하들이지만 실은 우리 위씨가 임명한 사람들입니다. 군후가 일지군一枝軍을 이끌고 하서河西에 주둔하며 성원하면 신이 가서 이들을 설복시키겠습니다."

진강공이 사회를 돌아보며 말했다.

"경은 진晉나라 일을 숙지하고 있으니 이번에 과인 일행과 함께 가도록 합시다."

그러고는 서기술을 대장, 사회를 부장으로 삼았다. 몸소 두 사람과 함께 대군을 이끌고 동쪽을 향해 진군했다.

황하 어귀에 당도하자 영채를 세우고 주둔했다. 이때 전초병이 달여와 보고했다.

"하동에 이미 진晉나라 일지군이 둔찰屯紮[6]하고 있습니다. 그들이 왜 그곳에 있는지 잘 모르겠습니다."

위수여가 말했다.

"그건 위읍 사람들이 진秦나라 군사가 왔다는 소문을 듣고 방비하기 위해 나온 민병대일 것입니다. 그들은 신이 지금 진秦나라에 와 있다는 걸 모르고 있을 것입니다. 실로 신이 진晉나라 일을 잘 아는 사람과 함께 건너가 화복禍福을 따져 말하면 위읍의 유사들이 따르지 않을까 염려하지 않아도 될 것입니다."

진강공이 사회에게 명해 위수여와 함께 가도록 했다. 사회가 머리를 조아리며 사양했다.

"진晉나라 사람은 성품이 호랑虎狼처럼 사나워 그 행동을 가늠할 수가 없습니다. 만일 신이 가서 설득하면 이는 우리 진秦나라 복입니다. 그러나 이들이 신의 말을 듣지 않고 신을 구류하면 주공은 신이 임무를 제대로 수행치 못했다는 이유로 신의 처자에게 벌을 내릴 것입니다. 그리되면 주공에게 아무런 소득도 없을 뿐만 아니라 신과 신의 가족만 억울하게 재앙을 당하게 됩니다. 그 경우 신과 신의 처자는 구천에 가서 뒤늦게 후회하는 추회追悔나 제대로 할 수 있겠습니까?"

진강공은 그 말이 사회의 속임수인 줄 모르고 다시 말했다

"경은 응당 황하를 건너가 마음을 다해 저들을 설득해 주시오. 내가 위읍을 얻게 되면 경에게 더 높은 벼슬과 큰 상을 내리겠소. 또 만일 경이 불행히도 진晉나라 사람에게 붙들린다면 그간의 정리를 생각해서라도 경의

6 둔찰屯紮은 군대가 행군 도중 잠시 머무는 것을 말한다. 외국사절로 외국에 머무는 주찰駐札과 유사한 의미이다. 찰紮은 찰扎, 찰札, 차箚와 같다.

가족을 진晉나라로 돌려보내겠소."

그러고는 사회와 더불어 황하를 가리키며 맹서했다. 진秦나라 대부 요조繞朝가 진강공에게 간했다.

"원래 사회는 진나라의 모사입니다. 그를 이번에 보내면 거어巨魚를 깊은 골짜기에 풀어주는 것과 같습니다. 사회는 한번 가면 다시 돌아오지 않을 것입니다. 주공은 어찌하여 위수여의 말을 경솔히 믿고 천하의 모사를 놓아주어 진晉나라를 도와주려는 것입니까?"

진강공이 말했다.

"이 일은 과인이 사회에게 부탁한 것이오. 그대는 사회를 의심하지 마시오."

사회와 위수여는 진강공에게 갔다 오겠다는 말만 남기고 그곳을 떠났다. 얼마쯤 갔을 때 요조가 황급히 말을 몰아 뒤를 쫓아왔다. 그는 가죽채찍을 사회에게 주면서 말했다.

"그대는 우리 진秦나라에 지모 있는 사람이 없다고 깔보지 마시오. 다만 주공이 내 말을 듣지 않았을 뿐이오. 그대는 이 채찍으로 말들을 몰아 속히 돌아오도록 하시오. 돌아오는 것이 늦으면 재앙이 있을 것이오."

사회는 배사拜謝한 뒤 황급히 내달렸다.

사신이 이를 시로 읊었다.

말 타고 옷을 적시며 앞으로 가서	策馬揮衣古道前
말채찍 건네주며 은근히 협박하다	殷勤贈友有長鞭
진나라 모사 없다고 말하지 마라	休言秦國無名士
강공이 말 듣지 않으니 어찌할까	爭奈康公不納言

마침내 사회와 위수여는 황하를 건너 동쪽으로 갔다.

이들이 무사히 진晉나라로 돌아갈 수 있는지 알 길이 없으니 다음 회를 보라.

제49회

97話 공자 포가 후하게 베풀어 나라를 사다
– 공자포후시매국公子鮑厚施買國

자가 수계隨季인 사회가 위수여와 함께 황하를 건넌 뒤 동쪽을 향해 1리도 못 갔을 때였다. 한 소년장군이 한 무리의 군마軍馬를 이끌고 와서 이들을 영접했다. 그는 병거 위에서 몸을 굽히며 말했다.

"수계隨季는 그간 무양無恙했는지요?"

사회가 앞으로 다가가 그를 유심히 봤다. 이름이 조삭趙朔으로 바로 상경 조돈의 아들이었다. 이들 3인은 수레에서 내려 다시 수인사修人事를 했다.

사회가 물었다.

"무슨 일로 수고롭게 여기까지 마중을 나온 것이오?"

조삭이 대답했다.

"부친의 분부를 받고 두 분을 영접키 위해 왔습니다. 뒤에서 대군이 내 뒤를 따라 오는 중입니다."

이때 포성이 한 번 울렸다. 그 신호에 따라 수레들이 물처럼 몰려오고 말들이 용처럼 달려 와서는 사회와 수여를 앞뒤로 호위한 채 풍우같이 사라졌다.

진강공은 사람을 시켜 황하 기슭에서 건너편을 살펴보게 했다. 그 사람이 돌아와 그 광경을 보고했다. 진강공이 크게 화를 냈다. 즉시 황하를 건너가 진晉나라를 치려고 했다. 다시 전초병이 달려와 보고했다.

"탐문한 바에 따르면 지금 하동 땅에 진晉나라 대군이 몰려오고 있습니다. 장수는 순림보와 극결이라고 합니다."

서기술이 말했다.

"진晉나라 대군이 사회 등을 접응하러 왔다면 저들은 우리의 도하를 구경만 하고 있지는 않을 것입니다. 아무래도 그냥 돌아가느니만 못합니다."

진강공이 이내 군사를 거둬 돌아갔다. 순림보 등의 진晉나라 군사도 철군했다.

사회는 3년 동안 진秦나라에 머물러 있었다. 이제 다시 고국의 도성인 강도絳都에 돌아오니 감개무량했다. 궁중으로 들어가 진영공을 알현했다. 땅에 엎드려 사죄하자 진영공이 위로했다.

"경에겐 아무 죄가 없소."

사회가 육경의 반열에 참여하게 됐다. 조돈은 위수여의 공로를 가상히 여겨 진영공에게 포상을 진언했다. 진영공이 진언에 따라 위수여에게 수레 10승을 내렸다.

당시 진강공은 사람을 시켜 사회의 처자를 진晉나라로 돌려보내며 말했다.

"사회는 나를 저버렸지만 나는 황하의 맹서를 저버리지 않겠다."

이후 사회는 진강공의 의리에 감격한 나머지 사례하는 서찰을 보냈다. 서찰에서 이젠 병사들을 쉬게 하고 백성을 무육撫育하면서 각지 자국의 경계만 지켜야 한다고 권했다. 진강공이 이를 좇았다. 이후 수십 년 동안 두 나라는 각각 국경을 지키며 싸우지 않았다.

주경왕周頃王은 재위 6년 만인 기원전 613년에 세상을 떠났다. 태자 반이 즉위했다. 그가 바로 주광왕周匡王이다. 그때는 진영공 8년이기도 했다. 이때 초목왕이 죽었다. 태자 여旅[1]가 보위에 올랐다. 그가 바로 초장왕楚莊王이다.

당시 진晉나라의 권신 조돈은 초나라의 국상을 이용해 선군 때 이룩한 맹주의 패업을 다시 회복코자 했다. 그가 지금의 하남성 상구시 서남쪽의 신성新城 땅에 열국의 제후를 소집한 이유다. 송소공宋昭公 저구杵臼, 노문공魯文公 흥興, 진영공陳靈公 평국平國, 위성공衛成公 정鄭, 정목공鄭穆公 난蘭, 허소공許昭公 석아錫我 등 6국의 군주가 신성으로 모여들었다.

송소공과 진영공 및 정목공이 조돈에게 지난날 초나라를 부득이 좇을 수밖에 없었던 사정을 말했다. 조돈이 좋은 말로 이들을 위로했다. 열국의 제후들이 이후 다시 진나라를 섬기게 된 이유다. 다만 채장후蔡莊侯만 참석하지 않았다. 여전히 초나라를 추종했기 때문이다.

조돈은 극결로 하여금 군사를 이끌고 가 채나라를 치게 했다. 채장후가 곧바로 강화를 청했다. 극결이 이를 수락하고 철군했다.

제소공齊昭公 반潘은 신성의 맹회에 참석할 예정이었으나 마침 병이 나

1 『사기』「초세가」에는 초장왕의 이름이 여侶로 나온다. 그러나 『춘추좌전』「노문공 14년」조에는 여旅로 되어 있다. 『사기』의 1차 사료는 『춘추좌전』과 『전국책』이다. 『열국지』에서 초장왕의 이름을 여旅라고 한 것은 『춘추좌전』의 기록을 좇은 결과다. 어떤 면에서 풍몽룡이 『사기』를 쓴 사마천보다 오히려 역사적 사실에 충실했던 셈이다.

기일에 맞춰 참가할 수 없었다. 얼마 후 제소공이 병사했다. 태자 사舍가 뒤를 이어 즉위했다. 태자 사의 생모는 노나라 출신 숙희叔姬였다. 그녀는 제소공 사후 소희昭姬로 불렸다. 소희는 제소공의 정실이었으나 남편의 사랑을 받지 못했다. 태자 사 또한 재주와 덕망이 별로 없었다. 백성들이 그다지 존경하지 않은 이유다.

공자 상인商人은 제환공의 애첩인 밀희密姬의 소생이다. 그는 늘 보위를 찬탈할 생각이었다. 제소공은 생전에 공자 상인을 극진히 대했다. 보위를 빼앗을 생각을 잠시 중단하고, 제소공이 사후 보위를 탈취할 생각을 갖게 된 배경이다.

제소공은 제위 말년에 위衛나라에 가 있던 공자 원元을 불러 정사를 맡겼다. 그는 정사를 잘 펼쳤다. 상인이 이를 시기했다. 곧 자신도 인심을 얻는 방안을 강구했다. 그는 자기 재산을 모두 털어 빈민들에게 두루 나눠줬다. 심지어 빚을 내면서 빈민을 구휼했다. 백성들은 모두 공자 상인의 구호활동에 감격했다. 그는 많은 사사死士들을 집에 모아놓고 조석으로 훈련시켰다. 이들은 상인이 출입할 때 호위병처럼 수행했다.

이런 상황에서 제소공이 죽고 태자 사가 즉위한 것이다. 마침 혜성이 북두칠성 곁에 나타났다. 공자 상인이 사람을 시켜 이를 점치게 했다. 점을 친 자가 말했다.

"송나라와 제나라 및 진晉나라 등 3국 군주가 모두 변란으로 죽을 징조입니다."

공자 상인이 말했다.

"제나라에서 변란을 일으킬 자가 내가 아니면 누구이겠는가?"

즉시 사사들에게 명해 상막喪幕 안에 있는 태자 사를 척살케 했다. 상인은 짐짓 보위를 이복형인 공자 원에게 권했다.

"태자 사는 군주로서의 위엄이 없어 보위에 앉아서는 안 된다. 내가 이번 일을 일으킨 것은 형을 옹립키 위한 것이다."

공자 원이 크게 놀라 상인에게 말했다.

"나는 네가 오래전부터 보위를 노리고 있다는 걸 안다. 어째서 이번 일을 나에게 떠넘기려 하는 것인가? 나는 너를 군주로 섬길 수 있지만 너는 나를 군주로 섬길 사람이 못된다. 네가 즉위한 뒤 내가 필부로라도 지낼 수 있게 용납해 주기만을 바랄 뿐이다. 나는 수명대로 살 수만 있다면 만족하겠다."

공자 상인이 즉위했다. 그가 바로 제의공齊懿公이다.

공자 원은 내심 상인의 소행을 미워해 병을 핑계로 조정에도 나가지 않고 두문불출했다. 공자 원으로선 현명한 처신이었다.

당시 소희는 자기 아들이 비명에 죽자 크게 슬퍼했다. 밤낮없이 통곡했다. 제의공이 소희를 증오한 나머지 별실에 감금하고 음식도 넉넉히 주지 않았다. 소희가 궁인에게 뇌물을 주고 그를 통해 친정인 노나라와 통신通信했다. 노문공은 제나라의 강한 무력을 두려워한 나머지 대부 동문수東門遂를 시켜 주왕실에 이 사실을 전하게 했다.

동문수는 주광왕에게 이 일을 고하면서 천자의 은총을 베풀어 소희를 석방시켜 달라고 호소했다. 주광왕이 조정대신인 선백單伯을 제나라로 보내 이 일을 주선케 했다.

선백이 제의공에게 청했다.

"이미 그 아들을 죽였는데 그 어미는 무엇에 쓰려고 감금한 것이오? 어찌하여 속히 친정인 노나라로 돌려보내 제나라의 관덕寬德을 밝히지 않는 것이오?"

제의공은 태자 사의 시해를 숨기고 있었는데 '그 아들을 죽였다'는 말을 듣자 얼굴을 붉히며 아무 대답도 하지 못했다. 선백은 확답을 얻지 못한 채 객관으로 갔다. 제의공은 이날 급히 소희를 다른 궁실로 옮겨 놓았다. 이어 사람을 시켜 선백이 소희를 만나보도록 유인했다. 그 사람이 객관으로 가서 선백에게 말했다.

"과군이 어찌 감히 국모를 태만히 모시겠습니까? 하물며 천자가 유시가 있으니 감히 받들지 않을 리 있겠습니까? 국모을 왜 직접 만나보지 않는 것입니까? 천자가 종친의 나라인 노나라와 그 공족들을 얼마나 유념하고 있는지도 알려드려야 하지 않겠습니까?"

선백이 좋은 이야기라고 하면서 이내 수레를 타고 사자를 따라 궁 안으로 들어가 소희를 만나보았다. 소희가 흐느껴 울며 자신의 고통스런 심정을 하소연했다. 선백이 미처 대답도 하기 전에 제의공이 문을 열고 들이닥쳐 선백을 크게 꾸짖었다.

"그대는 어찌하여 멋대로 내궁으로 들어와 국모와 은밀히 만나 구차지사苟且之事를 하려는 것인가? 과인은 그대의 소행을 천자에게 고발할 생각이오."

그러고는 선백과 소희를 각각 밀실에 가뒀다. 제의공은 노문공이 왕명을 빌려 자신에게 압력을 가한 사실에 분노했다. 곧 군사를 일으켜 노나라를 쳤다.

후대의 논자論者는 제의공을 이같이 평했다.

> 제의공은 어린 군주를 죽이고, 국모를 유폐하고, 천자의 사자를 구금했다. 또 이를 빌미삼아 이웃 나라를 쳤다. 실로 궁흉극악窮凶極惡한 자이다. 하늘이 어찌 그를 용납하겠는가? 당시 제나라에는 고씨와 국씨 등 대대로 벼슬한 대신들이 조정에 많았다. 그런데도 그들은 왜 공자 원을 받들고 제의공 상인의 죄를 성토하지 않은 것인가? 그토록 흉악한 짓을 하는데도 한마디 말도 하지 않고 일이 이 지경에 이르도록 방치했으니 어찌 한탄스런 일이 아니겠는가?

사신이 시를 지어 이를 탄식했다.

보위 탐해 어린 군주 속이고	欲圖大位欺孤主
먼저 재물 흩어 민심을 사다	先散家財買細民
조정대신들은 꼼짝도 못하고	堪恨朝中綬若若
시정인처럼 악인에 아첨하다	也隨市井媚凶人

제나라 군사가 침공하자 노문공은 황급히 상경 계손행보季孫行父를 진나라로 보내 구원을 청하게 했다. 진나라 상경 조돈이 진영공을 받들고 송나라와 채나라, 위나라, 진陳나라, 정나라, 조曹나라, 허나라 등 7국 군주를 소집했다. 조돈과 7국 군주는 지금의 하남성 원양현 서북쪽의 호扈 땅에 모여 제나라 토벌 방안을 논의다.

당시 제의공은 진나라가 8국 연합군을 이끌고 치러 온다는 말을 듣고 크게 놀랐다. 곧바로 사람을 보내 많은 뇌물을 진晉나라에게 바치고 화해를 청했다. 이어 선백을 석방해 주왕실로 돌려보내고, 소희를 친정인 노나라로 보냈다. 8국의 제후가 각각 흩어져 본국으로 돌아갔다.

노문공은 진晉나라가 제나라를 치지 않고 돌아갔다는 소식을 듣고는 후환이 있을까 두려워했다. 곧 공자 동문수를 제나라로 보내 많은 뇌물을 바치고 화해를 청했다.

원래 송양공의 부인 왕희는 주양왕의 손위누이이다. 송성공 왕신王臣의 생모이고, 송소공 저구杵臼의 조모에 해당한다. 송소공은 태자로 있을 때부터 공자 앙卬과 공손 공숙孔叔 및 공손 종리鍾離 등 3인과 함께 늘 사냥을 다니며 친밀히 지냈다. 송소공은 즉위한 후 이들 3인의 말만 들었다.

그는 대신들을 신임하지 않았고, 조모인 왕희에게도 문안을 드리지 않았다. 일가친척인 공족을 멀리하고, 민사民事를 태만히 해 돌보지 않고, 날마

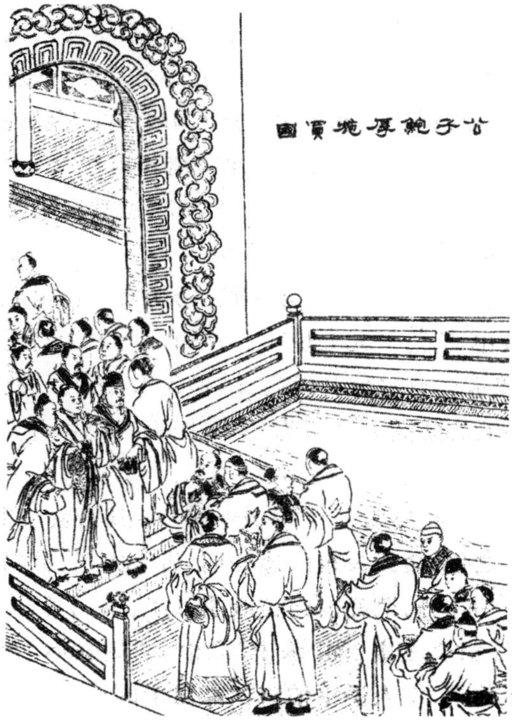

■ 공자 포가 후하게 베풀어 나라를 사다

다 들에 나가서 사냥만 했다.

사마 악예樂預는 송나라가 틀림없이 어지러울 것을 알고 사마 벼슬을 공자 앙에게 넘겨줬다. 사성司城 공손 수遂도 일신에 불행이 닥쳐올 것을 염려해 늙었다는 핑계로 치정致政했다. 송소공이 사성 벼슬을 공손 수의 아들 탕의제蕩宜諸에게 줬다.

송양공의 부인인 양부인襄夫人 왕희王姬는 늙었지만 음탕한 여자였다. 송소공의 서동생인 공자 포鮑는 인물이 준수하고 여인보다 더 곱게 생겼다. 왕희는 내심 그를 사랑했다.

한번은 공자 포를 자기 방으로 불러 함께 술을 마셨다. 술에 취한 그를 강요하다시피 해 정을 통하려 했다. 공자 포가 안간 힘을 다해 간신히 빠져나왔다. 그럼에도 양부인은 송소공을 내쫓고 공자 포를 보위에 세우기로 작심했다.

한편 송소공은 송목공과 송양공의 후손인 이른바 목양지족穆襄之族이 너무 번성하는 것을 두려워했다. 곧 공자 앙 등과 모의해 이들을 추방키로 작정했다. 이를 눈치 챈 양부인 왕희가 송목공과 송양공의 두 공족에게 몰래 알려줬다.

두 공족은 쫓겨나지 않기 위해 먼저 난을 일으켰다. 조문朝門 앞에서 송소공의 심복인 공자 앙과 공손 종리를 척살했다. 사성 탕의제는 겁이 나 노나라로 달아났다.

공자 포는 평소 육경을 공경하며 잘 모셨다. 일이 이쯤 되자 그는 중간에 나서서 조정 대신들과 두 공족을 화해시키는데 성공했다. 상황이 불리한 것을 느낀 송소공도 이에 따라 두 공족이 공자 앙과 공손 종리를 함부로 죽인 죄를 불문에 붙였다. 그는 다만 노나라로 출분한 탕의제를 불러들여 다시 그에게 사성 벼슬을 맡게 했다.

공자 포는 제나라 공자 상인이 자신의 재산을 흩어 백성들의 마음을 사고 마침내 제나라 보위를 빼앗았다는 걸 들어서 알고 있었다. 자신도 그러기로 결심했다. 이내 자신의 재산을 빈민들에게 두루 나눠줬다.

송소공 7년인 기원전 613년, 송나라에 큰 흉년이 들었다. 공자 포가 창고의 곡식을 모두 풀어 빈민을 구휼했다. 또 노인을 공경하고 현자를 존중했다. 도성 안의 70세 이상 노인들에게 매월 식량과 비단을 보냈다. 수시로 음식과 진미를 대접하고 사람을 보내 문안했다.

또 한 가지 재주만 뛰어난 자들도 모두 문하로 초치해 후하게 대접했다. 공경과 대부의 집에도 달마다 음식을 보냈다. 종족 간에도 친소에 관계없이 길흉사가 있으면 주머니를 털어서라도 부조금을 보냈다.

송소공 8년인 기원전 612년에도 큰 흉년이 들었다. 공자 포의 창고가 텅 비고 말았다. 이번엔 왕희가 궁중의 창고에 저장된 곡식을 내주어 공자 포를 도왔다. 송나라 백성들 가운데 공자 포를 칭송하지 않는 자가 없었다. 이들 모두 공자 포가 즉위키를 바랐다. 공자 포는 백성들 모두 자신을 지지한다는 걸 알자 하루는 왕희를 찾아가 송소공 시해 음모를 속히 결행할 것을 촉구했다.

왕희가 말했다.

"듣자니 저구杵臼가 곧 맹저孟諸의 풀숲으로 사냥을 나간다고 한다. 그가 사냥을 가면 나는 공자 수須를 시켜 궁문을 굳게 닫아걸게 하겠다. 너는 부하들을 이끌고 가서 저구를 쳐라. 이기지 못할 일이 없을 것이다."

공자 포가 이를 좇았다.

당시 사성 탕의제는 현명한 사마로 널리 알려져 있었다. 공자 포도 평소 그를 존경했다. 탕의제는 공자 포와 왕희 사이에 모종의 계책이 있다는 걸 눈치 챘다. 탕의제가 송소공에게 말했다.

"주공은 사냥을 가지 마십시오. 한 번 나가면 다시는 돌아오지 못하실까 두렵습니다."

송소공이 대답했다.

"그가 반역키로 했다면 설령 내가 궁성에 있다고 한들 능히 그 재앙을 면할 수 있겠는가?"

그러고는 우사右師 화원華元과 좌사左師 공손 우友에게 궁을 지키게 하면서 부고에 있는 보물을 이들에게 약간씩 나눠준 뒤 나머지 보물을 모두 수레에 싣고 맹저로 사냥을 떠났다.

때는 겨울 11월 동짓달이었다.

송소공이 성 밖을 나가자 왕희가 곧바로 화원과 공손 우를 불러 궁중에 머물게 했다. 이어 공자 포의 친동생인 공자 수須로 하여금 사방의 궁문을 굳게 닫아걸도록 했다. 공자 포는 사마 화우로 하여금 군중軍中에 나가 이 같이 외치게 했다.

"양부인의 명에 따라 이제 공자 포를 새 군주로 모시고자 한다. 나는 무도無道한 군주를 없애고 유도有道한 군주를 모시는 게 마땅하다고 보는데 너희들은 이를 어찌 생각하는가?"

병사들이 환희작약하며 일제히 대답했다.

"원컨대 명하는 대로 따르겠습니다."

국인들 역시 즐거이 따르지 않는 자가 없었다. 화우가 군사를 이끌고 성 밖으로 나와 송소공의 뒤를 쫓았다.

당시 송소공은 맹저로 가는 도중 변란이 일어났다는 보고를 받았다. 수행하던 탕의제가 속히 피신할 것을 권했다. 그래야 이후 복위를 노릴 수 있다는 취지였다.

송소공이 대답했다.

"위로는 할머니부터 아래로는 일반 백성에 이르기까지 과인을 원수처럼 여기지 않는 사람이 없소. 그런 터에 어떤 제후가 나를 받아주겠소. 다른 나라에 가서 죽느니 차라리 내 나라에서 죽겠소."

그러고는 수레를 멈추게 한 뒤 그 자리서 연회를 베풀었다. 사냥에 따라 나선 자들 모두 배부르게 먹였다. 식사가 끝나자 송소공이 좌우의 시종들에게 말했다.

"죄는 과인 한 몸에 있다. 너희들에게 무슨 죄가 있겠는가? 오랫동안 과인을 수종했는데도 그 수고에 아무런 보답도 못했다. 부고에 있던 보옥寶玉이 모두 여기에 있다. 너희들에게 나눠줄 터이니 이를 갖고 각자 도망가서 살도록 하라. 과인과 함께 죽을 필요는 없다."

좌우 시종이 모두 슬피 울며 말했다.

"청컨대 주공이 먼저 달아나십시오. 추격하는 병사가 있으면 저희들이 죽을 각오로 그들과 싸우겠습니다."

송소공이 말했다.

"너희들이 여기서 죽는 것은 무익한 일이다. 과인은 이곳서 죽을 터이니 너희들은 과인을 연연해하지 마라."

얼마 후 화우가 군사를 이끌고 나타났다. 군사들이 곧바로 송소공을 둘러싸고 왕희의 분부를 전했다.

"양부인이 무도한 혼군만 죽이라고 했다. 나머지 사람들과는 상관없는 일이다."

송소공이 급히 손을 휘둘러 좌우 시종들로 하여금 달아나도록 했다. 태반이 흩어져 달아났다. 탕의제가 칼을 들고 송소공 곁에서 호위했다.

화우가 왕희의 분부를 전했다.

"그대는 속히 궁으로 들어오라는 명이 있었소."

탕의제가 탄식했다.

"신하된 자는 난을 만나 군주를 버리고 몸을 피할 수 없다. 그것은 살아 있을지라도 죽은 거나 다름없다."

화우가 창을 들어 송소공을 찌르려고 했다. 탕의제가 자신의 몸으로 소공 앞을 가로막았다. 그는 칼을 들고 화우와 싸웠다. 군사들이 벌떼처럼 덤벼들어 탕의제부터 죽인 뒤 송소공을 척살했다. 시종들 가운데 달아나지 않은 자들은 모두 도륙을 당했다. 실로 애달픈 일이었다.

사신이 이를 시로 읊었다.

지난날 화독이 송상공을 죽이더니	昔年華督弑殤公
이젠 그 손자 화우가 소공 죽이다	華耦今朝又助凶
난신적자는 원래부터 씨가 있으니	賊子亂臣原有種
장미 도리가 서로 다른 것과 같다	薔薇桃李不相同

화우가 무리와 함께 돌아와 양부인에게 경과를 보고했다. 우사 화원과 좌사 공손 우가 왕희에게 말했다.

"공자 포는 인후仁厚해 민심을 얻었습니다. 응당 대위를 잇게 해야 합니다."

그러고는 마침내 공자 포를 옹립했다. 그가 바로 송문공宋文公이다. 화우는 송문공에 대한 조하를 마치고 집으로 돌아간 뒤 심동心疼을 일으켜 폭졸暴卒했다.

송문공은 탕의제의 충성을 가상히 여기어 그 동생 탕훼蕩虺를 사마로 삼아 죽은 화우를 대신토록 했다. 또 동모제인 공자 수須를 사성으로 삼아 죽은 탕의제의 자리를 잇게 했다.

한편 진나라 조돈은 송나라에서도 군주를 시해한 난이 일어났다는 보고를 받았다. 즉시 순림보를 장수로 삼은 뒤 위나라와 진陳나라 및 정나라와 연합군을 만들어 송나라를 치도록 했다.

송나라 우사 화원이 진晉나라 진영으로 와서는 국인의 소원이 공자 포를 옹립하는 것이었다며 송나라 내부 사정을 자세히 설명했다. 이어 황금과 비단 등을 가득 실은 여러 대의 수레를 호궤 용 예물로 내놓으면서 강화를 청했다.

순림보는 이를 받으려고 하자 정나라 군사를 이끌고 온 정목공이 나서서 말했다.

"우리 3국의 군대는 종고를 울려 사기를 북돋우며 장군을 따라 이곳 송나라에 왔소. 이는 군주를 시해한 송나라의 죄를 치기 위한 것이오. 그런데 장군이 송나라와 강화를 허락하면 앞으로 난신적자亂臣賊子는 더욱 활개를 치게 될 것이오."

순림보가 대답했다.

"군주를 시해한 것은 제나라와 송나라 모두 같소. 이미 제나라 변란에 대해 관대히 용서해 줬는데 어찌 송나라만 그 죄를 물어야 하는 것이오? 듣자하니 공자 포를 군주로 모신 것은 송나라 국인의 소원이었다고 하오. 그렇다면 송공을 그대로 인정해 주는 것도 가하지 않겠소?"

순림보는 마침내 송나라 화원과 더불어 송문공을 군주로 인정해 주기로 맹서하고 진晉나라로 돌아갔다.

정목공도 자국으로 돌아가면서 말했다.

"진나라는 오직 뇌물만 탐하니 이들의 패업은 이제 유명무실有名無實하다. 다시는 제후들의 패주伯主가 되긴 틀렸다. 듣자니 초나라에 새 왕이 섰다고 하니 아마 그는 중원의 제후들을 토벌하는 일에 나설 것이다. 이제 우리는 진晉나라를 버리고 초나라를 추종해야만 나라의 안녕을 기할 수 있지 않겠는가?"

정목공이 사람을 초나라로 보내 다시 우호를 맺었다. 진晉나라는 그런 정나라를 제재하지 못했다.

염선이 이를 시로 읊었다.

의를 기치로 포학 치는 게 패주인데	仗義除殘是伯圖
군사 일으켜 오히려 난신만 도왔지	興師翻把亂臣扶
상인과 공자 포가 모두 보위 오르니	商人無恙鮑安位
기개 있는 대장부 없는 걸 비웃노라	笑殺中原少丈夫

98話 제의공이 대숲 연못에서 변을 당하다
– 제의공죽지우변齊懿公竹池遇變

당시 제의공 상인은 성품이 포악하고 탐욕스러웠다. 부친 제환공이 살아 있었을 때 땅의 경계선을 두고 대부 병원邴原과 다툰 일이 있었다. 당시 제환공은 관중으로 하여금 시비를 가리게 했다. 관중은 조사 결과 상인에게 잘못이 있다는 걸 알았다. 그 땅을 병원에게 돌려주도록 판결했다.

이후 병원에 대해 줄곧 앙심을 품고 있던 상인은 태자 사를 시해하고 즉위하자마자 곧바로 병원의 땅을 모두 빼앗았다. 그는 또 병원에게 유리한 판결을 한 관중에게도 원한을 품은 까닭에 후손에게 세습된 관씨 일족의 봉읍도 절반을 삭탈했다.

관씨 일족은 더 많은 죄책을 당할까 두려운 나머지 초나라로 달아났다. 관중의 자손들이 초나라에서 벼슬을 살게 된 이유다.

제의공은 이리하고도 병원에 대한 앙심이 풀리지 않았다. 병원이 죽은 지도 이미 오래 됐다. 제의공은 병원의 무덤이 도성의 동쪽 교외에 있다는 걸 알고 있었다.

그는 사냥을 핑계로 동쪽 교외로 나가 그 무덤 앞을 지나게 됐다. 이어 병사들을 시켜 무덤을 판 뒤 시체를 꺼내 다리를 자르게 했다. 당시 병원의 아들 병촉邴歜이 곁에서 제의공을 모시고 있었다.

제의공이 물었다.

"그대 아비의 죄는 발을 끊어도 마땅하다고 보는데 어찌 생각하는가? 그대는 과인을 원망하는가?"

병촉이 대답했다.

"신의 아비는 살아 있을 때 주륙誅戮의 형을 당하지 않은 것만도 다행입니다. 하물며 이런 썩은 뼈를 끊는데 신이 어찌 감히 원망하겠습니까?"

제의공은 크게 기뻐했다.

"경이야말로 가히 그 아비의 잘못을 바로잡은 자식이라고 할 것이다."

그러고는 병씨 일족으로부터 빼앗은 땅을 도로 병촉에게 돌려주었다. 병촉은 아비의 시신을 도로 묻어도 되겠는지 여부를 물었다. 제의공이 허락했다.

이후 제의공은 국내의 미색을 궁으로 모아들인 뒤 날마다 음탕한 생활을 했다. 음락淫樂으로 인해 하루하루가 부족할 지경이었다. 하루는 어떤 사람이 제의공에게 대부 염직閻職의 아내가 천하절색인 사실을 말했다. 제의공이 대부들에게 명해 정월 초하룻날 부인과 함께 입궁해 조례토록 했다.

정월 초하룻날, 염직의 아내도 내자內子들 사이에 있었다. 제의공은 염직의 아내를 한 번 보고는 크게 기뻐했다. 곧 궁중에 머물도록 하고 돌려보내지 않았다.

이후 염직에게 말했다.

"중궁中宮이 그대의 아내를 좋아해 동반同伴으로 삼겠다고 한다. 그대는 다른 여자를 아내로 삼도록 하라."

염직은 속으론 분노했으나 감히 말하지 못했다.

제나라 도성 임치의 서남문 밖에 신지申池라는 못이 있었다. 그 못은 물이 깨끗해 목욕하기에 좋았다. 못 주위엔 대나무 숲이 울창했다.

그해 여름 5월, 제의공이 신지로 피서를 가고자 했다. 병촉을 수레를 모는 어자御者, 염직을 호위하는 참승驂乘[2]으로 삼았다.

2 참승驂乘은 곧 어자의 오른쪽에 타며 군주를 호위하는 거우車右를 지칭한다. 군주를 곁에서 모시는 까닭에 배승陪乘으로 표현키도 한다.

신하 한 사람이 간했다.

"주공은 병촉 아비의 시체를 파내 그 발을 끊었고, 염직의 아내를 후궁으로 삼았습니다. 두 사람이 주공에게 원한을 품지 않았다고 믿을 수 있겠습니까? 주공은 두 사람을 가까이하지 마십시오. 제나라 신하들의 직책에 결원이 있는 것도 아닌데 왜 하필 두 사람과 함께 동행하려는 것입니까?"

제의공이 대답했다.

"두 사람은 일찍이 한 번도 과인을 원망한 적이 없다. 경은 그들을 의심하지 마라."

제의공은 마침내 그들과 함께 신지로 가서 놀았다. 목욕을 하고 술을 마시며 즐겼다. 크게 취하자 더위를 피해 수놓은 천을 깐 평상인 수탑繡榻을 대숲 속에 시원한 곳에 놓게 한 뒤 그 위에 드러누웠다.

당시 병촉과 염직은 신지에 들어가서 목욕을 하고 있었다. 병촉은 진즉부터 제의공을 몹시 원망해 매양 시해코자 했다. 그런 식으로 부친의 원수를 갚을 작정이었으나 혼자서 그 일을 하기에는 힘이 부쳤다. 자신과 함께 할 자를 찾았으나 아직 발견치 못했다.

그는 염직이 아내를 제의공에게 빼앗겼으니 내심 크게 원망할 것으로 생각했다. 염직과 상의하고 싶었으나 섣불리 입을 열 수도 없었다. 병촉은 함께 목욕을 하다가 문득 한 가지 계책을 생각해냈다. 곧 대나무 가지를 꺾어 염직의 머리를 톡톡 쳤다.

염직이 돌아보고 화를 냈다.

"어찌 이처럼 무례하게 구는 것인가?"

병촉이 웃음을 띤 채 대답했다.

"그대는 아내를 빼앗기고도 성내지 않았소. 상처가 난 것도 아닌데 내가 댓가지로 한 차례 때렸기로서니 참을 수 없다는 것이오?"

염직이 대답했다.

제의공이 대숲 연못에서 변을 당하다

"아내를 빼앗긴 것은 나의 수치요. 그러나 그대는 죽은 아비의 다리가 끊기는데도 아무 소리도 내지 못했소. 어느 쪽이 더 무겁소? 자식으로서 못 참을 것을 참으면서도 아내를 빼앗긴 수치를 참고 있다고 나를 책망하니 어찌 이처럼 우매한 것이오?"

병촉이 말했다.

"나에게도 남에게 말할 수 없는 심복지언心腹之言이 있소. 진즉 그대에게 털어놓고자 했으나 지금까지 참고 말하지 못했소. 그대가 저번에 당한 수치를 이미 잊고 있다면 말을 해도 아무 소용이 없었기 때문이오."

염직이 대답했다.

"나도 감정이 있는 사람이오. 어느 날인들 그 일을 잊었겠소? 그저 수치를 씻을 힘이 없는 게 한스러울 뿐이오."

병촉이 속삭였다.

"지금 그 흉악한 자가 술에 취해 대숲 속에 누워 있소. 그를 따라온 자는 우리 두 사람뿐이오. 하늘이 우리에게 보복할 기회를 준 셈이오. 이 기회를 놓쳐서는 안 될 것이오."

염직이 대답했다.

"그대가 능히 대사를 결행한다면 내가 응당 그대를 돕겠소."

두 사람이 곧 물에서 나와 옷을 입고 함께 대숲 속으로 들어가 제의공을 살펴보았다. 그는 깊은 잠에 빠져 코를 고는 소리가 우레 같았다. 내시 두 사람만이 좌우에서 지키고 있었다.

병촉이 내시에게 말했다.

"주공이 술에서 깨면 틀림없이 끓인 물을 찾을 것이다. 너희들은 미리 물을 끓여 식혀 두어라."

두 내시가 물을 끓이러 갔다. 그러자 염직이 곧바로 제의공의 두 손을 꽉 잡았다. 병촉이 그의 목을 내리누르며 차고 있던 칼을 뽑아 그의 목을 베었다. 제의공의 목이 땅바닥으로 굴러 떨어졌다.

두 사람은 제의공의 시체를 끌고 가 대숲의 후미진 곳에 감췄다. 그의 머리는 신지 속에 버렸다. 제의공은 재위 4년 만에 횡사한 것이다.

내시들이 물을 갖고 오자 병촉이 말했다.

"상인은 어린 군주를 죽이고 보위에 오른 자이다. 우리는 억울하게 죽은 선군을 위해 그를 죽였다. 공자 원元은 어질고 효성이 대단하다. 그를 군주로 세우면 될 것이다."

좌우 내시들이 그저 '예, 예'하며 고개를 끄덕일 뿐 감히 말 한마디 하지 못했다. 병촉과 염직이 수레를 타고 성안으로 돌아가 함께 통음했다. 두 사람은 서로 원한을 풀었다고 환호하며 상대를 축하했다.

누군가 이 소식을 재빨리 상경 고경高傾과 국귀보國歸父에게 알렸다. 고경이 말했다.

"군주를 시해한 두 사람의 죄를 밝히고 그들을 주살해야 후대인을 경계할 수 있지 않겠소?"

국귀보가 대답했다.

"군주를 죽이고 군주가 된 자를 우리는 성토하지 못했소. 우리가 하지 못한 일을 그들이 대신했는데 무슨 죄가 있단 말이오?"

병촉과 염직은 술상을 물리고 각각 집으로 돌아갔다. 종복들을 시켜 큰 수레에 살림도구를 싣게 했다. 이어 가벼운 수레에는 처자를 태운 뒤 짐수레를 몰며 도성의 남문을 빠져 나갔다. 병촉의 아내는 병사들이 잡으러 올까 두려워 속히 내달릴 것을 독촉했다. 병촉이 말했다.

"상인은 무도한 군주였소. 사람들 모두 그가 죽은 것을 다행으로 여길 터인데 내가 무엇을 두려워하겠소?"

그는 오히려 수레를 천천히 몰게 했다. 병촉과 염직 모두 초나라로 갔다.

당시 고경과 국귀보는 문무백관을 소집해 상의한 끝에 공자 원을 군주로 세웠다. 그가 바로 제혜공齊惠公이다.

염옹이 이를 시로 읊었다.

어찌 원수와 함께 논단 말인가	仇人豈可與同游
원수 가까이하다 보복 당했다	密邇仇人仇報仇
병촉과 염직은 계책 없었는데	不是逆臣無遠計
하늘이 두 사람 시켜 처벌했다	天教二憾逞凶謀

이야기의 방향을 바꾸기로 하자.

원래 노문공魯文公의 이름은 흥興이다. 노희공의 정실인 성강聲姜의 아들이다. 노문공은 주양왕 26년인 기원전 626년에 부친 노희공의 뒤를 이어 즉위했다. 이후 제소공의 딸인 애강哀姜을 부인으로 맞이했다. 애강은 두 아들을 낳았다. 큰 아들의 이름은 악惡, 작은 아들 이름은 시視였다.

노문공에겐 진秦나라 출신의 애첩인 경영敬嬴이 있었다. 경영도 2명의 아들을 낳았다. 첫째 이름은 퇴俀[3], 둘째 이름은 숙힐叔肹이었다. 노문공의 네 아들 가운데 퇴가 가장 나이가 많았다. 그러나 정실 소생의 적장자는 악惡이었다. 노문공이 적자인 공자 악을 태자로 세운 이유다.

당시 노나라에서는 노환공이 낳은 세 아들의 후손인 맹손씨孟孫氏와 숙손씨叔孫氏 및 계손씨季孫氏인 이른바 삼환三桓이 정권을 잡고 있었다. 노환공의 서장자인 공자 경보慶父 후손이 맹손씨이다. 당대當代의 호주인 당주當主는 공손 오敖였다. 공손 오는 곡穀과 난難이라는 두 아들을 두었다.

공자 경보의 동모제인 공자 아牙의 후손이 숙손씨이다. 당대의 주인은 공손 자玆였다. 공손 자는 숙중씨叔仲氏의 조상이 된 숙중팽생叔仲彭生과 숙손씨의 적통을 이은 숙손득신叔孫得臣 등 두 아들을 두었다. 노문공은 숙중팽생을 태자 악의 태부太傅로 삼았다.

노환공의 적장자인 노장공의 동모제인 공자 우友의 후손이 계손씨이다. 당주는 계무일季無佚이었다. 그는 계손행보季孫行父라는 아들을 두었다. 그가 바로 계문자季文子이다. 또 노장공에게는 공자 수遂라는 서자가 있었다. 공자 수는 동문 근처에 산 까닭에 동문수東門遂[4]로 불렸다.

3 퇴俀는 노문공의 뒤를 이은 노선공魯宣公을 말한다. 『열국지』 원문에는 판본에 따라 왜倭 또는 접接으로 나온다. 『춘추좌전』과 『사기』에는 퇴俀로 되어 있다. 『사기색은史記索隱』은 고대에 '퇴'와 왜倭와 발음이 같다고 했다. 사서에 따라 노선공의 이름이 접接 또는 위委 등으로 나오는 까닭에 『열국지』도 판본에 따라 '왜' 또는 '접'으로 나오고 있다. 본서는 혼란을 줄이기 위해 『춘추좌전』과 『사기』의 기록을 좇아 '퇴'로 바꿔 번역해 놓았다.

4 동문수東門遂가 『춘추좌전』에는 주로 동문양중東門襄仲으로 나온다. '양중'을 두고 군영을

이들 삼환 세력은 노희공 시절부터 흥성해 노나라 국정을 좌우했다. 촌수를 따지면 공손 오와 동문수는 6촌간인 재종형제再從兄弟 사이였다. 계손행보는 두 사람보다 항렬이 하나 아래였다.

공손 오는 동문수에게 잘못을 저지르고 외국에서 객사했다. 맹손씨가 실권失權한 뒤 숙손씨와 계손씨 및 맹손씨에서 갈라져 나온 중손씨仲孫氏[5]가 노나라 국정을 장악한 배경이다.

공손 오가 무슨 잘못을 저질러 실권하게 됐는지를 설명할 필요가 있다. 원래 공손 오의 아내는 거莒나라 기씨己氏 집안 출신의 대기戴己이다. 그녀는 곡穀을 낳았다. 공손 오는 잉첩으로 온 처제 성기聲己 사이에서 난難을 낳았다. 대기는 도중에 병사했다. 공손 오는 여색을 밝혔다. 그는 다시 사람을 거나라로 보내 다른 처제를 주면 죽은 큰 언니를 대신해 정실부인으로 삼겠다고 약속했다. 그러나 거나라 기씨가 이를 거절했다.

"성기가 아직 살아 있으니 응당 죽은 언니 대신 계실繼室로 맞이해야 할 것이다."

공손 오가 다시 사람을 거나라로 보냈다.

"재종제인 동문수가 아직 장가들지 않았습니다. 처제를 기씨를 동문수와 혼인시키는 게 어떻겠습니까?"

거나라 기씨가 이를 수락했다.

노문공 7년인 기원전 620년, 공손 오가 노문공의 명을 받고 친선을 닦는 이른바 수빙修聘을 위해 거나라로 갔다. 거나라로 간 김에 동문수의 아내

도성의 문 있는 곳에 둔 데서 나온 것이라는 견해가 있으나 시호로 보는 게 낫다.

5 일부 번역본이 중손씨를 동문수의 후손으로 써 놓았으나 이는 잘못이다. 『통지通志』「씨족략氏族略」에 따르면 경보慶父의 시호는 공중共仲이다. 그의 후손이 중씨仲氏로 불린 이유다. '중씨'는 노민공魯閔公을 시해한 일로 인해 맹씨孟氏로 바뀌었으나 이후 공손 오敖가 죄를 짓고 횡사한 일로 인해 그의 아들 중손곡仲孫穀에 의해 중손씨仲孫氏로 바뀌었다. 동문수의 후손은 중손씨가 아니라 자가씨子家氏로 발전했다.

가 될 기씨를 데리고 올 생각이었다. 언릉鄢陵 땅으로 가서 그녀를 만나보았다. 자색이 뛰어나게 아름다웠다. 욕심이 난 공손 오가 그날 기씨와 동침했다. 이내 그녀를 아내로 삼아 집으로 돌아왔다.

동문수는 재종형인 공손 오에게 여인을 빼앗기자 크게 화를 냈다. 이를 노문공에게 호소했다. 군사를 동원해서라도 공손 오를 쳐야 한다고 말했다. 숙중팽생이 노문공에게 간했다.

"불가합니다. 신이 듣건대, '싸움이 안에서 일어나는 것을 난亂, 밖에서 야기되는 것을 구寇라고 한다.'고 했습니다. 지금 외구外寇가 없는 터에 어찌 내란內亂을 일으킬 수 있겠습니까?"

노문공이 공손 오를 소환한 뒤 기씨를 거나라로 돌려보내고 동문수와 화해토록 종용했다. 공손 오가 이를 좇아 동문수와 화해했다. 그러나 그는 잠시도 기씨를 잊지 못했다.

이듬해인 주양왕 33년인 기원전 619년, 주양왕이 붕어했다. 공손 오가 노문공의 명을 받고 문상을 위해 주나라로 떠났다. 그러나 그는 경사로 가는 도중 조문용 예물인 조폐弔幣를 갖고 거나라로 달아났다. 기씨와 만나 거나라에서 부부로 살면서 귀국하지 않았다.

노문공은 이를 추궁하지 않았다. 대신 공손 오의 아들 중손곡仲孫穀을 당주로 세워 조상 제사를 받들게 했다.

이후 공손 오는 고국을 그리워했다. 사람을 시켜 아들인 중손곡과 화해를 주선케 했다. 중손곡은 숙부인 동문수에게 화해를 간청했다.

동문수가 대답했다.

"네 아비가 돌아오려면 반드시 내가 말하는 3가지 조건을 지켜야 한다. 첫째, 고국에 돌아올지라도 궁중 출입을 하지 말아야 한다. 둘째, 국정에 간여하지 말아야 한다. 셋째, 기씨를 데려오지 말아야 한다."

중손곡이 사람을 시켜 이 말을 전했다. 공손 오는 하루 속히 귀국하고 싶은 생각에서 곧바로 이를 수락했다. 그는 귀국한 뒤 3년 동안 대문을 닫고 바깥출입을 하지 않았다.

그러나 그는 또 기씨가 보고 싶어 견딜 수 없었다. 이후 다시 집안에 있는 보옥과 황금 및 비단 등을 모두 꾸려갖고 거나라로 달아났다.

그의 아들 중손곡은 아비의 이런 행동에 상심한 나머지 이듬해에 병사했다. 당시 중손곡의 아들 중손멸仲孫蔑은 아직 어렸다. 중손곡의 동생인 맹손난孟孫難이 대신으로 삼았다.

몇 년 뒤 거나라에서 기씨가 죽었다. 공손 오가 다시 귀국하고 싶어 했다. 그는 사람을 시켜 자기 재산 전부를 노문공과 동문수에게 나눠바쳤다. 아들 맹손난에게는 모쪼록 자신이 귀국할 수 있도록 노문공에게 간청케 했다. 맹손난이 부친을 위해 간곡히 사정하자 노문공은 귀국을 허락했다.

공손 오가 돌아오는 도중 제나라에서 발병했다. 몸을 움직일 수 없기에 귀국치 못한 채 제나라 당부當阜 땅에서 죽었다.

맹손난이 노문공의 허락을 받아 공손 오의 영구를 운반해 와 장사지냈다. 이후 맹손난은 죄인의 자식이을 자처했다. 그는 맹손씨의 제사를 주관하기는 했으나 조카인 중손별이 장성하기만을 기다리며 국정에는 거의 간여하지 않았다.

당시 삼환 가운데 하나인 계손씨의 계손행보는 많은 권한을 동문수와 숙중팽생 및 숙손득신에게 양보했다. 계손행보에게 동문수는 숙부 항렬이다. 그를 감히 제쳐둔 채 매사를 처리키 어려웠다. 나아가 숙중팽생은 태자의 사부이고, 숙손득신은 병권을 쥐고 있었다.

숙중팽생은 태자의 사부 노릇에 전념한 까닭에 권력은 자연히 동문수와 여러 차례 병권을 장악한 적이 있는 숙손득신에게 집중됐다.

원래 노문공의 첩실 경영敬嬴은 남편의 총애만 믿고 자신의 소생인 공자 퇴倭가 태자가 되지 못한 것을 원망했다. 이내 많은 뇌물을 은밀히 동문수에게 주며 자신의 아들 퇴를 위해 애써 줄 것을 당부했다.

"훗날 공자 퇴가 즉위하면 응당 그대와 함께 노나라를 공유하겠소."

동문수가 이 말에 감동했다. 내심 공자 퇴를 추대코자 했다. 그는 속으로 생각했다.

'숙중팽생은 태자 악의 사부로 있으니 함께 모의할 수는 없는 일이다. 숙손득신은 뇌물을 좋아하는 만큼 이익을 내세워 끌어들일 수 있다.'

그는 경영으로부터 뇌물을 받아 그 일부를 숙손득신에게 나눠주며 말했다.

"이는 영씨嬴氏 부인이 그대에게 전하라고 나에게 부탁한 것이오."

그는 또 공자 퇴에게 자주 숙손득신에게 문안을 올리도록 했다. 문안을 올린 뒤에는 공손히 가르침을 청하라고 귀띔했다. 숙손득신 역시 공자 퇴에게 마음이 기울었다.

주광왕 4년은 노문공 18년으로 기원전 609년에 해당한다. 이해 봄, 노문공이 세상을 떠났다. 태자 악惡이 상주가 되면서 보위에 올랐다. 열국의 제후들이 사자를 보내 노문공의 훙거薨去를 조문했다.

당시 제나라에선 제의공 상인이 대숲 속에서 자다가 시해 당하고, 제혜공 원이 보위에 오른 지 얼마 안 된 때였다. 제혜공은 제의공의 폭정을 되돌릴 생각이었다. 이내 특별히 큰 규모의 조문단을 노나라로 보내 노문공의 장례식에 참석케 했다.

이를 본 동문수가 숙손득신에게 말했다.

"제나라와 우리 노나라는 대대로 우의가 두터웠소. 특히 제환공과 우리 노희공 때는 마치 형제처럼 지냈소. 제효공 때는 제나라와 원수처럼 소원해졌고, 제의공 때는 아주 원수가 됐소. 공자 원이 새로 즉위했는데도 우리는 아직 축하사절도 보내지 못했소. 저쪽에서 이번에 먼저 대규모 조문단을 보낸 것은 우리나라와 우호관계를 수복코자 하는 미의美意를 드러낸 것이오.

우리도 그 후의에 사례해야 하오. 이번 기회에 제나라와 우호를 회복하고, 제후齊侯의 도움을 얻어 공자 퇴를 세우도록 합시다. 이게 최상의 계책일 듯싶소."

숙손득신이 대답했다.

"숙부가 가면 내가 동행하겠습니다."

필경 두 사람이 사자가 되어 제나라로 간 뒤 무슨 일을 꾸몄는지 알고자 하면 다음 회를 보라.

제50회

99話 동문수가 공자 퇴를 성원해 즉위시키다
–동문수원립자퇴東門遂援立子俀

노나라 권신 동문수와 숙손득신은 제나라로 가서 새로 즉위한 제혜공에게 하례를 올리고, 노문공의 장례에 조문해 준 것에 대해 감사했다.

예를 마치자 제혜공이 연회를 베풀고 동문수와 숙손득신을 환영했다.

잔치 자리에서 제혜공이 물었다.

"귀국 군주의 이름은 어째서 악惡이오? 천하에 좋고 아름다운 글자가 허다하게 많은데 하필이면 그런 아름답지 못한 글자로 이름을 지은 이유가 무엇이오?"

동문수가 대답했다.

"과군이 태어날 때 선군이 태사를 불러 점을 치게 했습니다. 태사가 점을 친 후 풀이키를, '악사惡死를 당하고, 나라를 향유享有하지 못하는 것으로 나왔습니다.'라고 했습니다. 선군이 과군의 이름을 '악'으로 지은 이유입니다. 악운을 갖고 태어났으면 그것을 제압하라는 취지에서 그리 지은 것입니다. 그러나 선군은 생전에 태자 악을 사랑하지 않았습니다. 선군이 사랑한 아들은 서장자인 공자 퇴俀입니다. 그는 사람이 어질며 효성스럽고, 대신을 공경하며 예우할 줄 압니다. 국인들 모두 그를 군주로 세우고 싶어 합니다. 그는 다만 서자인 까닭에 적자인 태자 악에게 눌려왔을 뿐입니다."

제혜공이 말했다.

"자고로 장자이면 적서嫡庶를 가리지 않고 태자로 세우는 관례도 있소. 하물며 군주가 총애하는 아들이라면 더 말할 게 뭐 있겠소?"

숙손득신이 대답했다.

"그러나 우리 노나라엔 적자를 세우되 적자가 없을 경우에만 장자를 태자로 세운다는 관례가 있습니다. 선군은 노나라의 상례常禮에 구애돼 장자인 공자 퇴를 젖혀 놓고 적자인 악을 태자로 세웠습니다. 국인들 모두 이에 대해 불평하고 있습니다. 만일 군후가 우리 노나라를 위해 새로이 현군을 세워주고자 하면 원컨대 군후의 따님을 공자 퇴와 혼인시켜 지원해 주십시오. 공자 퇴가 보위에 오르면 오로지 상경만을 섬길 것입니다. 또 세시歲時마다 조빙朝聘하는 일을 감히 빼놓는 일이 없을 것입니다."

제혜공이 크게 기뻐했다.

"두 대부가 능히 노나라 안에서 그 일을 주장하면 과인은 오직 명을 따를 뿐이오. 어찌 감히 약속을 어길 리 있겠소?"

동문수와 숙손득신이 제혜공과 함께 삽혈하고 맹서했다. 이어 제혜공에게 혼인을 약속할 것을 청했다. 제혜공이 허락했다.

동문수와 숙손득신이 귀국 즉시 계손행보에게 말했다.

"이제 진晉나라 패업은 무너지고 제나라가 다시 강성해질 듯하오. 제후

齊侯가 적녀嫡女를 공자 퇴에게 출가시키고 싶다고 했소. 그리 되면 우리 노나라에게는 큰 후원이 되오. 그런 후원을 잃어서는 안 될 것이오."

계손행보가 말했다.

"방금 보위를 이어받은 사군嗣君은 제후齊侯의 생질이오. 제후에게 딸이 있으면 왜 생질인 사군에게 보내지 않는 것이오? 왜 하필 서출인 공자 퇴에게 출가시키려 하는 것이오?"

동문수가 대답했다.

"제후는 공자 퇴가 현명하다는 소문을 듣고 사위로 삼아 교환交歡하려고 그런 것이오. 선군의 부인 강씨는 제소공의 딸이오. 지난날 제소공을 포함한 제환공의 아들들은 서로 원수처럼 싸웠소. 제환공 사후 4대에 걸쳐 동생이 형을 제거하고 즉위하는 식의 불상사가 지속된 이유요. 저들의 안중에는 형도 없었는데 하물며 생질이야 더 말할 게 있겠소?"

계손행보는 입을 다물었다. 그는 집으로 돌아와 탄식했다.

"동문씨東門氏가 딴 뜻을 품고 있다."

동문수의 집은 도성의 동문 안에 있었다. 사람들이 그를 동문씨로 부른 이유다. 계손행보가 새 군주의 스승으로 있는 숙중팽생을 찾아가 이를 은밀히 고했다. 숙중팽생이 말했다.

"대위大位가 이미 정해졌는데 누가 감히 이심二心을 품는단 말이오?"

숙중팽생은 귀담아 들으려고도 하지 않았다.

한편 동문수는 경영과 함께 은밀히 계책을 마련했다. 먼저 궁중 마구간에 역사들을 매복시켰다. 이어 마구간을 관리하는 어인圉人을 시켜 짐짓 거짓으로 경영에게 고하게 했다.

"말이 새끼를 낳았는데 아주 귀엽게 생겼습니다."

경영이 그 말을 듣고는 아들 공자 퇴로 하여금 새 군주 악惡과 그의 동생 시視와 함께 막 태어난 망아지를 보러가게 했다. 공자 퇴가 악에게 권했다.

"방금 망아지가 태어났는데 그 털 색깔이 희한하다고 합니다."

새 군주 악과 친동생 시는 공자 퇴를 따라 마구간으로 갔다. 이들이 마구간으로 가 망아지의 털 색깔을 보고 있을 때 매복하고 있던 역사들이 뛰쳐나와 몽둥이로 악을 때려죽이고 이어 공자 시까지 쳐 죽였다.

이를 확인한 동문수가 역사들에게 지시했다.

"태부 숙중팽생이 아직 살아 있다. 그를 제거하지 않으면 이번 일은 끝난 게 아니다."

그는 내시를 시켜 숙중팽생에게 거짓으로 새 군주의 명을 전하게 했다. 당장 할 말이 있으니 곧바로 입궁하라는 내용이었다. 숙중팽생이 곧바로 입궁 준비를 서둘렀다. 휘하의 공염무인公冉務人은 평소 동문수가 경영과 교결交結한 사실을 알고 있었다. 이번 일에 궤사詭詐가 있을 것으로 의심하고 입궁을 만류했다.

"입궁하지 마십시오. 가면 반드시 죽게 됩니다."

숙중팽생이 대답했다.

"군명君命이니 비록 죽더라도 들어가지 않을 수 없소."

공염무인이 말했다.

"실로 군명이라면 죽지 않을 것입니다. 그러나 군명이 아니라면 틀림없이 죽게 됩니다. 그리 죽으면 무슨 명분이 서겠습니까?"

숙중팽생이 듣지 않았다. 공염무인이 숙중팽생의 소매를 붙들고 울었다. 숙중팽생은 공염무인을 뿌리치고 수레에 올랐다. 궁으로 들어가 내시에게 물었다.

"군주가 어디에 계신가?"

내시가 공손히 대답했다.

"말이 새끼를 낳았습니다. 마구간에서 망아지를 보고 계십니다."

동문수가 공자 퇴를 성원해 즉위시키다

내시가 앞장서 마구간으로 안내했다. 역사들이 다시 뛰쳐나와 숙중팽생을 몽둥이로 때려 죽였다. 그러고는 숙중팽생의 시신을 수북이 쌓인 말똥 속에 묻었다.

경영이 사람을 시켜 애강에게 고하게 했다.

"주공과 공자 시가 못된 말인 열마劣馬에 채여 세상을 떠났습니다."

애강이 크게 울면서 죽은 아들을 보러 마구간으로 달려갔다. 두 주검은 이미 궁문 밖으로 옮겨진 뒤였다.

계손행보는 새 군주 악과 공자 시가 한꺼번에 죽었다는 소문을 듣고는 이내 동문수의 소행이란 걸 알았다. 그러나 감히 드러내 놓고 말하지 못했다. 그는 사적으로 동문수를 만나 말했다.

"숙부는 너무 지독한 짓을 했소. 나는 차마 그 참사를 들을 수 없었소."

동문수가 대답했다.

"그건 영씨嬴氏 부인이 한 짓이오. 나는 그 일과 아무 관련이 없소."

계손행보가 다시 말했다.

"열국의 패주를 자처하고 있는 진晉나라가 쳐들어오면 어찌 대처할 것이오?"

동문수가 대답했다.

"지난날 제나라와 송나라에 변란이 일어났을 때를 되돌아보면 이미 그 해답을 알 수 있소. 그때 군주를 시해하는 일이 빚어졌는데도 진나라는 이를 치지 못했소. 이제 두 아이를 죽였을 뿐인데 진나라가 어찌 우리를 칠 수 있겠소?"

계손행보가 궁문 밖으로 나가 악의 시신을 어루만졌다. 자신도 모르는 가운데 소리를 내어 통곡했다.

동문수가 말했다.

"대신은 응당 국사를 논의해야 하오. 아녀자처럼 울기만 하면 나라에 무슨 도움이 되겠소?"

계손행보가 그 말을 듣고 눈물을 거뒀다. 이때 숙손득신이 그곳으로 왔다. 그는 자신의 형 숙중팽생이 어디에 있는지 물었다.

동문수가 대답했다.

"나도 모르겠소."

숙손득신이 웃으며 말했다.

"나의 형은 죽은 군주의 충신이 되기 위해 죽었으니 나름 뜻을 이룬 셈이오. 무엇 때문에 시신이 있는 곳을 감추려는 것이오?"

동문수는 그 말을 듣고서야 숙중팽생의 시신이 있는 곳을 가만히 일러

주었다.

조정으로 돌아온 동문수가 신하들 앞에서 말했다,

"오늘날은 무엇보다 새 군주를 세우는 일이 급하오. 공자 퇴는 현명하고 또 장자이니 응당 대위를 잇게 해야 할 것이오."

신하들 가운데 '예, 예'라고 대답하지 않는 자가 없었다. 그러고는 이내 공자 퇴를 옹립했다. 그가 바로 노선공魯宣公이다. 문무백관이 하례를 올렸다.

호증선생이 이를 읊은 영사시詠史詩가 있다.

밖의 권신 안의 총첩이 음모 꾸며	外權內寵私謀合
죄 없는 어린 군주 참혹히 죽이다	無罪嗣君一旦休
가소롭다, 우물쭈물한 계손행보여	可笑模棱季文子
실로 군주를 구할 계책 없었을까	三思不復有良謀

숙손득신은 마분馬糞 속에서 형인 숙중팽생의 시신을 찾아내 장사지냈다.

한편 노문공의 정실인 애강은 자신의 두 아들이 살해되고 동문수가 공자 퇴를 옹립했다는 말을 듣고는 가슴을 치며 통곡했다. 몇 번씩 까무러졌다가 다시 깨어나곤 했다.

동문수가 노선공에게 아첨했다. 아들이 귀하게 되면 어미도 따라서 귀하게 된다는 뜻의 모이자귀母以子貴 구절을 끌어들여 생모인 경영을 정부인으로 높일 것을 주청했다. 경영이 선군의 정실부인으로 승격됐다. 문무백관이 치하했다. 이 소식을 들은 애강은 더욱 불안을 느꼈다.

그녀는 내궁에 들어앉아 밤낮없이 통곡했다. 이내 친정인 제나라로 돌아가기로 결심했다. 좌우의 시녀들에게 명해 타고 갈 수레와 짐을 챙기도록 했다.

소문을 듣고 동문수가 사람을 보내 거짓으로 만류했다.

"새 군주가 비록 부인의 소생은 아니지만 부인은 그의 적모嫡母에 해당합니다. 새 군주가 앞으로 효성을 다해 봉양할 터인데 왜 친정 나라로 가려는 것입니까?"

애강이 그곳에 없는 동문수를 크게 꾸짖었다.

"이 역적 수遂야! 우리 모자가 너를 저버린 적이 없는데도 네가 그런 참혹한 짓을 할 수 있는가? 네가 지금 빈말로 나를 만류하고 있지만 귀신은 모두 알고 있다. 결코 너를 용서하지 않을 것이다."

애강은 경영을 만나보지도 않은 채 곧바로 수레를 타고 제나라로 떠났다. 큰 저자의 네거리를 지나며 방성대곡했다. 그녀가 울부짖었다.

"하늘이여, 하늘이여! 내 두 어린 아들에게 무슨 죄가 있습니까? 또 첩에겐 무슨 죄가 있습니까? 역적 동문수는 사람의 도리와 마음을 내던진 악귀 같은 자이다. 선량한 적자嫡子를 죽이고 서자를 내세웠다. 나는 이제 노나라 사람들과 이별하고 다시는 노나라에 오지 않을 것이다."

길 가는 사람들 가운데 슬퍼하지 않는 자가 없었다. 흐느껴 우는 자가 많았다. 노나라 백성들이 가게 문을 닫는 파시罷市를 행하며 슬픔의 행렬에 동조했다. 노나라 백성들이 그녀를 두고 '애강哀姜'이라고 부르게 된 이유다. 친정인 제나라로 돌아갔다고 해서 출강出姜으로 부르기도 한다.

애강은 친정인 제나라로 돌아와 친정어미인 제소공의 부인과 만났다. 두 모녀는 원통함을 하소연하면서 서로 얼싸안고 통곡했다. 제혜공은 노나라 동문수와 서로 짜고 노선공과 자기 딸을 결혼시키기로 언약까지 한 까닭에 매일 들려오는 통곡소리가 싫었다. 따로 궁중의 외진 곳에 궁실을 짓고 두 모녀로 하여금 그곳에 기거하게 했다. 애강은 끝내 그곳에서 한을 품은 채 여생을 마쳤다.

원래 노선공 퇴의 동모제인 숙힐叔肹은 사람이 충직했다. 그는 친형인 노선공이 동문수의 힘을 빌려 적출인 악을 죽이고 즉위한 것을 늘 부당하게 생각했다. 그는 하례하러 궁에 들어가지도 않았다. 노선공은 그를 중용하기 위해 사람을 보내서 불렀다. 숙힐은 고사하고 가지 않았다.

하루는 친구가 와 그 까닭을 묻자 숙힐이 대답했다.

"내가 부귀를 싫어해 가지 않은 것은 아니네. 다만 형을 보기만 하면 맞아 죽은 동생 악이 생각나 도저히 벼슬자리에 앉아 있을 수 없을 것 같아 그런 것이네."

친구가 말했다.

"그대가 이미 형을 의롭지 못한 사람으로 여긴다면 왜 다른 나라로 달아나지 않는 것인가?"

숙힐이 대답했다.

"형이 나와 의절하지 않은 터에 내가 어찌 감히 형과 의절할 수 있는가?"

이때 마침 노선공이 사람을 시켜 동생 숙힐에게 곡식과 비단을 보내며 안부를 물었다. 숙힐이 물건을 사절하며 말했다.

"내가 다행히 아직 얼거나 굶주리는 동아凍餓의 형편에 있지 않는데 어찌 감히 나라의 공금을 축낼 수 있겠는가?"

사자가 군명君命을 이유로 재삼 물건을 내려놓으려고 했다. 숙힐이 말했다.

"내가 정 먹을 것과 입을 것이 없으면 자진해서 응당 얻어 쓰도록 하겠다. 그러나 지금은 감히 받을 수 없다."

곁에 있던 친구가 말했다.

"그대는 이미 작록을 받지 않고 거절했으니 본인의 뜻을 충분히 밝힌 셈이오. 그대는 곤궁하게 살고 있는 만큼 밥이나 굶지 말라며 보낸 곡식과 비단을 받은들 그대의 염직廉直을 조금도 손상시키지 않을 것이오. 그런데도 이를 물리치니 이는 지나치지 않소?"

숙힐은 웃기만 할 뿐 대답하지 않았다. 친구가 탄식하고 돌아갔다. 사자가 궁으로 돌아가 노선공에게 보고했다. 노선공이 말했다.

"내 동생이 평소 빈한하게 사는데 요즘에 무슨 일을 하며 생계를 꾸려가는 지 모르겠다."

그러고는 사람을 시켜 밤에 숙힐의 집에 가서 어떻게 살고 있는지 살피게 했다. 숙힐은 밤에도 등불을 돋우고 짚신을 삼고 있었다. 날이 밝자 짚신을 시장에 메고 나가서 팔아 그날의 식량을 마련했다.

이를 보고받은 노선공이 탄식했다.

"내 동생은 백이伯夷와 숙제叔齊가 수양산에서 고사리를 캐 먹은 고사를 본받으려는 것인가? 그가 그런 뜻을 이루도록 놓아두는 것도 가하다."

숙힐은 노선공 말년에 세상을 떠났다. 그는 죽을 때까지 노선공으로부터 실오라기 하나, 좁쌀 한 톨도 받지 않았다. 또 노선공의 잘못을 단 한 번도 말한 적도 없었다.

사신이 시를 지어 숙힐을 칭찬했다.

실로 현명하구나, 숙힐이여!	賢者叔肸
수상한 때 만나 피나게 울다	感時泣血
짚신 삼아 생계를 이었지만	織屨自贍
나라 공금은 일절 받지 않다	於公不屑
백이와 숙제 주나라 거부하니	頑民恥周
수양산서 고사리 먹다 죽었다	采薇甘絶
오직 숙힐만 그 절개 이으니	惟叔嗣音
추악한 세상에 물들지 않았다	入而不涅
같은 젖 빨고 자란 동기지만	一乳同枝

형 완악하고 동생은 결백했다 兄頑弟潔
동문수 저지른 악행을 말하면 形彼東門
입 더러워질까 말하지 못하지 言之汚舌

노나라 백성들은 숙힐의 의리를 찬양해 마지않았다. 그러나 노성공魯成公이 노선공의 뒤를 이어 즉위한 뒤에야 비로소 숙힐의 아들 공손 영제嬰齊가 대부에 임명됐다. 공손 영제는 아비 숙힐의 숙叔을 성으로 삼아 숙씨叔氏를 자칭했다. 노나라에 숙손씨 이외에 숙씨가 등장하게 된 배경이다. 숙로叔老, 숙궁叔弓, 숙첩叔輒, 숙앙叔鞅, 숙예叔詣 등이 모두 숙힐의 후손이다. 그러나 이는 훗날의 이야기이니 잠시 미뤄놓기로 하자.

이야기는 다시 지난날로 돌아간다. 주광왕 5년은 노선공 원년으로 기원전 608년이다. 이해 정월 초하룻날, 문무백관이 입궁해 노선공에게 신년 하례를 올렸다.

하례가 끝나자 동문수가 나서서 말했다.

"지금 중궁中宮이 비어 있습니다. 신이 전에 제나라에 갔을 때 제후齊侯와 주공의 혼사를 약정한 일이 있습니다. 이는 지체할 일이 아닙니다."

노선공이 머리를 끄덕이며 물었다.

"그럼 누가 과인의 혼사를 위해 제나라에 다녀오겠는가?"

동문수가 대답했다.

"신이 혼약을 했으니 이번에 홀로 다녀오겠습니다."

노선공이 동문수를 사자로 삼아 제나라로 보냈다. 동문수가 제혜공에게 정식으로 청혼하고 납폐納幣했다. 그가 제나라에 당도한 것은 정월이었다. 그는 2월에 제혜공의 딸 강씨姜氏를 모시고 귀국했다.

귀국 후 동문수가 노선공에게 은밀히 말했다.

"주공과 제후齊侯가 비록 장인과 사위인 생구甥舅의 관계를 맺기는 했으

초장왕

나 두 나라 사이가 좋아질지 여부는 예측할 수 없습니다. 무릇 나라에서 큰 사건인 대고大故가 날 경우 새 군주는 반드시 회맹에 참석해 여러 제후들의 승인을 받아야 비로소 보위가 안정됩니다. 신은 전에 제후齊侯와 함께 삽혈하며 맹서키를, '공자 퇴가 보위에 오르면 오로지 상경만을 섬길 것이고 또 세시마다 조빙하는 일을 감히 빼놓는 일이 없을 것이다.'라고 했습니다. 또 주공의 보위가 안정될 수 있도록 주선해 달라고 부탁키도 했습니다. 주공은 아끼지 말고 중뢰重賂를 제나라에 보낸 뒤 제후齊侯에게 회맹을 청하십시오. 제후가 수뢰受賂하며 회맹을 허락하면 공근恭謹히 섬기면서 양국의 우호를 순치脣齒의 관계처럼 확고히 다지십시오. 그러면 주공의 보위가 반석처럼 안정될 것입니다."

노선공은 이를 좇았다. 곧 계손행보를 제나라로 보내 혼인 허락을 사례했다. 계손행보가 노선공을 대신해 이같이 치사致詞[1]했다.

"과군은 군후의 영험과 총애 덕분에 종묘를 지키게 되었습니다. 다만 아직도 열국 제후들의 회맹에 참여해 인정을 받지 못한 것을 두려워하고 있습니다. 이는 과군의 즉위를 도와준 군후의 치욕이기도 합니다. 군후가 혜고惠顧해 과군의 청을 허락하면 변변치 못하긴 하나 일찍이 진문공이 우리 선군에게 하사한 제서濟西 땅을 상국에 바치도록 하겠습니다. 군후는 부디 이를 받아 주시기 바랍니다."

제혜공이 크게 기뻐했다. 곧바로 이해 여름 5월에 평주平州에서 회맹할 것을 약속했다. 기일이 되자 노선공이 먼저 평주로 갔다. 제혜공이 이내 그곳에 도착했다. 두 사람은 먼저 생구甥舅의 정으로 인사를 한 뒤 다시 열국 제후로서 상견례를 나눴다. 노선공을 수행해 온 동문수가 제서의 토지문서를 제혜공에게 바쳤다. 제혜공이 사양하는 말도 없이 곧바로 받았다.

두 제후 사이의 회맹이 끝나자 노선공이 작별인사를 한 뒤 귀국했다.

귀국 도중 동문수가 말했다.

"내가 오늘에야 비로소 안심하고 잠을 잘 수 있게 됐다."

이후 노나라는 세시歲時마다 어김없이 제나라에 조빙했다. 군신이 수시로 제나라에 가서 제혜공의 기색을 살피느라 거의 쉴 날이 없을 지경이었다. 제나라의 명령이라면 듣지 않은 적이 없고, 제나라가 요구하는 부역이라면 함께 일하지 않은 적이 없었다.

제혜공은 만년에 이르러 노선공이 자신의 뜻을 받들며 순종해 온 것에 감동한 나머지 전에 받았던 제서 땅을 노나라에 돌려주었다. 하지만 이는 훗날의 이야기다.

1 치사致詞는 말이나 글로 다른 사람에 대한 자신의 생각이나 느낌을 전달하는 것을 말한다. 치사致辭와 같다.

당시 초장왕 여旅는 즉위한 지 3년이 지났는데도 신하들에게 단 한 번도 국정에 관한 명을 내린 적이 없었다. 날마다 사냥 나가는 것으로 일을 삼았고, 궁중에 있을 때 역시 밤낮을 가리지 않고 후궁들과 함께 술을 마시는 것으로 낙을 삼았다. 그는 조문에 금패禁牌를 내걸었다. 거기에는 이렇게 씌어 있었다.

감히 간하는 자가 있으면 사형에 처하고 용서치 않을 것이다.

하루는 대부 신무외申無畏가 궁중으로 들어가 초장왕을 알현했다. 초장왕은 오른팔로 정희鄭姬, 왼팔로 채녀蔡女를 안은 채 종과 북 사이에 걸터앉아 악공들의 연주를 듣고 있었다.

그가 신무외에게 물었다.

"대부는 술을 마시러 왔는가, 아니면 음악을 들으려 왔는가, 아니면 과인에게 할 말이 있어 왔는가?"

신무외가 대답했다.

"신은 술을 마시거나, 음악을 듣고자 온 게 아닙니다. 며칠 전 신이 교외에 갔다 왔습니다. 그때 어떤 사람이 신에게 수수께끼 같은 말을 했습니다. 신은 그 뜻을 알 수 없기에 이를 물어보려고 왔습니다."

초장왕이 물었다.

"저런, 그게 어떤 수수께끼인데 대부가 풀지 못했단 말인가? 과인에게 이야기해 보시오."

신무외가 말했다.

"몸에 오색의 찬란한 깃털을 지닌 큰 새가 있습니다. 그 새가 초나라 높은 언덕에 앉은 지 3년이 지나도록 날지도 않고, 울지도 않았습니다. 그 새가 과연 무슨 새이겠습니까?"

초장왕은 그것이 자신을 풍자한 이야기라는 것을 단박에 알았다. 그가 웃으며 대답했다.

"과인은 그 새를 알고 있소. 그 새는 비범한 새요. 3년을 날지 않았으니 한 번 날면 반드시 하늘 높이 날아갈 것이고, 3년이나 울지 않았다니 한 번 울면 반드시 사람을 놀라게 할 것이오.[21] 그대는 그때를 기다리시오."

신무외가 재배하고 물러났다.[22] 며칠이 일이 지났는데도 초장왕은 여전히 주색과 음악에 빠져 있었다.

이번엔 대부 소종蘇從이 알현을 청했다. 그는 초장왕 앞에서 통곡했다.

초장왕이 물었다.

"그대는 어째서 이토록 슬피 우는 것인가?"

소종이 대답했다.

"신은 이제 죽을 몸이기에 울고, 초나라도 장차 망할 것이기에 우는 것입니다."

초장왕이 물었다.

"그대가 무엇 때문에 죽고, 초나라가 무엇 때문에 망한단 말인가?"

2 이 대목의 『열국지』 원문은 '3년불비三年不飛, 비필충천飛必沖天. 3년불명三年不鳴, 명필경인鳴必驚人'이다. 여기서 비필충천飛必沖天과 일명경인一鳴驚人 성어가 나왔다. 1번 일을 시작하면 놀랄 만한 성과를 내는 것을 의미한다. 『사기』「초세가」에는 '비장충천蜚將沖天, 명장경인鳴將驚人'으로 돼 있다.

3 『사기』「초세가」에는 신무외申無畏 대신 훗날 오월시대를 풍미한 오자서伍子胥의 조부 오거伍擧가 이 일화의 주인공으로 나온다. 이는 오류이다. 초장왕 때 활약한 인물은 오자서의 증조부인 오삼伍參이다. 오거는 초장왕의 손자인 초강왕과 초영왕 때의 인물이다. 풍몽룡도 『열국지』를 편제하며서 이를 이상하게 여겨 신무외로 바꿔 놓은 것으로 보인다. 『여씨춘추』「심응람審應覽」에는 오거 대신 성공成公 고賈로 나와 있다. 초장왕이 완곡한 은어隱語를 좋아했고, 은어에 밝은 성공 고가 이른바 명장경인鳴將警人의 비유로 초장왕을 설득한 것으로 묘사돼 있다. 그러나 성공 고에 대해서는 알려진 바가 없다. 『사기』「골계열전」에는 이 일화가 전국시대 초기에 활약한 제위왕齊威王의 일화로 나온다. 이 일화가 인구에 회자하며 여러 형태로 전해졌을 가능성을 시사한다. 초장왕과 오삼의 일화를 원형으로 보는 게 중론이다.

소종이 대답했다.

"신은 대왕에게 간하고자 하나 대왕은 간하는 자를 죽이겠다고 했으니 틀림없이 신을 죽일 것입니다. 그리되면 다시는 간할 사람이 없게 됩니다. 대왕은 더욱 방자하게 행동할 것이고, 초나라 정사는 곧 크게 어지러워질 것입니다. 그러면 초나라가 어찌 망하지 않을 리 있겠습니까?"

초장왕이 문득 안색을 바꾸며 말했다.

"과인은 감히 간하는 자가 있으면 틀림없이 사형에 처한다고 했다. 그대는 이를 알면서도 여기까지 와서 과인의 명을 범하는 것인가? 실로 그대는 어리석은 사람이다!"

소종이 대답했다.

"신이 비록 어리석기는 하나 대왕처럼 어리석지는 않습니다."

초장왕이 더욱 화를 냈다.

"과인이 어째서 그대보다 더 어리석단 말인가?"

소종이 대답했다.

"대왕은 만승지국萬乘之國의 지존이고, 사방 1천 리나 되는 영토에서 세금을 거두고 있습니다. 더구나 초나라의 병사와 병거는 정예하기 이를 데 없습니다. 열국의 제후들이 두려워하며 복종하고, 그들이 때마다 바치는 공물이 조정에 가득합니다. 이는 만세萬世의 이익입니다. 그런데도 대왕은 주색과 음악에 빠져 있습니다. 조정朝廷의 정치와 사무인 이른바 조정朝政을 제대로 다스리지 않고, 현재賢才도 가까이 하지 않고 있습니다. 장차 주변의 대국이 쳐들어오고, 우리에게 복종한 소국들이 반기를 들면 즐거움은 목전目前에 있지만 우환은 이튿날인 일후日後에 있게 됩니다. 한때의 즐거움 때문에 만세의 이익을 버리려고 하니 이보다 더 어리석은 일이 어디 있겠습니까? 신의 어리석음은 단지 이 몸을 죽이는 데 불과합니다. 하지만 대왕이 신을 죽이면 후대인은 신을 관용봉關龍逢과 비간比干에 견줄 만한 충신이라고 칭송할 것입니다. 그런 점에서 신은 어리석지 않습니다. 하지만 대왕의 어리석음은 훗날 일개 필부가 되기를 바랄지라도 그리될 수 없는 것입니다. 이제 신은 더 할 말이 없습니다. 청컨대 신은 대왕이 차고 있는 검을 빌려 이 자리에서 목을 찌르고 자진코자 합니다. 대왕의 명이 어김없이 시행되는 것을 세상에 드러내려는 취지입니다."

초장왕이 벌떡 일어섰다.

"대부는 그만 말하시오. 그대의 말은 충언忠言이오. 과인이 그대의 말을 듣겠소."

그러고는 당장 북과 종소리 듣는 것을 그만두었다. 또 정희와 채녀를 멀리하고, 번희樊姬를 부인으로 삼아 내궁을 엄히 다스리게 했다.

초장왕이 신하들에게 말했다.

"과인은 사냥을 좋아하오. 번희는 이를 간하며 따라가지 않았소. 또 사냥해온 조수鳥獸의 고기를 먹지 않았으니 번희는 과인에게 현명한 내조를 한 셈이오."

이어 위가蔿賈와 반왕潘尪 및 굴탕屈蕩으로 하여금 아무런 간언도 하지 않은 영윤 투월초鬪越椒의 권한을 나눠 행사하게 했다. 또 아침 일찍 조회를 열고 연회를 폐지했다.

그는 국정을 살피며 필요한 명을 내렸다. 정나라 공자 귀생歸生에게 명해 송나라를 치게 하면서 위가로 하여금 군사를 이끌고 가 정나라 군사를 돕게 했다. 초나라와 정나라 군사는 대극大棘 땅에서 송나라 군사와 싸워 송나라 우사右師 화원華元을 사로잡았다.

두 나라 군사는 다시 북림北林 땅에서 진晉나라 군사와 싸웠다. 진나라 장수 해양解揚을 포획한 뒤 철군했다. 이듬해에 포획해 데리고 온 장수들을 본국으로 돌려보냈다. 이를 계기로 초나라 세력은 날로 강해졌다. 초장왕은 내심 중원의 패권까지 거머쥘 생각을 했다.

100話 조선자가 도원에서 강하게 간하다
-조선자도원강간趙宣子桃園强諫

당시 진나라 상경 조돈趙盾은 초나라가 날로 강성해지는 것을 보자 진秦나라와 우호관계를 맺은 뒤 힘을 합쳐 초나라에 대항코자 했다. 조천趙穿이 이를 읽고 건의했다.

"진秦나라에 숭崇이라는 속국이 있습니다. 숭나라는 가장 오랫동안 진나라를 섬겼습니다. 저에게 약간의 군사를 내주면 곧 숭나라를 치겠습니다. 진秦나라는 틀림없이 숭나라를 구하러 올 것입니다. 그때 진나라와 강화하면 우리는 인심 쓰며 진나라와 화친할 수 있습니다."

조돈은 이를 좇았다. 곧 진영공의 허락을 얻어 조천을 장수로 삼은 뒤 병거 300승을 내주며 숭나라를 치게 했다.

조삭趙朔이 부친 조돈에게 말했다.

"진秦나라와 우리나라는 서로 원수가 된 지 오래됐습니다. 우리가 그 속국을 치면 진나라는 더욱 분노할 것입니다. 그들이 어찌 우리와 우호를 맺을 리 있겠습니까?"

조돈이 대답했다.

"내가 이미 허락했다."

조삭이 다시 한궐韓厥에게 말했다. 한궐이 냉소冷笑하며 조삭의 귀에 대고 속삭였다.

"그대의 존공尊公이 이번 일을 허락한 것은 조천에게 공명을 세울 기회를 주어 조씨 종족宗族의 기반을 굳히려는 의도요. 결코 진나라와 화친하려는 게 아니오."

조삭은 더 이상 말하지 않고 입을 다물었다.

한편 진秦나라는 진晉나라 군사가 숭나라를 친다는 보고를 듣자 숭나라를 구원하는 대신 지금의 하남성 섬현 남쪽인 진晉나라의 초焦 땅을 포위했다. 소식을 듣고 조천이 군사를 돌려 초 땅으로 갔다. 진秦나라 군사는 조천이 되돌아오는 것을 보고 철군했다.

이 일이 있고 난 후 조천은 진晉나라 군정軍政에 참여하기 시작했다. 유변이 병사하자 조천이 그 자리를 차지했다.

당시 진영공은 이미 장성해 어른이 되었다. 성품이 황음무도하고 포학했다. 백성들로부터 지나치게 많은 세금을 거두었다. 크게 토목공사를 일으켜 사치스럽고 놀기 좋은 동산과 누각을 조성했다.

진영공은 대부 한 사람을 총신寵信했다. 그 이름은 도안고屠岸賈였다. 도격屠擊의 아들로 도안이屠岸夷의 손자였다. 도안고는 진영공에게 아첨해 그의 마음을 늘 기쁘게 했다. 진영공의 명이라면 그 어떤 것이든 반드시 거행한 게 그렇다.

진영공이 도안고에게 명해 도성인 강도絳都 성안에 큰 화원을 만든 뒤 아름다운 꽃나무와 기이한 화초를 구해다가 화원에 심게 했다. 그 화원에서 복숭아나무가 가장 잘 자랐다. 봄이 되어 복숭아꽃이 만발하면 온 화원이 마치 비단에 수를 놓은 것 같았다. 진영공이 그 화원을 도원桃園으로 명명했다.

도안고는 도원 안에 3층의 높은 대臺를 쌓고 그 한 가운데 강소루絳霄樓라는 큰 누각을 세웠다. 그 누각은 기둥과 도리에 그림을 그리고, 대들보와 서까래에 여러 꽃모양을 조각했다. 붉게 칠한 난간欄干과 굽은 모습의 헌함軒檻이 누각을 둘러쌌다. 난간에 기대 사방을 바라보면 시정市井이 한눈에 들어왔다.

진영공은 도원을 둘러보며 즐기기 위해 불시에 누대로 올라갔따. 더러는 탄궁彈弓으로 탄알을 쏘아 새를 맞히기도 하고, 도안고와 함께 술내기도 하며 놀았다.

하루는 광대들을 소집해 도원의 누대 위에서 온갖 재주를 부리게 했다. 재주를 구경하기 위해 도원 밖에 많은 백성들이 모여들었다.

진영공이 도안고에게 말했다.

"탄환으로 새를 쏘는 것보다 사람을 쏘는 게 어떻겠소? 과인은 경과 함께 사람을 쏘는 내기를 하고 싶소. 눈을 맞히면 이기는 것으로 하고, 어깨나 팔을 맞히면 벌을 면하고, 아무 곳도 맞히지 못하면 큰 잔으로 벌주를 마시기로 합시다."

진영공은 오른쪽, 도안고는 왼쪽에 서서 쏘기로 했다. 3층의 대 위에 늘어선 시종들이 일제히 큰 소리로 외쳤다.

"쏘십시오!"

진영공과 도안고가 잇달아 활을 둥근 달처럼 당겼다가 놓았다. 탄환이 유성처럼 빠르게 도원 밖으로 날아갔다. 탄환 가운데 하나는 한 사람의 귓바퀴를 맞혔고, 또 하나는 한 사람의 왼쪽 어깨뼈를 맞혔다. 크게 놀란 백성들이 서로 떠밀며 달아났다. 이들이 큰 소리로 외쳤다.

"탄환이 또 날아온다!"

그 소리를 듣고 진영공이 대로했다. 그는 백성들이 엄살을 부린다며 좌우에 늘어선 시종들에게 일제히 탄환을 쏘게 했다. 탄환이 빗발치듯 무리 속으로 날아들었다. 미처 피하지 못한 백성들 중에는 머리가 깨지고, 이마가 터지고, 눈알이 튀어나오고, 이빨이 부러진 자들이 속출했다.

부상당한 백성의 울부짖는 소리는 차마 귀로 들을 수 없었다. 이들 중에는 아비를 부르고 어미를 부르며 머리를 감싼 채 황급히 달아나는 아이들도 있었다. 먼저 달아나기 위해 밀치고 제치고 넘어지고 자빠지는 추제질도推擠跌倒의 모습을 보이는 자도 있었다. 그 참상은 차마 눈뜨고 볼 수 없었다.

진영공은 누각 위에서 이를 바라보다가 활을 땅바닥에 던지면서 가가대소呵呵大笑했다. 도안고를 돌아보며 말했다.

"과인이 이 도원에 와서 여러 번 놀았지만 오늘처럼 즐거웠던 적은 없었다."

이후 백성들은 누각 위에 사람이 있는 것을 보면 감히 도원 앞을 지나지 못했다. 시중에선 이런 노래가 유행했다.

누대를 보지 마라 莫看臺
탄환이 날아오니까 飛丸來
집 나올 땐 웃고 즐기지만 出門笑且忻
돌아갈 때 울고 슬퍼하니까 歸家哭且哀

당시 주周나라 사람이 사나운 개 한 마리를 진영공에게 바쳤다. 개 이름은 영오靈獒였다. 개는 키가 3척이나 되고, 빛깔은 불붙은 숯처럼 검붉었다. 그런데다 사람의 말을 알아들었다.

진영공은 좌우의 시종 가운데 잘못을 저지른 자가 있으면 영오를 시켜 물게 했다. 그러면 영오가 뒷다리로 일어서서 사람의 이마를 죽을 때까지 물고 늘어졌다. 물린 사람은 머리가 깨져 죽었다. 그 개는 시종 한 사람이 전담해 사육했다. 날마다 양고기 몇 근을 먹었다. 시종의 말을 잘 들었다. 진영공은 시종에게 오노獒奴라는 이름을 붙여주고 중대부의 녹봉을 받게 했다.

진영공은 조당에서 조회를 보는 외조外朝를 철폐한 뒤 내침內寢에서 조회를 하도록 했다. 그는 조회를 하거나 밖으로 놀러 나갈 때면 늘 오노로 하여금 가늘고 질긴 쇠줄로 영오의 목을 맨 뒤 자기 옆에 있게 했다. 대신이

나 시종을 막론하고 그 개를 보는 사람들 모두 모골이 송연해졌다.

진晉나라가 이처럼 혼란해지자 열국이 점차 마음이 떠났고, 천하 만민이 탄식하며 원망했다. 조돈 등이 누차 현자를 예우하고, 간녕奸佞한 자들을 멀리하고, 정사를 부지런히 펼치고, 백성들과 친해야 한다고 간했다. 진영공은 귀를 귀마개로 막은 듯 전혀 받아들이지 않았다. 오히려 의심하고 꺼렸다.

하루는 내전에서 조회를 파하고 모든 대부들도 흩어진 뒤였다. 조돈과 사회 두 사람만이 내침의 문밖에 남아서 국사를 상의했다. 이들은 앞날을 걱정하며 한탄했다. 이때 내시 두 사람이 죽롱竹籠을 메고 내궁에서 나왔다.

조돈이 말했다.

"어째서 죽롱이 궁 안에서 나오는 것인가? 필시 유고有故가 있을 것이다."

곧 멀리서 불렀다.

"여보게, 여보게!"

내시들이 걸음을 멈춘 채 고개를 숙이고 아무 대답도 하지 않았다.

조돈이 물었다.

"죽롱 속에 들어 있는 게 무엇인가?"

한 내시가 대답했다.

"그대는 상경입니다. 보고 싶거든 와서 직접 보십시오. 저희들은 감히 말씀드릴 수 없습니다."

조돈이 내심 더욱 의심이 났다. 사회와 함께 내시들 앞으로 다가가 바구니를 살폈다. 사람의 팔 하나가 얼마쯤 죽롱 밖으로 삐져나와 있는 게 보였다.

두 사람은 죽롱의 뚜껑을 열고 들여다보았다. 그 안에 토막 난 시체가 있었다. 조돈이 크게 놀라 내력을 물었다. 내시들이 입을 닫고 말하지 않았다.

조돈이 말했다.

"너희들이 말을 하지 않으면 내가 먼저 너희들부터 참하겠다."

두 내시가 호소하듯 말했다.

"이것은 궁중 요리사인 재부宰夫의 시체입니다. 주공이 술안주로 삼기 위해 급히 곰발바닥인 웅번熊蹯을 삶아오게 했습니다. 웅번은 얼른 삶아지지 않는데도 주공이 연신 재촉한 까닭에 허둥지둥 술상을 차려 올렸습니다. 주공이 이를 먹다가 덜 익은 것을 알고는 대로한 나머지 구리로 만든 국자인 동두銅斗로 재부를 쳐 죽였습니다. 주공은 화를 삭이지 못해 재부의 시체를 칼로 이렇게 토막 낸 뒤 저희들에게 명해 야외에 갖다버리고 오게 했습니다. 저희들은 정해준 시간 안에 돌아가 보고해야 합니다. 그리하지 않으면 죄를 면할 수 없습니다."

조돈이 두 내시로 하여금 죽롱을 메고 가도록 허락했다. 이어 사회에게 말했다.

"주상이 무도해 인명을 초관草菅처럼 여기고 있소. 나라의 존망이 조석간에 달려 있소. 그대와 함께 가서 한바탕 고간苦諫을 올리고자 하오."

사회가 말했다.

"함께 가서 간해도 주공이 받아들이지 않으면 다시 간할 사람이 없게 됩니다. 제가 먼저 들어가 간하겠습니다. 주공이 듣지 않으면 그때 공이 들어가 간하십시오."

당시 진영공은 아직 중당中堂에 앉아 있었다. 사회가 곧바로 중당으로 들어갔다. 진영공은 사회가 들어오는 걸 보고는 틀림없이 간쟁諫爭하러 온 것을 짐작했다. 진영공이 그를 맞아들여 자리에 앉게 한 뒤 먼저 말했다.

"대부는 아무 말도 하지 마시오. 과인은 이미 내 잘못을 알고 있소. 앞으론 반드시 그 잘못을 고치도록 하겠소."

사회가 머리를 조아리며 말했다.

"사람이 누군들 허물이 없겠습니까? 주공이 지금까지 저지른 잘못을 능히 고치면 이는 사직의 복입니다. 그러면 신들은 기쁨을 이기지 못하겠습니다."

사회가 나와 조돈에게 진영공의 말을 전했다.

조돈이 말했다.

"주공이 과연 이제까지의 잘못을 후회한다면 조만간 어떤 조치가 있을 것이오."

이튿날 진영공이 조회를 열지 않았다. 그러고는 좌우에 명해 도원에 가서 놀 수 있도록 거가車駕를 준비토록 했다. 조돈이 그 소식을 듣고는 대신들에게 말했다.

"주공이 그런 거동을 보이니 어찌 잘못을 고치려는 사람의 행동으로 볼 수 있겠소? 오늘은 부득불 내가 간해야 하겠소."

그러고는 도원으로 가서 문밖에서 진영공을 기다렸다. 진영공이 오자 조돈은 앞으로 나가 배알했다. 진영공이 의아스러운 표정을 지으며 그에게 물었다.

"과인은 경을 부르지 않았는데 경은 어째서 이곳에 온 것이오?"

조돈이 계수재배稽首再拜하며 간했다.

"미신微臣은 사죄死罪를 무릅쓰고 계주啓奏할 일이 있어 찾아왔습니다. 주공은 신의 말을 너그러이 채납采納키 바랍니다. 도를 아는 군주는 백성을 즐겁게 해주는 것으로 즐기고, 무도한 군주는 자신을 즐겁게 하는 것으로 즐긴다는 뜻의 '유도지군有道之君, 이락락인以樂樂人. 무도지군無道之君, 이락락신以樂樂身' 이야기를 들은 적이 있습니다. 무릇 궁실과 폐첩嬖妾, 영신佞臣, 전렵田獵, 유락遊樂 등은 일신을 즐겁게 하는 것에 불과합니다. 더구나 사람을 죽이는 것으로 즐거움을 삼는 군주는 없습니다. 오늘날 주공은 개를 시켜 사람을 물게 하고, 백성에게 탄환을 쏘아 다치게 하고 있습니다. 또 작은 잘못을 저지른 재부를 죽여 토막을 냈습니다. 이는 무도한 군주도 하지 않는 짓인데 주공은 서슴없이 했습니다. 인명은 지극히 귀중한 것인데 어찌 이처럼 남살濫殺을 하는 것입니까? 안에선 백성들이 배반하고 밖에선 열국 제후들이 이탈하고 있습니다. 옛날 하나라의 걸桀과 은나라의 주紂를 멸망케 한 재앙이 닥쳐오고 있다는 것을 주공은 알아야 합니다. 신이 오늘 이런 말을 하지 않으면 다시는 이런 말을 할 사람이 없을 것입니다. 신은 차마 군주와 나라가 망하는 것을 앉아서 볼 수 없어 이처럼 숨기지 않고 말하는 것입니다. 바라건대 주공은 지금 당장 수레를 돌려 조정으로 들어가 지금까지의 잘못을 고치도록 하십시오. 주색을 멀리하고, 유희를 탐하지 말고, 사람 죽이는 일을 좋아하지 마십시오. 그래야 진나라가 위기를 벗어나 안정을 되찾을 것입니다. 신은 이제 할 말을 다했으니 설령 죽을지라도 여한이 없습니다."

진영공이 크게 무안해하며 소매로 얼굴을 가렸다.

"경은 잠시 물러가시오. 과인이 이왕 여기에 왔으니 오늘만 놀고 다음부턴 경의 말대로 하겠다."

조돈이 몸으로 도원의 문을 가로막으며 진영공이 그 안으로 들어가지 못하게 했다. 도안고가 나서서 말했다.

"상경이 간하는 것은 좋은 일입니다. 그러나 군주의 거가車駕가 여기에 이르렀는데 어찌 그냥 돌아갈 수 있겠습니까? 백성들이 헛걸음하는 군주를 비웃을까 두렵습니다. 상경은 잠시만 편의를 봐주십시오. 국정에 관한 일이 있으면 내일 이른 아침까지 주공을 기다렸다가 조당에서 논의하는 게 어떻겠습니까?"

진영공도 청했다.

"내일 이른 아침 틀림없이 경을 부르겠소."

조돈이 부득불 몸을 비켜 진영공을 도원으로 들여보냈다. 그는 화난 눈으로 도안고를 노려보며 말했다.

"망국패가亡國敗家는 모두 저런 무리가 있기 때문이다."

도안고는 진영공을 모시고 도원 안에서 놀았다. 여기저기서 시종배들의 즐거운 웃음소리가 터져 나올 때 도안고가 문득 한숨을 내쉬었다.

"이런 즐거운 놀이도 다시는 즐길 수 없게 되었다."

진영공이 물었다.

"대부는 어째서 그처럼 탄식하는가?"

도안고가 대답했다.

"내일 아침이면 상경이 조정으로 들어와 반드시 주공에게 잔소리를 늘어놓을 것입니다. 그는 주공이 다시는 이곳으로 나오지 못하게 막을 것입니다."

진영공이 안색을 바꿔 말했다.

"자고로 군주가 신하를 부리는 법이오. 신하가 군주를 부린다는 말은 들어보지 못했소. 그 늙은이가 있으면 과인은 몹시 불편하오. 그를 제거할 무슨 계책이 없소?"

도안고가 대답했다.

"신의 식객 가운데 서예鉏麑라는 역사力士가 있습니다. 그는 집안이 크게 가난해 신이 늘 그 식솔의 생계를 도와주고 있습니다. 그는 은혜에 감격해하며 신이 시키는 일이라면 신명을 바쳐 봉행코자 합니다. 이제 그를 시켜 상경을 척살하면 주공은 앞으로 임의로 행락行樂할 수 있으니 또 무엇을 걱정할 필요가 있겠습니까?"

진영공이 말했다.

"공이 그 일을 해치우면 그 공이 결코 작지 않을 것이오."

그날 밤, 도안고는 은밀히 서예를 불렀다. 술과 음식을 준 뒤 말했다.

"조돈이 전권專權하며 주공을 업신여기고 있네. 나는 지금 그대를 시켜 조돈을 척살하라는 진후晉侯의 밀명을 받았네. 그대는 조돈의 부중府中에 가서 그를 척살토록 하게. 지금 당장 그의 집 앞에 매복하고 있다가 그가 새벽 5경쯤 조정으로 들어오려 하거든 그 틈을 노려 척살하면 되네. 이번 일을 그르쳐서는 안 되네."

서예가 분부를 받고 비수를 품속에 품고 조돈의 부중 근처에 매복했다. 5경을 알리는 북소리가 울리자 부중의 문 앞으로 갔다. 이미 대문과 중문은 활짝 열려 있었다. 문 앞엔 수레와 말이 이미 대령하고 있었다. 바라보니 당상엔 등불이 환하게 켜져 있었다. 사람들의 눈을 피해 중문中門으로 잠입했다. 어둠 속에 몸을 숨기고 당상을 자세히 살펴보았다.

당상에는 조복을 입고 관을 쓴 한 관원이 단정히 앉아 있었다. 조복 앞자락에 넓은 띠를 드리우고 두 손으로 홀을 쥔 채 눈을 감은 모습이었다. 그가 바로 상경 조돈이었다. 조정에 들어가기 위해 날이 새기도 전에 미리 준비를 마치고 시간이 되기만을 기다리는 중이었다.

서여는 그 모습을 보고 크게 놀랐다. 다시 부중 밖으로 나와 길게 탄식했다.

"저렇듯 공경한 모습을 잊지 않으니 시로 민지주民之主[4]가 될 만하다. 내가 그런 사람을 죽이면 불충不忠이 된다. 또 군주의 분부를 받고 실행하

4 민지주民之主는 '백성의 주인'이라는 뜻이다. 『춘추좌전』「노선공 2년」조에 따르면 서예鉏麑가 처음 언급한 것으로 되어 있다. 「노선공 12년」조 등에 '민지주' 표현이 자주 나온다. 이는 원래 군주君主를 달리 표현한 말이다. 그러나 조돈과 같은 권신에게 '민지주' 표현을 쓴 점에 유의할 필요가 있다. 덕정德政을 펼 수만 있다면 반드시 군주가 아닐지라도 능히 '민지주'가 될 수 있다는 취지를 내포하고 있다. 『춘추좌전』「노문공 17년」조와 「노양공 31년」조 등에 '민지주'와 똑같은 의미의 민주民主 표현이 나온다. 메이지유신 당시 일본인들은 이에 주목해 영어 '데모크라시'를 '민주주의'로 번역했다. 그러나 『춘추좌전』의 용례에 따르면 이는 '데모크라시'를 '군주주의'로 번역한 것이나 다름없다. '데모크라시'는 '민주주의'가 아닌 민치주의民治主義로 번역하는 게 옳았다.

지 않으면 불신不信이 된다. 불충과 불신을 행하면 어떻게 천지간에 용납될 수 있겠는가!"

그러고는 대문 앞에 가서 큰 소리로 외쳤다.

"나는 서예라는 사람이다. 차라리 군명君命을 어길지언정 차마 충신을 죽일 순 없다. 나는 자살自殺할 것이다. 상경은 나와 같은 자객이 또 올지 모르니 엄중히 방비하시오."

말을 마치자 대문 앞에 서 있는 한 그루 큰 홰나무에 머리를 짓찧었다. 머리가 깨지면서 뇌장腦漿이 흘러나왔다. 숨이 금방 끊어졌다.

사신이 시를 지어 찬贊했다.

장하구나, 서예여!	壯哉鉏麑
자객의 으뜸이다	刺客之魁
의로움 보고 마음 바꾸니	聞義能徙
죽음을 고향 가듯 여기다	視死如歸
은혜 갚고 조돈 살렸으니	報屠存趙
몸 죽었으나 이름 살리다	身滅名垂
홰나무의 그늘이 든 곳에	槐陰所在
기상이 생생히 살아 있다	生氣依依

상경 부중의 어자와 문지기들은 서예가 죽자 곧바로 조돈에게 고했다. 조돈의 거우로 있는 제미명提彌明이 말했다.

"상국은 오늘 입조入朝해서는 안 됩니다. 또 다른 변이 일어날까 두렵습니다."

조돈이 대답했다.

"주공이 오늘 아침 조회를 열겠다고 허락했다. 내가 가지 않으면 군주에

조선자가 도원에서 강하게 간하다

대한 무례가 된다. 살고 죽는 것은 천명이다. 내가 무엇을 걱정하겠는가?"

그러고는 서예의 시신에 대해 홰나무 그늘에 임시로 묻는 천매淺埋를 행하게 했다. 이어 수레를 타고 조정으로 들어갔다. 대신들 반열의 맨 앞에 서서 진영공에게 예를 올렸다.

진영공은 조돈이 죽지 않은 것을 보고 도안고에게 서예의 일이 어찌 되었는지 물었다.

도안고가 대답했다.

"서예가 가긴 갔는데 돌아오지는 않습니다. 듣자하니 홰나무에 머리를 부딪쳐 죽었다고 합니다. 어찌 된 일인지 모르겠습니다."

조회가 끝난 뒤 진영공은 다시 물었다.

"일이 실패했으니 앞으로 어찌하면 좋겠소?"

도안고가 대답했다.

"신에게 한 가지 계책이 있습니다. 이번엔 틀림없이 제거할 수 있습니다. 만에 하나라도 실패하는 일은 없을 것입니다."

진영공이 물었다.

"그 계책이 어떤 것이오?"

도안고가 대답했다.

"주공은 내일 조돈을 불러 술을 대접하십시오. 신이 술자리 벽 뒤에 갑사들을 매복시켜 놓겠습니다. 주공이 술 3잔을 조돈에게 내린 뒤 그가 차고 있는 칼을 한 번 보자고 청하십시오. 조돈은 틀림없이 그 칼을 빼서 주공에게 올릴 것입니다. 그러면 신이 곁에서 큰 소리로 외치기를, '조돈이 군주 앞에서 칼을 뽑았다. 불궤不軌를 꾀하는 게 분명하다. 좌우 시신侍臣은 속히 군주를 구하라.'고 할 것입니다. 그때 매복한 갑사들이 뛰쳐나와 조돈을 포박한 뒤 끌어내 참해 버리면 됩니다. 세인들 모두 조돈이 죽음을 자초한 것으로 알 것이고, 주공은 대신을 죽였다는 오명을 뒤집어쓰지 않아도 될 것입니다. 이 계책이 어떻습니까?"

진영공이 말했다.

"실로 묘책이오! 그 계책대로 일을 시행토록 하시오."

이튿날 다시 조회를 열었다. 조돈에게 말했다.

"과인은 경의 직언 덕분에 신하들과 친근해졌소. 경건한 몸가짐으로 정사를 펼치고, 향락도 줄이게 됐소. 과인으로 하여금 그리하도록 충언한 그대를 위로하고 싶소."

조회가 끝나자 진영공은 도안고를 시켜 조돈을 인도해 내궁으로 들어오게 했다. 거우 제미명이 조돈의 뒤를 따라 내궁으로 갔다. 조돈이 내궁의 섬돌 계단을 오르려고 하자 도안고가 말했다.

"주공이 상경에게 연회를 베푸는 자리이니 다른 사람은 올라와서는 안 되오."

제미명은 이내 당하堂下에 머물러야 했다. 조돈이 당상으로 올라가 재배하고 진영공의 오른쪽 자리에 앉았다. 도안고는 진영공의 왼쪽에 앉았다. 궁중의 포인庖人이 즉시 주안상을 올렸다.

술이 세 순배 돌았을 때 진영공이 조돈에게 말했다.

"과인은 그대가 차고 있는 칼이 명검이라고 들었소. 그대가 한 번 풀어서 과인에게 구경시켜 줬으면 하오."

조돈은 진영공의 계책을 알 리 없었다. 곧 허리에 차고 있던 칼을 풀어 진영공에게 바치려고 했다. 이때 당하의 제미명이 큰 소리로 외쳤다.

"신하가 군주를 모시고 술을 마실 때는 3잔만 마시는 게 군신 간의 예법이오. 상경은 어찌하여 술을 마신 뒤 군주 앞에서 칼을 빼려 하는 것이오?"

조돈이 그 말의 뜻을 금방 알아챘다. 조돈이 칼을 풀다 말고 자리에서 일어섰다. 제미명이 노기등등한 얼굴로 단숨에 당상으로 뛰어올라와 조돈을 부축해서 계단 아래로 내려갔다. 다급해진 도안고가 오노를 불러 데리고 있는 영오靈獒를 사주해 자주색 조복을 입은 조돈을 쫓게 했다. 영오가 나는 듯이 달려와 궁문 밖까지 나가지 못한 조돈을 향해 달려들었다.

원래 제미명은 1천 균鈞의 무게를 드는 장사였다. 두 손으로 뛰어오르는 영오를 쳐서 쓰러뜨린 뒤 목을 분질러 버렸다. 영오가 그 자리에서 죽었다.

진영공은 계책이 어긋나자 크게 화를 냈다. 그는 벽 뒤에 매복한 갑사들에게 명해 조돈을 쫓아가 공격케 했다. 제미명이 몸으로 조돈을 보호하면서 그들과 싸웠다. 그 틈을 타 조돈이 황급히 달아났다.

제미명은 홀로 남아 여러 갑사와 싸웠으나 중과부적이었다. 이내 온 몸이 창에 찔리는 중상을 입고 숨을 거뒀다.

사신이 시를 지어 제미명을 찬했다.

군주와 신하에게 각가 충견 있으니	君有獒, 臣亦有獒
군주의 충견 신하의 충견만 못하다	君之獒, 不如臣之獒
군주의 충견은 능히 사람을 해쳤고	君之獒, 能害人
신하의 충견은 능히 주인을 지켰다	臣之獒, 克保身
슬프다 두 충견이여! 어디가 나은가	嗚呼二獒! 吾誰與親

조돈은 제미명이 갑사들과 싸우는 틈을 이용해 먼저 달아났다. 문득 갑사 가운데 한 사람이 미친 듯이 뒤를 쫓아왔다. 조돈은 도안고가 파견한 자객이 아닐까 여겨 크게 두려워했다.

그가 조돈 앞에 이르자 말했다.

"상경은 두려워하지 마십시오. 저는 상경을 도우러 왔지 해치러 온 게 아닙니다."

조돈이 물었다.

"그대는 누구요?"

그 사람이 대답했다.

"상경은 전에 배가 고파 뽕나무 밑에 쓰러져 있던 사람을 기억하지 못하십니까? 제가 바로 그곳에 쓰러져 있던 영첩靈輒입니다."

원래 5년 전에 조돈이 지금의 산서성 신강현 부근에 있는 구원산九原山에 사냥을 나간 적이 있다. 사냥에서 돌아오다가 잠시 뽕나무 그늘 아래 쉬었다. 그때 한 남자가 땅바닥에 누워 있는 것을 보았다. 그는 자객이 아닐까 의심해 시종들을 시켜 포박케 했다. 그 사람은 너무 굶주린 탓에 일어나지도 못했다.

조돈이 이름을 묻자 그가 대답했다.

"제 이름은 영첩입니다. 저는 위衛나라로 가서 3년 동안 유학하다가 오늘에야 비로소 귀국하는 길입니다. 그러나 주머니도 비고 얻어먹지도 못해 굶은 지 사흘이나 되었습니다."

조돈이 영첩을 불쌍히 여겨 그에게 밥과 육포를 갖다 주게 했다. 영첩이 작은 광주리를 꺼낸 뒤 그 절반을 담고 나서 나머지를 먹었다.

조돈이 물었다.

"왜 밥과 육포의 절반을 광주리에 담은 것인가?"

영첩이 대답했다.

"저의 집은 도성의 서문 안에 있습니다. 그곳에 노모가 살고 있습니다. 저는 오랫동안 타국에 가 있어서 아직 노모가 생존해 있는지 여부도 모릅니다. 이제 집까지 몇 리 남지 않았습니다. 다행히 살아 계시면 대인이 주신 음식을 노모에게 드리기 위해 그리한 것입니다."

조돈이 탄복했다.

"그대는 효자이다!"

그는 영첩에게 나머지 밥을 다 먹게 했다. 이어 따로 밥 한 소쿠리와 얼마간의 고기를 바랑에 넣어 그에게 주었다. 영첩이 배사拜謝한 뒤 그곳을 떠났다. 지금도 강주絳州 주변에 포반판脯飯坂[5]이라는 언덕이 있다. 조돈이 영첩에게 밥과 육포를 주었다고 해서 그런 이름이 붙게 된 것이다.

나중에 영첩은 제후를 호위하는 보병인 이른바 공도公徒로 있다가 매복한 갑사의 일원으로 차출된 것이다. 그는 조돈이 지난날 자신에게 베푼 은혜를 잊지 못하고 곤경에 처한 조돈을 돕기 위해 황급히 달려온 것이다.

당시 궁궐 밖에서 대기하고 있던 조돈의 시종들은 변란이 일어났다는 소식을 듣고 모두 흩어져 달아났다. 오직 영첩만이 남아 조돈을 업고 조문

5 포반판脯飯坂이 일부 판본에는 허기를 면하게 해준 언덕이라는 뜻의 포기판哺饑阪으로 되어 있다.

밖으로 탈출했다. 갑사들은 제미명을 죽인 뒤 떼를 지어 조돈의 뒤를 쫓아 왔다.

이때 마침 조돈의 아들 조삭이 가정家丁을 모두 이끌고 부친을 구출하기 위해 궁궐을 향해 달려오고 있었다. 조삭은 영첩이 업고 온 조돈을 부축해 수레에 태웠다. 조돈이 급히 영첩을 불러 자신이 탄 수레에 태우려고 했으나 영첩은 이미 어디론가 달아나고 없었다. 급히 추격해 오던 갑사들은 부중府中의 사람들이 많은 걸 보고는 감히 더 이상 쫓지 못했다.

조돈이 조삭에게 말했다.

"나는 이제 집으로 갈 처지가 못 된다. 이 길로 아예 적翟나라로 가거나 진秦나라로 가서 몸을 의탁할 수밖에 없다."

조삭이 수레를 몰아 서문을 빠져 나왔다. 이어 서쪽을 향해 수레를 몰았다.

조선자趙宣子 즉 조돈이 과연 어디로 출분出奔했는지 알 길이 없으니 다음 회를 보라.

제51회

101話 동호가 조돈을 꾸짖고 직필을 하다
– 책조돈동호직필責趙盾董狐直筆

계교를 써서 조돈을 죽이려고 했다가 실패한 진영공은 조돈이 도성인 강도絳都를 떠난 것을 알고는 크게 기뻐했다. 마치 시골 아이인 촌동村童이 엄한 훈장 곁을 떠나고, 고집 센 머슴인 견수堅豎가 주인 곁을 떠난 것처럼 좋아했다. 가슴이 후련해진 그 느낌은 말로는 형언할 수 없었다.

진영공이 마침내 궁중의 권속들을 이끌고 도원으로 가 머물렀다. 여러 날을 묵으면서 환궁할 생각을 하지 않았다.

한편 당시 조돈의 일족인 조천趙穿은 서교西郊에서 사냥을 하고 돌아오는 길에 우연히 조돈 부자를 만났다. 그가 수레를 멈추고 물었다.

"숙부는 어디를 이렇게 급히 가십니까?"

조돈은 자초지종을 설명했다. 조천이 말했다.

"숙부는 아직 출경出境하지 마십시오. 제가 수일 내로 도성의 소식을 알려 드리겠습니다. 그때 형편을 보아 출경 여부를 결정하십시오."

조돈이 대답했다.

"네가 그리해주면 나는 잠시 수양산首陽山에 머물며 좋은 소식이 있기를 기다리겠다. 매사에 삼가고 조심해라. 내가 당한 재앙 위에 다시 재앙을 보태는 일이 없도록 해라."

조천은 조돈 부자와 작별하고 강도로 돌아갔다. 진양공의 사위인 그는 진영공이 도원에 있다는 것을 알고 그곳으로 갔다. 딴 마음을 품은 채 알현을 청했다.

"신은 비록 종척宗戚의 한 사람이지만 죄인 조돈의 일족이기도 합니다. 이젠 감히 주공을 좌우에서 모시기 어렵게 됐습니다. 청컨대 주공은 신을 파척罷斥하십시오."

진영공은 조천이 진심으로 그런 말을 하는 것으로 믿고 위로했다.

"조돈은 여러 번 과인을 속이고 업신여겼소. 과인은 더 이상 참을 수 없어 죽이려 했던 것이오. 경은 이번 일과 아무런 관련이 없소. 안심하고 맡은 직책을 수행토록 하시오."

조천이 사은하고 다시 말했다.

"신이 듣건대, '군주로서 가장 귀중한 것은 살면서 음악과 미색을 즐기는 이른바 성색지락聲色之樂을 끝까지 누리는 데 있다.'고 했습니다. 주공은 지금 비록 성대한 음악을 즐기는 이른바 종고지락鐘鼓之樂을 누리지만 내궁은 갖춰져 있지 않습니다. 전에 제환공은 폐행嬖幸하는 여인들로 내궁을 가득 채웠습니다. 정실 이외에도 부인이나 다름없는 여인을 모두 6명이나 거느렸습니다. 또 주공의 조부인 진문공 역시 망명을 다니고 환란을 겪을 때조차 가는 곳마다 아내를 맞이했습니다. 나이 60세가 넘은 뒤에도 첩과 잉첩을 무수히 거느렸습니다. 주공은 이미 넓은 동산과 고대광실을 갖고 있으니 거처하고 잠을 자는 것에는 부족함이 없습니다. 어째서 양가의 여인을 뽑아 그 안을 채우고, 좋은 악사들을 시켜 노래와 춤을 가르치지 않는 것입니까? 군주로서 이런 즐거움을 갖추는 것이 어찌 아름다운 일이 아니겠습니까?"

진영공이 대답했다.

"경의 말이 과인의 생각과 똑같소. 당장 나라 안의 여인을 뽑고자 하는데 누구에게 맡기면 좋겠소?"

조천이 말했다.

"대부 도안고에게 맡기면 될 것입니다."

진영공이 이를 좇았다. 도안고에게 이 일을 전적으로 맡겼다. 성안과 교외를 막론하고 자색이 뛰어난 20세 미만의 미혼녀를 모두 찾아낸 뒤 그중에서 미모가 특출한 자를 선발케 했다. 조천은 이런 수단을 써서 도안고를 진영공 곁에서 떼어 놓은 것이다.

조천이 다시 진영공에게 말했다.

"도원을 시위하는 병사가 너무 적고 미약합니다. 신이 거느린 군대에서 날쌔고 용맹한 병사 200명을 선발해 숙위宿衛로 충당할까 합니다. 이를 결재해 주시기 바랍니다."

진영공이 다시 이를 비준批准했다.

조천은 병영으로 돌아와 건장한 병사 200명을 선발했다. 병사들이 조천에게 물었다.

"장군은 저희를 어디로 보내려고 하는 것입니까?"

조천이 대답했다.

"주공이 백성들의 사정을 돌보지도 않고 종일 도원에서 행락에 빠져 있다. 주공은 나에게 명해 그대들을 선발해 밤낮없이 도원을 지키게 했다. 그대들 역시 집이 있고 처자가 있는 몸이다. 이번에 도원에 가면 찬바람이 불어도 서 있어야 하고, 이슬 내리는 밤에도 서 있어야 한다. 더구나 그 임무가 언제 끝날지도 모른다."

병사들이 한탄하며 원망했다.

"이런 무도한 군주는 왜 빨리 죽지도 않는 것인가? 상경이 나라 안에 있으면 틀림없이 이런 일은 없을 것이다."

조천이 말했다.

"내가 그대들과 한마디 상의할 게 있다. 그대들은 이에 응하겠는가?"

병사들이 입을 모아 대답했다.

"장군이 저희가 당할 고통을 구해 주면 저희 목숨을 다시 살려주는 것이나 다름없습니다."

조천이 말했다.

"도원은 궁중처럼 전각이 많지 않고, 그 속이 깊지도 않다. 그대들은 도원 밖에서 기다리고 있다가 2경의 북소리가 울리면 도원 안으로 쳐들어오도록 하라. 도원 안에서 사람을 만나면 포상을 청하러 간다고 둘러대라. 그대들이 가까이 오면 내가 소매를 휘둘러 신호할 터이니 곧바로 달려들어 진후晉侯를 척살토록 하라. 그러면 바로 상경을 맞아들이고 새 군주를 세우도록 하겠다. 이 계책이 어떠한가?"

병사들이 일제히 대답했다.

"심히 좋습니다."

조천이 술과 음식으로 이들을 위로한 뒤 도원 밖에 늘어세우고 파수를 보게 했다. 이어 도원에 들어가 진영공에게 복명했다. 진영공이 누대로 올라가 이들을 굽어봤다. 누구 할 것 없이 모두 용맹스러워 보였다. 진영공이 크게 기뻐하며 조천에게 도원에 남아 주연에 참석케 했다. 주연이 밤까지 계속됐다. 2경이 됐을 때 밖에서 함성이 일어났다.

진영공이 까닭을 묻자 조천이 대답했다.

"이는 틀림없이 숙위하는 병사들이 밤에 나다니는 사람들을 쫓아버리는 소리인 듯합니다. 신이 가서 소리를 질러 성가聖駕를 놀라게 하지 말라고 지시하겠습니다."

그러고는 곧바로 등불을 든 시자侍者를 앞세우고 누대 아래로 내려갔다. 이때 200명의 군사들이 이미 문을 부수고 그곳에 들어와 있었다. 조천이 홀로 누각 위로 올라가 고했다.

"병사들이 주연이 있는 것을 알고 밤참이라도 얻어먹을까 하여 왔다고 합니다. 별다른 뜻이 있는 건 아닙니다."

진영공이 내시를 불러 병사들에게 술과 안주를 나눠주도록 분부했다. 이어 난간에 기대 병사들에게 술과 안주를 나눠 주는 것을 구경했다.

조천이 진영공 곁에서 큰 소리로 말했다.

"주공이 친히 너희들을 호궤하는 것이니 각자 음식을 받아가도록 하라."

그러고는 곧바로 소매를 휘둘렀다. 병사들은 조천 앞에 서 있는 사람이 바로 진영공이라는 것을 알고는 물이 용솟음치듯 누각 위로 뛰어올라갔다.

진영공이 크게 당황해 조천에게 말했다.

"병사들이 어째서 누각 위로 올라오는 것인가? 경은 속히 저들이 물러가도록 명하라."

조천이 대답했다.

"병사들이 상경을 보고 싶은 나머지 주공에게 조속한 소환을 청하려고 그러는 듯합니다."

진영공이 미처 대답도 하기 전에 병사들이 창으로 찔렀다. 그 자리에서 고꾸라져 죽었다. 진영공을 모시던 좌우 근시들이 크게 놀라 일시에 달아났다.

조천이 병사들에게 외쳤다.

■ 동호

"혼군昏君은 이제 죽었다. 단 한 사람이라도 함부로 죽이지 마라. 상경이 조정으로 돌아올 수 있도록 그 분을 영접하러 가자."

원래 진영공은 무도하고 함부로 사람을 죽였다. 근시들도 언제 죽임을 당할지 몰라 늘 두려워했다. 병사들이 진영공을 척살할 때 말리는 자가 없었던 이유다.

백성들 역시 고통스런 나날을 원망한 지 오래된 까닭에 진영공이 죽었다는 소식을 듣고는 오히려 통쾌해했다. 조천에게 시해의 죄를 물은 사람이 단 한 사람도 없었다.

7년 전에 혜성이 북두칠성을 범했을 때 한 점쟁이가 '제나라와 송나라 및 진晉나라 군주는 변란 속에 시해될 것이다.'라고 예언한 적이 있다. 그 예언이 들어맞은 셈이다.

염옹이 시를 지어 이를 탄식했다.

높은 누대 음악소리 끝나기 전에	崇臺歌管未停聲
창 찔린 군주의 피 다락을 적시다	血濺朱樓起外兵
구할 사람 없는 게 괴이치 않으니	莫怪臺前無救者
탄환을 피한 후엔 행인도 끊겼다	避丸之後絶人行

당시 도안고는 교외에 나가 가가호호마다 돌아다니며 미모의 처녀를 들춰내던 참이었다. 그는 진영공이 피살됐다는 소식을 듣고 크게 놀랐다. 내심 조천의 소행임을 짐작했다. 그러나 감히 그런 말을 못하고 숨어서 자기 집으로 돌아왔다.

사회 등은 진영공이 시해됐다는 보고를 듣고 급히 도원으로 달려갔다. 도원은 적연寂然할 뿐 사람 하나 없었다. 그는 조천이 조돈을 영접하러 간 것으로 짐작하고 도원 문을 봉쇄한 채 기다렸다.

하루가 다 지나기 전에 조돈이 수레를 돌려 조천과 함께 강도로 들어왔다. 곧바로 도원으로 갔다. 문무백관이 모두 모여 있었다. 조돈이 진영공의 시신 앞에 엎드려 크게 통곡했다.

애통해 하는 울음 소리는 도원 밖의 백성들의 귀에까지 들렸다. 백성들이 서로 말했다.

“상경의 충성심이 저와 같으니 진후晉侯는 재앙을 자초한 것이다. 상경에게 무슨 허물이 있겠는가?”

조돈은 진영공의 시신을 빈렴殯殮한 뒤 곡옥 땅에 장사지내기로 했다. 곧 대신들을 불러 새 군주 옹립 문제를 상의했다. 진영공에겐 아들이 없었다.

조돈이 여러 대신들에게 말했다.

"선군인 진양공이 세상을 떠날 때 나는 가장 나이 많은 공자를 세우자고 주장했소. 대신들이 협조하지 않는 바람에 결국 이런 변이 생겼소. 이번엔 신중히 결정해야 하겠소."

사회가 나서서 말했다.

"나라에 나이 든 공자가 있는 것은 사직의 복입니다. 상경의 말이 옳습니다."

조돈이 말했다.

"지금 진문공의 자식 한 분이 살아 있습니다. 생모는 한 신인이 나타나 검정을 아기 볼기에 발라주는 태몽을 꾸었다고 합니다. 이름을 흑둔黑臀이라고 지은 이유입니다. 지금 흑둔은 주왕실에서 벼슬을 살고 있습니다. 나이로나 항렬로나 여타 공자들 가운데 가장 손위이니 그를 영립迎立하고자 하오. 어찌 생각하시오?"

문무백관 가운데 감히 이견을 내놓는 사람이 없었다. 입을 모아 말했다.

"상경의 의견이 합당합니다."

조돈은 조천의 죄를 덮어주기 위해 경사로 가서 공자 흑둔을 모시고 돌아오게 했다. 공자 흑둔은 귀국하자마자 종묘로 가 선조의 신위에 참배한 뒤 곧바로 보위에 올랐다. 그가 바로 진성공晉成公이다.

진성공은 즉위 후 모든 일을 조돈에게 일임했다. 이어 그의 딸을 조삭에게 하가下嫁시켰다. 그녀가 바로 장희莊姬이다.

조돈이 진선공에게 주청했다.

"신의 생모는 적족狄族의 여인이고, 신의 적모는 신의 아비 조최의 정실로 선군 진문공의 따님인 군희君姬입니다. 군희는 겸양의 미덕을 갖춘 까닭에 정실의 자리를 신의 생모에게 사양했습니다. 선군 진문공은 신의 아비 조최를 시켜 신과 신의 생모를 진나라로 데려오게 했습니다. 신은 정실 소

▬ 동호가 조돈을 꾸짖고 직필을 하다

생이 아닌데도 그간 외람되게 적자의 자리를 차지해 왔습니다. 마침내 중군 원수와 상경의 자리까지 올랐습니다. 지금 군희에게는 조동趙同과 조괄趙括 및 조영제趙嬰齊 등 3명의 장성한 아들이 있습니다.[1] 원컨대 신은 저의 자리를 이들에게 되돌려 주고자 합니다."

진성공이 대답했다.

1 『춘추좌전』 및 『사기』는 조동趙同과 조괄趙括 및 조영제趙嬰齊를 각각 봉읍의 이름을 따 다양하게 기록해 놓았다. 조동은 봉입이 원原인 까닭에 원동原同, 조괄은 봉읍이 병屛인 까닭에 병괄屛括, 조영제는 봉읍이 누樓인 까닭에 누영樓嬰으로 표현했다. 『춘추좌전』에는 '조영제'와 조영趙嬰이 뒤섞여 나오나 『사기』에는 오직 '조영제'로만 나온다.

"경의 동생들은 과인의 자씨姊氏인 군희가 종애鍾愛하는 자식들이오.[2] 어찌 과인이 무심할 리 있겠소?"

그러고는 곧 조동과 조괄 및 조영제에게 대부 벼슬을 내렸다. 조천은 여전히 중군의 보좌역 자리에 있게 했다.

조천이 사사로이 조돈에게 말했다.

"도안고는 선군인 진영공을 섬기면서 아첨만 했습니다. 더구나 그는 우리 조씨를 원수로 대한 사람입니다. 지금 도원의 일에 대해 내심 불평을 품고 있는 자는 오직 도안고 뿐입니다. 그를 제거하지 않으면 우리 조씨 일족이 평안치 못할 것입니다."

조돈이 나무랐다.

"남이 너를 벌하려 하지 않는데 너는 오히려 남을 벌하려 드는 것인가? 우리 종족이 모두 귀하게 되고 집안이 흥성하니 응당 같은 대부들과 화목하게 지내야 한다. 더구나 남과 원수가 되는 일은 피해야 한다."

이후 조천은 다시는 그 이야기를 꺼내지 않았다. 도안고 역시 조씨 일족에게 몸을 굽히면서 미움을 받지 않기 위해 애썼다.

조돈은 도원에서 진영공이 시해된 일이 늘 마음에 걸렸다. 하루는 사관史館으로 갔다. 역사를 기록하고 관리하는 태사太史 동호董狐에게 사초史草를 기록한 간책簡冊을 보여 달라고 청했다. 동호가 간책을 건네주었다. 거기에는 이같이 기록돼 있었다.

가을 7월 을축일, 조돈이 도원에서 그 군주 이고夷皐를 시해했다.

2 이 대목의 『열국지』 원문은 '경지제卿之弟, 내오제소종애乃吾娣所鍾愛'이다. 조돈의 부친 조최에게 출가한 진문공의 딸은 백희伯姬이다. 진성공은 진문공의 소자少子이다. 백희가 진성공의 누이동생이 될 수 없다. 번역문은 누이동생을 뜻하는 제娣를 누님을 뜻하는 자씨姊氏로 바꿨다. 종애鍾愛는 극도로 사랑한다는 뜻이다. 여기의 종鍾은 집중集中 내지 전일專一의 의미이다. 동애疼愛, 극애極愛와 같은 뜻이다.

조돈이 크게 놀라 말했다.

"태사가 사실을 잘못 적었소. 당시 나는 도성에서 200여 리나 떨어져 있는 하동河東으로 달아나던 참이었소. 군주가 시해된 사실조차 몰랐는데 나더러 시해했다고 하니 그대는 나에게 죄를 뒤집어씌울 생각이오? 그런 무함誣陷이 어디에 있소?"

동호가 대답했다.

"공은 이 나라의 상경이오. 비록 목숨을 부지하기 위해 달아났다고는 하나 국경을 넘지 않았습니다. 결국 국정을 책임져야 할 나라 안에 있었던 셈입니다. 나아가 도성으로 돌아와서도 역적을 찾아내 처단하지 않았습니다. 그런데도 상국인 그대가 그 일을 하지 않았다고 변명할 수 있겠습니까? 구차하게 변명한들 아무도 그 말을 믿지 않을 것입니다."

조돈이 말했다.

"이 대목의 글귀를 고칠 수 없겠소?"

동호가 대답했다.

"옳은 것은 옳다 하고 그른 것은 그르다고 말하는 것이 사관史官의 임무입니다. 저의 머리를 끊을 수는 있지만, 간책簡冊만은 고칠 수 없습니다."

조돈이 탄식했다.

"아, 사관의 권한이 경상卿相보다 더하다! 내가 그때 국경을 넘어가지 않았다가 만대의 악명을 면치 못하게 됐다. 실로 후회막급이다."

이후 조돈은 진성공을 섬기면서 더욱 공경하며 몸가짐을 조심했다. 조천은 자신이 진성공의 옹립에 큰 공을 세웠다고 자랑했다. 조돈에게 정경正卿의 벼슬을 요구한 이유다. 조돈은 세상 공론이 두려워 이를 거절했다. 조천이 화를 참지 못해 병석에 드러누운 뒤 등창이 나 죽었다.

조천의 아들 조전趙旃이 아비의 벼슬을 잇게 해달라고 청했다. 조돈이 말했다.

"앞으로 공을 세우도록 하라. 그러면 정경의 자리인들 차지하지 못할 리 있겠는가?"

사신이 이같이 평했다.

> 조돈이 조천 부자에게 사정私情을 두지 않은 것은 모두 동호의 직필에 영향을 받았기 때문이다.

사신은 또 시를 지어 동호를 칭송했다.

일반 사관은 사실을 기록하고	庸史紀事
훌륭한 사관은 부정을 죽이다	良史誅意
조천이 그 군주를 죽였지만	穿弑其君
조돈이 그 죄를 뒤집어쓰다	盾蒙其罪
차라리 머리 자를 수 있어도	寧斷吾頭
붓으로 아첨할 수 없다 했다	敢以筆媚
실로 장하다, 동호여!	卓哉董狐
실로 시비 가리는 게 두렵다	是非可畏

때는 주광왕 6년인 기원전 607년이었다. 이해에 주광왕이 세상을 떠나고 그 아우 유瑜가 즉위했다. 그가 바로 주정왕周定王이다.

102話 투월초를 죽이고 절영대회를 열다
–주투초절영대회誅鬪椒絶纓大會

주정왕 원년인 기원전 602년, 초장왕이 친히 군사를 동원해 중원까지 진출한 융족의 육혼국陸渾國을 치고, 마침내 낙수雒水를 건너 주나라 경계까지 진출했다. 장차 주왕실의 천자를 위협하고, 주나라와 함께 천하를 나눠 가질 심산이었다. 주정왕은 초장왕이 괘씸했으나 힘이 없었다. 곧 왕손 만滿을 보내 되레 위로하게 했다.

초장왕이 왕손 만에게 물었다.

"옛날 하나라의 시조인 우왕禹王이 천하를 상징하는 9개의 가마솥인 이른바 구정九鼎을 만들었고, 그것이 은나라를 거쳐 주나라까지 전해 내려온 보기寶器로 현재 낙양의 주왕실에 있다고 과인은 들었소. 구정의 대소大小와 경중輕重을 알지 못하오. 그에 대해 듣고자 하오"

왕손 만이 답했다.

"하은주 3대가 덕으로 천하를 전했지 어찌 구정으로 전했을 리 있겠습니까? 옛날 우왕은 천하를 다스리면서 형荊, 양揚, 옹雍, 예豫, 기冀, 양梁, 청靑, 연兗, 서徐 9개 고을로 나눴습니다. 9명의 지방장관이 해당 지역의 쇠붙이를 우왕에게 바쳤습니다. 우왕은 이 쇠붙이로 9개의 가마솥을 만들었습니다. 이후 구정은 하나라 걸桀이 무도한 탓에 구정이 은나라로 전해졌고, 이후 다시 은나라 주紂가 포학한 탓에 우리 주나라로 옮겨진 것입니다. 그 왕조에 덕이 있으면 정鼎이 작더라도 무거울 것이고, 덕이 없으면 비록 크더라도 가벼울 것입니다. 우리 주나라는 주성왕 때 구정을 낙양 주변인 겹욕郟鄏에 안치했습니다. 이어 주나라의 앞날에 관해 점을 쳤는데 왕의 대수로는 30여 대, 햇수로는 8백여 년 동안 유지되는 것으로 나왔습니다. 천하를 다스리라는 천명은 아직 주나라에 있습니다. 아무도 감히 구정에 관해 물어서는 안 될 것입니다."

초장왕이 부끄러운 생각이 들어 철군했다. 이후 감히 주왕실을 넘보려는 생각을 버렸다.

한편 초나라 영윤 투월초는 초장왕이 영윤의 권력을 위가와 반왕 및 굴탕 3인에게 분장케 한 것을 내심 크게 원망했다. 투월초와 초장왕 사이에 틈이 생긴 이유다.

투월초는 자기 재주와 용기를 믿고, 또 선세 때부터 공로가 있음을 믿고, 또 백성들이 자기에게 복종하고 있음을 믿고 오래전부터 모반할 뜻이 있었다.

투월초는 자신의 재용才勇이 무쌍하다고 자신했다. 또 선대부터 초나라에 공을 세운 까닭에 초나라 인민이 자신을 따른다고 생각했다. 일찍부터 모반할 생각을 품은 배경이다. 그는 늘 자가 백영伯嬴인 위가를 제외한 사람들에 관해 이같이 자부했다.

"초나라의 인재는 나 말고 오직 백영伯嬴 한 사람 뿐이다. 나머지는 족히 논할 대상이 못된다."

초장왕은 이런 기미를 어느 정도 알고 있기에 육혼을 치러갈 때 내심 그가 변란을 일으키지나 않을까 걱정했다. 특별히 사마 위가를 도성에 남겨둔 이유다.

투월초는 과연 초장왕이 군사를 이끌고 육혼을 치러 가는 걸 보고 마침내 변란을 일으키기로 결심했다. 그는 투씨 일족의 모든 장정들이 끌어들이려고 했다. 그러나 투극鬪克은 반대했다. 이내 반대하는 투극을 죽인 뒤 곧바로 사마 위가를 불시에 습격해 죽였다. 위가의 아들 위오蔿敖는 모친과 함께 몽택夢澤으로 달아났다.

투월초는 반군을 이끌고 가 증야烝野에 주둔했다. 귀국하는 초장왕을 기다렸다가 요격할 작정이었다. 초장왕은 국내에 변란이 일어났다는 소식을 듣고 밤낮없이 서둘러 회군했다. 장서漳澨에 이르렀을 때 투월초가 반군을 이끌고 와 그의 앞을 가로막았다.

투월초의 반군은 그 기세가 매우 장했다. 투월초는 활을 병거 모서리에 걸어놓은 채 창을 들고 자기 진영 앞에서 이리저리 말을 달리며 군사를 지휘했다. 초장왕의 군사 모두 이를 보고는 두려워하는 기색을 내보였다.

초장왕이 자가 백분伯棼인 투월초를 두고 이같이 말했다.

"원래 투씨는 대대로 우리 공훈을 세웠다. 백분으로 하여금 차라리 과인을 저버리게 할망정 과인은 백분을 저버리지 않겠다."

그러고는 대부 소종蘇從을 투월초의 진영으로 보내 강화를 교섭토록 했다. 강화를 성사시키기 위해 초장왕은 투월초가 사마 위가를 멋대로 죽인 죄를 용서하고, 왕자를 인질로 보내는 것을 허락키로 했다.

투월초가 소종에게 말했다.

"나는 내가 영윤으로 있는 것을 부끄럽게 생각하오. 그러한 내가 어찌 초왕의 사면을 바라겠소? 그가 능히 나와 싸우겠다면 싸우러 나오라고 하시오."

소종이 재삼 강화토록 설득했으나 투월초는 끝내 거절했다. 소종이 돌아가자 투월초가 곧바로 북을 치며 전진할 것을 명했다.

초장왕이 제장들에게 물었다.

"누가 투월초를 쳐 물리치겠는가?"

대장 악백樂伯이 곧바로 이에 응해 출격했다. 투월초의 아들 투분황鬪賁皇이 달려 나와 악백에 맞서 싸웠다. 반왕은 악백이 투분황과 싸워 쉽게 이기지 못하는 걸 보고 급히 병거를 몰아 진 앞으로 달려 나갔다. 투월초의 종제 투기鬪旗가 병거를 몰고 나와 상대했다.

초장왕이 융로戎輅 위에서 직접 북을 치며 독전督戰했다. 투월초는 멀리서 초장왕을 보고는 병거를 나는 듯이 몰아 달려갔다. 이어 강궁에 화살 한 대를 먹여 쏘았다. 화살이 곧바로 날아와 장왕이 타고 있는 수레의 끌채인 거원車轅을 지나 바로 북틀에 꽂혔다. 크게 놀란 초장왕이 북채까지 병거 아래로 떨어뜨렸다. 초장왕이 황급히 좌우에 명해 화살을 막게 했다. 초장왕을 호위하는 좌우의 두 장수가 각각 큰 방패로 초장왕 앞을 가렸다. 투월초가 다시 화살 한 대를 쐈다. 화살이 초장왕을 가리고 있는 왼쪽 방패를 뚫고 들어왔다. 초장왕이 즉시 수레를 뒤로 돌리도록 명했다. 이어 징을 울려 군사들을 철수시켰다.

투월초가 급히 추격해 왔다. 이를 보고 우군대창 공자 측側과 좌군대장 공자 영제嬰齊의 군사가 일제히 투월초 앞으로 쇄도했다. 투월초가 비로소 물러갔다. 악백과 반왕 역시 징소리를 듣고는 싸우다 말고 돌아왔다.

초나라 군사는 반군과 가진 첫 싸움에서 커다란 손실을 입었다. 이내 후퇴해 황호皇滸 땅에 영채를 차렸다. 초장왕은 그제야 투월초의 화살을 가져오도록 했다. 그 화살은 보통 화살보다 1.5배 길었다. 학의 깃털로 화살의 날개를 달고 표범 이빨로 살촉을 만들었다. 그 끝이 날카롭기 이를 데 없었다. 좌우 사람들 모두 혀를 내둘렀다.

그날 저녁, 초장왕은 직접 장막 밖으로 나가 영채를 순시했다. 영채 안에서 병사들이 삼삼오오 모여앉아 서로 모여 수군거리는 소리를 들었다.

"오늘 투 영윤의 신전神箭은 실로 가공할 만하네. 우리가 그를 승리하기가 쉽지 않을 듯해."

초장왕이 사람을 시켜 병사들 내에 이런 거짓말을 퍼뜨리게 했다.

"지난날 선군인 초문왕은 융만戎蠻이 살을 가장 날카롭게 만든다는 말을 듣고 사람을 시켜 살의 제조법을 물었다. 그들이 견본으로 만든 화살 두 대를 바쳤다. 그 화살의 이름이 투골풍透骨風이다. 투골풍을 종묘에 간직해 두었다. 투월초가 그 두 대를 훔쳐 모두 사용했다. 이제 더 이상 무서운 화살은 없으니 조금도 걱정할 일이 없다. 내일은 틀림없이 반군을 격파할 것이다."

군사들은 이 말을 듣고서야 비로소 안심했다. 초장왕이 군사를 속국인 수隨나라로 후퇴시키도록 했다. 이어 큰 소리로 외쳤다.

"과인은 한동漢東의 여러 나라 군사를 끌어들여 투월초를 칠 것이다."

대부 소종이 그 말을 듣고 공자 측에게 말했다.

"강적이 앞에 있는데 자꾸 후퇴만 하면 적들이 그 틈을 타 더욱 압박해 들어올 것이오. 이는 왕의 실계失計가 아니겠소?"

공자 측이 대답했다.

"이는 반군을 속이기 위한 허언일 것이오. 우리가 찾아가 봅시다. 틀림없이 다른 처분이 있을 것이오."

소종과 공자 측은 공자 영제와 함께 그날 밤 초장왕을 찾아갔다.

초장왕이 말했다.

"투월초의 기세가 몹시 날카롭소. 계책으로 제어해야지, 힘으로 대적해서는 안 되오."

그는 공자 측과 공자 영제 두 장수에게 지정한 곳에 가서 매복해 있다가 이러지리 하라고 지시했다. 두 장수는 그 지시를 받고 매복할 장소로 갔다.

이튿날 새벽, 닭이 울자 초장왕이 군사를 이끌고 후퇴했다. 투월초는 첩자를 통해 허실을 정탐한 뒤 반군을 이끌고 그 뒤를 쫓았다. 초나라 군사는 이틀 가는 길을 하루에 내닫는 강행군으로 질주했다. 벌써 경릉竟陵을 지나 북쪽으로 달아났다.

투월초의 반군도 이에 맞춰 1주야晝夜에 2백여 리를 추격해 청하교清河橋에 이르렀다. 당시 초나라 군사는 다리 북쪽에서 아침밥을 짓고 있었다. 반군이 추격해 오는 걸 보고는 솥과 그릇을 모두 버리고 다시 달아나기 시작했다.

이를 보고 투월초가 하명했다.

"초왕을 잡은 뒤 비로소 아침 식사를 허락하겠다!"

반군은 밤새 추격해 오느라 몹시 지쳐 있는데 다시 허기를 무릅쓰고 추격에 나섰다. 마침내 초나라 군사의 후대인 반왕의 부대를 따라잡았다.

반왕이 병거 위에 서서 투월초에게 말했다.

"그대의 의도가 왕을 사로잡는 데 있을 터인데 어찌해서 빨리 앞으로 내닫지 않는 것인가?"

투월초는 이 말을 그럴 듯하게 여겨 반왕을 버려둔 채 다시 군사를 휘몰아 북쪽을 향했다. 60여 리를 더 달려가 청산靑山 땅에 이르렀다. 거기서 초나라 장수 웅부기熊負羈를 만났다.

투월초가 물었다.

"초왕이 어디 있는가?"

웅부기가 대답했다.

"왕은 아직 이곳에 당도하지 않았소."

투월초가 의심이 났다. 웅부기에게 말했다.

"그대가 나를 위해 초왕을 찾아주면 내가 초나라를 차지한 뒤 마땅히 그대와 함께 나라를 나눠 다스리고자 하오."

웅부기가 대답했다.

"내가 그대의 무리를 보니 모두 피곤하고 굶주린 기색이 역력하오. 그들에게 우선 밥을 배불리 먹여야 싸울 수 있지 않겠소?"

투월초는 이 말을 그럴 듯하게 여겨 곧바로 병거를 멈추고 밥을 짓게 했다. 밥이 익기도 전에 길 양쪽에서 초나라 군사가 뛰쳐 나왔다. 공자 측과 공자 영제의 군사였다. 반군은 싸울 태세가 전혀 갖춰지지 않았다. 짓던 밥을 모두 버리고 굶주린 배를 움켜쥔 채 남쪽으로 달아났다. 반군이 청하교

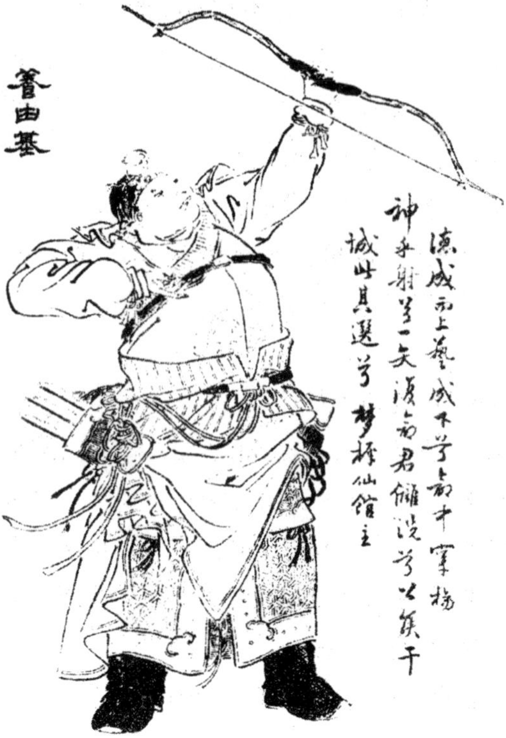

양유기

에 이르렀을 때 다리는 이미 끊어져 있었다.

원래 초장왕은 청하교 다리 좌우에 군사를 매복시키고 숨어 있다가 투월초가 지나간 뒤 다리를 끊었던 것이다. 투월초는 다리가 끊어진 걸 보고 크게 놀랐다. 좌우에 명해 물이 얼마나 깊은지 조사케 했다. 도하할 생각이었다.

이때 강 건너편에서 포성이 한 발 울렸다. 이를 신호 삼아 뒤에 처져 있던 초나라 군사가 강기슭으로 몰려나왔다. 선두에 선 장수가 크게 외쳤다.

"악백이 여기 있다. 투월초는 속히 병거에서 내려 결박을 받아라."

투월초가 대로했다. 곧바로 병사들에게 명해 청하 남쪽 기슭의 초나라 군사를 향해 활을 쏘게 했다. 악백의 부대에 뛰어난 활솜씨를 자랑하는 소교小校 한 사람이 있었다. 이름이 양유기養由基였다. 군중에서 그를 두고 '신전神箭'으로 불렀다.

양유기가 악백에게 투월초와 활솜씨를 겨뤄보겠다고 자청했다. 악백이 허락했다. 양유기가 강어귀에 나가 크게 외쳤다.

"강이 이렇게 넓은데 활을 쏘아봤자 화살만 버릴 뿐이오. 듣건대 영윤이 활을 잘 쏜다고 하니 나와 우열을 겨뤄보는 게 어떻겠소? 서로 다리가 끊어진 곳에 서서 화살을 3대씩 쏘기로 합시다. 나의 생사는 하늘에 맞기겠소."

투월초가 물었다.

"너는 누구냐?"

양유기가 대답했다.

"나는 악백 장군 휘하의 소장小將 양유기입니다."

투월초는 그가 이름 없는 일개 소교임을 알고는 그를 얕잡아 보았다. 투월초가 말했다.

"네가 감히 나와 활솜씨를 겨루려고 하는가? 그렇다면 내가 먼저 3대를 쏠 수 있도록 양보토록 하라."

양유기가 대답했다.

"3대가 아니라 100대를 쏠지라도 두려워하지 않습니다. 그 화살을 피하면 호한好漢이 아닙니다."

양쪽 군사가 얼마쯤 뒤로 물러섰다. 투월초와 양유기는 다리가 끊긴 북쪽과 남쪽의 가장자리에 마주섰다. 투월초가 먼저 활을 당겨 첫 번째 화살을 쐈다. 단 한 대의 화살로 양유기의 골통을 꿰뚫어 강물 위로 떨어뜨리려는 바람에 조급히 쐈다.

그러나 누가 알았겠는가? 서두르는 자는 일을 잘하지 못하고, 일을 잘하는 자는 서두르지 않는 법이다. 양유기는 화살이 날아오는 것을 보고 활을 들어 받아쳤다. 화살이 힘을 잃고 강물 위로 떨어졌다.

양유기가 빨리 쏘라는 취지로 크게 외쳤다.

"쾌사快射, 쾌사!"

투월초는 두 번째 화살을 활시위에 먹이고 신중히 가늠한 뒤 손을 뗐다. 양유기는 날아오는 화살을 보고 잽싸게 몸을 구부렸다. 화살이 양유기의 머리 위로 지나가 버렸다.

투월초가 외쳤다.

"네가 화살을 피하지 않겠다고 말하고도 몸을 구부려 피했으니 대장부가 아니다."

양유기가 큰 소리로 대답했다.

"그대에게 아직 화살 한 대가 남아 있소. 내가 이번엔 몸을 숙이지 않을 것이오. 이번에 맞히지 못하면 내가 쏠 차례란 걸 잊지 마시오."

투월초가 속으로 생각했다.

'저 자가 내 화살을 피하지 않는다면 분명 저 자의 몸을 꿰뚫을 것이다.'

투월초는 세 번째 화살을 활시위에 먹인 뒤 흐트러짐 없는 자세로 정확히 겨냥해 쏘았다. 활시위에서 손을 떼며 외쳤다.

"맞아라!"

양유기는 두 다리를 벌리고 서서 조금도 움직이지 않았다. 그는 살이 날아오는 것을 보고 순간 큰 입을 벌려 살촉을 이빨로 꽉 물었다.

투월초는 화살 3대로 양유기를 맞히지 못하자 내심 크게 당황했다. 그러나 대장부로서 이미 약속했으니 실신失信할 수는 없는 노릇이었다.

"이젠 네가 쏠 차례다. 만일 나를 맞추지 못하면 내가 다시 너를 쏘겠다."

양유기가 웃으며 말했다.

"화살을 3대까지 쏘아 맞히면 그건 초학初學 수준에 지나지 않소. 단 1대로 그대의 목숨을 내 수중에 거둬들일 것이오."

투월초가 말했다.

"대언大言을 하는 걸 보니 약간의 활솜씨가 있는 모양이다. 어디 한번 쏴 봐라. 그래야 너의 솜씨를 알 수 있지 않겠는가?"

그러고는 속으로 생각했다.

'어떻게 화살 1대로 나를 맞힐 수 있단 말인가? 만일 화살 1대로 맞히지 못하면 더는 쏘지 못하게 꾸짖을 것이다.'

그는 마음을 대담하게 먹고 양유기가 쏘기를 기다렸다. 그러나 양유기가 쏘는 대로 모두 적중시키는 이른바 백발백중百發百中의 활솜씨를 갖고 있을 줄이야 어찌 알았겠는가?

양유기가 화살을 손에 쥔 채 빈 활시위만 잡아당겼다가 놓았다. 그러면서 외쳤다.

"영윤은 날아가는 화살을 보시오."

투월초는 활시위 소리를 듣고는 화살이 날아오는 줄 알고 몸을 왼쪽으로 돌려 화살을 피했다. 그러나 화살은 날아오지 않았다.

양유기가 말했다.

"화살이 아직 내 손에 있고 활시위에 먹이지도 않았는데 몸을 피하니 영윤은 호한好漢이 아니오. 이번에도 내 화살을 피할 생각이오?"

투월초가 대답했다.

"내가 몸을 피할까 우려해 활을 쏘지 못하는 것은 활을 쏠 줄 모르는 자의 못난 짓이다."

양유기가 또 빈 활시위만 잡아당겼다가 놓았다. 투월초는 시위 소리만 듣고 이번엔 오른쪽으로 몸을 돌려 피했다. 그 순간 양유기가 번개같이 활을 쐈다. 너무나 순식간이어서 투월초는 화살이 날아오는 것을 몰랐다. 몸을 비킬 겨를도 없었다. 화살이 정통으로 투월초의 머리를 꿰뚫었다.

가련하게도 재용才勇을 지닌 투월초는 영윤이 된 지 몇 년 만에 일개 소교에 불과한 양유기의 화살을 맞고 숨을 거뒀다.

염선이 이를 시로 읊었다.

사람은 만족을 알아야 하니	人生知足最爲良
영윤도 부족해 왕 되려 하다	令尹貪心又想王
신궁은 시험 삼아 쏜 것인데	神箭將軍聊試技
투월초 다리 저편서 숨지다	越椒已在隔橋亡

투월초의 반군과 투씨 일족은 지치고 굶주린 상황에서 대장마저 허무하게 죽는 걸 보고는 낙담해 사방으로 흩어져 달아났다. 공자 측과 공자 영제는 달아나는 반군과 투씨 일족을 뒤쫓으며 닥치는 대로 쳐 죽였다. 시체가 쌓여 산을 이루고, 흘러나온 피가 강물을 붉게 물들였다.

투월초의 아들 투분황은 진秦나라로 달아났다. 진성공晉成公이 투분황을 대부로 삼고 묘苗 땅을 식읍으로 내주었다. 이후 세인들이 그를 묘분황苗賁皇이라고 불렀다.

당시 완전한 승리를 거둔 초장왕은 곧 명령을 내려 회군했다. 포획한 반군의 무리는 모두 군전軍前에서 참수했다. 초나라 군사는 개선가를 부르며 도성인 영도郢都로 돌아왔다.

초장왕은 투씨 일족을 어른 아이 가리지 않고 모두 도륙케 했다. 당시 투반의 아들 투극황鬪克黃은 잠윤箴尹[3]으로 있었다. 그는 투월초가 반란을 일으키기 전에 초장왕의 명령을 받고 제나라와 진秦나라에 보빙사로 가서 아직 돌아오지 않았다.

3 잠윤箴尹은 초나라의 관명官命이다. 『여씨춘추』「물궁勿躬」에 대한 고유高誘의 주는 간언諫言을 행하는 관직으로 풀이했다. 침윤鍼尹으로도 표현했다. 잠箴과 침鍼 모두 대나무 또는 쇠로 만든 바늘을 뜻한다.

투극황은 먼저 진秦나라로 가서 사명使命을 마친 뒤 제나라로 갔다. 제나라에서도 임무를 다하고 귀국하는 길에 송나라에 들렀을 때 투월초의 반란 소식을 들었다.

수행원들이 권했다.

"초나라로 돌아가면 안 됩니다. 돌아가면 반드시 죽게 됩니다."

투극황이 대답했다.

"군주는 하늘과 같다. 어찌 하늘의 명을 어길 수 있겠는가?"

그는 오히려 어자에게 말을 더욱 빨리 몰게 했다. 초장왕에게 복명한 뒤 범죄를 다루는 사구司寇를 찾아가 스스로 감옥에 갇히기를 청하는 청수請囚를 행했다. 그는 사구에게 이같이 말했다.

"나의 조부 투자문鬪子文은 생전에 말하기를, '투월초는 반역할 상이다. 틀림없이 우리 투씨 일족을 멸망시킬 것이다.'라고 했습니다. 임종할 때 저의 부친 투반鬪般에게 유언키를, '너는 자식들을 이끌고 다른 나라에 가서 목숨이나 보전하라.'고 했습니다. 저의 부친은 조상 대대로 초나라의 은혜를 입은 터에 다른 나라로 갈 수 없다며 그대로 머물다가 당숙인 투월초에게 살해당했습니다. 조부의 예언이 오늘에 이르러 적중한 셈입니다. 나는 불행히도 이제 역신逆臣의 일족이 되었고, 불행히도 조부의 유훈을 어긴 자손이 됐습니다. 오늘 죽는 게 저의 분수입니다. 어찌 감히 형벌을 피하기 위해 달아날 수 있겠습니까?"

초성왕은 투극황의 말을 전해 듣고 감탄했다.

"실로 투자문은 앞날을 훤히 꿴 신인神人이었다! 그는 초나라에 많은 공을 세웠다. 어찌 그의 후사後嗣를 끊어버릴 수 있겠는가?"

투극황의 죄를 사면하면서 말했다.

"투극황이 죽을 줄 뻔히 알면서도 형벌을 피하지 않았으니 실로 충신이다."

투극황을 이전의 관직에 복귀시키고, 이름을 투생鬪生으로 고치게 했다. 응당 죽어야 할 처지에서 살아났다는 취지이다.

초장왕은 화살 1대로 역적 투월초를 거꾸러뜨린 양유기의 공을 후한 포상을 했다. 그를 친위군의 장수로 임명하면서 겸하여 자신이 타는 융로戎輅의 거우車右로 삼았다.

영윤 자리는 마땅한 사람이 없어 비워두었다. 얼마 후 지금의 안휘성 임천현 일대인 심沈 땅의 수령인 심윤沈尹 우구虞邱가 현명하다는 이야기를 듣고는 그에게 임시로 국사를 맡겼다. 이어 이번의 승전을 자축하기 위해 궁중의 점대漸臺에서 큰 연회를 베풀고 군신들을 초대했다. 비빈妃嬪들도 연회에 참석했다.

초장왕이 말했다.

"과인이 종고鐘鼓를 멀리한 지 이미 6년이 됐소. 이제 반신叛臣은 머리를 바쳤고, 사방이 안정됐소. 원컨대 경들과 함께 유쾌하게 놀고자 하오. 반란을 진압하고 나라가 평안해졌으니 오늘 연회를 태평연太平宴이라고 합시다. 문무의 대소 관원들 모두 정해진 자리에 앉으시오. 오랜만에 한번 즐겁게 놀아봅시다."

군신들 모두 초장왕에게 재배하고 자리에 앉았다. 포인庖人들이 산해진미를 들여오고, 태사太史가 음악을 연주했다.

잔치는 해가 서산에 떨어진 뒤에도 계속됐다. 주흥이 미진했다. 초장왕이 촛불을 켜게 하고 다시 술잔을 권했다. 주흥을 돋우기 위해 총애하는 허희許姬와 강씨姜氏로 하여금 모든 대부에게 술을 한 잔씩 권하게 했다.

허희와 강씨가 술을 권하자 모두 자리에서 일어나 술을 받아 마셨다. 이때 문득 일진괴풍一陣怪風이 불어닥쳐 당상의 촛불을 모두 꺼버렸다. 좌우 시종이 아직 촛불을 켜기 전이었다. 한 신하가 허희의 미모에 반해 어둠 속에서 손으로 그녀의 옷소매를 잡아당겼다. 허희가 왼손으로 옷소매를 찢어

절영대회 개최 전에 투월초를 죽이다

버리고 오른손으로 신하의 갓끈을 낚아챘다. 그 신하가 깜짝 놀라 허희를 놓았다.

허희가 갓끈을 손에 쥔 채 급히 초장왕에게 다가가 그의 귀에 대고 말했다.

"첩이 대왕의 명을 받고 문무백관에게 술을 한 잔씩 권하고 있는데 무례한 자가 촛불이 꺼진 틈을 타 첩의 옷소매를 억지로 당겼습니다. 첩이 이미 그 자의 갓끈을 끊어가지고 왔습니다. 촛불이 켜지거든 그가 누구인지 살피십시오."

그러자 초장왕이 촛불을 관리하는 소리에게 큰 소리로 명했다.

"아직 촛불을 켜지 마라. 과인의 오늘 연회는 여러 경들과 함께 취하도록 마시고 즐기기 위해 차렸다. 여러 경들은 모두 갓끈을 떼버리고 통음토록 하라. 갓끈을 떼지 않은 자는 과인과 함께 즐겁게 술을 마실 마음이 없는 사람으로 여기겠다."

문무백관이 일제히 갓끈을 끊었다. 그제야 촛불을 다시 켜게 했다. 허희의 소매를 당긴 자가 누구인지 아무도 몰랐다.

잔치가 끝나 뒤 내궁으로 돌아온 허희가 초장왕에 말했다.

"남녀는 함부로 범하지 못한다는 뜻의 남녀부독男女不瀆 이야기를 들은 적이 있습니다. 하물며 군주와 신하의 경우야 더 말할 게 있겠습니까? 오늘 잔치 자리에서 대왕은 첩으로 하여금 백관에게 술을 따르게 함으로써 공경의 뜻을 보였습니다. 첩의 소매를 잡아당긴 자가 있었는데도 대왕은 그 자를 잡아내려고 하지 않았습니다. 이러고서야 어찌 상하의 예의를 밝히고 남녀의 구별을 바로잡을 수 있겠습니까?"

초장왕이 웃으며 대답했다.

"이는 부인婦人이 알 바가 아니다. 자고로 군신이 동석하면 술을 3잔만 마시는 게 예법이다. 또 연회도 낮에만 베풀고, 밤엔 베풀지 못하게 돼 있다. 과인은 오늘 군신들과 함께 취하도록 마셨고, 또 촛불까지 켜놓고 많은 술을 마셨다. 사람이 술에 취해 광태狂態를 보이는 것은 인지상정이다. 술에 취해 저지른 짓까지 밝혀내 처벌하면 너의 정절을 드러낼 수는 있어도 국사國士의 마음을 상하게 만들 것이다. 군신들 역시 즐거워하지 않았을 것이다. 그리되면 과인이 오늘 연회를 베푼 의의가 없지 않겠는가?"

허희는 초장왕의 큰 도량에 탄복했다. 후대인은 그 연회를 두고 갓끈을 끊고 크게 잔치를 벌였다는 뜻의 절영회絶纓會 내지 절영지연絶纓之宴 등으로 부르며 작은 잘못을 관대히 용서해 나중에 큰 보답을 받는 일을 비유할 때 사용했다.

염옹이 이를 시로 읊었다.

소매 당긴 건 취중의 일인데 暗中牽袂醉中情
섬섬옥수 바람처럼 갓끈 끊다 玉手如風已絶纓
장왕의 큰 도량 말하지 마라 盡說君王江海量
물 너무 맑으면 고기가 없다 畜魚水忌十分淸

하루는 초장왕이 영윤 우구와 함께 정사를 논하는 논정論政을 하다가 밤늦게야 내궁으로 돌아왔다. 부인 번희樊姬가 물었다.

"오늘 조정에서 무슨 일이 있었습니까? 연회가 이처럼 늦게 끝난 것입니까?"

초장왕이 대답했다.

"과인이 임시 영윤인 우구와 함께 논정을 하다가 늦는 줄도 몰랐소."

번희가 물었다.

"우구는 어떤 사람입니까?"

초장왕이 대답했다.

"초나라의 현자賢者요."

번희가 말했다.

"첩이 보기에는 우구가 반드시 현자인 것만은 아닌 듯합니다."

초장왕이 물었다.

"부인이 어떻게 그걸 알 수 있소?"

번희가 대답했다.

"신하가 군주를 섬기는 것은 아내가 남편을 섬기는 것과 같습니다. 첩은 일국의 중궁中宮으로서 내궁을 다스리지만 미색이 뛰어난 여인이 있으면 대왕에게 천거하지 않은 적이 없습니다. 그런데 우구는 대왕을 모시고 밤늦도록 논정을 하면서도 대왕에게 현자를 한 명이라도 천거했다는 말을 들어 본 적이 없습니다. 무릇 한 사람의 지혜에는 한계가 있습니다. 초나라엔 뛰어난 선비가 무궁합니다. 우구는 자기 한 사람의 지혜로 무궁지사無窮之士를 가리려 하고 있습니다. 그런 사람이 어찌 현자일 수 있겠습니까?"

초장왕이 이 말을 그럴 듯하게 여겼다. 이튿날 아침, 조회가 끝나자 초장왕이 전날 밤에 들은 번희의 말을 우구에게 전했다.

우구가 말했다.

"신의 생각이 거기까지 미치지 못했습니다. 당장 인재를 찾아보도록 하겠습니다."

그러고는 여러 대부들에게 인재 천거를 당부했다. 투생이 나서서 위가의 아들 위오蔿敖를 천거했다.

"그는 부친이 투월초에게 피살되자 몽택夢澤으로 가 은거하고 있습니다. 그는 전쟁이 나면 장수가 되고 평시에는 재상이 되어 정사를 맡는 이른바 출장입상出將入相의 인물입니다."

우구가 투생의 말을 초장왕에게 고했다. 초장왕이 말했다.

"위가는 지사智士였소. 그의 아들이라면 틀림없이 비범할 것이오. 그대가 말하지 않았다면 거의 잊을 뻔했소."

그러고는 곧바로 우구와 투생으로 하여금 몽택으로 가 위오를 데려오게 했다. 위오가 입조入朝하자 곧바로 등용했다.

원래 위오는 자가 손숙孫叔이다. 사람들이 그를 손숙오孫叔敖로 부른 이유다. 그는 부친인 위가가 투월초에게 죽임을 당하자 모친을 모시고 난을 피해 몽택으로 가서 살았다. 직접 농사를 지으며 자급自給했다.

하루는 괭이를 메고 밭으로 나갔다. 밭 가운데 머리가 2개인 이른바 양두사兩頭蛇를 보게 됐다. 그 뱀을 보고는 크게 놀라 말했다.

"양두사는 상서롭지 못해 이를 본 사람은 반드시 죽는다는 이야기를 들었다. 나도 이제 거의 죽게 되었구나."

그는 내심 이같이 생각했다.

'저 뱀을 그대로 두었다가는 다른 사람도 저 뱀을 보고 죽게 된다. 나 홀로 죽느니만 못하다.'

그러고는 괭이로 양두사를 쳐 죽이고 밭둑에 묻었다. 서둘러 집으로 돌아와 모친 앞에 엎드려 울었다. 모친이 연고를 물었다.

손숙오가 대답했다.

"양두사를 본 사람은 틀림없이 죽는다는 이야기를 들었습니다. 오늘 제가 양두사를 봤습니다. 앞으로 어머니를 끝까지 봉양할 수 없을 듯해 우는 것입니다."

모친이 물었다.

"그 뱀은 지금 어디에 있는가?"

손숙오가 대답했다.

"혹여 다른 사람이 그 뱀을 보고 죽지나 않을까 걱정이 돼 죽여서 묻었습니다."

모친이 말했다.

"사람이 선한 생각을 1번이라도 하면 하늘이 반드시 그 사람을 돕는다고 했다. 너는 양두사를 보고는 그 피해가 다른 사람에게까지 미칠까 걱정해 죽여서 묻었다. 그것이 어찌 선한 생각을 1번만 한 것에 그치겠는가? 너는 틀림없이 죽지 않을 것이다. 오히려 장차 큰 복을 받을 것이다."

과연 며칠 후 우구와 투생이 왕명을 받들고 그곳에 왔다. 초장왕이 만나기를 원하니 함께 가자고 청했다.

모친이 웃으며 말했다.

"이것이 바로 네가 양두사를 묻은 것에 대한 하늘의 보답이다."

손숙오가 모친을 모시고 우구를 좇아 도성인 영도郢都로 돌아갔다.

초장왕은 위오를 인견引見한 뒤 하루 종일 이야기를 나눴다. 이내 크게 기뻐하며 말했다.

"초나라 대신들 가운데 경과 견줄 만한 사람은 없소."

그러고는 곧바로 영윤에 제수했다. 손숙오가 거듭 사양했다.

"신은 전야田野에서 지금 막 올라왔습니다. 문득 신에게 대정大政을 맡기면 누가 복종하겠습니까? 청컨대 신은 여러 대부들의 뒤나 따르겠습니다."

초장왕이 말했다.

"과인이 경을 알고 있으니 경은 사양하지 마시오."

손숙오는 몇 번 사양했으나 초장왕의 간청에 못 이겨 결국 영윤 자리를 맡기로 했다. 영윤이 된 손숙오는 초나라 제도를 정비하고 군법을 새롭게 확립했다.

이에 따르면 군대의 오른쪽에 있는 군우軍右는 병거의 끌채를 잡고 전투에 대비하고, 군대의 왼쪽에 있는 군좌軍左는 마른 풀로 돗자리를 만들어 노숙에 대비토록 했다. 또 전모여무前茅慮無[4]와 중권후경中權後勁를 실시했다. '전모여무'는 깃발을 들고 앞장서면서 적이 있는지 여부를 염탐해 후환이 없게 대책을 마련하는 것을 말한다. '중권후경'의 '중권'은 작전과 지휘 모두 중군中軍에서만 행하고 누구의 간섭도 받지 않는 것을 뜻한다. '후경'은 정예병인 경병勁兵을 후군後軍인 전군殿軍으로 삼아 진격할 때는 별동대인 기병奇兵으로 활용하고, 퇴각할 때는 적의 추격을 차단토록 하는 것을 말한다.

또 왕의 친위대로 우광右廣과 좌광左廣을 두었다. 각각 병거 15승으로 편성됐다. 병거 1승마다 보졸 100명이 따르고, 그 뒤에 25명으로 구성된 유

4 전모여무前茅慮無는 『춘추좌전』「노선공 12년」조에서 인용한 말이다. 훗날 명성이나 성적이 매우 우수하거나 서열이 맨 앞에 있는 것을 비유하는 성어로 사용됐다.

병遊兵이 따르도록 했다. 우광은 축丑 인寅 묘卯 진辰 사巳의 10시간, 좌광은 오午 미未 신申 유酉 술戌의 10시간을 맡았다. 매일 첫닭이 울 무렵 우광은 말에 멍에를 씌워 곧바로 부릴 수 있는 준비를 하고, 한낮이 되면 좌광과 교대했다. 좌광은 황혼이 되면 임무에서 벗어났다. 이후 내관들이 반을 짜서 차례를 기다렸다가 해亥 자子의 4시간 동안 왕의 주변을 순찰하면서 비상지변非常之變에 대비케 했다.

그는 또 우구로 하여금 중군, 공자 영제로 하여금 좌군, 공자 측으로 하여금 우군을 거느리게 했다. 또 양유기를 우광, 굴탕을 좌광의 대장으로 삼았다. 또 4계절마다 모든 군대를 소집해 사열케 했다. 덕분에 초나라는 빈틈없는 군법을 갖추게 됐고, 3군의 군기 또한 엄정해졌다. 백성들 역시 소요를 일으키지 않았다.

그는 이어 지금의 안휘성 수현 남쪽인 작파芍波[5]에 크게 둑을 쌓고 수리 공사를 일으켰다. 지금의 안휘성 육료현인 육六과 요蓼 땅에 1만 경頃에 달하는 관전灌田을 마련하자 백성들 모두 크게 칭송했다.

당초 초나라 대신들은 초장왕이 손숙오를 총임寵任하는 것을 보고 내심 불복했다. 그러나 이후 손숙오가 하는 일이 모두 조리에 맞고, 효과를 올리는 걸 보고 모두 탄복했다. 서로 말했다.

"초나라가 복이 있어 이런 현신을 얻게 됐다. 투자문이 다시 태어난 것 같지 않은가!"

이들은 투자문이 영윤으로 있을 때 나라를 훌륭하게 다스린 까닭에 손숙오를 투자문의 재생으로 여겨 그같이 말한 것이다.

5 작파芍波는 작피芍陂와 같다. 여기에 축조된 제방은 하남성 안풍현에 위치한 까닭에 통상 안풍당安豊塘으로 불렸다. 축조 당시 천하제일당天下第一塘이라는 칭송을 받았다. 안풍당의 건설은 전국시대 초기에 축조된 장하거漳河渠, 진소양왕 때 축조된 도강언都江堰, 진시황 때 축조된 정국거鄭國渠와 더불어 중국 고대의 4대 수리水利사업으로 꼽힌다.

당시 정나라에선 정목공 난蘭이 세상을 떠나고 태자 이夷가 즉위했다. 그가 정영공鄭靈公이다. 공자 송宋과 공자 귀생歸生이 국정을 담당했다. 정나라는 형편에 따라 진晉나라 또는 초나라에 붙거나 떨어졌다. 소신도 없이 두 나라 사이를 오가며 섬긴 것이다.

초장왕과 손숙오와 상의한 뒤 군사를 일으켜 정나라를 치고자 했다. 이때 문득 정영공이 공자 귀생에 의해 시해 당했다는 소식이 들려왔다.

초장왕이 말했다.

"내가 정나라를 칠 명분이 하나 더 생겼다!"

공자 귀생이 왜 시군弑君을 했는지 알 길이 없으니 다음 회를 보라.

제52회

103話 공자 송이 자라를 맛보고 역모를 꾸미다
-공자송상원구역公子宋嘗黿搆逆

정나라 공자 귀생의 자는 자가子家, 공자 송의 자는 자공子公이다. 두 사람 모두 정나라의 귀척貴戚으로 경卿의 벼슬에 있었다.

정영공 원년인 기원전 605년, 하루는 공자 송과 공자 귀생이 아침 일찍 일어나 정영공을 배알키로 약속했다. 궁중에 도착한 공자 송의 식지食指가 문득 절로 끄덕끄덕 움직이기 시작했다.

사람들은 왜 두 번째 손가락을 식지로 부르는 것일까? 첫 번째 손가락은 무지拇指, 세 번째 손가락은 중지中指, 네 번째 손가락은 무명지無名指, 다섯 번째 손가락은 소지小指라고 했다.

두 번째 손가락을 식지로 부르는 것은 음식을 먹을 때 반드시 그 손가락을 사용하기 때문이다. 공자 송은 자신의 식지가 움직이자 이를 공자 귀생에게 보여주었다. 공자 귀생이 이상하게 생각했다. 공자 송이 말했다.

"별다른 일은 없었지만 나는 식지가 움직이는 날 틀림없이 별미를 먹었소. 전에 내가 진晉나라에 사자로 갔을 때 식지가 이렇게 움직이더니 그날 처음으로 석화어石花魚란 걸 먹었소. 초나라에 사자로 갔을 때는 첫 번째로 식지가 움직이자 천아天鵝라는 기러기 고기를 먹었고, 두 번째로 식지가 움직이자 합환귤合歡橘을 얻어먹었소. 식지가 움직일 때마다 별미를 얻어먹었는데 한 번도 어긋난 적이 없소. 방금 내 식지가 움직였으니 오늘은 또 무슨 별미를 먹게 될지 그게 궁금할 뿐이오."

두 사람이 조문으로 들어갔을 때 내시가 나와 요리사인 재부宰夫를 불렀다. 공자 송이 내시에게 물었다.

"너는 무슨 일로 재부를 부르는 것이냐?"

내시가 대답했다.

"오늘 새벽 어부 한 사람이 한강漢江에서 큰 자라 한 마리를 잡았습니다. 무게가 200여 근이나 됩니다. 그 어부는 그 자라를 사가私家에 팔 수 없다며 주공에게 헌상했습니다. 주공은 그 어부에게 상금을 내린 뒤 자라를 당하에 매어뒀습니다. 주공이 지금 저에게 명해 재부로 하여금 큰 자라를 잡아서 삶게 하라고 했습니다. 주공은 자라탕을 만들어 여러 대부들을 먹일 모양입니다."

공자 송이 공자 귀생을 돌아보며 자랑했다.

"오늘의 별미는 궁중에 있었소. 내 식지가 어찌 헛되이 움직일 리 있겠는가?"

두 사람은 조당으로 들어가면서 큰 자라가 전각 기둥에 묶여 있는 것을 보았다. 공자 송은 자신의 말이 들어맞은 것이 유쾌해 웃었고, 공자 귀생은 그가 웃는 것을 보고 따라 웃었다. 이들이 정영공을 알현할 때 웃음기가 얼굴에서 가시지 않았다.

정영공이 물었다.

"경들은 오늘 무슨 일이 있었기에 그처럼 희색이 만면한 것이오?"

공자 귀생이 대답했다.

"신이 공자 송과 함께 조당으로 들어올 때 공자 송의 식지가 문득 절로 움직였습니다. 그는 신에게 말하기를, '내 식지가 움직일 때마다 매번 별미를 보게 됐다.'고 했습니다. 신들이 들어오다가 전각 기둥에 묶여 있는 큰 자라를 보았습니다. 짐작컨대 자라를 요리해 신하들에게 나눠 먹이려는 취지인 듯합니다. 아마도 오늘은 자라고기를 맛보게 되는 게 아닌가 하여 함께 웃었습니다."

정영공이 희롱조로 말했다.

"그 증험이 맞는지 여부는 아직도 과인에게 달려 있을 뿐이오!"

알현을 마친 두 공자가 물러갔다. 공자 귀생이 물었다.

"별미가 있기는 하나 혹여 주공이 부르지 않으면 어찌할 것인가?"

공자 송이 말했다.

"주공이 여러 신하들에게 별미를 먹이면서 나만 빼놓을 리 있겠는가?"

그날 오후 신시申時가 되었을 때 정영공이 내시들을 보내 여러 대부를 빼놓지 않고 불렀다. 공자 송도 흔연히 궁궐로 들어갔다. 공자 귀생을 보자 웃으며 말했다.

"나는 주공이 나를 부르지 않을 수 없다는 것을 이미 알고 있었소."

제신들이 모두 궁중에 모였다. 정영공이 말했다.

"자라는 수족水族 가운데 별미에 속하오. 그런 별미를 과인이 홀로 먹을 수 없어 여러 경들과 함께 먹기 위해 부른 것이오."

제신들이 입을 모아 사례했다.

"주공이 음식 하나를 보고도 신들을 잊지 않으니 무엇으로 보답해야 할지 모르겠습니다."

그들이 자리를 정하고 앉자 재부가 나와 자라 요리가 다 됐다고 고했다. 이어 자라탕 한 그릇을 정영공에게 바쳤다. 정영공이 이를 맛본 뒤 크게 칭찬했다. 이어 재부로 하여금 자라탕 한 그릇과 상아 젓가락 한 쌍씩 하석下席부터 상석上席까지 차례로 나눠주게 했다.

재부가 자라탕을 차례로 올리며 상석 쪽으로 왔다. 제1석과 제2석에 이르자 자라탕이 한 그릇밖에 남지 않았다. 공자 귀생과 공자 송은 벼슬이 각각 정경正卿과 아경亞卿이었다. 공자 귀생이 맨 윗자리인 제1석, 공자 송이 제2석에 앉아 있었다.

재부가 정영공에게 말했다.

"자라탕이 한 그릇 모자랍니다. 지금 한 그릇만이 남아 있는데 누구에게 올려야 하는지 명을 내려주십시오."

정영공은 자가 자가子家인 공자 귀생을 언급했다.

"자가에게 주어라."

재부가 정영공의 명에 따라 자라탕을 공자 귀생 앞에 놓았다.

정영공이 크게 웃으며 자가 자공子公인 공자 송에게 말했다.

"과인이 자라탕을 경들에게 모두 하사했소. 자공만 빠지게 됐소. 이는 자라탕을 먹는 명단에 들지 않았기 때문이오. 경의 식지가 어찌해서 이전에 그토록 영험했다는 것이오?"

원래 정영공은 짐짓 재부에게 명해 자라탕 한 그릇을 부족하게 만들라고 분부했다. 공자 송의 식지가 움직이는 증험이 들어맞지 않게 함으로써 한바탕 웃음거리를 제공코자 한 것이다.

그러나 공자 송은 정영공의 의도를 이해하지 못했다. 게다가 그날 아침 공자 귀생에게 자신의 식지가 움직이는 것을 크게 자랑한 까닭에 정영공의 말이 그의 기분을 크게 상하게 했다.

여러 신하들이 모두 자라탕을 먹고 있는데 자신만이 혼자 우두커니 앉아 있자니 수치심이 이내 분노로 바뀌었다.

공자 송이 발딱 일어나 정영공 앞으로 갔다. 정영공이 먹고 있는 자라탕에 시기를 넣어 자라고기 한 덩어리를 집어 올렸다. 이를 씹으며 말했다.

"신은 이미 자라 고기를 맛보고 있습니다. 어째서 신의 식지가 증험이 없다고 말하는 것입니까?"

공자 송이 말을 마친 후 잰걸음으로 나가 버렸다. 정영공 역시 크게 노해 상아 젓가락을 내던졌다.

"공자 송이 내게 이토록 불손하게 굴 수 있는가? 과인을 이토록 업신여기니 정나라에 어찌 그의 머리를 자를 척촌尺寸의 칼날이 없겠는가?"

공자 귀생 등 문무백관이 일제히 자리 아래 엎드려 사죄했다.

"공자 송은 그저 주공의 총애만 믿고 자신도 주공이 베푸는 별미를 맛보고 싶은 심정에서 한번 장난 친 것에 불과합니다. 어찌 감히 주공에게 무례를 저지르기 위해 그리했겠습니까? 원컨대 주공은 그를 용서하십시오."

정영공은 노여움을 풀지 못하고 공자 송을 크게 원망했다. 군신 모두 즐겁지 않은 마음으로 그 자리를 떠났다.

공자 귀생은 궁에서 나오는 길로 곧바로 공자 송의 집으로 갔다. 이어 정영공이 노여움을 풀지 못하고 있다는 걸 알려주고 나서 말했다.

"내일 아침 조정으로 들어가 주공에게 사죄하도록 하시오."

공자 송이 말했다.

"내가 듣건대, '남을 업신여긴 자는 틀림없이 남에게 업신여김을 당한다.'고 했소. 군주는 나를 업신여기고도 자책키는커녕 오히려 나를 책망한단 말입니까?"

공자 귀생이 말했다.

"비록 그러할지라도 군신의 관계이니 불가불 사죄해야만 하오."

공자 송이 자라를 맛보고 역모를 꾸미다

이튿날 두 사람은 함께 궁으로 들어갔다. 공자 송이 대신의 반열에 끼어 아침 문안을 드렸다. 하지만 정영공에게 두려워 벌벌 떠는 곡속觳觫의 모습으로 복죄伏罪를 청하는 말을 하지 않았다. 마음이 불안해진 공자 귀생이 나서서 말했다.

"공자 송은 주공이 지난날 음식에 손을 댄 잘못을 책망할까 두려운 나머지 특별히 사죄하기 위해 나왔습니다. 그는 너무 황송하고 두려워 능히 말을 못하고 있습니다. 주공은 그를 관용寬容해 주십시오."

정영공이 말했다.

"과인은 공자 송에게 죄를 지을까 두려울 지경이다. 공자 송이 어찌 과인을 두려워할 리 있겠는가?"

그러고는 소매를 떨치고 일어나 안으로 들어가 버렸다.

공자 송은 조정에서 나온 뒤 공자 귀생을 자기 집으로 불러 비밀히 말했다.

"주공이 나에 대해 크게 화를 내고 있소. 아마 나를 죽일 모양이오. 내가 먼저 작난作難하느니만 못하오. 그래야 내가 죽음을 면할 수 있을 것이오."

공자 귀생이 자기 귀를 막으며 말했다.

"집안의 가축도 오래 기르다 보면 차마 죽이지 못하는 법이오. 하물며 한 나라의 군주야 더 말할 게 있겠소? 그대는 어찌 그토록 경솔하게 시역弑逆을 말하는 것이오?"

공자 송이 말했다.

"지금 내가 한 말은 농담이오. 그대는 다른 사람에게 누설치 마시오."

공자 귀생은 그와 작별하고 귀가했다. 공자 송은 공자 귀생이 정영공의 동생인 공자 거질去疾과 친하게 지낸다는 것을 알고 있었다. 자가 자가子家인 공자 귀생과 자가 자량子良인 공자 거질은 평소 서로 자주 왕래했다.

이튿날 공자 송이 조정에 나와 큰 소리로 떠들었다.

"자가와 자량이 밤낮으로 서로 만난다고 하오. 두 사람이 무슨 일을 도모하는지 모르겠소. 아마도 사직에 이로운 일은 아닐 것이오."

공자 귀생이 황급히 공자 송의 소매를 끌어당겨 조용한 곳으로 데려간 뒤 물었다.

"도대체 그게 무슨 말이오?"

공자 송이 대답했다.

"그대가 이번 일에 협조하지 않으면 나는 반드시 그대가 나보다 하루라도 먼저 죽게 만들 것이오."

공자 귀생은 원래 성품이 나약해 결단하지 못했다. 공자 송의 협박을 받고 크게 두려워했다.

"그대는 도대체 무엇을 하려는 것이오?"

공자 송이 대답했다.

"지금 군주가 무도한 것은 이미 자라탕을 나누는 데서도 드러났소. 큰일을 결행하면 나는 그대와 더불어 공자 거질을 옹립코자 하오. 연후에 진晉나라와 친하게 지내면 정나라의 안보는 몇 년 동안 걱정하지 않아도 될 것이오."

공자 귀생이 한참 생각한 뒤 서서히 말했다.

"나는 그대에게 맡기겠소. 이 일을 누설하지 않겠소."

공자 송이 집안의 정정들을 모았다. 정영공이 가을제사를 위해 재궁齋宮에 하룻밤 묵는 기회를 노렸다. 미리 많은 뇌물로 정영공의 좌우 근시를 매수했다. 이어 장정들을 데리고 한밤중에 재궁으로 잠입해 잠자리에 든 정영공을 흙을 담은 큰 부대인 토낭土囊으로 눌러 질식사시켰다.

그러고는 귀신에 씌워 문득 죽는 폭홍暴薨을 당했다고 소문냈다. 공자 귀생은 공자 송이 시해한 사실을 알고 있었으나 감히 발설하지는 않았다.

훗날 공자孔子는『춘추春秋』를 편찬하면서 이같이 기술했다.

> 정나라 공자 귀생이 그의 군주 이夷를 시해했다.

실제로 정영공을 죽인 공자 송은 놔두고 공자 귀생에게 책임을 물은 것이다. 공자 귀생은 정나라의 정경正卿으로 집정執政을 하면서 공자 송의 협박에 못 이겨 시역을 묵인한 잘못이 있다. 이것이 책임을 엄밀히 추궁하는 이른바 춘추필법春秋筆法의 하나이다. 임무가 중차대한 자는 책임 역시 막중하다는 뜻의 '임중자任重者, 책역중責亦重'의 격언을 좇은 것이다. 성인聖人의 역사 기술 원칙인 이른바 서법書法이 이와 같으니 신하된 자는 엄중한 경각심을 가져야만 한다. 어찌 두려워하지 않을 수 있겠는가?

이튿날 공자 귀생은 공자 송과 의논한 뒤 공자 거질을 옹립코자 했다. 당사자인 공자 거질이 크게 놀라 사양했다.

"선군에게는 나 말고도 적자嫡子만 8명이나 있소. 현명한 공자를 세울 양이면 나는 그만한 덕이 없고, 장유를 따져 세울 양이면 공자 견堅이 있소. 이 거질은 죽으면 죽었지 장유의 차례를 넘을 수 없소."

공자 귀생과 공자 송이 공자 견을 옹립했다. 그가 바로 정양공鄭襄公이다.

원래 정목공은 13명의 아들을 두었다. 큰아들인 정영공이 공자 송에 의해 시해되고, 이번에 공자 견이 보위에 오른 까닭에 아직도 11명의 아들이 남아 있었다. 그들은 다음과 같다.

공자 거질去疾, 자는 자량子良

공자 희喜, 자는 자한子罕

공자 비騑, 자는 자사子駟

공자 발發, 자는 자국子國

공자 가嘉, 자는 자공子孔

공자 언偃, 자는 자유子游

공자 서舒, 자는 자인子印

그밖에도 서자로 공자 풍豊, 공자 우羽, 공자 연然, 공자 지志 등이 있었다.

정양공 견堅은 즉위 후 동생들의 세력이 커지면 나중에 변란이라도 일으킬까 우려했다. 그는 사사로이 공자 거질과 함께 이 문제를 상의했다. 공자 거질만 국내에 남겨 두고 모두 국외로 추방할 생각이었다.

공자 거질이 말했다.

"선군인 정목공의 모친이 난초 꿈을 꾸고 선군을 낳았습니다. 그때 점괘에 이르기를, '이 아이가 반드시 희씨姬氏 종족을 번성케 할 것이다.'라고 했습니다. 무릇 형제는 공족公族인데 비유하면 가지와 잎이 무성해야 뿌리와 줄기도 번영하는 이치와 같습니다. 만일 한 나무의 가지와 잎을 모두 쳐버리면 뿌리와 줄기가 그대로 노출돼 이내 말라 버리고 맙니다. 주공은 동생들을 모두 용납해 주기를 진심으로 바랍니다. 만일 그들을 용납하지 않으면 나도 그들과 함께 나라를 떠나겠습니다. 어찌 나 홀로 이곳에 남아 있을 수 있고, 또 훗날 지하에 가서 무슨 면목으로 선군을 만나 볼 수 있겠습니까?"

정양공은 크게 감동해 동생 11명을 모두 대부로 임명했다. 이들 모두 국정에 참여했다. 공자 송은 사자를 진晉나라로 보내 화친을 청하고 나라의 안정을 꾀했다. 때는 주정왕 2년인 기원전 605년이었다. 그 이듬해를 정양공 원년으로 삼았다.

당시 초장왕은 정나라에 시역 사건이 일어난 것을 알고는 이내 공자 영제를 장수로 삼은 뒤 군사를 이끌고 가 정나라를 치게 했다. 공자 영제가 정나라로 쳐들어가 정나라 군신을 크게 꾸짖었다.

"너희가 무슨 일로 군주를 시해한 것인가?"

진晉나라도 순림보로 하여금 군사를 이끌고 가 정나라를 구원케 했다. 초나라가 군사를 옮겨 진陳나라를 쳤다. 진陳나라는 곧바로 항복하고 초나라와 강화했다. 정양공은 진晉나라에 귀의할 뜻을 다짐하기 위해 지금의 산서성 심수현 서북쪽에 있는 흑양黑壤의 오령烏嶺으로 가 진성공晉成公과 회맹했다.

주정왕 3년인 기원전 604년, 진나라 상경 조돈이 병사했다. 극결郤缺이 후임으로 중군 원수가 됐다. 극결은 진陳나라가 초나라와 강화했다는 소식을 듣고 곧바로 진성공에게 이를 고했다. 이어 순림보로 하여금 진성공을 모시고 송나라와 위나라, 정나라, 조나라등 4국과 합세해 진陳나라를 치게 했다.

그러나 진성공은 도중에 병으로 훙거薨去했다. 진晉나라가 반사班師하자 연합국 모두 본국으로 돌아갔다. 진晉나라 대신들이 태자 누獳[1]를 세웠다. 그가 진경공晉景公이다.

그해에 초장왕이 직접 대군을 이끌고 정나라를 쳤다. 유분柳棼 땅을 점령했다. 진晉나라 중군 원수 극결이 군사를 이끌고 와 정나라를 구했다. 진晉나라 군사가 초나라 군사를 습격해 패퇴시켰다.

정나라 사람들은 이 싸움을 지켜보고는 모두 기뻐했다. 그러나 공자 거질은 홀로 우려하는 기색을 나타냈다. 정양공이 의아하게 생각해 까닭을 묻자 이같이 대답했다.

"진晉나라 군사가 초나라를 물리친 것은 우연에 지나지 않습니다. 초나라는 틀림없이 그들이 당한 울분을 풀기 위해 우리 정나라를 치러 올 것입니다. 우리가 언제까지 진나라만 믿고 있을 수 있겠습니까? 지금도 초나라 군사는 우리나라의 변경에 머물고 있습니다."

이듬해에 초장왕이 다시 군사를 이끌고 와 정나라를 쳤다. 초나라 군사는 영수潁水의 북쪽으로 와 주둔했다. 그때 마침 공자 송과 가까이 지내던 공자 귀생이 병사했다.

공자 거질은 공자 송이 정영공의 자라탕에 손가락을 집어넣은 사건을 추

1 『춘추좌전』에는 진경공의 이름이 누獳로 나오나, 『사기』「진세가晉世家」에는 거據로 기록돼 있다. 죽간竹簡에 나오는 글자의 모습이 서로 비슷한 까닭에 '누'가 '거'로 와전된 것으로 보는 게 합리적이다.

가로 치죄治罪했다. 그를 잡아 죽인 뒤 시체를 조문朝門 앞에 내걸었다. 또 죽은 공자 귀생의 관을 무덤에서 파내 깨뜨리고 그의 일족을 국외로 추방했다. 이어 사자를 초나라로 보냈다. 사자가 초장왕에게 사죄했다.

"과군에게 역신 공자 귀생과 공자 송이 있었습니다. 이제 두 사람 모두 복주伏誅되었습니다. 과군은 진후陳侯와 더불어 삽혈하고 상국과 동맹코자 합니다."

초장왕이 이를 수락했다. 곧바로 진陳나라 및 정나라와 지금의 하남성 수양현의 진릉辰陵 서쪽에서 회맹할 생각으로 사자를 진영공陳靈公에게 보냈다. 사자가 돌아와 고했다.

"진영공이 대부 하징서夏徵舒에게 피살됐습니다. 진陳나라가 지금 큰 혼란에 빠져 있습니다."

이를 뒷받침하는 옛사람의 시가 있다.

주나라 동천 후 천하 어지러워	周室東遷世亂離
찬탈과 시해가 매년 이어지다	紛紛篡弑歲無虛
혜성 북두진입에 세 군주 죽어	妖星入斗徵三國
또 다시 진후가 하징서 만나다	又報陳侯遇夏舒

104話 진영공이 속곳으로 조정을 희롱하다
– 진영공일복희조陳靈公衵服戲朝

진영공의 이름은 평국平國이다. 진공공陳共公 삭朔의 아들이다. 주경왕周頃王 6년인 기원전 613년에 진공공의 뒤를 이었다.

진영공은 사람이 경박한데다 게으르고 방종했다. 군주로서의 위의威儀가 조금도 없었다. 주색을 탐닉하고 노는 데만 정신이 팔려 있었다. 나라의 정사는 전혀 살피지 않았다.

그는 대두 두 사람을 총애했다. 공녕孔寧과 의행보儀行父가 그들이다. 이들은 주색을 밝히는 이른바 주색대酒色隊에서 징이나 북인 나고鑼鼓나 쳐 흥을 돋우는 자들이었다.

한 군주와 두 신하는 서로 마음이 통하고 의기가 투합해 군신 사이인데도 희롱하는 말과 외설스런 이야기를 거리낌 없이 주고받았다. 남의 이목을 의식하거나 거리끼지 않았다.

당시 진나라 조정에 현신이 한 사람 있었다. 이름이 설야洩冶였다. 성품이 충량하고 정직했다. 무슨 일이 있을 때마다 직언을 서슴지 않았다. 진영공과 두 간신이 그를 크게 꺼리며 두려워한 이유다.

또 한 사람의 대부가 있었다. 이름이 하어숙夏御叔이었다. 그의 부친은 공자 소서少西로 진정공陳定公의 아들이다. 소서는 자가 자하子夏였다. 아들 어숙은 부친의 자인 하夏를 성씨로 삼았다. 세인들은 그를 소서씨少西氏로 부르기도 했다.

하어숙은 선대부터 진陳나라의 사마 벼슬을 해 왔고, 지금의 하남성 자성현 교외의 주림株林 땅을 식읍으로 받았다. 그는 정나라 정목공의 딸을 아내로 맞이했다. 사람들은 그녀를 하희夏姬라고 불렀다. 하희는 태어날 때부터 아름다웠다. 눈썹이 나방의 촉각 같고, 눈이 봉황처럼 또렷한 아미봉안蛾眉鳳眼의 모습이었다. 얼굴이 살구꽃처럼 분홍색이고, 뺨이 복숭아꽃처럼 발그레한 행렴도시杏臉桃腮[2]의 용모를 갖췄다. 절세미인으로 소문난 진헌공의 총희 여희驪姬나 초문왕의 부인이 된 식나라 부인 식규息嬀에 비유할 만했다. 그러나 요염하고 음탕한 점에서는 은나라 주紂의 애첩인 달기妲己 내지 이복오빠 제양공과 간통해 남편인 노환공을 죽게 만든 문강文姜과 짝할 만했다. 하희를 본 사람 가운데 혼을 빼앗기고 넋을 잃은 나머지 자빠지고 넘어지지 않은 사람이 없었다.

그녀에겐 기이한 일이 있었다. 그녀는 15세 때 꿈속에서 한 위장부偉丈夫를 만났다. 그는 도사道士가 쓰는 모자인 성관星冠을 쓰고, 새의 깃털로 만든 우복羽服을 입고 있었다. 천상계의 신선을 자칭했다.

하희가 그 위장부와 교합했다. 그는 하희에게 남자의 정精을 빨아들이고, 기氣를 흡수하는 이른바 흡정도기吸精導氣의 비법을 가르쳐 주었다. 이후 그녀는 교합할 때마다 남자로 하여금 극도의 환희를 느끼게 만드는 동시에 남자의 양기를 흡수해 음기를 보완하는 술법을 구사했다. 나이를 먹을수록 오히려 젊어지는 이른바 소녀채전지술素女采戰之術을 구사한 것이다.

그녀가 아직 출가하지 않고 정나라에 있었을 때 정영공鄭靈公의 서형인 공자 만蠻과 이미 깊은 관계를 맺고 있었다. 이복 오라비인 공자 만은 하희와 상간한 지 3년 만에 체력을 소진해 요사夭死했다. 이후 그녀는 진나라 하어숙의 아내가 되어 아들 하나를 낳았다. 아이의 이름은 하징서夏徵舒였

2 행렴도시杏臉桃腮의 렴臉은 위진남북조 때 등장한 글자로 원래 광대뼈 위를 가리켰다. 당송 이후 이마에서 턱에 이르는 얼굴 전체를 뜻하는 용어로 바뀌었다. 삽시간에 가면을 바꿔 쓰는 중국의 전통예술인 변렴變臉을 통상 '변검'으로 표현하고 있으나 이는 얼굴을 뜻하는 렴臉liǎn과 눈꺼풀을 뜻하는 검瞼jiǎn을 혼동한 결과다.

다. 그의 자는 자남子南이었다.

하징서가 12세가 되던 해에 그의 부친 하어숙이 병사했다. 과부가 된 하희는 밖에서 남자와 교접하는 외교外交를 한 까닭에 하징서로 하여금 성안에 머물며 스승을 찾아가 글공부를 하게 했다. 하희는 주림 땅으로 가서 살았다.

원래 공녕과 의행보는 하어숙과 함께 조정에서 정사를 논하기도 했고, 같은 대부로서 친하게 지냈다. 두 사람은 얼핏 하희의 자색을 훔쳐본 적이 있다. 그때 이후 하희의 미색에 혹해 그녀를 유혹코자 하는 마음을 품었다.

당시 하희에게 하화荷華라는 시녀가 있었다. 눈치가 빠르고 영리했다. 주모主母인 하희를 위해 남자를 끌어들이는 데 이골이 났다.

하루는 공녕이 하징서를 데리고 교외로 나가서 사냥을 했다. 짐짓 늦게까지 사냥을 하다가 날이 저물어 도성으로 갈 수 없다는 핑계를 대고 하징서를 주림으로 데리고 갔다. 덩달아 하희의 집에서 하룻밤을 자게 됐다.

공녕은 진즉부터 일편단심으로 하희를 사모한 까닭에 먼저 하화에게 접근했다. 귀걸이 한 쌍을 내주면서 마님에게 천거해 달라고 간곡히 부탁했다. 하화의 주선으로 마침내 하희의 침실로 들어가 동침했다.

이튿날 공녕이 하희가 벗어놓은 비단 속곳인 금당錦襠을 몰래 훔쳐 입고 도성으로 돌아왔다. 그는 의행보에게 자기 몸에 걸친 하희의 속곳을 내보이면서 자랑했다. 의행보도 하희를 사모하는 마음을 품어온 까닭에 많은 뇌물을 하화에게 주고 주선을 부탁했다.

하희는 평소 의행보의 몸집이 장대한데다 코가 크고 콧대가 선 것을 엿보고는 마음을 두고 있었다. 그녀는 오히려 하화를 의행보에게 보내 몰래 만나기로 약속했다. 의행보는 특이한 약을 널리 구해 복용한 뒤 약속한 날에 주림으로 왔다. 그날 밤 그는 하희에게 잘 보이기 위해 온갖 기교를 다 부렸다. 하희가 의행보를 공녕보다 갑절이나 더 사랑한 이유다.

의행보가 하희에게 말했다.

"공 대부에게 비단 속곳을 선물했다는데 주모主母가 나를 이처럼 애고愛顧하는 마당에 나에게도 한 가지 선물을 주시오. 주모가 나와 공 대부를 고루 사랑한다는 징표로 삼고자 하오."

하희가 웃으며 말했다.

"그 비단 속곳은 공 대부가 몰래 훔쳐간 것이지 내가 준 게 아닙니다."

그러고는 입을 의행보의 귀에 대고 속삭였다.

"비록 잠자리를 같이한 사람일지라도 어찌 사람에 따라 후박厚薄이 없을 수 있겠습니까?"

하희는 자신이 입고 있던 하늘색의 얇은 비단 적삼인 벽라유碧羅襦를 내줬다. 의행보가 크게 기뻐했다. 이후 주림으로 가는 의행보의 발길은 빈번해졌고, 하희와 공녕 사이는 점차 멀어졌다.

이를 증언한 옛 시가 있다.

정나라 풍속 왜 그리 음란할까	鄭風何其淫
정환공 정무공 교화 아득해졌다	桓武化已渺
사내 계집이 마구 다퉈 놀고	士女競私奔
동네마다 아침저녁 가리지 않다	里巷失昏曉
중자仲子은 담 뛰어넘고자 하고	仲子牆欲逾
자충子充은 편협한데다 사납다	子充性偏狡
동문 밖 빈터엔 꼭두서니 피고	東門憶茹藘
야외엔 놀기 좋게 풀 우거지다	野外生蔓草
치마 걷고 머잖은 곳 바라보니	搴裳望匪遙
임 수레 어디 가서 까마득할까	駕車去何杳
젊은 소년은 내 마음 얽어매니	青衿縈我心

패옥으로 늙은 몸 가려나 볼까　　瓊琚破人老
비바람 몰아치고 새벽닭 울 때　　風雨雞鳴時
은밀하고 교묘히 서로 만나리라　　相會密以巧
임 신표로 나뭇단 물에 띄우면　　揚水流束薪
참언에 흔들리는 일 없으리라　　讒言莫相攪
사귄 기분 따라 마음 달라지니　　習氣多感人
어찌 너만 예쁘고 좋다고 할까　　安能自美好

지난번에 공녕이 의행보에게 하희의 비단 속곳을 자랑했지만, 이번엔 의행보가 공녕에게 하희의 비단 속적삼을 얻어내 공녕에게 보이며 자랑했다.

공녕은 은밀히 하화에게 사실 여부를 물어봤다. 하화의 대답을 듣고 하희와 의행보가 밀접한 사이라는 것을 알았다. 공녕은 질투를 느꼈으나 두 남녀 사이를 떼어놓을 계책이 떠오르지 않았다. 이리저리 궁리한 끝에 한 가지 계책을 생각해 냈다.

원래 진영공은 음락淫樂을 탐하는 성품이었다. 그는 오래전부터 하희가 뛰어난 미인이란 말을 듣고, 그녀에 대해 여러 번 언급한 적이 있다. 하희를 한번 품에 품어볼 생각을 해보지 않은 게 아니나 한스럽게도 손을 댈 기회가 아직은 없었다. 이를 눈치 챈 공녕이 내심 이같이 생각했다.

'차라리 주공을 끌어들여 우리 두 사람처럼 하희와 동침케 하면 반드시 나에게 고마워할 것이다. 더구나 주공에게는 겨드랑이에서 노린내가 크게 난다. 의서醫書에서 말하는 호취狐臭 즉 액기腋氣가 그것이다. 하희가 그런 노린내를 좋아할 리 없다. 여하튼 내가 주공을 하희와 붙여준 뒤 눈치껏 조방꾸니 역할을 하는 게 좋을 것이다. 최소한 하희와 의생보 사이를 떼어놓을 수 있고, 암말에 채인 것 같은 나의 더러운 기분도 날려버릴 수 있지 않은가? 호계好計, 호계로다!'

공녕이 홀로 진영공을 알현했다. 이런 이야기 저런 이야기를 하다가 하희에 관한 이야기를 꺼냈다. 그는 하희가 천하에 둘도 없는 절색이라고 칭송했다.

진영공이 탄식했다.

"과인도 하희가 절색이란 말은 일찍부터 들어왔소. 다만 나이가 이미 40줄에 접어든 까닭에 춘삼월의 도화桃花가 그렇듯이 이미 제철이 지나 시드는 이른바 개색改色을 면하지 못하지 않았을까 두렵소?"

공녕이 말했다.

"하희는 방중술房中術에 능합니다. 얼굴과 몸이 17-18세 호시절의 처자처럼 풋풋합니다. 교접의 오묘함이 통상적인 여인과 전혀 다릅니다. 주공도 한번 시험해 보십시오. 넋이 절로 녹아내릴 것입니다."

진영공은 그 말을 듣자 정욕의 불길이 타올라 절로 얼굴이 붉어졌다. 공녕에게 말했다.

"경은 무슨 방법으로 과인이 하희를 만날 수 있게 해주겠소? 과인은 맹세코 그 은혜를 잊지 않을 것을 맹서하겠소."

공녕이 말했다.

"하씨는 줄곧 주림에 살고 있습니다. 그곳은 대나무가 무성해서 가히 놀 만합니다. 내일 아침 주림으로 행차하신다고 영을 내리십시오. 하씨는 틀림없이 음식을 장만하고 주공을 영접할 것입니다. 하희에게 하화라는 시녀가 있는데 남녀 간의 정사에 밝습니다. 신이 미리 하화를 통해 주공의 뜻을 하씨에게 전하도록 하겠습니다. 주공이 하고자 하는 일에 전혀 차질이 없을 것입니다."

진영공이 웃으며 거듭 부탁했다.

"이 일은 오직 애경愛卿이 잘 주선해 주기만 믿고 있겠소."

이튿날 아침, 진영공이 어자에게 거가車駕를 준비토록 명했다. 하루의 놀이를 위해 미복微服으로 갈아입고 주림으로 갔다. 오직 공녕만 수행했다.

공녕은 미리 하희에게 진영공을 맞이할 준비를 하고 기다리라는 통보를 해 두었다. 하화에게도 진영공의 뜻을 알리면서 하희에게도 전달토록 했다. 하희는 방사에 관한 한 군주라고 해서 걱정할 일이 없는 까닭에 모든 것을 적절히 준비했다.

진영공은 하희의 몸을 탐하고자 하는 욕망에 사로잡혀 있었던 까닭에 유람은 사실 명분에 불과했다. 그야말로 옥 도둑질과 향초 훔치기에 뜻을 두었을 뿐 산 구경과 물놀이엔 본래 마음이 없었다는 뜻의 '절옥투향진유의竊玉偸香眞有意[3], 관산완수본무심觀山玩水本無心' 격언에 해당했다.

대략 2시간에 해당하는 한 시진時辰쯤 걸려 하희의 집에 당도했다. 하희가 예복을 갖춰 입고 나와 진영공을 영접했다. 그녀는 진영공을 모시고 대정으로 올라오자 절을 올리고 나서 말했다.

"첩의 자식 하징서는 지금 스승을 찾아가 공부하느라 집 밖에 나가 있습니다. 그는 주공의 거가가 폐사敝舍에 왕림한 것을 몰라 영접하지 못했습니다."

목소리가 막 날기 시작한 꾀꼬리가 노래하는 듯해 매우 듣기 좋았다. 진영공이 유심히 하희를 바라보았다. 실로 천녀天女와 같았다. 궁궐의 6궁六宮에 비빈이 허다하지만 하희와 견줄 만한 미녀는 없었다.

진영공이 말했다.

"과인이 우연히 이곳에 놀러 왔다가 잠시 들르게 되었소. 과인이 온 것을 놀라고 의심스럽게 여기지 않았으면 다행이겠소."

하희가 옷깃을 여미며 대답했다.

3 절옥투향진竊玉偸香眞은 『진서晉書』「가충전賈充傳」에 나오는 표현으로 부녀자와 사통키 위해 은밀히 유혹하는 것을 말한다. 관산완수觀山玩水는 남송 때 나온 선종사서禪宗史書인 『오등회원五燈會元』에 나오는 표현으로 산천을 두루 유람하는 것을 말한다.

"주공의 옥지玉趾가 하림하니 첩의 오두막집인 폐려敝廬는 빛을 더하게 됐습니다. 천첩이 약소한 채소와 술을 준비했으나 감히 올리지 못하고 있습니다."

진영공이 말했다.

"이미 부엌인 포주庖廚를 수고롭게 했으니 굳이 예석禮席을 갖출 필요는 없소. 내가 듣건대 존부尊府의 후원과 정자가 유아幽雅하다고 하니 그곳으로 가서 구경이나 했으면 하오. 주인이 마련한 성찬은 거기서 맛보는 게 좋겠소."

하희가 대답했다.

"남편이 세상을 떠난 후 오랫동안 후원을 소제하지 않아 적잖이 황폐해졌습니다. 대가大駕를 그곳으로 모시기 두렵습니다. 굳이 그곳을 둘러보겠다고 하니 천첩은 미리 송구하다는 말을 올리고자 합니다."

하희의 응대는 두서가 있었다. 진영공이 내심 더욱 애중愛重하게 여겼다. 하희에게 말했다.

"예복을 간편복으로 갈아입고 나오시오. 과인을 후원으로 인도해 한바탕 즐겁게 놀게 해주시오."

하희가 물러나 예복을 벗고 살결이 은은히 내비치는 얇은 비단 옷으로 갈아입고 나왔다. 달 아래 핀 배꽃인 월하이화月下梨花 내지 눈 속에 핀 매화의 꽃술인 설중매예雪中梅蕊 같았다. 특별히 우아한 운치가 있었다.

하희가 앞장서 진영공을 후원으로 인도했다. 후원은 비록 넓지는 않았으나 아름드리 소나무와 빼어난 잣나무가 여기저기 서 있고, 기이한 바위와 아름다운 꽃이 가득했다. 연못 한쪽엔 널찍한 못이 있고 꽃밭 사이엔 정자가 몇 채 서 있었다.

정자들 가운데 중간에 위치한 정자가 가장 크고 높았다. 난간에 붉은 칠을 해 놓았다. 수놓은 휘장을 둘러쳐 놓아 보기에도 아늑하고 상쾌했다. 그 정자가 바로 빈객들에게 연회를 베푸는 곳이었다.

그 정자의 좌우에 각각 행랑이 딸린 방인 상방廂房이 있고, 그 뒤엔 여러 층으로 된 곡방曲房이 있었다. 곡방은 모두 회랑으로 연결돼 있었다.

회랑을 돌아 들어가면 하희의 침소인 내침內寢으로 통했다. 후원 한쪽에는 하희의 말을 기르는 마구간이 있고, 후원 서쪽의 공지에는 활터가 있었다.

진영공이 후원을 한 번 둘러본 뒤 술자리가 차려진 정자 안으로 들어왔다. 하희가 진영공에게 자리를 권해 앉게 한 뒤 술잔을 올리려고 했다. 진영공이 하희에게 자기 곁으로 와서 앉기를 권했다. 하희가 감히 곁에 앉을 수 없다며 겸양했다.

진영공이 말했다.

"주인이 자리에 앉지 않아서야 되겠는가?"

그는 공녕을 오른쪽, 하희를 왼쪽에 앉힌 뒤 말했다.

"오늘은 군신의 예는 모두 접어두고 환락을 다할 때까지 한바탕 놀아보도록 하자."

진영공은 술을 마시는 동안에도 눈길을 하희의 몸에서 떼지 않았다. 하희 역시 간간히 진영공에게 추파를 던졌다. 술에 취하자 더욱 욕정을 느꼈다. 공녕이 곁에서 이를 부추기고자 말장단을 맞춰주었다.

술을 마시는 사이 해가 서산으로 넘어갔다. 시중꾼들이 등촉을 가져와 불을 켰다. 술잔을 물에 씻은 뒤 다시 술을 따라 돌리는 이른바 세잔갱작洗盞更酌의 술판이 벌어졌다. 이내 대취한 진영공은 자리에 쓰러져 코를 골기 시작했다.

공녕이 하희에게 말했다.

"주공이 오랫동안 부인의 용색容色을 사모해 왔소. 오늘 이곳에 온 것은 부인과 더불어 환란에 취해 보려고 작심했기 때문이오. 부인은 주공의 그런 기대를 어그러지게 해서는 안 될 것이오."

하희는 미소만 지을 뿐 대답하지 않았다. 공녕이 밖으로 나와 진영공을 따라온 어자와 수행원들에게 밥을 먹이고 숙소를 지정해 준 뒤 본인도 가서 쉬었다.

하희는 진영공을 위해 짐짓 시녀로 하여금 비단이불과 수놓은 베개를 정자로 내오게 했다. 그러고는 향탕香湯에 들어가 목욕하고 몸을 단장했다. 진영공이 부를 것에 대비한 것이다. 이어 하화에겐 정자에 남아 진영공을 보살피게 했다.

한참 뒤에 진영공이 잠에서 깨어났다. 눈을 두리번거리다가 하화가 있는 것을 보고는 눈을 크게 뜨고 물었다.

"너는 누구냐?"

하화가 꿇어 앉아 대답했다.

"천비賤婢는 주모主母의 시녀 하화입니다. 주모의 분부를 받고 감히 주공主公[4]을 모시고 있는 중입니다."

하화가 술을 깨게 하는 데 특효가 있는 산매성주탕酸梅醒酒湯을 바쳤다.

진영공이 물었다.

"이 탕은 누가 만들었는가?"

하화가 대답했다.

"천비가 만들었습니다."

진영공이 말했다.

"네가 탕을 잘 만드니 과인을 위해 중매도 할 수 있는가?"

4 주공主公의 『열국지』 원문은 천세야야千歲爺爺이다. 제후를 가리키는 말이다. 천자는 만세야야萬歲爺爺라고 했다. 청나라 조익趙翼은 『해여총고陔餘叢考』에서 『설문해자』를 인용해 야爺는 원래 오나라 일대의 부친에 대한 호칭이었고, 후대에 노복奴僕이 주인을 호칭하거나, 속료들이 상관을 지칭할 때 사용케 됐다고 했다. 춘추전국시대에는 '천세야야' 등의 표현이 없었던 것이다. 본서는 이를 '주공'으로 바꿔 번역했다.

하화가 짐짓 못들은 체하며 딴소리를 했다.

"천비가 비록 중매하는 데에는 익숙하지 못하나 그 일을 주선하기 위해 분주히 돌아다닐 줄은 압니다. 다만 주공의 마음이 누구에게 있는지 모르겠습니다."

진영공이 말했다.

"과인은 너의 주모 때문에 정신이 온통 다 빠질 지경이다. 네가 능히 나의 그런 절박한 사정을 풀어주면 응당 후사厚賜하겠다."

하화가 대답했다.

"주모는 과부인 까닭에 주공에겐 합당한 상대가 아닐까 두렵습니다. 주공 주모를 잊지 못하겠다면 이 천비가 응당 주모의 처소로 인도하겠습니다."

진영공이 크게 기뻐했다. 곧바로 하화에게 명해 행등行燈을 들고 앞장서 인도하게 했다. 이리저리 구부러진 회랑을 지나 하희의 내실로 들어갔다.

하희는 등불을 밝힌 채 마치 누군가를 기다리는 듯한 자세로 홀로 앉아 있었다. 그러다가 문득 발자국 소리를 듣자 누구냐고 물으려고 했으나 진영공이 이미 문을 열고 방안으로 들어왔다. 하화는 방안의 은 등잔을 들고 즉시 밖으로 나갔다.

진영공은 여러 소리 할 것 없이 곧바로 하희를 덥석 끌어안고 방장房帳 속으로 들어갔다. 그러고는 옷을 벗고 함께 잤다. 하희의 살결이 부드럽고도 매끄러웠다. 몸을 접하자 그 속으로 녹아드는 듯했다. 교접할 때 하희의 몸은 완연히 처녀나 다름없었다.

진영공이 괴이하게 여겨 묻자 하희가 대답했다.

"첩은 몸 안을 내 뜻에 따라 응시하는 내시법內視法을 터득하고 있습니다. 아이를 낳은 뒤에도 3일만 지나면 몸이 이전처럼 충실해집니다."

진영공이 감탄했다.

"과인이 비록 천상의 선녀를 만났을지라도 이보다 낫지는 못할 것이다."

진영공의 음구淫具는 원래 공녕과 의행보의 것만 못했다. 더구나 겨드랑이에서는 노린내가 심하게 났다. 한 가지도 취할 게 없었다.

하지만 그는 일국의 군주였다. 그녀 역시 권세와 이익을 크게 좋아하는 부녀의 속성을 면할 수 없었다. 감히 짜증을 내거나 싫어하는 기색을 내보이기는커녕 온갖 교태로 진영공을 즐겁게 해주었다. 거짓된 몸짓으로 상대가 하자는 대로 모든 행동을 받아들이자 진영공으로서는 천추에 보기 드문 기이한 인연을 만난 것으로 생각해 크게 감격해하며 깊은 잠에 곯아 떨어졌다.

새벽이 되자 하희가 진영공을 깨웠다. 진영공이 하희에게 물었다.

"과인이 애경愛卿과 관계하고 나니 6궁의 비빈 모두 썩은 지푸라기 같소. 애경이 조금이라도 과인을 마음에 두고 있는지 그게 궁금하오."

하희는 내심 공녕과 의행보가 주럼을 들락거린 사실을 알고 그런 말을 하는가 의심했다. 솔직히 대답했다.

"천첩이 어찌 사실을 속이겠습니까? 남편을 여읜 뒤 능히 자제하지 못하고 다른 남자에게 몸을 잃은 죄를 저질렀습니다. 이젠 주공을 모신 몸이니 앞으로는 영구히 외간 남자와 교제하는 외교外交를 끊겠습니다. 어찌 두 마음을 품어 죄를 지을 리 있겠습니까?"

진영공이 흔연히 물었다.

"애경이 이제까지 관계한 남자가 얼마나 되는지 조금도 숨기지 말고 과인에게 말해 보시오."

하희가 대답했다.

"공녕과 의행보 두 대부가 첩의 자식을 여러 가지로 돌봐주기에 마침내 어지러운 행실을 한 일이 있습니다. 두 사람밖에 없습니다."

진영공이 웃으며 말했다.

"공녕과 의행보 두 사람이 애경의 교접하는 묘방이 통상적인 여인과 크게 다르다고 말했소. 내가 직접 경험하지 못했다면 어찌 이를 알 수 있었겠소?"

하희가 대답했다.

"모두 지난날의 잘못입니다. 너그럽게 용서해 주십시오."

진영공이 연신 웃으며 말했다.

"공녕은 애경 같은 현부賢婦를 천거한 공이 있소. 과인은 그의 공에 감격해하고 있소. 그대는 과인이 그들에게 질투를 하는 것으로 오해하지 마시오. 과인은 애경과 늘 만나 애정이 끊어지지 않기를 바랄 뿐이오. 그 밖의 일은 애경이 하고 싶은 대로 하시오. 과인은 그대가 무슨 일을 하든 금하지 않겠소."

하희가 대답했다.

"주공이 이곳으로 흐르는 물처럼 끊임없이 오시면 어찌 늘 만나는 것이 어려울 리 있겠습니까?"

진영공이 침상에서 일어나자 하희가 자신의 체취가 밴 한삼汗衫을 벗어 진영공에게 입혀주면서 말했다.

"주공은 이 한삼을 볼 때마다 천첩을 생각해 주십시오."

하화가 행등을 들고 와 다시 진영공을 인도해 전날 밤처럼 회랑을 돌아 정자로 나왔다. 하늘이 밝자 대청에 아침밥인 조선早膳이 준비돼 있었다. 공녕이 어자와 시종들을 이끌며 명을 기다리는 사후司候를 행했다. 하희도 진영공에게 대청으로 오르도록 청한 뒤 몸을 일으켜 문안 인사를 올렸다.

이어 포인庖人들이 음식을 올렸다. 시종들에게도 술과 음식을 내려 배불리 먹였다. 아침 식사가 끝나자 공녕이 진영공을 수레에 태운 뒤 직접 수레를 몰고 조정회의에 참석했다.

문무백관은 군주가 밖에서 자는 야숙野宿을 한 사실을 알고 있었다. 이

진영공이 속곳으로 조정을 희롱하다

들이 진영공에게 문안을 드리기 위해 조문 앞에서 기다리고 있었다. 진영공이 조회를 생략하는 면조免朝를 명한 뒤 곧바로 입궁해 버렸다.

의행보가 공녕의 소매를 붙들고 어제 진영공이 어디서 묵었는지 물었다. 공녕이 숨기지 않고 사실대로 대답했다. 의행보는 공녕이 진영공에게 하희를 천거한 것을 알고는 발을 구르며 말했다.

"그렇게 인심을 쓰는 일을 어찌하여 독차지하려고 한 것이오?"

두 대부가 크게 웃으며 헤어졌다.

이튿날 아침, 진영공이 조회를 열었다. 조회가 끝나고 문무백관이 흩어지자 진영공이 공녕만 불러 자기에게 하희를 천거해준 것을 사례했다. 이어 의행보를 불렀다.

“그렇듯 좋은 일을 그대는 왜 일찍이 과인에게 아뢰지 않았는가? 그대들 두 사람이 먼저 그런 미인을 선점했으니 이는 무슨 도리인가?”

공녕과 의행보가 일제히 말했다.

“신들은 전혀 그런 일이 없었습니다.”

진영공이 말했다.

“그 일은 그 미인이 직접 나에게 실토한 것이오. 경들은 굳이 숨길 필요가 없소.”

공녕이 대답했다.

“그것은 비유하면 군주에게 올릴 음식이 있으면 신하가 먼저 맛보고, 아비에게 올릴 음식이 있으면 자식이 먼저 맛을 보는 것과 같습니다. 맛이 없으면 감히 군주에게 올릴 수 없는 것입니다.”

진영공이 웃으며 말했다.

“그렇지 않소. 비유컨대 그건 웅장熊掌과 같은 것이오. 곧바로 과인에게 양보해 먼저 맛보게 해도 무방할 것이오.”

이 말에 공녕과 의행보가 함께 웃었다.

진영공은 두 사람에게 말했다.

“그대들 두 사람도 일찍이 그 미인과 입마入馬[5]했다고 하나 그녀는 나에게 특히 좋은 선물까지 했소.”

그러고는 옷 속에 입고 있는 한삼 자락을 내보이며 자랑했다.

“바로 이것이 그 미인이 과인에게 준 것이오. 그대들은 이런 선물을 받았소?”

공녕이 대답했다.

5 입마入馬는 기생과 함께 자거나 여인과 간통하는 것 등을 가리킨다. 의서醫書에 여인의 음부를 마안馬眼으로 칭한 데서 나온 말이다.

"신 역시 비슷한 것을 받았습니다."

진영공이 물었다.

"경은 어떤 물건을 받았소?"

공녕이 관복자락을 헤치고 비단 속곳을 보이며 말했다.

"이것이 바로 그 미인이 신에게 준 것입니다. 이는 비단 신만이 갖고 있는 것이 아니고 의행보도 갖고 있습니다."

진영공이 의행보에게 물었다.

"경은 어떤 물건을 받았소?"

의행보도 관복 자락을 헤치고 벽라 저고리를 내보였다.

진영공이 다시 크게 웃으며 말했다.

"우리 세 사람 모두 몸에 증거물을 하나씩 지니고 있소. 이튿날 우리 함께 주림으로 가서 침상 3개를 늘어놓고 즐기는 연상대회連床大會를 열기로 합시다."

한 군주와 두 신하가 국사를 논하는 조당에서 서슴없이 이런 희학戲謔질을 했다. 곧 추악한 소문이 조문 밖까지 퍼졌다. 정직한 신하 한 사람이 크게 분개했다. 그는 어금니를 깨물고 이빨을 가는 교아절치咬牙切齒를 하면서 크게 외쳤다.

"조정은 법과 기강을 세우는 곳인데 기강이 이토록 문란하니 진陳나라가 망하는 꼴을 손꼽아 기다리게 됐다!"

그는 마침내 의관을 정제하고 홀을 단정히 쥔 채 진영공에게 간하기 위해 몸을 되돌려 조문 안으로 문득 뛰어 들어가는 틈입闖入을 했다.

그 관원이 누구인지 알 길이 없으니 다음 회를 보라.

제53회

105話 초장왕이 납간해 진나라를 다시 세워주다
– 초장왕납간복진楚莊王納諫復陳

진영공이 공녕 및 의행보 두 대부와 함께 각각 하희에게서 받은 옷을 속에 입고 조당에서 한창 희학질을 할 때 대부 설야洩冶가 이 소문을 듣고 조문 안으로 바삐 들어갔다. 공녕과 의행보 두 사람은 원래부터 정직한 설야를 싫어했다. 이들은 설야가 부르지도 않았는데 들어온다는 말을 듣자 진영공에게 하직인사를 하고 재빨리 몸을 피했다. 진영공도 어좌에서 일어나 몸을 피하려고 했다. 그때 설야가 들어와 진영공의 소매를 잡았다.

그가 진영공 앞에 꿇어 앉아 간했다.

"군주와 신하는 서로 공경에 힘쓰고, 남자와 여인은 서로 분별에 힘쓴다는 뜻의 '군신주경君臣主敬, 남녀유별男女有别' 이야기를 들은 적이 있습니다. 지금 주공은 『시경』「주남周南」[1]의 교화에 힘쓰지 않은 탓에 나라 안에 절개를 잃은 부녀가 생겨났습니다. 군신이 음란한 행동을 할뿐만 아니라 이를 거리낌 없이 드러내고 있습니다. 국사를 논하는 조당 안에서 군신이 외설스러운 말을 주고받는다고 하니 그러고서야 염치와 체통이 모두 사라졌습니다. 군신 간의 공경과 남녀 간의 분별이 윤멸淪滅이 극에 달했습니다! 무릇 공경할 줄 모르면 방자해지고, 남녀가 분별하지 않으면 문란해지는 법입니다. 방자와 문란은 망국의 길입니다. 주공은 반드시 지금까지 저지른 과오를 고치도록 하십시오."

진영공이 진땀을 흘렸다. 소매로 얼굴을 가리며 말했다.

"경은 그만 말하시오. 과인은 지난 일을 후회하고 있소. 앞으로 경의 말대로 언행을 고치겠소."

설야는 절하고 물러나 조문 밖으로 나갔다. 공녕과 의행보 두 사람은 조문 밖에서 기웃거리며 설야의 동태를 살폈다. 설야가 노기를 띠고 나오는 걸 보고는 얼른 사람들 속에 숨었다. 설야가 이들을 재빨리 알아보고 곧 불러냈다.

그 자리서 책망했다.

"군주가 선善한 일을 하면 신하는 이를 널리 선전하고, 군주가 불선不善한 일을 하면 신하는 이를 덮어줘야 하오. 그대들은 지금 불선한 일을 하면서 군주까지 끌어들인 뒤 소문까지 내서 사민士民들로 하여금 공공연히 알게 했소. 조정은 장차 무엇으로 백성을 교화할 것이오? 그대들은 부끄럽지도 않소!"

두 사람은 대답할 말이 없어 몸을 굽히며 사죄했다. 설야가 떠나자 곧바

1 '주남周南'은 『시경』 첫 편인 「국풍國風」의 첫머리에 나오는 편명篇名이다. 주나라 건국공신인 주공 단旦의 교화를 담은 시로 알려져 있다. 같은 건국공신인 소공召公 석奭의 교화를 담은 '소남召南'과 더불어 정성正聲으로 간주돼 왔다.

로 다시 진영공을 만나러 궁 안으로 갔다. 두 사람은 진영공 앞에서 설야가 밖에 나와 군주를 심하게 책망했다고 무함했다. 이어 진영공을 충동질했다.

"주공은 이제부터 다시는 주림으로 놀러 가지 말아야 합니다."

진영공이 물었다.

"그럼 경들도 가지 않을 것인가?"

두 사람이 대답했다.

"설야는 신하로서 군주에게 간한 것입니다. 신들과는 아무 상관이 없습니다. 신들은 갈 수 있지만 주공은 갈 수 없습니다."

진영공이 분연奮然히 말했다.

"과인은 차라리 설야에게 죄를 지을지언정 어찌 그런 즐거운 곳을 버릴 수 있겠는가!"

두 사람이 다시 말했다.

"주공이 다시 그곳에 가면 설야의 잔소리를 당해낼 수 없을 것입니다. 그 일을 어찌 대처할 것입니까?"

진영공이 물었다.

"경들은 설야의 잔소리를 막을 수 있는 어떤 계책이라도 갖고 있소?"

공녕이 대답했다.

"그러기 위해서는 그가 입을 열지 못하게 하는 방법밖에 없습니다."

진영공이 웃으며 말했다.

"그가 자기 입을 갖고 있는데, 과인이 무슨 수로 그의 입을 막는단 말이오?"

의행보가 덧붙였다.

"공녕의 말을 신은 능히 알아듣겠습니다. 무릇 사람은 죽으면 입을 닫게 됩니다. 주공은 왜 설야를 죽이라는 취지의 유지諭旨를 아래로 전달하는 전지傳旨를 행하지 않는 것입니까? 그가 죽으면 주공에겐 평생토록 즐거움이 무궁할 것입니다."

진영공이 대답했다.

"과인은 그 일만은 차마 못하겠소."

공녕이 말했다.

"신이 사람을 시켜 그를 척살하면 어떻겠습니까?"

진영공이 머리를 끄덕였다.

"경이 스스로 알아서 하시오."

두 사람은 진영공과 작별하고 조문을 나온 뒤 조용한 곳으로 가 이 문제를 상의했다. 이내 많은 재물을 써서 자객을 샀다. 자객이 이내 길가에 매복해 있다가 입궁하는 설야를 척살했다. 백성들은 진영공이 설야를 죽인 것으로 알았다. 공녕과 의행보의 계책인 것은 전혀 몰랐다.

사신이 시를 지어 설야를 찬贊했다.

진나라는 밝은 덕을 잃어	陳喪明德
군신이 한 계집과 놀았다	君臣宣淫
대신은 여자 속옷을 입고	纓紳衵服
주림 땅이 조정이 되었지	大廷株林
장하구나, 설야여!	壯哉泄冶
혼자서 군주에게 간했다	獨矢直音
몸은 죽고 명성 남기다	身死名高
관용봉과 비간을 닮았다	龍血比心

설야가 죽은 뒤 진영공과 두 신하는 더욱 거침없이 행동했다. 이들 3인은 불시에 주림으로 가 서로 하희와 교접하며 즐겼다. 처음에는 남의 눈치를 보았으나 이내 습관이 돼 남의 이목도 피하지 않고 공공연히 함께 주림을

드나들게 됐다. 국인들이『시경』「국풍」에 나오는「주림株林」[2]의 시를 지어 이들을 풍자했다.

무엇하러 주림에 갔을까 胡爲乎株林
하희를 따라간 것이다 從夏南
주림에 간 게 아니라 匪適株林
하희를 따라간 것이다 從夏南

하징서는 자가 자남子南이다. 이 노래를 지은 시인은 성품이 충후해 차마 하희라고 말하지 못하고 그녀의 아들 하징서에 빗대어 하남夏南이라고 한 것이다. 그래서 하남을 뒤좇아 갔다는 뜻의 종하남從夏南 표현을 쓴 이유다.

원래 진영공은 용렬하고 경솔한 이른바 탑삽傝傝의 인물이었다. 공녕과 의행보는 그런 군주의 비위를 맞추기 위해 염치를 버린 자들이었다. 이들은 열심히 하희와 진영공을 붙여주면서 함께 즐겼다. 한 여인을 세 남자가 거느리며 함께 음락淫樂에 빠져 웃고 놀면서도 조금도 괴이하게 여기지 않았다.

하징서는 점차 장성하면서부터 어미의 소행을 알게 됐다. 어미가 하는 짓을 보고 가슴이 찢어지는 듯했다. 그 일이 군주와 관련된 일인 까닭에 도무지 어찌할 도리가 없었다. 진영공이 주림으로 온다는 이야기를 들으면 매번 핑계를 대고 밖으로 나가 몸을 피했다. 덕분에 추잡한 짓을 보지 않아

2 「주림」은『시경』「국풍, 진풍陳風」에 나온다.『열국지』에 실린 것은 2수 가운데 앞의 1수이다. 종하남從夏南 구절의 '하남'을 두고 당나라 때 공영달孔穎達은 하희의 아들 하징서夏徵舒로 새겼다. 하징서의 자가 자남子南인 까닭에 '하남'으로 칭했다는 것이다.『열국지』의 해설은 이를 좇은 것이다.

눈을 청정淸淨하게 유지할 수 있었다.

그러나 음탕한 남녀들은 하징서가 밖으로 피해 주는 걸 좋은 방편으로 여겼다. 세월이 쏜살같이 흘렀다. 어느덧 하징서도 18세가 됐다. 체격이 건장했다. 힘이 세고 활도 잘 쐈다. 진영공은 하희를 기쁘게 해주기 위해 하징서에게 부친인 하어숙이 맡았던 사마 벼슬을 이어받게 했다. 진陳나라의 병권을 장악케 된 셈이다.

하징서는 진영공에게 사은한 뒤 주림 땅으로 돌아왔다. 어미 하희에게 절을 한 뒤 부친의 뒤를 이어 사마가 된 사실을 고했다. 하희가 말했다.

"이는 주공이 내린 큰 은전이다. 응당 사마의 직분을 각별히 수행토록 해라. 나라를 위해 근심할지언정 집안 일로 머리를 썩이는 일이 있어서는 안 된다."

하징서는 모친에게 하직한 뒤 조정으로 들어가 많은 일을 처리했다.

며칠 뒤 진영공이 공녕 및 의행보를 이끌고 주림 땅으로 놀러가 하희의 집에서 함께 유숙했다. 이날 하징서는 사마 벼슬을 내린 진영공의 은혜에 대해 조금이라도 보답키 위해 일찍 집으로 돌아와 연회를 베풀고 진영공을 대접했다.

하희는 아들이 잔치 자리에 앉아 있기에 감히 밖으로 나오지 못했다. 술이 거나해지자 진영공과 두 신하는 또 희학질을 시작했다. 흥이 도도해진 이들은 일어나서 춤을 추고 발을 굴렀다. 하징서는 그 노는 꼴이 혐오스러워 슬며시 병풍 뒤로 피했다.

진영공이 의행보에게 말했다.

"하징서의 체구가 장대한 것이 너를 닮았다. 혹여 네 자식이 아니냐?"

의행보가 웃으며 대답했다.

"하징서의 두 눈이 형형히 빛나는 게 꼭 주공을 닮았습니다. 아마 주공의 소생인가 합니다."

공녕이 끼어들었다.

"주공과 의 대부 모두 아직 나이가 젊어 그런 자식을 둘 수 없습니다. 그의 아비는 매우 많을 줄 압니다. 하징서는 아마 잡종雜種인가 합니다. 하 부인도 접촉한 사람이 너무 많아 누구의 자식인지 짐작하지 못할 것입니다."

세 사람이 서로 손뼉을 치고 크게 웃었다. 병풍 뒤에서 하징서는 이들의 말을 듣지 않을 수가 없었다. 자신도 모르는 사이 수치를 느꼈다. 이내 치밀어 오르는 분노를 억누를 수 없었다. 분노는 마음을 따라 일어나고 증오는 쓸개 언저리서 생긴다는 뜻의 '노종심상기怒從心上起, 오향담변생惡向膽邊生' 격언이 꼭 그의 심경과 같았다.

곧 내실로 들어가 모친이 있는 내실로 가 밖에서 자물쇠로 잠갔다. 이어 편문便門을 통해 밖으로 나왔다. 이어 수행한 병사들에게 명했다.

"너희들은 집 주위를 포위토록 하라. 진후陳侯와 공녕 및 의행보가 달아나지 못하도록 단단히 지켜야 한다."

병사들이 함성을 지른 뒤 일제히 집을 포위했다. 하징서가 갑옷을 입고 손에 시퍼런 칼을 들었다. 이어 힘센 장정 몇 사람을 이끌고 대문을 통해 집 안으로 쳐들어가며 큰 소리로 외쳤다.

"저 음탕한 도적을 잡아라!"

당시 진영공은 너절하기 짝이 없는 불삼불사不三不四의 음담패설로 웃고 떠들며 술을 마시고 있었다. 공녕이 밖에서 나는 소리를 듣고 진영공에게 말했다.

"주공은 속히 일어나십시오. 좋지 않은 일이 일어난 듯합니다. 이제 보니 하징서가 이 자리를 마련한 것도 딴 마음이 있기 때문인 듯싶습니다. 지금 병사들을 이끌고 쳐들어오며 '저 음탕한 도적을 잡아라!'라고 외치는 소리가 들렸습니다. 주공은 속히 달아나십시오."

의행보가 말했다.

"앞문은 차단되었을 것이니 뒷문으로 달아나야 합니다."

세 사람은 하희의 집을 노상 드나들었기에 집의 구조와 출입로를 잘 알고 있었다. 진영공은 하희가 있는 내실을 향해 달려갔다. 하희에게 목숨을 구해달라고 구걸할 참이었다. 그러나 내실로 통하는 문에 큰 자물쇠가 채워져 있었다. 당황한 진영공이 후원 쪽으로 달아났다.

그러나 어느새 하징서가 뒤를 쫓아왔다. 진영공은 후원 동쪽에 마구간이 있고, 마구간 옆 담장은 높지 않아 뛰어넘을 수 있다는 걸 알고 있었다. 마구간 쪽으로 내달렸다.

하징서가 뒤쫓아 오며 외쳤다.

"무도한 군주는 어디로 달아나려는 것인가?"

그러고는 진영공을 향해 활을 쐈다. 그러나 '쉭'하고 날아간 화살은 옆으로 빗나갔다. 진영공이 몸을 감추기 위해 마구간으로 들어갔다. 마구간 안에서 숨을 곳을 찾았으나 놀란 말들이 '히힝'대며 날뛰는 바람에 부득이 다시 밖으로 나와야만 했다.

하징서가 마구간에서 나오는 진영공을 정면으로 쐈다. 화살이 진영공의 가슴을 꿰뚫었다. 진영공 평국은 가련하게도 즉위 15년 만에 마구간 바닥에 쓰러져 죽었다.

공녕과 의행보는 진영공이 동쪽으로 달아난 걸 보고, 하징서가 반드시 그 쪽으로 갈 것으로 생각했다. 이들은 서쪽 활터를 향해 달아났다. 실제 하징서는 진영공 뒤를 쫓아갔다. 그 사이 공녕과 의행보는 서쪽 활터의 개구멍으로 빠져나갔다. 이들은 감히 집으로 가지 못하고 맨 몸인 채 곧바로 초나라를 향해 달아났다.

한편 하징서는 진영공을 쏘아죽인 후 군사를 이끌고 성으로 들어갔다. 그는 술에 취한 진영공이 폭사暴死했다고 둘러댔다. 이어 진영공의 유명遺命을 내세워 태자 오午를 옹립했다. 그가 진성공陳成公이다.

진성공은 내심 부친을 죽인 하징서를 원망했다. 그를 제압할 힘이 없었다. 꾹 참고 말하지 않은 이유다. 하징서는 열국의 제후들이 이번 사건을 핑계로 쳐들어오지나 않을까 우려했다. 진성공에게 직접 진晉나라로 몸소 가서 우호관계를 맺어야 한다고 강압한 이유다.

바로 그 즈음 초장왕의 명을 좇아 진영공에게 진릉의 회맹에 참여할 것을 통보키 위해 진나라로 가던 초나라 사자가 도성에 당도하기도 전에 변란 소식을 듣고 도로 초나라로 돌아간 것이다. 마침 공녕과 의행보 역시 초나라로 도망쳐 왔다. 이들은 초장왕을 알현하는 자리에서 자신들의 음란한 행적은 쏙 빼놓은 채 이같이 고했다.

"하징서가 조반造反해 진후陳侯 평국을 죽였습니다."

이들의 말은 진나라로 가다가 도중에서 돌아온 사자의 말과 같았다. 초장왕은 신하들을 소집해 이 일에 관해 상의했다.

당시 초나라에 한 공족公族 대부가 있었다. 이름이 굴무屈巫로 자는 자령子靈이다. 좌광의 대장으로 있던 굴탕屈蕩의 아들이다.

굴무는 이목이 수려하고 풍채가 당당했다. 문무도 겸비했다. 그러나 단 하나의 결점이 있었다. 음락淫樂을 지나치게 밝히는 호색한好色漢이라는 점이 그렇다. 그는 8백여 년을 살았다는 전설적인 도사인 팽조彭祖의 방중술房中術을 깊이 연구했다.

그는 몇 년 전에 사자가 되어 진陳나라로 가다가 교외로 놀러가는 하희 일행을 만난 적이 있다. 그때 하희가 탄 수레의 휘장 사이로 그녀를 엿보게 됐다. 게다가 전설적인 황제黃帝 때 활약한 소녀素女의 방중술인 채전술采戰術을 비롯해 장생불사의 연단술煉丹術을 터득해 늙을수록 더욱 젊어진다는 소문을 듣고는 더욱 사모하게 됐다.

조당 회의에서 굴무는 하징서가 진영공을 죽였다는 이야기를 듣고는 내심 하희를 차지할 속셈으로 진陳나라에 대한 토벌을 강력히 주장했다. 영윤 손숙오도 이에 동조했다. 마침내 초장왕이 토벌을 결정했다. 때는 주정왕 9년이자 진성공 원년인 기원전 598년이었다.

초장왕이 먼저 격문을 작성해 진陳나라로 보냈다. 대략 이런 내용이었다.

> 초왕이 너에게 알린다. 너희 나라 소서씨少西氏는 하징서가 군주를 시해한 것은 귀신과 사람이 함께 분노할 일이다. 그런데도 너희 나라는 하징서를 징벌하지 못하고 있어 과인이 너희 대신 그를 징벌코자 한다. 징벌은 오로지 죄를 지은 자만이 받게 될 것이다. 나머지 신민臣民은 조용히 지켜보기만 하고 소요를 일으키지 마라.

진나라에 격문이 오자, 사람들 모두 그 허물을 하징서에게 돌렸다. 백성들은 초나라의 손을 빌려 하징서를 징벌할 수밖에 없다고 생각했다. 그런 민심을 알게 된 조정의 대신들 역시 초나라 군사를 방어할 계책을 세우지 않았다.

한편 초장왕은 공자 영제와 공자 측 및 굴무 등 몇몇 장수와 함께 3군을 이끌고 진陳나라로 쳐들어갔다. 구름이 말아 올라가고 바람이 내달리는 운권풍치雲卷風馳의 기세였다. 마치 무인지경無人之境을 들어가는 것과 같았다.

초장왕은 이르는 곳마다 백성들을 위로하고 추호도 백성들을 범하지 않았다. 하징서는 세인들이 자신을 원망한다는 걸 알았다. 도성을 떠나 몰래 주림으로 잠입한 이유다. 그때 진晉나라와 우호관계를 맺으로 간 진성공은 아직 돌아오기 못했다. 대부 원파轅頗가 군신들과 함께 초나라 군사 대비책을 상의했다. 원파가 말했다.

"초왕은 우리를 위해 역신을 벌하겠다고 했소. 차라리 우리가 그를 잡아

다가 초나라 군사에게 바치고 강화를 청하는 게 사직을 보전하는데 상책일 것이오."

군신들 모두 그같이 생각했다. 원파는 아들 교여僑如로 하여금 군사를 이끌고 가 하징서를 체포케 했다. 그러나 교여가 떠나기도 전에 초나라 군사가 이미 성 아래에 당도했다.

진나라는 오랫동안 정령政令이 제대로 시행되지 못했다. 더구나 진성공은 아직 돌아오지 않은 상태였다. 백성들이 주도해 성문을 열고 초나라 군사를 맞아들였다. 초장왕이 대열을 정돈한 뒤 입성했다. 초나라 장수들이 원파를 비롯한 진나라 대부들을 잡아와 초장왕 앞에 꿇어앉혔다.

초장왕이 물었다.

"하징서는 어디에 있는가?"

원파가 대답했다.

"주림 땅에 있습니다."

초장왕이 다시 물었다.

"너희들은 모두 진陳나라 신하가 아닌가? 어째서 그 역적을 주살하여 토벌하는 주토誅討를 가하지 않는 것인가?"

원파가 대답했다.

"주토하지 않으려는 게 아니라 그럴 힘이 없기 때문입니다."

초장왕은 곧바로 원파를 향도로 앞세운 뒤 대군을 이끌고 주림 땅으로 갔다. 공자 영제는 휘하 군사와 함께 진나라 도성에 머물렀다.

당시 하징서는 모친인 하희를 모시고 정나라로 달아나려고 했다. 떠나기 직전 초나라 군사가 들이닥쳐 주림을 에워쌌다. 하징서가 초나라 군사에게 포획됐다. 초장왕이 함거에 가둘 것을 명한 뒤 하희의 집안을 두리번거리며 말했다.

"하희는 어째서 보이지 않는 것인가?"

병사를 시켜 집안을 샅샅이 뒤지게 했다. 마침내 후원 구석에 숨어 있는 하희를 찾아냈다. 시녀 하화만큼은 어디로 달아났는지 결국 잡지 못했다.

하희가 초장왕에게 재배하고 말했다.

"천첩의 잘못으로 불행히도 나라가 혼란에 빠지고 저희 집안은 망했습니다. 천첩의 목숨은 대왕의 손에 달려 있습니다. 혹여 천첩을 불쌍히 여겨 살려주시면 노비로 삼을지라도 달게 받겠습니다."

아름다고 고운 연려姸麗의 안색과 자상하고 고운 상아詳雅의 말투였다. 초장왕은 하희를 한번 보자마자 정신이 아득해지고 마음이 미혹됐다. 여러 장수를 돌아보며 물었다.

"초나라 후궁에도 미색이 많지만 하희만한 여인은 없소. 과인이 이끌고 가 비빈으로 삼을까 하오. 경들은 어찌 생각하오?"

자가 자령子靈인 굴무가 간했다.

"불가, 불가합니다. 주공이 군사를 이끌고 진陳나라에 온 것은 신하의 시역을 토벌키 위한 것입니다. 만일 하희를 취하면 이는 결국 여색을 탐한 게 됩니다. 죄를 다스리는 것은 의義, 여색을 탐하는 것은 음淫입니다. '의'로 시작해 '음'으로 끝내는 것은 패주伯主의 처신이 아닙니다. 그같이 하는 것은 부당합니다."

초장왕이 이를 그럴 듯하게 여겼다.

"지령의 말이 맞소. 과인은 하희를 취하지 않겠소. 다만 그 계집은 세상에 둘도 없는 천하절색의 우물尤物이오. 만일 다시 과인의 눈에 띄면 과인은 능히 차지하고 싶은 마음을 억제하지 못할 것이오."

그러고는 병사들에게 명해 뒷담에 구멍을 뚫은 뒤 그 구멍을 통해 하희를 내보내게 했다.

당시 장군 공자 측도 초장왕 곁에 있었다. 하희의 미모를 보고 크게 탐했다. 초장왕이 취하지 않겠다고 말하자 무릎을 꿇고 청했다.

"신이 중년의 나이가 됐으나 상처한 뒤 아직 아내가 없습니다. 주공은 하희를 신에게 내려 아내로 삼게 해주십시오."

굴무가 다시 초장왕에게 말했다.

"주공은 그 청을 들어줘선 안 됩니다."

공자 측이 화를 냈다.

"자령은 내가 하희를 삼는 것을 반대하니 무슨 까닭으로 그러는 것이오?"

굴무가 대답했다.

"그 여인은 천지간의 상서롭지 못한 불상지물不祥之物이오. 내가 아는 대로만 말하겠소. 그녀는 공자 만蠻을 요절케 하고, 남편 하어숙을 죽게 했고, 진영공을 시해하게 했고, 아들 하징서를 주살誅殺 위기에 몰아넣었고, 공녕과 의행보를 망명케 했고, 결국 진나라마저 망하게 만들었소. 상서롭지 못한 것은 이루 더 말할 수가 없소. 천하에 아름다운 여인이 허다한데, 하필 그런 음물淫物을 얻어 후회를 남기려는 것이오?"

초장왕이 말했다.

"자령의 말을 듣고 보니 과인 역시 그 계집이 두렵게 여겨지오."

공자 측이 굴무에게 말했다.

"하희의 행실이 그렇다면 나도 취하지 않을 것이오. 다만 한 가지 다짐할 게 있소. 그대는 주공은 물론 나까지도 그 여인을 취하지 못하게 했소. 나중에라도 그 여인을 취하겠다는 말을 해서는 안 되는 것을 아시오?"

굴무가 거듭 대답했다.

"어찌 감히, 어찌 감히 그러겠소."

초장왕이 말했다.

"물건이든 사람이든 주인이 없으면 반드시 서로 다투게 마련이다. 듣자니 연윤連尹[37] 양로襄老가 근래 아내를 여의었다고 하니 그에게 계실繼室로 내주는 게 좋을 듯하오."

당시 양로는 연連 땅의 군사를 이끌고 초장왕을 따라 출전했다. 그의 군대는 후대後隊에 배속돼 있었다. 초장왕이 양로를 데려오게 한 뒤 하희를 내줬다. 부부가 된 양로와 하희는 초장왕에게 사은하고 물러갔다.

공자 측의 일이 끝난 것은 굴무가 초장왕에게 간해 그리된 것이다. 굴무가 그리 한 것은 결국 하희를 자기 것으로 만들 속셈에서 나온 것이었다. 초장왕이 하희를 양로에게 내주는 걸 보고는 속으로 외쳤다.

'가석可惜하다, 가석해!'

그는 또 내심 이같이 생각했다.

'양로는 늙은 사람이다. 그가 어떻게 저런 부인을 감당하겠는가? 하희는 틀림없이 1년 반도 안 되어 다시 과부가 될 것이다. 그때 가서 무슨 수를 써 보기로 하자.'

굴무는 이런 의중을 전혀 밖으로 드러내지 않았다.

초장왕은 주림에서 하룻밤을 유숙한 뒤 이튿날 진陳나라 도성으로 돌아갔다. 공자 영제가 성 밖까지 나와 초장왕을 영접한 뒤 함께 입성했다.

초장왕은 곧바로 영을 내려 하징서를 도성의 율문栗門으로 끌어내도록 했다. 이어 가장 무거운 형벌인 거열형車裂刑에 처하게 했다. 지난날 제양공이 정나라 대부 고거미를 처형했을 때처럼 몸이 다섯 가닥으로 찢겨졌다.

사신이 이를 시로 읊었다.

진영공이 음란해 죽음 자초했으니	陳主荒淫雖自取
하징서 역시 신하 도리를 어겼다	徵舒弑逆亦違條

3 연윤連尹을 두고 삼국시대 오나라의 위소韋昭는 『국어國語』「진어晉語」에 대한 주에서 '초나라 관직이다.'라고 했다. 홍량길洪亮吉은 지방관이 아닌 중앙조정의 관직으로 보았다. 중국어 음운학자 스웨덴의 칼그렌B. Karlgren은 수레를 관장하는 관원으로 파악했다.

초장왕이 의를 받들어 하징서를 토벌하다

초장왕 징벌은 가뭄의 단비 같아	莊王弔伐如時雨
중원 제후들 초나라 우러러 보다	泗上諸侯望羽旄

초장왕은 하징서를 처형한 후 진陳나라의 판도와 호적을 조사했다. 이어 진나라를 없애고 초나라의 한 현縣으로 편입했다. 공자 영제를 진공陳公에 임명해 그 땅을 다스리게 했다. 이어 진나라 대부 원파 등을 이끌고 초나라 도성인 영도로 돌아갔다.

당시 초나라 남쪽의 속국들은 초장왕이 진陳나라를 병탄하고 돌아왔다는 소문을 듣고는 모두 초나라에 와서 축하했다. 초나라 각 현의 수령들도 영도로 와서 경하를 올린 것은 말할 것도 없다.

초나라 대부 신숙시申叔時가 제나라에 사자로 가서 아직 돌아오기 전이었다. 그때 제나라에선 제혜공齊惠公이 죽고, 태자 무야無野가 즉위했다. 그가 바로 제경공齊頃公이다. 그때 제나라와 초나라는 친하게 지냈다. 초장왕은 제혜공을 조문하고 새로 즉위한 제경공을 축하하기 위해 신숙시를 사자로 보낸 것이다. 이는 초장왕이 진陳나라를 치러가기 전의 일이다.

신숙시는 진나라를 병탄하고 귀국한 지 사흘 뒤에야 제나라에서 돌아왔다. 그는 초장왕 앞에서 복명한 뒤 진나라 병탄에 대해서는 아무런 경하의 말도 하지 않고 물러갔다.

초장왕은 괘씸하게 생각했다. 곧 사람들을 보내 그의 무례를 책망하는 자신의 말을 전하게 했다.

"진나라 하징서가 무도해 군주를 시해했소. 과인은 그의 죄를 응징해 잡아 죽였소. 나라를 꾸려나갈 능력이 없는 진나라의 판도를 접수해 초나라의 현으로 만들었소. 나의 의거가 천하에 전파돼 각 현의 수령은 물론 남쪽 제후들이 모두 와서 경하했소. 유독 그대만은 한마디 말도 하지 않으니 이는 과인의 진나라 병탄을 잘못된 것으로 여긴 탓이오?"

신숙시가 곧 사자로 온 내시를 좇아 입궁해 알현을 청했다. 초장왕이 허락했다. 신숙시가 말했다.

"대왕은 옛날 어떤 사람이 밭둑에서 소를 빼앗은 혜전탈우蹊田奪牛[4]의 일화를 들은 적이 있습니까?"

초장왕이 대답했다.

"들어본 적이 없소."

신숙시가 말했다.

4 지은 죄보다 받은 죄가 무거운 경우를 뜻하는 혜전탈우蹊田奪牛 성어는 『춘추좌전』「노선공 11년」조에 소개된 일화에서 나온 것이다.

"옛날 어떤 사람이 집으로 빨리 가려고 소를 끌고 남의 밭을 가로질렀습니다. 밭곡식이 많이 짓밟혔습니다. 밭주인이 나와 그 사람의 소를 빼앗았습니다. 소 임자가 그런 일로 소송을 하면 대왕은 어떻게 판결할 것입니까?"

초장왕이 대답했다.

"소가 밭을 밟았다고 해서 곡식이 많이 상한 건 아니지 않소? 소를 빼앗는 것은 너무 심한 일이오. 과인이 그 소송을 판결한다면 소 임자에게 적당한 책임을 지우고, 그 소는 돌려주도록 하겠소. 그대는 어찌 생각하오?"

신숙시가 말했다.

"대왕은 그런 소송에 대해 밝은 판단을 하면서 어찌하여 진나라를 응징하는 것에 대해선 그토록 어두운 것입니까? 하징서는 그 군주를 시해한 죄밖에 없습니다. 나라를 망칠만한 죄를 저지르지는 않았습니다. 대왕은 하징서의 죄만 벌하면 그만입니다. 그런데도 그 나라까지 빼앗았습니다. 밭주인이 소를 빼앗는 것과 무엇이 다르겠습니까? 신은 그 때문에 경하하지 않은 것입니다."

초장왕이 발을 구르며 탄복했다.

"선하구나, 그 말이! 과인은 아직 그런 말을 들어보지 못했소."

신숙시가 엎드려 말했다.

"대왕이 이미 신의 말을 옳게 여긴다면 소를 돌려줘야 한다는 판결을 본받아야 할 줄 압니다."

초장왕은 곧 진나라 대부 원파 등을 궁으로 불러들였다.

"지금 진나라 군주가 어디에 있소?"

원파가 대답했다.

"저번에 우호관계를 맺기 위해 진晉나라로 갔습니다. 지금은 어디에 있는지 잘 모르겠습니다."

말을 마친 후 자신도 모르게 눈물을 흘렸다.

초장왕이 비참한 심경으로 참연慘然히 말했다.

"과인이 응당 그대의 나라를 회복시켜 주겠소. 그대는 속히 진군陳君을 찾아내 보위에 세우도록 하시오. 앞으로 대대로 초나라에 귀부해 남북 사이를 오가는 일이 없도록 하시오. 진陳나라를 회복시켜 준 과인의 은덕을 저버리지 말아야 할 것이오."

초장왕이 또 공녕과 의행보를 불러 분부했다.

"그대들도 귀국토록 할 것이니 군신들과 함께 진군陳君을 잘 보필토록 하시오."

원파는 이번 참사의 원인이 공녕과 의행보에게 있다는 걸 알고 있지만 초장왕 앞에서 감히 전후 사정을 자세히 설명할 수는 없었다. 그저 얼버무리는 태도로 초장왕에게 배사拜謝한 뒤 본국을 향했다.

원파 일행이 막 초나라 경계를 벗어날 때 초나라로 오는 진성공陳成公과 만났다. 진성공은 진晉나라와 우호관계를 맺고 돌아오다가 자기 나라가 멸망했다는 보고를 받고는 초장왕을 만나 복국復國을 호소하기 위해 초나라로 오던 길이었다.

원파는 진성공에게 진陳나라의 복국을 허락한 초장왕의 미의美意를 전했다. 진성공이 어가를 돌려 원파 등과 함께 본국으로 돌아갔다.

진陳나라를 다스리던 공자 영제는 초장왕의 소환을 받고 본국으로 돌아갈 준비를 하고 있었다. 그는 진성공에게 진陳나라의 판도와 호적을 되돌려 주고 초나라로 돌아갔다. 이 일은 초장왕이 잘한 일 가운데 가장 높이 평가할 만한 일이었다.

염옹이 이를 두고 시를 지었다.

초왕의 진나라 복국을 뉘 알았을까	縣陳誰料復封陳

도척과 순임금도 마음먹기 달렸다	跖舜還從一念新
초나라가 의기를 사방에 떨쳤으니	南楚義聲馳四海
현신 덕분에 현군된 줄 알게 되다	須知賢主賴賢臣

공녕은 귀국한지 1달도 안 돼 죽은 하징서가 대낮에 나타나 자기 목숨을 빼앗으러 오는 모습을 보게 됐다. 이후 정신이 이상해져 미친 짓을 하고 돌아다니다가 못에 빠져 죽었다. 그가 죽은 날, 의행보 역시 진영공과 공녕 및 하징서 3인이 와서 그를 포박한 뒤 상제 앞으로 끌고 가 고발하는 꿈을 꿨다. 의행보가 크게 놀라 외마디 소릴 지르며 잠을 깼다. 이후 그 역시 폭질暴疾에 걸려 죽었다. 음탕한 자에 대한 응보인 셈이다.

초나라로 돌아온 공자 영제는 초장왕을 알현하면서 스스로를 '진공陳公 영제'라고 자칭했다. 초장왕은 그가 다른 땅을 요구하기 위한 것임을 알아챘다.

초장왕이 말했다.

"과인이 이미 진陳나라를 회복시켰으니 응당 다른 조처로 경에게 보상하겠소."

공자 영제가 기다렸다는 듯이 신申과 여呂 땅을 채읍으로 달라고 청했다. 초장왕이 이를 허락하려고 하자 굴무가 말했다.

"신과 여 땅은 북방의 요충지입니다. 진晉나라의 침공을 막을 때 그곳의 인력과 자원이 절대 필요합니다. 그 땅을 상으로 내주어서는 안 됩니다."

초장왕이 이 말을 듣고 공자 영제의 청을 거절했다. 얼마 후 신숙시가 나이를 핑계로 신 땅의 수령 벼슬을 내놓았다. 초장왕이 굴무를 신공申公으로 삼았다. 굴무가 사양하지 않고 이를 받아들였다. 공자 영제와 굴무의 사이가 나빠진 이유다.

106話 진경공이 군사를 보내 정나라를 구하다
– 진경공출사구정晉景公出師救鄭

주정왕 10년이자 초장왕 17년인 기원전 597년, 진陳나라가 초나라에 귀의했지만 정나라는 아직 진晉나라를 섬기며 초나라에 순종하지 않았다. 초장왕이 괘씸하게 생각했다. 이내 대부들을 소집해 상의했다.

영윤 손숙오가 말했다.

"우리가 정나라를 치면 진晉나라는 틀림없이 정나라를 구원할 것입니다. 대군을 동원해야만 가히 정나라를 칠 수 있습니다."

초장왕이 말했다.

"과인의 생각도 그렇소."

초장왕이 3군을 비롯해 좌우 양광兩廣의 군사를 모두 일으켜 호호탕탕하게 정나라 도성인 형양滎陽을 향해 나아갔다. 윤 양로가 전부前部 선봉을 맡았다. 출발 순간 휘하 장수 당교唐狡가 청했다.

"작은 정나라 때문에 우리 대군을 고생시킬 필요는 없습니다. 군사 100명만 주면 대군보다 하루 앞서 전진하면서 뒤에 오는 3군을 위해 길을 열도록 하겠습니다."

양로는 그 뜻을 장하게 생각해 당교에게 군사 100명을 내줬다. 당교는 하루 앞서 전진하며 힘껏 싸워 앞을 가로막는 정나라 병사를 쳐부쉈다. 덕분에 초나라 군사는 한 번도 전진을 멈춘 적이 없다. 당교는 매일 저녁마다 야영할 곳을 소제하고 초나라 대군을 기다렸다.

덕분에 초장왕은 정나라 도성의 형양 교외까지 이르는 동안 단 1명의 저항이나 단 1일의 지체도 없었다. 초장왕이 이를 괴이하게 여겼다.

양로를 불러 말했다.

"경이 노익장老益壯을 과시할 줄은 생각지도 못했소. 이토록 용감하게 전진하는 것을 보니 그렇소."

양로가 대답했다.

"이번 일은 신의 공로가 아닙니다. 신의 부장副將 당교가 앞장서서 역전力戰한 덕분입니다."

초장왕은 곧 당교를 불러 후한 상을 내리고자 했다. 당교가 사양했다.

"신은 이미 주공의 은사恩賜를 크게 받았습니다. 보은키 위해 이번에 힘껏 싸운 것뿐입니다. 어찌 외람되게 또 상까지 받을 수 있겠습니까?"

초장왕이 의아해하며 물었다.

"과인은 경을 잘 모르는데 경은 언제 어디서 과인의 은사를 받았단 말이오?"

당교가 대답했다.

"지난날 절영회絶纓會 석상에서 미인의 옷소매를 잡아당긴 자가 바로 신입니다. 당시 주공이 신을 죽이지 않은 은덕을 입었기에 신은 이번에 목숨을 버릴 각오로 싸워 보은코자 한 것입니다."

초장왕이 탄복했다.

"아, 당시 과인이 촛불을 밝히고 범인을 잡아 다스렸다면 어찌 이번처럼 사력을 다해 싸우는 사람을 얻을 수 있었겠는가?"

초장왕이 군정軍正을 불러 당교의 공을 수공首功으로 기록하게 했다. 정나라를 평정한 후 높은 벼슬을 줄 작정이었다.

당교가 친구에게 말했다.

"지난날에 나는 주공에게 죽을죄를 지은 사람이다. 당시 주공이 모든 것을 덮어두고 나를 죽이지 않았기에 그에 보답한 것이다. 이젠 모든 걸 밝힌 터에 죄인인 내가 감히 후일에 상을 받을 수 있겠는가?"

그날 밤 당교는 어디론지 종적을 감춰 버렸다. 이튿날 초장왕이 그 소식을 듣고 거듭 탄식했다.

"그는 실로 열사烈士다!"

초나라 대군이 정나라 도성의 교외에 있는 방어시설을 격파하고 도성의 바로 아래까지 진격했다. 초장왕이 전군에 명해 포위망을 구축한 뒤 공격케 했다. 무릇 17일 동안 밤낮을 쉬지 않고 쳤다. 정양공鄭襄公은 진晉나라에서 구원병이 올 것을 믿고 끝까지 버티었다. 정나라 군사가 많은 사상자를 낸 이유다.

마침내 초나라 군사의 공격으로 도성의 동북쪽 성벽이 수십 장丈이나 무너져 내렸다. 초나라 군사가 성벽 위로 오르기 시작했다. 초장왕은 천지를 진동시키는 성안 백성들의 곡성을 듣자 내심 그들을 불쌍히 여겼다. 그는 전군에 명해 10리를 물러나도록 했다.

공자 영제가 크게 놀라 물었다.

"지금 성이 무너지기 시작해 승세乘勢해야 할 때인데 무슨 이유로 퇴사退師를 명하는 것입니까?"

초장왕이 대답했다.

"정나라는 과인의 위력만 알고 아직 과인의 덕을 모르고 있소. 이제 잠시 군사를 후퇴시켜 이들에게 덕을 보여줄 작정이오. 이후 정나라가 순종하는지 여부를 살펴본 뒤 진퇴를 결정토록 하겠소."

정양공은 초나라 군사는 10리 밖으로 물러가는 것을 보고는 진晉나라 군사가 다가온 탓으로 생각했다. 다시 백성들을 휘몰아 무너진 성벽을 다시 쌓게 했다. 이어 남녀를 불문하고 모두 성 위로 올라가 싸울 준비를 갖추도록 했다.

초장왕은 정나라가 항복할 의사가 없다는 걸 알았다. 다시 진격해 정나라 도성을 포위한 뒤 밤낮없이 공격케 했다. 정나라 3달 동안 버텼다. 그러나 더 이상 버틸 도리가 없었다. 마침내 초나라 장수 악백樂伯이 휘하 군사를 이끌고 도성의 황문皇門으로 올라갔다. 이어 성문을 파괴해 크게 열었다. 초나라 군사는 물밀 듯이 성안으로 들어갔다.

초장왕이 급히 명을 내려 노략질을 일절 금했다. 초나라 3군이 그 명을 받고 군기가 숙연해졌다. 초장왕의 도성의 한가운데인 규로逵路에 이르자 정양공이 윗옷을 벗은 뒤 점령군을 대접한다는 취지로 양을 끌고 나오는 이른바 육단견양肉袒牽羊[5]으로 항복을 표하며 강화를 청했다. 초장왕 앞에 꿇어앉아 사죄했다.

"고孤가 부덕不德해 대국을 제대로 섬기지 못했습니다. 군왕을 분노케 만들어 대군을 이끌고 이곳까지 오게 만들고서야 고의 죄를 분명히 알게 됐습니다. 나라의 존망과 고의 생사가 모두 군왕의 명령 한마디에 달려 있습니다. 원컨대 군왕은 양국 선군들의 지난날 우호관계를 생각해 정나라를 없애지 말고 종묘사직을 이어갈 수 있게 해주십시오. 그러면 정나라는 부용附庸이 되는 것도 마다하지 않고 군왕의 은혜로 알겠습니다."

공자 영제가 나서서 말했다.

"정나라는 힘이 다해 항복한 것일 뿐입니다. 용서해 주면 또 배반할 게 빤하니 차제에 정나라를 아예 없애버리십시오."

초장왕이 말했다.

"신숙시가 이 자리에 있다면 다시 혜전탈우蹊田奪牛의 사례를 들먹이며

5 육단견양肉袒牽羊은 항복의식의 일환으로 상대에게 음식을 제공한다는 취지로 웃통을 벗는 육단肉袒을 한 채 양을 끌고 나오는 것을 말한다. 육단을 한 채 두 손을 뒤로 묶고 승리자 앞으로 나가는 육단면박肉袒面縛, 육단을 한 채 양을 끌고 나오는 육단견양肉袒牽羊, 관冠을 벗고 육단을 하는 해관육단解冠肉袒, 육단한 채 무릎으로 걸어가는 육단슬행肉袒膝行과 취지를 같이한다. 모두 저항을 포기하고 목숨을 상대에게 맡긴다는 취지에서 나온 것이다. 『춘추좌전』「노소공 4년」조에는 이밖에도 두 팔을 뒤로 묶고 입에는 구슬을 머금는 것으로 죽은 목숨임을 상징하는 면박함벽面縛含璧과 웃통을 벗어 등을 드러낸 채 관재棺材를 수레에 싣고 가는 단배여츤袒背輿櫬의 항복의식이 언급돼 있다.

과인을 책망할 것이다."

그러고는 전군에 명해 30리 밖으로 물러가도록 했다. 정양공이 직접 초나라 군중에 와서 거듭 사죄하고 강화를 청했다. 이어 자신의 동생인 공자 거질去疾을 볼모로 삼아 초나라 군중에 머물게 했다.

초나라 군사가 이내 회군했다. 그러나 초장왕은 본국으로 가지 않고 북쪽으로 전진해 연延 땅으로 갔다. 그곳에 천막을 치고 주둔했다. 진晉나라 군사의 남하에 대비하기 위한 것이었다. 미구에 첩자가 와서 고했다.

"진晉나라가 순림보를 대장, 선곡을 부장으로 삼은 뒤 병거 600승을 이끌고 가 정나라를 구원토록 했습니다. 이미 황하를 건넜다고 합니다."

초장왕이 제장들에게 물었다.

"진晉나라 군사가 이곳으로 온다고 하는데 귀국해야 하오? 아니면 싸워야 하오?"

영윤 손숙오가 말했다.

"정나라가 굴복하지 않았다면 응당 싸워야 합니다. 하지만 우리는 이미 정나라를 굴복시켰습니다. 그런 판국에 다시 진晉나라와 원한을 맺는 게 무슨 도움이 되겠습니까? 군사를 손상시키지 않고 온전히 철군하는 게 만무일실萬無一失의 계책에 해당합니다."

초장왕의 폐신嬖臣인 오삼伍參이 말했다.

"영윤의 말은 옳지 않습니다. 정나라는 우리의 힘이 미약하다고 생각해 진晉나라를 섬긴 것입니다. 지금 진晉나라 군사가 오는데 우리가 피한다면 우리가 저들보다 약하다는 것을 스스로 인정하는 것밖에 안 됩니다. 또 진나라 군사가 와서 정나라가 우리나라를 섬기기로 한 걸 알면 틀림없이 정나라를 포위하고 칠 것입니다. 진나라 군사는 정나라가 우리에게 굴복한 사실을 모르고 구원키 위해 오는 것입니다. 우리 역시 우리에게 귀부한 정나라를 구원해야 합니다. 이 어찌 마땅한 일이 아니겠습니까?"

정양공이 양을 끌고 가 초장왕을 맞이하다

손숙오가 대답했다.

"우리는 작년에 진陳나라, 금년에 정나라를 쳤소. 우리 군사는 크게 지쳐 있소. 그런 상황에서 우리가 진晉나라 군사와 싸워 이기지 못하면 우리 병사들이 오삼을 죽여 그 고기를 먹을지라도 그 죄를 충분히 속죄하지 못할 것이오."

오삼이 말했다.

"만일 싸워서 이기면 영윤은 계책이 없는 무모無謀한 사람이 됩니다. 이기지 못하면 저의 몸은 이미 진나라 군사에게 먹힌 뒤일 터인데 어찌 초나라 군사의 입에까지 들어갈 여분이 남아 있겠습니까?"

초장왕이 제장들에게 명해 각자 손바닥에다 자기 생각을 밝히도록 했다. 싸워야 한다고 생각하는 사람은 전戰, 물러가야 한다고 생각하는 사람은 퇴退 자를 쓰게 한 것이다. 제장들이 각자 자기 의견을 손바닥에 썼다. 중군 원수 우구虞邱를 비롯해 연윤 양로, 비장裨將인 채구거蔡鳩居와 팽명彭名 등 4인의 손바닥엔 '퇴'자가 적혀 있었다. 공자 영제嬰齊를 비롯해 공자 측側, 공자 곡신穀臣, 굴탕屈蕩, 반당潘黨, 악백樂伯, 양유기養繇基, 허백許伯, 웅부기熊負羈, 허언許偃 등 20여 명의 손바닥엔 모두 '전'자가 씌어 있었다.

초장왕이 말했다.

"우구는 나이도 많고 생각이 노실老實한 대신이오. 그의 의견이 영윤과 같으니 과인은 퇴군하는 쪽이 옳다고 생각하오."

초장왕은 전군에 명해 깃발과 병거의 머리를 남쪽으로 돌려 철군토록 했다. 이튿날 초나라 군사가 황하에서 말들에게 물을 먹이고 돌아갈 참이었다. 그날 밤 오삼이 초장왕을 찾아가 말했다.

"주공은 어째서 진晉나라를 그토록 두려워하는 것입니까? 애써 굴복시킨 정나라까지 포기하고 진나라에 내주려는 것입니까?"

초장왕이 대답했다.

"과인은 정나라를 버린다고 말한 적이 없다."

오삼이 말했다.

"우리 초나라 군사는 정나라 도성 밑에서 90일 동안 싸웠지만 겨우 정나라와 강화를 맺었을 뿐입니다. 지금 진晉나라 군사가 오는 중인데 우리 초나라 군사가 떠나면 진나라 군사는 정나라를 구원했다는 공을 내세워 정나라를 다시 수중에 넣을 것입니다. 그리되면 우리 초나라는 다시 정나라를 차지할 수 없게 됩니다. 그게 정나라를 버리는 게 아니고 무엇이겠습니까?"

초장왕이 말했다.

"영윤이 말하기를, '진나라 군사와 싸워도 꼭 이긴다고 장담할 수 없다.' 고 했소. 그래서 돌아가려는 것이오."

오삼이 말했다.

"신은 이미 그 일에 대해 나름 살핀 바가 있습니다. 순림보는 이번에 새로 중군 원수가 된 자입니다. 그는 아직 병사들로부터 위신威信을 얻지 못하고 있습니다. 부장副將 선곡은 선진의 손자로, 선저거의 아들입니다. 그는 대대로 내려온 집안의 공훈에만 의지하는 자입니다. 게다가 성품이 강퍅하고 어질지 못합니다. 상관의 명을 제대로 수행할 자가 아닙니다. 그 밖에 난서欒書와 조삭趙朔 등의 무리는 모두 누대를 이어온 장수 집안 출신이기는 하나 자기 의견만 내세우는 자들입니다. 대장의 호령이 잘 먹혀들지 않고 있습니다. 진晉나라 군사가 비록 많다고는 하나 쉽게 패퇴시킬 수 있습니다. 더구나 주공은 일국의 주인인데 진나라 신하들을 피한다면 곧 천하의 웃음거리가 될 것입니다. 그러고도 어찌 능히 정나라를 순종시킬 수 있겠습니까?"

초장왕이 악연愕然히 말했다.

"과인이 비록 전쟁에 능하지 못하다고 하나 어찌 진晉나라 신하들보다 못하겠소? 과인은 그대의 말을 좇아 저들과 싸우겠소."

그러고는 그날 밤에 영윤 손숙오에게 사람을 보내 싸우기로 한 자신의 결심을 알렸다. 이튿날 초장왕이 전군에 명해 병거를 되돌려 일제히 북쪽을 향해 진격케 했다.

초나라 군사가 관성管城 땅에 이르러 진晉나라 군사가 오기를 기다렸다.

양측의 승부가 어찌 될지 알 길이 없으니 다음 회를 보라.

제54회

107話 순림보가 허술한 단속으로 싸움에서 지다
– 순림보종속망사荀林父縱屬亡師

진성공晉成公의 뒤를 이어 진경공晉景公은 재위 3년이 되는 기원전 597년, 초장왕이 직접 출전해 정나라를 친다는 급보를 듣게 됐다. 군신들을 소집해 논의한 뒤 순림보荀林父를 중군 원수, 선곡先縠을 중군 부장으로 삼았다. 또 사회士會를 상군 대장, 극극郤克을 상군 부장으로 임명했다. 나아가 조삭趙朔을 하군 대장, 난서欒書를 하군 부장으로 삼았다. 그 밖에도 조괄趙括과 조영趙嬰을 중군 대부, 공삭鞏朔과 한천韓穿을 상군 대부, 한궐韓厥을 사마로 삼았다. 끝으로 위기魏錡와 조전趙旃, 순앵荀罃, 봉백逢伯, 포계鮑癸 등 수십 명의 장수를 각 편대를 이끄는 부장部將으로 삼았다.

이들은 병거 600승을 이끌고 이해 6월에 진晉나라 도성 강도絳都를 떠났다. 황하 어귀에 이른 뒤 전초병들을 보내 정나라 사정을 정탐케 했다.

그 결과 정나라 도성이 오랫동안 포위 속에서도 온 힘을 다해 버티다가 진晉나라 군사가 오지 않자 결국 정양공이 항복했고, 초나라 군사는 정나라를 떠나 북쪽으로 이동했다는 것을 알게 됐다. 순림보가 제장들을 소집한 뒤 진격할 것인지 아니면 회군할 것인지 여부를 논의케 했다.

사회가 나서서 말했다.

"우리가 정나라를 구원하지 못한 마당에 초군과 싸워봐야 아무런 명분이 없습니다. 차라리 회군했다가 다시 출병할 기회가 생길 때까지 기다려야 할 것입니다."

순림보는 이 말을 그럴 듯하게 여겼다. 곧 제장들에게 철군을 명했다. 그러자 중군에 속한 한 장수가 나서서 말했다.

"불가, 불가합니다. 우리 진晉나라가 여러 제후들의 패주伯主 역할을 할 수 있었던 것은 우리가 기울어지는 나라를 붙들어주고 어려움에 처한 나라를 구원하는 이른바 부경구난扶傾救難을 행했기 때문입니다. 이번에 정나라가 초나라에 굴복한 것도 나름 열심히 버텼지만 원군이 이르기 않았기에 부득불 그리한 것입니다. 지금이라도 우리가 초나라 군사를 격파하면 정나라는 틀림없이 우리 편이 될 것입니다. 이제 우리가 정나라를 포기한 채 초나라 군사를 피해 달아나면 천하의 약소국들이 어찌 우리를 믿겠습니까? 그리하면 우리 진나라는 두 번 다시 천하를 호령하지 못할 것입니다! 원수가 꼭 철군코자 하면 원컨대 소장만이라도 본진의 군사를 이끌고 계속 전진코자 합니다."

순림보가 눈을 들어보니 그는 바로 휘하의 중군 부장인 선곡先穀이었다. 그의 자는 체자彘子였다. 순림보가 말했다.

"지금 초왕楚王이 직접 군사를 지휘하고 있소. 병사들도 강하고 장수 또한 많소. 그대가 얼마 안 되는 본진의 군사만 이끌고 홀로 황하를 건너면 이는 마치 굶주린 범에게 고기를 던져 주는 투육뇌호投肉餒虎와 같은 짓이오. 무슨 소용이 있겠소?"

선곡이 포효하듯 큰 소리로 외쳤다.

"만일 싸우지 않으면 세인들은 당당한 진晉나라에 초나라 군사와 싸울 자가 하나도 없다고 비웃을 것입니다. 이 어찌 부끄러운 일이 아니겠습니까? 비록 적진 앞에서 죽을지언정 나의 지기志氣만은 잃을 수 없습니다."

선곡은 말을 마치자 분연히 밖으로 나가 버렸다. 그는 영문 밖에서 조동 및 조괄 형제를 만났다. 그들에게 말했다.

"원수는 초나라 군사를 두려워해 회군하겠다고 하오. 나 혼자만이라도 황하를 건너 적들과 싸울 작정이오."

조동 형제가 찬성했다.

"대장부라면 누구나 응당 장군과 같아야 할 것이오. 우리 형제도 장군을 따르겠소."

세 장수가 대장의 명도 받지 않은 채 휘하의 군사를 임의로 이끌고 황하를 건넜다. 하군 대부 순수荀首는 조동을 찾았으나 보이지 않았다. 한 병사가 와서 고했다.

"조동 형제는 선곡을 따라 초나라 군사를 치러 갔습니다."

순수가 크게 놀라 곧 사마 한궐에게 보고했다. 한궐이 곧바로 중군으로 가 순림보에게 말했다.

"원수는 체자彘子가 이미 황하를 건너갔다는 걸 알고 있습니까? 그가 얼마 안 되는 군사로 초나라 군사와 싸우면 틀림없이 패할 것입니다. 그가 패하면 그 책임은 전적으로 원수가 져야 합니다. 이 일을 어찌할 것입니까?"

순림보가 송구스런 표정으로 대책을 물었다. 한궐이 대답했다.

"일이 이 지경에 이른 바에야 3군이 모두 황하를 건너가 적들과 싸우는 수밖에 없습니다. 싸워서 이기면 그 공은 원수에게 돌아갈 것입니다. 설령

지더라도 3군의 대장과 부장 6인이 그 책임을 나눠 질 것입니다. 그러면 원수 홀로 모든 책임을 지는 것보다는 훨씬 낫지 않겠습니까?"

순림보가 자리에서 내려와 한궐에게 배례拜禮를 올렸다.

"그대의 말이 맞소."

그러고는 곧바로 3군에 명해 모두 황하를 건널 것을 명했다. 진나라 군사가 황하를 건너가 지금의 하남성 형택현 경계인 오산敖山과 인근의 호산鄗山 사이에 주둔했다. 먼저 황하를 건넌 선곡이 이를 알고는 크게 기뻐했다.

"나는 처음부터 원수가 내 말을 듣지 않을 수 없다는 것을 알고 있었다."

한편 초나라에 항복한 정양공은 진나라 대군이 뒤늦게 진격해 온다는 것을 탐지했다. 그는 진나라 군사가 승리하면 초나라에 귀의한 죄를 물어 다시 정나라를 칠까 우려했다. 군신들을 불러 대책을 상의했다. 대부 황술皇戌[1]이 나서서 말했다.

"청컨대 신이 주상을 위해 진나라 진영에 사자로 가서 초나라 군사와 싸우도록 권하겠습니다. 진나라가 이기면 진나라에 복종하고, 초나라가 이기면 초나라에 복종하면 됩니다. 둘 가운데 강한 쪽을 골라 섬기면 무슨 걱정이 있겠습니까?"

정양공이 이를 좇았다. 곧 황술에게 명해 진나라 군영에 가서 자신의 말을 전하게 했다. 황술이 맨 앞에 있는 선곡의 영채에 이른 후 그에게 정양공의 말을 전했다.

"과군은 상국의 구원을 가뭄에 비를 기다리듯 고대했으나 얻지 못했습니다. 직면한 사직의 위기를 구하기 위해 부득이 초나라에 머리를 숙였습니다. 이는 패망을 구하기 위한 것이지 진나라를 배반하자는 게 아닙니다. 지금 초나라 군사는 정나라를 이겨 잔뜩 교만해져있습니다. 이들은 오랫동안

1 황술皇戌이 『열국지』 원문에는 황수皇戍로 돼 있다. 『춘추좌전』에는 '황술'로 나온다. 번역문은 모두 '황술'로 바꿔 놓았다.

출전한 탓에 크게 지쳐 있습니다. 이때 상국의 군사가 진격하면 폐읍도 뒤를 잇겠습니다."

선곡이 말했다.

"초나라 군사를 격파하고 정나라를 구할 수 있는 계기가 바로 이번 거사에 있다!"

난서가 곁에서 말했다.

"그간 정나라는 반복反覆을 무수히 해 왔습니다. 그 말을 액면 그대로 믿어서는 안 됩니다."

조동과 조괄이 나서서 말했다.

"속국인 정나라가 돕겠다고 하니 이번 기회를 놓쳐서는 안 되오. 체자彘子의 말이 옳소."

마침내 선곡은 원수 순림보에게 보고하지도 않은 채 정나라 대부 황술에게 초나라 군사와 싸우겠다고 약속했다. 그러나 누가 알았으랴! 정양공은 별도로 사자를 초장왕에게 보내 진나라 군사와 싸우면 초나라 군사를 돕겠다고 제의했다. 두 나라 군사가 싸우도록 만든 뒤 가만히 앉아서 승패를 구경이나 하는 이른바 좌관성패坐觀成敗만 하겠다는 속셈이었다.

초나라 영윤 손숙오는 진나라 군사가 강성한 것을 염려했다. 곧 초장왕에게 말했다.

"진나라는 정나라가 이미 우리에게 항복한 만큼 우리와 결전을 감행할 뜻이 별로 없을 것입니다. 우리가 먼저 강화를 청하는 게 어떻겠습니까? 저들이 응하지 않으면 그때 싸워도 늦지 않습니다. 우리는 화평을 원하는데 저들이 싸우고자 하면 세인들은 싸움의 책임이 진나라에 있는 걸 알고 저들을 비난할 것입니다."

초장왕은 이 말을 그럴 듯하게 여겨 비장裨將인 채구거蔡鳩居를 진나라 진영에 사자로 보냈다. 순림보가 채구거의 이야기를 듣고 크게 기뻐했다.

"그리되면 두 나라에 복이 될 것이오."

곁에 있던 선곡이 채구거에 욕을 해댔다.

"너희는 우리의 속국을 빼앗은 뒤 화국和局을 조성해 우리의 공격을 늦추려고 하는 것인가? 우리 원수가 강화를 승낙하려고 하나 나 선곡은 결코 승낙하지 않을 것이다. 너희를 무찔러 병사 한 놈도 살아서 돌아가지 못하게 만들겠다. 나 선곡의 수단이 어떠한지 잘 보도록 해라! 어서 초군楚君에게 가서 내 말을 전하라. 속히 달아나야 가까스로 목숨을 부지할 수 있다고 말이다!"

채구거가 한바탕 욕을 먹고는 머리를 감싸 쥐고 쥐구멍을 찾듯 급히 진나라 영문을 빠져나오는 와중에 조동 및 조괄과 만났다. 조동 형제가 칼을 뽑아 채구거를 가리키며 위협했다.

"네가 다시 여기 나타나면 너에게 내 칼 맛을 보여주겠다."

채구거가 진나라 군영을 나오자마자 다시 진나라 장수 조전趙旃과 마주쳤다. 조전이 채구거를 향해 활시위를 당기며 말했다.

"너는 내 화살촉에 꿰일 고깃덩이에 지나지 않는다. 조만간 너희 군주를 포획하고 말 것이다. 속히 돌아가서 내 말을 너희 만왕蠻王에게 한마디도 빼지 말고 그대로 전하도록 하라."

채구거가 초나라 본채로 돌아온 뒤 초장왕에게 자신이 당한 일을 낱낱이 고했다. 초장왕이 대로했다. 제장들을 둘러보고 말했다.

"누가 가서 진나라 군사에게 도전하겠는가?"

대장 악백이 나서서 말했다.

"원컨대 신이 가겠습니다."

악백은 자신이 탄 병거 한 대만을 몰고 진나라 진영 앞으로 내달렸다. 허백許伯을 어자, 섭숙攝叔을 거우로 삼았다. 그는 병거를 바람처럼 빨리 몰았다. 이내 진나라 군영의 보루 가까이 갔다. 악백은 짐짓 어지 대신 말고삐를 잡은 뒤 어자 허백은 병거에서 말의 장식을 고치고, 배띠도 바로 매게 했다. 이처럼 한가한 모습을 취한 것은 자신의 대담함을 보여주기 위한 것이었다.

보루 앞을 순찰하던 진나라 병사 10여 명이 이를 보고 악백을 향해 달려 나왔다. 악백이 차분히 활을 쏘아 1명을 거꾸러뜨렸다. 거우 섭숙은 병거에서 나는 듯이 뛰어내려 병사 1명을 포획한 뒤 병거 위로 뛰어 올랐다. 나머지 병사들이 고함을 지르며 사방으로 달아났다.

허백이 말고삐를 다시 잡고 병거를 돌려 초나라 군영을 향해 천천히 달렸다. 진나라 군사는 초나라 장수가 도전하러 와서 병사들을 죽이고 생포해 간 것을 알고는 이내 3로路로 나뉘어 추격했다.

진나라 장수 포계鮑癸가 가운데서 쫓아갔다. 봉녕逢寧은 왼쪽, 봉개逢蓋는 오른쪽에서 추격했다. 악백이 이들을 보고 큰 소리로 외쳤다.

"나는 왼쪽으로 말, 오른쪽으로 사람을 쏘아 맞히겠다. 화살이 빗나가면 내가 진 것으로 치겠다."

그러고는 무늬를 새겨 넣은 조궁雕弓을 잡아당겨 진나라 군사를 향해 왼쪽으로 1번, 오른쪽으로 1번 쏘는 식으로 잇달아 쐈다. 화살은 조금도 빗나가지 않았다.

왼쪽에서 뒤쫓아 오던 봉녕의 병거들은 말들이 잇달아 화살에 맞아 쓰러지는 바람에 서로 부딪치고 넘어져 더 이상 움직이지 못했다. 오른쪽에서 추격해 오던 봉개는 머리의 앞부분인 면문面門 즉 얼굴에 화살을 맞고 말에서 굴러 떨어졌다. 화살을 맞은 부상자가 매우 많았다. 좌우 2로의 진나라 추병追兵들이 더 이상 따라오지 못했다.

다만 악백의 바로 등 뒤에서 추격하던 포계만이 바짝 뒤를 쫓아왔다. 악백에겐 화살 1대만 남아 있었다. 악백이 포계를 쏘려다가 문득 생각했다.

'내가 이 화살로 저 장수를 맞히지 못하면 반드시 저 자의 손에 사로잡힐 것이다.'

이런 생각으로 잠시 주저하고 있는 사이 요란한 병거 소리와 말발굽 소리에 놀란 사슴 한 마리가 덤불에서 뛰쳐나와 악백 앞을 지나갔다. 악백이 포계를 쏘려던 마음을 바꿔 그 사슴을 쏘았다. 화살이 사슴의 가슴을 꿰뚫었다. 그는 거우 섭숙을 시켜 병거에서 내린 뒤 사슴을 어깨에 메고 가 포계에게 바치도록 했다.

악백이 포계를 향해 외쳤다.

"나를 뒤쫓는 장수에게 그 사슴을 선물로 드리겠소."

포계는 악백의 화살이 백발백중인 것을 보고 내심 불안해했던 참이었다. 그는 섭숙이 바치는 사슴을 받고는 짐짓 탄복하는 체했다.

"초나라 장수가 예로써 대하니 나도 감히 예를 범할 수 없다."

그러고는 자신을 따르는 병거들을 향해 회거回車를 명했다. 악백도 이를 본 뒤 천천히 초나라 진영으로 돌아왔다.

옛 사람이 시를 지어 이를 증명했다.

병거 1대로 도전해 명성 떨치니	單車挑戰騁豪雄
병거는 우레, 말은 용과 같았다	車似雷轟馬似龍
명궁 장수가 뉘라 안 무서울까	神箭將軍誰不怕
목 움츠리고 바람처럼 돌아가다	追軍縮首去如風

진나라 장수 위기魏錡는 포계가 초나라 장수 악백을 놓아준 걸 알고는 내심 분노했다. 부하들에게 말했다.

"초나라 장수가 홀로 와서 도전하는데도 우리 진나라 편에서 한 사람도 나가서 싸우지 않는다면 우리는 초나라 사람들의 웃음거리가 될 것이다. 나도 병거 한 대만 몰고 가서 초나라 군사의 강약을 탐지할 생각이다."

조전趙旃이 말했다.

"원컨대 저도 위장군과 함께 가서 저들과 싸우도록 하겠소."

순림보가 말했다.

"초나라 군사가 우리에게 강화를 청한 뒤에 도전해 왔소. 그대도 초나라 진영에 가면 강화 이야기부터 하시오. 그래야 답례가 될 것이오."

위기가 대답했다.

"그럼 제가 가서 먼저 강화를 청하겠습니다."

조전이 먼저 병거에 올라탄 위기를 보내며 말했다.

"장군은 초나라 사자 채구거를 상대하시오. 나는 뒤따라가 우리에게 도전하러 온 악백을 상대하겠소. 각자 임무를 부담하는 게 가할 것이오."

상군 대장 사회는 조전 및 위기가 도전과 강화를 하기 위해 초나라 진영에 보복하러 갔다는 말을 듣고는 황급히 순림보에게 가 출발을 저지코자 했다. 그러나 그가 중군에 당도했을 때는 이미 두 장수가 떠난 뒤였다.

사회가 순림보에게 사적으로 말했다.

"위기와 조전은 조상이 세운 공로만 믿고 방자하게 처신할 뿐만 아니라 자신들을 중용하지 않는다고 늘 원망하는 마음을 품고 있습니다. 더구나 이들은 혈기가 방강方剛해 나갈 줄만 알지 물러설 줄 모릅니다. 이들은 이번에 가서 틀림없이 초나라 군사를 격분시킬 것입니다. 혹여 분노한 초나라 군사가 문득 이리로 쳐들어오면 무엇으로 저들을 막을 것입니까?"

상군 부장 극극도 쫓아와서 역시 염려했다.

"초나라의 의도를 측량키가 어렵습니다. 불가불 미리 대비하지 않을 수 없습니다."

중군 부장 선곡이 나서서 큰 소리로 외쳤다.

"조만간 적을 무찔러 버릴 것인데, 무슨 대비를 한다는 것이오?"

중군 원수 순림보는 두 의견 가운데 어느 쪽으로든 결단해야 했다. 그런데도 능히 결단하지 못했다.

사회가 물러나오며 극극에게 말했다.

"순백荀伯은 나무로 만든 인형이나 다름없소. 우리는 우리대로 따로 대책을 만듭시다."

사회는 극극으로 하여금 상군 대부 공삭鞏朔 및 한천韓穿과 함께 각각 본진의 군사를 이끌고 가 3개 대로 나뉘어 오산敖山 앞에 매복하게 했다. 중군 대부 조영제趙嬰齊도 진나라 군사의 패배를 염려해 미리 병사들을 황하 어귀로 보냈다. 퇴각할 때를 대비해 배를 그러모으고자 한 것이다.

한편 진나라 장수 위기는 순림보가 중군 원수가 된 것을 내심 크게 질시했다. 그는 순림보의 명예를 실추시키기 위해 그의 면전에서는 강화를 청하겠다고 했으나, 정작 초나라 진영에 가서는 싸움을 청하고 돌아왔다.

당시 초나라 장수 반당潘黨은 지난번에 채구거가 진나라 진영으로 갔다가 진나라 장수들에게 온갖 모욕을 당하고 왔다는 걸 알고 있었다. 그는 진나라 장수 위기가 왔다는 말을 듣자 채구거가 당한 모욕을 앙갚음하기 위해 급히 중군 앞으로 달려갔다. 그러나 위기는 이미 싸움을 청하고 떠난 뒤였다.

반당이 급히 병거를 몰아 그의 뒤를 추격했다. 위기는 대택大澤에 이르렀을 때 반당이 급히 추격하고 있는 것을 알게 됐다. 그는 반당과 싸울 채비를 했다. 이때 문득 늪가에서 노닐고 있는 사슴 여섯 마리가 눈에 띄었다. 그는 지난번에 악백이 포계에게 사슴을 잡아주었던 일을 상기했다. 곧 화살을 뽑아 사슴 한 마리를 맞혀 잡았다. 이어 어자로 하여금 그 사슴을 초나라 장수 반당에게 바치게 했다.

위기가 반당을 향해 외쳤다.

"저번에 귀국의 악백 장군이 우리에게 사슴 한 마리를 선사한 일이 있소. 이에 보답키 위해 삼가 이 사슴을 바치오."

반당이 사슴을 받고 웃었다. 속으로 이같이 생각했다.

'이들이 우리 악 장군의 흉내를 내는구나. 내가 사슴을 받고도 추격하면 우리 초나라 사람은 예의를 모른다고 말할 게 아닌가?'

반당이 어자에게 명해 초나라 군영 쪽으로 병거의 머리를 돌리게 했다.

한편 위기는 진나라 군영으로 돌아온 뒤 순림보에게 거짓말을 했다.

"초왕이 강화를 거절했습니다. 저들은 우리와 결전을 벌여 승패를 가릴 생각입니다."

순림보가 물었다.

"조전은 어디에 있소?"

위기가 대답했다.

"나는 먼저 가고 그는 나중에 출발했기에 만나지 못했습니다."

순림보가 말했다.

"초왕이 강화를 거절했으니 조장군은 지금 틀림없이 곤경에 처해 있을 것이오."

곧 순앵荀罃으로 하여금 돈거軘車 20승과 보졸 1,500명을 이끌고 가 조전을 구하게 했다.

당시 조전은 밤이 되어서야 초나라 군영 앞에 당도했다. 그는 군문軍門 밖에 자리를 깔고 앉아 병거에 싣고 온 술을 꺼내 마셨다. 이어 자신을 따라온 20여 명의 병사들에게 명해 초나라 병사로 가장하고 사방을 순찰하는 척하게 했다. 이들은 초나라 군사가 그날 밤 사용하는 암호를 알아냈다. 초나라 병사들 사이에 끼어 초나라 진영 안으로 들어갔다.

그러나 진나라 병사 한 사람이 초병의 검문에 걸려 가짜 초나라 병사인 사실이 탄로 났다. 다급해진 진나라 병사가 초병을 찔렀다. 그 바람에 초나라 군영 내에서 커다란 소동이 빚어졌다. 초나라 병사들이 횃불을 켜들고 수색에 나섰다. 결국 잠입해 들어온 20명의 진나라 병사를 거의 모두 체포했다. 간신히 탈출한 일부 병사가 조전이 있는 곳으로 달려갔다. 조전은 그

때까지 술을 마시고 있었다. 이들이 조전을 부축해 병거 위에 오르게 했다. 이어 병거를 몰 어자를 찾았으나 초나라 군사에게 사로잡힌 탓에 모습이 보이지 않았다.

때는 이미 새벽이 되어 동쪽 하늘이 점차 밝아오고 있었다. 조전은 직접 고삐를 잡고 말들에 채찍질을 가했다. 그러나 병거는 속력을 내지 못했다. 말들이 배가 고픈 탓인지 잘 달리지 못했다.

당시 초장왕은 진나라 병사가 영채 안으로 들어왔다가 달아났다는 보고를 듣고 화를 냈다. 직접 융로戎輅를 몰아 군사를 이끌고 진나라 병사를 뒤쫓았다. 융로가 매우 빨리 달렸다. 조전은 겁이 난 나머지 황급히 병거를 버리고 소나무 숲속으로 달아났다.

마침 초나라 장수 굴탕이 달아나는 조전을 보게 됐다. 그 역시 병거를 버리고 숲속으로 뒤쫓아 들어갔다. 조전이 갑옷을 벗어 소나무 가지에 걸어놓고 정신없이 내달렸다. 굴탕이 노획한 조전의 갑옷과 병거를 초장왕에게 바쳤다.

초장왕이 조전을 놓치고 본영으로 돌아가기 위해 융로의 머리를 돌리려던 참에 앞을 보니 문득 병거 1대가 바람처럼 달려와 앞에 멎었다. 바로 반당이었다. 반당이 손가락으로 북쪽에서 자욱히 일고 있는 흙먼지를 가리키며 초장왕에게 말했다.

"진나라 대군이 이리로 몰려오고 있습니다."

그러나 그 흙먼지는 순림보가 조전을 구하기 위해 파견한 순앵의 돈거軘車가 일으키는 흙먼지에 불과했다. 반당은 멀리서 그것을 보고 진나라 대군으로 오인한 것이다. 초장왕은 반당의 경솔한 보고를 듣고 크게 놀라 안색이 흙빛으로 변했다.

이때 문득 남쪽에서 북과 뿔나발 소리가 크게 일어났다. 대신 한 사람이 앞장서 일대一隊의 군사를 이끌고 나는 듯이 달려왔다. 영윤 손숙오였다.

초장왕이 그를 보고는 약간 마음을 놓고 물었다.

"영윤은 어떻게 진나라 군사가 오는 것을 알고 과인을 구하러 왔는가?"

손숙오가 대답했다.

"신은 진나라 군사가 오는 줄 모르고 왔습니다. 다만 주공이 너무 쉽게 앞으로 나가다가 진나라 진영 속으로 들어가지나 않을까 우려돼 어가를 호위하려고 먼저 달려온 것입니다. 우리의 3군이 모두 신의 뒤를 따라 이리로 오는 중입니다."

초장왕은 다시 북쪽을 바라봤다. 진나라 군사의 병거가 일으키는 흙먼지가 그다지 높진 않았다. 초장왕이 말했다.

"지금 오는 진나라 군사는 대군이 아닌 듯하오."

손숙오가 말했다.

"『병법』에도 내가 상대를 쫓을지언정 상대가 나를 쫓게 하지 말라는 뜻의 '영가아박인寧可我迫人, 막사인박아莫使人迫我' 구절이 있습니다. 우리 대군이 이미 이르렀으니 주공은 곧 영을 내려 군사들로 하여금 적진으로 돌격케 하십시오. 진나라 중군만 쳐서 무찌르면 나머지 상하 양군은 우리의 공격을 막지 못하고 무너져 내릴 것입니다."

초장왕이 이를 좇아 진격명령을 내렸다. 좌군 대장 공자 영제로 하여금 부장 채구거와 함께 진나라 군사의 상군을 공격케 하고, 우군 대장 공자 측으로 하여금 백공을 관장하는 공윤工尹으로 있으면서 부장副將으로 뽑힌 제齊와 함께 진나라 군사의 하군을 상대케 했다. 초장왕 자신은 몸소 중군과 좌우 양광의 군사를 이끌고 진나라 군사의 중군을 이끌고 있는 순림보의 대영大營을 향해 돌진했다.

초장왕은 직접 북채를 들고 북을 치며 독전했다. 초나라 군사의 각 부대도 일제히 북을 쳤다. 그 소리가 우레 같았다. 초나라 군사의 병거와 말들이 거센 분류奔流처럼 앞으로 대달렸다. 보졸들은 병거를 뒤따라 일제히 진격했다.

당시 진나라 군사는 전혀 싸울 준비가 돼 있지 않았다. 순림보는 적군의 북소리를 듣고 그제야 비로소 척후병을 보내 초나라 군사의 동태를 살피게 했다. 그때는 이미 초나라 군사가 산과 들에 가득 퍼져 밀려들고 있을 때였다. 선봉대는 이미 진나라 영채 밖까지 들이닥치고 있었다. 실로 상대가 전혀 예상치 못한 때 엄습을 가하는 출기불의出其不意의 기습이었다.

순림보는 너무 다급하고 황망한 나머지 아무 계책도 생각나지 않았다. 단지 힘을 다해서 싸우라고만 명령했다. 이에 대해 초나라 군사는 사기가 올라 저마다 무예와 위엄을 한껏 드러냈다. 바다가 성난 듯, 산이 무너지는 듯, 하늘이 내려앉는 듯, 땅이 뒤집히는 듯했다.

진나라 군사는 꿈에서 깨어난 듯, 크게 취했다가 겨우 깨어난 듯했다. 동서남북을 분간하지 못한 채 이리저리 뛰었다. 방심하고 앉아 있던 사람이 작심하고 달려든 사람을 만난 것과 같았다. 진나라 군사가 어찌 초나라 군사를 당할 수 있었겠는가?

진나라 군사는 마치 고기떼가 황급히 달아나고 새떼가 놀라 날아가는 어분조산魚奔鳥散의 모습을 보였다. 반면 초나라 군사는 마치 참외를 자르고 채소를 써는 감과절채砍瓜切菜의 양상으로 진나라 군사를 마구 죽였다. 진나라 군사는 사분오열四分五裂돼 일곱 가닥 여덟 가닥으로 나뉘어 달아나는 칠령팔쇄七零八碎의 모습이었다.

당시 진나라 장수 순앵은 수비용 병거인 돈거軘車를 타고 조전을 구출하러 갔다가 만나지도 못한 채 오히려 초나라 장수 웅부기와 만났다. 두 장수가 교봉하는 사이 수많은 초나라 군사가 몰려왔다. 순앵이 거느린 동거 20승과 보졸 1,500명으로는 감당이 안 되었다. 진나라 군사가 중과부적으로 이내 견디지 못하고 사방으로 흩어져 달아났다. 순앵은 병거를 돌려 달아나다가 말이 화살에 맞아 쓰러져 돈거가 움직이지 못하게 되는 바람에 결국 웅부기에게 사로잡히고 말았다.

진나라 장수 봉백逢伯은 두 아들 봉녕 및 봉개를 구출해 자신의 작은 병거에 싣고 정신없이 달아났다. 이때 초나라 장수 굴탕의 추격에서 벗어난 조전이 맨발로 뛰어왔다. 두 발바닥이 찢어져 있었다. 앞에 있는 진나라 병거를 보자 큰 소리로 외쳤다.

"병거에 탄 장수가 누구요? 나를 좀 태워 주시오!"

봉백은 그것이 조전의 목소리인 걸 알았다. 모른 체 하고 곧 두 아들에게 분부했다.

"빨리 수레를 몰아라. 뒤를 돌아다보지 마라."

두 아들이 부친의 뜻을 이해하지 못해 머리를 돌려 목소리의 임자를 보았다. 바로 조전이었다. 조전이 봉녕과 봉개에게 다시 큰 소리로 외쳤다.

"봉군逢君은 나를 태워 주시오."

두 아들이 봉백에게 말했다.

"조씨 노인이 뒤에서 부르고 있습니다."

봉백이 대로했다.

"너희가 이미 조전을 보았으니 응당 태워야만 한다."

두 아들을 꾸짖어 속히 조전을 병거에 태우도록 했다. 고삐를 이용해 조전을 수레로 끌어올린 뒤 함께 달아났다. 봉녕과 봉개는 수레를 잃은 탓에 난군 속에서 전사했다.

순림보와 한궐은 진나라 군사의 후영後營으로 가서 병거에 올랐다. 패잔병을 이끌고 산 오른쪽의 황하 연변을 따라 달아났다. 진나라 군사가 달아나며 버린 병거와 말, 무기가 이루 헤아릴 수 없을 정도로 많았다.

당시 선곡은 이마에 화살을 맞고 흘러내리는 피를 전포 자락을 찢어 싸맨 뒤 순림보의 뒤를 좇아왔다. 순림보가 그를 손가락으로 가리키며 말했다.

"싸우면 이길 수 있다고 장담한 자의 모습이 겨우 이 꼴이오?"

순림보 등이 황하 어귀에 이르렀을 때 먼저 와 있던 조괄이 순림보에게 호소했다. 그의 동생 조영제가 사사롭게 그러모은 배를 타고 휘하의 군사를 거느린 채 황하를 건넜다는 내용이었다. 이어 이같이 말했다.

"우리에겐 알리지도 않았습니다. 세상에 이런 도리가 어디 있습니까?"

순림보가 말했다.

"죽느냐 사느냐는 터에 자신의 행동을 알릴 겨를이 어디 있었겠는가!"

이때부터 조괄과 그의 동생 조영제 사이에 틈이 생겼다.

순림보가 제장들에게 분부했다.

"우리 군사는 더 이상 초나라 군사와 싸울 수 없소. 시급한 일은 황하를 어떻게 건너느냐 하는 것이오."

선곡에게 명해 황하 주변의 배들을 찾아내 모으도록 했다. 부근의 배들은 이미 사방으로 흩어져 숨은 까닭에 단시간 내에 그러모으는 게 불가능했다. 선곡이 배를 모으러 떠난 후에도 진나라 군사들은 시끄럽게 떠들기만 했다.

이때 무사한 인마人馬가 황하 연변을 따라 분분이 몰려오고 있었다. 순림보가 보니 하군 대장 조삭과 부장 난서가 거느리고 오는 패잔병이었다. 그들은 초나라 장수 공자 측의 습격을 받고는 퇴로를 따라 이곳으로 몰려오는 중이었다.

패주한 진나라의 중군과 하군이 일제히 황하 어귀로 몰려와 너도나도 모두 배에 올라 도하코자 했다. 그러나 배의 숫자가 너무 적었다.

마침 남쪽 저편에서 먼지가 크게 일어났다. 순림보는 초나라 군사가 이곳까지 추격해 오는 줄 알고 겁을 먹었다. 곧 북을 치며 명을 내렸다.

"먼저 도하하는 자에겐 상을 내리겠다."

중군과 하군의 병사들이 먼저 배를 빼앗아 타려고 서로 죽였다. 병사들이 가득 탄 뒤에도 수많은 병사들이 그 배를 타려고 뱃전을 붙드는 바람에 배들이 연달아 전복했다. 30여 척의 배는 아예 부서지고 말았다.

선곡이 배 안에서 병사들에게 큰 소리로 호령했다.

"뱃전에 매달리거나 삿대를 잡는 자들은 칼로 그 손을 자르도록 하라!"

먼저 배를 탄 병사들이 일제히 칼을 휘둘러 뱃전과 삿대를 잡은 병사들의 손을 사정없이 내리쳤다. 다른 배들도 모두 이를 그대로 따라했다. 수많은 손과 손가락이 튀어 배 안으로 떨어졌다. 마치 꽃잎이 무수히 흩날려 떨어지는 듯했다. 배에 탄 병사들은 그걸 긁어모아 황하에다 던졌다. 황하 기슭에선 배를 타지 못한 병사들의 울음소리가 진동했다. 그 소리가 산과 골짜기에 메아리쳤다. 하늘과 땅도 어둡고 처참한 색을 띠었다. 해마저 빛을 잃었다.

사신이 지은 시가 있다.

배는 뒤집히고 돛대도 쓰러지니	舟翻巨浪連帆倒
병사가 피를 흘리며 떠내려가다	人逐洪波帶血流
수만 명의 진나라 병사 가운데	可憐數萬山西卒
절반이나 황하에 익사하고 말다	半喪黃河作水囚

이때 뒤에서 또 흙먼지가 일어났다. 이는 순수, 조동, 위기, 봉백, 포계 등 여러 패장이 잇따라 그곳으로 도망해 오면서 일으킨 것이었다. 순수는 배를 타고서야 아들 순앵이 없어졌다는 것을 알았다. 순수가 한 부하를 시켜 황하 기슭으로 올라가 아들의 이름을 부르게 했다. 순앵이 초나라 장수 웅부기에게 사로잡힌 것을 목격한 한 병사가 순수에게 와서 그 일을 고했다.

순수가 여러 사람들을 향해 말했다.

"내 아들을 잃었는데 맨손으로 돌아갈 순 없소."

순림보가 허술한 단속으로 싸움에서 지다

배에서 내려 다시 언덕으로 올라갔다. 다시 병거를 타고 초나라 군영에 가려고 했다. 순림보가 말했다.

"순앵이 이미 초나라 군사에게 사로잡혔다고 하니, 지금 가봐야 아무 도움이 안 되오."

순수가 대답했다.

"적장을 사로잡으면 내 아들과 교환할 수 있소."

위기는 평소 순앵과 친하게 지냈다. 순수와 동행하겠다고 자청한 이유다. 순수가 크게 기뻐했다. 순수가 순씨 집안의 가병을 모았다. 그 수가 수백 명이나 되었다. 그는 평소 백성을 보살피고 병사를 사랑한 덕분에 그들의 존경을 받았다. 하군의 병사들 가운데 배에 오르지 못하고 황하 기슭에 있던 병사들 모두 기꺼이 그를 따라나섰다. 이미 배를 탄 병사 가운데서도 하군 대부 순수가 그 아들을 찾으러 초나라 군중에 간다는 말을 듣고 배에서 내려 다시 언덕으로 올라오는 자들도 많았다. 이들은 사력을 다해 싸우고자 했다. 이들의 사기는 황하를 건너와 처음으로 영채를 세웠을 때보다 더 왕성했다.

순수는 진나라에서 첫째 내지 둘째가는 명궁이었다. 게다가 이번 싸움을 위해 좋은 화살을 많이 갖고 나왔다. 순수는 사기를 되찾은 결사대를 이끌고 초나라 군사 있는 곳을 향해 나아갔다.

그는 선두에서 달리다가 초나라의 노장老將인 연윤連尹 양로襄老와 마주쳤다. 당시 양로는 병사들을 이끌고 진나라 군사가 버리고 간 병거와 무기를 주워 모으고 있었다. 그런 터에 진나라 군사가 문득 역습한 까닭에 미처 싸울 준비를 하지 못했다. 양로는 순수가 쏜 화살을 맞고 죽었다. 화살이 뺨을 관통하는 바람에 그대로 병거 위에 쓰러졌다.

양로가 뺨에 화살을 맞는 것을 보고 초장왕의 아들인 공자 곡신穀臣이 그를 구출하기 위해 병거를 쏜살같이 몰고 달려왔다. 위기가 달려와 공자 곡신을 가로막고 서로 싸웠다. 순수가 공자 곡신을 향해 활을 쐈다. 화살이 공자 곡신의 오른팔에 꽂혔다. 곡신은 싸우는 도중 아픔을 참고 화살을 뽑았다. 그 사이 위기가 번개처럼 달려들어 그를 사로잡았다. 순수는 포박한 공자 곡신을 죽은 양로의 시체와 함께 한 수레에 싣게 한 뒤 이같이 말했다.

"이 2가지 물건만 있으면 가히 내 아들과 맞바꿀 수 있을 것이다. 초나라 군사는 매우 강하니 여기 있어 봤자 그들을 당해 낼 수 없다. 어서 돌아가자."

말에 채찍을 가해 급히 말머리를 돌려 내달렸다. 초나라 군사가 순수의 기습을 알고 추격코자 했으나 이미 부하들과 함께 멀리 달아난 뒤여서 어찌할 수 없었다.

한편 초나라 장수 공자 영제는 진나라의 상군을 치러 갔다. 진나라 상군 대장 사회士會는 미리 그런 일이 있을 줄 알고 초나라 군사의 동태를 정탐하고 있었기에 미리 진을 치고 전투에 대비했다. 병력이 부족한 진나라 군사는 일면 싸우면서 일면 달아났다.

공자 영제가 오산敖山 아래까지 진나라 군사를 추격했을 때 문득 포성이 크게 울렸다. 이를 신호로 일지군이 쏟아져 나왔다. 선두에 선 한 장수가 병거 안에서 큰 소리로 외쳤다.

"나는 진나라 장수 공삭鞏朔이다. 너희를 기다린 지 오래다!"

공자 영제는 무심코 진나라 군사를 추격하다가 문득 공삭을 만나자 크게 당황했다. 공삭과 공자 영제가 서로 어울려 20여 합을 싸웠다. 공삭은 감히 싸움에 연연할 상황이 아닌 까닭에 일면 싸우고 일면 사회를 보호하며 천천히 후퇴했다.

공자 영제가 이들을 놓아주지 않고 재차 추격했다. 이때 또다시 포성이 일어나면서 진나라 장수 한천韓穿의 군사가 나타났다. 초나라 편장 채구거가 병거를 몰고 나와 그를 상대로 싸우고자 했다. 이때 산의 오목한 곳에서 또다시 문득 포성이 울리며 수많은 깃달이 구름처럼 몰려 나왔다. 상군 부장 극극郤克이 군사를 이끌고 나타난 것이다.

초나라 장수 공자 영제는 진나라 군사가 대거 매복해 있는 것을 보고 그들의 계책에 빠질까 겁이 났다. 곧 징을 쳐 추격을 멈추게 했다.

한숨을 돌린 사회가 장병을 점검했다. 사상자는 단 한 사람도 없었다. 사회가 마침내 오산의 험준한 곳에 의지해 7개 요소에 소채小寨를 만들었다. 마치 북두칠성처럼 서로 연결돼 있어 초나라 군사가 감히 진나라 군사를 핍박하지 못했다. 초나라 군사가 완전히 물러난 것을 확인한 사회는 비로소 영채를 뽑고 깃발을 정돈한 뒤 진나라로 철군했다. 그러나 이는 나중의 일이다.

한편 적장을 사살하고 포획한 전과를 올린 진나라 장수 손수는 결사대를 이끌고 황하 어귀로 돌아왔다. 그때까지도 순림보의 대군은 아직 황하를 완전히 다 건너지 못하고 있었다. 그는 이를 보고 내심 크게 경황驚惶했다. 다행스럽게도 이때 황하 북쪽 기슭으로 먼저 도하한 조영제가 빈 배들을 이끌고 남쪽으로 건너와 접응했다. 때는 이미 사방이 어둑해진 이후였다.

초나라 군사는 이미 황하 어귀에서 멀지 않은 필성邲城까지 와 있었다. 오삼이 초장왕에게 주청했다.

"속히 진나라 군사를 추격하십시오."

초장왕이 대답했다.

"우리는 지난날 성복城濮 땅에서 진나라 군사에게 대패하는 바람에 종묘사직에 커다란 수치를 안겨준 바 있소. 이번 싸움으로 전날의 수치를 씻었소. 양국은 결국 강화해야 하는데 무엇 때문에 저들을 더 많이 죽여야 하오?"

그러고는 곧바로 명을 내려 그곳에 영채를 세우고 병사들을 쉬게 했다. 그 사이 진나라 군사는 밤을 새워 황하를 건넜다. 황하를 건너느라 시끌벅적했다. 하늘이 밝을 무렵 겨우 황하를 모두 건넜다.

사신이 진나라 대장 순림보를 이같이 평했다.

> 순림보의 지혜는 능히 초나라 군사의 의도를 헤아리지 못했고, 그의 능력은 능히 수하 장수들의 항명을 제어하지 못했다. 결국 나아가지도 물러서지도 못한 채 패했다. 중원 패주伯主의 위엄을 일거에 남쪽 초나라에 넘겨준 배경이다. 이 어찌 가슴 아픈 일이 아닌가?

사신은 또 시를 지어 순림보의 무능을 탄식했다.

전쟁 땐 원수가 전권을 쥐는데	閫外元戎無地天
왜 수하 장수 항명을 방치했을까	如何裨將敢撓權
배 안의 잘린 손가락 애통하니	舟中掬指眞堪痛
비록 건너긴 했으나 면구스럽다	縱渡黃河也靦然

정양공은 초나라 군사가 승리했다는 소식을 듣고는 직접 필성으로 가 초나라 군사를 위로했다. 초장왕을 형옹衡雍 땅에서 맞이한 뒤 초장왕이 머문 궁을 참람하게도 '왕궁王宮'으로 불렀다. 이어 큰 연회를 베풀고 초나라의 승전을 축하했다.

당시 초나라 장수 반당潘黨은 진나라 군사들의 시체를 거둬들인 뒤 적군의 시체를 쌓아 올리고 그 위에 흙을 덮어 만든 무덤인 경관京觀의 조성을 건의했다. 초나라 군사들이 세운 무공을 천추만대에 빛내고자 한 것이다.

초장왕이 말했다.

"진나라에 우리가 꼭 토벌해야 할 죄가 있는 것도 아니었소. 더구나 과인은 요행으로 이겼을 뿐이오. 무슨 자랑할 만한 전공이 있다고 그리할 수 있겠소?"

곧 병사들에게 지시해 진나라 군사의 시체를 보이는 대로 묻어주게 했다. 이어 제문을 지어 황하의 신에게 제사를 지냈다. 연후에 개선가를 부르며 회군했다.

초장왕은 귀국 즉시 논공행상을 했다. 폐신嬖臣 오삼의 헌책을 가상히 여겨 대부로 임명했다. 이후에 등장하는 오거伍擧와 오사伍奢, 오상伍尙 및 오원伍員 모두 그의 후손이다.

이를 보고 영윤 손숙오가 크게 탄식했다.

"진나라 군사를 이긴 큰 공이 폐신 오삼에게 돌아갔으니 나는 부끄럽기만 하다."

손숙오는 이후 크게 우울해하다가 마침내 병에 걸려 자리에 눕고 말았다.

108話 우맹이 연극으로 초장왕을 깨우치다
– 맹주유탁우오주孟侏儒托優悟主

이야기가 둘로 나뉜다. 당시 순림보는 패잔병을 이끌고 돌아온 뒤 진경공을 알현했다. 진경공이 패전의 책임을 물어 순림보를 참하고자 했다. 군신들이 열심히 변호했다.

"순림보는 선조 때부터 벼슬을 살아온 대신입니다. 비록 패전한 책임이 있기는 하나 모두 선곡이 군령을 거부하고 멋대로 행동한 탓에 그리된 것입니다. 주공은 선곡만 참하고 앞으론 그런 일이 없도록 경계하면 됩니다. 전에 초성왕楚成王이 성득신을 죽이자 진문공晉文公이 기뻐했고, 진목공秦穆公이 맹명시를 살려주자 진양공晉襄公이 두려워했습니다. 성득신과 맹명시 모두 명장인 까닭에 그랬던 것입니다. 원컨대 주공은 순림보의 죄를 용서해 훗날 공을 세우게 하십시오."

진경공이 이를 좇았다. 선곡만 죽이고 순림보는 원래 자리에 그대로 두었다. 이어 육경에게 명해 장병에 대한 훈련에 만전을 기하도록 했다. 언젠가 초나라에 복수코자 한 것이다. 그때가 주정왕 10년인 기원전 597년이었다.

주정왕 12년인 기원전 595년 봄 3월, 초나라 영윤 손숙오의 병세가 악화됐다. 아들 손안孫安을 병상 곁으로 불러 당부했다.

"내가 군주에게 올리는 표문表文인 유표遺表를 써 놓았다. 내가 죽거든 초왕에게 갖다 바치도록 해라. 초왕이 너에게 관작官爵을 내릴지라도 결코 받아선 안 된다. 너는 녹녹碌碌한 용재庸才이다. 세상을 경영하고 백성을 구하는 경제經濟의 재목이 못된다. 외람되게 벼슬을 할 생각을 하지 마라. 초왕이 너를 대읍大邑에 봉할지라도 고사固辭토록 해라. 굳이 봉하겠다고 하면 침구寢邱 땅이나 달라고 해라. 그 땅은 척박해 아무도 욕심내는 사람이 없다. 그러면 우리 후손이 오랫동안 그 땅의 녹을 먹을 수 있을 것이다."

손숙오가 이 말을 마치고 숨을 거뒀다. 손안이 부친의 유표를 바쳤다. 초장왕이 받아서 읽어보니 내용은 대략 이러했다.

> 신은 보잘것없는 인물입니다. 주상이 발탁한 은덕으로 영윤의 자리에 올랐습니다. 최근 수년 동안 대공을 세우지 못하고 중임을 저버렸으니 부끄럽습니다. 평생 군왕의 영험靈驗에 힘입어 이제 집에서 죽게 된 것을 다행으로 생각합니다. 신은 오직 한 자식만을 두었으나 그는 불초해 벼슬자리인 관상冠裳을 때 묻게 할 인물이 못됩니다. 신의 사촌형제의 아들인 종자從子 위빙蘧憑은 자못 재능을 지니고 있어 벼슬 한 자리를 맡길 만합니다. 진晉나라는 대대로 패주伯主로 군림해 왔습니다. 이번에 비록 우리에게 패하긴 했으나 결코 가벼이 볼 상대가 아닙니다. 백성들의 고생이 심한 상황에서 전쟁이 너무 오래 지속됐습니다. 옛말에 '사람이 죽을 때는 선한 말을 한다.'고 했습니다. 군왕은 신의 충정을 헤아려 주십시오.

초장왕이 탄식했다.

"손숙오는 죽으면서도 나라를 잊지 않았다. 과인이 복이 없어 하늘이 양신良臣을 빼앗아 갔다."

그러고는 곧바로 어가를 타고 손숙오의 집으로 가 염하는 것을 지켜보았다. 이어 그의 관을 어루만지며 통곡했다. 초장왕을 수행한 사람들 가운데 눈물을 흘리지 않는 자가 없었다.

이튿날 초장왕이 공자 영제를 영윤으로 삼았다. 또 손숙오가 천거한 위빙을 불러 관관諫官 역할을 하는 잠윤箴尹에 임명했다. 이후 등장하는 위씨薳氏는 모두 그의 후손이다.

초장왕은 손숙오의 아들 손안에게 토목과 일상용품 제작을 담당하는 공정工正 벼슬을 내리고자 했다. 손안은 선친의 유언을 지키기 위해 고사했다. 이후 손안은 교외로 물러나 밭을 갈며 살았다.

초장왕에게 총애하는 난쟁이 맹씨孟氏 배우가 있었다. 우맹優孟으로 불렸다. 키가 5척도 안 되지만 평소 골계滑稽와 재미난 익살인 조소調笑로 사람들을 즐겁게 했다.

하루는 우맹이 교외에 나갔다가 마침 산에서 나뭇짐을 지고 집으로 돌아가는 손안과 만났다. 우맹이 물었다.

"공자가 몸소 나뭇짐을 지고 있으니 어째서 이런 고생을 하게 된 것입니까?"

손안이 대답했다.

"선친은 오랫동안 재상으로 있었지만 단 한 푼도 사사롭게 집에 들여놓은 적이 없소. 선친이 작고한 후 집안에 남아 있는 재산이 없으니 내가 어찌 나뭇짐을 지지 않을 수 있겠소?"

우맹이 탄식했다.

"공자는 열심히 사십시오. 주상이 언젠가는 부를 날이 있을 것입니다."

이날 우맹은 집으로 돌아온 뒤 손숙오가 생전에 입던 것과 똑같은 의관을 마련했다. 신발과 칼도 똑같이 만들었다. 이어 손숙오의 생전 언행을 열심히 흉내 냈다. 그런 연습을 3일 동안 했다. 그의 언동이 어느새 손숙오를 그대로 빼어 닮았다. 마치 손숙오가 재생한 듯했다.

당시 초장왕이 궁중에서 큰 잔치를 열었다. 우맹을 비롯한 여러 배우들이 연극을 하게 됐다. 우맹은 다른 배우를 초장왕으로 분장시킨 뒤 손숙오를 추모하는 모습을 연기케 했다. 그 배우가 무대에 올라가 한창 연기를 하

▬ 우맹이 연극으로 초장왕을 깨우치다

고 있을 때 우맹이 손숙오로 분장한 뒤 무대로 나갔다. 초장왕이 무대에 나타난 손숙오를 보고 크게 놀라 외쳤다.

"손숙오는 그간 별고 없었소? 과인은 경을 사모하는 마음이 간절하오. 경은 이제라도 다시 나와 과인을 도와주시오."

우맹이 대답했다.

"신은 진짜 손숙오가 아닙니다. 다만 흡사하게 분장했을 뿐입니다."

초장왕이 말했다.

"과인은 손숙오를 늘 생각했지만 볼 수 없었소. 이제 손숙오와 닮은 사람만 보아도 그를 생각하는 마음이 조금이나마 위안을 받소. 경은 사양하지 말고 즉시 영윤 자리에 취임해 주시오."

우맹은 대답했다.

"주상이 과연 신을 중용한다고 하니 신도 한 가지 청을 드리겠습니다. 신의 노처老妻는 세상 물정에 정통합니다. 잠시 집에 돌아가 노처와 상의한 뒤 명을 받들지 여부를 결정하겠습니다."

우맹이 무대 아래로 내려갔다가 다시 올라와 말했다.

"신이 노처를 만나 상의했습니다. 노처가 벼슬자리에 나가지 말라고 권했습니다."

초장왕이 물었다.

"그 이유가 무엇이오?"

우맹이 대답했다.

"신의 아내가 시골에서 유행하는 노래를 들려주며 신에게 고사토록 했습니다. 신이 한 번 그 노래를 불러보겠습니다."

그러고는 마침내 「강강가忼慷歌」로 알려진 노래를 불렀다.

탐관오리 못된 짓 골라하고	貪吏不可爲而可爲
청백리는 못된 짓 안 하지	廉吏可爲而不可爲
탐관오리 더럽고 야비하니	貪吏不可爲者汚且卑
자손에 벼슬과 부귀 남기지	而可爲者子孫乘堅而策肥
청백리 하는 일이 고결하니	廉吏可爲者高且潔
지손에 빈천과 기아 남기지	而不可爲者子孫衣單而食缺
그대 손숙오 자손 보았을까	君不見楚之令尹孫叔敖
생전에 조금도 축재 안하다	生前私殖無分毫
그가 죽자 집안이 몰락하니	一朝身沒家淩替

자손이 움막서 걸식 한다네　　子孫丐食棲蓬蒿
권하노니 손숙오 좇지 말게　　勸君勿學孫叔敖
왕이 그의 공 생각 않기에　　君王不念前功勞

초장왕은 서로 묻고 대답하는 사이 우맹이 완연히 손숙오와 같다는 느낌이 들어 이미 비통한 심정이었다. 그런데다 우맹의 노래를 듣자 자신도 모르게 눈물이 났다.[2] 초장왕이 말했다.

"손숙오의 공로를 과인이 어찌 감히 잊을 수 있겠소!"

즉시 우맹에게 명해 손안을 불러오게 했다. 손안이 해진 옷과 짚신을 신고 입궁해 초장왕을 알현했다.

초장왕이 물었다.

"그대의 궁곤窮困이 이 지경에 이르렀는가!"

우맹이 대신 대답했다.

"손안이 궁곤하지 않았으면 영윤의 현명함이 드러나지 않았을 것입니다."

초장왕이 말했다.

"손안이 벼슬자리에 나가기를 원치 않으니 응당 1만 호의 고을에 봉하겠다."

손안이 고사하자 초장왕이 말했다.

"과인의 뜻이 이미 정해졌으니 그대는 물리치지 마시오."

손안이 상주했다.

"주상이 선신先臣의 작은 공을 잊지 못해 신에게 의식衣食을 내려주고

2 이 일화에서 우맹이 손숙오의 의관으로 분장하고 초장왕을 깨우쳤다는 뜻의 우맹의관優孟衣冠 성어가 나왔다. 진실을 전달키 위해 은근한 풍자의 기법을 사용하는 것을 가리킨다. 의관우맹衣冠優孟으로 표현키도 한다.

자 하면 침구 땅에 봉해 주십시오. 신은 그것으로 만족합니다."

초장왕이 말했다.

"침구는 척박한 악지惡地요. 그런 곳이 경에게 무슨 도움이 되겠소?"

손안이 대답했다.

"선은 그리하라는 선신의 유언을 저버릴 수 없습니다. 그 땅이 아닌 다른 땅은 감히 받을 수 없습니다."

초장왕은 이내 이를 좇았다. 후대인들 모두 침구가 선지善地가 아닌 것을 아는 까닭에 아무도 그 땅을 탐내거나 차지하려고 다투지 않았다. 손숙오의 후손이 대대로 그 땅을 소유한 배경이다. 모두 손숙오의 선견지명 덕분이었다.

사신이 시를 지어 우맹이 손안을 도와준 일을 칭찬했다.

청백리라서 그 자손이 가난했으나	淸官遑計子孫貧
그가 죽자 배우가 아들을 도왔지	身死優崇賴主君
우맹이 연극으로 간하지 않았던들	不是侏儒能諷諫
왕이 어찌 옛 신하를 생각했으랴	莊王安肯念先臣

한편 진晉나라 중군 원수 순림보는 초나라 영윤 손숙오가 죽었다는 소식을 듣고는 초나라가 단시일 내에 군사를 동원할 수 없을 것으로 생각했다. 진경공에게 주청한 뒤 군사를 이끌고 가 정나라를 친 이유다. 정나라 도성의 교외를 크게 약탈한 뒤 의기양양하게 회군했다.

순림보가 회군하기 전에 제장들이 청했다.

"이왕 여기까지 왔으니 정나라 도성을 포위해 항복할 때까지 공격하는 게 어떻겠습니까?"

순림보가 대답했다.

“정나라 도성을 포위할지라도 빠른 시일 내에 이길 수는 없소. 만일 초나라 원군이 갑자기 들이닥치기라도 하면 이는 적군을 불러들이는 것과 같소. 잠시 정나라로 하여금 우리에게 두려움을 느껴 어찌하는 것이 정나라를 살리는 길인지 스스로 깨닫게 하는 게 낫소.”

당시 정양공은 진나라 군사에게 침탈당하자 크게 두려워했다. 곧 사자를 초나라에 보내 대책을 강구케 했다. 이어 아우 공자 장張을 초나라로 인질로 보내면서 이미 인질로 가 있는 공자 거질去疾을 귀국케 했다. 현명한 공자 거질과 함께 나라를 다스리고자 한 것이다.

초장왕이 말했다.

“정나라가 이처럼 신의를 지키는데 무엇 때문에 인질을 받겠는가?”

그러고는 공자 거질과 공자 장을 모두 돌려보냈다. 이어 군신들을 소집한 뒤 앞으로의 대책을 상의했다.

이들이 무엇을 논의했는지 알 길이 없으니 다음 회를 보라.

제55회

109話 화원이 침상에 올라가 자반을 겁박하다
– 화원등상겁자반華元登床劫子反

당시 초장왕은 군신들을 크게 소집한 뒤 진晉나라 군사를 물리칠 방안을 상의했다.

공자 측側이 나서서 말했다.

"지금 우리 초나라와 우호관계가 좋기로는 제나라만한 나라가 없습니다. 또 진晉나라를 섬기는 나라 가운데 송나라만큼 잘 섬기는 나라가 없습니다. 우리가 군사를 일으켜 송나라를 치면 진나라는 송나라를 구하느라 바쁠 것입니다. 그리되면 진나라는 정나라를 두고 감히 우리와 다툴 겨를이 없을 것입니다."

초장왕이 대답했다.

"계책이 좋기는 하나 우리나라와 송나라는 지금 아무런 틈이 없소. 지난날 과인의 조부인 초성왕이 홍수泓水의 싸움에서 송나라 군사를 크게 격파하고 송양공의 다리를 쏘아 다치게 만들었소. 송나라는 그 치욕을 참아왔소. 과인의 부친 초목왕은 궐학厥貉 땅에서 제후들과 회맹할 때 송소공도 와서 몸소 초목왕의 시중을 들었소. 이후 송소공이 시해되고 그의 동생인 공자 포鮑가 즉위한 지 18년이 됐으나 우리 초나라와의 사이에 아무런 원혐怨嫌도 생겨나지 않았소. 송나라를 칠 명분을 어디서 찾는단 말이오?"

공자 영제가 나서서 말했다.

"그건 어렵지 않습니다. 그간 제나라 군주는 여러 번 우리 초나라에 빙문聘問 차 왔지만 우리는 아직 한 번도 빙문에 대한 답방인 보빙報聘을 하지 않았습니다. 이번에 사자를 제나라에 보내 보빙토록 하십시오. 제나라에 가려면 반드시 송나라를 경과해야 합니다. 사자로 하여금 길을 빌려달라는 이른바 가도문서假道文書를 소지하지 않은 채 송나라에 길을 빌려 달라고 청하게 하십시오. 송나라가 이를 문제삼지 않는다면 이는 우리 초나라를 두려워한다는 증거입니다. 주공이 제후들과 회맹하면서 송나라에 참석해 달라고 요구할지라도 저들은 틀림없이 거절하지 못할 것입니다. 그러나 저들이 가도문서를 소지하지 않은 것을 문제 삼아 우리 사자를 욕보인다면 우리는 이를 핑계로 송나라를 치면 됩니다. 어찌 명분이 없을까 걱정할 필요가 있습니까?"

초장왕이 물었다.

"누구를 사자로 보내면 좋겠소?"

공자 영제가 대답했다.

"신무외申無畏가 지난날 궐학 땅의 회맹 때 초목왕을 따라가 송소공을 만난 적이 있습니다. 그를 사자로 보내면 좋을 것입니다."

초장왕이 신무외에게 명해 제나라에 보빙 사절로 갔다 오도록 했다. 신무외가 말했다.

"제나라에 보빙 사절로 가려면 반드시 송나라를 거쳐야 합니다. 송나라 관원에게 제시할 가도문서가 있어야 관문을 통과할 수 있습니다."

초장왕이 물었다.

"그대는 송나라가 그대의 사행 길을 막을까 두려워하는 것인가?"

신무외가 대답했다.

"지난날 초목왕은 궐학 땅에서 회맹할 때 제후들과 함께 맹저孟諸의 들로 나가 사냥을 했습니다. 당시 송소공이 초목왕의 명을 어겼기에 신이 그의 수행원을 끌어내 죽였습니다. 이후 송나라 사람들은 신에게 큰 원한을 품고 있습니다. 이번 사행 길에 가도문서를 갖고 가지 않으면 송나라는 틀림없이 신을 죽일 것입니다."

초장왕이 말했다.

"보빙문서에 그대의 이름을 신주申舟로 고쳐 기재하겠소. 무외라는 이름을 쓰지 않으면 되지 않겠소?"

신무외는 주저했다.

"이름이야 고칠 수 있지만 얼굴은 고칠 수 없지 않습니까?"

초장왕이 화를 냈다.

"만일 송나라가 그대를 죽이면 과인이 마땅히 군사를 일으켜 송나라를 파멸破滅시키겠소. 그대의 원수를 갚아 주겠소."

신무외가 더 이상 거절할 수 없었다. 이튿날 신무외가 그의 아들 신서申犀를 이끌고 입궁해 초장왕을 알현했다.

"신은 나라를 위해 죽음을 무릅쓰겠습니다. 이는 신하로서의 본분입니다. 다만 바라건대 주공은 신의 이 자식을 잘 돌봐주십시오."

초장왕이 말했다.

"그건 과인이 알아서 할 것이오. 그대는 조금도 염려치 마오."

신무외가 마침내 신주라는 가명으로 사행 길에 오르게 됐다. 제나라에 갖고 갈 예물을 받은 뒤 초장왕에게 하직 인사를 올렸다. 도성을 떠날 때 아들 신서가 교외까지 따라와 배웅했다. 신무외가 아들에게 부탁했다.

"네 아비는 이 길을 가면 틀림없이 송나라에서 죽는다. 너는 군왕에게 아비의 원수를 갚아 달라고 청해야 한다. 잊지 말고 명심토록 해라."

부자가 눈물을 흘리며 이별했다. 신무외가 여러 날 만에 송나라 도성인 수양睢陽에 당도했다. 도성 밖의 관문을 지키는 관원이 초나라에서 온 사자인 것을 알고 가도문서를 보여 달라고 청했다.

신무외가 대답했다.

"나는 초왕의 명을 받들어 제나라에 보빙 차 가는 사자요. 제나라에 제출할 보빙문서만 갖고 있고 가도문서는 없소."

관원이 신무외를 억류해 둔 뒤 송문공에게 이를 급히 보고했다. 당시 송나라 집정은 화원華元이었다. 화원이 송문공에게 말했다.

"초나라는 누대에 걸친 우리의 원수입니다. 제나라에 가는 사자로 하여금 우리 송나라를 공공연히 지나가게 하면서 길을 빌리는 예절을 지키지 않으니 이는 우리 송나라를 너무 멸시하는 짓입니다. 청컨대 초나라 사자를 죽이십시오."

송문공이 물었다.

"초나라 사자를 죽이면 초왕은 틀림없이 우리를 칠 것이오. 그 일을 어찌 감당할 것이오?"

화원이 대답했다.

"우리가 멸시를 당하는 치욕은 저들의 침공을 받는 것보다 훨씬 더한 일입니다. 우리가 이런 멸시를 용인하면 초나라는 우리를 더욱 업신여기고 틀림없이 우리를 칠 것입니다. 이래저래 같은 일을 당할 바에야 우리가 당한 치욕이라도 씻어야 합니다."

그러고는 사람을 시켜 신무외를 송나라 조정으로 압송해 오게 했다. 화원은 곧바로 그가 신무외라는 것을 알았다. 분노 위에 분노가 더해졌다.

신무외를 꾸짖었다.

"너는 일찍이 우리 선군의 수행인을 죽인 자가 아닌가? 그런데도 이름을 바꿔 우리 송나라에 왔으니 죽음을 면해 보겠다는 수작인가?"

신무외는 자신이 반드시 죽게 될 것임을 알았다. 그는 화원을 제쳐둔 채 송문공 포鮑을 향해 이같이 말했다.

"너는 조모와 간음하고 장조카를 시해했는데도 요행히 하늘의 재앙을 면했다. 게다가 이제는 망령되게도 대국의 사자인 나를 죽이려고 한다. 초나라 군사가 이곳에 한번 이르게 되면 송나라 군신 모두 제분齏粉[1]이 되고 말 것이다."

화원이 좌우에 명해 신무외의 혀를 벤 뒤 때려죽이게 했다. 이어 신무외가 소지한 보빙문서와 제나라에 바칠 예물을 교외에서 불태우게 했다. 신무외의 시종들이 황급히 수레를 버리고 달아났다. 이들은 초나라로 돌아와 이 일을 고했다.

당시 초장왕은 점심식사를 하던 중이었다. 초장왕은 신무외가 살해됐다는 보고를 받자 젓가락을 자리에 내던지면서 분연히 소매를 떨치며 일어섰다. 곧바로 사마 공자 측을 대장, 신숙시申叔時를 부장으로 삼았다. 이어 몸소 이들과 함께 군사를 이끌고 송나라를 향했다. 신무외의 아들 신서를 군정軍正으로 임명해 종군케 했다.

살펴보건대 신무외가 이해 여름 4월에 피살됐고, 이해 가을 9월에 초나라 군사가 송나라 국경에 이르렀다. 초나라 군사가 얼마나 신속히 출동했는지 짐작할 수 있을 것이다.

1 제분齏粉은 『장자』「열어구」에 나오는 표현으로 잘게 부서진 가루인 분말粉末과 같은 뜻이다. 『장자』 원문에는 제齏가 제鳖로 나와 있다.

잠연 선생이 이를 시로 읊었다.

송나라 가면 죽을 줄 알았으나 明知欺宋必遭屯
군명이 하늘같아 필할 수 없다 君命如天敢惜身
분노한 초왕이 풍우처럼 닥치니 投袂興師風雨至
화원은 사자 살해를 후회하리라 華元應悔殺行人

초나라 군사가 수양성을 포위한 뒤 성벽 높이와 똑같은 누거樓車를 만들어 사면에서 공격했다. 성안에선 화원이 군사와 장정을 이끌고 성을 지키는 한편 대부 악영제樂嬰齊를 진晉나라로 보내 송나라의 위급한 사정을 고하게 했다. 진경공이 곧 군사를 보내 송나라를 도와주고자 했다. 모신謀臣 백종伯宗이 간했다.

"순림보는 600승의 병력을 이끌고도 초나라 군사와 싸웠으나 필성邲城에서 패했습니다. 이는 하늘이 초나라를 도운 것입니다. 우리가 군사를 보내 송나라를 구하고자 할지라도 반드시 이긴다는 보장이 없습니다."

진경공이 말했다.

"지금 오직 송나라만이 우리와 친하게 지내고 있소. 송나라를 구하지 않으면 우리는 송나라를 잃고 말 것이오."

백종이 대답했다.

"송나라는 초나라에서 2천 리나 떨어져 있습니다. 초나라가 계속 군량을 보내기가 쉽지 않습니다. 초나라 군사는 지구전을 펼칠 수 없습니다. 이제 사자를 송나라로 보내 진晉나라가 대군을 일으켜 구원하러 갈 터이니 송나라는 굳게 도성을 지키라고만 하십시오. 몇 달이 안 돼 초나라 군사는 군량이 떨어져 돌아갈 것입니다. 우리가 초나라 군사와 싸우는 노고를 하지 않고도 송나라를 구하는 공을 세울 수 있는 길입니다."

진경공이 이 말을 그럴 듯하게 여기며 물었다.

"그럼 누가 이 사명使命을 띠고 송나라에 가는 게 좋겠소?"

자가 자호子虎인 대부 해양解揚이 자청했다. 진경공이 기뻐했다.

"자호가 아니면 이를 감당치 못할 것이다."

해양이 미복을 하고 송나라 도성의 교외에 당도했다. 그러나 그는 이내 초나라 유격병의 검문에 걸려 사로잡히고 말았다. 초나라 군사가 그를 초장왕 앞으로 끌고 갔다. 초장왕은 첫눈에 그가 진나라 장수 해양이라는 것을 알아봤다.

초장왕이 물었다.

"너는 무슨 일로 이곳에 왔는가?"

해양이 대답했다.

"나는 진후晉侯의 명을 받고 송나라에 진나라 대군이 구원하러 올 때까지 굳게 지키라는 말을 전하러 왔습니다."

초장왕이 말했다.

"네가 진나라 사자로 온 것이로구나. 너는 전에 북림北林의 싸움에서 우리 초나라 장수 위가蔿賈에게 사로잡힌 바 있다. 그때 과인은 죽이지 않고 살려서 진나라로 돌려보냈다. 이번에 스스로 그물에 걸려들려고 다시 온 것인가? 그러고도 과인에게 무슨 할 말이 있는가?"

해양이 대답했다.

"우리 진나라와 초나라는 원수지간입니다. 나를 죽일지라도 내 분수로 알겠습니다. 그런 터에 무슨 할 말이 있겠습니까?"

초장왕이 그의 몸을 뒤지게 했다. 몸에서 한 통의 문서가 나왔다. 초장왕이 그 문서를 읽고 난 뒤 말했다.

"송나라 도성은 조만간 격파될 것이다. 너는 이 국서의 내용과 반대되는 말을 송나라 사람에게 말할 수 있겠는가? '지금 진나라에 급한 일이 생겨 당장 도우러 갈 수 없게 됐다. 송나라가 원군을 믿다가 낭패를 보는 일이 있을까 염려해 특별히 나를 보내 그 말을 전하게 했다.'고 말하라. 그러면 송나라 사람들은 크게 절망해 반드시 성에서 나와 항복할 것이다. 그리되면 두 나라는 서로 도륙하는 참사를 면할 수 있다. 네가 이 일을 성사시키면 너를 현공縣公에 봉하겠다. 네가 우리 초나라에 남아 벼슬을 하는 것도 좋지 않겠는가?"

해양이 머리를 숙인 채 대답하지 않았다. 초장왕이 말했다.

"네가 과인의 말에 응하지 않으면 너를 죽일 수밖에 없다."

해양은 초장왕의 말을 좇고 싶은 마음이 없었다. 그러나 자신이 죽으면 진경공의 말을 전할 길이 없게 된다.

이내 거짓으로 수락했다.

"그리 하겠습니다."

초장왕이 해양을 높은 누거 위로 올라가게 했다. 그와 함께 누거 위로 올라간 초나라 장수가 초장왕의 주문대로 말할 것을 재촉했다. 해양이 마침내 큰 소리로 성안을 향해 외쳤다.

"나는 진나라 사자 해양이다. 지금 초나라 군사에게 사로잡혀 있소. 초왕이 나를 시켜 그대들이 성 밖으로 나와 항복토록 권하라고 강요하고 있소. 그대들은 결코 항복하지 마시오. 우리 주공이 몸소 대군을 이끌고 구원하러 오고 있소. 오래잖아 이곳에 당도할 것이오."

초장왕이 그 말을 듣자 곧바로 명해 해양을 누거에서 끌어내리게 했다. 그가 해양을 꾸짖었다.

"너는 이미 과인에게 허락하고도 어찌하여 과인을 배반했는가? 너는 스스로 신의를 잃었으니 너를 죽이더라도 이는 과인의 허물이 아니다."

그러고는 좌우에 명해 해양을 끌고 나가 참하게 했다. 그러나 해양은 조금도 두려워하는 기색을 보이지 않았다. 그가 천천히 대답했다.

"신은 일찍이 신의를 저버린 적이 없습니다. 신이 만일 초나라에 대한 신의를 온전히 하게 되면 우리 진나라에 대한 신의는 반드시 잃게 마련입니다. 초나라 신하가 그 군주를 배반하고 다른 나라 뇌물을 받으면 군주는 그 신하를 신의 있는 사람으로 여기겠습니까? 신은 이제 죽기를 원합니다. 하지만 초나라의 신의는 나라 밖에만 있고, 나라 안에는 없다는 것을 밝히겠습니다."

초장왕이 탄식했다.

"충신은 죽음을 두려워하지 않는다더니 바로 그대 같은 사람을 두고 하는 말이다."

초장왕이 해양을 진나라로 돌려보냈다.

당시 송나라 화원은 헤양의 말을 듣고 더욱 성을 굳게 지켰다. 초나라 장수 공자 측은 군사를 시켜 송나라 도성 밖에 성보다 높은 흙산을 쌓고 그 위에 망루를 짓게 했다. 몸소 그 안에 거처하면서 도성 안의 동정을 낱낱이 살펴보았다. 화원도 초나라 군사의 망루 맞은편의 성안에 흙산을 쌓고 대항했다.

초나라 군사가 송나라 도성을 포위한 때가 전년 가을 9월이었다. 이듬해 여름 5월이 되도록 송나라는 결사항전으로 버텼다. 두 나라는 피차 무려 9달 동안이나 서로 싸웠다. 송나라 도성 안에는 양식과 땔감이 모두 동이 났다. 굶어죽은 사람이 많았다.

화원은 오로지 충의를 내세워 백성과 병사를 독려했다. 백성들은 화원의 그런 열성에 감동해 고난을 참았다. 그들은 서로 자식을 바꿔 잡아먹는 역자위식易子爲食과 죽은 사람의 해골을 주워 불을 때는 습해위찬拾骸爲爨을 하면서도 조금도 흔들리거나 변심하지 않았다. 초장왕도 송나라의 이런 굳은 결심 앞에선 어쩔 도리가 없었다. 하루는 군리가 들어와서 말했다.

"지금 군중엔 7일분의 양식밖에 없습니다."

초장왕이 탄식했다.

"나는 송나라의 항복을 받는 게 이토록 어려울 줄 몰랐다."

그러고는 직접 융거에 올라 송나라 도성을 한 바퀴 둘러봤다. 도성을 지키는 송나라 군사의 수비 태도가 엄중했다. 초장왕이 탄식하며 돌아왔다. 곧 공자 측을 불러 회군을 상의했다. 소문을 들은 신무외의 아들 신서가 초장왕이 타고 있는 수레 앞에 가서 절하고 통곡했다.

"신의 아비는 죽음으로써 왕명을 받들었습니다. 대왕은 신의 아비에게 원수를 갚아주겠다고 약속하고도 지키지 않으려는 것입니까?"

초장왕의 얼굴에 부끄러운 기색이 나타났다. 융거의 말고삐를 잡고 있던 신숙시申叔時가 건의했다.

"송나라가 항복하지 않는 것은 우리가 능히 이곳에 오래 머물지 못하리라는 것을 알고 있기 때문입니다. 군사들에게 집을 짓고 밭을 갈게 해 장차 이곳에 오래 머물 뜻을 내보입시오. 송나라 사람들이 틀림없이 우리를 두려워할 것입니다."

초장왕이 말했다.

"그 계책이 실로 좋소."

그러고는 곧바로 명했다.

"병사들은 지금부터 송나라 도성 주변에 각각 살 집을 짓도록 하라. 가까운 곳에서 대와 나무들을 베어다가 빨리 지어야 한다. 성 밖의 모든 송나라 백성들은 다른 곳으로 보내도록 하라. 모든 병사는 10명씩 1조가 되고, 5명이 성을 공격할 때 나머지 5명은 밭을 갈고 씨를 뿌리도록 하라. 10일마다 서로 임무를 교대토록 하라."

그 명령이 곧바로 초나라 군사에게 전달됐고, 이내 송나라 도성 안에까지 전해졌다. 화원이 그 소문을 듣고 송문공에게 말했다.

"초왕은 회군할 뜻이 없고 진晉나라 원군은 오지 않고 있습니다. 이를 어쩌면 좋겠습니까? 이제 신이 초나라 군영으로 가서 초나라 장수 공자 측을 직접 만나보고, 그를 겁박해 담판을 벌이는 수밖에 없습니다. 요행으로 강화를 성사시킬 수 있을지 모릅니다."

송문공이 당부했다.

"사직의 존망이 경의 이번 걸음에 달려 있소. 마음을 다져먹고 조심토록 하시오."

화원은 공자 측이 흙산의 망루 안에서 기거한다는 사실을 탐지했다. 그는 또 공자 측의 좌우 측근의 이름과 명령 전달과정, 경비상황 등을 상세히 파악했다.

밤이 되자 화원이 군주의 좌우에서 명을 전달하는 알자謁者 모습으로 분장한 뒤 몰래 성 위에서 밧줄을 타고 성 아래로 내려갔다. 곧바로 흙산 앞으로 갔다. 거기서 야경을 도는 초나라 군사와 마주쳤다.

화원이 태연하게 물었다.

"주수主帥가 위에 있는가?"

순라군이 대답했다.

"계시오."

화원이 다시 물었다.

"잠자리에 들었는가?"

순라군이 대답했다.

"연일 신고辛苦로 인해 오늘밤 대왕이 하사한 술 한 동이를 마시고 이미 잠자리에 들었소."

화원이 바로 망루 위로 올라갔다. 망루를 지키는 경비병이 저지했다. 화원이 말했다.

"나는 알자로 있는 용료庸僚라는 사람이다. 긴급한 기밀사항을 주수에게 전하라는 대왕의 분부를 받고 왔다. 대왕은 방금 전 술을 하사했는데 주수가 그 술을 마시고 취해 자지나 않을까 염려해 특별히 나를 보내 명을 전달케 한 것이다. 나는 대왕의 명을 전한 뒤 곧바로 돌아가야 한다."

경비병이 이를 곧이듣고 망루 위로 올라가도록 길을 비켜줬다. 망루 안에는 아직도 등촉이 켜져 있었다. 공자 측은 옷을 입은 채 잠들어 있었다.

화원은 그가 누워 있는 침상 위로 올라갔다. 가볍게 공자 측을 흔들어 깨웠다. 공자 측이 잠에서 깨어나 몸을 움직이려고 했다. 화원이 그를 올라타고 앉아 그의 소매를 꽉 움켜잡았다.

공자 측이 깜짝 놀라 물었다.

"너는 누구냐?"

화원이 낮은 목소리로 대답했다.

"원수는 놀라지 마시오. 나는 송나라 우사右師 화원이오. 우리 주공의 명을 받아 특별히 이 밤에 그대를 찾아와 강화를 요구하는 것이오. 원수가 내 제의를 받아들이면 송나라와 초나라는 동맹해 대대로 우호관계를 유지하게 될 것이오. 그러나 거절하면 이 화원과 원수의 두 목숨은 오늘 밤 끝이 나고 말 것이오."

그는 말을 마치자 왼손으로 침상 위에 누워있는 공자 측의 몸을 누르고, 오른손으로 소매 속에서 서릿발 같은 비수 한 자루를 꺼내 들었다. 비수가 등불의 빛을 받아 번쩍였다.

공자 측이 황망히 대답했다.

"이 일은 다른 사람과도 상의해야 하오. 이처럼 경솔히 취급해선 안 되오."

화원이 비수를 거두고 사과했다.

"죽을죄를 지었소. 그러나 괴이하게 생각진 마시오. 사세가 너무 급박해 정중히 행동하지 못했소."

공자 측이 물었다.

"그대 나라는 이제 형편이 어떠하오?"

화원이 솔직히 대답했다.

"백성들은 자식을 바꿔 잡아먹고, 해골을 주워 불을 때는 지경이오. 우리 송나라는 지금 매우 낭패스런 상황이오."

공자 측이 놀랐다.

"송나라의 곤폐困弊가 이 지경에 이르렀단 말인가? 군사軍事는 텅 비어도 가득 차 있는 것처럼 속이고, 가득 차 있으면서도 텅 비어 있는 것처럼 속이는 '허자실지虛者實之, 실지허지實者虛之'의 이른바 허허실실虛虛實實 이야기를 들은 적이 있소. 그대는 어째서 나에게 송나라의 실정을 고하는 것이오?"

화원이 대답했다.

"군자는 남의 곤액困厄을 동정하고, 소인은 남이 남의 위험危險을 이용해 이익을 취한다고 했소. 원수는 군자이고 소인이 아닌 까닭에 우리나라 실정을 감추지 않고 말한 것이오."

공자 측이 물었다.

"그런 지경에 이르도록 왜 항복하지 않는 것이오?"

화원이 대답했다.

"나라의 형편은 곤궁에 빠졌지만 백성의 마음은 조금도 궁해지지 않았소. 지금 군민君民 모두 함께 죽음을 무릅쓰고 성과 함께 부서지기를 원하고 있소. 그런 터에 무엇 때문에 군주가 성 밖으로 나가 항복하는 이른바 성하지맹城下之盟을 맺으려 하겠소? 원수가 혹여 우리의 재앙을 불쌍히 여기는 마음이 있으면 하의 맹서야 할 수 있겠소. 원수가 우리의 뜻을 불쌍히 여기는 마음을 갖고 있다면 군사를 20리만 후퇴시켜 주시오. 그러면 과군寡君이 나라를 걸고 초나라에 복종할 것이오. 결코 두 마음을 품지 않을 것이오."

화원이 침상에 올라가 자반을 겁박하다

공자 측이 말했다.

“나도 그대를 속이지는 않겠소. 사실 우리 군중에도 7일분의 군량밖에 남아 있지 않소. 앞으로 7일 이내에 성을 함락시키지 못하면 회군할 수밖에 없소. 집을 짓고 밭을 갈라고 명한 것은 그대들에게 두려움을 안겨주기 위한 술수에 불과하오. 나는 날이 밝으면 내일 초왕楚王에게 그대의 말을 아뢰고 30리를 물러나겠소. 귀국의 군신 역시 신의를 잃지 마시오.”

화원이 대답했다.

“이 화원은 신의를 보이기 위해 원수와 더불어 맹서하는 것은 물론 자진해 귀국의 인질이 되겠소. 그래야만 서로 후회가 없을 것이오.”

두 사람이 그 자리서 맹서했다. 맹서가 끝나자 공자 측은 적장인 화원과 더불어 의형제를 맺었다. 공자 측은 화원에게 화살처럼 생긴 군중軍中의 신표信標인 영전令箭 하나를 건네주며 신속히 돌아가도록 당부했다.

화원은 공자 측의 영전을 들고 버젓이 초나라 군영을 빠져 나왔다. 이어 성 밑에 이르러 두 손을 입에 대고 암호를 댔다. 성 위에서 밧줄에 매단 상자인 두자兜子가 내려왔다. 화원이 두자 속으로 들어가 성 위로 올라갔다.

그는 그날 밤 송문공에게 가서 그 일을 복명했다. 송문공은 크게 기뻐하며 안도했다. 오직 초나라 군사의 퇴각 소식만을 기다렸다.

이튿날 날이 밝자 초나라 장수 공자 측은 초장왕에게 가서 화원이 초나라 군영으로 잠입해 와서 한 말을 고했다.

"하마터면 신은 화원의 비수에 찔려 목숨을 잃을 뻔했습니다. 다행히도 화원의 인심仁心 덕분에 죽음을 면했습니다. 그는 송나라 실정을 신에게 모두 말한 뒤 퇴군을 청했습니다. 신은 이미 그리하겠다고 허락했습니다. 바라건대 주공은 퇴군을 명해 주십시오."

초장왕이 대답했다.

"송나라의 곤비困憊가 그와 같다면 과인은 마땅히 송나라 도성을 함락시킨 뒤 돌아갈 것이다."

공자 측이 머리를 조아리며 말했다.

"신은 아군의 군량도 7일분밖에 남아 있지 않다는 것을 그에게 말했습니다."

초장왕이 순간 대로했다.

"그대는 어째서 우리의 실정을 적에게 알린 것인가?"

공자 측이 대답했다.

"구구區區한 약소국 송나라에도 오히려 남을 속이지 않는 신하가 있는데 당당한 대국인 초나라에 그런 신하가 없어서야 되겠습니까? 그래서 신 역시 속이지 않고 바른대로 말해 주었습니다."

순간 초장왕의 얼굴에 노기가 씻은 듯이 사라졌다.

"사마의 말이 옳소."

즉시 명을 내려 30리 밖으로 물러나 주둔케 했다. 신서는 군령이 떨어진 것을 알자 감히 다시 퇴군해선 안 된다는 말을 하지 못하고 가슴을 치며 대곡大哭했다. 초장왕이 사람을 보내 신서를 위로했다.

"그대는 슬퍼 마라. 종당終當에는 그대의 효성이 뜻을 이룰 것이다."

초나라 군사는 30리 떨어진 곳까지 물러나 영채를 세우고 주둔했다. 화원이 먼저 초나라 군영에 이르러 맹약을 받아들이겠다는 송문공의 뜻을 초장왕에게 전했다. 공자 측이 화원을 따라 송나라 도성으로 들어갔다. 이어 송문공과 함께 삽혈하고 맹서했다. 송문공이 다시 화원으로 하여금 신무외의 영구를 초나라 군영에 보낸 뒤 그대로 머물며 인질이 되게 했다.

초장왕이 반사班師해 초나라로 돌아갔다. 그는 신무외를 후하게 장사지냈다. 조정의 문무백관들로 하여금 장송행렬에 참여케 했다. 장례가 끝나자 신서에게 대부 벼슬을 잇게 했다.

화원은 초나라에 와서 볼모로 와 있으면서 공자 측과 친하게 지냈다. 공자 측을 통해 영윤인 공자 영제와도 친해졌다. 하루는 공자 영제와 더불어 한담을 하다가 시사時事를 논하게 됐다.

공자 영제가 탄식했다.

"지금 진晉나라와 초나라는 서로 패권을 다투느라 매일 전쟁을 벌일 핑계만 찾고 있소. 언제야 천하가 태평해질 수 있겠소?"

화원이 말했다.

"저의 어리석은 소견으로는 진나라와 초나라는 서로 자웅을 가리기 어려운 막상막하의 힘을 지니고 있소. 두 나라의 화해를 중재할 수 있는 사람이 나서서 서로 각자의 세력권을 침범하지 않고 군사를 취하고, 우호를 닦아 천하의 백성을 도탄에 빠지지 않게 해야 하오. 그러면 실로 세도世道의 대행大幸일 것이오."

공자 영제가 물었다.

"이 일을 그대가 능히 맡아서 할 수 있겠소?"

화원이 대답했다.

"나는 진晉나라 장수 난서欒書와 친하오. 내가 전에 진나라에 빙문하러 갔을 때 그와 더불어 그 이야기를 언급한 적이 있소. 하지만 나는 그 적임자가 못되오. 중간에서 개입해 두 나라를 연합聯合시킬 만한 인물이 있어야 하는데 그런 사람이 없어 안타까울 뿐이오."

이튿날 공자 영제가 공자 측에게 화원의 말을 전했다. 공자 측이 말했다.

"두 나라가 아직 전쟁에 싫증을 내지 않고 있소. 지금은 그 일을 경솔히 논할 때가 아닌 듯하오."

이후 화원은 초나라에서 6년 동안 볼모로 지냈다. 주정왕 18년인 기원전 592년, 송문공 포鮑가 죽고 그 아들 송공공宋共公 고固가 뒤를 이었다. 화원은 송문공의 장례에 참석키 위해 초장왕에게 귀국을 신청해 허락을 받아냈다. 그러나 이는 훗날의 이야기다.

110話 노인이 풀을 묶어 두회를 막아내다
– 노인결초항두회老人結草亢杜回

당시 진경공은 초나라 군사가 송나라 도성을 포위한 후 해를 넘기고도 포위를 풀 기미를 보이지 않는다는 소식을 듣고 백종에게 말했다.

"송나라는 성을 지키느라 지칠 대로 지쳤을 것이오. 과인은 더 이상 송나라에 대한 신의를 저버릴 수 없소. 지금이라도 원군을 보내 송나라를 돕고 싶소."

진경공이 막 군사를 출발시키려고 할 때 급보가 올라왔다.

"노潞나라에서 밀서를 보내왔습니다."

노潞나라는 적적赤狄의 별종으로 성은 외씨隗氏이고 주왕실로부터의 작위는 자작子爵이다. 이 나라는 여黎나라와 이웃해 있다. 주평왕 때 노潞나라 군주가 여후黎侯를 축출하고 그 땅을 합병했다. 이후 적적족은 더욱 강성해졌다.

진경공 당시 노나라 군주의 이름은 영아嬰兒였다. 진경공의 손위누이인 백희伯姬를 맞아들여 부인으로 삼았다. 그러나 영아는 미약했고, 재상인 풍서酆舒가 전권을 장악해 권력을 휘둘렀다.

진晉나라에서 망명해 온 호야고狐射姑는 진나라의 중신인 데다가 지식이 넓고 재능이 많았다. 풍서가 그를 두려워해 감시 방자하게 행동하지 못한 이유다. 그러나 호야고가 죽자 풍서가 기탄없이 굴었다.

그는 노나라와 진나라의 우호를 끊어 버릴 생각으로 영아의 부인 백희를 무함해 억울한 죄명을 뒤집어씌웠다. 이어 영아를 강요해 백희를 목매달아 죽이는 액살縊殺에 처하게 했다.

그는 또 군주인 영아가 교외로 사냥을 나갔을 때 술판을 벌이고 술에 취한 뒤 군신君臣에게 탄환으로 나는 새를 쏘는 놀이를 하게 했다. 군신이 한창 탄환으로 새를 쏘는 놀이를 할 때 풍서가 새를 쏘는 체하며 영아를 쐈다. 탄환이 영아의 눈을 맞혀 중상을 입혔다. 그러고는 웃는 얼굴로 활을 땅에 내던지면서 말했다.

"탄환이 빗나갔으니 신은 벌주 한 잔을 마시겠습니다."

노나라 군주 영아는 풍서의 횡포를 더는 참고 있을 수 없었으나 그를 제압할 힘이 없었다. 영아는 마침내 진晉나라에 밀서를 보냈다. 진나라 장수가 군사를 이끌고 와 풍서의 죄를 응징해 달라는 내용이었다.

모신 백종이 진경공에게 말했다.

"풍서를 잡아 죽이고 노潞나라 땅도 병탄하면 그 여파가 주변의 소국에도 미쳐 적적赤狄의 땅을 우리가 모두 차지할 수 있습니다. 그러면 서남쪽 경계가 크게 확장될 것입니다. 게다가 그곳 병사를 병사로 충당하고, 조세도 보다 많이 거둘 수 있습니다. 이 기회를 잃지 마십시오."

진경공도 노나라 군주 영아가 자신의 누이인 백희를 보호하지 못한 것에 크게 분개해하던 차였다. 순림보를 대장, 위과魏顆를 부장으로 삼은 뒤 두 장수에게 병거 300승을 이끌고 진격케 했다. 진나라 군사가 노나라를 치자 풍서도 군사를 이끌고 나와 곡량曲梁 땅에서 저항하며 싸웠다. 그러나 풍서는 크게 패해 이내 위衛나라로 달아났다.

원래 위목공衛穆公 속速[2]은 진나라와 화목한 관계를 유지하고 있었다. 위목공이 도망 온 풍서를 포박한 뒤 진나라 군영에 바쳤다. 순림보가 군사를 시켜 풍서를 다시 진나라 도성인 강도絳都로 압송케 했다. 결국 풍서는 진나라에서 참형을 당했다.

2 『열국지』에는 위목공의 이름이 속速으로 되어 있으나 『춘추좌전』에는 속遬으로 나온다.

한편 순림보가 이끄는 진나라 군사는 장구長驅하여 노나라 도성 밑까지 들어갔다. 노나라 군주 영아는 네거리까지 나와서 진나라 군사를 영접했다. 순림보가 노나라 군주를 크게 꾸짖었다.

"그대는 어째서 우리 주공의 누이 백희를 무함해 죽였는가? 그 죄를 묻지 않을 수 없다."

이어 영아를 사로잡아 데리고 돌아오면서 노나라 백성들에게 핑계를 댔다.

"노나라가 멸망시킨 여黎나라 백성들이 그 군주를 그리워한지 오래되었다."

그러고는 여나라 군주의 후예를 찾아내게 했다. 가까스로 찾아낸 후예에게 5백호가 사는 땅을 떼어주면서 그곳에 성을 쌓고 살게 했다. 명분은 여나라를 회복하는 것이나 실은 노나라를 아예 없애고자 한 것이다.

노나라 군주 영아는 나라가 망한 것을 통탄한 나머지 칼로 자신의 목을 찌르고 자진했다. 노나라 백성들이 이를 애달프게 여겨 사당을 세웠다. 지금도 여성黎城의 남쪽 15리에 노사산潞祠山이 있는데, 그곳이 바로 사당이 있던 자리이다.

당시 진경공은 순림보가 또 성공 못할까 염려해 직접 대군을 이끌고 직산稷山까지 나아가 영채를 세웠다. 순림보가 직산으로 와 승첩을 고했다.

순림보는 부장 위과에게 노나라 땅에 남아 주변의 적적赤狄을 공략해 평정케 했다. 위과가 적적을 공략하면서 지금의 섬서성 대려현인 보씨輔氏의 늪에 이르렀을 때였다. 문득 자욱한 먼지가 하늘의 해를 가리면서 함성이 천지에 가득히 울려 퍼졌다. 어느 나라 군사가 다가오는 것인지 전혀 알 길이 없었다.

전초병이 달려와 고했다.

"진秦나라 대장 두회杜回가 군사를 이끌고 이곳으로 오고 있습니다."

당초 진목공의 아들 진강공秦康公은 주광왕 4년인 기원전 609년에 세상을 떠났다. 그의 아들 진공공秦共公 도稻[3]가 뒤를 이었다. 진공공의 재위 때 진晉나라 장수 조천趙穿이 진秦나라의 부용국인 숭崇나라를 침공했다. 진秦나라 군사가 진晉나라의 초焦 땅을 에워싸고 쳤으나 성공치 못했다.

진공공이 마침내 노나라 재상 풍서와 깊이 결탁한 뒤 함께 진晉나라를 치기로 약속했다. 그러나 진공공은 재위 4년[4]만에 죽고 그의 아들 진환공秦桓公 영榮이 보위에 올랐다.

순림보가 노나라를 정복했을 때가 진환공 11년인 기원전 593년이었다. 진환공은 진晉나라 군사가 노나라 재상 풍서를 친다는 보고를 듣고는 곧바로 군사를 보내 그를 구원코자 했다. 그러나 군사를 보내기도 전에 순림보가 이미 풍서를 잡아 죽이고 노나라 군주 영아도 사로잡아 갔다는 소식을 들었다.

진환공이 두회를 대장으로 삼은 뒤 속히 군사를 이끌고 가 노나라 땅을 탈환토록 명했다. 원래 두회는 진秦나라에서 유명한 역사力士였다. 이빨이 은으로 된 끌처럼 뻗어 있고, 눈은 금으로 된 망치 같았고, 얼굴은 무쇠로 된 주발과 같았다. 수염은 그 끝이 위로 거슬러 올라간 이른바 규염虯髥이고, 머리는 고수머리였다. 키는 1장丈이 더 되고, 힘은 1천 균鈞의 무게를 들었다. 평소 커다란 도끼인 개산대부開山大斧를 쓰는데, 그 무게가 120근이나 됐다. 그는 원래 백적白翟[5] 출신이었다.

그는 일찍이 지금의 섬서성 연천현 북쪽의 청미산青眉山에서 하루에 호랑이 다섯 마리를 맨주먹으로 때려잡은 뒤 그 가죽을 벗겨 진秦나라로 귀

3 『열국지』에는 진공공秦共公의 이름이 도稻로 되어 있으나 『사기』「표」에는 화和로 나온다.

4 『열국지』에는 진공공이 재위 4년에 죽은 것으로 기록했으나 『사기』「표」에는 재위 5년째인 기원전 604년에 죽은 것으로 나온다.

5 백적白翟의 적翟은 적狄과 통한다. '백적'은 백인종을 지칭한다.

순했다. 진환공이 그의 용맹에 관한 이야기를 듣고 거우장군車右將軍으로 삼았다.

이후 두회는 겨우 군사 300명을 이끌고 지금의 섬서성 경양현 북쪽의 차아산嵯峨山을 거점으로 삼은 산적 1만여 명을 격파했다. 두회가 천하에 명성을 크게 떨친 배경이다. 이제 그는 진秦나라 대장이 되어 진晉나라 장수 위과와 서로 싸우게 된 것이다.

당시 진晉나라 장수 위과는 진을 치고 싸울 태세를 갖췄다. 그러나 두회는 병거를 타지도 않았다. 개사대부를 든 채 백병전에 능한 도부수刀斧手 300명만 이끌고 큰 걸음으로 걸어서 직접 진晉나라 군영으로 쳐들어갔다. 그와 그의 수하 도부수들은 120근이나 되는 개산대부와 칼을 휘두르며 닥치는 대로 말들의 다리를 찍고 위로는 갑옷을 입은 장병들을 후려갈겼다. 마치 죽음의 신이 하늘에서 내려온 듯했다.

진晉나라 군사는 이제까지 이토록 흉악한 거인을 본 적이 없었다. 산악 같은 기세를 당하지 못해 1진一陣이 대패했다. 위과는 명을 내려 병사들로 하여금 영채를 굳게 닫고 둘레에 쌓은 보루를 높이면서 방어만 하고 나가서 싸우지 못하게 했다.

두회는 한 무리의 도부수만 이끌고 영채 밖에서 펄펄 뛰며 진晉나라 군에게 온갖 욕설을 퍼부었다. 3일이 지나도록 진晉나라 군사는 감히 나가서 싸우지 못했다. 이때 문득 본국에서 응원군이 왔다. 장수는 위과의 동생인 위기魏錡였다.

위기가 본채로 와 형에게 말했다.

"주공은 적적의 무리가 진秦나라와 손을 잡고 변란을 일으키지나 않을까 걱정한 나머지 특별히 저를 보내 형을 돕게 했습니다."

위과가 두회가 엄청난 거인인 데다가 힘이 월등히 세고 용맹해 도무지 상대할 수 없다는 사실을 설명했다. 사람을 본국에 보내 원군을 요청할 참인데 잘 왔다고도 말했다.

위기가 그 말을 믿으려고 하지 않았다.

"듣자니 두회는 산 속에서 도적질이나 하던 초구草寇 출신이라고 하던데 그런 그에게 무슨 대단한 능력이 있겠습니까? 내일 제가 진 앞에 나가 그 자를 살펴보고 당당히 무찌르겠습니다."

이튿날 두회가 다시 와 싸움을 걸었다. 위기가 분연히 나가 싸우려고 했다. 위과가 말렸으나 그는 형의 말을 듣지 않고 출전했다. 새로 데리고 온 갑사甲士들을 이끌고 병거를 몰며 진격했다. 진秦나라 군사가 사방으로 흩어져 달아났다.

위기가 군사를 나눠 그들을 추격했다. 이때 문득 호초呼哨 소리가 한바탕 크게 났다. 그러자 흩어졌던 300명의 도부수들이 하나로 합쳤다. 그들은 두회를 따라 공격해 왔다. 큰 칼과 도끼를 들고 아래로는 말들의 다리를 찍고 위로는 병거를 탄 갑사들을 닥치는 대로 내리찍었다.

북쪽으로 앞서 나갔던 진晉나라 보졸들은 그들과 싸우기 위해 병거를 되돌리려 했다. 그러나 병거들 가운데 큰 노거輅車가 섞여 있었고, 노거는 차체가 커서 쉽게 방향을 틀지 못했다 그 사이 두회의 도부수들이 사방에서 달려들어 닥치는 대로 진晉나라 군사를 칼과 도끼로 찍어 죽였다. 위기가 대패하는 것을 본 위과가 급히 군사를 이끌고 나와 간신히 구출해 영채로 돌아갔다.

그날 밤 위과는 군영 안에서 잠을 이루지 못하고 고민했다. 일어나 앉아 이리저리 생각해 봤으나 도무지 좋은 계책이 떠오르지 않았다. 3경이 되어서야 너무 피곤해 자리에 쓰러진 채 잠이 들었다. 이때 귓전에 누군가의 목소리가 들려왔다. '청초파青草坡'라는 3자字였다. 퍼뜩 잠에서 깨어났으나 그 뜻을 알 길이 없었다. 다시 잠이 들었다. 여전히 그 목소리가 들려왔다.

'청초파'

이튿날 아침 위과가 그 이야기를 위기에게 했다. 위기가 말했다.

"보씨輔氏의 늪에서 10리쯤 가면 큰 언덕이 있는데 그 이름이 '청초파'입니다. 진秦나라 군사가 그곳에서 패할 것임을 미리 알려준 신령의 말일까 합니다. 저는 먼저 일지군을 이끌고 청초파로 가서 매복하고 있겠습니다. 형님은 적군을 그곳으로 유인하십시오. 좌우에서 협공하면 이길 수 있습니다."

위기가 서둘러 일지군을 이끌고 청초파로 갔다. 날이 새자 위과가 전군에 명해 영채를 뽑고 출발토록 했다. 이어 병사들에게 큰 소리로 떠들게 했다.

"이제 여성黎城으로 돌아간다."

두회는 이 소문을 듣고 곧바로 추격에 나섰다. 위과는 그를 맞아 몇 합 싸우다가 병거를 돌려 달아났다. 일면 싸우고 일면 달아나면서 점차 청초파로 유인했다.

두회가 청초파 이르자 문득 포성이 크게 울리면서 위기의 복병이 일제히 뛰쳐나왔다. 위과도 다시 병거를 돌려 두회를 쫓아갔다. 형제가 두회를 겹겹으로 에워싸고 협공했다. 두회는 조금도 두려워하지 않고 120근의 개산대부를 마치 나무막대기 돌리듯 휘두르며 닥치는 대로 진秦나라 군사를 찍어댔다. 도끼를 맞은 자는 그 자리서 즉사했다.

진晉나라 군사가 비록 상당한 피해를 입기는 했으나 움직이는 산과 같은 두회를 막지 못했다. 위과와 위기는 병사들을 독려해 힘껏 싸우게 했다. 그러나 두회는 한 발도 물러서지 않고 풀이 무성한 청초파 중간까지 쳐들어왔다.

이때 문득 두회가 걸음을 옮길 때마다 비틀거리기 시작했다. 마치 기름칠을 한 신발을 신고 얼음 위를 걷는 듯한 모습이었다. 진晉나라 군사가 이를 보고는 일제히 함성을 질렀다.

노인이 풀을 묶어 두회를 막아내다

위과가 눈을 들어 두회를 보았다. 베옷을 입고 짚신을 신은 한 노인이 마치 농부가 밭에서 풀을 뽑듯이 두회 밑에서 두 손으로 푸른 풀을 한 묶음씩 갈라 잡고, 두회가 움직일 때마다 그 발을 묶고 있었다. 그 이상한 광경은 위과의 눈에만 보였다.

위과와 위기 형제가 각각 병거를 쏜살같이 몰아 함께 창을 들어 몸을 가누지 못하는 두회를 찔렀다. 창에 찔린 두회가 땅바닥에 넘어지자 진晉나라 군사가 일제히 달려들어 그를 포박했다.

두회 수하의 도부수들은 대장이 적군에 사로잡히는 걸 보자 사방으로 흩어져 달아났다. 진晉나라 군사들이 이들을 추격해 닥치는 포획했다. 두회를 따르던 300명의 도부수 가운데 무사히 달아난 자는 겨우 40–50명에 불과했다.

위과가 사로잡혀 온 두회에게 물었다.

"네가 스스로 영웅이라고 뽐내더니 어째서 잡혀왔는가?"

두회가 말했다.

"누군가 내 두 발을 자꾸 붙들어 매는 것 같아 제대로 걸을 수가 없었다. 이는 하늘이 내 목숨을 뺏으려는 것이다. 하늘의 힘이 아니면 그걸 막을 수 없었다."

위과가 두회의 말을 듣고는 내심 '실로 이상한 일도 다 있다.'고 생각했다. 위기가 곁에서 말했다.

"두회는 절륜한 힘인 절력絶力을 지니고 있으니 군중에 두어뒀다가는 무슨 변이 생길지 모릅니다."

위과가 말했다.

"나도 그걸 염려하고 있는 중이다."

곧바로 두회를 참하게 했다. 그 큰 시체를 직산稷山에 머물고 있는 진경공에게 보내 구경케 하고 공을 청했다.

그날 밤 위과는 오랜만에 편히 잠을 잤다. 꿈을 꾸었는데 낮에 본 노인이 나타나 읍을 한 뒤 말했다.

"장군은 두회가 사로잡힌 까닭을 아시오? 이 노한老漢이 풀로 그의 발을 묶어 제어한 덕분이오. 결국 그는 풀에 걸려 쓰러졌고, 장군은 그를 사로잡을 수 있게 된 것이오."

위과가 크게 놀라 말했다.

"나는 평소 노인을 본 적이 없소. 이런 큰 도움을 받았으니 그 은혜를 무엇으로 갚아야 할지 모르겠소."

노인이 말했다.

"나는 조희趙姬의 애비요. 그대가 선친 위주魏犨의 분부를 잘 지켜 내 딸을 개가시켜 준 까닭에 나는 구천에서도 내 딸의 목숨을 살려준 그대의 은공에 감격했소. 미력이나마 장군이 이번에 공을 세우도록 도와준 이유요. 장군은 앞으로도 더욱 힘을 내시오. 그대 집안은 대대로 영달하고 훗날 자손이 크게 귀하게 돼 왕후王侯의 자리에 오를 것이오. 그대는 내 말을 잊지 마시오."

원래 위과의 부친 위주에게 사랑하는 첩이 하나 있었다. 이름이 조희였다. 위주는 출전할 때마다 매번 위과에게 부탁했다.

"이 애비가 전쟁터에서 죽거든 너는 이 애비를 위해 좋은 남편감을 골라 조희를 개가시켜야 한다. 이를 어기는 일이 있어서는 안 된다. 그래야 나도 눈을 감을 수 있을 것이다."

그러나 위주는 병이 위독해지자 다시 위과에게 당부했다.

"조희는 내가 평소 사랑한 여인이다. 내가 죽거든 조희를 함께 묻어다오. 그래야만 나도 황천에서나마 반려와 함께 있을 게 아니냐?"

위주는 그 말을 마치자 이내 숨을 거뒀다. 위과는 부친을 장사지내면서 조희를 함께 묻지 않았다.

동생 위기가 물었다.

"부친이 임종 때 한 유언을 잊은 것입니까?"

위과가 대답했다.

"부친은 평소 그 여인을 반드시 개가시키라고 했다. 임종 때 한 말씀은 정신이 혼미해진 다음에 한 말씀이 아니겠는가? 효자라면 부친이 맑은 정신에서 한 말씀을 좇아야 한다. 정신이 혼미해진 뒤 한 말씀을 좇아서는 안 된다."

장사를 마친 뒤 위과는 마침내 조희를 좋은 선비에게 개가시켰다. 이런 음덕이 있었기에 노인이 나타나 이른바 결초보은結草報恩을 한 것이다.

위과는 이튿날 꿈 이야기를 위기에게 한 뒤 이같이 덧붙였다.

"나는 당시 부친의 유언을 거슬러 그녀를 순장하지 않았다. 그녀의 친정 아비가 나타나 나를 도와주리라고는 생각지도 못했다."

위기가 그 이야기를 듣고 연신 감탄해마지 않았다.

염선이 시를 지어 이를 탄복했다.

누가 풀을 엮어 두회와 싸웠을까	結草何人亢杜回
꿈속의 노인이 보은했다고 했지	夢中明說報恩來
권하건대 음덕 쌓아 공을 세우게	勸人廣積陰功事
사리에 따르면 편하고 복도 오지	理順心安福自該

진秦나라 패잔병들은 도읍인 옹주雍州로 돌아갔다. 옹주의 군신들은 두회가 전사했다는 보고를 듣고 그만 기운을 잃고 말았다.

진경공은 위과의 전공을 가상히 여겨 그를 영호令狐 땅에 봉했다. 이어 다시 그의 전승을 기록한 큰 종을 주조케 했다. 연월일까지 상세히 기록케 했다. 후대인들은 진경공이 만들었다고 해서 경종景鐘이라고 불렀다.

진경공은 다시 사회士會로 하여금 군사를 이끌고 가 나머지 적적赤狄을 공멸攻滅케 했다. 사회가 이내 군사를 이끌고 가 3국을 공멸했다. 3국은 갑씨甲氏와 유우留吁, 유우의 속국인 탁진鐸辰이었다. 이후 적적의 땅은 모두 진晉나라에 병탄됐다.

그 무렵 진晉나라에 큰 흉년이 들었다. 사방에서 도적들이 벌떼처럼 일어났다. 순림보가 사람을 시켜 나라 안에서 도둑을 가장 잘 적발해 체포할 수 있는 사람을 찾아내게 했다. 마침 그런 사람이 한 사람 있었다. 극씨郤氏의 일족으로 이름이 옹雍이었다. 극옹은 범죄인의 얼굴을 판별할 줄 알았다.

그는 언젠가 저잣거리를 거닐다가 문득 한 사람을 가리키며 도둑으로 지목했다. 시장을 관할하는 장시관掌市官이 그를 붙잡아 조사해 보니 과연 도둑이었다.

순림보가 그에게 물었다.

"그대는 그 자가 도적인 줄 어찌 알았는가?"

극옹이 대답했다.

"저는 사람의 미간과 눈을 살핍니다. 도둑은 저잣거리의 물건을 볼 때면 그 미간과 눈에 탐내는 기색이 나타납니다. 반면 사람을 볼 때는 부끄러워하는 기색이 나타납니다. 게다가 제가 온다는 것을 알면 두려워하는 기색이 나타납니다. 누가 도둑인지 알 수 있는 이유입니다."

옹은 매일 수십 명의 도둑을 잡았다. 그러나 저잣거리만 공포 분위기에 휩싸였을 뿐 오히려 도둑은 더 많아졌다.

하루는 대부 양설직羊舌職이 순림보에게 말했다.

"원수는 극옹으로 하여금 도둑을 모두 잡아내게 했습니다. 그러나 도둑을 다 잡아들이기는커녕 극옹만 곧 죽게 될 것입니다."

순림보가 놀라 물었다.

"어째서 그렇단 말이오?"

양설직이 어찌 설명했는지 알 길이 없으니 다음 회를 보라.

제56회

111話 소부인이 숭대에 올라 사자를 조롱하다 –소부인등대소객蕭夫人登臺笑客

순림보는 극옹을 시켜 도적을 다스렸지만 양설직은 극옹이 틀림없이 제명에 죽지 못할 것으로 보았다. 순림보가 그 까닭을 묻자 양설직이 대답했다.

"연못 속 물고기를 잘 보는 자는 상서롭지 못하고, 숨겨둔 일을 잘 헤아리는 자는 재앙을 당한다는 뜻의 '찰견연어자불상察見淵魚者不祥, 지료은닉자유앙智料隱慝者有殃.'이라는 주나라 속담이 있소. 극옹 한 사람의 힘으로 도적을 모두 잡아 없앨 순 없는 법이오. 오히려 도적들이 힘을 합쳐 극옹을 노릴 것이오. 그러니 극옹이 죽지 않을 수 있겠소?"

이후 3일도 안 돼 극옹이 교외로 나갔다가 수십 명의 도적떼 협공을 받고 죽었다. 이들은 극옹의 머리를 잘라서 달아났다. 이 소식을 접한 순림보가 이내 울화병이 나 앓다가 죽었다. 당시 진경공은 양설직에 관한 이야기를 듣고는 그를 불러서 물었다.

"경은 극옹의 일도 알아맞혔소. 도적을 없애려면 어떤 계책을 써야 하오?"

양설직이 대답했다.

"무릇 꾀로써 꾀를 막는 것은 마치 돌로 풀을 눌러두는 것과 같습니다. 시간이 지나면 풀은 틀림없이 돌 틈을 비집고 자라나게 됩니다. 폭력으로 폭력을 금하는 것은 돌로 돌을 치는 것과 같습니다. 결국 두 개의 돌은 모두 깨어지고 맙니다. 도적을 막으려면 이들의 마음을 교화하는 길밖에 없습니다. 이들에게 염치를 가르치는 것이 그 첩경입니다. 결코 도적을 많이 잡는 것을 위주로 해서는 안 됩니다. 주공은 조정 대신 가운데 선인善人을 골라 백성 위에서 영광을 누리게 하십시오. 그러면 악을 저지르는 자들이 절로 교화될 것입니다. 어찌 도적 따위를 근심할 필요가 있겠습니까?"

진경공이 또 물었다.

"그럼 이제 우리 진나라의 선인 가운데 누가 가장 낫소? 경이 한번 천거해 보시오."

양설직이 대답했다.

"사회士會만한 인물이 없습니다. 그는 신용 있는 말을 하며, 의리 있는 행동을 합니다. 사람들과 잘 어울리면서도 아첨하지 않고, 삶이 청렴하면서 교만하지 않습니다. 또 성품이 정직하면서도 뻣뻣하지 않고, 위엄이 있으면서도 사납지 않습니다. 주공은 반드시 그를 중용하십시오."

사회가 적적을 평정하고 돌아왔다. 진경공이 적적의 포로를 주왕실에 바치면서 사회의 공로를 주정왕에게 알렸다. 주정왕이 사회에게 제후의 예복과 면류관을 하사하고 주왕실의 상경 벼슬을 내렸다. 진경공이 사회를 죽은 순림보를 대신해 중군 원수로 삼고, 태부太傅의 자리를 겸하게 했다. 또 지금의 하남성 범현인 범范 땅을 봉지로 내줬다. 사회가 범씨范氏의 시조가 된 이유다.

사회는 도적을 잡는 법률 조항을 모두 삭제하고, 백성의 교화를 급선무로 삼았다. 간악한 자들이 모두 진秦나라로 달아나 도적이 한 명도 없게 됐다. 이후 진晉나라는 크게 다스려졌다.

진경공은 내심 패업을 도모코자 했다. 모신 백종이 나서서 말했다.

"선군 진문공이 천토踐土에서 회맹할 때 열국의 제후들이 그 모습을 흠모하며 따랐습니다. 이후 진양공 때 신성新城에서 회맹할 때도 열국의 제후들 가운데 두 마음을 품은 자가 없었습니다. 그러나 영호令狐에서 신의를 잃은 이후 처음으로 진秦나라와 우호가 끊어졌습니다. 또 제나라와 송나라에서 각각 군주를 시해하는 사건이 빚어졌을 때 역적을 토벌하지 못하는 바람에 산동山東의 열국이 우리 진나라를 가벼이 보고 모두 초나라에 붙었습니다. 게다가 우리는 정나라를 구원할 때 아무런 공도 세우지 못하고, 송나라를 구원할 때는 군사도 보내지 않았습니다. 정나라와 송나라까지 잃고 보니 이제 우리 진나라 휘하에는 위衛나라와 조曹나라 등 겨우 3-4개국만 남아 있을 뿐입니다. 무릇 제나라와 노魯나라는 천하 사람이 우러러보는 나라입니다. 주공이 다시 패업을 회복코자 하면 지금이라도 곧 사신을 제나라와 노나라에 보내 친선을 다지는 게 가장 좋습니다. 두 나라에 사자를 보내 그들의 마음을 사로잡은 뒤 그들과 초나라의 틈새가 벌어지길 기다리면 장차 뜻을 이룰 수 있을 것입니다."

진경공은 이를 그럴 듯하게 여겼다. 상군 대장 극극을 사자로 삼은 뒤 노나라와 제나라로 가서 융숭한 예물을 바치게 했다.

한편 노선공魯宣公은 제혜공이 보위를 안정시켜준 까닭에 제나라를 지극히 섬겼다. 조공 사절도 정해진 날짜를 어기지 않았다. 제경공 무야無野

가 즉위한 후에도 옛 규정을 따르며 한 번도 결례를 한 적이 없었다.

극극은 노나라에서 수교 절차를 마친 뒤 작별 인사를 하고 제나라로 떠나려고 했다. 노선공도 제나라에 사자를 보낼 날짜가 다가왔다며 상경 계손행보로 하여금 극극과 동행케 했다.

이들이 제나라 교외를 지날 무렵 우연히 위나라 상경 손량부孫良夫와 조나라 대부 공자 수首를 만났다. 이들 역시 제나라에 사자로 가는 중이었다. 4국의 사자가 서로 기뻐하며 동행하게 됐다. 이들은 제나라 도성에 이르러 객관에 여장을 푼 뒤 이튿날 제경공齊頃公을 알현하고 각각 자국 군주의 뜻을 전했다. 서로 예의 절차가 끝나자 제경공이 4국 대부의 용모를 보고는 내심 기이하게 생각하면서도 내색을 하지 않은 채 이같이 말했다.

"4국 대부들은 잠시 공관으로 돌아가 계시오. 즉시 잔치 자리를 만들어 각별히 대접토록 하겠소."

4국 사자가 제나라 조정에서 물러나왔다. 제경공이 궁궐로 들어가 모친인 소태부인蕭太夫人을 만나서는 웃음을 참지 못했다. 소태부인은 소蕭나라 군주의 딸로 제혜공에게 시집왔다. 제혜공 사후 소태부인은 밤낮으로 슬피 울었다. 제경공은 효성이 대단해서 매번 어머니를 기쁘게 해주려고 우스운 일이 있으면 직접 그걸 흉내 내면서 모친의 마음을 기쁘게 해드렸다. 이날 제경공은 다소 과장되게 웃으면서 웃는 까닭을 말하지 않았다.

소태부인이 물었다.

"밖에서 무슨 즐거운 일이 있었소? 어찌 그렇게 웃기만 하는 것이오?"

제경공이 대답했다.

"특별히 즐거운 일은 없었고 한 가지 기이한 일이 있었습니다. 오늘 진晉나라와 노나라, 위나라, 조나라 등 4국의 사자가 친선 차 왔습니다. 진나라 대부 극극은 애꾸눈이라 한쪽 눈으로만 사람을 보았습니다. 노나라 대부 계손행보는 대머리라 머리카락이 한 올도 없었습니다. 위나라 대부 손량부

■ 소부인이 숭대에 올라 사자를 조롱하다

는 절름발이라 두 발의 길이가 달랐습니다. 조나라 공자 수는 꼽추라 두 눈으로 땅만 바라보았습니다. 제가 생각해보니 산 사람이 병을 앓아 사지가 불완전한 경우가 있는 듯합니다. 이들 4국 사자는 서로 다른 장애를 한 가지씩 갖고 동시에 우리나라에 와서 기괴한 모습으로 조정에 모여 있으니 어찌 우습지 않겠습니까?"

소태부인이 그 말을 믿지 못했다.

"나도 한번 이들을 볼 수 있겠소?"

제경공이 대답했다.

"사자가 오면 공식 연회인 공연公宴을 베푼 뒤 사사로운 술자리인 사연私宴을 마련하는 게 관례입니다. 내일 후원에서 사향을 열라고 명을 내렸으니 대부들이 참석키 위해 숭대崇臺 아래를 지날 것입니다. 모친은 숭대 위에서 장막 사이로 몰래 그들을 엿보십시오. 무슨 어려움이 있겠습니까?"

공연은 여기서 생략하고 사연에 관해서만 이야기하겠다. 구례舊例에 따르면 사자를 맞이하는 나라는 수레와 말과 시종을 모두 제공해 사자의 노고를 덜어주게 돼 있다. 제경공은 자신의 모친을 한 번 웃게 하기 위해 나라 안에서 비밀리에 애꾸눈, 대머리, 절름발이, 꼽추를 각각 1명씩 선발해 4국 대부의 수레를 몰게 했다.

애꾸눈인 극극이 탄 수레는 애꾸눈이 몰고, 대머리 계손행보의 수레는 대머리가 몰고, 절름발이 손량부의 수레는 절름발이가 몰고, 꼽추인 공자수의 수레는 꼽추가 모는 식이었다. 상경 벼슬에 있는 국좌國佐가 간했다.

"외국 사자에 대한 접대는 국가의 대사입니다. 빈객과 주인이 서로 공경을 위주로 경건히 예법을 따라야 합니다. 희롱의 대상으로 삼을 수는 없습니다."

제경공이 이를 듣질 않았다. 이로 인해 각 수레 위에 한 쌍의 애꾸눈, 한 쌍의 대머리, 한 쌍의 꼽추, 한 쌍의 절름발이가 수레를 타고 종대 밑을 지나갔다. 소태부인은 장막을 들춰 멀리서 바라보다가 자신도 모르게 웃음을 터뜨렸다. 좌우의 시녀도 입을 가리고 웃었다. 웃음소리가 바깥에까지 들렸다.

처음에 극극은 어자가 애꾸눈인 것을 보고 우연으로 여겨 별로 개의치 않았다. 하지만 숭대 위에서 부녀자의 웃는 소리가 들리자 의심이 났다. 극극이 사연의 자리에서 건성으로 술을 몇 잔 마시고는 서둘러 몸을 일으켜 관사로 돌아와 시중을 드는 제나라 시종에게 따져 물었다.

"아까 대 위에 있던 사람이 누구인가?"

제나라 시종이 말했다.

"국모 소태부인이십니다."

얼마 후 노나라와 위나라 및 조나라 사자도 돌아왔다. 이들이 극극에게 말했다.

"제나라가 짐짓 어자들을 시켜 우리를 모욕한 것이오. 더구나 우리를 부녀자들의 웃음거리로 만든 것은 참을 수 없는 일이오. 이 어찌 외국 사자를 접대하는 도리라고 할 수 있소?"

극극이 말했다.

"우리는 호의를 갖고 우의를 닦으러 왔다가 오히려 모욕을 당했소. 이 원한을 갚지 않으면 대장부가 아니오!"

노나라의 계손행보 등 나머지 3인도 일제히 대답했다.

"만일 대부가 군사를 일으켜 제나라를 치면 우리도 각각 군주에게 고해 온 나라의 힘을 기울여 진晉나라를 돕겠소."

극극이 말했다.

"여러 대부가 정말 협조할 마음이 있다면 이 자리서 당장 삽혈하고 맹서합시다. 제나라를 토벌하는 날 힘을 다해 서로 돕지 않는 자는 신명神明이 그를 죽일 것이오!"

4국 대부가 맹서한 뒤 밤이 새도록 한 곳에 모여 그 일에 관해 상의했다. 이튿날 새벽, 이들 4국 대부는 제경공에게 하직 인사도 하지 않은 채 수레를 타고 각각 본국으로 돌아갔다.

소식을 듣고 제나라 상경 국좌가 길게 탄식했다.

"이로부터 제나라의 재앙이 시작되는구나!"

사신이 시를 지어 이를 탄식했다.

주객은 서로 존중해야 하는데　　主賓相見敬爲先

어찌 불구자에 수레를 맡겼나	殘疾何當配執鞭
대 위 웃음소리 가시기 전에	臺上笑聲猶未寂
사방 교외에서 봉화 일어나다	四郊已報起烽煙

당시 노나라는 상경인 동문수東門遂와 숙손득신叔孫得臣이 모두 죽고 계손행보가 정경正卿으로 있었다. 계손행보는 제나라 사신으로 갔다가 소부인의 웃음거리가 되어 돌아온 후 내심 설욕을 거듭 다짐했다.

진晉나라 극극은 진경공에게 군사를 일으킬 것을 거듭 청했으나 태부太傅 사회가 사사로운 복수를 위해 군사를 출동해서는 안 된다며 반대했다. 진경공이 이를 허락지 않았다. 이 소식을 들은 계손행보는 초조했다. 곧 이 사실을 노선공에게 고한 뒤 사자를 초나라로 보내 제나라를 칠 군사를 빌리고자 했다.

노나라 사자가 초나라에 당도했을 때 초장왕 여旅는 이미 병사했고 10세의 나이 어린 태자 심審이 즉위해 있었다. 그가 바로 초공왕楚共王이다.

초장왕을 칭송한 사신의 시가 있다.

아, 혁혁하구나, 초장왕이여	於赫莊王
선왕의 잘못을 바로잡았다	幹父之蠱
당초 날지도 울지도 않다가	始不飛鳴
나중엔 능히 초나라 넓혔다	終能張楚
번희 안에서 그를 내조하고	樊姬內助
손숙오 밖에서 그를 도왔다	孫叔外輔
하징서 죽여 의를 전파하고	戮舒播義
진나라 꺾어 위세를 떨치다	衄晉覿武
왕실 엿보고 송나라 포위해	窺周圍宋

위엄과 명성 호랑이 같았다 威聲如虎
하찮은 형만荊蠻 오랑캐가 蠢爾荊蠻
제환공 진문공과 비견되다 桓文爲伍

초공왕은 노나라 사저에게 국상 중이어서 군사를 빌려 줄 수 없다고 거절했다. 계손행보는 초나라의 그런 태도에 분노와 불만을 느꼈다. 어느 날 진晉나라에서 한 사람이 찾아와 그에게 말했다.

"지금 진나라 극극은 진경공에게 제나라를 치는 게 유리하다고 설득하고 있습니다. 제나라를 치지 않으면 패업을 도모할 수 없다는 식입니다. 지금 진후晉侯의 귀가 솔깃해져 있습니다. 중군 원수 사회는 극극의 마음을 돌릴 수 없다는 것을 알자 늙었다는 핑계를 대고 벼슬을 내놨습니다. 이젠 극극이 중군 원수가 되어 진나라 정사를 떠맡은 만큼 조만간 군사를 일으켜 제나라를 칠 것입니다."

계손행보가 그 말을 듣고 크게 기뻐했다. 곧 동문수의 아들 공손 귀보歸父를 진晉나라에 사자로 보내기로 했다. 극극의 노력에 답례하고, 제나라 공벌의 시기를 미리 약속하는 게 목적이었다.

원래 노선공은 동문수 덕분에 즉위했다. 공손수의 아들 공손 귀보를 남달리 사랑한 이유다. 당시 노나라에선 맹손孟孫, 숙손叔孫, 계손季孫 등 이른바 삼환三桓이 가장 번성했다. 노선공은 늘 자신의 자손들이 언젠가는 이들 삼환 사람들에게 능멸을 당하지나 않을까 걱정했다. 공손 귀보가 진晉나라로 떠나던 날, 그의 손을 잡고 은밀히 부탁했다.

"삼환의 세력은 날로 커가고, 공실公室의 권력은 날로 줄고 있소. 이는 그대도 잘 아는 바요. 그대는 이번에 가거든 기회를 보아 진晉나라 군신君臣에게 우리나라의 실정을 은밀히 호소해 보시오. 만일 진후晉侯가 과인의 처지를 딱하게 여겨 혹여 군사를 보내 이들 삼환을 내쫓아 주면 과인은 해마다 폐백을 보내 보은할 것이고, 영원히 두 마음을 품지 않을 것이라고 전해 주시오. 경은 과인의 말을 전할 때까지 조심해 마음에 간직하고 남에게 누설해서는 안 되오."

노선공의 밀지密旨를 받은 공손 귀보는 많은 뇌물을 갖고 진나라로 향했다. 당시 진나라에선 도안고屠岸賈가 또다시 진경공에게 아첨해 총애를 받고 있었다. 형을 관장하는 사구司寇의 자리에 앉은 게 그렇다. 공손 귀보는 먼저 도안고를 찾아가 뇌물을 주면서 삼환을 내쫓아달라는 노선공의 뜻을 진경공에게 전해 줄 것을 당부했다.

당시 도안고는 조돈趙盾을 죽이려고 하다가 미수에 그친 적이 있었기에 조씨 집안이 자신에게 보복하지나 않을까 크게 걱정했다. 세력이 있는 난씨欒氏 및 극씨郤氏와 교분을 맺고 친밀히 지낸 이유다. 그는 공손 귀보의 말을 난서欒書에게 고했다.

난서가 말했다.

"지금 원수 극극이 노나라 계손씨와 함께 제나라를 치려는 참이오. 그는 협력치 않을 것이오. 내가 시험 삼아 그 의향을 떠보겠소."

난서가 틈을 타 그 말을 극극에게 전했다. 극극이 말했다.

"공손 귀보가 노나라를 혼란에 빠뜨리려고 하는 것이오. 나와 함께 원수를 갚기로 약속한 계손행보도 삼환의 일원이오. 그의 말을 들어줘선 안 되오."

극극이 급히 밀서 한 통을 쓴 뒤 사람을 시켜 밤을 도와 계손행보에게 전하게 했다. 계손행보가 극극의 밀서를 읽고 대로했다.

"지난날 공자 악惡과 공자 시視를 죽인 것은 모두 동문수가 주모主謀한 것이다. 나는 나라의 안정安靖을 위해 모든 걸 참아왔다. 이제 와서 동문수의 아들 공손 귀보가 진나라에 가서 우리 삼환을 몰아낼 궁리를 하니 이 어찌 범 새끼를 길러 걱정거리를 남기는 양호유환養虎留患이 아닌가?"

계손행보가 극극이 보낸 밀서를 숙손교여叔孫僑如에게 보여주었다. 숙손교여가 말했다.

"지금 주공이 조회에 모습을 드러내지 않은 지 1달이 되었소. 병이 들어 못나온다고 하는데 아마도 핑계가 아닌가 하오. 우리도 문병을 핑계 삼아 주공의 탑전榻前으로 가서 3환이 잘못했다고 죄를 청하는 체합시다. 그러고 주공의 태도를 한번 살펴봅시다."

계손행보가 사람을 시켜 삼환의 일원인 중손멸仲孫蔑도 함께 가자고 권했다.

중손멸이 거절했다.

"군신이 시비를 가리기 위해 대질할 수는 없소. 나는 감히 그대들과 함께 갈 수 없소."

계손행보와 순손교여가 사구司寇 장손허臧孫許를 불러 함께 궁으로 갔다. 이들은 궁문 앞까지 갔으나 노선공이 위독하다는 말을 듣고는 감히 알현하지 못하고 문후만 전해달라고 말하고 돌아갔다.

이튿날 노선공의 훙거가 발표됐다. 그때가 주정왕 16년인 기원전 591년이었다. 계손행보 등은 곧바로 태자 흑굉黑肱을 옹립했다. 흑굉의 나이는 13세였다. 그가 바로 노성공魯成公이다.

노성공은 너무나 어린 까닭에 모든 국사가 계손행보에 의해 재결됐다. 계손행보가 조당에 대부를 모아놓고 말했다.

"지금 우리 노나라는 군주가 어리고 국력이 미약하오. 정치와 형벌을 제대로 시행하지 않으면 안 되오. 당초 적자인 공자 악惡을 죽이고 서자인 퇴俀를 노선공으로 즉위시킨 것은 오로지 제나라의 환심을 얻기 위해 한 것이었소. 그로 인해 진晉나라와 우호마저 끊어지고 말았소. 모두 동문수가 저지른 짓이오. 동문수가 나라를 그르친 대죄가 있으니 그가 비록 죽었지만 그 죄를 나중에라도 다스리는 추치追治를 가해야 하오."

여러 대부들이 '예, 예' 하며 동조했다. 계손행보가 사구인 장손허를 시켜 동문씨 일족을 모두 국외로 추방했다. 공손 귀보는 진晉나라에서 노나라로 돌아오다가 국경에 당도하기도 전에 노선공이 이미 죽고 계손행보가 선친인 동문수의 죄를 처벌했다는 이야기를 들었다. 그는 곧바로 방향을 바꿔 제나라로 달아났다. 쫓겨난 동문씨 일족이 모두 그를 따라 제나라로 모여들었다.

후대의 유자儒者가 이같이 평했다.

> 동문수는 시역弑逆을 감행한 뒤 공자 퇴를 노선공으로 옹립했다. 그러나 그가 죽은 지 얼마 안 돼 자손들이 국외로 추방당했다. 이로써 악을 행한 자에게는 아무런 이익도 없다는 것을 알 수 있다.

염옹도 시를 지어 동문수를 비난했다.

선공 옹립해 부귀 바랐으나	援宣富貴望千秋
자손이 추방될 줄 뉘 알리	誰料三桓作寇仇
동문 기둥 꺾여 그늘 없고	楹折東門喬木萎
결국 청사에 악명만 남겼다	獨餘靑簡惡名留

112話 봉추보가 옷을 바꿔 입고 군주를 살리다
-봉추보역복면군逢丑父易服免君

노성공 재위 2년인 기원전 607년 당시의 일이다. 제경공齊頃公이 노나라와 진晉나라가 연합해 제나라를 치려 한다는 소문을 들었다. 급히 사자를 초나라로 보내 우호관계를 맺고 위급할 때 초나라에 원조를 요청키로 했다. 그는 병거와 무기를 정돈한 뒤 노나라가 쳐들어오기를 기다리지 않고 곧바로 노나라를 쳤다.

제나라 군사가 지금의 산동성 평음平陰 땅을 경유해 지금의 산동성 태안시泰安市 서남쪽의 용읍龍邑으로 진격했다. 이때 제경공의 폐신嬖臣 노포취괴盧蒲就魁가 경솔히 앞장서 나갔다가 용읍의 북문을 지키는 병사들에게 사로잡히고 말았다. 제경공이 사람을 시켜 병거 위에서 성 위 병사들을 향해 외치게 했다.

"우리 노포장군을 돌려주면 곧바로 회군하겠다."

용읍의 수령이 이 말을 믿지 않았다. 그는 오히려 노포취괴를 죽여 그 시체를 성루 위에 내걸게 했다. 제경공이 대로했다. 곧 3군에 명해 성을 에워싼 뒤 밤낮을 가리지 않고 공격케 했다. 공격한 지 3일 만에 함락시켰다. 제경공이 용읍의 북문 일대를 모두 파괴하고 백성과 병사를 가리지 않고 모두 죽여 버렸다. 이어 노나라로 다시 깊숙이 들어가고자 했다. 이때 초마哨馬가 달려와 탐지한 정보를 보고했다.

"위衛나라 대장 손량부孫良夫가 군사를 이끌고 제나라 국경선 안으로 쳐들어오고 있습니다."

제경공이 말했다.

"내가 없는 틈을 노려 침공하는 것이면 응당 창끝을 돌려 이들을 격퇴시켜야 할 것이다."

그러고는 일부 군사를 남겨 용읍을 지키게 한 뒤 나머지 군사를 이끌고 남쪽으로 이동했다. 제나라 군사는 지금의 하북성 위현 일대인 위나라 신축新築 땅 어귀에 이르러 위나라 군사의 전대前隊와 마주쳤다. 전대 지휘관은 위나라 군사의 부장副將 석직石稷이었다. 양군이 서로 마주 보이는 양쪽에 영채를 세우고 대치했다.

위나라 부장 석직이 중군 원수 손량부에게 고했다.

"우리가 주공의 명을 받고 제나라를 침공한 것은 제나라가 허한 틈을 노려 공격키 위한 것입니다. 지금 제나라 군사가 돌아왔고, 제후齊侯가 직접 군사를 지휘하고 있습니다. 저들과 경솔히 싸울 수는 없습니다. 차라리 우리가 물러나 제나라가 자기 나라로 돌아갈 수 있도록 길을 양보하는 게 좋을 듯합니다. 잠시 기다렸다가 진晉나라 및 노나라와 합세해 제나라를 치는 게 만전지계萬全之計일 듯싶습니다."

손량부가 대답했다.

"이번에 군사를 일으킨 것은 내가 제후齊侯로부터 받은 비웃음을 보복하기 위한 것이오. 지금 원수가 눈앞에 있는데 어찌 그를 피하겠는가?"

그러고는 석직의 간언을 듣지 않았다. 그날 밤 중군을 이끌고 가 제나라 군영을 겁략했다. 그러나 제나라 군사는 위나라 군사가 급습할 것을 예상하고 미리 대비하고 있었다.

손량부의 중군이 제나라 군영의 영문營門으로 쇄도해 들어갔다. 제나라 군영은 텅 비어 있었다. 손량부가 속은 것을 알고 황급히 병거를 돌릴 때 문득 오른쪽에서 제나라 장수 국좌國佐, 왼쪽에서 고고高固가 뛰쳐나왔다. 두 장수가 위나라 군사를 협공했다. 제경공이 직접 대군을 이끌고 한가운데서 들이닥쳤다.

제경공이 큰 소리로 외쳤다.

"절름발이 손량부야! 네 머리를 놓고 가거라!"

손량부가 사력을 다해 싸웠으나 도저히 대적할 길이 없었다. 이때 위나라 장수 영상寧相과 상금向禽이 이끄는 부대가 달려와 제나라 군사의 공격을 막고 손량부를 구출해 냈다.

위기에서 벗어난 손량부가 북쪽을 향해 달아났다. 대패한 위나라 군사도 그 뒤를 좇았다. 제경공이 직접 국좌와 고고 두 장수를 이끌고 뒤에서 추격했다. 이때 위나라 부장 석직도 군사를 이끌고 달려왔다.

석직이 손량부에게 외쳤다.

"원수는 다만 앞만 보고 달아나십시오. 소장이 추격해 오는 제나라 군사를 가로막겠습니다."

손량부가 패잔병을 이끌고 황급히 달아났다. 1리도 채 못 갔을 때 앞쪽에서 먼지가 일어났다. 달려오는 병거의 바퀴소리가 우레처럼 들렸다.

손량부가 탄식했다.

"제나라 복병이 여기에도 있구나. 내 목숨도 여기서 끝나는가 보다."

병거들이 삽시간에 손량부 앞에 이르렀다. 한 장수가 병거 안에서 허리를 굽히며 국궁鞠躬의 예를 올렸다.

"소장은 원수가 교전하는 것을 미처 모르고 있었기에 이제야 뒤늦게 구원하러 왔습니다. 그 죄를 용서하십시오."

손량부가 물었다.

"그대는 누구인가?"

그 장수가 대답했다.

"저는 신축新築 땅을 지키는 대부 중숙우해中叔于奚입니다. 국경을 지키는 본읍의 병사를 모두 이끌고 달려왔습니다. 대략 병거 100승은 됩니다. 적과 한번 싸울 만하니 원수는 걱정하지 마십시오."

손량부가 그제야 마음을 놓았다. 그가 중숙우해에게 말했다.

"석직 장군이 뒤에서 적과 싸우고 있으니 속히 가서 돕도록 하시오."

중숙우해가 병거를 이끌고 석직을 도우러 달려갔다. 한편 제나라 군사는 진격을 가로막는 위나라 부장 석직과 한창 싸우는 중이었다. 이때 북쪽에서 달려오는 병거가 일으키는 먼지가 하늘을 가렸다. 정탐한 결과 중숙우해가 이끄는 위나라 병거가 일으킨 먼지였다.

제경공은 자신이 위나라 땅에 들어와 있다는 것을 알았다. 제나라 군사의 후속부대가 거기까지 따라오는 데 여러 장애가 있을까 우려했다. 곧 징을 울려 군사를 거두었다. 제나라 군사는 위나라 군사가 버리고 간 치중輜重만 노획해 돌아갔다. 석직과 중숙우해도 추격하지 않았다.

나중 이야기지만 위나라 군사가 진晉나라 군사와 함께 제나라 군사에게 승리를 거두고 본국으로 돌아갈 때였다. 위목공衛穆公은 지난날 중숙우해가 위기에 처한 손량부를 구출해 준 공을 평가해 한 고을을 상으로 내리고자 했다. 중숙우해가 사양했다.

"고을을 상으로 받는 것을 원치 않습니다. 다만 신에게 제후가 사용하는 악기인 곡현曲懸[1]과 제후가 사용하는 말 장식인 번영繁纓[2]을 허락하면 신은 그것을 고관대작인 진신搢紳들과 어깨를 나란히 하는 영광으로 삼겠습니다. 신의 영광은 그것으로 족합니다."

『주례周禮』에 따르면 천자만이 악기를 4면에 걸고 연주할 수 있다. 이를 궁현宮縣이라고 한다. 제후는 악기를 3면에만 걸 수 있다. 남쪽에는 걸 수 없다. 이를 곡현曲縣 내지 헌현軒縣이라고 한다. 대부는 악기를 좌우 양면에

1 궁현宮縣과 곡현曲縣의 현縣은 매달 현懸의 가차假借이다. 『주례』에 따르면 대부는 좌우의 양쪽에만 악기를 거는 판현判懸, 선비는 동쪽이나 섬돌 사이에만 악기를 거는 특현特懸을 행할 수 있다.

2 번영繁纓의 번繁이 『설문해자說文解字』에는 제후가 사용하는 말 장식을 뜻하는 번緐으로 되어 있다. 번영樊纓이라고도 한다.

만 걸 수 있다. 번영繁纓은 제후의 말에만 걸 수 있는 장식을 말한다. 중숙우해가 요청한 '곡현'과 '번영'은 곧 제후에게만 허용된 제도이다. 대부에 불과한 중숙우해가 자신의 공을 믿고 외람되게 청한 것이다. 그럼에도 위목공은 웃으면서 그 요청을 들어주었다. 나중에 공자는 『춘추』를 편찬하면서 이같이 비판했다.

> 차라리 그에게 더 많은 고을을 주는 것만도 못했다. '곡현'과 '번영'은 상하귀천을 분별하기 위한 제도이다. 아무에게나 함부로 허락해서는 안 된다. 그런 분별이 무너지면 질서와 제도를 유지할 수 없게 된다. 위후는 상 주는 법을 망각했다.

이는 훗날 이야기이니 이쯤에서 덮어두기로 하자.

당시 손량부는 패한 군사를 이끌고 신축新築의 성으로 돌아가 며칠 동안 휴식을 취했다. 제장들이 회군의 시기를 물었다. 손량부가 말했다.

"나는 본래 제나라에 보복키 위해 군사를 일으켰으나 도리어 패하고 말았소. 내가 무슨 면목으로 돌아가 주공을 뵐 수 있겠소? 당장 진晉나라 군사를 빌려 제후齊侯를 산 채로 포박하고 싶소. 그러기 전에는 가슴의 분노를 달랠 길이 없소."

그는 석직 등에게 명해 신축 땅에 남아 군대를 주둔시키고 보살피게 했다. 그러고는 군사를 빌리기 위해 진나라로 갔다. 진나라에 이르고 보니 시호가 선숙宣叔인 노나라 사구 장손허臧孫許와 만났다. 장손허 역시 계손행보를 대신해 군사를 빌리기 위해 진나라에 와 있었다. 두 사람은 먼저 극극과 접촉한 뒤 함께 진경공을 알현했다.

세 사람은 같은 목적을 위해 의견의 일치를 본 까닭에 저마다 제나라를 치지 않으면 안 되는 이유를 자세히 설명했다. 극극은 제나라의 강한 무력을 감안해 병거 800승을 청했다. 진경공이 허락했다.

극극이 중군 원수가 되어 해장解張을 어자, 정구완鄭邱緩을 거우로 삼았다. 또 사섭士燮을 상군 장수, 난서欒書를 하군 장수, 한궐韓厥을 사마로 삼았다. 주정왕 18년인 기원전 589년 6월, 진晉나라 군사가 도성인 강도絳都를 출발해 동쪽을 향해 진군했다. 장손허는 이보다 앞서 미리 돌아와 그 일을 계손행보에게 보고했다. 계손행보가 진나라 군사와 합세키 위해 숙손교여와 함께 군사를 이끌고 위나라 신축 땅으로 갔다.

신축 땅으로 돌아온 위나라 원수 손량부 역시 그곳에서 조曹나라 공자 수首와 만나기로 약속했다. 이로 인해 진晉나라를 위시해 위나라와 노나라 및 조나라 등 4국의 군사가 일시에 신축 땅에 모이게 됐다. 4국 연합군은 대오를 정비하고 차례로 제나라를 향해 진군했다. 이들의 행렬이 30여 리에 뻗쳤다. 병거 소리가 끊이지 않았다.

당시 제경공은 첩자를 보내 노나라 군사의 동정을 살피게 했다. 노나라 사구 장손허가 진晉나라로부터 군사를 빌리는 데 성공했다는 소식을 들었다. 제경공이 제장들에게 말했다.

"진나라 군사 등이 우리 국경 안으로 쳐들어오면 백성들이 크게 놀랄 것이오. 우리가 먼저 국경 부근으로 나가 그들을 맞아 싸워야 할 것이오."

제경공이 크게 군사와 병거를 사열한 뒤 병거 500승을 이끌고 출발했다. 제나라 군사가 사흘 낮 사흘 밤을 쉬지 않고 행군했다. 제나라 도성 임치로부터 500여 리 떨어진 안鞍 땅에 이르러 영채를 세웠다. 전초가 와서 보고했다.

"진나라 군사가 이미 미계산靡筓山 아래까지 이르러 주둔하고 있습니다."

제경공이 곧바로 전령을 진나라 군영에 보내 싸움을 청했다. 극극이 내일 싸우자고 회답했다. 대장 고고가 제경공에게 청했다.

"우리 제나라는 진晉나라와 아직 싸워본 적이 없기에 저들이 용감한지 여부를 알지 못합니다. 청컨대 신이 먼저 저들을 시험해 보겠습니다."

고고가 홀로 병거를 몰고 나는 듯이 진나라 영루 앞까지 달려 나가 도전했다. 진나라 군영에서 말장末將 하나가 병거를 타고 쏜살같이 달려들었다. 고고가 병거에서 뛰어내려 큰 돌을 번쩍 들어 내던졌다. 진나라 말장이 이마에 돌을 정통으로 맞고 병거 위에 나자빠졌다. 병거를 몰던 진나라 어자가 크게 놀라 달아나려고 했다. 고고가 잽싸게 쫓아가서는 몸을 날려 병거 위에 올라탔다. 이어 나자빠진 말장을 발로 누르면서 어자를 제치고 말고삐를 빼앗은 뒤 병거를 돌려 제나라 영루로 돌아왔다.

고고가 병거를 몰아 제나라 영루를 한 바퀴 돌면서 큰 소리로 외쳤다.

"남아도는 용력을 팔겠다!"

제나라 병사들 모두 그 말을 듣고 크게 웃었다. 진나라 군중은 뒤늦게 병거까지 빼앗긴 걸 알고 고고를 뒤쫓았으나 이미 제나라 군영으로 돌아간 까닭에 따라잡을 수 없었다.

고고가 제경공에게 말했다.

"진나라 군사가 비록 수효는 많으나 싸움에 능한 자는 적습니다. 족히 두려워할 만한 자들이 아닙니다."

이튿날 제경공이 직접 갑옷을 입고 출진했다. 대부 병하邴夏를 어자, 봉추보逢丑父를 거우로 삼았다. 제나라 군사는 진나라를 비롯한 4국 연합군과 안鞍 땅에서 각각 진을 치고 대치했다.

제나라 장수 국좌는 우군을 이끌고 노나라 군사와 맞섰다. 고고는 좌군을 이끌고 위나라 및 조나라 군사와 대적했다. 제나라의 좌우 양군은 공격 태세만 갖춘 채 교전하지 않고 주군의 공격명령을 기다렸다.

제경공은 자신의 용기만 믿고 진나라 군사를 무시했다. 비단 전포戰袍인 금포錦袍와 수놓은 갑옷인 수갑繡甲을 입은 채 병거 위에 설치한 황금가마인 금여金與를 타고 나와 명했다.

"모든 병사는 활을 쏠 준비를 하고 있다가 내 말이 이르는 곳을 주시하면서 일제히 그곳으로 활을 쏘도록 하라."

진격의 북소리가 울리자 제경공이 탄 금여를 실은 병거가 나는 듯이 진나라 진영을 향해 돌진했다. 동시에 제나라 군사가 일제히 진나라 군영을 향해 활을 쐈다. 화살이 메뚜기 떼처럼 까맣게 진나라 군진으로 날아들었다. 수많은 진나라 병사들이 화살을 맞고 죽거나 다쳤다.

진나라 중군 원수 극극의 병거를 몰던 어자 해장解張도 팔과 팔꿈치에 잇달아 화살을 두 대나 맞았다. 피가 병거의 바퀴까지 흘러내렸다. 해장이 통증을 참으면서 애써 말고삐를 잡고 병거를 몰았다. 극극이 연신 북을 치며 진격을 독려했다.

그러나 극극 역시 왼쪽 옆구리에 화살을 맞았다. 옆구리에서 흘러나온 피가 그의 가죽신을 적셨다. 힘이 빠져 북을 힘껏 치지 못해 북소리가 문득 작아졌다.

해장이 병거를 몰며 큰 소리로 외쳤다.

"우리 병사들의 이목이 원수의 깃발과 북소리에 쏠려 있다는 걸 잊었습니까? 3군은 이 2가지를 보고 들으면서 진퇴를 가늠합니다. 3군의 진퇴는 원수의 일거일동에 달려 있습니다. 상처가 아직 목숨을 빼앗을 정도는 아닙니다. 힘을 내 독전하십시오!"

거우 정구완鄭邱緩도 말했다.

"해장의 말이 옳습니다. 생사는 천명에 달려 있습니다."

그 말을 들은 극극이 사력을 사해 북을 힘차게 쳤다. 해장은 연신 날아오는 화살을 무릅쓰며 병거를 몰았다. 정구완은 왼손에 방패를 잡고 극극을 호위하면서, 오른손으로 창을 들어 가까이 오는 제나라 군사를 닥치는 대로 찔렀다.

봉추보가 옷을 바꿔 입고 군주를 살리다

원수 극극의 북소리에 고무된 좌우의 병거들 역시 일제히 힘차게 북을 쳤다. 북소리가 천지를 뒤흔들었다. 진나라 군사의 병거는 본진이 이미 승리한 줄 알고 앞다퉈 달려 나가 제나라 군사를 공격했다. 기세가 산을 밀어내고 바다를 뒤엎을 만큼 거셌다. 제나라 군사가 그 기세를 당하지 못하고 크게 패해 달아났다.

앞으로 달려온 한궐은 원수 극극이 중상을 입은 것을 보고 말했다.

“원수는 잠시 쉬면서 상처를 치료하십시오. 소장이 힘을 다해 적을 추격하겠습니다.”

말을 마친 뒤 곧바로 본진의 군사를 이끌고 극극을 대신해서 제나라 군사를 추격했다. 제나라 군사는 다급한 나머지 사방으로 흩어져 달아났다. 제경공은 지금의 산동성 제남시 동북쪽에 있는 화부주산華不注山을 옆으로 끼고 달아났다.

한궐은 멀리서 금여를 실은 병거만 바라보고 그 안에 제경공이 있을 것으로 생각했다. 있는 힘을 다해 금여를 추격했다. 금여 병거의 거우인 봉추보가 어자인 병하에게 말했다.

"장군은 급히 이 포위망을 벗어나 원군을 데려오시오. 내가 장군대신 금여 병거의 고삐를 잡겠소."

병하가 금여 병거에서 내린 뒤 원군을 데려오기 위해 그곳을 떠났다. 그 사이 진나라 군사가 더욱 많이 몰려왔다. 이내 화부주산을 3중으로 에워쌌다.

봉추보가 제경공에게 말했다.

"사태가 위급합니다. 주공은 속히 금포와 수갑을 벗어 신에게 주십시오. 신이 주공으로 가장하겠습니다. 주공은 신의 옷으로 바꿔 입고 말고삐를 잡고 계십시오. 그래야 진나라 군사를 속일 수 있습니다. 혹여 불측한 일이라도 생기면 신이 주공을 대신해 죽겠습니다. 그러면 주공은 이 위기를 벗어날 수 있습니다."

제경공이 그 말에 따라 봉추보와 옷을 바꿔 입었다. 이들이 병거를 몰아 화천華泉의 우물에 이르렀을 때 한궐의 병거가 이미 제경공의 금여 병거 앞에 이르렀다.

한궐은 금포와 수갑을 입은 사람이 제경공인 줄 알았다. 곧 어자로부터 고삐를 빼앗아 손에 쥔 채 금포와 수갑을 입은 자를 향해 재배했다.

"과군이 노나라와 위나라의 청병請兵을 차마 물리칠 수 없어 신들로 하여금 상국이 사자들을 희롱한 죄를 묻게 했습니다. 신 한궐도 이번 출병에 참여케 됐습니다. 원컨대 군후는 욕되게도 폐읍까지 가야만 하겠습니다."

제경공으로 가장한 봉추보가 목이 마른 구갈口渴의 시늉을 했다. 표주박을 제경공에게 내주면서 말했다.

"봉추보야, 목이 마르니 나를 위해 물을 좀 떠오너라."

제경공이 수레에서 내려 거짓으로 화천의 우물물을 떠다 바치는 체 했다. 봉추보가 물이 흐린 것을 핑계로 다시 맑은 물을 떠오라고 재촉했다. 그 뜻을 알아차린 제경공이 마침내 맨몸으로 화부주산을 오른쪽으로 돌아 달아났다.

그는 한참 동안 달아나다가 부거副車를 모는 제나라 장수 정주보鄭周父를 만났다. 정주부가 황급히 제경공 앞으로 달려와 말했다.

"구원군을 데리러 간 병하는 진나라 군중軍中에 함몰됐습니다. 진나라 군사의 기세가 호대浩大합니다. 이 기로는 아직 진나라 군사가 진출하지 않았습니다. 주공은 이 수레를 타고 급히 피하십시오."

정주보가 수레의 고삐를 제경공에게 넘겨주었다. 제경공이 수레를 타고 탈주했다.

한편 한궐은 전령을 진나라 군중으로 보냈다. 전령이 극극에게 고했다.

"이미 제후齊侯를 사로잡았습니다."

극극이 크게 기뻐했다. 한참 뒤 한궐이 본진으로 돌아와 봉추보를 바쳤다. 극극이 큰소리로 외쳤다.

"이 자는 제후가 아니다!"

극극은 제나라에 사자로 간 까닭에 제경공의 얼굴을 잘 알고 있었다. 한궐은 제경공을 전에 본 일이 없었기에 이들의 계책에 속은 것이다.

한궐이 대로해 물었다.

"너는 누구냐?"

봉추보가 대답했다.

"나는 우리 주공의 거우장군 봉추보이다. 우리 군주를 묻는다면 아까 화천으로 물을 뜨러 간 사람이 바로 그분이다."

극극도 화를 내며 꾸짖었다.

"군법에 이르기를, '3군을 속인 자의 죄는 사형에 해당한다.'고 했다. 네가 제후齊侯로 가장해 우리 3군을 속이고도 오히려 살기를 바라는가?"

그러고는 좌우에 명해 포박토록 했다. 봉추보가 큰 소리로 외쳤다.

"진나라 병사들은 내 말을 들어보아라. 너희가 나를 죽이면 앞으로는 자기 군주를 대신해 위급함을 감당하려는 신하는 나오지 않을 것이다. 이 봉추보는 군주를 위기에서 구한 탓에 오늘 주륙誅戮을 당하게 됐다."

극극이 곧 결박을 풀어주게 했다.

"자기 군주를 위해 충성을 다하는 자를 죽이는 것은 상서롭지 못한 일이다."

봉추보는 죽음을 면한 뒤 후거後車에 수금됐다.

잠연 선생이 시를 지어 봉추보를 칭찬했다.

산 에워싼 창칼 숲처럼 빽빽한데	繞山戈甲密如林
금포수갑 입은 군주 잡힐 듯했지	繡甲君王險被擒
화천의 근원 깊어 마르지 않으니	千尺華泉源不竭
봉추보의 계책은 그보다 더 깊다	不如丑父計謀深

후대인은 화부주산을 금여산金輿山으로 고쳐 불렀다. 제경공이 금여를 타고 그곳에 머문 데서 나온 명칭이다.

진나라 군사의 포위망을 뚫고 탈주해 제나라 본영으로 돌아온 제경공은 자기 목숨을 살려 준 봉추보의 은혜를 잊지 못했다. 다시 경거輕車를 타고 봉추보를 구출하기 위해 진나라 군진 속으로 들어가 이러 저리 찾아보았다. 봉추보를 찾기 위해 3번이나 진나라 군진 속을 반복해 드나들었다.

제나라 군사의 우군과 좌군을 거느린 국좌와 고고는 중군이 이미 패했다는 소식을 들었다. 제경공에게 무슨 변이라도 생길까 걱정해 각각 휘하 순사를 이끌고 제경공의 거가車駕를 구하기 위해 중군 쪽으로 달려갔다. 두 장수는 진나라 군진 속에서 빠져나오는 제경공을 보고 크게 놀랐다. 이들이 황급히 물었다.

"주공은 어찌하여 천승千乘의 존구한 몸으로 경솔하게도 호혈虎穴을 탐색하는 것입니까?"

제경공이 대답했다.

"봉추보가 과인을 대신해 적군 속으로 들어갔소. 과인은 지금 그의 생사를 몰라 좌불안석坐不安席이오. 그를 구하기 위해 적군 속으로 들어간 것이오."

이때 문득 초마哨馬가 달려와 보고했다.

"지금 진나라 군사가 다섯 갈래로 나뉘어 이쪽으로 쳐들어오고 있습니다."

국좌가 말했다.

"우리 군의 사기가 이미 꺾였습니다. 주공은 이곳에 오래 머물러선 안 됩니다. 곧바로 도성으로 돌아가 굳게 지키면서 초나라 원군이 오기를 기다리는 게 타당합니다."

제경공이 그 말을 좇았다. 마침내 대군을 이끌고 임치로 돌아갔다.

극극은 진나라의 3군을 비롯해 노나라와 위나라 및 조나라의 군사 등 4국 연합군을 이끌고 장구長驅하여 제나라 안으로 쇄도해 들어갔다. 이들 연합군은 지나는 관새關塞마다 모두 부수고 불태운 뒤 제나라 도성 임치를 향했다. 극극은 차제에 아예 제나라를 쳐 없애기로 작심한 듯이 보였다.

제나라가 과연 이들을 어떻게 응적應敵할지 알 길이 없으니 다음 회를 보라.

제57회

113話 신공 무신이 하희를 얻어 진나라로 달아나다 – 취하희무신도진娶夏姬巫臣逃晉

진나라 군사는 제경공을 추격해 450리나 깊숙이 제나라로 침입했다. 지금의 산동성 임치 서쪽의 원루袁婁라는 곳에 이르러 영채를 세우고 제나라 도성을 치기 시작했다. 제경공이 크게 당황해 곧 군신들을 소집해 회의를 열었다. 국좌가 나서서 말했다.

"예전 제양공이 기紀나라를 멸망시키고 그 나라에서 가져온 보물이 있습니다. 시루 모양의 보기寶器인 언甗과 옥으로 만든 악기인 옥경玉磬이 그것입니다. 이를 진나라 군중에 뇌물로 주고 강화를 청하는 수밖에 없습니다. 노나라와 위나라에 대해서는 지난날 우리가 빼앗은 땅을 돌려준다고 하면 될 것입니다."

제경공이 대답했다.

“경의 말대로 하겠소. 그만하면 과인이 성의를 다 보였다고 할 것이오. 그럼에도 저들이 응하지 않으면 싸움을 계속할 수밖에 없소.”

국좌가 언과 옥경을 갖고 진나라 군영으로 갔다. 먼저 진나라 장수 한궐을 만나 제경공의 뜻을 전했다. 한궐이 대답했다.

“노나라와 위나라는 이제까지 여러 번 귀국의 침공을 받았기에 크게 분개하고 있소. 우리나라 주공은 이들을 동정해 군사를 일으킨 것이오. 우리 과군이야 제나라와 무슨 원한이 있겠소?”

국좌가 말했다.

“그럼 제가 과군에게 건의해 지난날 빼앗은 땅을 노나라와 위나라에 돌려주게 하면 어떻겠소?”

한궐이 대답했다.

“우리 진나라 군사의 사령관은 중군 원수 극극이오. 그를 제쳐 두고 내가 마음대로 결정할 수 없소.”

한궐이 국좌를 이끌고 극극에게 갔다. 극극이 화난 기색으로 국좌를 맞이했다. 국좌는 말과 안색을 더욱 공손히 했다.

극극이 말했다.

“이제 너희 나라의 존망이 조석 간에 달려 있다. 그런데도 교묘한 언사로 우리의 공격을 늦추려고 하는 것인가? 만일 진심으로 강화를 청할 생각이면 2가지 조건을 받아들여야 할 것이다.”

국좌가 물었다.

“그 2가지 조건이 어떤 것입니까?”

극극이 대답했다.

“첫째, 소蕭나라 군주 동숙同叔의 딸을 우리 진나라에 볼모로 보내라. 둘째, 제나라 안의 모든 밭두렁과 논두렁을 모두 동서 방향으로 고쳐놓도록 하라. 제나라가 다시 배반하면 인질을 죽이고 제나라를 칠 터인데, 그때 우리 병거들이 서쪽에서 동쪽으로 일직선으로 단숨에 갈 수 있어야 하기 때문이다."

극좌가 더 이상 참지 못하고 화를 냈다.

"원수의 말이 지나칩니다. 소나라 군주의 따님은 우리 주공의 모친입니다. 제나라와 진나라의 처지를 바꿔 생각하면 제나라의 국모는 곧 진나라의 국모입니다. 어찌 국모를 타국에 인질로 보낼 수 있습니까? 또 논두렁과 밭두렁은 지세를 따라 만들어진 것입니다. 이를 다른 나라와 직선으로 통하도록 모두 고쳐 놓는 것은 스스로 망하겠다는 것과 무엇이 다르겠습니까? 원수가 이토록 이행키 어려운 조건을 내거는 것은 강화를 안 하겠다는 것이나 다름없습니다."

극극이 말했다.

"내가 강화를 거절하면 그대는 나를 어찌할 생각인가?"

국좌가 대답했다.

"원수는 우리 제나라를 너무 업신여기지 마십시오. 제나라가 비록 작지만 나라의 부세賦稅로 1천 승의 병거를 동원할 수 있고, 제신들의 부세만으로도 수백 승의 병거를 차출할 수 있습니다. 우리가 이번 싸움에 우연히 지긴 했지만 큰 손실을 입지는 않았습니다. 원수가 우리와 강화를 허락하지 않으면 우리는 남은 병력을 수습해 도성의 성 밑에서라도 결전을 벌이겠습니다. 1번 싸워 이기지 못하면 2번 싸우고, 2번 싸워 이기지 못하면 3번 싸우고, 3번 싸워 이기지 못하면 우리 제나라는 모두 진나라의 것이 될 터인데 굳이 국모를 타국에 볼모로 보내고 논두렁과 밭두렁을 고칠 필요가 있겠습니까? 나는 이만 물러갑니다."

국좌가 언과 옥경을 땅바닥에 버려두고 극극에게 한 차례 읍한 뒤 앙연昂然한 자세로 진나라 군영를 나왔다. 노나라의 계손행보와 위나라 손량부는 장막 뒤에서 국좌의 말을 모두 듣고 있었다. 국좌가 떠나자 두 사람이 장막을 제치고 나와 극극에게 말했다.

"제나라가 우리에게 깊은 원한을 품게 되면 앞으로 제나라는 반드시 사력을 다해 우리에게 대적할 것입니다. 싸움은 늘 이긴다는 보장이 없습니다. 차제에 차라리 강화 요청을 받아들이는 게 어떻습니까?"

극극이 말했다.

"제나라 사자가 이미 가버렸는데 어찌 그럴 수 있겠소?"

계속 행보가 말했다.

"빨리 쫓아가면 다시 데려올 수 있을 것입니다."

극극이 곧 그 말을 좇았다. 좌우에 명해 양마良馬가 이끄는 수레를 타고 국좌의 뒤를 쫓게 했다. 10리쯤 달려가 국좌를 강요하다시피 해 도로 데려왔다. 극극이 이번에는 계손행보 및 손량부와 함께 국좌를 만나면서 이같이 말했다.

"나는 이번 일을 내 마음대로 처리했다가 혹여 과군에게 죄책을 당하지나 않을까 우려했소. 이번에 노나라와 위나라의 두 대부가 하나같이 강화를 권했소. 그 뜻을 어길 수 없어 그대의 강화 요청을 받아들이기로 했소."

국좌가 대답했다.

"원수가 폐읍의 요청을 허락키로 결심했다니 강화의 맹약을 하고 서로 신의를 지켜야 할 것입니다. 우리 제나라는 진나라에 대한 조빙을 인정하고 노나라와 위나라로부터 빼앗은 땅을 돌려주겠습니다. 진나라도 우리나라에서 철군하고, 백성들을 추호도 범해서는 안 될 것입니다. 이 자리서 각각 맹서해야 할 것입니다."

극극이 국좌와 함께 삽혈한 뒤 맹서했다. 이어 서서誓書를 작성해 교환한 뒤 작별했다. 극극이 그간 잡아 두었던 봉추보를 석방해 돌아가게 했다.

제경공은 생명의 은인인 봉추보를 상경上卿에 임명했다. 진나라를 위시해 노나라와 위나라 및 조나라 군사 모두 각각 본국으로 천군했다.

후대의 송나라 때 유자인 송유宋儒는 이 조약을 이같이 평했다.

> 극극은 승리한 것만 믿고 교만하게 행동하면서 외교사령外交辭令을 불손하게 농하다가 국좌의 분노를 샀다. 그는 비록 싸움엔 이기고 돌아갔으나 제나라 백성의 마음만은 굴복시키지 못했다.

극극은 군사를 이끌고 귀국한 뒤 진경공에게 승전을 보고했다. 진경공이 안鞍 땅의 전승을 가상히 여겨 극극 등에게 식읍을 더해 주었다.

이어 진나라는 다시 새로운 상중하 3군을 증설했다. 한궐을 신중군新中軍의 원수로 삼고 조괄趙括로 하여금 그를 보좌케 했다. 또 공삭鞏朔을 신상군新上軍의 대장으로 삼고 한천韓穿으로 하여금 그를 보좌케 했다. 이어 순추荀騅를 신하군新下軍의 대장으로 삼고 조전趙旃으로 하여금 그를 보좌케 했다. 이들의 벼슬을 모두 경卿의 반열로 올렸다. 이로써 진나라는 과거 진문공 때처럼 6군을 두고 쇠잔해진 패업을 부흥시켰다.

그러나 사구 도안고는 조씨 일족이 다시 득세하는 걸 보고는 내심 그들을 더욱 꺼리고 싫어했다. 그는 밤낮으로 조씨 일족의 단점을 찾아내 진경공에게 고자질했다. 이어 난씨欒氏와 극씨郤氏와는 두텁게 사귀면서 그들을 후원세력으로 끌어들였다. 이 이야기는 잠시 접어두었다가 나중에 다시 이야기하자.

당시 제경공은 안鞍 땅의 패배를 큰 치욕으로 생각했다. 전사한 병사를 조문하고, 백성을 구휼하며 선정을 베풀었다. 그는 국력을 기른 뒤 언젠가는 진晉나라를 쳐 패전에 대한 보복을 하려고 마음먹었다.

진晉나라 군신도 제나라 군사가 쳐들어오지나 않을까 우려했다. 간신히 회복한 패업을 또다시 잃지나 않을까 염려한 것이다. 진경공은 제나라가 진나라에 공손히 복종하는 게 가상하다는 핑계를 내세워 노나라와 위나라로 하여금 되돌려 받은 땅을 다시 돌려주도록 강요했다. 이후 열국의 제후들이 진晉나라를 신의 없는 나라로 여기며 점차 진나라로부터 이반했다. 이는 이후의 이야기다.

다시 진陳나라 하희에 대한 이야기로 되돌아가자. 하희는 초나라로 잡혀와 연윤 양로襄老의 아내가 됐다. 그러나 1년이 못돼 양로는 필邲 땅의 전쟁에 참여하게 됐다. 그 사이에 하희는 양로의 아들 흑요黑要와 정을 통했다. 양로는 얼마 후 전사했다. 흑요는 하희의 미색에 연연해 아비의 시신을 수습하러 가지도 않았다. 이내 백성들 간에서도 자식이 서모와 증음烝淫한 사실을 알게 됐고, 그에 대한 뒷공론이 분분했다.

하희는 이를 부끄럽게 여겼다. 곧 남편 양로의 시신을 찾으러 간다는 핑계를 대고 친정인 정나라로 돌아갈 생각을 했다. 오랫동안 하희에게 눈독을 들인 신공申公 굴무屈巫는 이를 눈치 채고 그녀의 시녀들에게 많은 뇌물을 주면서 자신의 말을 전하게 했다.

"나 신공 굴무는 오랫동안 간절히 부인을 사모해 왔소. 만일 부인이 아침에 정나라로 돌아간다면 나는 바로 그날 저녁에 부인에게 청혼할 것이오."

굴무는 또 사람을 시켜 정양공鄭襄公에게 이같이 말하게 했다.

"하희가 친정 나라로 돌아가고자 하는데 군후는 어째서 하희를 맞아들이지 않는 것입니까?"

정양공이 이내 사자를 시켜 하희를 정나라로 맞아들이게 했다. 당시 초장왕은 이를 알고 여러 대부들에게 물었다.

"정백鄭伯이 무슨 생각으로 하희를 맞아들이려고 하는 것이오?"

굴무가 대답했다.

"하희는 지금 남편 양로의 시신을 수습코자 하는데 정나라 사람이 그 일을 맡으면 성공할 수 있다고 생각하는 듯합니다. 정나라가 하희를 시켜 양로의 시신을 수습하려는 것은 바로 이 때문입니다."

초장왕이 물었다.

"양로의 시신은 진晉나라에 있소. 정나라가 어떻게 도와준단 말이오?"

굴무가 대답했다.

"지금 우리 초나라의 포로가 되어 있는 진晉나라 장수 순앵荀罃은 순수荀首의 아들입니다. 순수는 아들 순앵이 조속히 석방되기를 간절히 바라고 있습니다. 최근 순수는 새롭게 진晉나라의 중군 부장에 임명되었습니다. 그는 원래 정나라 대부 황술皇戌과 친합니다. 황술을 중간에 내세워 우리 초나라와 교섭하려는 듯합니다. 필 땅의 싸움에서 포로로 잡은 대왕의 아들 공자 곡신穀臣과 양로의 시신을 자신의 아들 순앵과 맞바꾸려는 속셈입니다. 정백은 전날 우리 초나라가 진나라와 필 땅에서 싸울 때 진나라 군사를 도와주지 않았습니다. 내심 진나라가 보복이라도 하지 않을까 두려워하는 이유입니다. 정나라는 진나라에게 아첨하려는 속셈을 갖고 있을 것입니다. 정백이 하희를 맞아들이려고 하는 것은 바로 그 때문이고 다른 의도는 없는 듯합니다."

굴무의 말이 끝나기도 전에 하희가 조정으로 들어와 초장왕에게 정나라로 돌아가려는 이유를 말하고 하직인사를 올렸다. 이어 구슬 같은 눈물을 흘리며 말했다.

"남편의 시신을 찾지 못하면 첩은 맹세코 초나라에 다시 돌아오지 않겠습니다."

초장왕이 하희를 불쌍히 생각하고 허락했다. 하희가 초나라를 떠날 때 굴무는 정양공에게 하희를 아내로 삼을 터이니 혼인을 허락해 달라는 내용의 서신을 올렸다. 정양공은 전날 초장왕과 공자 영제가 하희를 맞아들이고자 한 사실을 알지 못했다. 그는 단지 굴무가 초나라 요직에 있는 대신이란 것만 알았다. 굴무와 인척 관계를 맺으면 정나라에 유리할 것으로 생각해 청혼을 받아들였다.

초나라 사람들은 굴무의 그런 은밀한 행보를 전혀 눈치 채지 못했다. 굴무는 다시 진晉나라에 사람을 보내 순수와 연락을 취했다. 순수에게 초나라에 억류돼 있는 순행을 포로가 된 초장왕의 아들 공자 곡신과 양로의 두 시신[1]과 교환하려면 정나라 대부 황술에게 부탁하라고 일러주었다.

순수가 그 말을 좇아 황술에게 서신을 보내 진晉나라와 초나라 사이에 개입해 일이 이뤄지도록 힘써달라고 부탁했다. 초장왕은 아들인 공자 곡신을 찾아오는 데 급급한 나머지 황술의 주선을 받아들여 순앵을 진나라로 돌려보냈다. 진나라 역시 포로가 된 초나라 공자 곡신과 양로의 시신을 초나라로 송환했다.

초장왕은 굴무의 말대로 일이 이뤄지자 그를 의심하지 않았다. 이후 진나라 군사가 제나라를 침공하자 제경공이 초나라에 구원을 청했다. 마침 초나라에서는 초장왕이 세상을 떠나는 국상을 당한 까닭에 곧바로 원군을 보내지 못했다. 얼마 후 제나라 군사가 대패하고 제나라 대신 국좌가 이미 진나라의 극극과 강화했다는 소식이 들려왔다.

초장의 뒤를 이은 초공왕楚共王이 그 소식을 듣고 말했다.

"제나라가 진나라에 굴복한 것은 우리가 이들을 제때 도와주지 못했기 때문이지 제나라의 본의가 아닐 것이오. 내가 이제 위나라와 노나라를 쳐 제나라의 원수를 갚아 줄 것이오. 누가 제후齊侯에게 가서 과인의 이런 뜻

1 '두 시신'을 『열국지』 원문은 이시二尸로 기록해 놓았다. 이 경우 포로가 된 초장왕의 아들 공자 곡신穀臣이 진나라에 포로로 있는 도중 죽은 셈이 된다. 상식적으로 있을 수 없는 일이다. 『춘추좌전』「노성공 2년」조에는 귀왕자여양로지시歸王子與襄老之尸라고 되어 있다. 결코 왕자지시王子之尸라고 표현하지 않은 점에 주목할 필요가 있다. 풍몽룡은 「노성공 2년」조의 해당 구절을 포로가 된 왕자王子와 양로의 시신인 양로지시襄老之尸로 나눠 읽지 않고 왕자지시王子之尸와 양로지시襄老之尸를 왕자여양로지시王子與襄老之尸로 합쳐 표현한 것으로 착각한 게 확실하다. 번역문에서는 『춘추좌전』의 기록을 좇았다.

신공 무신이 하희를 얻어 진나라로 달아나다

을 전하겠소?"

신공 굴무가 곧바로 대답했다.

"신이 가겠습니다."

초공왕이 부탁했다.

"경이 제나라로 가려면 틀림없이 정나라를 경과해야 하오. 경은 정나라에 오는 겨울 10월 보름날에 정나라 군사를 위나라 접경지대로 보내 우리 초나라 군사와 합세하라고 이르시오. 제후에게도 우리가 그날 위나라를 칠 것이라고 전하시오."

굴무가 귀가한 뒤 식읍인 신읍新邑으로 조세를 받으러 간다는 핑계를 대고 먼저 가족과 재물을 10여 대의 수레에 실어 성 밖으로 내보냈다. 이어 자신은 경거輕車를 타고 그 뒤를 따랐다. 굴무와 가족들은 밤낮없이 달려 정나라에 이르렀다.

굴무는 정양공에게 초공왕이 지시한 양국 군사의 회동 장소와 시기를 고했다. 이어 관사로 나가 드디어 하희와 인연을 맺었다. 두 남녀의 즐거움이 어떠했는지는 가히 짐작할 수 있을 것이다.

후대인이 시를 지어 이를 증명했다.

요염한 하희는 원래 천년의 요물이니	佳人原是老妖精
가는 곳마다 서방질키로 유명했다	到處偸情舊有名
방사에 능한 한 쌍이 짝을 지었으니	采戰一雙今作配
이번의 남녀합전에서 승패 가르리라	這回鏖戰定輸贏

하희가 베개머리에서 굴무에게 물었다.

"우리가 함께 살기로 한 것을 초왕에게 알렸습니까?"

굴무는 지난날에 초장왕과 공자 영제가 그녀를 탐한 사실을 한바탕 늘어놓은 뒤 말했다.

"나는 그간 부인 때문에 얼마나 많이 심기心機를 허비했는지 모르오. 이제야 우리는 평생의 소원을 이룬 셈이오. 그러나 나는 군주를 속인 까닭에 초나라엔 돌아갈 수 없소. 부인과 함께 편히 살 곳을 찾겠소. 그곳으로 가서 백년해로하면 어찌 온편穩便하지 않겠소?"

하희가 물었다.

"원래 그랬군요. 부군夫君이 초나라로 돌아가지 않으면 제나라에 온 사명使命은 어찌 해결할 생각입니까?"

굴무가 대답했다.

"일이 이같이 된 바에야 제나라에는 가지 않겠소. 오늘날 초나라와 힘을 겨룰 수 있는 건 진나라밖에 없소. 나는 앞으로 그대와 함께 진나라로 가서 살 생각이오."

이튿날 아침 굴무는 표장表章 한 통을 써서 종자에게 내준 뒤 초공왕에게 전하게 했다. 그날로 하희를 이끌고 진나라로 갔다. 당시 진경공은 필邲 땅의 패배 이후 초나라에 대패한 치욕을 되새기며 보복할 기회만 노리고 있었다. 그러던 차에 굴무가 귀화해 오자 크게 기뻐했다.

"하늘이 이 사람을 나에게 보내신 것이다."

진경공이 그날로 굴무에게 대부 벼슬을 주고, 형邢 땅을 식읍으로 내렸다. 굴무는 진나라에 망명한 후 자신의 성인 굴屈을 버리고 무巫로 성을 삼았다. 이름을 신臣으로 지었다. 오늘에 이르도록 사람들은 그를 신공申公 무신巫臣으로 부르는 이유다. 무신은 하희와 함께 진나라에서 안락하게 살았다.

당시 초공왕은 무신이 보낸 서신을 받아보았다. 내용은 대략 다음과 같았다.

> 정군鄭君이 하희를 신의 내자內子로 정해 줬는데 신이 불초해 사양하지 못했습니다. 신은 그 일로 인해 군왕으로부터 죄책을 당하는 게 두려워 잠시 진晉나라로 가서 우거寓居코자 합니다. 신이 제나라에 사자로 가서 해야 할 일을 제대로 수행치 못했습니다. 바라건대 대왕은 다른 신하를 선택해 사자로 보내십시오. 사죄死罪, 사죄를 지었습니다.

초공왕이 서신을 모두 읽고는 대로했다. 곧바로 공자 영제와 공자 측을 불러 서신을 보여주었다.

공자 측이 말했다.

"우리 초나라와 진나라는 누대에 걸친 원수입니다. 무신이 진나라로 도망갔으니 이는 초나라에 대한 반역입니다. 처벌하지 않을 수 없습니다."

공자 영제도 말했다.

"흑요는 전날 그의 계모인 하희와 증음烝淫했습니다. 응당 그도 처벌해야 합니다."

초공왕이 이를 그럴 듯하게 여겼다. 공자 영제와 공자 측으로 하여금 각각 신공 무신과 흑요를 치게 했다. 공자 영제가 진晉나라로 망명한 무신을 칠 수는 없는 까닭에 그의 일족을 모두 잡아 죽였다. 공자 측도 군사를 이끌고 가 흑요와 일족을 모두 잡아 죽였다. 이어 두 사람은 두 집안의 재산을 모두 몰수하여 나눠가졌다.

진나라에 있는 무신은 일족이 모두 도륙을 당했다는 소식을 듣고 곧바로 공자 영제와 공자 측에게 각각 서신 한 통씩 보냈다. 내용은 이러했다.

> 너희는 탐욕스럽고 잔학한 자들이다. 군주를 섬긴다는 미명 아래 아무 죄도 없는 나의 일족을 무참히 살육했다. 나는 반드시 너희가 길바닥에 쓰러져 비참히 죽게 할 것이다.

공자 영제와 공자 측은 그 편지를 감춘 뒤 초공왕이 알지 못하게 했다.

무신은 진晉나라를 위해 여러 일을 꾸몄다. 진경공으로 하여금 동남쪽에 위치한 오吳나라와 우호를 맺게 한 게 그렇다. 오나라 사람들에게 병거 사용법을 가르쳐 줬다. 자신의 아들 무호용巫狐庸으로 하여금 오나라에 머물며 벼슬을 살게 했다. 무호용은 오나라에서 일종의 외교관인 행인行人으로 있으면서 진나라와 오나라 사이의 교통을 관장했다. 두 나라 사이의 왕래가 그치지 않은 이유다.

이후 오나라의 세력이 날이 갈수록 흥성해지고 병력 또한 날마다 강해졌다. 오나라는 무력을 배경으로 초나라의 동쪽 속국을 모두 탈취했다. 세력이 커진 오나라 군주 수몽壽夢은 마침내 왕을 참칭했다. 이후 초나라의 동쪽 변경은 오나라의 침탈로 인해 잠시도 평안한 적이 없었다.

나중에 무신이 죽자 그의 아들 무호용은 다시 성씨를 예전처럼 굴씨屈氏로 바꿨다. 이어 오나라에 정착했다. 오왕 수몽은 그를 상국으로 임명하고 나라 일을 맡겼다. 그러나 이는 모두 훗날의 이야기다.

초공왕 2년인 기원전 589년 겨울 10월, 초공왕이 공자 영제를 대장으로 삼은 뒤 정나라 군사와 함께 위나라를 치게 했다. 초나라와 정나라 군사가 위나라 도성 밖의 교외까지 쳐들어가 닥치는 대로 노략질을 한 뒤에 군사를 옮겨 노나라를 쳤다.

초나라와 정나라 연합군이 지금의 산동성 제남시 남쪽의 노나라 양교楊橋 땅까지 쳐들어가 영채를 세웠다. 노나라 대부 중손멸仲孫蔑은 초나라에 뇌물을 주어 달래는 방안을 노성공에게 건의했다. 노성공의 허락을 받은 그는 국내의 솜씨 좋은 공장工匠과 직녀織女 및 침녀針女를 각각 100명씩 선발해 초나라에 바치고 강화를 청했다. 초나라 군사가 그 제의를 받아들여 강화하고 철군했다.

이후 진晉나라도 사자를 노나라로 보내 노성공에게 초나라의 앞잡이 노릇을 한 정나라를 함께 칠 것을 제의했다. 노성공이 이를 받아들였다.

주정왕 20년인 기원전 587년, 정양공鄭襄公 견堅이 죽고, 태자 비費가 즉위했다. 그가 바로 정도공鄭悼公이다. 정도공은 즉위 직후 허許나라와 영토 문제로 다툼을 벌였다. 남작의 약소국인 허나라의 군주 허남許南은 이 일을 초나라에 호소했다. 초공왕은 허남의 호소가 사리에 부합한다고 생각해 사람을 보내 정도공을 책망했다. 정도공이 화가 난 나머지 초나라를 버리고 진나라를 섬겼다. 진경공이 노성공과 함께 정나라를 치려던 계획을 중지했다.

이해에 진나라 중군 원수 극극이 제나라 군사와 싸울 때 화살을 맞은 옆구리의 상처가 도져 왼쪽 팔을 잘라냈다. 애꾸눈에 외팔이가 된 그가 나이 많은 것을 이유로 벼슬을 내놨다. 그런지 얼마 뒤 죽고 말았다. 진경공은 난서를 중군 원수로 임명했다.

이듬해에 초나라 공자 영제가 초나라를 배반하고 진나라에게 붙은 정나라를 쳤다. 진나라 난서가 군사를 이끌고 가서 정나라를 구원했다. 당시 진경공은 제나라와 정나라를 모두 거느리게 된 것을 자랑스럽게 생각했다. 그의 자긍심은 점차 방종한 행동으로 나타났다. 지난날의 진영공晉靈公처럼 아첨을 잘하는 도안고를 더욱 총애하고, 날마다 음주飮酒와 유렵遊獵으로 세월을 보냈다.

조씨 일족인 조동趙同과 조괄趙括은 친동생인 조영제趙嬰齊와 화목하게 지내지 못했다. 결국 두 형은 동생 조영제가 음란한 일을 저질렀다고 무함했다. 궁지에 몰린 조영제가 마침내 형들에게 쫓겨 제나라로 달아났다. 진경공도 조씨 일족의 싸움을 금지시키지 못했다.

114話 정영이 포위된 궁에서 조씨 고아를 구하다 – 위하궁정영닉고圍下宮程嬰匿孤

당시 지금의 섬서성 합양현 소재의 진나라 양산梁山이 까닭 없이 무너져 황하의 흐름을 가로막았다. 황하가 3일간이나 제대로 흐르지 못하고 양산 부근의 평지로 범람했다. 진경공이 태사太史로 하여금 이변에 관해 점을 치게 했다.

도안고가 미리 태사를 찾아가서 많은 뇌물을 주고 부탁했다.

"주공이 점괘를 묻거든 '형벌을 제대로 시행치 않았기 때문에 생긴 재앙이다.'라고만 해 주시오."

태사가 도안고가 시킨 대로 고했다. 진경공이 의아한 기색으로 말했다.

"과인은 일찍이 형벌을 과도하게 시행한 적이 없는데, 어째서 그런 점괘가 나온 것인가?"

도안고가 말했다.

"형벌이 제대로 시행치 않았다는 것은 신하를 받아들이고 내치는 게 법도에 맞지 않았다는 뜻입니다. 지난날 조돈이 도원에서 진영공을 시해한 일이 사책史冊에 기록돼 있습니다. 그것은 용서받지 못할 죄인데도 선군인 진성공은 조돈을 죽이지 않았을 뿐만 아니라 국정을 맡겼습니다. 그런 일이 지금까지 계속되고 있습니다. 역신인 조돈의 자손과 일족이 조정에 가득 들어차 있는 게 그렇습니다. 이러고야 어떻게 후인後人들을 징계할 수 있겠습니까? 또 신이 듣건대 조돈의 아들 조삭趙朔과 조원趙原 및 조병趙屛 등은 자기 종족의 흥성만 믿고 모반을 꾀하고 있다고 합니다. 조영제는 이를 알고 막으려다가 그들에 의해 국외로 쫓겨났습니다. 난씨欒氏와 극씨郤氏도 조씨의 세력을 두려워해 횡포를 보고도 참으며 말하지 않고 있습니다. 양산이 무너진 것은 진영공의 원통함을 주공에게 알려 조씨의 죄를 다스리게 하려는 하늘의 뜻인 듯합니다."

진경공은 지난날 필 땅의 싸움 당시 조동과 조괄이 순림보의 명을 듣지 않고 멋대로 행동한 것을 알고는 그들을 미워하던 참이었다. 도안고의 말을 곧이들은 이유다. 이내 한궐을 불러 의견을 묻자 한궐이 대답했다.

"도원에서 진영공을 시해한 것은 조천이 저지른 짓으로 조돈과는 아무런 관련이 없습니다. 조씨는 조최 이래 대대로 진나라에 큰 공을 세웠습니다. 주공은 어찌하여 그런 말을 곧이듣고 공신의 후손을 의심하는 것입니까?"

그러나 진경공은 마음이 석연치 않아 다시 대부 난서와 극기郤錡를 불러 그 일에 관해 물었다. 난서와 극기는 이미 도안고의 부탁을 받은 까닭에 모호한 대답만 하고 조씨 일족을 위해 변호하지 않았다.

진경공이 마침내 도안고의 말만 믿고 조씨의 죄를 사실로 여기에 됐다. 이내 조돈의 죄를 판목版木에 쓴 뒤 도안고에게 내주며 말했다.

"그대는 조씨 일족을 처치하되 백성들이 놀라지 않게 하라."

한궐은 도안고의 음모를 안 까닭에 그날 밤 진성공의 딸을 아내로 맞아들인 까닭에 하궁下宮으로 불린 조삭의 집으로 갔다. 그는 이 사실을 알리고 속히 달아날 것을 권했다.

조삭이 대답했다.

"나의 부친은 진영공의 횡포를 막으려다가 오히려 군주를 시해했다는 오명을 뒤집어썼소. 이제 도안고가 나를 죽이더라도 군명을 받고 오는 이상 감히 도망칠 수 없소. 그리하면 내가 또 군주에게 항명하는 게 되오. 다만 내 아내가 이미 임신 중인데 산달이 거의 다 찼소. 혹여 딸을 낳으면 그대에게 할 말이 없으나 천행으로 아들을 낳으면 우리 조씨 집안의 제사를 이어

갈 수 있을 것이오. 부탁건대 장군은 나의 일점혈육을 잘 보호해 주시오. 그러면 나 조삭은 죽어도 살아있는 것이나 다름없소."

한궐이 눈물을 흘리며 말했다.

"나는 지난날 선대인인 조돈 어른의 지우知遇를 입어 오늘날 장군이 되었소. 은덕으로 보면 나의 부친이나 다름없소. 다만 내 힘이 부족해 적신賊臣 도안고의 목을 베지 못한 게 부끄럽기만 하오. 그대가 내게 명한 일은 힘껏 이행하겠소. 다만 도안고가 조씨에 대해 원한을 품은 지 이미 오래돼 그 원한이 폭발하면 옥석이 함께 타는 옥석구분玉石俱焚의 참화가 빚어질 것이오. 그 경우 나에게 얼마쯤의 힘이 있다고는 하나 쓸 방도가 없소. 도안고의 마수가 뻗치기 전에 그대는 공주를 남몰래 궁중으로 들여보내시오. 그러면 공주만이라도 목숨을 구할 것이고 다행히 아들을 낳으면 훗날 장성해 원수를 갚을 수 있을 것이오."

조삭이 말했다.

"삼가 그대의 가르침을 좇겠소."

두 사람이 눈물을 흩뿌리는 쇄루灑淚를 하며 작별했다. 조삭이 사적으로 아내 장희莊姬에게 부탁했다.

"만일 딸을 낳으면 이름을 문文, 아들을 낳거든 이름을 무武로 하시오. '문'은 소용이 없지만 '무'는 우리의 원수를 갚아줄 것이오."

조삭은 문객으로 있는 정영程嬰에게만 이를 알렸다. 장희가 눈물을 흘리며 남편 조삭과 이별한 뒤 후문을 통해 집 밖으로 나갔다. 정영이 그녀를 호송해 궁중으로 들여보냈다. 장희는 모친인 성부인成夫人의 처소로 가서 무거운 몸을 의탁했다. 조삭 부부의 생이별 고통인 분별지고分別之苦는 이루 형언할 수가 없었다.

이튿날 하늘이 밝자 도안고가 무장한 갑사들을 이끌고 가서 하궁을 포위했다. 진경공이 쓴 죄목이 적혀 있는 판목을 하궁의 대문에 걸어 놓고 큰 소리로 외쳤다.

"군명君命을 받들어 토역討逆코자 한다!"

도안고는 조삭과 그의 가족은 물론 조동과 조괄 및 조전 등 조씨 일족은 남녀노소를 가리지 않고 모두 잡아들여 도륙했다. 조전의 아들 조승趙勝은 마침 한단邯鄲 고을에 가 있어서 죽음을 면했다. 조승은 조씨 일족이 역적으로 몰려 몰살을 당했다는 소식을 듣고 송나라로 달아났다.

그날 조씨 일족의 주검이 하궁의 안과 마당에 가득히 쌓여 있었다. 주검에서 흘러나온 피가 섬돌을 벌겋게 물들이고 마당에도 흥건히 괴었다. 도안고가 갑사들을 시켜 주검을 일일이 점검하게 했다. 아무리 찾아도 조삭의 아내 장희가 보이지 않았다.

도안고가 지시했다.

"공주는 요긴한 사람이 아니지만 회임했다고 한다. 사내아이를 낳으면 역적의 씨이니 반드시 후환이 생길 것이다. 공주의 행방을 찾아내야만 한다."

한 사람이 와서 보고했다.

"야반夜半에 온거溫車를 타고 입궁했다고 합니다."

도안고가 말했다.

"그 여인이 틀림없이 장희일 것이다."

곧바로 입궁해 진경공에게 말했다.

"역신의 일족을 모두 도륙했습니다. 다만 조삭의 아내 장희만이 달아나 궁중으로 들어왔다고 합니다. 공주가 이미 궁중에 들어와서 숨어 있다고 합니다. 엎드려 바라건대 주공이 결재해 주십시오."

진경공이 대답했다.

"나의 누이는 모부인母夫人이 특별히 사랑하는 딸이오. 과인도 그 일은 모부인에게 따질 수 없소."

도안고가 말했다.

"공주는 임신 중인데 해산할 날이 가까워졌다고 합니다. 만일 사내아이를 낳으면 역적의 씨를 남겨두는 게 됩니다. 훗날 장성하면 반드시 보복코자 할 것입니다. 지난날 도원에서 벌어진 일이 또 일어나게 됩니다. 주공은 깊이 생각하십시오."

지경공이 말했다.

"아들을 낳으면 없애도록 하시오."

도안고가 심복을 시켜 장희의 해산 소식을 염탐케 했다. 수일 후 장희가 과연 아들을 낳았다. 성부인은 궁녀들에게 명해 딸을 낳았다고 거짓 소문을 퍼뜨리게 했다. 도안고는 이 말을 믿지 않았다. 곧 자기 집 유모를 입궁시켜 진위를 알아보게 했다.

장희가 이 사실을 알고 크게 당황했다. 모친 성부인과 상의한 뒤 갓난애는 이미 죽었다는 소문을 다시 퍼뜨렸다. 당시 진경공은 밤낮 여색과 음악에 빠져 있었다. 나라 안의 대소사를 오로지 도안고에게 맡겨 버렸다. 도안고가 매사를 임의로 처결했다. 의심 많은 도안고는 장희가 딸을 낳았다는 소문은 물론 갓난애가 죽었다는 소문도 믿지 않았다.

그는 몸소 자기 집 여복女僕을 이끌고 내궁으로 들어가 성부인의 처소를 빠짐없이 수색했다. 다급해진 장희가 갓난애를 치마 속에 입은 고쟁이 안에 감췄다. 이어 하늘을 향해 축원했다.

'하늘이 조씨의 일점혈육을 없애려거든 이 아기로 하여금 울게 하고, 잇게 하려거든 아기로 하여금 울지 않게 해주십시오.'

도안고의 여복들이 장희를 밖으로 끌어낸 뒤 궁궐을 일일이 수색했다. 갓난아기는 장희의 고쟁이 속에서 아무 소리도 내지 않았다.

이날 도안고는 부득이 궁궐을 나오긴 나왔으나 도무지 의심을 떨치지 못했다. 어떤 사람이 도안고에게 이같이 말했다.

"그 고아孤兒는 이미 궁문 밖으로 빼돌려졌다고 합니다."

마침내 도안고가 많은 상금을 건 방문을 조문朝門에 내걸었다.

> 가장 먼저 고아孤兒[2]의 소재를 알려주는 자에게 1천 금을 주겠다. 소재를 알면서도 고하지 않는 자는 역적을 숨겨준 죄와 같이 처리해 일족을 참수할 것이다.

그러고도 도안고는 궁중에 대한 의혹의 눈초리를 거두지 못했다. 궁문에 부하들을 배치한 뒤 출입하는 자들을 일일이 검문케 했다.

조삭에게는 2명의 심복 문객이 있었다. 한 사람은 공손저구公孫杵臼였고, 또 한 사람은 전날 장희를 궁으로 호송했던 정영程嬰이었다. 도안고가 조삭의 집인 하궁을 포위했을 때 공손저구는 정영에게 함께 그곳으로 가 주인과 더불어 생사를 같이하자고 말했다.

정영이 대답했다.

"지금 도안고가 군명을 빌려 조씨의 죄목을 적은 판목을 조씨집 대문에 걸고 도륙을 자행하고 있는 터에 우리 두 사람이 함께 죽은들 조씨에게 무슨 이익이 있겠소?"

공손저구가 말했다.

"그것이 무익한 일이라는 것은 알고 있으나 은주恩主가 환난을 당하고 있는 터에 우리만 죽음을 피해 도망쳐서야 되겠는가?"

정영이 말했다.

"지금 장희가 임신 중이오. 사내 아기를 낳으면 나는 그대와 함께 후일을 도모할 작정이오. 불행히도 딸을 낳으면 그때 죽어도 늦지 않을 것이오."

2 고아孤兒는 원래 부친을 여읜 자식을 가리킨다. 모친을 여읜 자식은 애자哀子, 부모를 모두 여읜 자식은 고애자孤哀子로 불렀다.

이후 장희가 딸을 낳았다는 소문을 돌았다. 공손저구가 눈물을 흘렸다.

"하늘이 과연 조씨의 명맥을 끊으려고 그러는 것인가!"

정영이 말했다.

"아직 그 소문을 믿어선 안 되오. 내가 자세히 알아보겠소."

정영이 궁녀에게 많은 뇌물을 주고 장희와 연락을 취했다. 장희는 전부터 정영의 충의를 잘 알고 있었다. 그의 연락을 받자 은밀히 헝겊 조각에 '무武' 자 한 자를 쓴 뒤 궁녀로 하여금 정영에게 전하게 했다. 이를 받아본 정영이 크게 기뻐했다.

"공주가 과연 아들을 낳았다!"

이후 도안고가 궁궐을 수색했으나 아기를 찾아내지 못했다. 정영이 공손저구에게 말했다.

"조씨의 고아가 궁중에 있는데도 도안고가 찾아내지 못했으니 이는 천우신조라 할 것이오. 그러나 도안고를 속인 것은 일시적인 일에 불과하오. 나중에 사실이 새어 나가면 반드시 궁중을 수색할 것이오. 지금 계책을 써서 그 아이를 궁 밖으로 빼내야 하오. 이어 먼 곳으로 데리고 가 숨겨야만 비로소 마음을 놓을 수 있소."

공손저구가 반나절 동안 무엇을 생각하다가 정영에게 물었다.

"주인의 고아를 돌보고 키우는 것과 주인을 위해 죽는 것 가운데 어느 쪽이 더 어렵소?"

정영이 말했다.

"죽는 것은 쉽지만 고아를 돌보는 건 어려운 일이오."

공손저구가 말했다.

"그대는 어려운 일을 맡아주오. 나는 쉬운 일을 맡겠소. 어찌 생각하오?"

정영이 물었다.

"무슨 계책이라도 있어 그러는 것이오?"

공손저구가 말했다.

"만일 다른 사람의 갓난아기를 얻을 수 있으면 나는 그 아기를 조씨의 고아로 꾸민 뒤 수양산首陽山 속으로 들어가 숨겠소. 그러면 그대는 때맞춰 도안고에게 나를 밀고하시오. 도안고가 가짜 고아를 찾아내면 진짜 고아는 목숨을 건질 수 있을 것이오."

정영이 대답했다.

"갓난아이를 구하기는 쉽소. 하지만 진짜 아기를 궁 밖으로 빼내야만 비로소 생명을 보전하게 할 수 있소."

공손저구가 말했다.

"여러 장수들 가운데 오직 한궐만이 조씨의 은혜를 가장 많이 입었소. 그에게 고아를 빼내는 일을 부탁하면 거절하지 못할 것이오."

정영이 말했다.

"내 아내가 이번에 사내아이를 낳았소. 태어난 날도 주인의 아들과 비슷하오. 내 아들을 주인의 가짜 아들로 삼아 데리고 가시오. 그대는 조씨의 고아를 감췄다는 죄목으로 반드시 죽임을 당할 것이오. 하지만 그대가 먼저 죽으면 내가 그 슬픔을 어떻게 참아야 할지 모르겠소."

그러고는 하염없이 울었다. 공손저구가 화를 냈다.

"이는 중대한 일일 뿐만 아니라 아름다운 일이기도 하오. 그대는 어째서 우는 것이오?"

정영은 눈물을 거두고 집으로 돌아갔다. 그날 밤 정영이 자기 아들을 안고 와 공손저구에게 내줬다. 이어 곧바로 한궐의 집으로 갔다. 그는 먼저 한궐에게 '무'자가 씌어 있는 헝겊을 한궐에게 보여주었다. 이어 공손저구의 계책을 소상히 말했다.

한궐이 말했다.

"장희가 지금 가벼운 병을 앓고 있소. 성부인이 내게 장희의 병을 살필

정영이 포위된 궁에서 조씨 고아를 구하다

의원을 구해 달라고 분부했소. 그대는 도안고를 속여 수양산으로 데리고 가시오. 내가 궁중에 들어가 어떻게 해서라도 고아를 빼내오도록 하겠소."

이튿날 정영이 저잣거리로 나가 큰 소리로 외쳤다.

"도屠 사구司寇가 조씨의 고아를 찾는다며 왜 궁중만 수색하는지 모르겠소."

도안고의 문객이 물었다.

"그대가 조씨 고아가 어디에 있는지 아시오?"

정영이 대답했다.

"나에게 1천 금을 주면 말하겠소."

그 문객이 정영을 도안고에게 끌고 갔다. 도안고가 성명을 물었다. 정영이 대답했다.

"나는 성이 정程, 이름이 영嬰입니다. 전부터 공손저구와 함께 조삭을 섬겼습니다. 장희가 아기를 낳은 뒤 한 궁녀를 시켜 그 아들을 안고 궁 밖으로 나와 우리 두 사람에게 건네주면서 그 아기를 숨겨달라고 했습니다. 하지만 저는 도중에 이 일이 탄로나 밀고하는 사람이 있을까 두려웠습니다. 밀고한 자가 1천 금을 받고 온 가족이 도륙을 당하는 것이 도무지 못마땅했습니다. 그래서 고하게 된 것입니다."

도안고가 물었다.

"그 아이는 지금 어디 있는가?"

정영이 청했다.

"청컨대 좌우를 물리치면 말씀드리겠습니다."

도안고가 좌우를 밖으로 내보냈다. 정영이 말했다.

"지금 공손저구가 조씨의 고아를 데리고 수양산 깊은 곳으로 들어가 숨어 있습니다. 급히 그를 뒤쫓아가야 잡을 수 있습니다. 지체하면 놓치고 맙니다. 공손저구는 그 아이를 데리고 진秦나라로 달아나기로 저와 약조했습니다. 갈 때는 대부가 직접 가야 합니다. 아직도 세상에는 조씨 일당이 많습니다. 경솔히 남에게 맡겼다가는 기밀이 누설돼 낭패를 보기 십상입니다."

도안고가 말했다.

"알았네. 그대도 나와 함께 가야 하네. 그대의 말이 사실이면 1천 금을 줄 것이고, 거짓이면 죽음을 면치 못할 것이네."

정영이 짐짓 말했다.

"저는 지금 수양산에서 막 돌아온 길입니다. 몹시 시장하니 먹을 것이나 좀 주십시오."

도안고가 그에게 주식酒食을 내주게 했다. 정영이 음식을 먹은 뒤 속히 떠날 것을 재촉했다. 도안고가 집안의 갑사 3천 명을 이끌고 떠났다. 정영이 앞장서서 수양산 속으로 안내했다. 몇 리를 이리저리 돌아 아주 깊숙한 골짜기에 이르렀다. 도안고가 눈을 들어 보니 계곡의 개울 건너편에 초가 몇 칸이 서 있고, 사립문 두 짝이 닫혀 있었다.

정영이 손가락으로 그 초가를 가리키며 말했다.

"공손저구와 고아가 바로 저 집에 숨어 있습니다."

정영이 그 집으로 가 사립문을 흔들었다. 소리를 들은 공손저구가 집 밖으로 나와 정영을 맞이하다가 많은 갑사와 함께 있는 것을 보고 황급히 달아나는 시늉을 했다.

정영이 큰 소리로 외쳤다.

"달아나려고 하지 마라. 도 사구司寇가 이미 조씨의 고아가 이곳에 있는 걸 알고 직접 오셨다. 속히 그 아이를 내다 바쳐라."

갑사들이 달아나는 공손저구를 결박해 도안고 앞에 꿇어앉혔다.

도안고가 물었다.

"그 아이를 어디에 숨겼는가?"

공손저구가 속여서 말했다.

"그런 아기는 없소!"

도안고가 갑사들로 하여금 집안을 뒤지게 했다. 안방 한쪽에 벽실壁室이 있고, 자물쇠로 단단히 채워져 있었다. 갑사들이 자물쇠를 부수고 들어갔다. 벽실 안이 어두컴컴했다. 대로 만든 침상 위에서 시끄러운 소리에 놀란 아이의 울음소리가 들려왔다.

갑사 한 명이 아이를 안고 밖으로 나왔다. 아주 귀한 집안의 자식인 듯 비단옷을 입고 있었고, 수놓은 포대기에 싸여 있었다. 공손저구가 아기를 빼앗으려고 몸부림쳤다. 그러나 결박당한 탓에 아기에게 다가갈 수 없었다. 공손저구가 정영을 크게 꾸짖었다.

"정영아, 너는 실로 소인이다. 전에 우리 주인 조삭이 하궁에서 참화를 당할 때 나는 너에게 우리도 주인과 함께 죽자고 말했다. 그때 너는 뭐라고 말했는가? 지금 장희가 임신 중이니 만일 우리가 죽으면 누가 유복자를 돌보겠냐고 내게 말하지 않았는가? 장희가 그 말을 듣고 감동해 아이를 낳자마자 우리 두 사람에게 맡겼다. 너와 나는 상의 끝에 산 속에 숨겨두고 키우다가 여의치 않으면 진秦나라로 달아나기로 일을 꾸몄다. 그런 터에 이제 와서 1천 금의 상금이 탐이 나 밀고 했단 말인가? 나는 죽어도 아깝지 않지만 조삭과 그 선대인 조돈의 은혜를 어찌 갚을 것인가!"

공손저구가 정영을 신의 없는 소인이라며 무수히 꾸짖고 또 꾸짖었다. 정영이 얼굴을 붉히며 도안고에게 말했다.

"어째서 당장 그를 죽이지 않는 것입니까?"

도안고가 갑사들에게 호령해 공손저구의 목을 치게 했다. 이어 아기를 건네받아 땅바닥에 내던졌다. 울던 아기가 곧바로 살덩이로 만든 떡인 육병肉餠이 되고 말았다. 실로 슬픈 일이다!

염옹이 시를 지어 탄식했다.

조씨 일점혈육 궁내서 위태한데	一線宮中趙氏危
제 자식 죽여 은인 후사 구하다	寧將血胤代孤兒
도안고가 온통 경계망을 폈으나	屠奸縱有彌天網
공손저구 속임수를 뉘 알았으랴	誰料公孫已售欺

도안고가 수양산으로 가서 조씨의 고아를 죽였다는 소문이 곧바로 도성 안에 두루 퍼졌다. 도씨 일족을 편드는 사람들은 기뻐하고 조씨 일족을 편드는 사람들은 탄식했다.

이후 궁문의 검문도 느슨해졌다. 한궐이 그 틈을 이용해 자신의 심복 문객을 시정의 의원으로 꾸며 입궁시켰다. 가짜 의원이 장희를 간병하면서 한궐로부터 전해받은 '무'자가 쓰인 헝겊을 약낭藥囊에 붙였다. 장희가 그 뜻을 알아차렸다. 가짜 의원이 장희를 진맥한 뒤 산후에 주의할 사항들을 몇 마디 건성으로 말해 주었다. 장희가 곧 좌우의 궁녀 모두 자신의 심복임을 보고는 즉시 조씨의 고아를 포대기에 싸서 그의 약낭에 넣어 주었다. 그러자 아기가 울음을 터뜨렸다. 장희가 약낭을 어루만지며 축원했다.

"조무趙武야, 조무야! 원통하게 죽은 조씨 일족 100여 명의 원수를 갚는 일이 핏덩이인 네게 지워져 있다. 그러니 궁 밖으로 나갈 때 제발 울지 마라."

장희의 축원이 끝나자 아기가 울음을 멈췄다. 가짜 의원이 약낭을 메고 궁문 밖으로 나왔으나 아무도 그를 검문하지 않았다.

한궐은 문객으로부터 조씨의 고아를 넘겨받은 뒤 마치 진귀한 보옥이라도 얻은 것처럼 유모로 하여금 그를 키우게 했다. 집안 식구들조차 그 일을 아는 사람이 없었다.

한편 도안고는 정영을 자기 부중으로 불러 1천 금을 상으로 내주려고 했다. 정영이 사양했다. 도안고가 물었다.

"너는 원래 상금을 바라고 자수하지 않았는가? 어째서 받지 않으려고 하는 것인가?"

정영이 대답했다.

"소인은 조씨 문객으로 오래 있었습니다. 이번에 조씨의 일점혈육을 죽이고 나만 그 재앙에서 벗어났습니다. 소인이 그리 한 것도 의로운 짓이 아닌데 하물며 어찌 감히 그 대가로 많은 상금을 받겠습니까? 혹여 사구가 소인의 작은 수고를 생각해 주면 그 돈으로 조씨 일족의 시신을 거둬 장사나 치르게 해주십시오. 소인은 그리함으로써 조씨 문하에 몸을 담았던 정의情誼를 1만분의 1이라도 표하고자 합니다."

도안고가 기뻐했다.

"그대는 실로 신의 있는 선비요. 나는 그대가 조씨의 유해를 거둬 장사지내는 것을 막지 않겠소. 그대는 이 돈을 조씨의 장사 비용으로 쓰도록 하시오."

정영이 절을 하고 그 돈을 받았다. 이내 조씨 일족의 유해를 거둬 염하고 관에 넣었다. 이어 각 가족별로 분별해 조돈의 묘소 곁에 묻었다. 정영은 그 일을 끝낸 뒤 다시 도안고를 찾아가 사례했다. 도안고가 정영을 자기 곁에 두고 중용하려고 했다.

정영이 눈물을 흘리며 거절했다.

"소인은 한때나마 목숨을 탐하고 죽음을 두려워해 이런 의롭지 못한 짓을 했습니다. 무슨 면목으로 다시 진晉나라 사람을 대할 수 있겠습니까? 이제 먼 곳으로 가서 입에 풀칠을 하는 호구糊口를 하며 살까 합니다."

그러고는 도안고에게 절하고 그의 부중에서 나왔다. 그날 밤 한궐의 집으로 갔다. 한궐은 유모와 아기를 모두 정영에게 내줬다. 정영은 그 아이를 자기 아들로 삼아 도성에서 멀리 떨어진 우산盂山으로 들어가 숨어 살았다. 후대인은 우산을 장산藏山이라고 고쳐 불렀다. 정영이 아기를 산속에 감춰놓고 기른 데서 그같이 부른 것이다.

그로부터 3년이 지난 뒤 진경공이 신전新田으로 놀러 갔다. 그 땅이 비옥하고 물맛이 좋은 것을 알고는 도읍을 그곳으로 옮겼다. 새 도읍을 신강新絳으로 부르면서 옛 도읍을 고강古絳으로 부르게 했다.

신강으로 천도한 뒤 문무백관이 진경공에게 조하를 올렸다. 진경공이 내궁에 천도를 자축하는 연회를 베풀었다. 군신들을 모두 부른 뒤 성의를 다해 크게 대접하는 이른바 관대款待를 행했다. 어느덧 날이 저물어 신시申時가 지나고 사방에 땅거미가 졌다. 좌우 시종들이 촛불을 밝히려고 했다. 이때 문득 일진괴풍一陣怪風이 불어왔다. 차가운 기운이 사람들을 엄습했다.

사람들 모두 크게 추워 몸을 떨었다. 괴풍은 삽시간에 그 자리를 지나갔다.

그 사이 진경공 홀로 봉두난발蓬頭亂髮을 한 귀신을 보았다. 키가 1장丈이 넘었고, 풀어헤친 머리는 땅바닥에 닿았다. 귀신은 문 밖에서 안으로 들어왔는데 팔을 휘저으며 진경공을 크게 꾸짖었다.

"하늘이여! 내 자손에게 무슨 죄가 있기에 너는 그들을 다 죽였는가? 내가 이제 상제에게 억울함을 호소하고 네 목숨을 취하러 왔다."

말을 마친 뒤 귀신이 소매 속에서 구리망치를 꺼내 진경공을 내리쳤다. 진경공이 크게 놀라 외쳤다.

"군신들은 과인을 구하라!"

그러고는 패검을 뽑아 귀신을 참하려다가 잘못해 자신의 손가락을 찍고 말았다. 군신들은 진경공이 왜 그런 행동을 하는지 알 수 없었다. 이들이 황망히 패검을 빼앗았다. 진경공이 입으로 피를 토하면서 그 자리서 쓰러져 인사불성人事不省이 됐다.

진경공의 목숨이 어찌될지 아직 알 수 없으니 다음 회를 보라.

제58회

115話 위상이 진환공에게 유세해 명의를 맞아오다
– 설진백위상영의說秦伯魏相迎醫

당시 진경공은 봉두난발을 한 귀신에게 구리망치를 얻어맞고 선혈을 쏟으면서 쓰러졌다. 내시들이 황급히 그를 부축해 방안에 눕혔다. 한참 후에 진경공이 혼절상태에서 깨어났다. 그제야 신하들은 각각 자기 집으로 돌아갔다.

이후 진경공은 병석에서 일어나질 못했다. 좌우의 내시 가운데 한 사람이 진경공에게 말했다.

"도성의 상문桑門 부근에 큰무당인 대무大巫가 있다고 합니다. 대낮에도 귀신을 본다고 하니 한번 불러서 물어보십시오."

진경공이 사람을 상문으로 보냈다. 부름을 받은 상문의 대무가 내침內寢

의 문을 들어서면서 방 안에 귀신이 있다고 고했다. 진경공이 물었다.

"그 귀신이 어떻게 생겼는가?"

대무가 대답했다.

"봉두난발을 한 귀신입니다. 키는 1장이 넘는데 두 손으로 가슴을 치면서 몹시 성난 얼굴을 하고 있습니다."

진경공이 말했다.

"그대가 말한 귀신의 모양이 내가 본 귀신의 모양과 꼭 같소. 그 귀신은 과인에게 과인이 자신의 자손을 억울하게 죽였다고 했소. 그 귀신은 어떤 귀신이오?"

대무가 대답했다.

"전대에 공을 세운 신하로서 그 자손들이 근래 참혹한 재앙을 당한 사람의 귀신일 것입니다."

진경공이 크게 놀랐다.

"그럼 조씨 조상이 아니겠는가?"

도안고가 말했다.

"저 무당은 조돈의 문객인 줄 압니다. 귀신이 나타난 것을 빌미삼아 조씨들의 원한을 주공에게 호소하려는 듯합니다. 주공은 그의 말을 믿지 마십시오."

진경공은 한동안 말이 없다가 다시 물었다.

"그 귀신을 기도로 물리칠 수 있는가?"

대무가 대답했다.

"귀신이 크게 노한 상태라 기도를 해도 소용이 없을 듯합니다."

진경공이 물었다.

"그럼 과인이 수명인 대한大限은 어떠한가?"

대무가 대답했다.

"소인이 죽음을 무릅쓰고 말씀드립니다. 아마 주공은 지금 상태로는 햇보리를 맛보지 못할 것입니다."

도안고가 끼어들었다.

"올해 보리는 이 달 안에 다 익어 수확하게 된다. 주공이 비록 병을 앓고 있으나 정신이 말짱한데 어찌 그런 지경에 이르겠는가? 만일 주공이 햇보리를 먹는 날엔 너는 사형을 면치 못할 것이다."

도안고는 진경공이 뭐라고 말하기도 전에 서둘러 대무를 내침에서 쫓아냈다. 대무가 나간 뒤 진경공의 병이 더욱 깊어졌다. 진晉나라의 고명한 의생醫生들이 많이 와서 진찰했으나 증세를 알 수 없어 약을 쓰지 못했다.

대부 위기魏錡의 아들 위상魏相이 군신들에게 말했다.

"제가 듣건대 진秦나라에 고화高和와 고완高緩이라는 유명한 두 의생이 있다고 하오. 이들은 신의神醫 편작扁鵲으로부터 의술을 전수받았다고 하오. 능히 음양의 이치에 달통하고 몸 안팎의 병증을 잘 다스리는 것으로 유명하오. 두 사람은 지금 진秦나라의 태의太醫로 있소. 주공의 병을 고치려면 그 두 사람이 아니면 안 될 것이오. 어째서 그 두 의생을 초청하지 않는 것이오?"

신하들이 대답했다.

"진秦나라는 우리의 원수요. 어찌 양의良醫를 보내 우리 주공을 치료해 주겠소?"

위상이 말했다.

"우환을 구하고 재앙을 서로 나누는 것은 이웃 나라가 해야 할 도리이고 아름다운 일이오. 제가 비록 재주는 없지만 진나라로 가서 세 치 혀인 삼촌지설三寸之舌을 놀려 반드시 그 명의들을 데려오겠소."

신하들이 대답했다.

"그대가 그리한다면 온 조정이 그대의 노고에 사례할 것이오."

위상이 그날로 여장을 꾸렸다. 1필의 말이 끌고 1인이 타는 수레인 초거軺車에 올라 밤을 도와 진秦나라로 갔다. 진환공秦桓公이 무슨 일로 왔는지 물었다. 위상이 대답했다.

"과군이 불행해 몹쓸 병에 걸렸습니다. 상국의 명의인 고화와 고완 모두 기사회생의 의술을 지니고 있다고 들었습니다. 신은 특별히 그 두 명의를 청하러 왔습니다. 군후는 그들을 보내 과군의 병을 치료케 해주십시오."

진환공이 대답했다.

"지금까지 진晉나라는 아무 이유 없이 우리나라 군사를 패퇴시켰소. 우리나라에 비록 양의가 있다고는 하나 어찌 그대의 군주를 구해줄 수 있겠는가?"

위상이 정색하고 말했다.

"군후의 말씀이 옳지 못합니다. 무릇 진秦나라와 진晉나라는 어깨를 나란히 한 이웃 나라입니다. 지난날 우리 진헌공晉獻公은 귀국의 진목공秦穆公과 혼인관계를 맺고 우호를 다졌습니다. 이후 우리 두 나라는 대대로 친밀하게 지냈습니다. 진목공은 우리 진혜공晉惠公을 보위에 앉혔다가 한원韓原에서 싸웠습니다. 이어 우리 진문공晉文公을 보위에 앉혔다가 다시 범남氾南에서 양국 간의 맹약을 어겼습니다. 끝까지 우호를 지키지 못한 것은 모두 귀국이었습니다. 우리 진문공이 세상을 뜨자 귀국의 진목공은 맹명시의 말을 잘못 들은 나머지 우리 진양공晉襄公의 유약함을 업신여겨 효산으로 군사를 출정시켜 우리 속국 정나라를 기습했다가 패배를 자초했습니다. 우리는 그때 귀국의 세 장수를 모두 사로잡았지만 죽이지 않고 돌려보냈습니다. 귀국의 세 장수는 돌아간 뒤 서약을 어기고 우리 관원을 잡아갔습니다. 이후 우리 진영공晉靈公과 귀국의 진강공秦康公 때 우리가 귀국의 속국인 숭崇나라를 치자 귀국은 우리 진晉나라를 침공했습니다. 또 우리 주공의 대에 이르러 지난번에 우리가 제나라의 잘못을 묻기 위해 그들을 치자 군

위상이 진환공에게 유세해 명의를 맞아오다

후는 두회를 보내 적족의 군사를 돕게 했습니다. 두회는 목숨을 잃고 진秦나라 군사도 대패했습니다. 패해도 스스로 징계할 줄 모르고, 승리해도 그만둘 줄 모르면서 우호를 저버리고 원수를 맺는 일을 해온 쪽은 진秦나라였습니다.

군후는 생각해 보십시오. 우리 진晉나라가 귀국 진秦나라를 침공했습니까, 아니면 귀국 진秦나라가 우리 진晉나라를 침공했습니까? 이번에 과군은 환후가 중한 까닭에 신에게 명해 귀국의 양의를 청해 오도록 했습니다. 우리 진晉나라 신하들 모두 진秦나라가 우리를 배척하는 게 심하니 틀림없이 허락지 않을 것이라고 했습니다. 그러나 신은 말하기를, '그렇지 않다. 진군秦君은 누차 부당한 일을 벌였지만 어찌 내심 후회하지 않겠는가? 이번에 내가 가서 양의를 데려와 선군 때의 우호를 회복할 것이다.'라고 했습니다. 군후가 이를 허락지 않으면 귀국에 대한 우리 진晉나라 신하들의 생각이 옳다는 걸 증명하는 게 됩니다. 무릇 이웃 나라에게는 우환을 구해주는 마음을 가져야 하는데 군후는 그 마음을 버리려는 것입니까? 의원은 본래 사람을 살리려는 마음이 있는데 군후는 이를 등지려는 것입니까? 아마도 군후가 이런 조치는 취하지 않을 것으로 생각합니다."

진환공은 위상의 언사가 강개하고 사리판단이 명확한 것을 보고는 자신도 모르게 자리에서 일어나 경의를 표했다.

"대부가 옳은 말로 과인을 책망하니 과인이 감히 그 가르침을 듣지 않을 수 있겠소?"

그러고는 곧 태의 고완을 불러 위상과 함께 진晉나라로 가게 했다. 위상이 진환공에게 사은한 뒤 곧바로 고완과 함께 진秦나라 도성 옹주를 떠났다. 이들은 밤낮을 쉬지 않고 진晉나라 도성 신강新絳을 향해 내달렸다.

후대인이 시를 지어 이를 증명했다.

인척인 두 나라가 원수가 돼	婚媾於今作寇仇
서로 상대의 우환을 좋아했다	幸災樂禍是良謀
만일 위상이 설복치 않았으면	若非魏相瀾翻舌
명의가 어찌 신강으로 왔을까	安得名醫到絳州

당시 진경공의 병환은 매우 위독했다. 진경공은 밤낮 진秦나라의 명의가 오기만 기다렸다. 하루는 그가 꿈을 꿨다. 콧구멍에서 작은 아이 2명이 뛰쳐나왔다. 한 아이가 말했다.

"진秦나라 고완은 당대의 명의다. 만일 그가 와서 약을 쓰면 우린 배겨날 수 없다. 어찌 하면 이를 피할 수 있을까?"

다른 아이가 대답했다.

"우리가 심장 아래의 고膏와 명치끝의 황肓 사이에 몸을 숨기면 그가 아무리 명의라 할지라도 우리를 어찌하지는 못할 것이다."

진경공이 크게 소릴 지르며 눈을 떴다. 심장과 횡경막 사이가 몹시 아파 눕지도 앉지도 못하고 쩔쩔맸다. 이때 마침 진나라에 갔던 위상이 고완을 이끌고 내침으로 들어왔다. 고완이 진경공을 진맥한 뒤 말했다.

"이 병은 고칠 수 없습니다."

진경공이 물었다.

"어째서 그렇소?"

고완이 대답했다.

"병이 고와 황 사이에 들어가 있습니다. 그 자리가 너무 깊어 쑥으로 뜸을 뜰 수도 없고, 침으로 찌를 수도 없고, 약으로 다스릴 수도 없습니다. 침과 뜸 내지 약으로 다스릴 수 없는 고황膏肓에 병이 들었으니 거의 천명으로 여겨야 할 것입니다."

진경공이 탄식했다.

"그대의 말이 내가 꿈속에서 들은 말과 같소. 그대는 실로 양의요!"

진경공은 고완에게 후한 예물을 주고 전송하며 진나라로 돌려보냈다.

당시 내시들 중에 강충江忠이란 소년 내시가 있었다. 그는 밤낮으로 진경공의 병을 간호하느라 크게 지쳐 있었다. 그는 자신도 모르는 가운데 그만 깜빡 잠이 들었다. 이때 꿈을 꿨다. 꿈 속에서 그는 진경공을 등에 업고 하늘로 날아 올라갔다. 강충이 꿈을 깬 뒤 다른 사람에게 꿈 이야기를 했다. 마침 도안고가 문병하러 왔다가 그 꿈 이야기를 듣고는 진경공에게 말했다.

"하늘은 양명陽明한 곳이고, 병은 음암陰暗한 곳입니다. 주공이 하늘로 날아오른 것은 어둠을 떠나 밝은 곳으로 나아가는 징조입니다. 주공의 병환은 틀림없이 치유될 것입니다."

그날따라 진경공은 웬일인지 가슴 밑이 별로 아프지 않았다. 그런 차에 도안고의 해몽을 듣고는 크게 기뻐했다. 문득 한 내시가 들어와 말했다.

"교외의 백성이 새로 난 햇보리를 진상했습니다."

진경공이 햇보리를 맛보고 싶은 생각이 났다. 곧 주방을 책임진 옹인饔人에게 명해 헌상한 햇보리의 일부를 절구에 찧어 껍질을 벗기고 맷돌로 갈아 가루를 낸 뒤 죽을 쑤어 올리도록 했다. 당시 도안고는 전날 상문의 무당에게 원한을 품고 있었다. 그가 진경공에게 말했다.

"전날 상문의 무당은 주공이 햇보리를 맛보지 못하고 돌아가신다는 무엄한 말을 했습니다. 지금 이 자리에서 볼 때 그 말은 맞지 않습니다. 그 자를 불러 이 햇보리를 보이십시오."

진경공이 이를 받아들여 상문의 무당을 불러들이게 했다. 이어 도안고로 하여금 그 무당을 꾸짖게 했다.

"햇보리가 여기 있는데도 주공이 과연 맛을 보지 못할까 걱정할 일인가?"

무당이 대답했다.

"아직 좀 더 두고 볼 일입니다."

진경공이 안색을 바꿨다. 도안고가 호령했다.

"하찮은 것이 주저呪詛를 하고 있다. 이 자를 당장 끌어내 참하라."

무당이 끌려 나가며 탄식했다.

"내가 작은 술수에 밝은 탓에 몸을 망치는 화를 자초했다. 이 어찌 슬프지 않은가!"

잠시 후 시위들이 무당의 목을 바쳤다. 이때 옹인도 보리죽을 받들고 들어왔다. 해가 중천에 떠 있었다. 진경공이 막 보리죽을 먹으려고 하는데 문득 배가 끓어오르면서 설사가 나려고 했다. 급히 어린 내시 강충을 불렀다.

"나를 업고 측간厠間으로 가라."

강충이 급히 진경공을 들쳐 업고 측간으로 갔다. 진경공이 측간에 앉자마자 격렬한 심통心痛이 엄습했다. 고통으로 인해 다리를 가누지 못하고 측간 아래로 굴러 떨어졌다. 강충이 황급히 더럽고 냄새 나는 측간 밑으로 기어들어가 진경공을 부여안고 밖으로 나왔다. 그러나 진경공은 이미 숨이 끊어져 있었다.

결국 무당의 말대로 햇보리를 먹지 못하고 죽었다. 억울하게 무당만 죽인 셈이다. 모두 도안고가 저지른 잘못이었다.

상경 난서가 문무백관을 이끌고 조당으로 나가 태자 주포州蒲를 받들어 거애擧哀한 뒤 보위에 모셨다. 그가 바로 진여공晉厲公이다.

대부들은 강충이 꿈에 진경공을 업고 하늘로 올라갔다는 이야기를 들었다. 강충이 진경공을 업고 측간으로 간 것과 부합한다고 두런거렸다. 이내 강충을 순장키로 결정했다. 강충은 산 채로 진경공과 함께 무덤에 묻혔다. 꿈 이야기를 하지만 않았더라면 그런 죽임을 당하진 않았을 것이다. 구설口舌이 몸을 해친 셈이니 말을 삼가지 않을 수 없다.

진晉나라 백성들은 진경공이 원귀에게 맞아 죽었다는 소문을 듣자 조씨 일족의 원한 때문에 그리 된 것이라고 수군거렸다. 그러나 난씨와 극씨 일족은 여전히 도안고와 친하게 지냈다. 다만 한궐 한 사람만 억울하게 죽은 조씨 일족을 신원伸冤해 주고 싶어 했다. 한쪽 손바닥만으로는 소리를 내기 어렵다는 고장난명孤掌難鳴의 속언처럼 그에게는 감히 그럴 만한 힘이 없었다.

당시 송공공宋共公은 상경 화원華元을 진나라로 보내 진경공을 조문하고 새로 즉위한 진여공을 경하하게 했다. 화원이 진나라에 온 김에 난서와 함께 상의했다.

"우리 송나라는 진나라와 초나라 사이에 끼어 곤란한 경우를 당할 때가 많습니다. 차제에 진나라와 초나라가 화해하면 남북 간의 전쟁도 없어지고 열국의 백성들도 도탄에 빠지지 않을 것입니다."

난서가 대답했다.

"초나라를 아직 믿을 수 없소."

화원이 말했다.

"나는 원래 초나라 공자 영제와 친분이 있습니다. 내가 나서서 두 나라의 화해를 주선해 보겠습니다."

난서는 화원이 떠날 때 어린 아들 난감欒鍼을 딸려 보냈다. 화원은 어린 난감을 이끌고 초나라에 가서 자가 자중子重인 공자 영제와 만났다. 공자 영제는 난감이 비록 나이는 어리나 생김새가 괴휘魁偉한 것을 보고 화원에게 누구인지 물었다. 공자 영제가 난감이 진晉나라 중군 원수 난서의 아들인 것을 알고는 그의 재주를 시험해 보려고 물었다.

"귀국의 용병은 어떠한가?"

난감이 한마디로 대답했다.

"정돈할 정整입니다."

공자 영제가 또 물었다.

"그 밖의 다른 특징이 있는가?"

난감이 또 한마디로 대답했다.

"여유로울 가暇입니다."

공자 영제가 탄복했다.

"상대가 소란할 때 자신은 정돈돼 있고, 상대가 바쁠 때 자신은 여유롭다면 어떤 싸움인들 이기지 못하겠는가? '정'과 '하'는 용병의 이치를 간결하면서도 곡진曲盡하게 표현한 말이다."

공자 영제는 그 말을 듣고 나서 어린 난감을 더욱 정중히 대했다. 마침내 이들을 초공왕에게 알현시켰다. 이어 그 자리에서 초나라와 진晉나라의 강화를 논의한 후 이같이 합의했다.

> 초나라와 진나라는 각각 국경을 지키고 백성을 편안케 한다. 군사를 일으켜 싸움을 거는 자는 신명이 죽일 것이다.

이들은 다시 기일을 정해 서로 맹서키로 했다. 이내 진나라 사섭과 초나라 공자 파罷가 두 나라의 대표가 되어 송나라의 서문西門 밖에서 화원의 입회 아래 함께 삽혈하고 맹서키로 합의했다.

초나라 사마 공자 측은 그 논의에 자신을 참여시키지 않은 것을 알고 크게 화를 냈다.

"초나라와 진晉나라가 서로 국교를 단절한 지 이미 오래다. 자중子重은 자기 멋대로 진나라와 강화를 맺고 그 공을 독차지하려고 한다. 내가 반드시 그의 의중을 좌절시키고 말겠다."

한편 초나라 대부 무신巫臣은 하희를 꿰차고 진晉나라로 망명한 후 진나라를 위해 크게 활약했다. 오나라 군주 수몽壽夢과 손을 잡고 초나라를 고립시키기 위해 열국과 활발한 외교를 전개했다. 진晉나라를 위시해 노나라와 제나라, 송나라, 위나라, 정나라 등의 열국 대부를 규합해 초나라에서 가까운 종리鍾離 땅에서 회맹했다.

초나라 사마 공자 측은 이 사실을 탐지한 뒤 초공왕을 설득했다.

"진晉나라가 오나라와 통호通好하는 것은 틀림없이 우리 초나라를 도모하려는 수작입니다. 지난날 우리에게 복종했던 송나라와 정나라가 지금은 진나라를 좇고 있습니다. 우리 세력 안에 있는 중원의 나라는 이제 한 나라도 남아 있지 않습니다."

초공왕이 말했다.

"고孤는 당장 정나라를 치고 싶으나 서로 전쟁을 일으키지 않기로 약속했으니 어찌해야 좋을지 모르겠소?"

공자 측이 말했다.

"송나라와 정나라가 우리 초나라와 맹약한 것은 하루 이틀이 아닙니다. 그런데도 맹약을 돌아보지 않고 진나라에 붙었습니다. 오늘의 사세에 비춰 볼 때 국가대사는 오직 이익이 있을 때 추진해 나가면 됩니다. 어찌 맹약에 구애될 필요가 있겠습니까?"

초공왕이 마침내 공자 측으로 하여금 정나라를 치게 했다. 공자 측이 정나라를 치자 위기를 느낀 정나라는 진나라를 버리고 초나라에 귀부했다. 이는 주간왕周簡王 10년인 기원전 576년의 일이다.

한편 진여공晉厲公은 정나라가 배반한 것을 알고 대로했다. 곧 대부들을 소집해 정나라 토벌을 논의케 했다.

당시 진나라는 상경 난서가 상국으로 있었으나 실질적인 권력은 이른바 3극三郤이 쥐고 있었다. '3극'은 극결郤缺의 적손이자 극극郤克의 적장자로서 극씨의 종주宗主인 극기郤錡, 극기의 당숙堂叔인 극주郤犨, 극기의 사촌동생인 극지郤至를 말한다. 극기는 상군 대장, 극주는 상군 부장, 극지는 신상군新上軍 부장으로 있었다. 극주의 아들 극의郤毅와 극지의 동생 극기郤乞까지 대부로 있으면서 조정에서 힘을 썼다.

대부 백종伯宗은 사람이 정직하고 할 말을 하는 사람이었다. 누차 진여공에게 간했다.

"극씨 일족이 너무 번창하고 세력이 큽니다. 주공은 이들 가운데 마땅히 현우賢愚를 가려 임용하고 그들의 권력을 견제해야 합니다. 그것이 선대 공신의 후손을 보호하는 길이기도 합니다."

진여공은 이를 듣지 않았다. 극씨 일족은 백종에게 골수에 사무치는 원한을 품었다. 마침내 이들은 백종이 국정을 비난한다고 참소했다. 진여공이 이를 곧이듣고 백종을 죽였다. 백종의 아들 백주리伯州犁가 초나라로 달아났다. 초공왕이 백주리를 태재太宰에 임명한 뒤 그와 함께 진晉나라를 칠 일을 상의했다.

진여공은 원래 성품이 교만하고 사치스러웠다. 게다가 안팎으로 이성뿐만 아니라 동성까지 좋아했다. 밖으로 사랑하는 외폐外嬖로는 서동胥童, 이양오夷羊五, 장어교長魚矯, 장려씨匠麗氏 등의 미소년들이었다. 이들 모두 대부 벼슬을 받았다. 안으로 사랑하는 내폐內嬖로는 미희美姬와 애비愛婢가 수도 없이 많다.

그는 날마다 음락淫樂을 즐겼다. 아첨을 좋아하고 올곧은 사람을 싫어했다. 진나라가 제대로 다스려지지 않고 신하들의 기강이 해이해진 이유다.

사섭은 조정의 정사가 날로 그릇되어 가는 것을 보고 정나라를 칠 생각을 하지 못했다. 자가 온계溫季인 극지가 물었다.

"정나라를 치지 않으면 열국의 제후를 어떻게 복속시킬 수 있겠소?"

난서가 덧붙였다.

"이번에 정나라를 잃으면 노나라와 송나라 역시 우리에게 등을 돌릴 것이오. 온계의 말이 옳소."

진나라에 투항한 초나라 대부 묘분황苗賁皇도 정나라를 쳐야 한다고 권했다. 진여공이 이를 받아들였다. 결국 그는 순앵만 도성에 남아 나라를 지키게 한 뒤 몸소 대장 난서와 사섭, 극기, 순언, 한궐, 극지, 난감 등과 함께 병거 600승을 이끌고 호호탕탕 정나라로 쳐들어갔다. 이때 그는 따로 극주를 노나라와 위나라로 보내 도와줄 군사를 요청케 했다.

정성공鄭成公은 진나라 군사의 규모가 방대하다는 보고를 접하고 이내 성 밖으로 나가 항복하려고 했다. 대부 요구이姚鉤耳가 말했다.

"정나라는 영토가 좁은데다 두 강대국 사이에 끼어 있어 하루도 편안한 날이 없습니다. 그렇다면 한 강대국을 선택해 섬기는 게 낫습니다. 어찌 아침엔 초나라를 섬겼다가 저녁엔 진나라를 섬기는 식의 조초모진朝楚暮晉

의 모습을 보이면서 해마다 양국의 공격을 받아야 합니까?"

정성공이 물었다.

"어찌해야 좋겠소?"

요구이가 대답했다.

"신의 생각으론 이제부터 오직 초나라에게 구원을 청하는 게 득책입니다. 초나라 원군이 오면 그들과 합세한 뒤 진나라 군사를 협공해 크게 무찌를 수 있습니다. 그러면 몇 해 동안 편히 지낼 수 있습니다."

정성공이 이를 좇아 요구이를 초나라로 보냈다. 요구이가 초공왕에게 구원을 청했으나 초공왕은 남북 간에 싸움을 하지 않기로 한 맹약을 깨는 게 꺼림칙해 좀처럼 군사를 일으키려고 하지 않았다. 그는 그 일에 관해 영윤인 공자 영제에게 물었다. 공자 영제가 대답했다.

"우리가 진나라에 대한 신의를 지키지 않고 정나라를 치는 군사를 일으켜 정나라를 굴복시킨 까닭에 진후晉侯가 노해 몸소 정나라를 치러 온 것입니다. 또 정나라를 보호하기 위해 진나라 군사와 싸우면 전쟁에 동원되는 백성들만 수고롭게 될 뿐입니다. 진나라 군사와 싸울지라도 반드시 이긴다는 보장도 없습니다. 당분간 사세를 관망하십시오."

사마 공자 측이 말했다.

"정나라는 차마 우리 초나라를 배반할 수 없어서 구원을 청한 것입니다. 전에 제나라를 구원하지 않았고 이제 또 정나라마저 구원하지 않으면 이는 초나라에 귀부코자 하는 나라를 끊어내는 것과 같습니다. 신이 비록 재주는 없으나 군사를 이끌고 어가를 호위해 정나라로 출동하겠습니다. 이번에도 진나라 군사를 무찌르고 전공을 보고토록 하겠습니다."

초공왕이 크게 기뻐했다. 사마 공자 측을 중군 원수, 영윤 공자 영제를 좌군 대장, 우윤 공자 임부壬夫를 우군 대장으로 삼았다. 자신은 직접 우광과 좌광의 군사를 이끌면서 3군과 함께 정나라를 구원키 위해 북쪽으로 출발했다. 초나라 군사는 하루에 100리를 달렸다. 빠르기가 바람과 같았다.

진나라 군사의 초마哨馬들이 이를 신속히 보고했다. 사섭이 사사로이 난서에게 말했다.

"지금 주공이 연소한 탓에 국사를 잘 모르오. 우리가 거짓으로 초나라 군사가 두려워 피하는 체하는 게 어떻겠소? 그리함으로써 주공에게 전쟁은 경계하고 두려워해야 할 일이라는 것을 깨우쳐 주고 싶소. 나라의 안정도 꾀할 수 있소."

난서가 말했다.

"나는 비록 거짓이라도 초군이 두려워 피했다는 소리를 듣고 싶지 않소."

사섭이 물러나오며 탄식했다.

"이번 싸움은 우리가 지는 게 차라리 낫다. 우리가 승리하면 외환外患은 덜 수 있으나 틀림없이 내우內憂가 빚어질 것이다. 나는 그게 심히 두렵다."

당시 초나라 군사는 이미 언릉鄢陵 땅을 지나 진나라 군사의 전방으로 진격해 왔다. 진나라 군사는 더 이상 전진할 수 없었다. 팽조강彭祖岡이라는 언덕에 주둔한 이유다. 양국 군사는 각각 그곳에 영채를 세우고 대치했다.

이튿날은 6월 갑오일로, 그믐날인 대진일大盡日이었다. 그믐날엔 군사를 움직이지 않는 게 관행이었다. 진나라 군사가 그날은 아무 준비도 하지 않았다.

이튿날로 접어들면서 시간 알리는 북과 물시계인 고루鼓漏 모두 역할이 끝난 상황이었다. 이때 문득 진나라 군영 밖에서 함성이 진동했다. 영문을 지키던 진나라 병사가 황급히 뛰어와 고했다.

"초나라 군사들이 우리 본영 앞까지 바짝 다가와 진을 치고 있습니다."

난서가 크게 놀랐다.

"초나라 군사가 우리 영채 앞에다 이미 진을 쳤다면 우리는 진세를 펼칠 장소도 없게 됐다. 교전하면 불리하니 영문을 굳게 닫고 영루를 굳게 지키는 수밖에 없다. 내가 조용히 계책을 마련해 적군을 격파하도록 하겠다."

난서가 3군의 장수들을 소집해 대책을 상의했다. 제장들의 의견이 분분했다. 정예부대를 선발해 적진을 돌파하자는 견해도 있었고, 군대를 옮겨 후퇴하자는 견해도 있었다.

당시 부친 사섭을 좇아 종군한 사개士匄는 겨우 16세였다. 그는 제장들의 의견이 분분해 결정이 나지 않는 것을 보고는 회의장 안으로 들어가 난서에게 품했다.

"원수는 초나라 군사가 우리 영채의 코앞까지 다가와 결진結陣한 까닭에 싸울 장소가 없다고 걱정하는 것입니까? 싸울 장소를 마련하는 것은 쉬운 일입니다."

난서가 물었다.

"자네에게 무슨 좋은 계책이라도 있는가?"

사개가 대답했다.

"원수는 우선 영문을 굳게 지키라고 각 부대에 명하십시오. 이어 병사들로 하여금 암암리에 영채 안에 있는 아궁이를 모두 헐고 땅을 평평하게 고르게 하십시오. 파놓은 우물도 모두 널빤지로 덮게 하십시오. 반나절도 안 돼 진을 치기에 넉넉한 장소가 마련될 것입니다. 그곳에 진을 치고 대열을 정비한 뒤 영채와 보루를 모두 터서 싸우러 나가는 길로 삼으면 됩니다. 그리하면 초나라 군사가 우리를 어찌하겠습니까?"

난서가 물었다.

"우물과 부엌은 군중에 없어서는 안 될 요긴한 것들이다. 아궁이를 헐고 우물을 막으면 병사들이 음식을 어떻게 해먹는단 말인가?"

사개가 대답했다.

"먼저 병사들로 하여금 마른 식량인 건량乾糧과 먹을 물을 1–2일분 준비케 하십시오. 각 군이 포진을 마치고 나면 병사들 가운데 노약자들을 차출해 영채 뒤쪽에 다시 우물을 파고 아궁이를 만들게 하십시오. 그러면 전쟁을 수행하는 데 아무런 차질이 없을 것입니다."

사섭은 본래 초나라 군사와 싸우는 걸 원하지 않았다. 자기 아들이 기발한 계책을 내놓는 걸 보고 화를 낸 이유다. 아들을 향해 욕설을 퍼부었다.

"전쟁의 승패는 천명에 달려 있다. 아직 어린 네가 무엇을 안다고 장수들 앞에서 함부로 주둥이를 놀리고 혀를 나불대는 요순고설搖脣鼓舌을 하는 것인가!"

그러고는 창을 들고 달아나는 아들을 뒤쫓았다. 제장들이 자가 범맹范孟인 사섭을 끌어안으며 만류했다. 그 틈을 타서 사개가 밖으로 달아났다. 난서가 껄껄 웃으며 말했다.

"저 동자의 지혜가 부친인 범맹보다 낫소."

난서가 사개의 계책을 좇았다 각 영채에 건량을 많이 만들게 했다. 아궁이를 헐고 우물을 덮게 한 뒤 진세를 펼쳤다.[1] 다음날의 교전에 대비한 것이다.

호증의 영사시詠史詩에 이런 시가 있다.

영채 안에 진을 치는 기책인데	軍中列陣本奇謀
사섭이 창 잡고 아들 질책하다	士燮抽戈若寇仇
어찌 아들만 못해 그리 했을까	豈是心機遜童子
우국충정 따로 있어 그러했지	老成憂國有深籌

1 아궁이를 헐고 우물을 덮게 한다는 대목의 『열국지』 원문은 평조엄정平竈掩井이다. 『춘추좌전』「노성공 16년」조는 색정이조塞井夷竈로 표현해 놓았다. 진을 치고 전투 준비를 하는 것을 말한다.

116話 양유기가 위기를 죽여 활솜씨를 바치다 – 보위기양숙헌예報魏錡養叔獻藝

한편 초공왕은 그믐날 밤을 이용해 진나라 영채에 바짝 다가가서 진을 친 뒤 스스로 출기불의出其不意의 계책으로 여기며 흐뭇해했다. 진나라 군사 내에 소란이 일어날 것으로 기대했으나 진나라 군영은 고요할 뿐 아무런 동요가 없었다.

초공왕이 진晉나라에서 귀화해 온 태재 백주리伯州犁에게 말했다.

"진나라 군사가 보루를 굳게 지키며 조금도 동용하지 않고 있소. 그대는 진나라 출신이니 진나라 군사의 내부 사정을 잘 알고 있을 것이오."

백주리가 대답했다.

"청컨대 대왕은 먼저 고가 사다리 수레인 소거轈車 위에 올라가 진나라 군영을 내려다보십시오."

초공왕이 소거 위로 올라갔다. 배주리도 올라와 자기 곁에 있게 했다. 진나라 군영을 한참 내려다보다가 물었다.

"진나라 군사가 부산하게 왼쪽으로 달려갔다 오른쪽으로 달려가는 것은 무슨 까닭이오?"

백주리가 대답했다.

"행정을 담당한 군리軍吏들을 부르러 다니는 것입니다."

초공왕이 물었다.

"사람들이 중군中軍으로 모여드는 것은 무슨 까닭이오?"

백주리가 대답했다.

"제장들이 모여 의논을 하려는 모양입니다."

초공왕이 물었다.

"갑자기 장막을 치는 것은 무슨 까닭이오?"

백주리가 대답했다.

"선군의 신위에 이번 일을 고하려는 것입니다."

초공왕이 물었다.

"이번에는 왜 장막을 걷는 것이오?"

백주리가 대답했다.

"장차 군령을 하달할 모양입니다."

초공왕이 물었다.

"군중軍中이 왜 저토록 떠들썩하고 먼지가 계속 일어나는 것이오?"

백주리가 대답했다.

"우리가 저들의 영채 앞으로 압박해 들어와 있기에 때문입니다. 장소가 좁아 대열을 펼칠 수 없자 우물을 메우고 아궁이를 헐어 싸울 장소를 넓히려는 듯합니다."

초공왕이 물었다.

"병거에 말을 맨 뒤 장병들이 병거에 타고 있소."

백주리가 대답했다.

"진을 치기 위해 그러는 것 같습니다."

초공왕이 물었다.

"병거에 탔던 장수들이 어째서 다시 내려오는 것이오?"

백주리가 대답했다.

"싸움을 벌이기에 앞서 천지신명에게 기도를 드리려는 것입니다."

초공왕이 물었다.

"중군中軍의 형세가 몹시 성대하니 그 안에 군주가 있는 것이오?"

백주리가 대답했다.

"난씨欒氏와 범씨范氏 일족이 군주를 호위하며 진을 치는 듯합니다. 아무래도 적을 가벼이 봐선 안 될 듯합니다."

초공왕이 진나라 군사의 사정을 모두 알고 난 뒤 각 군에 각별히 경계하라는 유시를 내렸다. 이어 이튿날 진나라 군사와 교전할 터이니 만반의 준비를 갖출 것을 명했다.

진나라에 투항한 초나라 장수 묘분황 역시 진여공 곁에서 계책을 제시했다.

"초나라는 영윤 손숙오 사후 군정軍政이 해이해졌습니다. 비록 좌우 양광이 정예하다고는 하나 오랫동안 인원을 교체하지 않아 노쇠한 병사가 많습니다. 게다가 좌군과 우군의 장수는 서로 사이가 좋지 못합니다. 이번 싸움에서 능히 초나라 군사를 패퇴시킬 수 있습니다."

염옹이 이를 시로 읊었다.

진나라 출신 백주리는 초나라 돕고	楚用州犁本晉良
초나라 출신 묘분황은 진나라 돕다	晉人用楚是賁皇
인재는 얻기 어려우니 잘 대접해서	人才難得須珍重
타국에 빼앗기지 않도록 조심하라	莫把謀臣借外邦

그날 초나라와 진나라 군사는 각각 보루를 굳게 지키면서 서로 대치한 채 전투를 시작하지는 않았다. 초나라 장수 반당潘黨이 초나라 군영 뒤에서 연습 삼아 활로 과녁을 쏘았다. 반당은 잇따라 화살 3대를 모두 과녁에 맞췄다. 제장들이 탄성을 지르며 반당을 칭송했다. 마침 양유기養由基가 왔다. 제장들이 말했다.

"신전神箭 양숙養叔이 왔다."

반당이 화를 냈다.

"내 활 솜씨가 어찌 양유기만 못하겠는가?"

양유기가 말했다.

"그대는 과녁의 홍심을 맞혔지만 조금도 기이할 게 없소. 나는 100보 밖에서 버들잎을 꿰뚫을 수 있소."

제장들이 물었다.

"언제 그런 일이 있었소?"

양유기가 대답했다.

"일찍이 어떤 사람이 버드나무의 잎사귀 하나에 물감을 칠해 놓고 100보 밖에서 쏘아보라고 했소. 그때 내가 활을 쏘아 잎사귀 한복판을 꿰뚫었소. 백발백중을 뜻하는 백보천양百步穿楊 성어가 나온 배경이오."

제장들이 청했다.

"이곳에도 버드나무가 있소. 시험 삼아 한번 쏘아 보겠소?"

양유기가 대답했다.

"못할 것도 없지요."

제장들이 좋아했다.

"이제 양숙養叔의 신전神箭을 구경할 수 있게 됐다!"

이들은 버드나무 잎사귀 하나에 먹을 칠해 다른 잎과 구분했다. 양유기로 하여금 100보 밖에서 그 잎을 쏘게 했다. 양유기가 쏜 화살은 땅으로 떨어지지 않았다. 제장들이 보니 그 화살은 잎사귀 한복판을 뚫고 지나가 버드나무에 꽂혔다.

반당이 말했다.

"우연히 잎사귀를 맞혔을 수도 있지 않은가? 이번엔 잎사귀 3개에 표시를 한 뒤 차례대로 맞힌다면 활의 고수高手로 인정하겠소."

양유기가 대답했다.

"그렇게 쏘아 맞힐 수 있을는지 잘 모르겠소. 한번 시험 삼아 해 보겠소."

▬ 양유기가 위기를 죽여 활솜씨를 바치다

반당이 버드나무 높낮이가 다른 가지에 달린 잎사귀 3개에 1, 2, 3의 숫자를 적었다. 숫자를 순서 없이 썼다. 양유기가 그 잎들을 한번 본 뒤 100보 뒤로 물러섰다. 이어 화살 3대에 1, 2, 3의 숫자를 표시했다. 지체하지 않고 잇달아 3대를 쐈다.

제장들이 버드나무로 달려가 보니 1번 잎은 1번 화살, 2번 잎은 2번 화살, 3번 잎은 3번 화살에 정확히 뚫려 있었다. 제장들이 양유기 앞으로 와서 두 손을 맞잡고 경의를 표했다.

"양숙은 실로 신인神人이오."

반당은 속으로 감탄했지만 자신의 솜씨를 자랑하고픈 마음을 버리지 못했다. 양유기에게 말했다.

"그대의 솜씨가 교묘하기는 하오. 그러나 적군을 쏘아 죽이려면 힘이 실려 있는 화살을 쏘아야 하오. 나는 능히 몇 겹의 견고한 갑옷을 활로 쏘아 꿰뚫을 수 있소. 제장들이 볼 수 있도록 내가 한번 쏘아 보겠소."

제장들이 일제히 권했다.

"원컨대 그 솜씨를 한번 보고 싶소."

반당이 휘하 병사들에게 명해 입고 있는 갑옷을 벗도록 했다. 벗은 갑옷이 5벌 포개졌을 때 제장들이 말했다.

"그만하면 족하오."

반당은 거기다 2벌을 더 쌓아 7벌로 포개게 했다. 제장들이 내심 생각했다.

'갑옷 7벌이면 두께가 최소한 1척이 된다. 그런 갑옷을 어떻게 뚫는단 말인가?'

반당이 7벌의 갑옷을 과녁 위에 붙들어 매게 했다. 이어 100보 밖으로 물러섰다. 그는 조각을 한 검은 활인 흑조궁黑彫弓의 시위에 늑대 어금니로 활촉을 만든 화살인 낭아전狼牙箭을 먹였다. 왼손으로는 태산을 떠받치듯 활을 움켜쥐고, 오른손으로는 갓난아기를 안듯이 시위를 당기면서 과녁을 찬찬히 바라보다가 힘껏 활을 쏘았다.

그는 화살이 '쉿'하고 시위를 떠나는 순간 외쳤다.

"맞아라!"

제장들은 살이 날아가는 것도, 살이 떨어지는 것도 보지 못했다. 곧바로 과녁 앞으로 달려가 반당이 쏜 화살을 보고 박수갈채拍手喝采를 보냈다.

"실로 놀라운 솜씨다!"

반당은 힘이 장사인데다 활까지 강궁强弓이었다. 그가 쏜 화살은 7벌의 갑옷을 뚫고 마치 큰 못으로 물건을 못 박은 듯이 과녁에 단단히 박혀 있었다. 한 병사가 화살을 빼기 위해 흔들었지만 꿈쩍도 하지 않았다. 반당의 얼굴에 만족스런 빛이 떠올랐다.

여러 병사들이 힘을 합쳐 7벌의 갑옷을 꿴 화살을 겨우 빼냈다. 반당은 그것을 영채로 들고 가 널리 자랑하려고 했다.

양유기가 말했다.

"아직 가지고 가지 말고 그대로 두시오. 나도 시험 삼아 한번 쏘아보겠소. 어찌 될지는 알 수 없소."

제장들이 말했다.

"이번엔 양숙의 신력神力을 구경할 수 있게 됐다."

양유기는 활을 잡고 쏘려다가 문득 활을 내려 놓았다. 제장들이 말했다.

"양숙은 어째서 쏘지 않는 것이오?"

양유기가 대답했다.

"반 장군처럼 단순히 7벌의 갑옷을 꿰뚫는 것만으로는 족히 희한할 것이 없지 않소? 나는 다른 방법으로 활을 쏠 생각이오."

그러고는 다시 활에 화살을 먹인 뒤 '쉿'하고 쏘았다. 그러면서 외쳤다.

"아주 좋다!"

그가 쏜 화살은 높지도 낮지도 않고, 좌우로 기울지도 않고, 정통으로 반당이 쏜 화살의 뒤꽁무니를 정확히 맞혔다. 반당의 화살은 양유기의 화살을 맞고 과녁 뒤로 빠져 떨어졌다. 대신 양유기의 화살이 7벌의 갑옷을 뚫고 과녁 위에 꽂혔다. 제장들이 이를 보고 혀를 내둘렀다. 반당 역시 양유기의 활솜씨에 대해 진심으로 감탄했다.

"양숙의 절묘한 솜씨를 나는 도저히 따를 수 없소."

사서에는 이런 기록이 나온다.

초왕이 형산荊山으로 사냥을 나갔다. 형산에는 통비원通臂猿이라는 힘 센 원숭이가 있었다. 그 원숭이는 사람이 쏘는 화살을 손으로 잘 받아냈다. 초왕이 통비원을 여러 겹으로 포위한 뒤 좌우 장수들로 하여금 활을 쏘게 했다. 통비원이 날아오는 화살을 모두 손으로 받아냈다. 초왕이 양유기를 불렀다. 통비원이 양유기의 이름을 듣고는 슬피 울었다. 양유기가 와서 화살 한 대로 통비원의 심장을 관통시켰다.

양유기는 춘추시대 당시 으뜸가는 명사수였다. 과연 전해 오는 명성이 빈 말이 아닌 이른바 명불허전名不虛傳이었다.

잠연 선생이 시를 지어 양유기를 찬했다.

해와 이를 꿰었다는 이야기 있으나 落烏貫虱名無偶
양숙이 백보 밖에서 버들잎 뚫다 百步穿楊更罕有
갑옷을 뚫은 반당 솜씨 평범하니 穿札將軍未足奇
명궁 중에도 양숙 같은 자 있다 强中更有强中手

제장들이 말했다.

"지금 우리가 진나라 군사와 대치하고 있으니 주공은 당장이라도 인재를 찾아내 써야 할 때가 아닌가? 두 장군이 신묘한 활솜씨를 지니고 있으니 우리는 응당 주공에게 두 사람을 천거합시다. '미목美玉도 궤 속에 감춰두고 남에게 보이지 않으면 그 아름다움을 알지 못한다.'는 말도 있지 않은가?"

이들은 병사들에게 명해 화살에 꿴 여러 겹의 갑옷을 들고 초공왕 앞에 가져다 놓게 한 뒤 양유기 및 반당과 함께 갔다. 양유기와 반당이 활솜씨를 겨룬 일을 자세히 고한 뒤 이같이 덧붙였다.

"우리나라에 이런 신전神箭 장군이 두 사람이나 있으니 진나라 군사가 비록 1백만 명이나 있을지라도 무엇을 근심하겠습니까?"

초공왕이 대로했다.

"전쟁은 지모를 써야 이기는 법인데 그대들은 어찌하여 화살 한 대로 요행수만 바라는 것이오? 양유기가 활솜씨만 믿다가는 언젠가 반드시 그 재주 때문에 죽을 것이오."

초공왕은 곧바로 양유기의 화살을 몰수한 뒤 다시는 쏘지 못하게 했다. 양유기가 부끄러운 기색을 하고 그 자리서 물러나왔다.

이튿날 5경, 진나라와 초나라 양군이 북을 울리며 진격했다. 진나라 상군 대장 극기는 초나라 좌군을 이끄는 공자 영제와 대적했다. 하군 대장 한궐은 초나라 우군을 이끄는 공자 임부와 대적했다. 난서와 사섭은 본부의 군마를 이끌고 중군에 있는 진여공의 어가를 호위하면서 초나라 중군을 이끄는 공자 측과 대적했다. 진여공은 극의를 어자, 난감을 거우장군으로 삼았다. 극지 등은 신군新軍을 이끌고 후대가 되어 진나라 군사의 각 부대에 접응했다.

한편 초공왕은 몸소 진 앞으로 나왔다. 본래 오전에는 우광을 이끌고 출전키로 돼 있었다. 그러나 우광의 대장이 양유기였던 까닭에 우광을 물리치고 좌광의 융로戎輅를 탔다. 전날 제장들이 양유기의 활솜씨를 지나치게 칭송한 것을 못마땅하게 생각한 까닭에 그리한 것이다. 초공왕의 융로는 좌광의 장수 팽명彭名이 어자, 굴탕屈蕩이 거우장군이 되어 동승했다. 정성공은 정나라 군사를 이끌고 초나라의 각 군대에 접응했다.

진여공은 머리에 하늘을 나는 봉을 새긴 투구인 충천봉시회沖天鳳翅盔를 쓰고, 몸에 용을 수놓은 전포인 반룡홍금전포蟠龍紅錦戰袍를 입고, 허리에 보검을 차고, 손에 방천대극方天大戟을 들었다. 전체를 금엽金葉으로 장식한 융로를 탄 채 오른쪽에 난서와 왼쪽에 사섭의 군사를 이끌면서 진문을 활짝 열고 초나라 군영으로 돌진했다.

그러나 진나라 군영 앞에 움푹 파인 진흙수렁이 있다는 것을 아무도 알지 못했다. 그때는 먼동이 트기 전인 이른 새벽이라 길을 자세히 살펴볼 수도 없었다. 진여공의 어자 극의는 융로를 전속력으로 몰았다. 융로가 이내 진흙수렁에 빠지고 말았다. 말들이 허우적대며 수렁에서 빠져 나오지 못했다.

초공왕의 아들 웅패熊茷는 아직 소년이었으나 용맹스러웠다. 그는 전대前隊를 이끌고 오다가 멀리서 진여공의 수레가 진흙에 빠진 것을 발견했다. 병거를 몰아 진여공 쪽으로 달려갔다.

진여공의 거우장군 난감이 황급히 수레에서 내린 뒤 진흙수렁에 빠진 융로의 두 바퀴를 두 손으로 붙잡고, 사력을 다해 앞으로 밀어 올렸다. 그러자 수레의 두 바퀴가 들리면서 말들이 움직이기 시작했다. 난감이 계속 수레를 밀었다. 수레가 한 걸음씩 전진해 마침내 수렁 밖으로 빠져나왔다.

당시 웅패는 진여공의 융로 쪽으로 달려오는 중이었다. 난서의 군대가 앞으로 나섰다. 난서가 웅패를 꾸짖었다.

"소년장군은 무례하게 굴지 마라!"

웅패는 진나라 군사의 깃발에 '중군원수中軍元帥'라는 글자가 씌어 있는 것을 보고 진나라 대군이 다가오는 것을 알아챘다. 자신의 전대로는 대적할 수 없다고 판단해 곧바로 병거를 돌려 달아났다. 난서가 나는 듯이 쫓아가 그를 사로잡았다. 초나라 군사는 웅패가 사로잡히는 걸 보고는 그를 구하기 위해 일제히 달려왔다. 진나라 장수 사섭이 이들을 가로 막았다. 극지도 후대後隊를 이끌고 와 진나라 군사의 공격을 도왔다.

초나라 군사는 진나라 군사가 자꾸 몰려오는 걸 보고 매복 계책에 말려들지나 않을까 우려해 이내 군사를 거둬 본영으로 돌아갔다. 진나라 군사도 이들을 뒤쫓지 않고 영채로 돌아갔다.

진나라 군사의 초마哨馬가 진여공에게 달려와 전황을 보고했다. 초나라 좌군과 진나라 상군 사이엔 교전이 없었고, 진나라 하군과 초나라 우군이 20여 합을 싸워 사상자만 냈을 뿐 승부를 가리지 못했다는 내용이었다. 진나라 군사는 내일 다시 싸우기로 초나라 군사와 약속했다.

당시 난서는 사로잡은 초공왕의 아들 웅패를 진여공에게 바쳤다. 진여공은 웅패를 죽여 버리려고 했다. 묘분황이 말했다.

"초왕은 자기 아들이 사로잡힌 것을 알면 내일 반드시 출전할 것입니다. 그때 웅패를 수거囚車에 실은 뒤 진 앞에서 왔다 갔다 하며 초왕을 유인하십시오."

진여공이 수긍했다.

"좋은 계책이오."

그날 밤은 양군 모두 아무 일 없이 편히 쉬었다.

이튿날 동틀 무렵, 난서가 영문營門을 열고 다시 초나라 군사에 싸움을 걸었다. 대장 위기가 난서에게 말했다.

"어젯밤 꿈에 하늘 위로 둥근 달이 떠오르는 것을 봤습니다. 활로 그 달을 쏘았는데 중심을 맞혔습니다. 달에서 한 줄기 금빛이 흘러나와 아래로 쏟아져 내렸습니다. 나는 그 빛을 피하려고 황급히 뒤로 물러섰습니다. 그러다가 나도 모르게 발을 헛디뎌 진영 앞의 진흙수렁에 빠졌습니다. 크게 놀라 깨고 보니 꿈이었습니다. 이게 무슨 징조이겠습니까?"

난서가 해몽했다.

"주왕실과 동성인 제후는 해에 비유하고, 이성인 제후는 달에 비유하오. 그대가 달을 쏘았다고 하니 그것은 틀림없이 이성 제후인 초나라 군주일 것이오. 진흙수렁은 황천黃泉에 비유할 수 있소. 그대가 그 속에 빠졌다고 하니 길조가 아니오. 장군은 적과 싸울 때 각별히 조심토록 하시오."

위기가 대답했다.

"실로 초나라 군사를 격퇴할 수만 있다면 비록 죽은들 무슨 여한이 있겠습니까?"

위기가 먼저 진전陣前에 나가 싸우겠다고 청했다. 난서가 부득이 허락했다. 초나라 군사의 선두에 나와 있는 장수 공윤工尹 양襄이 위기와 몇 합을 싸웠다. 이때 진나라 병사들이 웅패를 실은 수거를 이끌고 와 진 앞을 왔다 갔다 했다.

초공왕은 자신의 아들 웅패가 수거에 갇혀 진나라 군진 앞에 나와 있는 것을 보고는 마음속에서 분노가 치솟았다. 급히 어자인 팽명에게 명해 수레를 속히 몰도록 했다. 수거를 탈취코자 한 것이다.

위기는 초공왕이 달려오는 것을 보자 공윤 양을 놓아둔 채 즉시 초공왕 쪽으로 달려갔다. 활에 화살 한 대를 먹여 초공왕을 향해 쐈다. 화살이 곧바로 초공왕의 왼쪽 눈에 들어박혔다.

초공왕을 호위하고 있던 반당이 진나라 군사를 상대로 분전했다. 그는 초공왕의 융로를 호위하면서 뒤로 물러갔다. 초공왕은 아픔을 참으면서 화살을 뽑았다. 살촉에 눈알까지 함께 뽑혀 나왔다. 이내 그 화살을 땅 위에 내던졌다. 이때 한 소졸小卒이 황급히 그 화살을 주워 초공왕에게 바치며 말했다.

"이 용안龍眼을 어찌 함부로 버리는 것입니까?"

초공왕이 자기 눈알이 꽂혀 있는 그 화살을 받아 화살집인 전대箭袋 속에 집어넣었다. 진나라 군사는 위기가 초공왕을 물리치는 것을 보고는 일제히 공격에 나섰다. 초나라 쪽에서 공자 측이 군사를 이끌고 달려와 사력을 다해 막았다. 초공왕이 그 틈을 타 달아날 수 있었다.

당시 진나라 장수 극지는 정성공을 에워쌌다. 정성공의 어자가 군주를 표시하는 큰 깃발인 대정大旌을 끌어내려 활을 넣어두는 큰 자루인 궁의弓

衣 속에 감췄다. 덕분에 정성공도 일반 병사로 가장해 포위망으로부터 벗어날 수 있었다.

화살에 맞아 한쪽 눈을 잃은 초공왕은 크게 화를 냈다. 급히 신전神箭 장군 양유기를 부르며 속히 와서 자신의 거가車駕를 구호토록 했다. 양유기가 부름을 받고 초공왕에게로 황급히 달려갔다. 하지만 그에겐 화살이 한 대도 없었다. 초공왕이 자신의 전통에서 화살 두 개를 뽑아 주며 분부했다.

"과인의 눈알을 쏜 적장은 녹포綠袍를 입고 수염이 위로 올라간 규염虯髥이오. 장군은 과인을 위해 원수를 갚아주시오. 장군의 뛰어난 솜씨로는 그다지 많은 화살이 필요 없을 것이오."

화살 2대를 받아든 양유기는 나는 듯이 병거를 몰아 진나라 진영으로 돌진했다. 어렵지 않게 녹포를 입고 규염을 한 장수를 만났다. 양유기는 그가 진나라 장수 위기라는 것을 알았다.

그가 크게 꾸짖었다.

"필부가 무슨 재주가 있다고 감히 나의 주공을 활로 쏘아 다치게 했는가?"

위기가 막 대답하려고 할 때 이미 양유기가 쏜 화살이 그의 목에 푹 박히고 말았다. 위기가 궁의弓衣 위에 고꾸라져 즉사했다. 난서는 급히 군사를 이끌고 와 위기의 시체를 거두어 돌아갔다.

양유기가 돌아가 남은 화살 1대를 초공왕에게 바치며 보고했다.

"대왕의 위령威靈 덕분에 녹포를 입고 규염을 한 적장을 쏴 죽였습니다."

초공왕은 크게 기뻐하며 입고 있던 금포를 벗어주었다. 또 낭아전狼牙箭 100대도 하사했다. 이후 초나라 군중에선 양유기를 두고 '양일전養一箭'으로 부르게 됐다. 그는 화살 1대로 목적을 달성하는 까닭에 2대는 필요 없다는 뜻이다.

이를 뒷받침하는 작자 미상의 시가 있다.

양숙 병거몰아 범처럼 달려오니	鞭馬飛車虎下山
진나라 군사 간담이 서늘해지다	晉兵一見膽生寒
만인 보는 데서 위기 사살하니	萬人叢裏誅名將
화살 1대로 성공하고 개선하다	一矢成功奏凱還

진나라 군사가 더욱 급하게 초나라 군사를 공격했다. 양유기가 초나라 군진 앞에 나가 계속해 활을 쐈다. 앞장선 자는 이내 화살을 맞고 죽는 까닭에 진나라 군사는 초나라 군사를 감히 핍박하지 못했다.

초나라 좌우군의 대장인 공자 영제와 공자 임부는 초공왕이 화살에 맞았다는 소식을 듣고 각각 군사를 이끌고 달려와 초공왕을 구했다. 초나라 군사가 진나라 군사를 상대로 한바탕 혼전을 벌였다. 진나라 군사가 뒤로 물러났다.

당시 난감欒鍼은 멀리서 초나라 영윤의 깃발이 나부끼는 것을 보고 자가 자중子重인 공자 영제의 군사가 그곳으로 온 것을 알았다. 곧 진여공에게 말했다.

"신이 전날 초나라에 사자로 갔을 때 초나라 영윤으로 있는 자중이 신에게 진나라의 용병을 물은 적이 있습니다. 신은 당시 정리할 '정整'과 여유로울 '가暇' 2자로 정리해 대답했습니다. 지금 싸우는 모습을 보니 양군 모두 정돈된 모습을 보여주지 못하고, 후퇴하면서도 여유가 없습니다. 신이 사자로 하여금 술을 바치게 함으로써 신이 그에게 말한 '정'과 '가'의 의미를 상기시키고자 합니다."

진여공이 말했다.

"좋소, 그리하도록 하시오."

난감이 사자로 하여금 술통을 들고 공자 영제의 군중으로 가 이같이 말하게 했다.

“우리 과군은 진나라에 인재가 부족하기에 이 남감으로 하여금 창을 잡고 거우車右가 되게 했습니다. 친히 장군을 찾아뵙지 못하고 대신 사자를 시켜 술 한 잔을 올립니다.”

공자 영제는 지난날 난감이 말한 ‘정’과 ‘가’ 2자를 기억해 냈다. 난감의 전갈을 받고 한탄했다.

“소년 장군이 당시의 일을 기억하고 있구나!”

그는 그 술통을 받았다. 이어 사자 앞에서 2잔을 따라 마셨다. 사자에게 말했다.

“내일 내가 진 앞에 나가 난 장군과 면대해 사례토록 하겠소.”

사자가 돌아와 난감에게 공자 영제의 말을 전했다. 난감이 그 말을 듣고는 염려스런 표정으로 말했다.

“초군楚君이 화살을 맞고도 오히려 군사를 후퇴시키지 않으니 어찌하면 좋을지 모르겠소.”

묘분황이 말했다.

“병거를 점검하고, 군사를 더 보충해야 할 것이오. 또 말을 배불리 먹이고, 무기도 수리해야 하오. 진陣과 대열을 정돈하고, 새벽닭이 울면 모두 포식하고 나가 죽기를 각오하고 결전을 치를 수밖에 없소. 그리하면 초나라 군사를 두려워할 게 하나도 없소.”

이때 노나라와 위나라로 원군을 청하러 갔던 극주郤犨와 난염欒黶이 두 나라 군사와 함께 그곳으로 왔다. 두 장수가 진여공에게 보고했다.

“노나라와 위나라 군사가 우리를 돕기 위해 군사를 일으켰습니다. 양국 군사가 이미 20리 밖에 당도해 있습니다.”

초나라 첩자가 이를 탐지해 초공왕에게 보고됐다. 초공왕이 크게 놀랐다.

"진나라 군사만 해도 벅찬 터에 노나라와 위나라 군사까지 왔다고 하니 이를 어찌하면 좋은가!"

즉시 좌우 시신을 보내 중군 원수 공자 측을 불렀다. 대책을 상의코자 한 것이다.

뒷일이 어찌 전개될지 알 길이 없으니 다음 회를 보라.

제59회

117話 서동을 총애해 진나라에 대란이 일어나다 -총서동진국대란寵胥童晉國大亂

초나라 중군 원수 공자 측側은 원래 술을 좋아했다. 한번 술을 마시면 100잔씩 마시고, 취하면 종일 깨질 않았다. 초공왕은 이를 잘 알기에 그가 출전할 때마다 술을 끊도록 경계했다. 공자 측은 남북의 양대 세력인 진나라와 초나라가 맞붙은 이번 싸움의 의미를 충분히 이해한 까닭에 술을 단 한 방울도 입에 대지 않았다. 이날 초공왕이 화살을 맞고 진영으로 돌아온 뒤 수치를 머금은 채 노한 표정을 지었다. 공자 측이 말했다.

"오늘 양군 모두 지쳐 있습니다. 내일 하루는 휴식을 취해야 합니다. 신은 그간 조용히 적을 물리칠 계책을 생각해 봤습니다. 연후에 주공이 입은 대치大恥를 씻도록 하겠습니다."

공자 측이 초공왕을 위로하고 중군의 영채로 돌아왔다. 자리에 앉아 밤이 이슥하도록 계책을 생각했으나 마땅한 계책이 떠오르지 않았다. 중군 진중에 곡양穀陽[1]이라는 더벅머리 소년이 있었다. 그는 공자 측의 곁에 붙어 시중을 잘 들었다. 공자 측은 그를 부리면서 총애했다.

곡양은 그날 밤 중군 원수인 공자 측이 잠을 이루지 못하고 깊은 생각에 잠겨 있는 걸 봤다. 당시 진중에 미주美酒가 3동이가량 있었다. 곡양은 술 한 사발을 따뜻이 데워 공자 측에게 바쳤다. 공자 측이 그 냄새를 맡아 보고 크게 놀랐다.

"이건 술이 아니냐?"

곡양은 공자 측의 심정을 잘 알고 있었다. 그러나 좌우 사람들이 소문을 낼까 두려웠다. 거짓으로 대답했다.

"술이 아니고, 초탕椒湯일 뿐입니다."

공자 측은 곡양의 속뜻을 알아차렸다. 단숨에 한 사발을 마셨다. 감미롭고 향기로운 술이 그를 더욱 목마르게 했다. 상쾌한 기분은 형언할 수 없을 만큼 그를 들뜨게 했다. 그가 말했다.

"초탕이 더 있는가?"

곡양이 대답했다.

"예, 더 있습니다."

곡양이 술을 있는 대로 가져와서는 초탕이라며 연신 주인에게 올렸다. 공자 측은 오랫동안 술에 굶주린 까닭에 목이 마른 듯이 술잔을 받아 마셨다. 그가 말했다.

"초탕이 매우 맛있다. 네가 나를 아끼는구나!"

마침내 공자 측이 대취해 그 자리에 쓰러졌다.

1 곡양穀陽이 『춘추좌전』에는 곡양수穀陽豎로 나온다. 수豎는 더벅머리 소년을 가리킨다. 수竪는 속자俗字이다. 『여씨춘추』에는 수양곡豎陽穀으로 되어 있다.

당시 초공왕은 첩자로부터 진나라 군사가 첫닭이 울 때 출격키로 했다는 보고를 들었다. 또 노나라와 위나라 군사도 진나라 군사와 합세했다는 보고도 받았다. 급히 내시를 시켜 공자 측을 불렀다. 대책을 상의할 심산이었다.

하지만 누가 알았으랴! 공자 측은 대취해 정신을 잃고 있었다. 불러도 대답이 없었다. 붙들어 일으켜도 일어나질 않았다. 온 몸에서 술 냄새만 풍겼다. 내시들은 그가 몸을 가누지 못할 정도로 대취한 것을 알았다. 돌아가서 그대로 보고했다. 초공왕은 사세가 급한 만큼 10여 차례나 사람을 보내 속히 깨워 오라고 재촉했다. 그러나 그는 급하게 재촉할수록 더욱 깊은 잠에 빠져들었다.

소신小臣 곡양이 그 광경을 보고 울며 말했다.

"나는 본래 원수를 위해 술을 올렸는데 일이 이렇게 될 줄은 몰랐다. 초왕이 이 사실을 알게 되면 나는 목숨을 부지하지 못할 것이다. 차라리 달아나느니만 못하다."

초공왕은 아무리 재촉해도 중군 원수 공자 측이 깨어나지 않자 더는 어찌할 도리가 없었다. 대신 영윤 공자 영제를 불러 계책을 물었다. 공자 영제는 원래 공자 측과 사이가 좋지 않았다.

공자 영제가 말했다.

"신은 진작부터 진나라 군사가 강하기 때문에 그들과 싸우더라도 꼭 이길 수는 없다는 걸 알고 있었습니다. 애초부터 신이 정나라를 진나라 군사로부터 구해야 한다는 논의에 참여치 않은 이유입니다. 이번 출병은 오로지 사마 공자 측이 주장해 이뤄진 것입니다. 지금 중군 원수는 술을 탐해 일을 그르치고 있습니다. 신은 지금 당장 진나라 군사를 물리칠 뚜렷한 계책이 없습니다. 차라리 날이 새기 전에 회군하는 것이 득책인 듯싶습니다. 그리하면 패전의 치욕은 면할 수 있습니다."

초공왕이 말했다.

“비록 그리할 수밖에 없을지라도 사마가 지금 술에 취해 군막 안에 쓰러져 있으니 틀림없이 진나라 군사에게 포획될 것이오. 이는 우리 초나라에게 커다란 치욕에 해당하오.”

그러고는 양유기를 불러 분부했다.

“그대는 활을 귀신처럼 잘 쏘니 사마가 술에서 깰 때까지 보호하고 있다가 그가 술에서 깨어나거든 함께 귀국토록 하시오.”

이어 암암리에 명을 내렸다.

“전군은 지금 당장 영채를 뽑고 회군토록 하라.”

정성공은 직접 군사를 이끌고 와서 초공왕이 정나라 경계 밖으로 나갈 때까지 호송했다. 양유기만 초공왕의 명을 좇아 그곳에 남아 공자 측을 보호했다. 그는 진나라 군사가 초나라 군사의 후미를 추격하지 못하게 하는 역할도 수행할 참이었다. 그는 내심 이같이 생각했다.

‘진나라 군사의 공격은 차지할지라도 사마가 술에서 깰 때까지 무작정 기다릴 순 없다.’

즉시 좌우 편장들에게 명해 공자 측을 부축해 병거 위에 태우게 했다. 병거에서 떨어지지 않도록 가죽 띠로 단단히 묶었다. 이어 편장들로 하여금 공자 측을 태운 병거를 몰아 앞서 출발한 본진의 뒤를 따라가게 했다. 그는 궁노수弓弩手 300명을 이끌고 혹여 있을지 모를 진나라 군사의 추격을 경계하며 천천히 퇴각했다.

이튿날 새벽, 진나라 군사가 영채를 열고 나와 싸움을 걸었다. 곧바로 초나라 영채로 압박해 들어갔다. 그러나 초나라 영채는 모두 텅 비어 있었다. 그제야 비로소 초나라 군사가 이미 달아난 것을 알았다.

난서가 초나라 군사를 추격하려고 하자 사섭이 만류했다. 이때 첩자가 와서 보고했다.

"정나라가 요해처에 군사를 배치해 엄중히 지키고 있습니다."

난서는 나라 밖으로 나온 지 오래된 군사를 갖고 요해처를 장악한 정나라와 싸우기는 어렵다고 생각했다. 결국 회군을 명했다. 진나라 군사가 개선가를 부르며 철군했다. 노나라와 위나라 군사도 정나라를 떠나 본국으로 돌아갔다.

한편 공자 측은 50리를 가서야 가까스로 술에서 깨어났다. 그는 자기 몸이 병거에 묶여 있는 걸 알고 큰 소리로 외쳤다.

"누가 나를 이같이 묶었는가?"

좌우 병사가 말했다.

"사마가 너무 취한 까닭에 병거에서 떨어지지나 않을까 우려해 양유기 장군이 그같이 묶으라고 명했습니다."

그러고는 가죽 띠를 서둘러 풀었다. 공자 측의 두 눈은 아직도 몽롱했다. 그가 물었다.

"지금 우리는 어디로 가는 것인가?"

병사들이 대답했다.

"귀국 중입니다."

그가 또 물었다.

"어째서 싸우지도 않은 채 철군하는 것인가?"

병사들이 대답했다.

"지난밤에 초왕이 누차 사람을 보내 찾았으나 사마가 술에 취해 일어나지 못했습니다. 초왕은 진나라 군사가 쳐들어와도 막아낼 사람이 없는 것을 두려워해 지난밤에 회군을 명했습니다."

공자 측이 크게 통곡했다.

"더벅머리 아이놈인 수자豎子가 나를 망쳤다!"

그러고는 급히 곡양을 불렀다. 그러나 곡양은 이미 어디론가 도망가고 없었다.

당시 초공왕은 300리를 후퇴했다. 진나라 군사가 추격해 오는 기미가 없는 것을 보고 비로소 마음을 놓았다. 초공왕은 공자 측이 자기 죄가 엄중한 것을 알고 자결하지나 않을까 염려했다. 급히 사자를 보내 자신의 명을 전달케 했다.

"옛날 자옥子玉이 진나라 군사에게 패한 것은 당시 과인의 증조부인 초성왕이 진중에 있지 않았기 때문이다. 이번 전쟁에선 과인이 진중에 있었다. 싸움에 진 죄는 모두 과인에게 있다. 사마는 이번 패전과 무관하니 심려하지 마라."

그러나 공자 영제는 오히려 공자 측이 자진하지 않을까 염려했다. 별도로 다른 사자를 보내 자신의 말을 전하게 했다.

"옛날 자옥이 패전하면 자결하겠다고 말한 사실을 사마도 알고 있을 것이오. 왕이 인정 때문에 차마 그대를 죽이지 못할지라도 그대가 무슨 면목으로 다시 초나라 군사의 윗자리를 차지할 수 있겠소?"

공자 측은 공자 영제의 전언을 듣고 탄식했다.

"영윤이 대의大義로써 나를 책망하는데 내가 어찌 감히 살기를 바라겠는가!"

이내 스스로 목을 매고 죽었다. 초공왕이 이 소식을 듣고 탄식했다. 주간왕周簡王 11년인 기원전 575년의 일이다.

염선髯仙이 시를 지어 술로 일을 그르치는 것을 경계했다.

애꾸 된 군주 계책을 논의하려는데	眇目君王資老謀
영웅이 술독 빠졌을 줄 뉘 알았을까	英雄誰想困糟邱
어린애가 날 위한다며 되레 해치니	豎兒愛我翻成害
술이 근심을 없앤다고 말하지 마라	謾說能消萬事愁

한편 진여공은 초나라 군사와 싸워 승리를 거두고 귀국한 뒤 스스로 진나라는 천하무적이라고 생각했다. 더욱 교만하고 사치한 모습을 보인 이유다.

사섭은 이를 보고 진나라가 앞으로 어지러울 것으로 짐작했다. 울울불락鬱鬱不樂하다가 병이 났다. 그는 의원의 치료를 거절하고 도리어 태축太祝으로 하여금 빨리 죽게 해달라고 천지신명에게 기도하게 했다. 얼마 후 죽었다. 사섭의 아들 사개士匄 즉 범개范匄가 부친의 뒤를 이어 대부가 됐다.

당시 진여공에게 폐신嬖臣 서동胥童이 있었다. 뛰어난 말솜씨와 눈치 빠른 시중들기로 진여공의 마음을 사로잡았다. 가장 많은 총애를 입은 이유다. 진여공이 서동을 경卿에 임명코자 했다. 그러나 자리가 비어 있지 않아 그리하지 못했다.

서동이 진여공에게 말했다.

"지금 3극三郤이 병권을 잡고 있습니다. 극씨 일족은 번창한데다가 권세가 너무 커 멋대로 행동하고 있습니다. 장차 반드시 불게不軌를 꾀할 것입니다. 극씨 일족을 제거해야 하는 이유입니다. 그들을 제거하면 고관 자리가 많이 비게 됩니다. 그때 주공이 총애하는 신하를 택해 그 자리에 앉히면 누가 감히 승복하지 않겠습니까?"

진여공이 말했다.

"극씨 일족이 역모를 꾸민다는 증거가 없는데 그들을 잡아 죽이면 군신들이 불복不服할까 두렵소."

서동이 말했다.

"저번에 언릉鄢陵에서 초나라와 정나라가 싸울 때 극지郤至는 정군鄭君을 포위하고도 자신의 병거를 정성공의 병거에 나란히 대고 뭔가를 속삭였습니다. 결국 그는 정군이 포위를 빠져나갈 수 있도록 해주었습니다. 이는 초나라와 내통하기 위해 먼저 정성공을 놓아준 게 아니겠습니까? 이번에 잡혀온 초나라 공자 웅패에게 물어보면 그 실정을 바로 알 수 있을 것입니다."

진여공은 곧 서동을 시켜 공자 웅패를 데려오게 했다. 서동이 웅패에게 가서 말했다.

"공자는 초나라로 돌아가고 싶은 생각이 없소?"

웅패가 대답했다.

"몹시 돌아가고 싶소. 그리하지 못하는 걸 한탄하고 있소."

서동이 말했다.

"내 부탁 한 가지만 들어주면 그대를 초나라로 돌려보내 드리겠소."

웅패가 대답했다.

"무슨 부탁이든 시키는 대로 하겠소."

서동이 웅패의 귀에다 입을 대고 말했다.

"만일 우리 주공이 극지에 관한 일을 묻거든 반드시 내가 말한 대로 답해야 하오."

웅채가 승낙했다. 서동은 웅패를 인도해 내궁으로 들어가 진여공을 알현케 했다. 진여공이 좌우 시신을 물리친 뒤 물었다.

"극지가 일찍이 초나라와 사사로이 내통했는가? 그대가 사실대로 말하면 과인은 그대를 초나라로 돌려보내겠소."

웅패가 말했다.

"저에게 죄가 없다는 걸 승낙해주면 모두 말하겠습니다."

진여공이 말했다.

"그대가 사실대로 말하면 그대에게 무슨 죄가 있겠는가?"

웅패가 대답했다.

"극씨와 우리 초나라 영윤인 공자 영제는 평소 친한 사이입니다. 전부터 자주 서신을 주고받았습니다. 극씨는 서신에서 말하기를, '우리 군주는 대신을 믿지 못하고 음락淫樂이 도를 넘고 있소. 백성들이 크게 원망하고 있소. 그는 내 주인이 아니오. 진나라 민심은 선군인 진양공晉襄公을 추모하고 있소. 진양공에게 주周라는 손자가 있는데, 지금 경사京師에 살고 있소. 다음에 초나라와 진나라가 싸울 기회가 생기고 다행히 우리가 패전하면 나는 응당 공손 주를 옹립하고 초나라를 섬기겠소.'라고 했습니다. 그 서신의 내용은 오직 신만이 알고 있고, 다른 사람은 전혀 알지 못합니다."

원래 진양공의 서장손庶長孫은 이름이 담談이다.[2] 진양공 사후 조돈이 진영공을 세우자 주나라로 가서 살면서 진나라에 온 적이 있는 주왕실의 경사卿士인 선양공單襄公의 문하에 몸을 맡겼다. 그 담이 낳은 아들이 주周였다. 주나라에 와서 살면서 낳은 아들이라는 취지에서 붙인 이름이다.

진영공이 시해되자 진나라 백성들이 진문공을 생각하게 됐다. 진문공의 아들이며 진양공의 동생뻘인 진성공晉成公 흑둔黑臀을 옹립한 이유다. 진성공의 아들 진경공晉景公 누獳[3]가 대를 이었고, 다시 그의 아들 진여공晉厲公 수만壽曼[4]이 보위를 이어받았다. 진여공 주포는 음란하고 방종한 생활을 한 까닭에 자식이 없었다. 민심이 다시 진양공을 생각케 된 이유다. 서동은 그런 사정을 잘 알았기에 옹패로 하여금 공손 주를 끌어들여 진여공을 격동시킨 것이다.

서동은 옹패의 말이 끝나기도 전에 끼어들었다.

2 이 대목의 『열국지』 원문은 진양공의 서장자庶長子 이름은 담談이라는 뜻의 '진양공지서장자명담晉襄公之庶長子名談'이다. 그러나 진양공의 서자는 진환숙晉桓叔 첩捷이고, 진환숙처의 아들이 담談이다. 번역문은 '서장자'를 '서장손庶長孫'으로 바꿔 놓았다.

3 『열국지』 원문에는 진경공晉景公의 이름이 환歡으로 나오나 이는 잘못이다. 『춘추좌전』「노선공 12년」조에는 누獳로 되어 있다. 『사기』「표」에는 거據로 나온다. '환'은 진양공晉襄公의 이름이다. 번역문에서는 『춘추좌전』의 기록을 좇아 '누'로 바꿔 놓았다.

4 이 대목이 『열국지』 원문에는 주포州蒲로 나오나 『사기』「진세가」에는 수만壽曼으로 되어 있다. 번역문은 '수만'으로 바꿔 놓았다.

"전날 언릉 싸움 당시 극주郤犨는 공자 영제와 대진했을 때 활을 1번도 쏘지 않았습니다. 신은 이를 괴이하게 생각했습니다. 이제 극주와 극지 두 사람이 초나라와 교통한 사실이 있었기에 그랬다는 게 명확히 드러났습니다. 신이 아까 말했듯이 극지가 정군을 놓아준 것도 명백한 사실입니다. 무엇을 더 의심하는 것입니까? 그래도 믿지 못하겠거든 극지를 주왕실로 보내 우리가 초나라를 물리친 승첩을 고하게 하고 따로 사람을 시켜 동태를 살펴보십시오. 만일 사사롭게 음모를 꾸밀 마음을 품고 있으면 반드시 공손 주와 사석에서 만날 것입니다."

진여공이 말했다.

"그 계책이 좋소."

이내 진여공이 자가 온계溫季인 극지에게 명해 주왕실로 가 승첩을 고하게 했다. 서동이 비밀리에 심복을 경사로 보내 공손 주에게 이같이 말하게 했다.

"지금 진나라 국정은 극씨 일파가 그 절반을 차지하고 있습니다. 이번에 온계가 주왕실에 승첩을 고하러 경사로 갈 것입니다. 공손은 이 기회에 그를 꼭 만나 보십시오. 훗날 공손이 고국으로 돌아오기 위해서라도 권세 있는 사람을 알아두는 게 좋을 것입니다."

공손 주가 그럴듯하게 생각했다. 그는 극지가 경사에 와서 공무를 끝내는 것을 기다렸다가 공관으로 찾아가 인사를 나눴다. 그 자리서 자연스럽게 본국의 소식을 묻게 됐다. 극지가 일일이 대답했다. 두 사람은 반나절이나 이야기하다가 헤어졌다.

이를 탐지하고 돌아온 진여공의 밀사는 자신이 보고 들은 대로 보고했다. 초나라 공자 웅패가 한 말이 사실이 돼 버렸다. 진여공이 마침내 극씨 일족을 제거키로 마음먹었다. 그러나 당장 실행에 옮기지는 않았다.

하루는 진여공이 부인들과 함께 술을 마시다가 문득 술안주로 사슴고기를 찾았다. 마침 궁중주방에는 사슴고기가 없었다. 시종 맹장孟張으로 하여금 급히 저잣거리로 나가 사슴고기를 구해 오게 했다. 그러나 시중에도 마침 사슴고기가 다 팔리고 없었다.

공교롭게도 그때 극지가 교외에 나가 사냥한 사슴 한 마리를 수레에 싣고 저잣거리를 지나갔다. 맹장이 아무 말도 하지 않고 다짜고짜로 사슴을 빼앗아 갖고 갔다. 극지가 그의 무례한 소행에 대로해 활로 그를 쏘았다. 맹장이 화살을 맞고 그 자리서 죽었다. 자가 계자季子인 극지는 그 사슴을 도로 자신의 수레에 싣고 집으로 갔다.

이날 진여공은 맹장이 죽었다는 보고를 듣고 대로했다.

"계자가 나를 너무 업신여기는구나!"

이내 서동과 이양오夷羊五 등 여러 폐신嬖臣을 불러 상의했다.

"극지를 어떻게 죽이면 되겠는가?"

서동이 대답했다.

"극지를 죽이면 극기郤錡와 극주가 틀림없이 반란을 일으킬 것입니다. 이번 기회에 그들을 한꺼번에 제거해야만 후환이 없을 것입니다."

이양오가 말했다.

"우리에겐 공실公室과 사가私家를 합쳐 갑사 800명이 있습니다. 저희가 군명君命을 내세워 갑사를 이끌고 야밤에 쳐들어가 3극을 치면 반드시 성공할 수 있습니다."

정어교長魚矯가 머리를 가로 저으며 말했다.

"3극 집안의 갑사가 공실의 갑사보다 갑절이나 많소. 우리가 그들과 싸우다 이기지 못하면 그 누가 군주에게 미칠 것이오. 지금 극지는 사법과 규찰을 관장한 사구司寇를 겸직하고 있고, 극주도 형옥刑獄을 관장하는 사사士師를 겸직하고 있소. 차라리 내가 거짓으로 송사를 꾸며 두 사람으로 하여금 판결케 하겠소. 그때 형편을 보아 내가 그들을 척살하겠소. 그대들은 군사를 이끌고 와서 밖에서 대기하고 있다가 나를 도와주시오."

진여공이 말했다.

"실로 묘책이오. 내가 과인을 호위하는 역사 청불퇴淸沸魋로 하여금 그대들을 돕게 하겠소."

장어교는 3극이 그날 강무당講武堂에 모여 현안을 논의하고 있다는 사실을 알아냈다. 그는 청불퇴와 함께 얼굴에 닭의 피를 바르고 서로 주먹다짐을 하다가 상대방을 죽일 뻔한 것처럼 꾸몄다. 연후에 두 사람 모두 날카로운 단검을 옷 속에 감춘 채 서로 멱살을 잡고 강무당으로 가서 자신들의 시비곡직을 가려달라고 고소했다.

극주는 내막도 모른 채 의자를 끌어다가 앞으로 나앉으며 두 사람이 싸우게 된 경위를 물었다. 청불퇴는 자신의 억울한 사정을 호소하는 체하면서 극주에게 한두 발짝씩 다가갔다. 극주 가까이 다가가자 문득 단검을 뽑아 그를 찔렀다.

극주는 몸을 옆으로 피하다가 허리에 칼을 맞고는 땅바닥에 고꾸라졌다. 극기는 이를 보고 급히 허리에 찬 칼을 빼들고 청불퇴에게 달려들었다. 순간 장어교가 그의 앞을 가로막았다. 두 사람은 강무당 앞에서 칼싸움을 벌였다. 그 틈에 극지는 강무당 밖으로 뛰쳐나가 수레를 타고 달아났다. 청불퇴는 칼로 한 차례 더 극주를 찔렀다. 극주가 죽는 것을 확인한 뒤 장어교를 도와 극기를 협공했다. 극기가 비록 무장이기는 하나 어찌 장사 1천 근을 들어 올리는 청불퇴의 무서운 힘을 당해 낼 수 있겠는가? 장어교는 역시 동작이 민첩한 젊은이였다. 극기는 결국 두 사람을 당해 내지 못하고 청불퇴의 칼에 맞아 쓰러지고 말았다.

한숨 돌린 장어교가 극지가 달아나는 것을 보고 말했다.

"일이 이상하게 됐소. 내가 극지를 뒤쫓아 가겠소."

3극은 같은 날 목숨을 잃게 될 운명인 양 극지는 달아나다가 800명의 갑

서동을 총애해 진나라에 대란이 일어나다

사를 이끌고 오는 서동과 이양오를 만났다.

갑사들이 그를 보자 일제히 외쳤다.

“주공의 명령에 따라 모반을 꾀한 극씨를 모두 나포하러 왔다. 놓쳐서는 안 된다!”

극지는 상황이 좋지 않은 것을 보고 이내 수레를 돌려 다른 방향으로 달아나려고 했다. 그러나 이번엔 그를 추격해온 장어교와 맞닥뜨렸다. 장어교가 발을 굴러 재빨리 극지의 수레 위로 뛰어올랐다. 당황한 극지가 손쓸 겨를도 없었다. 장어교가 칼로 그를 난자했다. 장어교는 쓰러진 극지의 머리를 잘랐다.

청불퇴도 극기와 극주의 머리를 잘라 그에게 가져왔다. 이들은 피가 뚝뚝 떨어지는 3극의 수급 3개를 들고 조문 안으로 들어갔다.

이를 뒷받침하는 시가 있다.

무도한 군주는 양신 없으니	無道君昏臣不良
폐신들 조정을 어지럽히다	紛紛嬖幸擅朝堂
일조에 참소한 자에 응하니	一朝過聽讒人語
연무당 앞이 전장이 되었다	演武堂前起戰場

118話 도안고를 주살하고 조씨가 부흥하다
– 주안가조씨복흥誅岸賈趙氏復興

당시 상군 부장 순언은 자신의 상관인 상군 대장 극기가 연무당에서 어떤 도적의 손에 피살됐다는 소식을 듣고 크게 놀랐다. 그는 도적이 누구인지 몰랐다. 곧 수레를 타고 궁중으로 향했다. 진여공에게 극기를 죽인 도적들을 속히 잡도록 청할 작정이었다.

중군 원수 난서도 순언과 만나 의견을 나누지는 않았으나 같은 생각이었다. 두 사람이 약속이나 한 것처럼 일제히 조문 앞에 이르렀다. 서동이 군사를 이끌고 와 이들의 앞을 가로막았다. 난서와 순언이 자신도 모르는 사이 큰 소리로 꾸짖었다.

"우리는 난을 일으킨 자들이 누구인가 했더니 바로 너희 서배鼠輩들이었구나! 여기는 누구나 함부로 들어올 수 없는 곳으로 조정의 위엄이 미치는 금지禁地이다. 네가 감히 갑사를 이글고 여기에 와서 무엇을 하자는 것인가? 어서 비켜서지 못하겠는가?"

서동이 대꾸하지 않고 갑사들에게 분부했다.

"난서와 순언 역시 3극과 함께 반역을 모의했다. 너희 갑사들은 나를 위해 저 자들을 체포하라. 너희에게 많은 상을 내리겠다."

갑사들이 용기를 내 두 사람을 포위한 뒤 이들을 조당 앞으로 끌고 갔다. 당시 진여공은 어좌에 앉아 장어교 등의 보고를 받고 있었다. 조당 앞에서 갑사들이 떠드는 소리를 듣고 깜짝 놀랐다.

조당 안으로 들어온 서동에게 물었다.

"죄인들을 이미 주살했는데 갑사들이 어째서 해산하지 않는 것인가?"

도안고를 주살하고 조씨가 부흥하다

서동이 말했다.

"3극과 함께 반역을 꾀한 난서와 순언을 잡아왔습니다. 주공은 이들도 참할 수 있게 재가해 주십시오."

진여공이 대답했다.

"난서와 순언은 이 일에 관여하지 않은 줄 안다."

장어교가 진여공 무릎 앞으로 다가와 꿇어앉으면서 은밀히 말했다.

"난서와 극씨는 늘 행동을 같이해 왔고 한 몸처럼 가까운 사이입니다. 순언은 극기의 부하입니다. 이제 3극이 주살 당했으니 그들도 신변에 해가 미칠까 두려워할 것입니다. 미구에 극씨를 위해 원수를 갚으려고 할 것입니다. 이 두 사람을 죽이지 않으면 앞으로 궁중이 편안할 날이 없을 것입니다."

진여공이 말했다.

"하루아침에 경卿을 3인이나 죽였는데 다른 씨족까지 죽일 수는 없지 않은가? 과인은 그 일만은 차마 못 하겠다."

그러고는 난서와 순언은 죄가 없다고 용서한 뒤 원래 자리에 그대로 있게 했다. 난서와 순언이 진여공에게 사은한 뒤 각자 귀가했다.

장어교가 길게 탄식했다.

"주공은 두 사람을 죽이지 못했지만 두 사람도 앞으로 주공을 차마 죽이지 못할까?"

그러고는 즉시 진나라를 떠나 서융西戎으로 달아났다.

진여공은 갑사들을 크게 포상했다. 이어 3극의 머리를 조문에 내걸게 했다. 3일이 지난 뒤 비로소 이들의 수급을 거둬 장사지내도록 허락했다.

조정의 벼슬자리에 있던 극씨 일족은 사죄死罪는 겨우 면했지만 모두 삭탈관직을 당했다. 이들 모두 시골로 내려가서 농사를 지으며 살았다.

서동은 상군 대장이 되어 극기를 대신하고, 이양오는 신군 대장이 되어 극주를 대신하고, 청불퇴는 신군 부장이 되어 극지를 대신하게 됐다. 약속한 대로 초나라 공자 웅패는 석방되어 본국으로 돌아갔다.

서동 일당이 경卿의 자리에 오르자 난서와 순언은 그들과 함께 국정을 논하는 것을 수치로 생각했다. 이내 병을 핑계대고 조정에 나아가지 않았다. 서동과 이양오 등은 진여공의 총애를 믿고 두 살마의 그런 처신에 개의치 않았다.

하루는 진여공이 서동을 이끌고 폐신인 장려씨匠麗氏의 집으로 가서 놀았다. 장려씨의 집은 강성絳城으로부터 20여 리 떨어진 태음산太陰山 남쪽에 있었다. 진여공은 노는 데 정신이 팔려 3일이 지나도록 도성으로 돌아오지 않았다.

순언이 사사롭게 난서에게 말했다.

"군주가 무도하다는 것은 그대도 잘 알고 있을 것이오. 우리 두 사람이 병을 핑계로 조정에 나가지 않기에 당장은 평안한 날을 보내고 있소. 그러나 앞으로 서동이 의심을 품고 우리를 주공에게 참소할 게 빤하오. 우리도 3극의 재앙을 면할 수 없을 것이오. 앞날을 염려하지 않을 수 없소."

난서가 물었다.

"그렇다면 앞으로 어찌하면 좋겠소?"

순언이 대답했다.

"대신의 도리는 종묘사직을 중히 여기고 군주를 가벼이 여기는 데 있소. 그대는 지금 수십 만 대군을 장악하고 있소. 그대가 만일 불측한 일을 감행해 따로 현군賢君을 옹립하면 누가 감히 복종하지 않겠소?"

난서가 물었다.

"그런 일을 감행할 때는 반드시 성사시켜야지 그렇지 않으면 우린 끝장이오."

순언이 말했다.

"용이 못 속에 있으면 아무도 그 용을 엿보거나 해칠 수 없소. 그러나 용이 못을 떠나 뭍으로 나오면 어린 동자라도 그 용을 제압할 수 있소. 지금 군주가 장려씨 집에 가서 노는 데 정신이 팔려 3일이 지나도록 돌아오지 않고 있소. 바로 못을 떠난 용과 다를 바가 없소. 무엇을 의심하는 것이오?"

난서가 한탄했다.

"우리 난씨는 대대로 진晉나라에 충성을 바쳐왔소. 지금 사직이 존망의 위기에 처해 있소. 그대의 말처럼 부득이한 계교라도 쓰지 않을 수 없게 됐소. 후대인은 틀림없이 내가 시역弑逆을 했다고 비난할 것이오. 나 역시 그에 대해 변명할 길이 없소."

상의를 마친 두 사람은 문득 쾌유됐다고 말하면서 진여공을 찾아가 국사를 논의할 생각이라고 주위 사람들에게 말했다. 난서는 아장牙將 정활程滑로 하여금 갑사 3000명을 이끌고 가서 태음산 좌우에 매복케 했다. 연후에 두 사람은 장려씨 집으로 가서 진여공을 알현했다.

두 사람이 진여공에게 말했다.

"주공이 국정을 살피지 않고 이곳으로 놀러 나온 지 3일이 지났는데도 여전히 환궁하지 않아 신민들이 실망하고 있습니다. 신들이 특별히 주공의 거가를 모시고 조정으로 돌아가기 위해 왔습니다."

진여공이 두 사람의 강청에 못 이겨 수레를 타고 도성을 향해 출발했다. 서동은 군주의 수레를 선도하고 난서와 순언은 수레의 뒤를 따라갔다.

진여공 일행이 태음산 아래에 이르자 포성이 일어나면서 복병들이 일제히 뛰쳐나왔다. 정활이 먼저 서동을 칼로 쳐 죽였다. 진여공이 크게 놀라 수레 위에서 넘어져 땅바닥으로 굴러 떨어졌다. 난서와 순언이 갑사들에게 지시해 진여공을 나포하게 했다. 두 사람은 우선 태음산 아래에 군대를 주둔시킨 뒤 진여공을 군중에 가뒀다.

난서가 말했다.

"범씨范氏와 한씨韓氏가 장차 우리에게 딴 소리를 할지 모르오. 군명君命이라고 속인 뒤 사람을 보내 그들을 이곳으로 불러내 다짐을 받읍시다."

순언이 대답했다.

"좋소, 그리하겠소."

난서와 순언은 사자 두 사람으로 하여금 각각 수레를 타고 가서 사개士匄와 한궐韓厥을 불러오게 했다. 두 사자 가운데 한 사람이 사개의 집에 가서 말했다.

"군주가 장군을 부릅니다."

사개가 말했다.

"무슨 일로 나를 부르는 것일까?"

사자가 재빨리 대답하지 못했다. 사개가 혼잣말로 중얼거렸다.

'이거 아무래도 수상하다.'

곧 심복을 한궐의 집에 보내 한궐이 군주인 진여공의 명을 받고 떠났는지 여부를 알아오게 했다. 그 부하가 돌아와서는 한궐이 병을 핑계로 가지 않았다고 보고했다. 사개가 그 말을 듣고 고개를 끄덕였다.

'지혜로운 자의 소견은 대략 같구나!'

사개 역시 태음산으로 가지 않았다. 난서는 사개와 한궐이 모두 오지 않은 것을 보고 순언에게 물었다.

"이 일을 어찌하면 좋겠소?"

순언이 대답했다.

"우리는 이미 호랑이 등에 올라탔소. 이제 호랑이 등에서 내릴 생각이오?"

난서가 그 말의 뜻을 알아들었다는 듯이 머리를 끄덕였다. 그날 밤에 난서는 정활에게 명해 진여공에게 독이 든 짐주鴆酒를 먹이게 했다. 진여공이 그 술을 받아 마시고 죽었다.

난서와 순언은 군중에 빈소를 차리고 진여공을 염한 뒤 서둘러 익성翼城의 동문 밖에 매장했다. 사개와 한궐은 갑자기 군주가 죽었다는 소식을 듣고는 다른 신하들과 함께 일제히 도성을 떠나 그곳으로 가서 상례에 참여했다. 그러나 군주가 죽은 까닭에 대해서는 묻지 않았다.

진여공의 장례가 끝나자 난서는 군신들을 소집해 새 군주의 옹립 문제를 상의했다.

순언이 말했다.

"3극이 주살된 것은 공손 주周를 영립迎立하려 한다는 서동의 무함 때문이었습니다. 이제 와서 보니 그 무함은 공손 주가 군주가 될 것이라는 예언이나 도참이 되고 말았습니다. 진영공이 도원桃園에서 시해된 뒤 진양공의 후손은 보위에 앉지 못했습니다. 그러나 하늘은 아직도 진양공의 후손을 버리지 않은 것 같습니다. 공손 주가 바로 진양공의 손자입니다. 진여공에겐 아들도 없으니 공손 주를 영립하는 게 마땅한 줄로 압니다."

군신들이 모두 기뻐했다. 난서가 순앵荀罃을 낙양으로 보내 공손 주를 본국으로 모셔오게 했다. 당시 공손 주의 나이는 14세였다. 어려서부터 총명하고 뜻과 지혜도 출중했다.

공손 주는 자신을 모시러 온 순앵에게 고국 소식을 자세히 물었다. 연후에 자신을 보살펴준 주왕실의 경사인 선양공單襄公에게 작별을 고하고 순앵를 따라 진나라로 왔다.

공손 주와 순앵이 도성에서 가까운 지금의 산서성 문희현 북쪽의 청원淸原 땅에 이르자 난서와 순언, 사개, 한궐 등 경대부들이 나와 영접했다. 공손 주가 이들에게 말했다.

"과인은 원래 타국에서 태어나 지금까지 살아왔소. 고국으로 돌아오기를 바라지도 않았소. 하물며 어찌 군주가 되기를 바랐겠소? 군주에게 소중한 것은 자신의 뜻에 따라 명을 내리는 것이라고 생각하오. 경들이 나를 명색만 군주로 받들고 나의 명을 따르지 않으면 차라리 군주를 두지 않는 것만 못하오. 경들이 과인의 명에 복종하면 내가 즉위할 것이오. 그렇지 못하면 다른 사람을 모셔와 섬기도록 하시오. 과인은 군주라는 공명空名만 지니고 있다가 진여공 주포州蒲의 전철을 밟는 일을 당하고 싶지 않소."

난서 등 군신들이 이 말을 듣자 모두 전율戰慄하며 대답했다.

"군신群臣들은 현군을 영립코자 했습니다. 어찌 군명에 복종하지 않겠습니까?"

군신들이 공손 주의 앞길을 터주기 위해 한 켠으로 비켜섰다. 난서가 그들에게 말했다.

"새 군주는 이전 군주와 비교할 수 없을 정도로 현명하오. 응당 조심해 섬겨야 할 것이오."

공손 주가 도성이 강성絳城으로 들어갔다. 먼저 종묘에 나가 고제告祭를 올리고 나서 즉위했다. 그가 바로 진도공秦悼公이다.

진도공은 즉위한 이튿날 대신들을 죽인 이양오와 청불퇴를 잡아들여 질타했다. 군주의 악행을 조장했다는 죄목을 적용해 좌우 무사들로 하여금 조문 밖으로 끌어내 참수케 했다. 그들의 일족을 모두 진나라 국경 밖으로 추방했다.

이어 정활에게 진여공을 시해한 죄를 물어 저잣거리로 끌고 가 사지를 찢어 죽이는 책형磔刑에 처하게 했다. 난서는 진도공의 추상 같은 조처를 보고 놀라서 밤새도록 잠을 이루지 못했다. 이튿날 곧바로 늙었다는 이유로 벼슬에서 물러나는 치정致政을 행했다. 그는 진도공에게 자신의 후임으로 한궐을 천거했다. 난서는 얼마 후 진고공의 거조를 보고 크게 두려워한 나머지 이내 병사했다.

진도공은 평소 한궐이 현명하다는 것을 알고 있었다. 그를 중군 원수로 임명해 난서의 자리를 대신케 했다. 한궐은 진도공에게 사은한다는 핑계를 대고 사적으로 상주上奏했다.

"신 등은 모두 선대의 공로에 힘입어 지금 주공을 좌우에서 모시고 있습니다. 선대의 공신들 가운데 조씨 일족보다 더 큰 공을 세운 가문은 없습니다. 조씨의 조상 조쇠趙衰는 진문공을 보필했고, 조돈趙盾은 진양공을 도와 충성을 다해 소임을 다했습니다. 덕분에 위엄을 세우고 패업을 이뤘습니다. 그러나 불행히도 진영공이 실정失政을 한데다 간신 도안고를 총신寵信했습니다. 도안고는 조돈을 무함해 죽이려고 했으나 조돈은 집 밖으로 달아나 가까스로 죽음을 면했습니다. 그 와중에 진영공이 병변兵變을 만나 도원에서 시해됐습니다. 진경공이 그 뒤를 이어 즉위했지만 역시 도안고를 총애했습니다. 도안고는 조돈이 세상을 떠나자 조씨 일족을 만만히 보고 조돈에게 진여공을 죽였다는 누명을 씌웠습니다. 이어 그 죄를 추가로 처벌해야 한다는 구실을 내세워 조씨 일족을 절멸시켰습니다. 신민臣民은 그런 참혹한 짓을 한 도안고에게 분노했습니다. 지금도 원통하게 학살당한 조씨를 생각할 때마다 불평을 토로하고 있습니다. 천행으로 조돈의 아들 조삭趙朔은 유복자를 남겼는데 이름이 조무趙武이고 지금 살아 있습니다. 오늘날 주공이 공로가 있는 자에겐 상을 주고, 죄를 범한 자에겐 벌을 내리며 나라의 정사를 공명하게 진작시키고 있습니다. 주공이 이미 이양오 등의 죄를 다스린 마당에 조씨 일족의 공로를 어찌하여 추록追錄하지 않는 것입니까?"

진도공이 물었다.

"그 일에 관해서는 과인 역시 선친으로부터 들은 바가 있소. 지금 조씨 고아는 어디에 있소?"

한궐이 대답했다.

"당시 도안고는 조씨의 고아를 없애기 위해 온갖 짓을 다 했습니다. 조삭의 문객들 가운데 공손저구와 정영이란 사람이 있었습니다. 공손저구는 도안고를 속이기 위해 가짜 고아를 안고 그의 앞에 나가 그 아이와 함께 죽임을 당했습니다. 정영은 그 틈을 타 진짜 고아인 조무를 숨긴 채 도성을 탈출했습니다. 정영은 조무를 궁벽한 우산盂山 속으로 데리고 들어가 키우고 있는데 벌써 15년이나 되었습니다."

진도공이 말했다.

"경은 과인을 위해 즉시 조무를 데리고 오시오."

한궐이 말했다.

"도안고는 아직도 조정에 있습니다. 주공은 이 일을 반드시 비밀에 붙여야 할 것입니다."

진도공이 말했다.

"과인도 알고 있소."

한궐이 진도공에게 사례를 하고 궁중에서 나오는 길로 몸소 수레를 몰고 우산盂山으로 갔다. 한궐이 조무 등을 데리고 도성으로 돌아올 때는 정영이 그의 수레를 몰았다.

정영이 당초 조무를 남몰래 안고 도성을 떠날 때는 옛날 도성인 고강故絳에서 나갔다. 이제는 진경공 때 천도한 신강新絳으로 들어오게 됐다.

성곽도 새 성곽이고, 도성 주변의 풍경도 몹시 낯설었다. 정영은 지난날을 회상하고 새 도성을 보면서 감상感傷에 젖었다.

한궐은 조무를 데리고 입궐해 진도공에게 알현시켰다. 진도공은 조무를 궁중에 숨겨두고 거짓으로 병이 들어 조회에 나갈 수 없다며 내시들을 시켜 이를 대신들에게 전하게 했다.

이튿날 아침, 한궐이 문무백관을 이끌고 궁중으로 들어가 문안인사를 올렸다. 도안고 역시 그 속에 끼어 있었다.

진도공이 신하들에게 말했다.

"경들은 과인이 왜 병에 걸렸는지 아시오? 어제 지난날의 공로부功勞簿를 들춰보니 그 내용이 분명치 않은 게 1건 있었소. 그로 인해 마음이 불쾌해져 병이 난 것이오."

신하들이 머리를 조아리며 물었다.

"공로부에 올라 있는 기록 가운데 그 내용이 분명치 못한 1건이 어떤 것입니까?"

진도공이 말했다.

"조최와 조돈은 2대에 걸쳐 공을 세웠소. 어째서 그 공훈이 삭제되고 자손이 멸족된 것이오?"

신하들이 일제히 말했다.

"조씨 일족이 멸족한 것은 이미 15년 전의 일입니다. 주공이 그 공을 다시 추념追念코자 하나 후손이 다 죽어 대상자가 없습니다."

진도공이 즉시 조무를 불러내 신하들 앞에서 인사를 올리게 했다. 신하들이 물었다.

"저 넓은 낭군郎君은 누구입니까?"

한궐이 대신 대답했다.

"바로 조삭의 유복자 조무입니다. 지난날 도안고가 죽인 고아는 조무가 아니라 조씨의 문객인 정영의 아들이었습니다."

도안고는 완전히 얼이 빠진 듯했다. 마치 정신이 어떤 것에 심취한 치취癡醉 상태와 같았다. 그는 바닥에 엎드려 무수히 머리를 조아리면서 무슨 말을 하려고 했으나 입이 떨어지지 않았다.

진도공이 분부했다.

"이는 모두 도안고가 자행한 것이다. 이제 도안고와 그 일족을 주살하지 않으면 조씨의 원혼을 어떻게 위안할 수 있겠는가?"

이어 좌우에 명해 도안고를 끌어내 참수케 했다.

이어 다시 한궐에게 명해 조무를 이끌고 도안고 집으로 가 남녀노소를 가리지 말고 모두 도륙하도록 했다. 조무는 진도공에게 도안고의 수급을 청해 손에 넣은 뒤 부친인 조삭의 묘 앞에 가서 제사를 지냈다. 백성들 모두 조무가 부조父祖의 원한을 갚은 것으로 생각했다.

잠연 선생이 이를 시로 읊었다.

도안고가 전에 조씨를 멸족했으나	岸賈當時滅趙氏
이젠 조씨가 도안고 일족 없앴지	今朝趙氏滅屠家
겨우 15년 만에 처지 바뀌었으니	只爭十五年前後
원한은 원한, 원수는 원수로 갚지	怨怨仇仇報不差

진도공은 도안고를 참형에 처한 뒤 조무를 조당으로 불러 상투를 틀고 관을 쓰는 성인식인 이른바 가관加冠을 행한 뒤 사구로 임명해 도안고를 대신케 했다. 전에 조삭이 받았던 전지田地와 녹봉을 모두 조무에게 돌려줬다.

또 정영의 의로운 행동을 전해 듣고 군정軍正으로 임명코자 했다. 정영이 주변 사람들에게 말했다.

"당시 내가 죽지 않고 살아남은 것은 조씨의 고아를 키워야 했기 때문이오. 이제 조무는 관직을 회복하고 원수도 갚았소. 그런 터에 내가 어찌 부귀를 탐해 공손저구만을 저 세상에서 홀로 가 있게 할 수 있겠소? 나는 지하에 가서 공손저구에 그간의 일을 보고하고자 하오."

그러고는 벌떡 일어나 그 자리에서 자기 목을 칼로 찌르고 죽었다. 조무가 정영의 시신을 어루만지며 통곡했다. 진도공은 조무의 청을 받아들여 정영의 장례를 성대히 치르도록 했다. 정영을 정손저구와 함께 운중산雲中山에 나란히 묻게 했다. 진나라 사람들은 두 무덤을 '이의총二義塚'으로 불렀다.

조무는 정영을 애도하고 자신을 살려준 은덕에 보답하기 위해 부모상이라도 당한 것처럼 3년이나 상복을 입는 이른바 자최3년齋衰三年의 상례를 행했다.

이를 증명하는 옛 시가 있다.

심곡에 숨겨 놓고 키운 지 15년	陰谷深藏十五年
고쟁이 속 아이가 원수를 갚다	褲中兒報祖宗冤
정영과 공손저구 쌍의로 불리니	程嬰杵臼稱雙義
한번 죽는 데 어찌 선후 있을까	一死何須問後先

진도공은 조무를 복권시킨 뒤 다시 조씨 일족이 도륙을 당할 때 한단邯鄲 땅에 있다가 화를 면하고 송나라로 망명한 조전趙旃의 아들 조승趙勝을 불러들여 다시 한단 땅을 다스리게 했다.

또 여러 신하들의 직위를 삼사해 현명한 자는 직위를 높여주고 능력 있는 자를 기용했다. 나아가 그들이 지난날에 세운 공을 기록하고 작은 죄는 사면했다. 진나라의 문무백관이 정비되고, 각자 자신의 능력에 알맞은 직위에 취임했다. 그 가운데 유명한 관원만 열거하면 다음과 같다.

중군 원수 한궐韓厥, 중군 부장 사개士匄

상군 대장 순앵荀罃, 상군 부장 순언荀偃

하군 대장 난염欒黶, 하군 부장 사방士魴

신군 대장 조무趙武, 신군 부장 위상魏相

중군위中軍尉 기해祁奚, 중군부위中軍副尉 양설직羊舌職

중군사마中軍司馬 위강魏絳

척후병의 우두머리인 후엄候奄 장로張老

공족을 관장하는 공족대부公族大夫 한무기韓無忌,

태부太傅 사악탁士渥濁

사공司空 가신賈辛

군주 전용의 융로를 관장하는 친군융어親軍戎禦 난규欒糾, 융로에 동승해 호위를 담당하는 거우장군車右將軍 순빈荀賓, 군주의 어가와 말을 관리하는 찬복贊僕 정정程鄭, 군주 전용 가마를 호위하는 여위輿尉 탁알구鐸遏寇, 군주의 어가 운행에 관한 규율을 관장하는 여사마輿司馬 적언籍偃

진도공은 백관을 새로 임명하고 국정을 크게 바로잡았다. 징수키 어려운 조세는 감면해 주고 조세의 총액도 삭감했다. 폐지된 제도 가운데 좋은 것은 복구하고 정체된 사업을 재개했다. 홀아비를 구휼하고 과부에게 혜택을 베풀었다.

진나라 백성들 모두 크게 기뻐했다. 송나라와 노나라 등 열국 모두 진나라가 국정을 크게 쇄신한 것을 알고 사자를 보내 하례했다. 그러나 정성공은 전날 초공왕이 정나라를 도우러 왔다가 한쪽 눈을 잃은 것에 감격한 나머지 진나라를 섬기려 하지 않았다.

한편 초공왕은 진여공이 시해됐다는 소식을 듣고 크게 기뻐했다. 지난번 패배에 대한 보복전을 펼칠 때가 됐다고 생각했다. 그러나 진도공이 상벌을 분명히 하고, 현자를 등용해 나라를 잘 다스리고, 조정에 청숙淸肅하고, 안팎으로 인심을 얻고, 다시 패업을 일으킨다는 소문을 들었다. 초공왕의 기쁨은 곧 근심으로 변했다. 즉시 신하들을 소집해 대책을 상의했다. 중원을 흔들어 진晉나라가 패업을 이루지 못하도록 만드는 게 핵심이었다. 영윤 공자 영제는 속수무책束手無策이었다.

공자 임부가 말했다.

"중원에서 송나라가 가장 작위가 높고 나라도 큽니다. 송나라는 진晉나라와 오나라 중간에 있습니다. 진나라가 패업을 도모하지 못하도록 중원을 혼란에 빠뜨리려면 먼저 송나라부터 쳐야 합니다. 지금 송나라 대부 어석魚石, 상위인向爲人, 인주鱗朱, 상대向帶, 어부魚府 등 5인이 송나라 우사右師 화원華元과 사이가 나빠 우리 초나라에 망명해 와 있습니다. 이들에게 군사를 내주어 송나라를 치게 하면 어떻겠습니까? 이들이 송나라 도성을 탈취하기만 하면 즉시 이들을 그곳에 봉해 송나라를 우리 속국으로 삼으십시오. 그것이 바로 적으로 하여금 적을 치게 하는 이적공적以敵攻敵의 계책입니다. 진나라가 송나라를 구원하지 않으면 다른 제후들이 진나라를 이반할 터이니 진나라는 제후들을 다 잃고 말 것입니다. 그와는 반대로 진나라가 만일 송나라를 구원한다면 진나라 군사는 반드시 어석魚石 등을 공격해야 합니다. 우리는 앉아서 싸움의 승패를 지켜보다가 대책을 강구하면 됩니다. 이게 하나의 계책에 해당합니다."

초공왕은 이 계책을 쓰기로 했다. 즉시 공자 임부를 장수, 어석 등 5명의 송나라 대부를 향도로 삼았다. 이어 몸소 대군을 이끌고 가 송나라를 쳤다.

싸움의 승부가 어떻게 날지 알 길이 없으니 다음 회를 보라.

제60회

119話 지무자가 군사를 나눠 철저히 맞서다
– 지무자분군사적智武子分軍肆敵

주간왕 13년인 기원전 573년 여름 4월, 초공왕은 우윤 벼슬에 있는 공자 임부의 계책대로 직접 대군을 이끌고 정성공과 함께 송나라를 쳤다. 어석 등 송나라 다섯 대부가 향도가 됐다. 초나라 군사가 송나라의 팽성彭城을 함락시키자 초공왕이 어석 등에게 병거 300승을 내주며 성을 지키도록 하면서 이같이 당부했다.

"진나라는 지금 오나라와 친하게 교통하고 있소. 그건 우리 초나라에 큰 위협이오. 팽성은 오나라와 진나라가 왕래하는 길목에 있소. 이제 병거 300승이라는 많은 병력을 여기에 주둔시켜 그대들을 돕게 하는 것은 그대들이 나서서 싸워 송나라 땅을 더 많이 차지할 수 있게 하려는 배려 때문이오.

그대들이 송나라 땅을 더욱 많이 차지하면 과인은 그대들을 송나라에 나눠 봉하도록 하겠소. 나가서 싸우는 일이 여의치 않으면 그대들은 이곳을 잘 지켜 진나라와 오나라 사자의 왕래를 끊도록 하시오. 많은 임무를 성실히 수행해 과인의 간절한 부탁을 저버리지 마시오."

그러고는 이내 초나라로 돌아갔다. 이해 겨울, 송환공이 대부 노좌老佐에게 명해 군사를 이끌고 가 빼앗긴 팽성을 포위케 했다. 어석이 초나라 군사를 지휘해 싸웠으나 노좌가 이끄는 송나라 군사에게 패하고 말았다.

초나라 영윤 공자 영제는 팽성이 포위됐다는 소식을 듣고는 급히 군사를 이끌고 가 어석 등을 구원했다. 노자는 자신의 용맹을 믿고 초나라 군사 속으로 깊이 쳐들어가다가 화살에 맞아 죽었다. 공자 영제가 군사를 이끌고 송나라 도성을 향해 쳐들어갔다.

송환공이 크게 두려운 나머지 우사 화원을 시켜 진晉나라로 가 송나라의 급한 사정을 고하게 했다. 송나라의 구원 요청을 받은 한궐이 진도공에게 말했다.

"옛날 진문공의 패업도 송나라를 구원한 데서 시작됐습니다. 우리의 흥쇠興衰 여부를 가늠할 시기時機가 바로 이번 거병에 달려 있습니다. 우리는 불가불 군사를 출동시켜야 합니다."

진도공이 사자를 열국에 보내 제후들의 군사 지원을 청했다. 이어 직접 중군 원수 한궐을 비롯해 상군 부장 순언과 하군 대장 난염 등을 이끌고 태곡台谷 땅으로 진격해 영채를 세웠다. 공자 영제는 진나라 대군이 온다는 말을 듣고 이내 본국으로 철군했다.

이듬해인 주간왕 14년인 기원전 572년, 진도공이 진나라 군사를 위시해 송나라와 노나라, 위나라, 조曹나라, 거莒나라, 주邾나라, 등滕나라, 설薛나라 등 8국의 군사와 합세해 팽성을 포위했다. 송나라 대부 상술向戌[56]이 사졸들로 하여금 높은 망루가 달린 소거轈車 위로 올라가 성을 향해 사방에서 외치게 했다.

"어석 등은 군주를 배신한 역적이다. 하늘은 그들을 용서치 않을 것이다. 지금 진나라가 20만 대군을 이끌고 와 고립무원의 팽성을 포위했다. 이제 곧 성이 함락되면 모든 것이 짓밟혀 사람은 물론 풀 한 포기 남지 않을 것이다. 성안의 백성들은 어찌해야 살 수 있다는 것을 안다면 속히 역적을 포박하고 투항토록 하라. 그래야만 무고히 도륙을 당하는 재앙을 면할 것이다."

소거 위에 올라간 병사들이 이같이 몇 차례나 외쳤다. 팽성의 백성들은 그 말을 듣고 어석 등의 행동이 사리에 어긋난 것임을 알았다. 이내 떼거리로 몰려 가 성문을 열어젖히고 진나라 연합군을 맞아들였다.

초나라 주둔군은 비록 수효는 많았으나 아무도 힘을 내 진나라 군사와 싸우려 하지 않았다. 팽성이 자국의 땅이 아닐 뿐 아니라 어석 등이 그들을 잘 대접하지도 않았다. 진도공이 입성하자 이들은 다퉈 사방으로 흩어져 달아났다.

한궐은 어석, 난염과 순언은 어부, 송나라 장수 상술은 상위인과 상대, 노나라 장수 중손멸仲孫蔑은 인주를 사로잡았다. 이들은 이들 5명의 송나라 대부를 진도공 앞에 바치고 공을 청했다. 진도공이 이들을 곧바로 참했다. 이어 이들의 유족을 모두 하동 호구壺邱 땅에 안치케 했다.

송나라의 위기를 구한 9개국의 진나라 연합군은 진나라에 순종치 않은 정성공의 죄를 응징하기 위해 정나라를 치러 갔다. 초나라는 정나라를 구원하기 위해 공자 임부를 시켜 송나라를 쳤다. 정나라를 치던 진도공은 송나라를 돕기 위해 다시 송나라로 가야만 했다. 초나라 군사는 정나라 도성의 포위가 풀렸다는 보고를 받고 즉시 철군했다. 진도공도 이내 철군했고,

1 이 대목이 『열국지』 원문은 상수向戌로 돼 있으나 『춘추좌전』에는 상술向戌로 나온다. 번역문은 '상술'로 바꿔 놓았다.

열국의 제후도 각각 자기 나라로 돌아갔다.

이 해에 주간왕이 죽고 태자 설심泄心이 즉위했다. 그가 바로 주영왕周靈王이다. 주영왕은 태어날 때부터 코 밑의 수염인 자수髭鬚가 나 있었다. 주나라 사람들이 그를 자왕髭王이라고 부른 이유다.

주영왕 원년인 기원전 571년 여름, 정성공은 병세가 위독했다. 상경인 공자 비騑를 병상으로 불러 당부했다.

"초나라 군주가 우리 정나라를 구하려다가 눈에 화살을 맞았소. 과인은 그 고마움을 감히 잊을 수 없소. 과인이 죽은 후에도 경 들은 결코 초나라를 배반하는 일이 없도록 하시오."

그러고는 이내 숨을 거뒀다. 공자 비 등이 태자 곤완髡頑을 옹립했다. 그가 바로 정희공鄭僖公이다.

한편 진도공은 정나라가 복종하지 않는 것을 괘씸하게 여겨 다시 정나라를 치기로 작정했다. 이를 상의하기 위해 열국의 제후들을 지금의 하남성 복양현 북쪽의 척戚 땅에 소집했다. 그곳에 온 노나라 대부 중손멸이 계책을 말했다.

"정나라 땅 가운데 가장 험한 곳은 호뢰虎牢입니다. 그곳은 초나라와 정나라가 교통하려면 반드시 통과해야 하는 중요한 길목입니다. 그곳에 성을 쌓고 관關을 설치한 뒤 많은 병력을 주둔시켜 압박하면 정나라는 반드시 복종하게 될 것입니다."

초나라에서 진나라로 귀화한 무신巫臣도 계책을 내놓았다.

"오나라와 초나라는 강 하나를 사이에 두고 있습니다. 신이 지난해에 오나라를 빙문했을 때 오왕은 신에게 초나라를 치겠다고 약속했습니다. 이후 오나라는 여러 차례 초나라의 속국을 침공했습니다. 초나라가 오나라로 인해 골치를 앓고 있는 이유입니다. 이번에 다시 사자 한 사람을 보내 오나라로 하여금 초나라를 치게 하십시오. 초나라는 오나라의 침공으로 인해 동쪽에서 큰 고통을 느낄 것입니다. 그리되면 초나라가 어떻게 북쪽에서 우리를 상대로 정나라를 차지하려고 다툴 수 있겠습니까?"

진도공이 2가지 계책을 모두 쓰기로 했다. 제영공齊靈公도 태자 광光과 상경 최저崔杼를 회맹장소로 보내 진도공의 명을 듣고 따르도록 했다. 진도공이 9개국 제후들의 병력을 모아 호뢰 땅에 대성大城을 만든 뒤 평지보다 높직하게 두드러진 평평한 땅인 돈대墩臺도 많이 증설했다. 이어 대국엔 군사 1천 명, 소국엔 300명에서 500명까지 군사를 차출케 한 뒤 호뢰성을 지키게 했다.

얼마 후 정희공이 두려운 나머지 진나라와 강화했다. 진도공이 정나라로부터 복종의 서약을 받고 철군했다.

당시 진나라 중군위中軍尉 기해祁奚는 나이 70여 세였다. 기해는 늙은 것을 이유로 벼슬에서 물러날 뜻을 고했다.

진도공이 물었다.

"후임자로 누구를 임명하면 되겠소?"

기해가 대답했다.

"해호解狐가 가장 적임자입니다."

진도공이 의아해했다.

"듣자니 해호는 그대의 원수라고 하던데 어째서 그를 천거하는 것이오?"

기해가 대답했다.

"주공은 신에게 적임자를 물었지 신의 원수에 대해 묻지 않았습니다."

진도공이 곧 해호를 불렀다. 하지만 해호는 중군위로 임명받기도 전에 병사했다. 진도공이 다시 기해에게 물었다.

"해호 이외의 적임자로 누가 있소?"

기해가 대답했다.

"그에 버금가는 적임자로 기오祁午가 있습니다."

진도공이 물었다.

"기오는 그대의 아들이 아니오?"

기해가 대답했다.

"주공은 신에게 적임자를 물었지 신의 자식에 대해 묻지 않았습니다."

진도공이 또 물었다.

"지금 중군부위 양설직羊舌職도 죽었소. 그대는 과인을 위해 그를 대신할 만한 사람을 천거토록 하시오."

기해가 대답했다.

"죽은 양설직에게 양설적羊舌赤과 양설힐羊舌肹 두 아들이 있습니다. 모두 현명하니 두 사람 가운데 한 사람을 선택해 임명하십시오."

진도공이 이를 좇았다. 기오를 중군위, 양설적을 중군부위로 삼았다. 모든 대부들은 진도공이 사람을 공정하게 쓰는 것을 보고 기꺼이 승복했다.[2]

이야기가 둘로 나뉜다. 진나라로 망명한 무신巫臣의 아들 무호용巫狐庸은 진도공의 명을 받들고 오나라로 가 오왕 수몽壽夢을 알현했다. 무호용은 그 자리서 오나라가 군사를 일으켜 초나라를 칠 것을 요청했다. 오왕 수몽은 무신으로부터 병거를 타고 싸우는 방법 등을 전수받은 것을 고맙게 여긴 까닭에 곧바로 수락했다.

곧 태자 제번諸樊을 대장으로 삼은 뒤 장강 어귀로 나가 군사를 정비케 했다. 초나라 첩자가 이를 탐지해 초나라 조정에 보고했다.

초나라 영윤인 공자 영제가 초공왕에게 말했다.

"오나라 군사가 아직 우리 초나라에 침공하지는 않았지만 일단 국경을 넘어 들어오기만 하면 이후 계속해서 침공할 것입니다. 우리가 먼저 오나라

2 이 일화는 『춘추좌전』「노양공 3년」조에 나오는 것을 그대로 인용한 것이다. 이 일화에서 비록 원수일지라도 능력이 있으면 천거한다는 뜻의 이른바 기해천수祁奚薦讐 성어가 나왔다. 공평무사한 인사를 상징한다. 기해지거祁奚之擧, 기해천자祁奚薦子 등으로 표현키도 한다.

를 쳐야 합니다."

초공왕이 이를 그럴 듯하게 여겨 곧바로 공자 영제에게 명해 오나라를 치게 했다. 공자 영제는 초나라 수군인 주사舟師를 대대적으로 사열하고 정예병 2만 명을 차출했다. 이어 이들 수사를 이끌고 장강을 따라 내려가 지금의 안휘성 무호 부근인 오나라의 구자鳩玆 땅을 함락시켰다.

공자 영제는 여세를 몰아 다시 강을 따라 하류 쪽으로 내려가려고 했다. 효장驍將으로 소문난 등료鄧廖가 나서서 말했다.

"장강은 물살이 빠르기 때문에 앞으로 나가기는 쉽지만 뒤로 물러나기는 어렵습니다. 원컨대 소장이 일부 군사를 이끌고 앞서가면서 유리하면 진격하고 불리하더라도 큰 낭패가 없도록 대비하겠습니다. 원수는 학산郝山 밑의 강가에 군대를 주둔한 채 기회를 엿보고 전세의 변화를 관망하다가 출전하십시오. 그게 만전지책萬全之策이 될 것입니다."

공자 영제는 이를 그럴 듯하게 여겼다. 갑사 300명과 명주 전포인 연포練袍를 입은 병사 3,000명을 선발해 등료에게 내주고 선봉대 역할을 하도록 했다. 이들 모두 체격이 크고 힘이 세서 싸울 때 1당當 10은 할 수 있는 자들이었다. 등료는 이들과 함께 크고 작은 배 100여 척에 나눠 타고 한 방의 포 소리를 신호로 일제히 동쪽 하류를 향해 나아갔다. 당시 오나라 초선哨船은 구자가 함몰된 소식을 탐지해 태자 제번에게 보고했다.

제번이 말했다.

"우리가 구자를 잃었으니 초나라 군사는 틀림없이 승세를 몰아 더욱 동진할 것이다. 우리는 이에 대비해야 한다."

그러고는 동생 이말夷昧[3]로 하여금 수군이 탄 배 수십 척을 이끌고 지

3 이말夷昧이 『열국지』 원문에는 이매夷昧로 나와 있다. 그러나 『춘추좌전』은 이말夷昧과 이말夷末, 여말餘昧 등으로 표현해 놓았다. 『사기』「자객열전」에는 이말夷昧로 나온다. 번역문은 『춘추좌전』을 좇아 이말夷昧로 바꿔 번역했다.

금의 안휘성 무호 부근에 있는 양산梁山으로 가서 적군을 유인하게 했다. 이어 또 다른 동생인 여채餘祭에게는 지금의 안휘성 마안산 서남쪽의 채석항采石港에 매복토록 했다. 초나라 효장 등료가 이끄는 수군이 학산의 강변을 벗어나 양산으로 진출했다. 등료는 양산에 오나라 전선이 모여 있는 것을 보고 곧바로 돌진했다. 오나라 장수 이말이 초나라 수군을 맞이해 몇 번 싸우는 척하다가 짐짓 동쪽으로 패주했다.

내막을 모르는 등료가 오나라 수군의 뒤를 쫓아 채석강 근처에 이르렀다. 오나라 태자 제번의 대군과 만나 강물 위에서 접전이 벌어졌다. 두 나라 수군이 10여 합도 채 싸우기 전에 초나라 군사 배후의 채석항에서 문득 포성이 울렸다. 이를 신호로 매복하고 있던 여채의 수군이 배를 끌고 나와 초나라 군사를 협공했다.

앞뒤에서 쏘는 오나라 군사의 화살이 마치 빗발처럼 초나라 함선 위로 쏟아져 내렸다. 초나라 효장 등료는 얼굴에 화살을 세 대나 맞았다. 그는 얼굴에 박힌 세 대의 화살을 뽑아 버리고 용감히 싸웠다. 이때 다시 오나라 장수 공자 이말이 몽동艨艟으로 불리는 대함大艦을 타고 그곳으로 저어 왔다.

몽동선의 수군은 모두 엄선된 정예병이었다. 이들은 큰 창으로 초나라 함선을 어지럽게 내리찍었다. 많은 초나라 함선이 뒤집히고 수군 또한 대거 강물에 빠져 익사했다. 등료 또한 전력을 다해 싸웠으나 포획된 뒤 끝까지 굴복하지 않다가 죽임을 당했다. 나머지 초나라 군사들 모두 황급히 사방으로 흩어졌다. 갑사 300명 가운데 살아남은 사람은 겨우 80명 정도였다. 연포를 입은 3,000명의 용사 가운데 살아남은 사람은 300명에 불과했다.

초나라 영윤 공자 영제는 패전을 문책 당할까 두려웠다. 이내 패전을 은폐하고 전공을 세운 것처럼 가장코자 했다. 그러나 오나라 태자 제번이 승세를 타고 추격해 와 초나라 국경 안으로 쳐들어 올 줄을 누가 알았으랴?

퇴각하던 공자 영제의 초나라 군사는 오나라 군사의 추격을 받아 대패하고 말았다. 오나라 군사는 잃었던 구자 땅을 되찾았다. 공자 영제는 패잔병을 이끌고 돌아가다가 초나라 도성 영도에 이르기도 전에 울화병이 나 죽었다.

사신이 이를 시로 읊었다.

무신이 병거 전투를 가르친 이래	乘車射禦教吳人
초나라 동쪽에 싸움 그치지 않다	從此東方起戰塵
갑사 포로 되고 명장까지 죽으니	組甲成擒名將死
당시 무신 일족 죽인 건 잘못이다	當年錯著族巫臣

초공왕은 공자 영제가 울화병으로 죽자 우윤인 공자 임부壬夫를 영윤으로 삼았다. 임부는 원래 성품이 탐욕스럽고 비루했다. 초나라 속국들로부터 많은 재물을 토색질한 게 그렇다.

당시 중원의 제후국인 진陳나라도 초나라의 속국이 되어 있었다. 공자 임부의 가혹한 수탈을 견디지 못한 진성공陳成公은 대부 원교袁僑[4]를 진晉나라로 보내 복속을 자청했다. 진도공이 이를 쾌히 승낙했다. 이어 중원의 제후들을 결속하기 위해 계택鷄澤으로 열국의 제후를 소집해 회맹했다. 이어 다시 척戚 땅에서 회맹했다. 이 모임에는 오나라 군주 수몽도 참석해 중원의 열국과 우호를 다졌다. 중원 제후들이 기세를 크게 떨쳤다.

한편 초공왕은 진陳나라를 잃고 대로했다. 그는 그 원인이 영윤인 공자 임부의 욕심 때문이라는 것을 알고는 곧바로 임부를 칼로 쳐 죽였다. 이어

4 원교袁僑가 『열국지』 원문에는 원교여轅僑如로 나온다. 그러나 『춘추좌전』「노양공 3년」조에는 '원교'로 돼 있다. 「노양공 3년」조의 원문은 '진후사원교여회陳侯使袁僑如會'이다. 여기의 여如는 거去의 뜻으로 사용된 것이다. 번역문은 『춘추좌전』의 기록을 따랐다.

자신의 동생으로 자가 자낭子囊인 공자 정貞을 영윤으로 삼았다. 영윤 공자 정은 크게 군사를 사열한 뒤 병거 500승을 이끌고 가 진晉나라에게 붙은 진陳나라를 쳤다.

자낭이 공격할 당시 진성공陳成公 오午는 이미 죽고 없었다. 태자 약弱이 뒤를 이어 즉위했다. 그가 바로 진애공陳哀公이다. 진애공은 초나라 군사의 공격에 놀라 싸우지도 못한 채 초나라에게 충성을 맹서했다.

이 소식을 들은 진도공晉悼公이 대로했다. 곧바로 군사를 일으켜 초나라로부터 도로 진陳나라를 빼앗을 작정이었다. 마침 무종국無終國의 군주 가보嘉父가 파견한 사자 맹락孟樂이 진晉나라에 왔다는 보고가 올라왔다. 맹락이 호피虎皮와 표피豹皮 100장을 진도공에게 헌상하며 말했다.

"옛날 제환공이 정복한 이래로 산융山戎의 여러 나라들이 조용히 살아왔습니다. 요즘 산융은 연나라와 제齊[5]나라가 미약해지자 중원에 패주伯主가 없는 걸 알고 다시 침략에 나설 채비를 갖추기 시작했습니다. 과군은 진군晉君이 정명精明해 제환공과 진문공의 패업을 이을 것이라는 걸 알기에 그들에게 널리 진晉나라의 위덕威德을 선전했습니다. 산융의 열국은 상국과 동맹하겠다는 의사를 우리 주공에게 알려 왔습니다. 과군이 미신微臣에게 명해 이런 사정을 군후에게 알리도록 분부한 이유입니다. 군후는 이에 대한 결재인 이른바 정탈定奪을 해주시기 바랍니다."

진도공이 제장들을 불러 상의했다. 제장들이 말했다.

"융적戎狄은 신의가 없습니다. 차라리 그들을 정벌하십시오. 옛날 제환공도 먼저 오랑캐 산융을 쳐서 북방을 안정시킨 뒤 남방의 초나라를 쳤습니다. 산융은 성품이 승냥이와 같아 군대의 위력이 아니면 제압키가 어렵습니다."

5 이 대목이 『열국지』 원문에는 진秦으로 되어 있다. 문맥상 제齊나라가 타당하다. 번역문은 '제齊'로 바꿔 놓았다.

사마 위강魏絳이 반대했다.

"그건 안 됩니다. 우리나라는 이제 비로소 간신히 열국의 제후를 모아 맹회를 한두 번 열었을 뿐입니다. 패업을 성취하지도 못한 우리가 이때 군사를 일으켜 산융을 친다면 틀림없이 초나라가 그 허를 틈타 중원에서 일을 일으킬 것입니다. 그리되면 중원의 제후들은 부득이 우리 진나라를 배반하고 초나라에 귀부할 것입니다. 더구나 이적夷狄은 금수, 중원의 제후들은 형제나 다름없습니다. 짐승을 무찔러 멀리 보내면서 형제를 잃는 계책은 비책非策에 해당합니다."

진도공이 물었다.

"그럼 산융과 강화해야 한다는 것이오?"

위강이 대답했다.

"산융의 여러 나라와 강화하면 5가지 이익이 있습니다. 첫째, 우리 진나라와 산융은 이웃입니다. 이들은 넓은 땅을 차지하고 있지만 물자를 만드는 기술이 없습니다. 땅을 천하게 여기고 물자를 귀하게 여기는 이유입니다. 우리가 그들에게 필요한 물자를 팔고 싼값에 땅을 사들이면 영토를 넓힐 수 있습니다. 둘째, 산융이 침략을 않으면 변경 백성들은 안심하고 농사를 지을 수 있습니다. 셋째, 우리가 덕으로 회유하고 굳이 군사를 쓰지 않아도 됩니다. 넷째, 산융이 우리 진나라를 섬기면 우리는 사방에 위엄을 떨칠 수 있고 동시에 열국의 제후는 우리를 두려워할 것입니다. 다섯째, 북쪽을 염려할 것 없이 오로지 남쪽 초나라만 도모할 수 있습니다. 이처럼 5가지 이익을 얻을 수 있는데도 주공은 어찌하여 산융의 요청을 허락지 않으려는 것입니까?"

진도공은 크게 기뻐했다. 곧 위강을 산융과 강화하는 이른바 화융사和戎使에 임명해 맹락과 함께 무종으로 가게 했다. 위강은 무종의 군주 가보嘉父와 상의하고 강화할 일을 준비했다. 가보는 곧바로 산융의 열국 군주를 소집했다. 산융의 열국은 빠짐없이 무종국으로 와서 진나라 대표 위강과 함께 삽혈하고 맹서했다. 위강이 서서誓書를 낭독했다. 내용은 대략 이러했다.

> 진후晉侯는 선대의 패업을 이어받아 중화中華의 맹주가 되었다. 이제 산융도 진나라를 맹주로 받들기로 약속한다. 산융은 오직 북방의 생활터전을 지키면서 중원을 침략하거나 배반하지 않고 영토를 평화롭게 보존한다. 이 맹서를 배반하는 자는 천지신명이 벌할 것이다.

산융의 열국 군주가 기뻐했다. 이들은 가지고 온 토산물을 위강에게 바쳤다. 위강이 단 하나도 받지 않았다.

산융 열국 군주가 서로 돌아보며 말했다.

"상국의 사자가 이토록 청렴결백할 줄 몰랐다."

그러면서 위강을 더욱 공경하는 눈으로 바라보았다. 위강이 진나라로 돌아와 경과를 보고했다. 진도공은 크게 기뻐했다.

당시 초나라 영윤 공자 정貞은 진陳나라의 항복을 받은 뒤 다시 군사를 옮겨 정나라를 쳤다. 진나라 연합군이 호뢰 땅을 지키고 있는 까닭에 범수氾水를 따라 정나라로 가는 길을 버려둔 채 허나라를 거쳐 영수潁水를 바라보며 정나라로 들어가는 노선을 택했다.

정희공鄭僖公 곤완髡頑은 이 소식을 듣고 크게 두려워했다. 곧 6경六卿을 소집해 대책을 상의했다. 6경 가운데 3인은 자가 자사子駟인 공자 비騑, 자가 자국子國인 공자 발發, 자가 자공子孔인 공자 가嘉였다. 이들은 정목공의 아들로 정희공에겐 조부항렬이었다.

나머지 3인은 공자 거질去疾의 아들로 자가 자이子耳인 공손 첩輒, 공자 언偃의 아들로 자가 자교子蟜인 공손 채蠆, 공자 희喜의 아들로 자가 자전子展인 공손 사지舍之였다. 이들 3인은 모두 정목공의 손자로 정희공에게는 숙부항렬이었다. 이들 모두 부친의 벼슬을 이어받아 경이 됐다. 이들 6경 모두 정희공보다 항렬이 높은 데다 일찍부터 정나라의 정권을 잡고 있었다.

정희공은 심기心氣가 고오高傲한 까닭에 이들 6경을 크게 예우하지 않았다. 군주와 신하가 서로 뜻이 맞지 않은 이유다. 특히 공자 비는 정희공과 사이가 좋지 않아 예착枘鑿[6]의 모습을 보였다.

이날 회의에서 정희공은 진나라에게 구원을 청하자고 했다. 그런데 공자 비가 반대했다.

"속담에 '먼 곳에 있는 물로 어찌 가까이서 난 불을 끌 수 있을까?'라는 뜻의 원수기능구근화遠水豈能救近火 구절이 있습니다. 차라리 초나라를 좇느니만 못합니다."

정희공이 말했다.

"초나라를 섬기면 또 진나라 군사가 와서 우리를 칠 것이오. 그땐 무엇으로 대적할 것이오?"

공자 비가 대답했다.

"진나라와 초나라 가운데 그 어느 나라도 우리를 더 어여삐 여기지는 않습니다. 우리도 두 나라 가운데 어느 한 나라를 택할 이유가 없습니다. 어느 나라든 강한 나라를 섬기면 그만입니다. 우리는 앞으로 희생과 옥백을 준비해 국경 밖에서 기다리고 있다가 초나라 군사가 오면 초나라와 동맹하고, 진나라 군사가 오면 진나라와 동맹하면 됩니다. 두 강대국이 싸우다 보면

6 예착枘鑿은 방예원착方枘圓鑿의 줄임말이다. 네모난 장붓구멍과 둥근 장부촉을 뜻한다. 『사기』「맹자순경열전孟子荀卿列傳」에도 '지방예욕입환착持方枘欲入圜鑿' 구절이 나온다. 장붓구멍과 장부촉이 잘 맞을 리 없다. 늘 티격태격하며 다투는 것을 상징한다. 『초사楚辭』「구변九辯」에는 둥근 장붓구멍과 네모난 장부촉을 뜻하는 환예방착圜枘方鑿으로 표현돼 있다.

반드시 크게 지는 쪽이 나올 것입니다. 그러면 강약이 결판나게 됩니다. 그 때를 기다려 우리는 승리한 나라를 섬기며 백성을 지키면 됩니다. 이 또한 가하지 않겠습니까?"

정희공이 이를 좇지 않았다.

"그대 자사子駟의 계책을 좇으면 우리 정나라는 조석으로 동맹을 맺느라 편할 날이 없을 것이오."

그러고는 사자를 진나라로 보내 구원을 청했다. 대부들은 공자 비의 뜻을 거스르는 것을 두려워해 진나라에 가겠다고 자원하는 자가 없었다. 신하들이 몸을 사리는 것을 보고 정희공이 대로했다. 직접 진나라로 가기 위해 길을 떠났다. 그날 밤 교외의 역사驛舍에서 묵었다.

공자 비는 미리 그곳에 문객들을 매복시켜 놓았다가 한밤중에 정희공을 척살케 했다. 그러고는 정희공이 폭질暴疾로 사망했다고 선포하고 자기 동생인 공자 가嘉를 옹립했다. 그가 바로 정간공鄭簡公이다.

공자 비가 곧 사자를 초나라 군사의 대장에게 보냈다.

"우리 정나라가 진晉나라에 복종한 것은 선군 곤완髡頑의 뜻이었습니다. 이제 선군은 죽고 새 군주가 들어섰습니다. 원컨대 상국과 동맹을 맺을 터이니 철군해주기 바랍니다."

초나라 영윤 공자 정이 정나라의 맹서를 받고 철군했다.

한편 진도공은 정나라가 다시 초나라를 섬긴다는 보고를 받고 대부들에게 물었다.

"이제 진陳나라와 정나라 모두 우리를 배반했소. 어느 쪽을 먼저 쳐야 하오?"

자가 자우子羽인 순앵이 나서서 대답했다.

"진陳나라는 규모가 작고 위치도 한쪽으로 치우쳐 있어 중원의 승패를 다투는 대세에 별 영향이 없습니다. 하지만 정나라는 중원의 한가운데 있습니다. 자고로 패업을 도모한 군주들은 반드시 먼저 정나라부터 굴복시켰습니다. 진나라 같은 나라는 10개를 잃을지라도 정나라 하나를 잃어서는 안 됩니다."

한궐이 말했다.

"자우의 식견은 정확하고도 명쾌합니다. 앞으로 정나라를 굴복시킬 사람은 바로 자우일 것입니다. 신은 기력도 쇠하고 지혜도 줄었습니다. 원컨대 자우에게 총사령관의 상징인 중군의 부월斧鉞을 넘기고자 합니다."

진도공은 허락하지 않았다. 하지만 한궐은 더는 중책을 맡을 수 없다며 굳이 사양했다. 마침내 순앵이 중군 원수가 됐다.

순앵이 대군을 이끌고 정나라를 치러 갔다. 진나라 군사가 호뢰 땅에 이르자 정나라가 곧바로 동맹을 청해 왔다. 순앵이 정나라 맹서를 받고 철군했다. 초성왕은 이 소문을 듣고 직접 군사를 이끌고 정나라를 치러 갔다. 정나라가 곧바로 초나라와 동맹을 맺었다. 초성왕 역시 정간공과 강화를 맺고 철군했다.

진도공이 이 소식을 듣고 대로했다. 여러 대부들에게 물었다.

"정나라는 실로 반복무상反覆無常하기 그지없소. 우리 군사가 가면 항복하고, 물러나면 배반하고 있소. 정나라를 확고히 귀부시키려면 어떤 계책을 써야 하오?"

순앵이 계책을 말했다.

"우리가 정나라를 확실히 복속시키지 못하는 것은 초나라와 거의 대등한 힘으로 다투기 때문입니다. 정나라를 복속시키려면 반드시 먼저 초나라를 피폐케 해 그 힘을 약화시켜야 합니다. 우리는 편안히 있으면서 초나라를 피곤하게 하는 이른바 이일대로以逸待勞의 계책을 써야 합니다."

진도공이 물었다.

"무엇을 '이일대로'라고 하는 것이오?"

지무자가 군사를 나눠 철저히 맞서다

순앵이 대답했다.

"말 그대로 나는 편히 있으면서 상대를 수고롭게 하는 것입니다. 주공은 군사를 자주 출동시켜서는 안 됩니다. 군사가 쉽게 피로해지기 때문입니다. 열국의 제후 역시 자주 부르면 안 됩니다. 자주 부리면 원망을 사게 됩니다. 안으로는 군사가 피로에 지치고, 밖으로는 제후들의 원망을 사면 아무리 초나라를 제압코자 해도 승리를 장담할 수 없습니다. 신의 계책은 이렇습니다. 우리가 보유하고 있는 중군과 상군, 하군, 신군新軍 등 4군을 다시 3군으로 개편해야 합니다. 우리를 따르는 열국의 군대 역시 같은 비율로 나눠서 각 군단에 배치합니다. 우리가 초나라 군사와 싸울 때는 1개 군단씩 번갈아가며 나가서 싸우게 합니다. 우리 군사는 1번 싸울 때 초나라 군사는 3번 싸우는 셈입니다. 초나라 군사가 전진하면 우리는 후퇴하고, 초나라 군사가 후퇴하면 우리는 전진합니다. 우리는 1개 군단으로 초나라의 전군을 상대하고 견제하는 것입니다. 그러면 저들은 싸우려고 해도 싸우지 못하고 쉬려고 해도 쉬지 못하게 됩니다. 우리는 병사들을 고생시키지 않지만 저들은 우리에게 끌려 다녀야 하므로 길에서 우왕좌왕 고통을 겪게 됩니다. 우리는 신속히 움직일 수 있지만 저들은 그럴 수 없습니다. 그런 전법을 쓰면 초나라 군사는 피로에 지쳐 전의를 잃을 것입니다. 정나라를 우리에게 확실히 복속시킬 수 있는 비책이 여기에 있습니다."

진도공이 머리를 끄덕이며 찬동했다.

"그 계책이 좋소."

그러고는 순앵으로 하여금 곡량曲梁 땅으로 가서 군사를 훈련하고 정비케 했다. 순앵이 4군을 3군으로 개편한 뒤 교대로 출동하도록 순번을 정했다. 이어 단상으로 올라가 여러 가지 명을 내렸다. 단상에는 대장의 행황색杏黃色 대기를 세웠다. 깃발에 '중군원수中軍元帥 지智'라고 씌어 있었다. 그의 성씨는 순荀인데 왜 지智라고 쓴 것일까?

순앵荀罃과 순언荀偃은 숙질 사이로 같은 대부인데다 진나라 장수이기도 하다. 두 사람이 모두 같은 성씨를 깃발에 쓰면 구별이 잘 안 되는 난점이 있다. 순앵의 부친 순수荀首는 지智 땅을 식읍으로 받았고, 순언의 부친 순경荀庚은 진晉나라가 과거 3군 이외에 상항上行과 중항中行 및 하항下行 등의 3항 체제를 유지할 때 중항장군으로 있었다. 순앵이 지씨智氏, 순언이 중항씨中行氏를 표방하며 서로를 구별키로 했다. 이후 순앵은 지앵智罃, 순언은 중항언中行偃으로 불린 이유다. 덕분에 병사들은 두 장수를 부르는 소리를 듣거나 깃발을 보고 혼동하는 일을 피할 수 있게 됐다. 모두 순앵의 지시로 시행된 법도의 일환이었다. 당시 단하壇下에 나뉘어 늘어선 3개 군단의 편성을 보면 이와 같았다.

제1군단은 상군으로 편성했다. 상군 대장 순언이 이끌고, 상군 부장 한기韓起로 하여금 보좌케 했다. 노나라와 조나라 및 주邾나라 군사를 제1군단에 배치한 뒤 중군 부장 범개范匃로 하여금 접응케 했다.

제2군단은 하군으로 편성했다. 하군 대장 난염欒黶이 이끌고, 하군 부장 사방士魴으로 하여금 보좌케 했다. 제나라와 등滕나라 및 설薛나라 군사를 제2군단에 배치한 뒤 중군 상대부 위힐魏頡로 하여금 접응케 했다.

제3군단은 신군으로 편성했다. 신군 대장 조무趙武가 이끌고, 신군 부장 위상魏相으로 하여금 보좌케 했다. 송나라와 위나라 및 예郳나라 군사를 제3군단에 배치한 뒤 중군 하대부 순회荀會로 하여금 접응케 했다.

순앵이 전령傳令했다. 전쟁을 수행할 때 첫 번째는 제1군단인 상군, 두 번째는 제2군단인 하군, 세 번째는 제3군단인 신군이 출정토록 했다. 자신이 거느린 중군의 군사와 장수는 이들 3개 군단의 요청을 좇아 나눠 접응키로 했다. 윤번제 출전의 순서가 한 바퀴 돌면 다시 처음부터 시작했다. 이들이 출정해 적과 우호의 맹약을 맺고 돌아오면 전공으로 인정해 주고, 초나라 군사와 교전하는 것은 일절 허락지 않았다.

당시 공자 양간楊干은 진도공의 동모제同母弟로 나이가 19세였다. 그는 새로 중군융어中軍戎御의 직책을 맡았다. 혈기가 한창 왕성했으나 전투를 해본 경험이 없었다. 그는 정나라를 친다는 말을 듣고는 신명이 나 주먹을 불끈 쥐거나 두 손바닥을 비비거나 하면서 출정을 고대했다. 혼자라도 당장 일지군을 이끌고 가 적군을 무찌르고자 했다. 순앵이 그를 기용치 않았다.

공자 양간은 마음속에서 치솟는 예기銳氣를 참을 길이 없었다. 마침내 선봉이 되어 사력을 다해 정나라 군사를 치겠다고 자원했다.

순앵이 말했다.

"내가 전군을 3개 군단으로 나눈 이유는 기동력을 살려 속진속퇴速進速退하려는 데 있소. 싸움에 이겨 공을 세우게 하는 데 있지 않소. 군대 편성도 이미 끝났으니 소장군小將軍이 비록 용맹하지만 아직은 그대를 쓸 마땅한 자리가 없소."

공자 양간이 모든 노력을 다하겠다며 출전 허락을 거듭 요청했다. 순앵이 말했다.

"소장군이 그토록 굳이 출전키를 원하면 임시로 중군 하대부 순회荀會 휘하로 들어가 신군을 접응하는 임무를 맡도록 하시오."

공자 양간이 말했다.

"신군은 3번째로 출전하는 군단이 아닙니까? 저는 그때까지 기다릴 수 없습니다. 제1군단에 넣어 주십시오."

순앵이 이를 허락지 않았다. 공자 양간은 자신이 군주의 친동생인 것만 믿고 이내 휘하 부하들을 이끌고 제1군단에 속한 중군 부장 범개의 뒤에 가서 도열했다.

사마 위강은 장령將令을 좇아 각 군단의 항오行伍를 점검하다가 공자 양간이 배정해 준 소속 부대를 떠나 제1군단에 와 있는 걸 보고 즉시 북을 쳐 모든 장병에게 알렸다.

"공자 양간이 고의로 장령을 위반하고 항오의 질서를 어지럽혔다. 군법으로 논하면 참수형에 해당하나 군주의 친동생임을 감안해 그의 어자御者를 대신 참수함으로써 군법의 엄정함을 주지시키겠다."

그러고는 즉시 군교軍校에게 명해 양간의 어자를 포박해 참수케 했다. 이어 그 수급을 단하에 매달게 했다. 모든 병사들이 이를 지켜보며 숙연해졌다.

공자 양간은 평소 자신의 귀한 신분을 빙자해 교만을 떨면서 방자하게 굴었다. 군법이 과연 어떤 것인지를 잘 몰랐다. 그는 자기 대신 어자가 참수되는 것을 보고 정신이 아찔했다. 몹시 두려워한 나머지 수레를 몰고 군영 밖으로 달아났다. 두려움이 가라앉자 부끄럽고 분한 마음이 들었다. 곧바로 진도공 앞에 가서 바닥에 꿇어 엎드린 절한 뒤 울며 호소했다.

"위강이 이처럼 사람을 업신여길 수 있습니까? 창피해서 제장들을 대면할 면목조차 없습니다."

진도공이 동생을 사랑하는 마음이 앞선 나머지 경위도 물어보지 않고 발끈 화를 냈다.

"위강이 과인의 동생을 모욕했다는 것은 곧 과인을 모욕한 것이나 다름없다. 그를 반드시 잡아 죽이겠다. 그를 가만두지 않을 것이다"

그러고는 즉시 중군 부위副尉 양설적羊舌赤을 불러 위강을 잡아오게 했다. 양설직이 진도공에게 말했다.

"위강은 지절지사志節之士입니다. 그는 일을 당해도 어려움을 피하지 않고, 죄가 지어도 화를 피하지 않습니다. 그는 군무軍務를 마친 뒤 반드시 스스로 와서 사죄할 것입니다. 신이 구태여 가서 위강을 잡아올 필요까진 없습니다."

과연 위강은 궁으로 들어오는 중이었다. 위강은 오른손에 칼을 잡고 왼손에 상소문을 쥐고 있었다. 그는 진도공 앞에 가서 대죄待罪할 생각이었다. 공궁의 남문인 오문午門에 이르렀을 때 진도공이 사람을 시켜 자신을 잡아들이려 한다는 이야기를 들었다. 그는 종자에게 상소장을 주면서 진도공에게 올리라고 당부한 뒤 칼 위에 엎어져 죽으려고 했다.

이때 위강을 도와 진도공에게 그 일의 경위를 품하려고 뒤따라오던 두 관원이 급히 달려와 위강의 손에서 칼을 빼앗았다. 하군 부장 사방과 척후의 우두머리인 주후대부主候大夫 장로張老였다. 이들은 위강의 손에서 칼을 빼앗으며 말했다.

“우리는 사마가 궁으로 들어갔다는 말을 듣고 필시 공자 양간에 관한 일 때문이라고 생각했소. 우리가 급히 따라온 이유요. 우리도 그대와 함께 주공에게 이 일의 전말을 품할 생각이오. 우리는 사마가 어째서 이토록 자기 생명을 가벼이 취급하는 것인지 모르겠소.”

위강은 진도공이 양설직을 불러 자신을 잡아오도록 했다는 이야기를 했다. 두 사람이 말했다.

“이번 일은 나라의 공사公事입니다. 사마는 군법을 받들어 행한 것일 뿐 사사로운 감정에서 일을 처리한 것은 결코 아닙니다. 어째서 스스로 목숨을 버리려는 것이오? 이제 상소문은 종자를 시켜 바칠 게 아니라 우리 두 사람이 주공에게 바치고 사정을 품하도록 하겠소.”

사방과 장로가 먼저 들어가 진도공을 알현하고 위강의 글을 바쳤다. 진도공이 위강의 상소문을 읽었다. 내용은 대략 이러했다.

> 주공은 신을 불초하다 여기지 않고 중군 사마의 직책에 명했습니다. 신이 듣건대 3군의 목숨은 원수에게 매여 있고, 원수의 권한은 명령에 있다고 했습니다. 군사가 명을 준수하지 않고 명에 따라 운용되지 못하면 그런 군사로 전쟁을 행할 수 없습니다. 지난날 우리 진나라 군사가 하곡河曲에서 공을 세우지 못하고 필성邲城에서 패한 것도 명을 준수하지 않았기 때문입니다. 신이 명을 어긴 자를 죽인 것은 사마의 직책을 다하기 위한 것이었습니다. 신은 주공의 동생과 관련한 일로 인해 주공이 진노하고 있다는 것도 알고 있습니다. 주공에게 심려를 끼친 죄는 죽어 마땅합니다. 청컨대 신은 주공 곁에서 칼 위에 엎어져 죽음으로써 주공이 친인척을 더욱 사랑하는 정의情誼인 이른바 친친지의親親之誼를 널리 드러내고자 합니다.

진도공이 상소문을 읽고는 두 사람에게 황급히 물었다.

"위강은 지금 어디에 있소?"

두 사람이 말했다.

"위강이 자기 죄를 알고 자진하려고 하기에 신들이 애써 말렸습니다. 지금 궁문에서 대죄하고 있습니다."

진도공이 자리에서 벌떡 일어나 맨발로 궁문을 향해 걸어갔다. 위강을 붙들어 일으키며 말했다.

"과인이 한 말은 형제간의 정에서 나온 것이고, 그대가 한 일은 군법의 집행에 관한 일이오. 과인이 능히 동생을 가르치지 못해 군법을 범했으니 그 허물은 과인에게 있소. 경과는 아무런 관련이 없소. 경은 속히 가서 맡은 직책을 수행토록 하시오."

양설직이 곁에서 큰 소리로 외쳤다.

"주공이 이미 그대가 무죄라고 용서했으니 속히 돌아가도록 하시오."

위강이 진도공에게 사은하고 물러나갔다. 양설직과 사방 및 장로가 동시에 머리를 조아리며 말했다.

"이렇듯 법을 엄정히 집행하는 신하가 있으니 주공이 앞으로 패업을 이루지 못할까 걱정할 일이 뭐 있겠습니까?"

위강 등 4인이 진도공에게 물러갈 것을 고한 뒤 일제히 출조出朝했다. 진도공이 다시 궁실로 들어가서 공자 양간을 크게 꾸짖었다.

"네가 예법을 몰라 과인까지 거의 과오에 빠뜨릴 뻔했다. 나는 하마터면 사랑하는 장수 한 사람을 죽일 뻔했다."

그러고는 내시로 하여금 양간을 데리고 가서 공족대부公族大夫 한무기에게 인계토록 했다. 3달 동안 예법을 배운 뒤 비로소 다시 만날 것을 허락했다. 공자 양간이 부끄러움을 품은 채 울울鬱鬱한 표정으로 내시를 따라 나갔다.

염옹이 이를 시로 읊었다.

군법에 귀천 없는데 감히 어기니	軍法無親敢亂行
중군 사마의 호령이 추상과 같다	中軍司馬面如霜
진도공이 패업의 의지 닦는 터에	悼公伯志方磨勵
어찌 충신을 칼 아래 죽게 하랴	肯使忠臣劍下亡

120話 핍양성에서 세 장수가 힘껏 싸우다
– 핍양성삼장투력逼陽城三將鬪力

당시 순앵 즉 지앵智罃은 모든 군사를 3개 군단으로 나눈 뒤 바야흐로 정나라를 치기 위해 출동하려 했다. 마침 정신廷臣이 와서 고했다.

"송나라에서 방금 국서를 보내왔습니다."

초나라와 정나라가 함께 자주 군사를 일으켜 송나라 국경을 침범해 왔는데, 요즘은 핍양逼陽이라는 소국의 땅을 동쪽 길로 삼아 아주 신속히 쳐들어오고 있다며 긴급한 사정을 호소한 것이다.

상군 대장 순언 즉 중항언中行偃이 나서서 말했다.

"초나라가 정나라와 진陳나라를 얻은 뒤 다시 송나라를 침공하는 것은 그 의도가 우리 진晉나라와 패권을 다투는 데 있습니다. 핍양은 지금 초나라가 송나라를 침공하는 길목이 되어 있어 그대로 방치하면 송나라는 초나라에 굴복할 수밖에 없습니다. 우리가 먼저 핍양을 치면 단 1번의 공격으로 핍양을 함락시킬 수 있습니다. 지난번에 초나라 군사가 점령한 송나라 팽성을 포위했을 때 송나라 대부 상술向戌이 공을 세웠습니다. 핍양을 탈취하면 상술을 봉해 우리의 부용국으로 삼은 뒤 그로 하여금 초나라에서 송나라로 통하는 길을 끊게 하는 것도 하나의 계책입니다."

지앵이 걱정했다.

"핍양이 비록 나라는 작지만 그 성은 매우 견고하오. 만일 쳐서 함락시키지 못하면 열국 제후의 웃음거리가 될 것이오."

중군 부장 범개가 중앙언을 거들었다.

"팽성 싸움 당시 우리가 군사를 옮겨 정나라를 치려고 하자 초나라 군사가 송나라를 침공해 정나라를 구했습니다. 또 정나라 호뢰 땅 싸움 당시 우리가 정나라를 평정하려고 하자 초나라 군사가 다시 송나라를 쳐 정나라를 구했습니다. 정나라의 항복을 받으려면 먼저 송나라를 굳게 지키는 계책이 아니고는 안 됩니다. 핍양을 쳐 송나라를 지켜야 한다는 순언의 주장이 옳습니다."

지행이 두 사람에게 물었다.

"그럼 두 분은 핍양을 쳐서 반드시 멸망시킬 자신이 있다는 것이오?"

자가 백유伯游인 중항언과 자가 백하伯瑕인 범개가 대답했다.

"우리 두 사람이 책임지고 핍양성을 함락시키겠소. 만일 성공하지 못하면 군령軍令을 달게 받겠소."

진도공이 두 사람을 격려했다.

"백유가 주도하고 백하가 돕는다면 그 일에 관해 무엇을 근심하겠는가?"

진도공은 상군으로 편성된 제1군단으로 하여금 핍양성을 공격케 했다. 해당 군단에 배속된 노나라와 조나라 및 주邾나라 군사도 함께 출동했다.

핍양국의 대부 운반妘斑이 헌계獻計했다.

"진나라 군사와 함께 출동한 노나라 군사가 지금 북문 밖에 진을 치고 있습니다. 우리는 짐짓 북문을 열고 나가 노나라 군사에게 싸움을 걸겠습니다. 거짓으로 패해 성 안으로 들어오면 그들은 반드시 우리를 추격하느라 성 안으로 들어올 것입니다. 그때 우리는 노나라 군사가 절반쯤 성안으로 들어오기를 기다렸다가 상하로 올리고 내리는 성문인 현문懸門을 내리면 저들은 양단되고 맙니다. 이렇게 해서 노나라 군사를 패퇴시키면 조나라와 주邾나라 군사도 틀림없이 두려워할 것이고, 진나라의 예기도 꺾이고 말 것입니다."

핍양의 군주가 그 계책을 쓰기로 했다.

한편 노나라 장수 맹손멸孟孫蔑 즉 중손멸仲孫蔑은 공자孔子의 부친인

핍양성에서 세 장수가 힘껏 싸우다

숙량흘叔梁紇과 진근보秦堇父 및 적사미狄虒彌 등을 이끌고 핍양성의 북문을 공격했다. 핍양국 군사는 현문을 들어 올려 열어놓은 채 성 밖으로 나와 노나라 군사와 싸웠다. 진근보와 적사미는 이를 보고는 스스로 용기만 믿고 성안으로 쳐들어갔다. 숙량흘이 두 장수의 뒤를 따라 성안으로 막 들어가려는 순간 현문이 큰 소리를 내며 위에서 떨어져 내렸다. 숙량흘의 잽싸게 들고 있던 창을 내던진 뒤 두 손으로 현문을 떠받쳤다. 이를 본 노나라 군사의 후대後隊는 징을 쳐 군사를 거두었다. 진근보와 적사미는 후대에 무슨 일이 생긴 줄 알고 급히 몸을 돌려 성 밖으로 나왔다.

이때 성안에서 북과 뿔피리인 고각鼓角 소리가 일제히 일어났다. 그 소리에 맞춰 핍양의 대부 운반이 10개 부대로 구성된 인마를 이끌고 후퇴하는 노나라 군사의 뒤를 추격했다. 이때 문득 한 거한이 두 손으로 현문을 떠받치고 노나라 군사를 성 밖으로 빠져 나가게 하는 것을 보고 자기 눈을 의심했다. 운반은 속으로 생각했다.

'저 현문이 위에서 아래로 세차게 떨어졌는데도 저토록 떠받치고 있으니 1천 근을 들어 올리는 기력이 아니면 어찌 저렇게 버틸 수 있겠는가? 우리가 만일 노나라 군사를 뒤쫓기 위해 저 자의 곁을 지나 성 밖으로 나간 뒤 저 자가 현문을 놓아버리면 우리가 도리어 큰 피해를 입을 것이다.'

그러고는 병거를 멈춘 채 잠시 지켜보기로 했다. 숙량흘은 노나라 병사들이 모두 성 밖으로 빠져나가자 큰 소리로 외쳤다.

"노나라 유명한 상장上將 숙량홀이 여기 있다. 누구든 성 밖으로 따라 나가고 싶은 자가 있거든 이리로 오너라. 내가 이 현문을 놓기 전에 속히 나가도록 하라!"

성안에는 그의 말에 대꾸하는 자가 한 사람도 없었다. 화가 난 운반은 숙량흘에게 활을 쏘려고 했다. 숙량흘이 이를 보고는 자신도 모르게 손을 한번 내저으면서 성 밖으로 물러났다. 그 바람에 현문이 그의 두 손에서 벗어나 벼락 치듯 아래로 떨어져 성의 입구를 막아버렸다.

숙량홀이 본영으로 돌아와 진근보와 적사미에게 말했다.

"두 장수의 목숨이 내 두 팔에 의지해 있었소!"

진근보가 말했다.

"만일 후퇴하라는 징만 울리지 않았더라도 우리는 핍양성 안으로 돌진해 큰공을 세웠을 것이오."

적사미도 말했다.

"내가 내일 어떻게 하는지 보시오. 홀로 핍양성을 치겠소. 나는 노나라 장수의 실력이 어떤지 핍양 사람들에게 보여줄 생각이오."

이튿날 노나라 상장 중손멸이 군사를 정돈한 뒤 다시 핍양성을 향해 싸움을 걸었다.

적사미가 좌우를 돌아보며 말했다.

"나는 남의 도움이 필요 없다. 단신으로 적의 1개 부대를 대적할 것이다. 충분히 가능한 일이다."

그러고는 수레에서 떼어낸 큰 수레바퀴에 견고한 갑옷을 씌우고 단단히 묶었다. 이를 방패 삼아 왼손에 들고, 오른손으로 긴 창을 쥔 채 나는 듯이 달려가기 시작했다.

핍양성 위에서 한 장수가 이를 굽어보다가 베 한 필을 풀어 성 아래로 내려 보내며 외쳤다.

"너희 중에 아무나 이 베를 잡고 성 위로 올라오겠다면 내가 끌어올려 주겠다. 누가 감히 올라오겠는가? 그리하는 자는 실로 용기 있는 자이다."

이 말이 끝나기도 전에 노나라 장병 가운데 한 장수가 썩 나서며 대답했다.

"오냐, 내가 올라가마!"

그 장수는 바로 진근보였다. 진근보가 즉시 베를 이 손 저 손으로 번갈아가며 붙잡고 올라가 삽시간에 성가퀴에 이르렀다. 순간 핍양국의 장수가 베를 칼로 잘랐다. 진근보는 성 위에 발을 내딛지 못하고 그만 공중제비를 하듯 성 아래로 굴러 떨어졌다.

핍양성의 높이는 네댓 길이나 됐다. 다른 사람이 그렇게 굴러 떨어졌으면 죽거나 중상을 입었을 것이다. 그러나 몸을 가눠 사뿐히 땅에 내려앉은 진근보의 표정은 태연자약했다. 전혀 다치지 않은 것이다. 성 위에서 다시 베를 아래로 내리면서 물었다.

"감히 다시 올라오겠는가?"

진근보가 응수했다.

"그 어떤 경우든 내가 못할 리 있는가?"

그러고는 다시 두 손으로 베 끝을 붙잡고 뒤로 물러났다가 베의 탄력을 이용해 몸을 솟구쳐 성위로 올라가려고 했다. 그 장수가 다시 베를 잘랐다. 진근보가 땅 위로 떨어져 여러 번 굴렀다. 그러나 그는 금방 손으로 땅을 짚고 우뚝 일어섰다. 성 위에서 다시 베를 드리워 주며 외쳤다.

"네가 그래도 또 올라올 것인가?"

진근보가 더욱 세찬 목소리로 대답했다.

"내가 올라가지 못하면 나를 호한好漢으로 여기지 않아도 좋다!"

그는 조금도 두려운 기색 없이 다시 베 끝을 두 손으로 틀어쥔 뒤 뒤로 물러났다가 몸을 솟구쳐 성 위로 뛰어 올랐다. 크게 당황한 핍양국의 그 장수가 곧바로 칼로 베를 끊었다. 그러나 그 순간 진근보가 번개같이 손을 뻗어 그를 낚아챈 뒤 성 아래로 내던졌다. 그 장수는 이내 반숙半熟이 돼 버렸다.

진근보도 끊어진 베를 거머잡고 성 아래로 뛰어 내렸다. 아무렇지도 않다는 듯 일어나 성 위를 쳐다보고 외쳤다.

"너희가 감히 다시 베를 내려뜨릴 것인가?"

성 위의 병사들이 대답했다.

"이미 장군의 신용神勇을 잘 알았습니다. 다시는 감히 그리하지 않겠습니다."

그제야 진근보는 끊어진 베 세 가닥을 들고 와서 각 부대에 보여주었다. 노나라 장병들 모두 혀를 내둘렀다.

노나라 군사의 대장인 중손멸이 탄복했다.

"『시경』「패풍邶風, 간혜簡兮」에 범처럼 힘이 세다는 뜻의 유력여호有力如虎 구절이 있다. 숙량흘과 진근보, 적사미 등 3인의 장수가 바로 그와 같다!"

핍양의 대부 운반은 노나라 장수들이 1대1로 겨룰 수 없을 정도로 용맹한 것을 보고 감히 성 밖으로 나가서 싸우지 못했다. 그는 군대와 백성들에게 힘을 다해 성을 굳게 지키라고 명했다.

진나라 연합군은 이해 여름 4월 병인일에 핍양성을 포위했다. 이후 5월 경인일에 이르기까지 24일 동안 성을 공격했지만 아무런 성과도 올리지 못했다. 공격하는 쪽이 지치고 지키는 쪽이 여유가 있었다.

그 무렵 갑자기 큰비가 내렸다. 비가 여러 날 계속돼 땅 위의 수심이 3척에 달했다. 연합군 병사들이 공포와 불안에 휩싸였다. 순언과 범개는 군중軍中에서 혹여 변이라도 생길까 우려했다. 두 사람이 이내 중군 영채에 가서 지앵智罃에게 반사班師를 청했다.

지앵이 이들의 요청을 받아들일지 알 길이 없으니 다음 회를 보라.

제61회

121話 진도공이 출정해 소어에서 회맹하다 – 진도공가초회소어晉悼公駕楚會蕭魚

진나라를 비롯해 노나라와 조나라 및 주邾나라 등 연합군은 핍양성을 포위해 공격한 지 24일이 지나도록 성을 함락시키지 못했다. 그 와중에 큰 비까지 와 평지의 수심이 3척이나 되었다. 중하언中行偃과 범개는 병사들의 마음이 변하지나 않을까 걱정해 함께 중군으로 와서 지앵에게 자신들의 생각을 밝혔다.

"당초 저희는 핍양이 작은 성이라 쉽게 함락시킬 줄 알았습니다. 그러나 포위한 지 1달이 거의 다 되었지만 아직도 함락시키지 못하고 있습니다. 게다가 지금 큰비가 계속 내리고 때가 여름인지라 장마로 이어질 듯합니다. 지형을 보면 서쪽에는 포수泡水, 동쪽에는 설수薛水, 동북쪽에는 곽수漷水

가 있습니다. 세 강의 물이 모두 사수泗水로 흘러듭니다. 비가 그치지 않고 내려 세 강물이 범람하면 아마도 회군하기 불편할 듯합니다. 차라리 잠시 본국으로 돌아갔다가 다시 군사를 일으키는 게 좋을 듯합니다."

지앵이 이 말을 듣고 대로했다. 팔을 괴고 있던 궤안几案을 들어 두 장수에게 내던지며 꾸짖었다.

"이 노부老夫가 전에 뭐라고 말했소? 핍양성이 비록 작지만 견고해서 쉽게 함락시키지 못할 것이라고 말하지 않았소? 그대들은 핍양쯤은 쉽게 이길 수 있다고 군주 면전에서 장담하면서 나까지 끌어들여 이곳으로 오게 했소. 성을 포위한 지 1달이나 되었으나 그대들은 한 치의 공도 세우지 못하고 있소. 게다가 지금은 여름철이라 비가 내리게 마련인데도 비 핑계를 대고 회군하겠다고 하니 그게 말이나 되는 소리요? 내가 여기에 올 때는 그대들이 하자는 대로 왔지만 갈 때는 그대들이 하자는 대로 갈 수 없소. 이제 그대들에게 7일의 기한을 주겠소. 이 기한 안에 핍양성을 쳐서 함락시키지 못하면 군령장軍令狀에 의해 그대들을 참수하겠소. 속히 가서 성을 함락시키도록 하시오. 공을 세우기 전에는 두 번 다시 나를 보러오지 마시오."

두 장수는 그 말에 놀라 얼굴이 흙빛이 되었다. 이들은 연신 분부대로 거행하겠다며 황급히 물러났다. 이들은 돌아온 뒤 본부의 장수들을 불러놓고 말했다.

"원수가 엄명을 내렸소. 7일 안에 핍양성을 함락시키지 못할 경우 우리 두 사람의 목을 베겠다고 했소. 이제 우리도 그대들에게 기한을 주겠소. 6일 안에 이 성을 격파토록 하시오. 그리하지 못할 경우 그대들의 목부터 먼저 참하겠소. 연후에 우리도 자결함으로써 군령에 따를 것이오."

제장들이 서로 얼굴을 쳐다보며 말이 없었다. 중항언이 계속 말했다.

"이는 엄포가 아니오. 군중무희언軍中無戱言이라는 말이 있소. 군중에선 장난삼아 말하는 법이 없는 법이오. 우리 두 사람이 몸소 적의 시석矢石을 무릅쓰고 싸우겠소. 우리는 지금부터 주야晝夜를 가리지 않고 성을 공격키로 했소. 오직 전진만이 있을 뿐 후퇴는 없소."

진나라 군사와 3국 군사가 합세해 일제히 공격을 감행했다. 때맞춰 비도 그쳤고 물도 차츰 빠졌다. 중항언과 범개는 고가 사다리 수레인 소거轈車를 타고 병사들보다 먼저 앞서 나갔다. 성 위에서는 화살과 돌덩이가 비처럼 쏟아져 내렸다. 진나라 장병들 모두 조금도 피하지 않고 성을 공격했다.

진나라 연합군은 5월 경인일에 공격을 개시했다. 5일 뒤인 갑오일에 이르러 마침내 핍양성 안의 화살과 돌이 모두 떨어졌다. 중항언이 맨 먼저 소거를 성벽에 대고 뛰어내렸다. 성가퀴를 붙잡고 성 위에 발을 내디뎠다. 범개가 그 뒤를 따라 소거에서 성 위로 건너뛰었다. 각국의 장병들도 여세를 몰아 개미떼처럼 성벽에 붙어 위로 올라갔다. 성안으로 들어간 그들은 핍양의 군사를 패퇴시키고 성문을 활짝 열었다. 핍양의 대부 운반은 저잣거리에서 진나라 군사와 싸우다 전사했다.

핍양성이 함락되자 지앵이 입성했다. 핍양의 군주가 신하들을 이끌고 지앵이 탄 수레 앞으로 와 항복했다. 지앵이 핍양의 군주 일족을 군중에 연금했다. 진나라 연합군은 공격한 지 5일 만에 핍양성을 함락시킨 셈이다. 지앵이 중항언과 범개에게 성을 내지 않았으면 두 사람이 어찌 이런 공을 세울 수 있었겠는가?

염옹이 이를 시로 읊었다.

도끼잡고 단상서 천지를 호령하니	仗鉞登壇無地天
휘하 장수 어찌 감히 권한 범하랴	偏裨何事敢侵權
1인이 궤안 던지자 3군이 힘내니	一人投几三軍懼
철석같은 높은 성도 두렵지 않다	不怕隆城鐵石堅

당시 진도공은 진나라 연합군이 핍양성을 쉽게 함락시키지 못하자 직접 정예병 2천 명을 선발해 핍양으로 향했다. 고전하고 있는 제1군단을 돕고자 한 것이다. 그러나 위나라 도성 초구楚邱에서 지앵이 마침내 핍양성을 함락시켰다는 보고를 받았다. 곧바로 송나라에 사자를 보내 멸망한 핍양에 대부 상술을 봉하려 한다는 자신의 뜻을 전했다. 상술이 송평공宋平公을 모시고 위나라 도성 초구까지 와서 진도공을 알현했다. 그 자리서 그는 자신을 핍양에 봉하고자 하는 진도공의 호의를 사양했다. 진도공이 핍양을 송나라에 합병시키기 위해 송평공에게 내줬다.

송평공과 위헌공衛獻公은 각각 연회를 베풀고 진도공을 극진히 대접했다. 지앵은 진도공에게 노나라 장수 숙량흘과 진근보 및 적사미의 뛰어난 용맹을 보고했다. 진도공이 이들 세 장수에게 각각 좋은 병거와 의복을 내렸다. 이들이 사례하고 돌아갔다.

진도공은 핍양의 군주가 초나라를 도운 것을 이유로 서인으로 만들었다. 이어 일족 가운데 현자를 발탁해 운씨妘氏의 제사를 맡기고, 지금의 산서성 곽현 서남쪽의 곽성霍城에 가서 살게 했다.

이해 가을, 진나라 장수 순회荀會가 죽었다. 진도공은 군법에 엄격한 사마 위강을 신군 부장에 임명해 순회의 뒤를 잇게 했다. 또 장로張老를 위강의 후임으로 임명했다. 이해 겨울에 진나라 제2군단이 정나라를 쳤다. 정나라 우수牛首 땅에 주둔하며 호뢰 땅의 수비대 병력을 증강시켰다.

마침 이때 정나라에서 울지尉止가 변란을 일으켰다. 그는 대신들이 서궁西宮에 모여 있을 때 공자 비騑와 공자 발發, 공손 첩輒을 한꺼번에 쳐 죽였다. 공자 비의 아들은 자가 자서子西인 공손 하夏이고, 공자 발의 아들은 자가 자산子産인 공손 교僑이다.

공손 하와 공손 교는 각각 집안의 갑사를 이끌고 울지를 쳤다. 울지가 북궁으로 패주했다. 공손 채蠆도 급보를 받고는 갑사를 이끌고 와 두 사람을 도왔다. 마침내 울지 일당을 모두 도륙했다. 이어 공자 가嘉를 상경으로 삼았다.

정나라의 혼란상을 전해들은 진나라 장수 난염이 지앵에게 청했다.

"지금 정나라는 혼란에 빠져 있습니다. 정나라는 지금 당장 전쟁을 치를 형편이 못됩니다. 차제에 급히 공격하면 정나라를 무너뜨릴 수 있습니다."

순앵이 대답했다.

"남의 혼란을 틈타 공격하는 것은 의롭지 못한 일이오."

그는 도리어 공격을 늦출 것을 명했다. 소문을 전해들은 정나라 상경 공자 가嘉가 사람을 지앵에게 보내 강화를 청했다. 지앵이 허락했다. 초나라 영윤 공자 정이 정나라를 구원하러 왔을 때는 이미 진나라 군사가 철군한 뒤였다. 정나라가 다시 초나라와 동맹을 맺었다.

『춘추좌전』에 진도공이 3번 출병해 초나라를 굴복시켰다는 뜻의 '진도공3가복초晉悼公三駕服楚'[1] 구절이 나온다. 우수 땅의 군사 출병이 바로 진도공이 행한 이른바 3가三駕의 1번째 출병이다. 그때가 주영왕 9년인 기원전 563년이었다.

이듬해 여름, 진도공은 다시 제3군단을 출동시켜 배신한 정나라를 쳤다. 송나라 대부 상술이 진나라 군사를 돕기 위해 군사를 이끌고 먼저 정나라 도성의 동문에 이르렀다. 위衛나라 상경 손림보孫林父도 군사를 이끌고 예郳나라 군사와 함께 정나라로 와서 북비北鄙에 주둔했다.

진나라 제3군단의 지휘관인 하군 대장 조무는 군사를 이끌고 와서 정나라 도성의 서쪽 교외에 영채를 세웠다. 진나라 군사의 총사령관인 지앵도 대군을 이끌고 북림北林으로부터 서쪽으로 내려와 정나라 도성의 남문에

1 『춘추좌전』「노양공 9년」조의 원문은 진도공이 3번 출정하자 이후 초나라가 정나라를 두고 진晉나라와 더는 쟁탈전을 벌이지 못했다는 뜻의 삼가이초불능여쟁三駕而楚不能與爭이다. 『열국지』의 원문 진도공3가복초晉悼公三駕服楚 구절은 이를 돌려 표현한 것이다.

이르렀다. 각 로路의 대장들이 회동해 같은 날에 일제히 정나라 도성을 포위키로 약속했다.

정간공과 신하들이 이 소식을 듣고 크게 두려워했다. 정간공이 다시 사자를 지앵에게 보내 강화를 청했다. 지앵이 이를 허락한 뒤 일단 송나라 박亳 땅으로 물러갔다. 정간공이 직접 박성亳城의 북쪽 변경까지 와서 진나라 군사를 비롯한 연합군 군사를 크게 호궤했다. 이어 지앵과 더불어 삽혈하고 진나라에 대한 충성을 맹서했다. 진나라와 송나라 등 열국 군사가 각각 흩어져 귀국했다. 이것이 진도공이 행한 3가三駕의 2번째 출병이다.

한편 초공왕은 정나라가 다시 진나라를 섬긴다는 소식을 듣고 대로했다. 곧 영윤 공자 정貞을 진秦나라로 보내 군사를 빌려줄 것을 청하게 했다. 진秦나라와 함께 정나라를 칠 심산이었다. 두 나라는 혼인관계를 맺고 있었다. 진경공秦景公의 누이가 바로 초공왕의 부인이었다. 두 나라는 혼인관계를 맺은 후 전에 없이 친한 사이가 됐다.

진경공이 장수 영첨嬴詹으로 하여금 병거 300승을 이끌고 가 초나라 군사를 돕게 했다. 초공왕이 직접 대군을 이끌고 정나라 형양滎陽 땅을 향해 진격했다. 그는 이같이 말했다.

"이번에 정나라를 쳐서 멸망시키지 않으면 맹세코 회군하지 않겠다."

정간공은 송나라 박성의 북쪽 변경에서 진晉나라와 동맹을 맺고 돌아온 뒤 초나라 군사가 단모旦暮에 쳐들어올 것을 알았다. 모든 대부를 불러 앞날을 상의했다. 대부들이 말했다.

"지금 형세는 진나라가 초강하고 초나라는 그만 못합니다. 다만 진나라 군사는 우리나라로 진격할 때는 아주 느리게 오고 갈 때는 아주 빠르게 갑니다. 지금까지 초나라와 맞붙어 싸울 기회가 없었습니다. 두 나라가 자웅을 가리지 못한 채 우리나라를 놓고 서로 오가며 다투는 바람에 우리만 고통을 당하고 있습니다. 진나라 군사로 하여금 우리나라에서 초나라 군사와 사활을 건 싸움을 벌이게 하면 초나라 군사는 진나라에 미치지 못한 까닭에 틀림없이 싸움을 피할 것입니다. 그때를 기다려 전적으로 진나라를 섬기는 게 좋을 것입니다."

공손 사지舍之가 나서서 계책을 말했다.

"진나라로 하여금 우리나라에서 초나라 군사와 사활을 건 싸움을 벌이게 하려면 그들의 분노를 촉발시켜야 합니다. 진나라를 격분시키는 방법으로 송나라를 치는 것보다 더 나은 방법은 없습니다. 진나라는 지금 송나라는 가장 화목한 관계를 유지하고 있기에 우리가 아침에 송나라를 치면 분노한 진나라는 저녁에 우리나라를 칠 것입니다. 진나라 군사가 예전과 달리 그처럼 빨리 오면 우리나라로 들어왔다가 미처 회군하지 못한 초나라 군사와 틀림없이 마주치게 될 것입니다. 초나라 군사도 결코 물러서진 않을 것입니다. 그러면 우리도 초나라에 변명할 핑계거리가 생기게 됩니다."

모든 대부가 일제히 말했다.

"그 계책이 실로 좋소."

정간공과 신하들이 한창 논의하고 있을 때 첩자가 와서 초나라가 정나라를 치기 위해 진秦나라로부터 군사를 빌린 사실을 고했다. 공손 사지가 도리어 기뻐했다.

"이는 하늘이 우리 정나라로 하여금 진나라를 섬기게 하려는 것이다."

대부들이 그 뜻을 몰라 서로 얼굴만 쳐다봤다. 공손 사지가 말했다.

"진秦나라와 초나라가 함께 들이닥쳐 우리나라를 치면 우리는 곧 큰 곤경에 처하게 됩니다. 차라리 두 나라 군사가 우리나라 국경 안으로 들어오기 전에 우리 쪽에서 먼저 가서 초군을 맞아들이는 게 낫습니다. 이어 초나라 군사와 함께 송나라를 치면 됩니다. 그러면 우리는 2가지 이익을 얻게 됩니다. 첫째, 초나라와 진秦나라 연합군의 공격을 면할 수 있습니다. 둘째, 진晉나라 군사의 분노를 격발시켜 빨리 오게 할 수 있습니다. 이 어찌 일거양득一擧兩得이 아니겠습니까?"

정간공은 이를 좇았다. 곧바로 공손 사지에게 명해 홀로 수레를 타고 밤낮을 가리지 않고 남쪽으로 달려가 정나라를 향해 달려오고 있는 초나라 군사를 맞이하게 했다. 공손 사지가 영수潁水를 건너 약 30리도 가기 전에 초나라 군사와 만났다. 공손 사지가 수레에서 내려 초공왕이 타고 있는 수레 앞으로 나아가 꿇어 엎드려 큰 절을 올렸다. 초공왕이 대로해 꾸짖었다.

"너희 정나라처럼 신의 없는 나라는 처음 봤다. 도대체 언제까지 배신을 되풀이 할 것인가? 과인이 지금 너희 나라가 배신한 죄를 물으러 가는 중이다. 네가 무엇을 하려고 여기까지 온 것인가?"

공손 사지가 공손히 말했다.

"과군은 늘 대왕의 은덕을 마음에 간직하며 대왕의 위엄을 두려워하고 있습니다. 과군의 소원은 종신토록 초나라 진영에 남아 있는 것입니다. 어찌 감히 초나라를 배반할 리 있겠습니까? 하지만 진나라가 워낙 포학무도해서 수시로 군사를 보내 송나라 군사와 합세해 우리나라로 쳐들어오고 있습니다. 과군은 사직이 전복될까 두려워해 그에 대처하느라 대왕을 제대로 섬기지 못한 것입니다. 우리가 부득불 진나라와 강화한 것은 진나라 군사를 내보내기 위한 방편에 불과합니다. 진나라 군사가 물러갔으니 우리나라는 다시 대왕에게 세공稅貢을 바치는 성읍城邑이 되겠습니다. 대왕은 아직 세공을 바치는 폐읍의 정성을 보지 못했습니다. 과군이 특별히 하신下臣으로 하여금 대왕을 영접하며 과군이 간직해 온 심복心腹을 전하게 했습니다. 대왕이 만일 진나라와 한통속이 된 송나라의 죄를 묻겠다면 과군은 대왕의 말채찍을 잡고 전부선봉前部先鋒이 되어 견마지로犬馬之勞를 다할 것입니다. 그리함으로써 상국을 배반하지 않을 뜻을 분명히 밝히고자 하는 것입니다."

초공왕은 그 말을 듣자 이내 노여움을 거두고 기쁜 표정을 지으며 말

■ 진도공이 출정해 소어에서 회맹하다

했다.

"너희 군주가 과인을 좇아 송나라를 치는 데 앞장선다면 과인은 더 이상 무슨 말을 할 것인가?"

공손 사지가 또 말했다.

"하신이 이곳으로 떠나오던 날 과군이 폐읍의 물자를 모두 거둬 전쟁을 준비하면서 대왕을 도성의 동쪽에 있는 동비東鄙에서 미리 기다리겠다고 말했습니다. 초나라 군사의 진격을 조금도 지체시킬 수 없기 때문입니다."

초공왕이 대답했다.

"정나라가 그런 준비를 하고 있다고는 하나 과인은 이미 진秦나라 재상인 서장庶長 영첨嬴詹과 형양성 아래에서 만나기로 약속하고 오는 길이다. 진秦나라 군사와 만나 함께 송나라를 칠 것이다."

공손 사지가 다시 말했다.

"진나라 도읍 옹주雍州는 우리나라에서 너무 먼 거리에 있습니다. 진秦나라 군사는 반드시 진晉나라와 주나라를 경유해야만 비로소 우리 정나라에 올 수 있습니다. 대왕은 사자 한 사람을 보내 진秦나라 군사가 오지 않아도 되는 사유를 전하십시오. 대왕의 위엄과 초나라 군사의 막강한 전력이 있는데 하필 서융西戎에 불과한 진秦나라의 도움을 빌리려고 하는 것입니까?"

초공왕은 그 말을 듣고 우쭐해했다. 곧 사자를 보내 정나라로 오는 진秦나라 군사를 도중에서 돌려보냈다. 이어 공손 사지와 함께 동쪽으로 진군해 유신有莘의 들판에 이르렀다. 정간공이 군사를 이끌고 이미 영접 나와 있었다. 초나라와 정나라 군사가 합세해 송나라를 쳤다. 송나라를 크게 약탈한 뒤 돌아갔다.

송평공宋平公이 곧바로 상술向戌을 진나라로 보내 이 사실을 고했다. 진도공이 보고를 받고 대로했다. 이번에는 출병 윤번제에 따라 제1군단이 나갈 차례였다. 지행이 말했다.

"초나라가 이번에 진秦나라 군사를 빌리고자 한 것은 정나라를 치기 위해 길을 오가느라 크게 지쳐 있다는 증거입니다. 우리가 한 해에 2번이나 정나라를 치러 가는데 초나라가 다시 올 수 있겠습니까? 이번에는 반드시 정나라를 얻게 될 것입니다. 정나라에 우리의 강성한 형세를 보여줌으로써 우리에게 귀부하지 않을 수 없도록 만들어야 합니다."

진도공이 대답했다.

"좋은 생각이오."

진나라가 송나라와 노나라, 위나라, 제나라, 조나라, 거莒나라, 주邾나라,

등滕나라, 설薛나라, 기杞나라, 소주小邾나라 등 11개국에 격문을 보냈다. 진나라는 열국의 군사와 합세해 일제히 정나라로 쳐들어갔다. 정나라 도성의 동문 앞에 이르자 열국 군사를 모아 놓고 관병식觀兵式을 거행했다. 그곳까지 이르는 동안 많은 정나라 군사를 포로로 잡았다. 이것이 진도공이 행한 3가三駕의 3번째 출병이다.

당시 정간공은 공손 사지에게 말했다.

"그대가 진晉나라를 격분시켜 속히 오게 한다고 하더니 과연 이들은 우리나라에 빨리 왔소. 앞으로 어찌할 셈이오?"

공손 사지가 대답했다.

"신이 한편으로는 진晉나라 군사에 강화를 청하고, 한편으로는 사자를 초나라로 보내 구원을 청하겠습니다. 초나라 군사가 빨리 오면 틀림없이 초나라와 진나라 군사 사이에 큰 싸움이 벌어질 것입니다. 우리는 그 싸움에서 이기는 쪽을 선택해 섬기면 됩니다. 초나라 군사가 오지 않으면 우리는 진나라와 동맹한 뒤 이들에게 많은 뇌물을 바치고 환심을 사면 진나라는 반드시 우리나라를 보호해줄 것입니다. 그리되면 초나라를 두려워하거나 걱정할 필요가 없습니다."

정간공이 이를 좇았다. 곧 대부 백변伯駢을 진나라 군영으로 보내 강화를 맺게 했다. 동시에 공손 양소良霄와 태재 석작石㚟을 초나라로 보내 정나라 사정을 고하게 했다.

두 사람이 초공왕 앞에 나아가 말했다.

"진나라 군사가 또다시 쳐들어왔습니다. 게다가 11개국 군사까지 데리고 왔습니다. 그 형세가 몹시 성합니다. 그들이 우리 도성을 공격하면 우리 정나라의 운명은 조석 간에 달려 있습니다. 과군은 군왕이 군사를 출동시켜 진나라 연합군을 물리쳐 주기를 고대하고 있습니다. 그렇지 않으면 우리는 종묘사직을 보전할 수 없기에 부득이 진나라와 강화할 수밖에 없습니다. 그리될지라도 대왕은 우리 정나라를 불쌍히 여겨 용서해 주십시오."

초공왕이 그 말을 듣고 분노했다. 곧 영윤인 공자 정을 불러 대책을 물었다.

공자 정이 대답했다.

"우리 군사는 얼마 전에 정나라로부터 돌아왔기에 아직 숨도 돌리지 못하고 있는 형편입니다. 그런 터에 또 어떻게 곧 군사를 출동시킬 수 있습니까? 잠시 정나라를 진나라에 넘겨주십시오. 나중에 다시 찾아올 기회는 얼마든지 있습니다."

초공왕은 치미는 울화를 참을 수 없었다. 홧김에 정나라 사자 공손 양소와 태재 석작을 군부軍府에 가두고 돌려보내지 않았다.

염옹이 이를 시로 읊었다.

초와 진 패권 다투다 대대로 원수 되니	楚晉爭鋒結世仇
진나라 윤번제로 싸우자 초나라 지치다	晉兵迭至楚兵休
무슨 죄 있어 사자를 잡아 가둔 것일까	行人何罪遭拘執
군사를 3군으로 나눈 게 좋은 계책이지	始信分軍是善謀

당시 진나라 군사는 소어蕭魚 땅에 주둔하고 있었다. 정나라 사자 백변이 진도공을 만나러 그곳으로 갔다. 진도공이 큰 목소리로 꾸짖었다.

"너희 나라는 우리와 강화하고도 우리를 여러 차례 속였다. 네가 강화를 청하러 온 것도 아군의 공격을 늦추려는 이른바 완병계緩兵計가 아닌가?"

백변이 땅바닥에 머리를 찧는 고두叩頭를 하며 대답했다.

"과군은 이미 따로 초나라에 사자를 보내 국교를 단절할 뜻을 고했습니다. 어찌 감히 이심二心을 품겠습니까?"

진도공이 말했다.

"그렇다면 과인은 그대를 성심껏 대하겠소. 다시 배반하면 이는 과인에게만 죄를 짓는 게 아니라 여러 제후들에게도 죄를 짓는 게 되오. 그대는 돌아가서 그대의 군주와 확실한 결정을 내린 뒤 다시 와서 과인의 다짐에 회답토록 하시오."

백변이 다시 말했다.

"과군은 목욕하고 향을 쐬는 이른바 훈목薰沐을 한 뒤 하신을 이곳으로 보냈습니다. 실로 군후에게 우리 정나라를 맡기겠다는 결심의 표명입니다. 군후는 의심치 마십시오."

진도공이 말했다.

"진정 정나라의 뜻이 그러하다면 동맹을 맺을 것이오."

진나라 신군 대장 조무로 하여금 백변과 함께 정나라 도성으로 들어가 정간공과 함께 삽혈하고 맹서케 했다. 맹서를 마친 정간공은 공손 사지로 하여금 조무와 함께 출성出城해 진도공과 맹약을 맺게 했다. 이해 겨울 12월, 정간공이 진나라 군영으로 들어가 삽혈하고 맹서할 것을 청했다. 진도공이 말했다.

"저번에 이미 양국 사자들끼리 맹서했으니 다시 맹서하지 않아도 될 것이오. 군후가 신의를 지키면 신령이 보살펴주실 것이오. 어찌 다시 삽혈할 필요가 있겠소?"

그러고는 정나라로 진격해 오면서 포로로 잡은 정나라 장병을 모두 석방해 돌아가게 했다. 이어 열국의 병사들에게 명해 정나라의 백성과 물건을 추호도 건드리지 못하게 했다. 명을 어기는 자는 군법으로 다스릴 것을 선언했다. 또 호뢰 땅을 지키는 각국 병사들도 모두 철수하고 정나라 군사로 하여금 스스로 지키게 했다.

열국 제후들이 모두 간했다.

"정나라는 믿을 수 없습니다. 혹여 정나라가 다시 배반하면 다시 열국의 군사를 끌어 모아 호뢰에 관새關塞를 설치하기가 몹시 어렵습니다."

진도공이 대답했다.

"과인은 열국의 장병들이 오랫동안 호뢰 땅에 주둔하며 고생한 것을 알고 있소. 그들은 기한도 없이 수자리에 살고 있는 것을 원망할 것이오. 이제 정나라와 우호관계를 새롭게 시작하는 마당에 과인이 성의를 보여야 하지 않겠소? 과인이 정나라를 저버리지 않겠다는데 정나라가 과인을 저버릴 리 있겠소?"

이어 정간공에게 말했다.

"과인은 그대가 오랫동안 전쟁을 치르느라 많은 고통을 당한 것을 알고 있소. 이제 그대는 무엇보다 휴식을 바랄 것이오. 과인도 쉬고 싶소. 앞으론 진나라를 좇든 초나라를 좇든 마음 내키는 대로 하시오. 과인은 강요하지 않을 것이오."

정간공이 감격해 눈물을 흘리며 대답했다.

"패군伯君이 모든 것을 군주께서 성심으로 대해 주니 비록 금수라 할지라도 패군에게 달려갈 것입니다. 하물며 저는 사람인데 어찌 이 은혜를 잊겠습니까? 다시 딴 뜻을 품으면 귀신이 반드시 저를 죽일 것입니다."

정간공이 진도공에게 사례하고 돌아갔다. 이튿날 공손 사지를 시켜 진나라의 은덕에 사례하는 표시로 선물을 바치게 했다. 선물은 악사樂師 3인, 여악女樂 16인, 편종과 편경인 박경鎛磬이 딸린 가종歌鐘 32매枚, 바느질하는 침지여공針指女工 30인이었다. 이밖에도 갑병甲兵을 구비한 수비용 돈거軘車와 대형 광거廣車 등의 병거 100승을 덧붙여 선물했다.

진도공이 그 가운데 여악 8인과 가종 12매를 위강에게 내주며 말했다.

"그대는 지난날 과인에게 북쪽의 융적戎狄과 화해하고 중원의 여러 나라와 유대를 강화하라고 권했소. 과인이 그대의 권유를 따른 결과 이제 중원의 제후들이 우리나라에 음악의 조화처럼 순종하고 있소. 모두 그대의 공이오. 과인은 그대와 함께 음악을 즐기고 싶소."

진도공이 또 병거의 3분의 1을 지앵에게 내주며 말했다.

"그대는 군사를 3군으로 나눠 초나라를 지치게 해야 한다고 권했소. 그대의 계책이 적중해 정나라와 강화를 성취했으니 이는 모두 그대의 공이오."

위강과 지앵 모두 머리를 조아리는 돈수頓首를 하며 사양했다.

"모두 주공의 영험과 제후들의 노고로 이뤄진 것입니다. 신 등에게 무슨 공로가 있겠습니까?"

진도공이 말했다.

"두 경이 아니었으면 과인에게 어찌 오늘이 있었겠소? 경들은 사양치 마시오."

위강과 지앵이 절을 하고 받았다. 진나라를 포함한 12국 연합국 모두 자국의 군사를 이끌고 회군했다.

진도공은 귀국한 뒤 사자를 각국에 보내 군사 출동의 노고에 사례했다. 열국의 제후들 모두 기뻐했다. 이후 정간공은 성심껏 진나라를 섬기면서 감히 두 세 마음을 품지 않았다.

사신史臣이 이를 시로 읊었다.

정나라 잔나비처럼 반복 일삼으니	鄭人反覆似猱狙
진나라 군주 여러 계책 구사하다	晉伯偏將詐力鋤
24년 만에 정나라 복종케 만드니	二十四年歸宇下
신의가 무기보다 강한 걸 알았지	方知忠信勝兵戈

당시 진경공秦景公은 진晉나라를 공격해 정나라를 구하고자 했다. 역櫟땅에서 진晉나라 군사를 격파했지만 정나라가 이미 진晉나라에 항복한 것

을 알고는 이내 본국으로 돌아갔다.

이듬해는 주영왕 11년인 기원전 561년이었다. 그 해에 오나라 군주 수몽의 병세가 위독했다. 그가 제번諸樊, 여채餘祭, 이말夷昧, 계찰季札 등 4명의 아들을 병상 옆으로 불러놓고 말했다.

"너희 형제 네 사람 가운데 계찰이 가장 현명하다. 계찰이 즉위하면 틀림없이 우리 오나라를 창성하게 만들 것이다. 내가 누차 태자로 세우고자 했으나 계찰은 그럴 때마다 사양했다. 내가 죽은 뒤 제번이 즉위하되 보위를 내놓을 땐 여채에게 전하고, 여채는 이말에게 전하고, 이말은 계찰에게 전하도록 해라. 차례로 동생에게 전하고 자손에겐 전해서는 안 된다. 계찰이 즉위하면 사직에 다행한 일이 될 것이다. 내 말을 어기는 자는 불효자다. 결코 하늘도 돕지 않을 것이다."

오왕 수몽이 말을 마치고 세상을 떠났다. 제번이 보위를 계찰에게 사양했다.

"이는 부친의 뜻이다."

계찰이 사양했다.

"저는 부친이 살아 계실 때 태자가 되라는 것도 사양했습니다. 부친이 세상을 떠난 지금 어찌 보위에 앉을 수 있겠습니까? 형님이 다시 사양하면 저는 다른 나라로 달아나겠습니다."

제번이 다음 보위를 동생에게 넘기겠다는 약속을 천명한 뒤 즉위했다. 진도공이 사자를 사신으로 보내 오왕 수몽의 죽음을 조문하고 새로 즉위한 제번을 축하했다. 이 이야기는 여기서 잠시 접어두기로 하자.

이듬해는 주영왕 12년인 기원전 560년이었다. 진나라에선 장수 지앵, 사방, 위상이 노환으로 인해 잇달아 세상을 떠났다. 진도공은 면산綿山에서 군사를 크게 사열하고 범개를 중군 원수에 임명코자 했다.

범개가 사양했다.

"백유伯游가 저보다 낫습니다."

진도공이 이를 받아들여 순언 즉 중항언中行偃을 중군 원수로 임명해 지행의 뒤를 잇게 했다. 범개는 중분 부장이 되었다. 진도공이 한기를 상군 대장으로 삼고자 했다. 한기도 사양했다.

"신은 조무趙武보다 현명치 못합니다."

진도공이 이를 받아들여 조무를 중항언의 후임으로 상군 대장에 임명하고, 한기를 상군 부장으로 삼았다. 난염은 이전대로 하군 대장에 유임시키고, 위강을 하군 부장으로 삼았다. 그러나 상군 대장으로 옮긴 신군 대장의 자리를 맡길 사람이 없었다.

진도공이 말했다.

"차라리 신군 대장 자리를 비워두고 적임자가 나타날 때까지 기다릴망정 함부로 아무나 그 자리에 앉힐 수는 없다."

그러고는 신군의 군리軍吏로 하여금 신군의 관속과 사졸 및 병거를 임시로 통솔케 하면서 신군을 하군에 부속시켰다. 대부들이 서로 말했다.

"주공이 매사에 이처럼 신중하게 처리하니 우리가 어찌 감히 맡은 일을 태만히 할 수 있겠는가?"

각자 자신의 직무를 충실히 이행하면서 서로를 격려했다. 진나라가 크게 다스려진 이유다. 그런 선치善治를 바탕으로 진도공은 진문공과 진양공의 패업을 부흥시켰다.

진도공은 얼마 후 신군을 폐지해 3군에 통합시켰다. 제후는 3군만 두어야 한다는 주周나라 제도의 규정을 지킨 셈이다.

이해 가을 9월, 초공왕楚共王 심審이 죽고 아들인 태자 소昭[2]가 즉위했다. 그가 바로 초강왕楚康王이다.

2 『사기』「초세가」에는 소昭가 초招로 되어 있다.

오왕 제번은 초공왕이 죽었다는 소식을 듣자 대장인 공자 당黨에게 명해 군사를 이끌고 가 초나라를 치게 했다. 초나라 장수 양유기養由基가 오나라 군사를 맞이해 싸웠다. 명궁인 그가 공자 당을 활로 쏴 죽였다. 오나라 군사가 크게 패해 철군했다.

오왕 제번이 사람을 진도공에게 보내 초나라에 패한 사실을 고하고 원조를 청했다. 진도공이 열국의 제후를 정나라 상向 땅에 소집해 오나라 원조에 관한 일을 상의했다. 진晉나라 대부 양설힐羊舌肹이 말했다.

"오나라가 초나라 국상을 틈타 공격하다가 패배를 자초했으니 오나라를 도울 명분이 없습니다. 우리 진晉나라와 진秦나라는 대대로 혼인한 사이인데도 근래 진秦나라는 초나라에 붙어 정나라를 도우려고 했습니다. 진秦나라 군사는 정나라를 구한다면서 아군과 역櫟 땅에서 싸워 아군을 패퇴시켰습니다. 우리는 그 패배부터 보복해야 합니다. 우리가 진秦나라를 쳐서 이기면 초나라 형세는 더욱 고단해질 것입니다."

진도공은 이를 좇았다. 곧 중군 원수 순언으로 하여금 3군을 이끌면서 노나라와 송나라, 제나라, 위나라, 정나라, 조나라, 거나라, 주邾나라, 등나라, 설나라, 기杞나라, 소주小邾나라 등 12개국 대부들이 이끄는 군사와 합세해 진秦나라를 치게 했다. 그는 진晉나라 국경까지 나가 그들의 승전보를 기다렸다.

진경공秦景公은 진晉나라 연합군이 쳐들어온다는 보고를 받자 사람들을 시켜 경수涇水의 상류에 독약을 여러 자루 풀게 했다. 노나라 대부 숙손표叔孫豹가 이끄는 군사와 거莒나라 군사가 먼저 경수를 건너다가 물에 중독된 병사가 대거 죽어나갔다. 열국 군사는 이를 보고 경수를 건너려고 하지 않았다.

정나라 대부 공손 채蠆가 정나라 군사를 이끌고 경수를 건넜다. 위나라 대부 북궁괄北宮括도 위나라 군사를 이끌고 그 뒤를 따랐다. 그러자 각국 군사들 모두 경수를 건너 전진했다. 진晉나라 연합군은 역림棫林 땅에 영채를 세웠다.

이때 첩자가 돌아와서 보고했다.

"멀지 않은 곳에 진秦나라 군사가 집결해 있습니다."

중항언이 진나라 각 군에 명했다.

"각 군은 첫닭이 울거든 곧 병거를 몰고 나와 나의 말머리가 향하는 곳을 보고 전진토록 하라."

하군 대장 난염은 평소 중항언을 좋아하지 않았다. 중항언의 명을 듣자 화를 내며 말했다.

"군사에 관한 일은 응당 제장들과 의논해 결정해야 한다. 어찌 순언이 독단으로 결정하는 것인가? 진퇴의 명령 또한 누구나 따를 수 있게 분명히 시달해야 한다. 어떻게 3군의 병사들로 하여금 자신의 말머리를 보고 따라오라고 지시한단 말인가? 그렇다면 나도 하군 대장이니 나의 군사는 나를 따라야 할 것이다. 나는 내 말머리를 동쪽으로 돌릴 것이다."

난염이 마침내 말 머리를 동쪽으로 돌려 본국으로 돌아갔다.

하군 부장 위강이 말했다.

"나의 직속상관은 난염이다. 어찌 감히 중항백中行伯을 따를 수 있겠는가?"

위강도 회군했다. 이를 중항언에게 고한 자가 있었다. 중항언이 말했다.

"나의 명이 명확하지 않았다면 나의 불찰이다. 나의 명이 이행되지 않는 터에 어떻게 기대할 수 있겠는가?"

그러고는 각국 군대에게 각각 본국으로 돌아갈 것을 명했다. 진나라 군사 역시 회군케 했다. 당시 난감欒鍼은 하군의 융우戎右로 있었다. 그만은 홀로 돌아가려 하지 않았다.

그가 범개의 아들 범앙范鞅에게 말했다.

"이번 출병은 진秦나라에 보복하기 위한 것이다. 만일 공을 세우지 못하고 돌아가면 수치에 수치를 더하는 것이다. 내가 형 난염과 함께 출전했다가 어찌 싸우지도 않고 다시 돌아갈 수 있겠는가? 그대는 나와 함께 진秦나라 군사를 공격하는 일에 가담할 수 있겠는가?"

범앙이 대답했다.

"그대가 나라의 치욕을 생각해 진秦나라 군사와 싸우려고 하니 내 어찌 따르지 않겠는가?"

난검과 범앙은 각각 군사를 이끌고 진秦나라 군사를 향해 돌진했다.

진경공이 대장 영첨嬴詹 및 공자 무지無地와 함께 병거 400승을 이끌고 나가 역림棫林에서 50리쯤 떨어진 곳에 영채를 세우고 주둔했다. 이어 첩자들을 파견해 진晉나라 군사의 진퇴를 정탐케 했다.

이때 문득 동쪽 일각에서 흙먼지가 일어나면서 한 무리의 군마가 달려왔다. 진경공이 급히 오자 무지를 시켜 군사를 이끌고 가 맞아 싸우게 했다. 그 군마는 진晉나라 군사였다. 남감이 용매을 떨쳐 앞장서고 범앙이 그를 돕고 나서자 이들을 지원키 위해 달려온 것이다.

난감과 범앙은 진秦나라 편장 10여 명을 창으로 찔러 죽였다. 진秦나라 군사는 기세에 압도돼 풀잎들이 바람을 만나 땅에 눕듯이 좌우로 쏠리면서 달아나고자 했다. 그러나 진晉나라 군사의 후속부대가 없는 것을 보고는 이내 다시 북을 치면서 난감과 범앙을 포위하기 시작했다.

범앙이 말했다.

"진秦나라 군사의 세력이 너무 커서 감당할 수 없소. 속히 여기서 빠져나갑시다."

난감은 들은 체도 하지 않았다. 이때 진秦나라 군사의 대장인 영첨이 이끄는 대군이 그곳으로 들이닥쳤다. 난감은 그들과 싸우다가 창이 부러지자 맨손으로 적병 몇 사람을 때려죽였다. 그러나 이내 화살 7대를 맞고 힘이 다해 죽고 말았다.

범앙은 갑옷을 벗어 던지고 홀로 병거를 타고 질주해 죽음을 모면했다. 난염은 범앙이 혼자 살아 돌아온 것을 보고 물었다.

"내 동생은 어디에 있는가?"

범앙이 대답했다.

"적진 속으로 쳐들어갔다가 전사했습니다."

대로한 난염이 창을 들어 범앙을 찌르려고 했다. 범앙이 감히 대항하지 못하고 중군으로 달아났다. 난염이 그 뒤를 쫓았다. 범앙이 다시 그를 피해 부친인 범개가 있는 곳으로 달아났다.

범개가 아들 뒤를 쫓아 들어오는 난염을 보고 물었다.

"서랑壻郎은 무슨 일로 그토록 분개하는 것인가?"

난염의 아내 난기欒祁는 범개의 딸이었다. 그를 '서랑'으로 부른 이유다.

난염이 분을 참지 못해 큰 소리로 말했다.

"그대의 아들이 내 동생을 유인해 진秦나라 군진 속으로 들어갔다가 내 아우는 전사하고 그대 아들만 살아 돌아왔소. 그대 아들이 내 아우를 죽인 것이나 다름없소. 그대가 범앙을 다른 곳으로 쫓아내야 그를 용서하겠소. 그렇지 않으면 나는 반드시 범앙을 죽여 아우의 죽음을 보상받도록 하겠소."

범개가 말했다.

"이 일은 노부老夫가 잘 모르는 일이오. 사실이 그러하다면 범앙을 추방토록 하겠소."

범앙은 숨어서 엿듣다가 뒷문으로 빠져나간 뒤 곧바로 진秦나라로 달아났다. 진경공은 망명한 범앙에게 도망쳐 온 이유를 물었다. 범앙이 시말을 자세히 설명했다. 진경공이 그의 말을 듣고 크게 기뻐했다. 진경공이 범앙을 진秦나라의 객경客卿으로 예우했다.

하루는 진경공이 범앙에게 물었다.

"진군晋君은 어떤 사람인가?"

범앙이 대답했다.

"현군입니다. 사람을 잘 볼 줄 알고 쓰기도 잘 합니다."

진경공이 물었다.

"진晋나라 대부들 가운데 누가 가장 현명한가?"

범앙이 대답했다.

"조무는 무장인데도 문덕文德을 지니고 있고, 위강은 용맹하면서도 난동을 부리지 않습니다. 양설힐은 역사에 밝고, 장로는 신의가 돈독하면서도 지혜롭습니다. 기오는 일을 당해도 잘 수습해 진정시키고, 소신의 부친 범개는 대세를 잘 파악합니다. 이들 모두 일시一時의 선량選良이라고 할 수 있습니다. 그 밖의 신하들 역시 법령에 밝아 그 관직을 잘 수행하고 있습니다. 신은 감히 그 이상 경솔히 말씀 드릴 수 없습니다."

진경공이 물었다.

"진나라 대부들 가운데 누가 먼저 세력을 잃을 것 같소?"

범앙이 대답했다.

"난씨가 먼저 몰락할 것입니다."

진경공이 또 물었다.

"그건 난씨 일족이 교만하고 사치스럽기 때문이오?"

범앙이 대답했다.

"난염은 비록 교만하고 사치스럽지만 자기 당대는 괜찮을 것입니다. 그의 아들 난영欒盈은 틀림없이 재앙을 면치 못할 것입니다."

진경공이 물었다.

"어째서 그렇소?"

범앙이 대답했다.

"죽은 난서欒書는 백성을 사랑하고 선비를 존경한 까닭에 많은 인심을 얻었습니다. 그가 비록 진여공을 시해한 죄를 지었지만 진여공이 포학무도했던 까닭에 진나라에서 그를 비난하는 사람이 없습니다. 국인國人들 모두 난서를 사모해 왔던 까닭에 그 덕이 아들인 난염까지 미치는 것입니다. 이는 마치 사람들이 주나라 건국공신 소공召公 석奭의 덕을 사모해 소공 석과 인연이 있는 감당甘棠[3] 나무까지 사랑한 것과 같습니다. 난염이 죽고 나면 그 아들 난영은 백성들에게 잘한 일이 하나도 없을뿐더러 조부 난서의 은덕도 사람들 기억에서 멀어질 것입니다. 평소 난염의 횡포에 원한을 품은 사람들이 그땐 난염의 아들 난영을 가만 두지 않을 것입니다."

진경공이 탄복했다.

"경은 실로 존망의 이치를 잘 안다고 이를 만하오!"

이후 진경공은 범앙을 통해 그의 부친 범개와 연락을 취했다. 진秦나라 재상인 서장庶長 공자 무武를 진晉나라에 보내 진도공을 빙문케 했다. 두 나라가 이내 옛날의 우호관계를 회복했다.

진경공은 또 진도공에게 범앙을 다시 받아들여 옛날 자리에 복귀시켜 줄 것을 청했다. 진도공이 이를 수락했다. 범앙이 진晉나라로 오자 진도공은 그를 난영과 함께 공족대부에 임명했다. 진도공은 난염을 불러 범앙에 대한 원한을 풀도록 타일렀다.

이후 진晉나라와 진秦나라는 계속 우호관계를 유지시킨 덕분에 춘추시대가 끝날 때까지 서로 전쟁을 일으키지 않았다.

옛 사람의 시를 지어 이를 증명했다.

3 주周나라 건국 초기 소공召公 석奭은 남쪽을 순행하다가 고을의 현안을 처결했다. 가난한 고을에 갔을 때 백성들에게 폐를 끼칠까 두려워 고을 안으로 들어가지 않고 아가위나무인 감당甘棠 나무 밑에서 공무를 보았다. 고을 백성들이 그 소식을 듣고는 소공 석의 덕을 사모해 감당나무까지 아끼며 보존했다. 『시경』「국풍, 소남召南」에 그의 덕을 기린 '감당' 노래가 실려 있다.

이웃끼리 대대로 혼인해 왔으나　　西鄰東道世婚姻
일단 원수 되자 날마다 싸웠지　　一旦尋仇鬪日新
예물을 교환하며 전쟁을 그치니　　玉帛旣通兵革偃
종래 세상에 좋은 게 화친이지　　從來好事是和親

이해에 난염이 병사하고, 아들 난영이 하군 부장으로 승진했다.

122話 손림보가 노래를 듣고 위헌공을 내쫓다
–손림보인가축헌공孫林父因歌逐獻公

이야기가 둘로 나뉜다. 위헌공衛獻公의 이름은 간衎이다. 그는 주간왕 10년인 기원전 576년에 부친 위정공의 뒤를 이어 즉위했다. 그러나 그는 부친상을 치르면서도 전혀 슬퍼하지 않았다. 적모嫡母 정강定姜은 아들이 능히 보위를 지키지 못할까 염려해 누누이 훈계했으나 위헌공은 모친의 훈계를 듣지 않았다.

위헌공은 날이 갈수록 방종해졌다. 친하게 지내는 신하들은 모두 아첨하고 모함하는 자들뿐이었다. 그가 즐기는 일은 음악과 사냥밖에 없었다.

위정공이 살아 있을 때 위정공의 동모제同母弟인 공자 흑배黑背는 부친인 위정공의 총애를 믿고 국사를 멋대로 처리했다. 공자 흑배의 아들 공손 표剽는 부친이 죽자 그 작위를 이어받아 대부가 됐다. 공손 표는 권모와 지략이 대단했다.

당시 상경 손림보孫林父와 아경 영식寗殖은 위헌공의 방종한 모습을 보고 모두 공손 표와 가까이 지냈다. 언젠가는 위헌공을 쫓아낼 생각을 했다. 손림보는 은밀히 진晉나라와 내통하며 외부의 원조세력으로 삼고자 했다.

손림보는 국고에 수장돼 있는 금은보화와 기명器皿 및 옥폐玉幣 등을 모두 척戚 땅으로 옮긴 뒤 처자들을 그곳에 가서 살게 했다. 위헌공은 이를 보고 그가 반역할 마음을 품고 있는 게 아닐까 의심했다. 그러나 반역의 증거가 뚜렷이 드러나지 않았고, 손림보의 세력이 강한 것을 두려워해 꾹 참고 이를 문제 삼지 않았다.

하루는 위헌공이 문득 손림보와 영식에게 며칠 뒤 함께 오찬을 하자고

■ 손림보가 노래를 듣고 위헌공을 내쫓다

약속했다. 약속한 날 두 사람은 조복朝服을 갖춰 입고 궁문에 가서 위헌공이 부르기만 기다렸다. 아침부터 한낮이 되도록 궁문 앞에 서 있었으나 부르러 오는 궁인이 없었다. 궁 안에서 궁문 밖을 내다보는 사람조차 없었다. 두 사람은 의심이 생겨 초조해했다.

어느덧 해가 서쪽으로 기울 무렵이 됐다. 두 사람은 배가 몹시 고팠다. 궁문을 두드리고 알현을 청했다. 문지기 내시가 나와 대답했다.

"주공은 지금 후원에서 활을 쏘는 중입니다. 주공을 만날 일이 있거든 직접 후원으로 가보십시오."

이 말을 듣자 두 사람은 속으로 대로했다. 배고픔을 참고 후원으로 갔다.

그들이 보니 위헌공이 피관皮冠을 쓴 채 활을 잡고 있었다. 사격사범인 사사射師 공손 정丁과 함께 활쏘기 내기를 하고 있었다. 위헌공은 두 사람이 가까이 오는 것을 보고도 피관을 벗지 않았다. 활을 어깨에 걸면서 물었다.

"두 경은 무슨 일로 왔소?"

손림보와 영식이 일제히 대답했다.

"주공이 오찬을 함께 하자고 약속한 날이 오늘입니다. 신 등은 아침부터 궁문 밖에서 주공이 부르기만 기다렸습니다. 몹시 시장한데도 군명을 어겼다는 죄책을 받지 않기 위해 집으로 가지 않고 여기로 온 것입니다."

위헌공이 말했다.

"과인은 활쏘기에 정신이 팔려 그 약속을 깜빡 잊었소. 두 경은 물러가시오. 이튿날 다시 약속하겠소."

마침 기러기 몇 마리가 울며 하늘을 날아갔다. 위헌공이 공손정에게 말했다.

"그대는 과인과 함께 저 기러기를 쏘아 맞히는 내기를 하겠는가?"

손림보와 영식은 심한 모욕을 느끼며 물러갔다. 손림보가 영식에게 물었다.

"주공이 유희에만 빠져 군소 신하들과 친하게 지내면서 대신에게 전혀 공경한 모습을 보이지 않고 있소. 이러다간 우리 모두 재앙을 면치 못할 것이오. 이를 어찌하면 좋소?"

영식이 대답했다.

"군주가 무도하면 스스로 재앙을 당하게 마련이오. 어찌 남을 재앙에 빠뜨릴 수 있겠소?"

손림보가 말했다.

"나는 공자 표를 옹립하고 싶소. 그대는 어찌 생각하오?"

영식이 대답했다.

"그대의 생각이 합당하오. 우리 함께 기회를 보아 그 일을 성사시킵시다."

그러고는 각자 귀가했다. 손림보는 집으로 돌아와 요기를 한 뒤 곧바로 밤을 도와 척戚 땅으로 갔다. 이어 가신인 유공차庾公差와 윤공타尹公佗 등을 불러 가병들을 점검케 했다. 모반할 작정이었다.

손림보가 장자인 손괴孫蒯로 하여금 궁중으로 들어가 위헌공을 알현하게 했다. 위헌공의 의중을 살피도록 한 것이다. 손괴가 위헌공을 알현하는 자리에서 거짓말을 했다.

"신의 아비 손림보는 지금 우연히 풍질風疾을 얻어 앓고 있습니다. 잠시 황가 가에 머물며 몸조리를 하겠다고 했습니다. 주공은 이를 너그러이 용서해주기 바랍니다."

위헌공이 웃으며 말했다.

"그대 부친은 엊그제 너무 굶은 탓에 병이 났을 것이오. 이제 과인은 그대까지 배고프게 할 수는 없소."

그러고는 내시를 불러 술상을 차려오게 했다. 이어 악공을 불러 노래를 부르면서 주흥을 돋우게 했다.

악사인 태사太師가 위헌공에게 물었다.

"『시경』의 어떤 시를 노래 부르게 하려는 것입니까?"

위헌공이 대답했다.

"『시경』「소아」의 '교언巧言' 노래의 졸장卒章[4]을 부르도록 하라. 그 노래 가사가 요즘의 시사時事에 가장 적합하다. 그 노래를 부르는 게 좋을 것이

4 『열국지』에 소개된 것은 『시경』「소아」에 나오는 '교언'의 마지막 장의 전반前半 4구절이다. 나머지 후반 4구절의 내용은 이렇다. '상한 몸뚱이에 종기 나고, 발이 부어 그대 용기 무슨 소용인가? 네 꾀가 아무리 많을지라도, 너희 패거리 얼마나 될까?— 既微且尰, 爾勇伊何? 爲猶將多, 爾居徒幾何?'이다. 「모시서毛詩序」는 폭군인 주유왕周幽王의 폭정을 풍자한 것으로 보았다.

다."

태사가 말했다.

"그 노래 가사는 아름답지 못합니다. 이런 술자리에는 어울리지 않는 노래입니다."

악공인 사조師曹가 큰 소리로 말했다.

"주공이 부르라고 하면 불러야 합니다. 태사는 무슨 말이 그리 많습니까?"

원래 사조는 거문고의 명수였다. 그는 지난날 위헌공의 분부로 위헌공의 애첩에게 거문고를 가르친 적이 있었다. 그 애첩은 도무지 거문고에 소질이 없었다. 사조는 화가 나 위헌공의 애첩을 10대나 매질했다. 애첩이 곧바로 위헌공에게 달려가 울며 호소했다. 위헌공은 당장 사조를 잡아들여 그 애첩이 보는 앞에서 매를 300대나 때렸다. 사조가 마음속으로 원한을 품었다.

그는 이 노래가 상서롭지 못하다는 것을 알면서도 위헌공의 지시를 받자 그 노래를 부르려고 했던 것이다. 그는 이 노래를 불러 손괴의 노여움을 촉발시킬 작정이었다.

사조가 마침내 목소리를 길게 뽑아 노래를 불렀다.

저 사람이 어떤 사람인가	彼何人斯
황하의 물가에 살고 있다	居河之麋
주먹 없고 용기도 없는데	無拳無勇
내심 난을 일으키려 하다	職爲亂階

위헌공의 속셈은 '교언' 노래를 통해 황하 가에 기거하면서 반란을 획책하고 있는 손림보에게 겁을 주려는 것이었다. 과연 손괴는 이 노래를 듣자

가시방석에 앉은 것처럼 불안해했다.

위헌공이 손괴에게 말했다.

"지금 사조가 부른 노래는 그대와 그대의 부친에게 들으라고 부른 것이다. 그대 부친이 비록 황하 가에 가 있지만 과인은 그 동정을 훤히 알고 있다. 부친에게 가서 매사에 근신하라고 전해라. 그리고 그 병도 속히 고치라고 덧붙여라."

손괴가 머리를 조아리며 대답했다.

"신의 아비가 어찌 감히, 어찌 감히 딴 뜻이 있겠습니까?"

궁에서 물러나온 손괴는 곧바로 척 땅으로 돌아가 위헌공의 말을 전했다. 손림보가 말했다.

"주공이 나를 몹시 꺼리고 있다. 그렇다면 나는 앉아서 죽음을 기다릴 수 없다. 대부 거원蘧瑗은 위나라의 현자이다. 그가 나에게 동조해 준다면 안 되는 일이 없을 것이다."

손림보가 은밀히 도성으로 가서 자가 백옥伯玉인 거원의 집을 찾아갔다.

"지금 주공이 포학무도하다는 건 선생도 잘 알고 있을 것이오. 그대로 놓아두면 나라가 망할지 모르오. 이 일을 어찌하면 좋겠소?"

거원이 대답했다.

"신하가 군주를 섬기면서 간할 수 있으면 간하지만 간할 수 없으면 떠날 뿐이오. 그 밖의 일은 알지 못하오."

손림보는 거원을 움직일 수 없다는 걸 알자 하직인사를 하고 다시 척 땅으로 돌아갔다. 거원은 그날 위나라를 떠나 노나라로 갔다.

손림보는 구궁邱宮 땅에서 동조자와 가병들을 모았다. 곧바로 위헌공을 치려고 했다. 위헌공은 그 소문을 듣고 크게 두려워했다. 곧 사자를 척 땅으로 보내 화해코자 했다. 그러나 손림보는 강화에 응하지 않았을 뿐만 아니라 그 사자를 죽여 버렸다.

위헌공이 다시 사람을 보내 영식이 어떻게 하고 있는지 살피게 했다. 영식도 이미 병거를 모아 손림보에게 호응할 태세를 갖추고 있었다. 다시 북궁괄北宮括을 불렀다. 북궁괄은 병을 핑계로 가지 않았다.

공손 정丁이 위헌공에게 권했다.

"사태가 급하니 속히 달아나야 합니다. 그래야 나중에 나라를 되찾을 수 있습니다."

위헌공은 궁중 갑사 200여 명을 모아 1개 대를 만들었다. 공손 정은 궁시弓矢를 메고 호위했다. 위헌공 일행은 도성의 동문을 열고 일제히 제나라 쪽으로 달아나려고 했다.

손림보의 아들 손괴와 손가孫嘉 형제가 군사를 이끌고 와 성 밖으로 나온 위헌공 일행을 공격했다. 이들은 아택阿澤 땅까지 추격해 호위 갑사들을 쳤다. 호위 갑사 200여 명이 대패해 사방으로 흩어져 달아났다.

위헌공 주변에 남은 갑사는 10여 명에 불과했다. 공손 정은 활을 잘 쏘았다. 덕분에 추병追兵을 막을 수 있었다. 그가 쏘는 화살은 한 대도 빗나가지 않았다. 다가오는 자들 모두 화살을 맞고 쓰러져 죽었다. 공손 정은 위헌공을 호위한 채 일면 싸우면서 일면 달아났다. 손괴와 손가 형제는 감히 더 추격하지 못하고 돌아갔다.

손괴 형제가 돌아가는 길에 3리쯤 갔을 때 유공차와 윤공타 두 장수가 가병을 이끌고 달려왔다. 두 장수가 말했다.

"우리는 상국의 명을 받들어 위후衛侯를 붙잡으러 왔소."

손괴 형제가 대답했다.

"활을 잘 쏘는 장수가 위후를 호위하고 있소. 장군들은 그를 잘 방비해야 할 것이오."

유공차가 말했다.

"그 분은 우리의 스승 공손 정인 듯싶습니다."

원래 윤공타는 활 쏘는 법을 유공차에게서 배웠고, 유공차는 공손 정에게서 활 쏘는 법을 배웠다. 이 세 사람은 서로 사제 사이였다. 세 사람은 서로 상대의 활솜씨를 잘 알고 있었다.

윤공타가 말했다.

"위후가 멀리 가지는 못했을 것이오. 그를 추격토록 합시다."

두 장수가 15리쯤 쫓아가 위헌공 일행을 따라잡았다. 위헌공의 수레를 모는 어자가 부상을 입은 탓에 공손 정이 대신 말고삐를 잡고 있었다. 추병이 쫓아오는 소리를 듣고 머리를 돌려 뒤쪽을 살펴보았다.

멀리서 자신의 제자인 유공차가 달려오는 게 보였다. 그가 위헌공에게 말했다.

"우리를 쫓아오는 장수는 신의 제자입니다. 제자가 스승을 해치지는 않을 것이니 주공은 안심하십시오."

공손 정이 수레를 멈추고 이들을 기다렸다. 유공차는 가까이 와 공손 정을 확인한 뒤 윤공타에게 말했다.

"틀림없는 내 스승이다."

그가 수레에서 내려 공손 정에게 절을 올렸다. 공손 정이 수레 위에서 손을 들어 답례한 뒤 돌아가라고 손짓했다.

유공차가 수레에 오른 뒤 윤공타에게 말했다.

"오늘의 일은 스승이나 나나 각자 주인을 위해 힘을 쓰는 셈이다. 내가 스승을 쏘면 스승을 배반하는 게 되고, 쏘지 않으면 주인을 배반하는 게 된다. 나는 이제 양쪽을 모두 배반하지 않는 방법을 쓸 생각이다."

그러고는 전대에서 화살을 꺼낸 뒤 수레바퀴에 쳐서 활촉만을 부러뜨렸다. 이어 큰 소리로 외쳤다.

"스승은 놀라지 마십시오."

연거푸 화살 4대를 쐈다. 첫 번째 화살은 위헌공이 탄 수레의 앞 횡목橫

木인 식軾, 두 번째 화살은 수레 뒤턱인 진軫, 세 번째와 네 번째 화살은 수레 좌우의 나무인 방旁에 들어맞았다. 모두 위헌공과 공손 정을 비켜나갔다. 유공차는 분명 주인을 위해 활을 쏘기는 했으나 스승에게 인정을 베푼 것이다. 유공차가 화살 4대를 모두 쏜 뒤 말했다.

"스승은 부디 보중保重하십시오."

그러고는 병거를 돌렸다. 공손 정 역시 위헌공의 수레를 몰고 떠나갔다.

당초 윤공타는 위헌공을 만나면 자신의 활솜씨를 과시해 구인拘引할 작정이었다. 그러나 유공차가 스승인 까닭에 자기 생각대로 하지 못하고 유공차가 하는 대로 방관하기만 했다. 그러나 돌아가는 도중 점차 후회가 됐다. 유공차에게 말했다.

"스승은 공손 정과 사제의 의리가 있기에 인정을 썼지만 나에겐 그가 한 다리를 건너뛴 스승의 스승일 뿐이오. 그런 스승이라면 그 은덕은 가볍고 주인의 명은 무겁습니다. 만일 우리가 아무런 공도 세우지 못한 채 돌아가면 상국에게 뭐라고 복병할 수 있겠습니까?"

유공차가 대답했다.

"나의 스승 공손 정의 활솜씨는 초나라의 명궁 양유기 못지않은 신궁이다. 그대는 그의 상대가 되지 못한다. 괜히 상대했다가는 쓸데없이 목숨만 잃을 것이다."

윤공타는 유공차의 말을 믿지 않았다. 단독으로 병거를 돌려 다시 위헌공을 추격했다.

결과가 어찌될지 알 길이 없으니 다음 회를 보라.

제62회

123話 제후들이 한마음으로 제나라를 포위하다 – 제후동심위제국諸侯同心圍齊國

윤공타가 단독으로 병거를 몰아 20여 리를 달려갔을 때 위헌공의 수레가 보였다. 공손 정이 뒤쫓아 오는 윤공타를 돌아보며 물었다.

"어째서 또 왔는가?"

윤공타가 대답했다.

"나의 스승 유공차는 그대의 제자이지만 나는 유공차의 제자일 뿐이오. 나는 일찍이 그대에게서 활쏘기를 배운 적이 없소. 나에겐 그대가 길에서 만난 행인이나 다름없소. 무엇 때문에 행인에게 인정을 베풀기 위해 주인에 대한 충성을 폐할 수 있겠소?"

공손 정이 대답했다.

"네가 유공차에게서 활쏘기를 배웠다면 유공차의 활솜씨가 어디서 왔다는 것쯤은 생각해야 할 게 아닌가? 사람이 되어 가지고 어찌 근본을 잊을 수 있단 말인가? 속히 돌아가라. 더 이상 사제 사이의 좋은 관계를 손상시켜서는 안 될 것이다."

그러나 윤공타는 그 말을 듣지 않고 활을 들어 공손 정을 쐈다. 공손 정은 조금도 당황하지 않고 수레를 몰던 말고삐 줄을 위헌공에게 넘겨준 뒤 손을 들어 날아오는 화살을 가볍게 잡았다. 이어 그 화살로 윤공타를 쐈다. 윤공타가 황급히 몸을 피했지만 화살은 '팍'하는 소리와 함께 윤공타의 왼쪽 팔을 관통했다.

윤공타가 아픔을 참지 못하고 활을 버리고 달아났다. 그러나 공손 정이 쏜 두 번째 화살이 그의 목숨을 빼앗았다. 윤공타를 따라온 가병들이 크게 놀라 타고 온 병거를 버리고 이리저리 달아났다.

위헌공이 말했다.

"그대의 신전이 아니었으면 과인의 목숨은 이곳서 끝났을 것이오!"

공손 정이 다시 말고삐를 잡고 내달렸다. 10여 리쯤 갔을 때 뒤쪽에서 병거 소리가 크게 나면서 일지군이 나는 듯이 쫓아왔다.

위헌공이 탄식했다.

"또 추병이 쫓아오니 어찌 탈출해야 한단 말인가?"

마음이 황급해 어찌할 줄 몰랐다. 추격해 오는 병거를 자세히 보니 맨 앞에 자신의 동모제인 공자 전鱄이 타고 있었다. 공자 전은 죽음을 무릅쓰고 위헌공을 호위하기 위해 급히 달려온 것이었다. 그제야 위헌공은 안심했다.

위헌공 일행은 계속 길을 달려 마침내 제나라에 당도했다. 제영공齊靈公이 위헌공을 내성萊城의 관사로 가 살게 했다.

훗날 송나라 유학자인 송유宋儒가 시를 지어 위헌공의 망명을 개탄했다.

군주는 천지와 신령 같은 존재니	尊如天地赫如神
신하가 어찌해 군주 축출했을까	何事人臣敢逐君
군주에게 결함이 있으니 어쩌랴	自是君綱先缺陷
대들보 굽으면 기둥도 못 받치지	上梁不正下梁蹲

손림보는 위헌공을 축출한 뒤 영식과 의논해 공자 표剽를 옹립했다. 그가 바로 위상공衛殤公이다. 손림보는 진晉나라에 사자를 보내 새 군주를 옹립한 배경을 고했다. 진도공이 중항언에게 물었다,

"위나라 신하가 군주를 내쫓고 새 군주를 세운 것은 옳지 못한 일이오. 이를 어찌 처치하는 게 좋겠소?"

중항언이 대답했다.

"위후衛侯 간衎이 무도한 것은 제후들이 다 들어서 알고 있습니다. 위나라 신민이 자원해 공자 표를 새 군주로 세웠으니 간여하지 않는 게 좋을 듯 싶습니다."

진도공이 이를 좇았다.

한편 제영공은 위나라 대부 손림보와 영식이 군주인 위헌공을 내쫓았는데도 진도공이 이들의 죄를 토벌하지 않는 것을 보고 탄식했다.

"진후晉侯의 지의志意도 이젠 게을러졌다. 내가 이 기회를 이용해 패업을 도모하지 않으면 다시 어느 때를 기다릴 수 있겠는가?"

그러고는 군사를 이끌고 노나라의 북쪽 변경을 쳤다. 성을 에워싸고 크게 노략질 한 뒤 돌아갔다. 때는 주영왕 14년인 기원전 558년이었다.

원래 제영공은 노양공魯襄公의 딸 안희顔姬를 정실로 맞아들였다. 안희는 자식을 낳지 못했다. 안희가 시집올 때 잉첩媵妾으로 온 종희鬷姬가 아들을 낳았다. 이름이 광光이었다. 제영공이 공자 광을 태자로 삼았다.

제영공에겐 또 융자戎子라는 애첩이 있었다. 융자 역시 자식을 낳지 못

했다. 융자의 친정 동생 중자仲子도 언니를 따라와 제영공을 섬겼다. 중자가 아들을 낳았다. 이름이 아牙였다. 융자는 공자 아를 자기 아들로 삼아 키웠다. 또 다른 여인의 몸에서 난 공자 저구杵臼도 있었지만 제영공의 사랑을 받지는 못했다.

융자는 제영공의 총애를 중자 소생인 공자 아를 태자로 세우기 위해 갖은 노력을 기울였다. 마침내 제영공이 허락했다. 공자 아의 생모인 중자가 간했다.

"공자 광이 태자가 된 지 이미 오래 됐습니다. 더구나 열국의 제후들과 누차 만나 얼굴을 익혔습니다. 이제 까닭 없이 폐하면 백성들부터 불복할 것입니다. 나중에 후회할 일을 왜 하려는 것입니까?"

제영공이 대답했다.

"과인이 태자를 폐립하는 데 누가 감히 복종하지 않는단 말이오?"

그러고는 태자 광에게 군사를 주어 즉묵卽墨 땅을 지키게 했다. 태자 광이 떠나자 제영공은 태자를 폐한다는 전지를 내리고 공자 아를 태자로 세웠다. 이어 태자 아를 위해 상경 고후高厚를 태자의 태부太傅로 삼고, 힘이 세고 지혜도 있는 시인寺人 숙사위夙沙衛를 소부少傅로 삼았다.

노양공은 자신의 외손인 공자 광이 태자 자리에서 쫓겨났다는 소식을 듣고 대로했다. 곧바로 사자를 제영공에게 보내 시비를 따졌다. 제영공은 아무 대답도 못했다.

제영공은 내심 노나라가 공자 광을 도와 제나라 보위를 다툴까 걱정했다. 제나라와 노나라가 원수가 되었다. 제나라가 선수를 쳐 노나라의 북쪽 변경을 친 이유다.

이는 무력을 동원해 노나라를 위협함으로써 향후 노나라가 제나라에 대항하지 못하게 만들려는 계책에서 나온 것이다. 제영공은 이때 후환을 없애기 위해 아예 공자 광을 죽이려고 했다. 공자 광은 용케도 몸을 피했다.

무고한 아들을 죽이려고 할 만큼 제영공의 무도한 모습은 이미 극에 달해 있었다.

노양공은 사자를 진晉나라로 보내 노나라의 위급을 고했다. 진나라는 진도공이 병을 앓고 있었던 까닭에 노나라를 원조하지 못했다.

이해 겨울, 진도공이 병사했다. 진나라 신하들이 태자 표彪를 옹립했다. 그가 바로 진평공晉平公이다. 노나라가 대부 숙손표叔孫豹를 사자로 보내 진도공의 죽음을 조문하고, 진평공의 즉위를 축하했다. 이어 진평공에게 제나라의 횡포를 거듭 호소했다. 중항언이 나서서 말했다.

"내년 봄을 기다렸다가 제후들을 소집하도록 하겠소. 제후齊侯가 나오지 않으면 그때 제나라를 쳐도 늦지 않을 것이오."

주영왕 15년이자 진평공 원년인 기원전 557년 봄, 진나라가 열국의 제후를 격량溴梁 땅으로 소집했다. 제나라에선 대부 고후가 제영공을 대신해서 참석했다. 중항언이 고후를 잡아 가둘 생각이었다. 고후는 신변이 위험한 걸 눈치 채고 재빨리 본국으로 도망쳐 돌아갔다.

제영공이 다시 군사를 일으켜 노나라 북쪽 변경을 쳐 방성防城을 포위한 그곳의 수령 장견臧堅을 잡아 죽였다. 노나라는 다시 숙손표를 진나라로 보내 제나라의 횡포를 호소하고 원조를 청했다.

진평공이 이를 받아들여 중항언에게 명해 열국의 군사를 소집해 제나라를 치도록 했다. 중항언이 그날 곧바로 군사를 점검한 뒤 집으로 돌아왔다.

그날 밤 중항언이 이상한 꿈을 꿨다. 꿈속에 누런 옷을 입은 사자가 문서를 들고 와서 좀 조사할 일이 있으니 가자는 것이었다. 중항언이 사자를 따라가 큰 궁전에 당도했다. 전상에 면류고한을 쓴 왕이 앉아 있었다. 사자가 중항언을 붉은 섬돌인 단지丹墀 위에 꿇어앉혔다. 중항언이 주변에 꿇어앉은 사람들을 보니 진여공晉厲公과 난서欒書, 정활程滑, 서동胥童, 장어교長魚矯, 극기와 극주 및 극지의 3극三郤 등이었다. 크게 놀라 내심 이상한 일도 있다고 생각했다. 서동 일파와 3극 일파가 서로 언쟁을 벌였으나 말소리가 잘 들리지 않았다. 이윽고 옥졸이 나타나 이들을 어디론지 끌고 갔다.

남은 사람은 진여공과 난서와 중항언 및 정활 4인이었다. 진여공이 자신이 시해된 시말을 호소했다. 난서가 정활이 당사자라고 변명했다. 정활은 주모자가 난서와 중항언이고 자신은 두 사람의 명을 좇았을 뿐이라고 항변하며 억울한 표정을 지었다. 전상의 왕이 판결을 내렸다.

"당시 난서가 진나라의 상국으로 있었으니 응당 그를 수모자首謀者로 보아야 한다. 그 죗값으로 그의 자손을 5년 안에 몰살케 할 것이다."

진여공이 분연히 나서서 말했다.

"그 일은 역전 중항언의 조력이 컸습니다. 어째서 그만이 무죄입니까?"

그러고는 곧바로 일어나 창으로 중항언의 목을 쳤다. 꿈속에서도 중항언은 자기 머리가 땅바닥에 떨어져 구르는 걸 봤다. 곧바로 떨어진 자기 머리를 목 위에 얹은 뒤 궁전 문 밖으로 달아났다. 달아나다가 경양梗陽 땅의 무당 영고靈皐를 만났다. 영고가 물었다.

"원수의 머리가 왜 비뚤어졌소? 내가 바로잡아 드리겠소."

그러면서 중항언의 머리를 움켜잡고 비틀었다. 중항언이 심한 통증을 느끼며 잠에서 깨어났다. 그는 내심 이상한 꿈을 꾸었다고 생각했다.

이튿날 아침, 중항언이 궁으로 가다가 길에서 우연히 경양 땅의 무당 영고를 만났다. 중항언은 영고를 자기 수레에 태운 뒤 지난밤에 꾼 꿈 이야기를 했다.

영고가 말했다.

"원혼이 왔으니 원수도 죽지 않고는 못 배길 것입니다."

중항언이 물었다.

"장차 동쪽 제나라를 쳐야 할 판인데 그간 죽지 않겠소?"

영고가 대답했다.

"동쪽에 악기惡氣가 가득 모여 있습니다. 제나라를 치면 반드시 이길 것입니다. 전쟁을 치르는 동안에는 죽지 않습니다."

중항언이 말했다.

"제나라를 쳐서 이길 수만 있다면 나는 죽어도 한이 없소."

며칠 뒤 마침내 중항언이 군사를 이끌고 황하를 건넜다. 제수濟水가 흐르는 노나라 측의 소택지인 노제魯濟에서 각각 군사를 이끌고 온 열국의 제후와 만났다. 송나라와 노나라, 위나라, 정나라, 조나라, 거나라, 주邾나라, 등滕나라, 설薛나라, 기杞나라, 소주小邾나라 등 11국이었다. 중항언은 진나라를 포함한 12국의 연합군을 이끌고 일제히 제나라로 쳐들어갔다.

제영공은 상경 고후로 하여금 태자 아牙를 도와 도성을 지키게 한 뒤 자신은 대부 최저崔杼와 경봉慶封, 석귀보析歸父, 식작殖綽, 곽최郭最를 비롯해 시인寺人 숙사위夙沙衛 등과 함께 대군을 이끌고 평음平陰 땅의 성으로 가서 주둔했다.

평음성 남쪽에 방책防柵이 둘러쳐져 있고, 방책에 문이 나 있었다. 제영공이 석구보에게 명해 방책의 문밖에 길게 해자를 파게 했다. 석구보가 군사를 이끌고 나가 길이가 1리나 되는 해자를 판 뒤 정예병을 뽑아 파수했다.

시인 숙사위가 제영공에게 말했다.

"12국의 진나라 연합군 마음이 한결같지는 않을 것입니다. 일사불란하게 움직이지는 못할 것입니다. 저들이 처음으로 진군해 와서 아직 정돈하지 못했을 때 기습해야 합니다. 12국 가운데 1국의 군사만 패퇴시켜도 나머지 군사들 모두 사기가 떨어져 전의를 잃을 것입니다. 나가서 싸울 생각이 없으면 차라리 험준한 요새를 선택해 그곳을 지키십시오. 구구한 방책이나 해자 따위는 믿을 만한 게 못 됩니다."

제영공이 말했다.

"저토록 넓고 깊은 해자가 있는데 저들이 날개를 달았으면 모르겠으나 어찌 건널 수 있겠는가?"

진나라 원수 중항언은 제나라 군사가 해자를 파고 지킨다는 보고를 듣고 웃었다.

"제나라가 우리를 크게 두려워하는 모양이다. 틀림없이 나와서 싸우지 않을 것이다. 내가 응당 계책을 써 제나라 군사를 격파하겠다."

그러고는 즉시 명을 내려 노나라와 위나라 군사는 지금의 산동성 동평현인 수구須句 땅을 경유해 진격하고, 주邾나라와 거나라 군사는 성양城陽 땅을 경유해 진격하되 모두 낭야琅琊에 모여 함께 쳐들어가게 했다. 또 진晉나라와 다른 나라 대군은 평음에서 곧바로 진격해 임치성 아래에 함께 모이기로 했다.

노나라와 위나라, 주나라, 거나라 등 4국의 제후 모두 중항언의 계책을 이행키 위해 정해진 곳으로 떠났다. 중항언도 대군을 이끌고 평음으로 진격했다. 평음 가까이 당도한 중항언이 사마 장군신張君臣에게 명해 산과 늪과 험요지險要地에 많은 군사가 있는 것처럼 위장하기 위해 빈 깃발을 가득 세우게 했다. 이어 풀로 만든 허수아비를 대거 만든 뒤 갑옷을 입혀 빈 병거 위에 세우게 했다. 다시 나무를 베어 병거의 끌채에 묶은 뒤 내달리게 했다. 흙먼지가 크게 일어나 하늘을 뒤덮었다. 이어 장사들에게 대패大旆를 들고 병거 위에 올라 산골짜기 사이를 오가게 했다. 많은 군사가 이동하는 것처럼 꾸민 것이다. 중항언은 이런 의병계疑兵計를 써서 제나라 군사의 눈을 현혹시켰다.

이어 그는 범개와 함께 송나라와 정나라 군사를 이끌고 중간 공격로를 맡았다. 조무와 한기는 상군을 이끌면서 등나라와 설나라 군사와 함께 오른쪽 공격로를 맡았다. 위강과 난영은 하군을 이끌면서 조나라와 기나라 및 소주나라의 군사와 함께 왼쪽 공격로를 맡았다.

제후들이 한마음으로 제나라를 포위하다

진나라 연합군은 3개 군으로 나뉘어 평음성을 공격했다. 중항언의 명에 따라 모든 병거는 각각 나무토막과 돌을 실었고, 병사들은 각각 흙 자루를 한 자루씩 짊어졌다. 중군과 좌군 및 우군 등 3개 군은 제나라 군사의 방책 가까이 이르자 포 소리를 신호삼아 앞다퉈 돌과 나무토막을 해자에 내던졌다. 수만 명의 보졸이 각각 짊어지고 온 흙 자루를 그 목석 위에 쏟아 부었다. 해자가 삽시간에 메워져 평지가 됐다.

진나라 연합군이 큰 칼과 면이 넓은 도끼를 휘두르며 돌진했다. 제나라 군사는 방책을 넘어 노도처럼 밀려오는 공세를 당하지 못했다. 제나라 군사는 절반이 죽거나 부상을 당했다. 제나라 장수 석구보도 진나라 군사에게 포획될 뻔했다. 가까스로 모면해 황급히 평음성 안으로 도망쳐 들어갔다. 그가 제영공에게 고했다.

"진나라 연합군이 3로路로 해자를 메우고 돌진해오고 있습니다. 기세가 너무 강해 대적키 어렵습니다."

제영공은 그 말을 듣고 얼굴에 두려운 기색을 드러냈다. 이내 평음 인근의 무산巫山으로 올라가 적군을 바라봤다. 산과 늪과 요충지에 수많은 깃발이 나부끼고 수많은 병거가 먼지를 일으키며 달리는 게 보였다. 제영공이 크게 놀랐다.

"열국 제후들의 군사가 어찌 저토록 많은 것인가? 잠시 그 예봉을 피하는 수밖에 없다.

그가 제장들에게 물었다.

"누가 자기 부대를 이끌고 후대後隊가 되어 적의 진격을 막을 수 있겠는가?"

시인 숙사위가 자원했다.

"소신이 원컨대 일지군을 이끌고 후대가 되어 주공이 무사히 피할 수 있도록 적군을 막겠습니다."

제영공이 크게 기뻐했다. 문득 두 장수가 함께 나서서 말했다.

"당당한 우리 제나라에 어찌 용기 있는 사람이 하나도 없어 환관에 불과한 시인寺人에게 후대를 맡긴단 말입니까? 제후들이 이를 알면 우리를 비웃을 것입니다. 원컨대 신들이 숙사위를 대신해 후대를 맡겠습니다."

두 장수는 식작殖綽과 곽최郭最였다. 그들은 모두 1만 명의 사내가 대적할 수 없는 용력인 이른바 만부부당지용萬夫不當之勇을 지니고 있었다.

제영공이 말했다.

"두 장수가 후대를 맡겠다니 과인은 뒤를 공격당할까 염려하는 이른바 후고지우後顧之憂를 하지 않아도 될 듯하오."

시인 숙사위는 제영공이 자신을 쓰지 않는 걸 보고 부끄러운 기색을 띠고 물러났다. 그는 달아나는 제영공을 따라 먼저 후퇴했다. 제영공이 20여 리를 달아나 지금의 산동성 평음현 북쪽의 석문산石門山에 이르렀다. 산은 험하고 길은 크게 좁았다. 병거나 사람이 다닐 수 있는 길은 양쪽에 거대한 석벽이 서 있는 한 가닥의 좁은 길뿐이었다.

숙사위는 자신을 모욕한 식작과 곽최에게 원한을 품었다. 그는 두 장수가 공을 세우지 못하도록 하기 위해 제나라 군사가 애로隘路를 다 지나자 병거를 이끄는 말 30여 필을 죽여 애로를 막았다. 이어 그 뒤쪽에 큰 수레 여러 대를 늘어놓고 이를 밧줄로 얽어매 성벽처럼 장애물을 설치했다.

식작과 곽최는 군사를 이끌고 진나라 군사의 추격을 막으며 천천히 후퇴해 석문산 어귀에 이르렀다. 이들은 어귀가 죽은 말들로 막혀 있고 그 뒤에 큰 수레들이 장애물처럼 쌓여 있어 병거가 다닐 수 없게 해놓은 것을 보고 서로 말했다.

"이건 숙사위가 우리에게 원한을 품고 설치한 것이 틀림없소."

이들은 병사들에게 명해 죽은 말과 쌓아올린 수레를 치워 길을 틔우게 했다. 병사들은 수레를 묶은 줄을 일일이 잘라낸 뒤 수레를 1대씩 빈터로 옮겼다. 그러느라 시간이 오래 걸렸다. 병사들은 많았지만 좁은 곳에서 작업한 까닭에 일시에 힘을 쓸 수 없었기 때문이다.

그 사이 뒤에서 먼지가 뿌옇게 일어나며 진나라 효장 주작州綽이 이끄는 군사가 달려왔다. 제나라 장수 식작이 곧 병거를 돌려 이들을 맞이해 싸울 준비를 했다. 주작이 쏜 화살 1대가 식작의 왼쪽 어깨를 맞혔다. 곽최가 활을 당기며 식작을 구하러 왔다. 식작이 손을 들어 곽최를 제지했다. 주작도 식작이 곽최를 말리는 걸 보고 손을 움직이지 않았다. 식작이 침착히 화살을 뽑으며 주작에게 물었다.

"장군은 누구시오? 이 식작의 어깨를 쏘아 맞힌 것을 보니 호한好漢임에 틀림없소. 원컨대 통성명을 하고자 하오."

주작이 대답했다.

"나는 진나라 장수 주작이오."

식작이 말했다.

"소장은 다른 사람이 아니라 제나라 중수 식작이오. 그대는 세인들이 장군과 나를 두고 말하기를, '까불지 마라. 이름에 작綽자가 든 두 장군이 무섭구나.'라고 말하는 것을 듣지 못했소? 나와 장군은 용력勇力으로 이름을 떨쳤소. 호한은 호한을 아낀다는 호한석호한好漢惜好漢이라는 말이 있소. 우리가 어찌 서로를 해칠 수 있겠소?"

주작이 대답했다.

"그대의 말이 맞기는 하나 각자 자기 주인을 위해 힘을 쓰는 판이오. 만일 장군이 무기를 버리고 귀순한다면 소장은 장군이 죽임을 당하지 않도록 힘써 주선하겠소."

식작이 물었다.

"그 말이 속임수여서는 안 되오."

주작이 대답했다.

"장군이 내 말을 믿지 못하면 천지신명에게 맹서하겠소. 내가 장군의 목숨을 보전케 하지 못하면 그대와 함께 죽겠소."

식작이 말했다.

"곽최의 목숨도 장군에게 맡기겠소."

말을 마친 뒤 식작과 곽최 모두 자신들을 결박토록 했다. 제나라 군사 모두 진나라 군사에게 투항했다.

사관이 이를 시로 읊었다.

식작과 곽최은 모두 명장인데 綽最趙趙二虎臣

좁은 길 막혀 힘쓰지 못하다 相逢狹路志難伸
수레 엎어 잡히게 만들었으니 覆車擒將因私怨
나라 욕되게 한 자 환관이다 辱國依然是寺人

주작이 제나라 장수 식작과 곽최를 결박해 데리고 온 뒤 공을 청했다. 이어 두 장수의 용맹이 쓸만하다며 천거했다. 중항언이 두 장수를 임시로 중군에 가둘 것을 명했다. 이어 싸움이 끝난 뒤에 결정키로 했다.

진나라 연합군이 평음성을 점령한 뒤 다시 제나라 도성인 임치성으로 진격했다. 이들은 도중에 지나게 된 성읍을 공략하지 않고 곧바로 임치성 외곽에 당도했다. 먼저 떠난 노나라와 위나라, 주나라, 거나라 4국의 군사는 이미 그곳에 와 있었다.

진나라 장수 범앙范鞅이 먼저 임치성의 서문인 옹문雍門을 쳤다. 옹문엔 갈대가 많이 나 있었다. 범앙이 불을 질러 갈대를 모두 태워버렸다. 주작은 옛날 제의공이 변을 당한 임치성 부근의 신지申池에 있는 대숲을 태워버렸다. 나머지 4국의 군사도 일제히 화공을 행했다.

사방의 외곽이 모두 불에 타 허물어졌다. 진나라 연합군은 임치성 아래 바짝 다가가 성을 포위했다. 함성이 지축을 뒤흔들고, 화살이 성루를 향해 빗발치듯 날아왔다. 성안의 백성들이 큰 혼란에 빠졌다. 제영공이 크게 두려워했다.

그는 비밀리에 좌우 시종들로 하여금 수레를 준비하게 한 뒤 동문을 열고 달아나려 했다. 상경 고후가 낌새를 알아차리고 황망히 제영공 앞으로 달려왔다. 차고 있던 검을 뽑아 제영공이 타고 있는 수레의 말고삐를 모두 끊었다. 그러고는 울며 간했다.

"적군의 예기가 아무리 강할지라도 우리나라로 깊숙이 들어온 마당에 어찌 자기 나라에 대한 걱정이 없겠습니까? 오래지 않아 저들은 돌아갈 것입니다. 주공이 한번 떠나면 도성을 지킬 사람이 없게 됩니다. 원컨대 앞으로 10일만 더 참고 머무십시오. 적군과 싸우다 힘이 다하고 사세가 더 버틸 수 없는 이른바 역갈세휴力竭勢虧할 때 달아나도 늦지 않습니다."

제영공이 부득이 이를 좇았다. 고후가 백성과 병사를 지휘하며 통솔하는 독솔督率을 행했다. 진晉나라 연합군이 제나라 도성을 포위한 지 6일이 지났다. 문득 정나라로부터 급보가 날아들었다. 정나라 대부공손 사지舍之와 공손 하夏가 연명으로 봉함해 정간공에게 올린 서찰이었다. 서찰을 갖고 온 사자가 기밀사機密事가 적혀 있다고 고했다. 정간공이 서찰을 뜯어보니 대략 이런 내용이었다.

> 신 사지와 하는 주공의 명에 따라 공자 가嘉와 더불어 나라를 지키고 있던 중 뜻밖에도 공자 가가 모반할 생각을 품고 은밀히 사람을 초나라로 보내 우리 정나라를 치게 했습니다. 그는 이미 내응할 태세를 갖추고 있고, 초나라 군사는 이미 어릉魚陵까지 와 있다고 합니다. 조석지간에 도성에 닥칠 것입니다. 나랏일이 크게 급하니 주공은 밤을 도와 회군해 사직을 구하십시오.

정간공이 크게 놀라 곧 서찰을 진평공에게 보여주었다. 진평공이 중항언을 불러 상의했다. 중항언이 말했다.

"우리 연합군은 제나라 군사의 공격을 받지도 않고 우리 또한 그들과 싸우지 않은 채 곧바로 제나라 도성까지 진격했습니다. 연합군의 사기가 크게 올라 있습니다. 이때를 틈타 임치성을 공격하면 쉽게 함락시킬 수 있습니다. 그러나 제나라 군사의 저항도 만만치 않습니다. 이때 초나라 군사가 정나라를 침공했습니다. 정나라가 초나라에 굴복하면 정간공이 나라를 잃게 한 책임은 우리 진나라가 질 수밖에 없습니다. 지금은 차라리 회군하여 정나라를 구원하는 게 당면의 계책이 아닌가 합니다. 이번에 비록 제나라를 격파치 않을지라도 제후는 이미 간담이 떨어지는 상담喪膽을 당했을 터이니 다시는 노나라를 침공치 못할 것입니다."

진평공이 임치성의 포위를 푼 뒤 11개국 제후들과 함께 정나라를 향해 떠났다. 정간공은 이에 앞서 진평공에게 작별을 고한 뒤 먼저 귀국했다.

진평공과 열국 제후들은 정나라를 구원하러 가는 도중 축아祝阿 땅에 이르렀다. 진평공은 초나라 군사가 정나라를 침공한 일이 마음에 걸렸다. 열국의 제후와 함께 술을 마시면서도 우울했다.

진나라 악사 사광師曠이 말했다.

"청컨대 신이 소리로 앞날을 점쳐 보겠습니다."

사광이 성음을 조율하는 관악기를 입에 대고 「남풍南風」의 노래를 부른 뒤 다시 「북풍北風」의 노래를 불렀다. 「북풍」의 노래는 화평해 들을 만했으나 「남풍」의 노래는 피어나지 못하고 숙살肅殺의 기운이 크게 감돌았다.

사광이 말했다.

"「남풍」의 노래는 소리가 어울리지 못하고 거의 죽어 있습니다. 남쪽 초나라 군사가 공을 세우지 못할 뿐만 아니라 스스로 재앙을 당하게 될 것입니다. 3일 안에 반가운 소식이 올 것입니다."

사광은 자가 자야子野이다. 진나라에서 가장 귀가 밝은 총명한 사람이다. 어려서부터 음악을 크게 좋아했으나 음악에 전념하지 못하는 것을 늘 괴로워했다.

하루는 그가 길게 탄식했다.

"내 기법이 정밀하지 못한 것은 마음을 한곳으로 집중하지 못하기 때문이다. 이는 눈으로 너무 많은 것을 보기 때문이다."

그러고는 불을 붙인 쑥 잎으로 자신의 두 눈을 그을려 시각을 없앴다. 소경이 된 그는 모든 것을 버리고 음악에 전념했다. 마침내 음악으로 기후

氣候의 영허盈虛와 음양陰陽의 소장消長을 알 수 있게 됐다. 나아가 천시天時와 인사人事를 알아내는 일에 틀림이 없었고, 바람소리와 새소리를 듣고도 눈으로 본 것처럼 길흉을 판단했다. 진나라의 태사 겸 장악관掌樂官으로 임명된 이유다.

진나라의 역대 군주 모두 사광을 깊이 신임했다. 행군할 때 반드시 그를 이끌고 다닌 배경이다. 진평공은 사광의 말을 듣고는 축아 땅에 군사를 주둔시킨 뒤 첩자를 보내 정나라 소식을 알아오게 했다.

채 3일이 되기도 전에 첩자가 정나라 대부 공손 채蠆와 함께 돌아와 보고했다.

"초나라 군사가 이미 본국으로 돌아갔습니다."

진평공의 의아해하며 물었다. 공손 채가 대답했다.

"초나라는 공자 오午가 공자 정貞을 대신해 영윤이 된 후 선대의 원수를 갚기 위해 늘 정나라를 칠 기회만 노렸습니다. 그러던 차에 정나라 공자 가嘉가 반심을 품고 초나라와 내통해 초나라 군사로 하여금 쳐들어오게 한 것입니다. 초나라 군사가 오면 거짓으로 영적迎敵을 핑계대고 군사를 이끌고 나가 합세할 속셈이었습니다. 그러나 공손 사지와 공손 하가 미리 공자 가의 음모를 알아채고 군사를 독려해 도성을 지키면서 성문의 출입을 엄중히 막았습니다. 공자 가가 성 밖으로 나가 초나라 군사와 합세하지 못한 이유입니다. 한편 초나라 영윤 공자 오는 영수潁水를 건너 정나라 도성 밑까지 왔으나 내응이 없자 어치산魚齒山 아래 주둔했습니다. 마침 큰 비와 눈이 연일 쉬지 않고 쏟아졌습니다. 눈이 녹아 홍수로 변했고 초나라 영채 안에 가득 찬 물이 1척 이상 불어나자 초나라 군사는 모두 산 위로 피신했습니다. 추위가 심해 얼어 죽은 병사가 절반이 더 됐습니다. 병사들이 대장을 크게 원망하자 영윤인 공자 오가 철군했습니다. 과군은 도성으로 돌아오자마자 공자 가를 죽여 없앴습니다. 주공은 연합군에게 괜한 고생을 시킬까 우려해 특별히 하신 채蠆로 하여금 밤을 도와 군후에게 달려와 이 사실을 보고토록 했습니다."

진평공이 크게 기뻐하며 탄복했다.

"자야子野는 실로 음악의 성인이다."

이어 초나라 군사가 정나라를 치러 왔다가 아무 성과도 없이 돌아간 사실을 열국의 제후에게 알리고 각각 본국으로 돌아가게 했다.

사신이 시를 지어 사광을 찬했다.

남풍 연주 후 북풍 연주해	歌罷南風又北風
곧 진초 양국의 길흉 알다	便知兩國吉和凶
음악 알면 천지이치 통하니	音當精處通天地
사광은 소경 음악의 시조다	師曠從來是瞽宗

그때가 주영왕 17년인 기원전 555년 12월 겨울이었다. 이어 진나라 군사가 본국을 향해 황하를 건넌 것은 주영왕 18년인 기원전 554년 봄이었다. 당시 중항언은 철군 도중 머리에 큰 종기가 났다. 극심한 아픔을 참을 수 없어 도성으로 가지 않고 저옹著雍 땅에 머물러 치료했다. 이해 2월에 이르러 종기가 짓물러 터지고 두 눈알까지 빠지며 이내 죽고 말았다. 목이 떨어진 꿈과 경양 무당의 예언이 맞아떨어진 셈이다.

제나라 항장 식작과 곽최는 중항언이 죽어 군중이 어수선해진 틈을 타 족쇄를 끊고 달아났다. 범개와 중항언의 아들 중항오中行吾는 중항언의 상여를 싣고 함께 도성으로 돌아왔다. 진평공이 중항오를 대부로 삼았다. 이후 범개를 중군 원수, 중항오를 중군 부장에 임명했다. 중항오는 자신의 성을 다시 원래의 성인 순荀으로 쓰기로 한 까닭에 사람들은 이후 그를 순오荀吳로 불렀다.

124話 진나라 신하들이 계책을 모아 난영을 내쫓다
– 진신합계축난영晉臣合計逐欒盈

그해 여름 5월, 제영공이 앓아누웠다. 대부 최저崔杼와 경봉慶封이 서로 상의한 뒤 사람을 은밀히 즉묵 땅으로 보내 폐태자 공자 광을 온거轀車로 모셔오게 했다.

경봉은 한밤중에 자신의 가병을 이끌고 가 태부인 고후의 집 대문을 두드렸다. 고후는 영문도 모른 채 대문 밖으로 나가 경봉을 맞이했다가 그에게 붙잡혀 죽임을 당했다.

폐태자 광은 최저와 함께 궁중으로 들어가 먼저 제영공의 폐첩 융자를 죽이고 다시 태자가 된 공자 아를 잡아 죽였다. 제영공은 변란이 일어났다는 보고를 듣고는 입으로 피를 몇 되나 토하다가 그 자리서 숨이 끊어져 죽었다. 폐태자 광이 그 뒤를 이어 즉위했다. 그가 바로 제장공齊莊公이다.

태자 소부인 시인 숙사위는 세상이 하루아침에 바뀌자 집안 식구를 이끌고 고당高堂으로 달아났다. 제장공은 경봉을 시켜 군사를 이끌고 가 숙사위를 쫓게 했다. 숙사위가 고당을 근거지로 삼아 반란을 일으켰다. 제장공이 직접 대군을 이끌고 가 고당성을 포위하고 공격했다. 1달이 지나도록 함락시키지 못했다.

고당성에 공루工僂라는 용자勇者가 있었다. 숙사위가 공루로 하여금 동문을 지키게 했다. 공루는 숙사위가 결국 성공하지 못할 것을 알고 있었다. 그는 성 위에 올라가 편지를 화살에 꿰어 성 아래로 쏘아 보냈다. 한밤중에 성의 동북쪽 성벽에서 대군이 성 위로 올라올 수 있도록 준비하고 있겠다는 내용이었다.

제장공이 그 글을 믿지 못하고 주저했다. 식작과 곽최가 청했다.

"그가 주공에게 약속했으니 반드시 내응할 것입니다. 청컨대 우리 두 사람이 가서 숙사위를 잡아오겠습니다. 그 자는 전에 석문산의 길을 막아 저희를 진晉나라 군사에게 사로잡히게 만든 저희의 원수입니다."

제장공이 대답했다.

"그대들은 조심해서 추진토록 하시오. 과인이 그대들을 뒤따라가 접응토록 하겠소."

식작과 곽최가 군사를 이끌고 고당성 동북쪽 성벽으로 갔다. 한밤중이 되기를 기다렸다. 그때가 되자 갑자기 성 위에서 여러 가닥의 밧줄이 성벽 아래로 내려왔다. 식작과 곽최가 그 줄을 붙들고 올라갔다. 병사들도 그 뒤를 따라 성 위로 올라갔다. 공루가 식작을 인도해 숙사위의 처소로 갔다. 식작의 병사들이 벌떼처럼 달려들어 숙사위를 포박했다.

곽최가 곧바로 성문 쪽으로 가 빗장을 끊어 내고 성문을 활짝 열었다. 제나라 군사가 일제히 성안으로 들어갔다. 성안이 큰 혼란에 휩싸이면서 양쪽 군대가 서로 살상했다. 1경인 2시간가량 지나 혼란이 가라앉았다.

제장공이 입성해 공당公堂 마루에 앉았다. 공루가 식작과 함께 숙사위를 끌고 와 제장공 앞에 꿇어 앉혔다. 제장공이 큰 소리로 꾸짖었다.

"개 같은 환관인 엄구奄狗야! 과인이 너를 버리지 않았거늘 너는 어째서 어린 공자 아牙를 도와 나의 태자 자리를 빼앗게 했는가? 지금 공자 아는 어디 있느냐? 너는 그의 소부로 있었으니 저 세상에 가서 그를 도와야 할 것이다."

숙사위는 머리를 숙인 채 아무 대답도 못했다. 제장공이 숙사위를 밖으로 끌고 가 참수케 했다. 이어 그의 육신으로 젓을 담가 여러 신하들에게 두루 하사했다. 제장공이 공루를 발탁해 고당의 수령으로 임명한 뒤 이내 회군해 도성으로 돌아갔다.

당시 진나라 상경 범개는 전번에 제나라 도성을 포위했다가 초나라 군사가 정나라를 침공하는 바람에 제나라의 항복을 받아내지 못한 것을 아쉽게 생각했다. 이내 진평공의 허락을 받고 다시 대군을 일으켜 제나라 토벌을 위해 출격했다. 황하를 건넜을 때 제영공이 죽었다는 소식을 들었다. 범개가 말했다.

"제나라에 새로이 국상이 났다고 한다. 국상 중인 나라를 치는 것은 불인不仁한 짓이다."

그러고는 즉시 회군했다. 이 일은 곧바로 첩자에 의해 제나라 조정에 보고됐다. 제나라 대부 안영晏嬰이 제장공 앞에 나가 말했다.

"진나라가 상중에 있는 우리나라를 치지 않은 것은 우리에게 인仁을 베풀려는 게 아니겠습니까? 우리가 그런 나라를 등지고 지내는 것은 의롭지 못합니다. 이 기회에 진나라와 강화해 서로 군사를 일으키는 괴로움을 덜어야 할 것입니다."

안영의 자는 평중平仲이다. 키는 5척도 되지 못했다. 그는 제나라에서 가장 현명하고 지혜로운 선비였다. 제장공 역시 나랏일이 가까스로 안정돼 가는 터에 진나라 군사가 다시 쳐들어오지나 않을까 두려워했다. 제경공이 안영의 건의를 좇은 이유다.

이내 사자를 진나라로 보내 사죄하고 동맹을 청했다. 진평공이 이를 받아들이고, 제나라를 비롯한 열국의 제후를 위나라 전연澶淵 땅에 대대적으로 소집했다. 범개가 전연의 맹회를 주관했다. 진평공이 제장공과 함께 삽혈하고 우호관계를 맺는 일을 도왔다. 맹회가 끝나자 제후들이 각각 자국으로 돌아갔다. 이후 1년여 동안 전쟁이 일어나지 않았다.

진나라 하군 부장 난영欒盈은 난염의 아들이고, 난염은 범개의 사위다. 난염에게 출가한 범개의 딸을 사람들은 난기欒祁라고 불렀다.

난씨는 난빈欒賓에서 시작해 난성欒成, 난지欒枝, 난돈欒盾, 난서欒書, 난염欒黶, 난영에 이르기까지 7대에 걸쳐 진나라 경상卿相의 자리에 올랐다. 부귀영화가 그 어느 가문과도 비교할 수 없을 정도로 성대했다. 진나라 조정의 문무관원은 절반 가량이 난씨 가문에서 나왔다. 나머지 절반도 난씨의 인척이거나 그 일당이었다.

난씨와 가까운 조정의 관원으로는 위씨魏氏 문중엔 위서魏舒, 지씨智氏 문중엔 지기智起, 중항씨中行氏 문중엔 중항희中行喜, 양설씨羊舌氏 문중엔 양설숙호羊舌叔虎, 적씨籍氏 문중엔 적언籍偃, 기씨箕氏 문중엔 기유箕遺가 있었다. 이들 모두 난영과 함께 세력을 확장하면서 서로 의지했다. 그 사이 난영과 생사를 함께 할 수 있는 일당이 되었다.

게다가 난영은 어려서부터 처신이 겸손하고 어른을 공경했고 무사를 우대했다. 재물을 흩어 문객을 끌어 모았다. 목숨을 내걸고 그를 따르는 사사死士가 그의 곁에 모여들었다. 주작州綽과 형괴邢蒯, 황연黃淵, 기유箕遺 등이 그들이다. 이들 모두 난영의 심복 부하로 이름난 장수들이었다.

난영에게는 또 독융督戎이라는 역사가 있었다. 1천 균鈞의 무게도 가볍게 들어 올리는 천하장사였다. 양손으로 극戟 두 자루를 들고 무엇이든 찌르면 적중하지 않는 게 없었다. 독융은 언제나 그림자처럼 난영을 따라다니며 호위했다.

그 밖에도 난영의 가신으로 신유辛兪와 주빈州賓 등이 있었다. 난영을 위해 몸을 아끼지 않고 분주히 돌아다니는 자들은 그 수를 헤아릴 수 없을 만큼 많았다.

난염이 죽었을 때 그의 부인 난기는 40세가 되어 있었다. 그녀는 과부로 수절하고 살 생각이 없었다. 난영의 가신 주빈은 자주 난씨 부중으로 들어가 자신이 맡은 일을 난영에게 보고했다. 난기는 그럴 때마다 병풍 뒤에 숨어 주빈을 엿보았다. 주빈의 젊고 준수한 용모를 좋아했다.

난기가 은밀히 시녀를 주빈에게 보내 자신의 뜻을 전했다. 난기와 주변이 사통하게 된 이유다. 주빈에게 반한 난기는 난씨 부중에 있는 보기와 재물을 꺼내 몽땅 주빈에게 주었다.

난영이 진평공을 따라 제나라를 치러가자 주빈은 공공연히 난씨 부중에 머물며 사람들의 시선도 기피하지 않았다. 난영은 전쟁에서 돌아와 그 사실을 전해 들었으나 그 일을 문제 삼지 않았다. 대신 다른 일을 핑계 삼아 부중의 안팎 문을 지키는 문지기들을 잡아들여 매를 심하게 때렸다. 가신일지라도 앞으로는 부중의 내당에 출입시켜서는 안 된다고 엄명했다.

난기는 주빈을 만날 수 없게 되자 늙은 여인으로서 행실을 잘못한 부끄러움이 이내 분노로 변했다. 이어 음탕한 마음을 참기 어려웠다. 나아가 아들 난영이 혹여 주빈을 죽이지나 않을까 걱정이 되었다.

그 무렵 난기의 친정아비 범개의 생일이 돌아왔다. 난기는 범개에게 축수를 올린다는 핑계를 대고 친정인 범개의 부중으로 갔다. 틈을 타 범개에게 호소했다.

"난영이 장차 난을 일으키려고 하는데 어찌해야 좋습니까?"

범개는 난기가 꾸며낸 말인 것을 몰랐다. 자세한 내용을 묻자 난기가 대답했다.

"난영은 일찍이 자기 측근에게 말하기를, '범앙이 내 숙부 난감欒鍼을 죽도록 방치했소.[1] 나의 부친 난염이 그를 축출한 이유요. 그런데 그는 진秦나라 군주의 도움으로 다시 귀국케 됐소. 그는 자신이 죽지 않은 것만도 다행으로 알고 가만히 있어야 하는데 오히려 주공의 총애를 입어 높은 자리에 올라 있소. 범씨는 날로 번창하고 우리 난씨는 쇠퇴하고 있소. 나는 차라리 죽을지언정 맹세코 범씨와는 양립하지 않을 것이오.'라고 했습니다. 그는 지금 밤낮으로 지기智起 및 양설숙호羊舌叔虎 등과 함께 모여 음모를 꾸

1 이 대목의 『열국지』 원문은 앙살오형鞅殺吾兄이다. 난감은 난영에게 숙부가 된다. '형兄'은 '숙부叔父'의 잘못이다. 번역문은 '숙부'로 바꿔 놓았다.

진나라 신하들이 계책을 모아 난영을 내쫓다

미고 있습니다. 내가 전해들은 바로는 난영은 여러 대부를 모두 제거하고 자시의 사당私黨을 조정에 세울 작정이라고 합니다. 그는 생모인 내가 이 소식을 친정에 전할까 우려한 나머지 문지기를 엄중히 단속해 내가 친정과 왕래하는 것을 막았습니다. 오늘은 부친의 생신일인 까닭에 떼를 쓰다시피 해 문 밖으로 나왔습니다. 아마도 다시는 부친을 뵙지 못할 듯합니다. 부녀간의 막중한 천륜을 외면할 수 없어 감히 사실대로 고하는 것입니다."

범앙이 거들고 나섰다.

"소자 역시 그런 소문을 들었는데 누님의 말을 듣고 보니 과연 그런 것 같습니다. 난씨 일당의 세력이 매우 극성極盛합니다. 불가불 저지해야 합니

다."

아들과 딸이 입을 모아 그리 말하자 범개도 이를 믿지 않을 수 없었다. 곧 궁으로 들어가서 진평공에게 난씨 축출의 필요성을 역설했다.

진평공은 대부 양필陽畢을 불러 그 일에 관해 물었다. 양필은 원래 난영을 미워한데다 평소 범씨와 가까이 지냈다. 그가 대답했다.

"지난날 진여공을 시해한 자는 사실 난서입니다. 난염은 그런 아비의 흉덕凶德을 이어받았고, 난염의 권세는 지금 난영에게까지 이어지고 있습니다. 백성들은 그것도 모르고 난씨들을 친근하게 여긴 지 이미 오래됐습니다. 만일 시역의 죄를 물어 난씨 일족을 제거하고 주공의 위엄을 세운다면 이는 누대에 걸친 나라의 복이 될 것입니다."

진평공이 말했다.

"난서는 선군 진도공을 옹립한 공로가 있고, 난영의 죄는 아직 드러나지 않았소. 난씨를 제거할 명분이 없으니 어찌하면 좋소?"

양필이 대답했다.

"난서가 선군 진도공을 옹립한 것은 자신의 죄를 감추기 위한 것입니다. 선군은 그가 나라의 원수라는 것을 잊고 사사로운 은덕에 얽매여 그 죄를 눈감아주었습니다. 주공마저 다시 그 죄를 불문에 붙이면 그 폐해가 막심할 것입니다. 난영에게 아직 드러난 죄악이 없다면 먼저 그 일당부터 제거하고 난 뒤 난영은 구실을 만들어 다른 곳으로 보내십시오. 그가 만일 주공의 그런 조치에 불만을 품고 일을 꾸미면 그를 죽일 명분이 생길 것입니다. 그가 주륙을 모면하기 위해 다른 곳으로 달아나면 그 또한 그에게 관용을 베푼 주공의 은덕이 됩니다."

진평공이 이를 그럴 듯하게 여겼다. 이튿날 진평공이 다시 범개를 불러 그 일을 상의했다. 범개가 말했다.

"난영을 놓아두고 일당만 제거하면 그로 하여금 더 빠르게 반란을 일으키게 할 뿐입니다. 차라리 난영을 저읍著邑으로 보내 성을 쌓게 하십시오. 그가 이곳을 떠나기만 하면 그 일당은 우두머리가 없는 무리가 되는 까닭에 쉽게 숙청할 수 있습니다."

진평공이 말했다.

"그 계책이 좋소."

이내 난영은 진평공의 명을 받고 성을 쌓으러 저읍으로 가게 됐다. 그가 저읍 땅으로 떠나는 날 일당인 기유가 나서서 간했다.

"난씨가 여러 사람들로부터 원망을 받고 있는 것은 주인도 잘 알고 있을 것입니다. 조씨는 전에 조씨 일족이 몰살당한 일 때문에 그 일을 꾸민 도안고屠岸賈를 편든 난씨를 원망하고 있습니다. 중항씨는 우리가 진秦나라를 칠 때 난염이 중항언의 명을 따르지 않았다며 난씨을 원망하고 있습니다. 범씨는 난염이 범앙을 나라 밖으로 축출했다며 난씨를 원망하고 있습니다. 지씨는 지삭智朔이 요절하고 지영智盈이 어린 까닭에 중항씨의 말을 듣고 있습니다. 정정程鄭은 군주의 총애를 입고 있어 난씨편에 가담하지 않을 것입니다. 지금 난씨 세력은 외롭습니다. 저읍에 성을 쌓는 일은 나라의 긴급 사안도 아닌데 왜 하필 주인에게 그런 일을 시키는 것입니까? 주인은 그 일을 사절하고 주공의 속뜻을 살피도록 하십시오. 연후에 주공의 다음 조치에 대비해야 할 것입니다."

난영이 대답했다.

"군명을 거부할 수는 없소. 나에게 죄가 있다면 감히 그 죄에서 벗어날 수 있겠소? 죄가 없나면 국인國人들이 나를 동정할 터인데 누가 나를 해칠 수 있겠소?"

그는 독융督戎을 어자로 삼아 도성인 강주絳州를 떠나 저읍으로 향했다. 난영이 떠난 지 3일 뒤 진평공이 조회를 열고 대부들에게 물었다.

"난서는 지난날 시역의 죄를 저질렀는데 아직도 그 죄를 밝혀내 처벌하지 못했소. 지금 그 자손들은 조정에서 벼슬을 살고 있소. 과인은 그런 오늘의 현실을 심히 부끄럽게 생각하오. 앞으로 이를 어찌하면 좋겠소?"

여러 대부들이 이구동성으로 대답했다.

"마땅히 그들을 축출해야 합니다."

진평공이 난서의 죄상을 선포하고, 죄상을 선포한 현판을 성문에 내걸게 했다. 이어 대부 양필에게 명해 군사를 이끌고 성 밖으로 나가 난영을 축출케 했다. 난씨 일족을 모두 국외로 추방한 뒤 난씨의 식읍인 난읍欒邑을 몰수했다. 난씨 일족인 난락欒樂과 난방欒魴은 권속을 이끌고 주작 및 형괴와 함께 강성을 빠져나가 난영과 합치기 위해 저읍 쪽으로 달려갔다.

난영의 일당인 양설숙 역시 기유 및 황연과 함께 난락 등을 좇아 성 밖으로 나가려고 했다. 그러나 그때는 이미 성문이 굳게 닫힌 뒤였다. 양설숙호는 향후 난씨 일당을 철저히 색출해 처벌할 것이라는 소문을 듣자 기유 등과 대책을 상의했다.

이들은 각자 가병을 이끌고 한밤에 난을 일으킨 뒤 동문의 수문장을 죽이고 성 밖으로 달아나기로 계책을 세웠다. 조씨의 문객들 가운데 장감章鑑이라는 사람이 있었다. 그는 양설숙호의 이웃집에 살았다. 그가 양설숙호의 음모를 탐지한 뒤 조무에게 보고했다.

조무가 이를 범개에게 알렸다. 범개가 아들 범앙으로 하여금 갑사 300명을 이끌고 가 양설호의 집을 포위케 했다.

뒷일은 알 길이 없으니 다음 회를 보라.

제63회

125話 늙은 기해가 힘써 양설힐을 구하다
-노기해력구양설老祁奚力救羊舌

당시 난영의 부하 기유箕遺는 양설숙호의 집에 가 있으면서 황연이 그곳으로 오기만을 기다렸다. 밤이 깊어지면 동문의 수문장을 죽이고 성 밖으로 달아날 참이었다. 그러나 뜻밖에도 오히려 범앙에게 집을 포위당하고 말았다.

양실숙호의 집 밖에 와 있던 기유와 황연의 가병들은 범앙의 군사가 들이닥쳐 집을 포위하자 감히 한 곳으로 모이지 못하고 따로따로 관망했다. 슬금슬금 달아나는 자들도 많았다.

양설숙호는 자기 집 담장에 사다리를 걸쳐놓고 사다리를 밟고 올라가 담 밖을 내다보며 범앙에게 물었다.

"소장군이 군사를 이끌고 이곳에 오니 무슨 까닭이오?"

범앙이 대답했다.

"너는 평소 난영의 당에 가담했다. 이제 또 수문장을 죽이고 성 밖으로 달아날 음모를 꾸미고 있다. 이는 반역죄에 해당한다. 나는 군명을 받들어 특별히 너를 잡으러 왔다."

양설숙호가 말했다.

"나는 그런 일을 꾸미지 않았소. 누가 그런 근거 없는 고자질을 했소?"

범앙이 즉시 장감을 앞으로 불러내 증언케 했다. 힘이 센 양설숙호가 담장에서 큰 돌을 하나 빼내 장감을 향해 내던졌다. 돌이 장감의 머리를 정통으로 맞혔다. 장감이 머리가 깨져 즉사했다.

대로한 범앙이 병사들에게 명해 양설호의 집에 불을 지른 뒤 대문을 공격케 했다. 다급해진 양설호가 기유에게 말했다.

"우리는 차라리 죽음을 무릅쓰고 달아날지언정 앉아서 포박당할 수는 없소."

양설호가 창을 든 채 앞장서고, 기유가 칼을 잡고 뒤에 서서 함께 함성을 지르며 불길을 뚫고 문 밖으로 뛰쳐나갔다. 범앙이 두 사람이 달아나는 것을 보고 병사들로 하여금 일제히 그들을 향해 활을 쏘게 했다. 당시 불길이 대단해서 두 사람은 불길을 뚫고 나가기도 쉽지 않았다. 그런 터에 마치 메뚜기 떼처럼 날아오는 화살을 어찌 당할 수 있겠는가? 설령 하늘을 나는 재주를 갖고 있을지라도 어쩔 수 없는 형편이었다. 결국 양설호와 기유는 여러 대의 화살을 맞고 그 자리에 쓰러졌다. 병사들이 갈고리가 달린 요구창撓鉤槍으로 그들을 끌어냈다. 두 사람은 이미 반은 죽어 있었다. 범앙이 병사들에게 명해 두 사람을 결박하고 불도 끄게 했다.

그때 덜컹덜컹하는 병거 소리가 요란히 나더니 횃불이 온 하늘을 비추는 가운데 한 무리의 군사가 다가왔다. 중군 부장 순오荀吳가 본진의 군사를 이끌고 범앙을 도우러 온 것이었다. 순오는 양설숙호의 집으로 오다가 도중에서 황연을 사로잡아가지고 오는 길이었다. 범앙과 순오는 군사를 합친 뒤 사로잡은 양설호와 기유 및 황연을 이끌고 중군 원수 범개에게 갔다. 범개가 분부했다.

"난씨 일당이 아직 많이 남아 있소. 이들 3인을 잡은 것만으로는 후환을 없앴다고 할 수 없소. 난영의 잔당을 모두 잡아들여야 하오."

범앙과 순오가 다시 길을 나눠 일당을 체포하기 위해 성안을 샅샅이 뒤졌다. 그날 밤 강주 성안이 난영 일당을 잡기 위한 수색전으로 벌집을 쑤신 듯 떠들썩했다.

어느덧 날이 밝자 범앙은 지기智起와 적언籍偃 및 주빈州賓 등을 잡아들였다. 순오는 중항희中行喜와 신유辛兪를 포함해 양설숙호의 형인 양설적羊舌赤과 동생인 양설힐羊舌肸을 잡아가지고 왔다. 범개는 이들을 조문 밖에 가둔 뒤 진평공이 조회에 나오면 이를 보고하고 나서 처치키로 했다.

원래 양설적은 자가 백화伯華, 양설힐은 자가 숙향叔向이다. 양설숙호와 함께 모두 양설직羊舌職의 아들이다. 양설숙호는 서모 소생이다. 양설숙호의 생모는 양설부인이 방안에서 부리던 여비女婢였다. 여비는 얼굴이 매우 아름다웠다.

평소 양설직은 그 여비에 대해 크게 욕심을 냈다. 양설부인은 여비가 양설직의 시침侍寢을 드는 것을 막아왔다. 당시는 양설적과 양설힐 모두 장성한 뒤였다. 양설적과 양설힐 형제가 모친에게 투기하지 말 것을 간했다. 이들의 모친이 웃으며 말했다.

"내가 어찌 한낱 계집을 투기하겠는가? 나는 여인이 너무 아름다우면 그만큼 악한 면도 있다는 뜻의 '유심미자有甚美者, 필유심악必有甚惡'이란 이야기를 들은 적이 있다. 이는 마치 깊은 산과 큰 못에서 용이나 뱀이 생겨나는 것과 같다. 그 여비에게서 용이나 뱀 같은 아들이 태어나면 너희에겐 재앙이 될 것이다. 그래서 이 어미가 그 여비의 시침을 막은 것이다."

하지만 양설적과 양설힐 형제는 부친의 간절한 뜻을 받들기 위해 모친에게 굳이 허락을 청했다. 모친이 간청에 못 이겨 마침내 여비를 남편의 방에 들여보냈다. 그 여비는 하룻밤을 같이 잔 뒤 바로 임신했고, 10달 만에 양설숙호를 낳았다.

양설숙호는 점차 장성하며 그 어머니를 닮아 용모가 뛰어났다. 게다가 힘이 세었다. 양설호는 어릴 때부터 난영과 친했다. 서로 침식을 함께 하며 마치 부부처럼 서로 사랑했다. 양설호는 일당 가운데 난영과 가장 가까운 사이였다. 결국 서제庶弟인 양설숙호로 인해 양설적과 양설힐 모두 수금囚禁된 것이다.

당시 대부 악왕부樂王鮒는 진평공의 총애를 받고 있었다. 그는 평소 양설적과 양설힐 형제의 현명함을 사모했다. 서로 사귀고자 했으나 그런 기회를 얻지 못했다. 양설적과 양설힐 형제가 죄인으로 붙들렸다는 소문을 듣고는 진평공에게 청해 이들을 구하고자 했다. 조정으로 들어오다가 조문 밖에 수금돼 있는 양설힐을 만났다.

악왕부가 양설힐 앞에 가서 읍한 뒤 위로했다.

"그대는 걱정하지 마시오. 내가 주공을 만나 그대가 풀려 날 수 있도록 힘껏 주청하겠소."

양설힐은 아무 대답도 하지 않았다. 자가 숙어叔魚인 악왕부가 무안해 얼굴을 붉혔다. 양설적은 이 이야기를 듣고는 동생을 책망했다.

"우리 형제가 여기서 목숨을 잃으면 양설씨 가문은 문을 닫고 만다. 악대부는 지금 주공의 총애를 받고 있기에 그가 말하면 들어주지 않는 게 없다는 소문이 있다. 혹여 주공 앞에서 우리를 두둔해 천행으로 용서를 받기라도 하면 우리는 조상의 대를 이어갈 수 있다. 너는 어째서 불응하여 악대부의 호의를 잃는 것인가?"

양설힐이 웃으며 말했다.

"생사는 천명입니다. 하늘이 우리 형제를 도우면 노대부 기해祁奚를 통해 도와줄 것입니다. 숙어 따위가 어찌 능히 우리를 돕겠습니까?"

양설적이 말했다.

"숙어는 아침저녁으로 주공 곁에 있는데도 돕지 못할 것이라고 말하고, 너무 늙어 벼슬을 내놓고 시골에 살고 있는 기해는 우릴 도울 것이라고 말하니 너의 말을 이해하지 못하겠다."

양설힐이 대답했다.

"숙어는 주공에게 아첨이나 하는 자입니다. 주공이 옳다고 하면 그 또한 무조건 옳다고 하고, 아니라고 하면 그 역시 아니라고 하는 자입니다. 군주의 총애를 받는 이유입니다. 노대부 기해는 인재를 천거할 때 밖으로는 원수를 피하지 않고, 안으로는 친인親姻을 꺼리지 않습니다. 노대부 기해가 어찌 우리 양설씨가 망하도록 내버려 두겠습니까?"

얼마 후 진평공이 조회에 나왔다. 범개는 사로잡은 난영 일당의 성명을 낱낱이 고했다. 진평공이 보고를 듣다가 양설씨 3형제가 일당에 들어 있다는 것을 알고 의심이 생겼다. 악왕부에게 물었다.

"양설숙호의 음모에 양설적과 양설힐도 실제로 가담했다는 이야기를 들은 적이 있소?"

악왕부는 양설힐에게 무안을 당한 일로 인해 이같이 대답했다.

"지친至親 가운데 형제보다 더한 게 없습니다. 어찌 모를 리 있겠습니까?"

진평공이 잡아 온 자를 모두 옥에 가두게 한 뒤 사구司寇에게 죄를 따지게 했다.

당시 노대부 기해는 이미 벼슬을 내놓고 식읍인 기祁 땅에서 한가히 살고 있었다. 아들 기오祁午는 양설적과 동료인 데다가 서로 친하게 지냈다.

늙은 기해가 힘써 양설힐을 구하다

기오가 급히 사람을 시켜 밤을 도와 기읍으로 가서 양설적 형제의 수금 사실을 부친 기해에게 전하게 했다. 양설적 형제를 위해 진평공의 관용을 청하도록 부탁한 것이다.

기해가 양설적 형제의 소식을 전해 듣고 크게 놀랐다.

"양설적과 양설힐 모두 우리나라의 현신이다. 어쩌다가 이런 원통한 일을 당하게 된 것인가? 내가 직접 가서 구해야겠다."

기해가 수레를 타고 밤을 도와 강주로 왔다. 도성에 당도하자 기오를 만날 틈도 내지 않고 곧바로 범개의 부중으로 가 대문을 두드리며 면회를 청했다. 범개가 기해를 영접하며 물었다.

"노대부가 풍로風露를 무릅쓰고 여기까지 왕림한 것을 보니 무슨 깨우쳐줄 일이라도 있는 것입니까?"

기해가 대답했다.

"이 노부老夫는 진나라 사직의 존망에 관한 일이 있기에 왔소. 별다른 일은 아니오."

범개가 크게 놀라 물었다.

"무슨 일인지는 모르겠으나 노대부를 이토록 수고롭게 마음을 쓰게 만든 일이 어떤 것입니까?"

기해가 말했다.

"현신은 국가사직을 보위하는 사람이오. 양설직은 생전에 우리 진나라를 위해 많은 공을 세웠소. 그의 아들 양설적과 양설힐은 부친의 훌륭한 점을 이어받은 현신들이오. 이번에 서자인 양설숙호가 불초하다고 해서 그런 집안의 형제를 모두 죽이면 이 어찌 아까운 일이 아니겠소? 옛날 극예郤芮는 반역을 감행했지만 그의 아들 극결郤缺은 중용되어 대관을 지냈소. 아비의 죄도 자식에게 미치지 않는데 하물며 형제 사이야 더 말할 게 있겠소? 그대가 사사로운 원한으로 무고한 사람을 많이 죽이면 이는 옥과 돌을 함께 불태우는 옥석구분玉石俱焚의 우를 범하는 것이오. 진나라 사직도 위험해 질 것이오!"

범개가 삼가며 불안해하는 모습으로 축연蹴然히 자리를 피하며 말했다.

"노대부의 말씀이 지당합니다. 다만 아직 주공의 진노가 풀리지 않았습니다. 노대부와 함께 주공을 뵙고 그 말씀을 올리고자 합니다."

두 사람이 수레를 나란히 타고 조정으로 들어가 진평공을 알현했다. 그 자리서 두 사람이 말했다.

"양설적 형제는 서제인 양설숙호와 현불초賢不肖가 다릅니다. 이들은 난씨의 일에 간여한 사실이 없는 것으로 압니다. 양설씨 일족이 그간 세운 공을 폐해서는 안 됩니다."

진평공이 그제야 크게 깨달았다. 곧바로 양설적과 그 동생 양설힐을 석방하고 이전의 직책에 복귀케 했다. 지기와 중항희, 적언, 주빈, 신유는 모두 내쳐져 서민이 되었고, 양설숙호와 기유 및 황연 등은 참형을 당했다.

사면을 받은 양설적 형제는 조정으로 들어가 진평공에게 사은의 예를 올렸다. 궁에서 물러나오며 양설적이 양설힐에게 말했다.

"응당 기오의 집으로 가서 노대부 기해에게 사례해야 하지 않겠는가?"

양설힐이 대답했다.

"그는 사직을 위해 우리를 살려 준 것이지, 우리를 위해 그런 것은 아닙니다. 무엇 때문에 사례한단 말입니까?"

그러고는 홀로 수레를 타고 집으로 돌아갔다. 양설적은 기해에게 사은하기 위해 기오의 집으로 갔다. 기오가 말했다.

"부친은 주공 알현한 뒤 곧바로 기읍으로 가셨소. 잠시도 머문 적이 없소."

양설적이 홀로 말했다.

'노대부는 본래 자신이 베푼 은혜에 대해 보답을 바라지 않는 분이다. 동생의 고견高見만 못한 내가 부끄럽기만 하다!"

염옹이 이를 시로 읊었다.

조그만 노고에도 보답을 바라니	尺寸微勞亦望酬
사적 보은 수치인 줄 어찌 아나	拜恩私室豈知羞
기해와 양설힐 같아야 공평하니	必如奚肹纔公道
분분한 뇌물욕심 우스워 죽겠다	笑殺紛紛貨賂求

서인이 된 주빈은 다시 난기와 왕래하며 사통했다. 범개는 자신의 딸 난

기에 관한 추문을 듣고 역사 한 사람을 주빈의 집으로 보내 척살케 했다.

한편 곡옥 땅 수령인 대부 서오胥午는 난서의 문객이었다. 난영이 저읍著邑으로 가는 길에 곡옥을 지나게 되자 난영을 영접하고 은근히 대접했다. 난영은 그 자리서 서오에게 저읍에 성을 쌓는 일을 맡게 됐다고 말했다. 서오가 곡옥의 장정을 동원해 그 일을 돕겠다고 자청했다.

난영이 곡옥에서 3일 동안 머물렀다. 그 사이 난락欒樂 등이 도성에서 와서 난씨가 모두 축출된 소식을 전하며 이같이 덧붙였다.

"지금 양필陽畢이 군사를 이끌고 추격해 오고 있습니다."

난영의 어자 독융督戎이 나서서 말했다.

"그들이 오면 싸우도록 합시다. 맞붙을지라도 우리가 꼭 진다고 볼 수는 없습니다."

난락과 함께 온 주작과 형괴도 말했다.

"그리합시다. 우리 두 사람도 은주恩主 수하에 사람이 부족하지나 않을까 염려해 특별히 도우러 왔습니다."

난영이 말했다.

"나는 일찍이 주공에게 죄를 지은 일이 없소. 이번 일을 나를 원망하는 가문의 무함으로 빚어진 것이오. 나를 잡으러 오는 군사와 싸우면 저들에게 명분만 줄 뿐이오. 차라리 지금은 달아났다가 주공이 나의 무죄를 알아줄 때까지 기다리는 수밖에 없소."

서오 역시 관군에 대항해서는 안 된다고 말했다. 난영은 즉시 짐과 수레를 수습한 뒤 서오와 눈물을 뿌리며 작별했다. 난영 일행은 초나라를 향해 급히 출발했다.

양필은 군사를 이끌고 난영을 잡으러 저읍으로 갔으나 난영은 그곳에 없었다. 저읍의 읍재邑宰가 양필에게 말했다.

"난영은 이곳에 오지 않았습니다. 소문에 따르면 곡옥에 와 있다가 초나라로 출분出奔했다고 합니다."

양필이 회군하여 도읍으로 돌아갔다. 회군 도중 백성에게 난씨의 죄를 널리 선포했다. 하지만 백성들은 난씨가 누대에 걸친 공신 집안이란 걸 잘 알고 있었다. 난영은 재산을 흩어 남을 도와주기를 좋아했고, 많은 선비를 우대했다. 이를 알고 있기에 사람들 모두 난씨의 억울한 처지를 한탄하고 애석하게 여겼다.

범개는 진평공에게 말해 난씨 가신들이 난영을 좇아 초나라로 가는 것을 엄금토록 했다. 난영에게 가는 자는 사형에 처한다는 엄명까지 내렸다. 난씨의 가신 신유는 난영이 초나라에 가 있다는 소문을 듣고는 이내 집안 가재도구를 여러 대의 수레에 싣고 성을 빠져나가려고 했다. 성문을 지키는 문리門吏의 검문에 걸렸다. 문리가 신유를 체포해 진평공에게 바쳤다.

진평공이 물었다.

"과인의 금령을 어째서 범했는가?"

신유가 재배하고 대답했다.

"신은 몹시 어리석어 주공이 왜 난씨를 금하는지 그 까닭을 모르겠습니다."

진평공이 말했다.

"군주를 놔두고 난씨를 따르는 자의 안중에는 군주가 없는 게 아닌가? 그 때문에 금했다."

신유가 말했다.

"실로 군주를 무시한다는 이유로 금한다면 신은 죽음을 모면할 줄로 압니다. 신이 듣건대 '3대가 한 가문을 섬기면 그 집안을 군주처럼 섬기고, 2대가 한 가문을 섬기면 그 집안을 주인처럼 섬겨야 한다. 군주는 죽음으로 섬기고, 주인은 근면으로 섬긴다.'고 했습니다. 신의 집은 원래 미천해 조부와 부친은 나라를 위해 아무런 공도 세우지 못했습니다. 다만 난씨 집에 대대로 예속돼 난씨의 녹을 먹고 산 지 3대째 됩니다. 난씨는 신에게 군주와 같습니다. 신에겐 군주와 같은 난씨가 있는 까닭에 감히 좇지 않을 수 없습니다. 그런데도 어찌하여 이를 금하는 것입니까? 난영이 비록 죄를 지었다고는 하나 주공은 그를 국외로 몰아냈을 뿐 죽이진 않았습니다. 그의 선대가 나라를 위해 애쓴 그 공을 생각해 그리 한 것으로 압니다. 지금 난영은 타국에서 외로운 신세가 되어 입을 것과 먹을 것을 제대로 갖추지 못하고 있습니다. 하루아침에 길바닥이나 시궁창에 쓰러져 죽으면 주공의 인덕仁德에 손상이 가지 않겠습니까? 신이 이번에 난영에게 가려고 하는 것은 신하로서의 의무를 다하는 것이고, 동시에 주공의 인덕을 선양하기 위한 것입니다. 국인들은 신의 소식을 접하면 말하기를, '군주가 비록 위난危難에 처했을지라도 버려서는 안 된다.'고 할 것입니다. 이는 군주를 버리는 걸 금하는 일보다 훨씬 중대한 도리입니다."

진평공이 그 말을 듣고 기뻐했다.

"경은 이곳에 남아 과인을 섬겨라. 과인이 난씨가 받던 녹봉을 모두 경에게 주겠다."

신유가 대답했다.

"신이 이미 말한 바와 같이 난씨는 신의 군주입니다. 한 군주를 버리고 다른 군주를 섬기라고 해서야 어떻게 군주를 무시해선 안 된다는 금령을 내릴 수 있습니까? 신을 꼭 이곳에 머물게 하고자 하면 신은 차라리 죽음을 청하겠습니다."

진평공이 허락했다.

"그대는 가도 좋다. 과인은 그대의 소원이 이뤄지도록 도와주겠다."

신유가 진평공에게 재배하고 머리를 조아린 뒤 궁에서 물러났다. 자신의 재물 이외에 난영의 집에 남아 있는 재물도 여러 대의 수레에 나눠 싣고 앙연昂然히 강주성을 나와 초나라를 향해 떠났다.

사신이 시를 지어 신유의 충성심을 칭찬했다.

구름 뒤집히듯 인심 야박한데	翻雲覆雨世情輕
눈서리 내려야 송백 절개 알다	霜雪方知松柏榮
3대 섬겨 죽음 감수할 만하니	三世爲臣當效死
충성이 난영을 군주로 여기다	肯將晉主換欒盈

한편 난영은 초나라 국경지대에서 몇 달을 보냈다. 초나라 도성 영도郢都로 가려다가 문득 생각을 고쳤다.

'나의 부조父祖는 대대로 진晉나라를 위해 진력해 왔다. 진나라와 패권을 다툰 초나라와는 원수지간이었다. 혹여 초왕이 용납하지 않으면 어찌할 것인가?'

방향을 바꿔 제나라로 가기로 했다. 노자가 다 떨어지고 없었다. 마침 신유가 재물을 실은 수레를 여러 대 몰고 왔다. 난영이 그 재물을 노자로 삼아 행장을 수습하고 수레를 수리한 뒤 제나라를 향해 길을 떠났다. 그때가 주영왕 21년인 기원전 551년이었다.

원래 제장공齊莊公은 용맹을 좋아하고 승벽勝癖이 대단했다. 다른 사람에게 지는 걸 극도로 싫어했다. 그는 전에 전연澶淵에서 진평공과 맹약을 맺은 일도 못마땅하게 생각했고, 더구나 선군 제영공이 진晉나라 군사에 의해 평음성平陰城에서 쫓겨난 것을 큰 수치로 여겼다.

그는 일찍부터 용력이 있는 무사들을 널리 모집해 1대隊를 만들었다. 직접 이들을 이끌고 천하를 횡행코자 한 것이다. 경卿과 대부大夫, 사士의 반열 이외에 별도로 다시 용작勇爵이라는 직품을 신설했다. 용작의 봉록은 대부와 같았다.

용작에 뽑히려면 1천 근斤 무게를 들어 올리고, 7대의 화살로 과녁을 쏘아 모두 과녁의 중심을 꿰뚫어야 했다.

맨 처음 용작으로 뽑힌 사람은 식작殖綽과 곽최郭最였다. 그 다음에 뽑힌 사람은 가거賈擧와 병사邴師, 공손 오公孫傲, 봉구封具, 탁보鐸父, 양윤襄君, 누인僂堙 등 9인이었다. 제장공은 날마다 이들을 궁중으로 불러들여 함께 말타기와 활쏘기, 창검술 등을 익혔다.

하루는 조회를 보고 있을 때 근신近臣이 와서 고했다.

"진나라 대부 난영이 본국에서 쫓겨나 우리나라로 망명해 왔습니다."

제장공이 기뻐했다.

"그러지 않아도 과인이 늘 진나라에 대한 보복을 하려던 터이다. 진나라의 세신世臣이 망명해 왔다니 이제야 과인의 뜻을 이룰 수 있게 됐다."

그러고는 사람을 보내 난영을 도성으로 맞아들이려고 했다. 안영이 나서서 말했다.

"불가, 불가합니다. 소국이 대국을 섬기는 데는 신의가 있어야 합니다. 우리가 새로이 진晉나라와 동맹을 맺은 터에 그 나라가 추방한 신하를 우리가 받아들일 경우 진나라가 이를 책망하면 뭐라고 대답할 것입니까?"

제장공이 대소大笑하며 말했다.

"경의 말이 옳지 않소. 우리 제나라는 진나라와 필적할 만한 나라요. 어째서 소국과 대국으로 나눈단 말이오? 지난날 우리가 진나라와 맹약한 것은 한때의 위급을 모면하기 위한 것이었소. 어찌 저 노나라와 위나라, 조나라, 주邾나라 같은 나라들처럼 언제까지 진나라를 섬겨야 한단 말이오."

제장공은 안영의 말을 듣지 않고 사람을 시켜 난영을 조정으로 불러들였다. 난영이 제장공을 알현하며 계수稽首한 뒤 축출된 배경을 읍소했다.

제장공이 말했다.

"경은 걱정하지 마시오. 과인이 경의 한 팔이 되어 반드시 진나라로 돌아갈 수 있도록 도와주겠소."

난영이 재배하고 칭사稱謝했다. 제장공이 난영에게 큰 관사를 하사한 뒤 크게 연회를 베풀어 대접했다. 그 자리에서 주작과 형괴는 난영의 곁을 잠시도 떠나지 않았다. 제장공이 두 사람의 체격이 크고 용모가 괴위魁偉한 것을 보고 이름을 물었다. 두 사람이 각각 자신의 이름을 말했다. 제장공이 물었다.

"지난날 평음에서 싸웠을 때 우리 식작과 곽최를 사로잡아 갖고 간 자가 바로 그대들이 아닌가?"

주작과 형괴가 머리를 숙이며 사죄했다. 제장공이 말했다.

"과인은 그대들을 사모한 지 오래되오."

이어 좌우에 명해 두 사람에게 술과 음식을 주도록 했다. 이어 난영에게 말했다.

"경에게 한 가지 부탁이 있으니 경은 거절하지 마시오."

난영이 대답했다.

"군후의 명에 응할 수 있는 것이라면 어찌 신체발부身體髮膚를 아끼겠습니까?"

제장공이 말했다.

"과인의 청은 다름이 아니라 잠시 저 두 용사를 빌려 과인의 반려로 삼고자 하는 것이오."

난영이 감히 거절하지 못하고 허락했다. 잔치가 끝난 후 난영이 앙앙불락한 마음으로 수레를 타고 관사로 오며 탄식했다.

"제후가 독융督戎을 못 보았기에 망정이지 자칫 독융까지 빼앗길 뻔했다."

제장공은 주작과 형괴를 언자 용작勇爵의 말석에 참석시켰다. 두 사람은 이를 불만스럽게 생각했다. 하루는 용작 전원이 제장공과 자리를 함께 했다. 주작과 형괴가 식작 및 곽최와 함께 제장공을 모시게 됐다. 두 사람은 짐짓 놀라는 체하며 손가락으로 식작 및 곽최를 가리키며 말했다.

"너희는 전에 우리 진나라에 잡혀온 죄수가 아닌가? 어째서 이곳에 와 있는가?"

곽최가 대꾸했다.

"우리는 지난날 개 같은 너희 놈 엄구奄狗에게 속아서 붙잡혀 갔다가 겨우 도망쳐 나왔다!"

주작이 화를 냈다.

"너는 내 이빨에 씹힌 이(구중지슬口中之蝨)에 불과하다. 그런데도 감히 꿈틀거리려 하는가!"

식작도 화를 냈다.

"지금 너희들은 우리 제나라에 와 있다는 걸 잊었는가? 너희들이야말로 접시 위에 올라 있는 고깃덩이(반중지육盤中之肉)일 뿐이다."

형괴가 나서서 말했다.

"너희가 우리를 용납하지 못하겠다면 우리는 당장 우리 주인에게 돌아가겠다."

곽최가 말했다.

"당당한 우리 제나라가 너희 두 사람이 없다고 무슨 일을 못할 줄 아는가?"

네 사람이 서로 험악한 말을 주고받으며 얼굴을 붉혔다. 급기야 각각 패검을 뽑아들고 싸울 태세를 취했다. 제장공이 좋은 말로 양쪽을 무마하고 술을 주어 위로하며 분노를 풀게 했다.

제장공이 주작과 형괴에게 말했다.

"과인은 그대들 두 사람이 제나라 장수 밑에 있는 걸 좋아하지 않는 걸 알고 있소."

그러고는 용작을 용龍과 호虎의 좌우 양반兩班으로 나눴다. 우반右班인

용작은 주작과 형괴를 우두머리로 삼고, 새롭게 제나라 출신 노포계盧蒲癸와 왕하王何를 선발해 그 밑에 배속시켰다. 이어 좌반左班인 호작虎爵은 식작과 곽최를 우두머리로 삼고 가거賈擧 등 7인을 차례대로 그 밑에 배속시켰다.

다른 사람들 모두 좌우 양반에 뽑힌 것을 영광으로 생각했다. 그러나 진나라 장수 주작과 형괴, 제나라 장수 식작과 곽최 4인은 서로 질시하며 내심 불만스럽게 생각했다.

당시 최저崔杼와 경봉慶封은 제장공 광을 옹립한 공을 인정받아 상경에 임명됐다. 두 사람이 제나라 정사를 주관했다.

제장공은 늘 최저와 경봉의 집에 행차해서 함께 술을 마시며 즐겼다. 술자리에서 군주와 신하가 함께 검무를 추기도 하고 활쏘기 내기도 했다. 군주와 신하의 간격을 찾아볼 수 없었다.

여기서 잠시 최저에 관해 이야기하기로 하자. 최저의 전처는 최성崔成과 최강崔彊 두 아들을 낳은 뒤 몇 해만에 죽었다. 최저가 다시 동곽언東郭偃의 누이에게 장가를 들었다. 동곽언의 누이는 원래 당공棠公에게 출가했던 여인이다. 세상에선 그녀를 당강棠姜이라고 불렀다.

당강은 당공과 사는 동안에 아들 하나를 낳았다. 이름이 당무구棠無咎였다. 당강은 용모가 아름다웠다. 최저는 당공이 죽었을 때 조문하러 갔다가 당강의 아름다운 용모에 반했다. 이내 동곽언에게 간청해 과부 당강을 후처로 맞이했던 것이다.

이후 최저와 당강 사이에 최명崔明이라는 아들이 태어났다. 최저는 당강을 크게 사랑한 까닭에 동곽언과 당무구를 가신으로 삼고, 어린 아들 최명의 앞날을 부탁했다. 이어 당강에게 약속했다.

"명明이 장성하면 전처소생을 제치고 적자로 삼겠소."

물론 이는 지난날의 일로 나중에 다시 거론키로 하자

어느 날 제장공이 최저의 집으로 행차해 술을 마셨다. 최저가 아내의 미색을 자랑하기 위해 당강으로 하여금 제장공에게 술을 따라 바치게 했다. 제장공이 당강의 아리따운 용모를 보고 단박에 반해 버렸다. 제장공이 당강의 친정 오라비 동곽언에게 많은 뇌물을 주고 자신의 뜻을 전하게 했다. 동곽언의 주선으로 제장공이 틈을 타 당강과 간통했다. 이후 기회가 있을 때마다 그녀와 자주 왕래했다.

최저가 결국 그 사실을 눈치 채게 됐다. 당강을 붙들고 힐문했다. 당강이 자백했다.

"사실 그런 일이 있었습니다. 그가 군주의 위세를 내세워 겁탈하는데 일개 아녀자인 내가 어떻게 거절할 수 있겠습니까?"

최저가 말했다.

"그럼 왜 지금까지 나에게 그걸 말하지 않았는가?"

당강이 말했다.

"첩이 스스로 죄를 지은 것을 알았기에 감히 말하지 못 했습니다"

최저가 한동안 입을 다물고 있다가 말했다.

"이 일은 당신과 무관하오."

최저는 이때부터 제장공을 시해할 마음을 품었다.

126話 젊은 범앙이 지혜로 위서를 겁박하다
– 소범앙지겁위서小范鞅智劫魏舒

주영왕 22년인 기원전 550년, 오왕 제번이 진晉나라에 청혼했다. 진평공은 자기 딸을 오왕 제번에게 출가시켰다. 제장공은 그 소식을 듣고 최저를 불러 상의했다.

"과인은 난영을 진나라로 돌아갈 수 있게 해주겠다고 허락했으나 아직 그 기회를 얻지 못했소. 듣자하니 곡옥의 수신守臣인 서오胥午가 난영과 아주 가깝다고 하오. 이번에 진후晉侯의 딸이 오나라로 출가하게 됐으니 우리나라도 잉첩媵妾을 보내겠다는 구실을 내세워 그 일행에 난영을 포함시킨 뒤 일단 곡옥까지 보내고자 하오. 이어 그로 하여금 진나라 도성을 습격케 할 생각인데 이를 어찌 생각하오?"

최저는 제장공에 원한을 품고 있었던 까닭에 진작부터 제장공이 진나라와 갈등을 빚어 진후晉侯로 하여금 제나라를 치게 하려는 음모를 꾸미려던 참이었다. 진나라와 전쟁을 일으킨 죄를 제장공에게 뒤집어씌워 시해함으로써 진나라에 아첨하고 사적인 원수로 갚을 수 있다고 생각했다. 제장공이 난영을 진나라로 들여보내는 계책을 제시하자 자신의 계책과 맞아떨어진다고 생각해 제장공을 부추겼다.

"곡옥 수령 서오가 난영을 돕는다고 할지라도 진나라를 해치지는 못할 것입니다. 주공은 틀림없이 군사를 이끌고 가 난영을 도와주어야 합니다. 난영으로 하여금 곡옥 땅에서 진나라 도성으로 쳐들어가게 한 뒤 주공은 위衛나라를 친다는 핑계를 대고 복양濮陽을 거쳐 남쪽에서 북쪽으로 진군해 진나라 도성을 협공하면 진나라는 틀림없이 오래 버티지 못할 것입니다.”

제장공은 크게 만족해했다. 제장공이 난영을 불러 그 계책을 말해 주었다. 난영이 크게 기뻐했다. 가신 신유가 나서서 난영에게 간했다.

“이 신유가 은주恩主를 따르는 것은 은주에게 충성을 다하기 위한 것입니다. 저는 은주가 진군晉君에게 충성하기를 바라고 있습니다.”

난영이 변명했다.

“진군이 나를 신하로 여기지 않으니 난들 어찌하겠는가?”

신유가 말했다.

“옛날 은나라 주紂는 주문왕을 유리羑里에 가뒀습니다. 주문왕은 천하의 3분의 1을 차지하고 있었으면서도 은나라에 신복臣服했고, 주를 섬기며 그 명을 받들었습니다. 지금 진군은 난씨의 공을 생각지 않고 은주를 국외로 추방했습니다. 은주가 외국에서 겨우 호구지책糊口之策이나 꾀하게 만든 이유입니다. 지금 천하의 사람들은 은주를 동정하고 있습니다. 은주가 불충을 저지르면 그들은 등을 돌릴 것이고, 천지간에 용납할 곳은 아무데도 없을 것입니다.”

난영은 이를 듣지 않았다. 신유가 다시 울며 간했다.

“은주가 이번에 가면 틀림없이 화를 벗지 못할 것입니다. 나는 차라리 죽음으로써 배웅코자 합니다.”

그러고는 곧바로 차고 있던 칼을 뽑아 자기 목을 찌르고 죽었다.

사신이 시를 지어 신유를 찬했다.

난영이 쫓겨날 땐 수종했고 盈出則從
난영이 반역할 땐 자진했다 盈叛則死
공적으로 군주 배반치 않고 公不背君
사적으로 주인 배반치 않다 私不背主

탁월하구나. 신유여	卓哉辛兪
진나라의 의사로다	晉之義士

제장공이 마침내 종족의 여인 강씨姜氏를 잉첩으로 삼아 진나라에 보내기로 했다. 대부 석귀보析歸父가 그녀의 호송 책임을 졌다. 잉첩 일행에게 많은 온거轀車를 끌고 가게 하면서 온거 안에 난영과 그의 종족을 숨겨서 싣게 했다. 난영 등은 곡옥까지만 실어다 주게 했다.

주작과 형괴도 난영을 따라 함께 가겠다고 청했다. 제장공은 이들이 진나라로 가면 다시 오지 않을까 두려웠다. 주작과 형괴 대신 식작과 곽최를 딸려 보내면서 당부했다.

"난영 장군을 과인을 섬기는 것처럼 하라."

잉첩 일행이 곡옥을 지날 때 난영 일행은 수레에서 내려 옷을 갈아입고 곡옥성으로 들어갔다. 이들은 한밤중에 곡옥의 수령 서오의 집 대문을 두드렸다. 서오가 이상히 생각하면서 대문을 열고 나갔다. 난영 등이 서 있는 것을 보고 크게 놀랐다.

"소은주小恩主가 어떻게 이곳에 오셨습니까?"

난영이 말했다.

"밀실로 가서 말하겠소."

서오는 난영을 밀실로 이끌고 들어갔다. 난영이 서오의 손을 잡고 무엇인가 말하려다가 이내 말을 못하고 눈물만 흘렸다. 서오가 물었다.

"소은주가 하고자 하는 일이 있으면 함께 상의해야지 어째서 울기만 하는 것입니까?"

난영은 눈물을 씻고 말했다.

"대부도 알다시피 나는 범씨와 조씨 등의 무함을 받아 조상의 제사도 받들지 못하고 제나라에 망명해 있었소. 이제 제후齊侯가 나의 억울한 신세

젊은 범앙이 지혜로 위서를 겁박하다

를 불쌍히 생각해 이곳으로 보내 준 것이오. 내 뒤를 따라 곧 제나라 군사가 올 것이오. 그대가 만일 곡옥에서 군사를 일으켜 나와 함께 도읍 강주성을 치면 제나라 군사가 밖에서 우리를 원조할 것이오. 양면 협공이 되니 강주성을 우리 수중에 넣을 수 있을 것이오. 그리되면 우리를 원수처럼 여기고 있는 여러 대부들을 숙청할 수 있소. 이후 주공을 받들고 제나라와 강화하면 우리 난씨를 다시 일으켜 세울 수 있을 것이오. 이런 막중한 일이 이번 거사에 달려 있소."

서오가 말했다.

"진나라의 세력이 지금 강성합니다. 또 범씨와 조씨, 지씨, 순씨 등이 서로 화목하게 지내고 있습니다. 우리가 요행수만 믿다가는 우리 스스로를 해칠 뿐입니다. 이를 깊이 생각해야 합니다."

난영이 말했다.

"나에겐 천하장사 독융督戎이 있소. 독융 한 사람만으로도 1개 군을 당할 수 있소. 또 식작과 곽최는 제나라의 맹장이오. 일족인 난락과 난방 역시 힘이 세고 천하의 명궁이오. 진나라가 비록 강하기는 하나 족히 두려워할 게 없소. 지난날 내가 하군 대장 위강魏絳을 보좌할 때 그 손자 위서魏舒가 내게 무슨 일을 부탁할 때마다 매번 다 들어주고 주선해 줬소. 위서는 늘 나를 고맙게 여겨 보답할 생각을 갖고 있소. 위서에게 기별해 성안에서 내응케 한다면 이번 일은 십중팔구까지 성공할 수 있소. 설사 거사가 성공하지 못할지라도 나는 유한遺恨이 없소."

서오가 말했다.

"내일 이곳 민심이 어떤지 알아본 뒤 거사를 하더라도 해야 할 것입니다."

난영 일행은 밀실에 숨어 이튿날을 기다렸다. 이튿날 서오가 꿈속에서 옛날 억울하게 죽은 공태자共太子 신생申生을 보았다는 핑계를 대고 공태자 사당에서 제사를 지냈다.

이어 곡옥의 관속을 모두 불러 모은 뒤 제사 음식을 나눠 먹였다. 이때 관가 대청의 벽 뒤에 난영을 숨겨 놓았다. 술이 세 순배 돌자 악공이 나와 음악을 연주했다. 서오가 짐짓 음악을 멈추게 한 뒤 말했다.

"억울하게 죽은 공태자의 제사를 모신 마당에 우리가 어찌 흥겨운 음악을 들을 수 있겠는가?"

관속들 모두 차탄嗟歎했다. 서오가 말했다.

"태자나 신하나 신하이기는 마찬가지다. 난씨는 대대로 우리 진나라에 대공을 세웠는데도 다른 조정 신하들이 무함해 축출했다. 그 억울함이 공태자 신생과 무엇이 다르겠는가?"

관속들이 일제히 물었다.

"난씨의 추방에 대해 온 나라 사람들이 분개하고 있습니다. 그러나 쫓겨난 난씨의 어린 아들이 돌아올 수 있을지 모르겠습니다."

서오가 말했다.

"난씨의 어린 아들이 지금 이곳에 있다면 그대들은 어떻게 대하겠는가?"

관속이 대답했다.

"난씨의 어린 아들이 이곳에 있다면 우리는 그를 주인으로 삼고 온 힘을 기울여 돕겠습니다. 설령 죽을지라도 후회하지 않을 것이오."

무리 속에는 감동해 우는 자도 있었다. 서오가 말했다.

"제군諸君은 슬퍼 마시오. 난씨의 어린 아들이 여기에 있소."

서오의 말이 끝나자 병풍 뒤에서 난영이 잰걸음으로 걸어 나왔다. 난영이 좌중의 여러 사람을 향해 절을 했다. 좌중 역시 답배했다. 난영이 다시 돌아오게 된 사정을 자세히 말한 뒤 덧붙였다.

"내가 다시 강주성으로 돌아갈 수 있다면 죽더라도 편히 눈을 감겠습니다."

여러 사람들이 흥분해 난영을 위해 종군하겠다고 자원했다. 이날 이들은 앞날을 위해 술을 한껏 마시는 창음暢飮을 한 뒤 흩어졌다.

이튿날 난영이 곡옥 상인을 통해 강주에 있는 위서에게 밀서를 보냈다. 당시 위서는 범씨와 조씨가 난씨 일족을 추방한 것을 지나친 처사라고 생각했다. 그러던 차에 밀서를 받고는 곧바로 답장을 보냈다. 그 내용은 대략 이러했다.

모某는 옷 속에 갑옷을 입고 기다리고 있다가 곡옥의 군사가 도성으로 쳐들어오면 즉시 맞아 들이겠습니다.

난영은 답서를 받고 크게 기뻐했다. 서오가 곡옥에서 군사를 일으켰다. 병거가 220승이나 되었다. 난영이 그 군사를 통솔했다. 난씨 일족 중에 싸울 수 있는 자들은 모두 난영을 따라나섰다. 노약자들은 곡옥성에 남았다.

독융이 선봉, 식작과 난락이 우군右軍, 곽최와 난방이 좌군左軍이 됐다. 이들은 황혼 무렵 행동을 개시해 강주성을 향해 떠났다. 곡옥에서 강주성까지는 불과 60리밖에 안 되었다.

난영의 군사는 하룻밤 안에 강주성에 당도했다. 이들은 강주성의 외곽을 부수고 쳐들어가 곧바로 남문으로 쇄도했다. 강주성 안의 병사들은 이들의 기습을 전혀 모르고 있었다. 마치 느닷없는 우레 소리에는 귀를 막을 겨를이 없다는 뜻의 '질뢰불급엄이疾雷不及掩耳'의 상황을 연상시켰다. 자다가 날벼락을 맞은 꼴이었다.

뒤늦게 병사들이 허둥지둥 성문 위로 올라갔으나 방어 시설이라고는 하나도 없었다. 불과 2시간에 해당하는 한 시진時辰도 안 돼 성문은 독융에 의해 격파되었다. 독융은 곡옥의 군사를 이끌고 무인지경을 달리듯 성안으로 쳐들어왔다.

당시 범개는 아침식사인 조옹朝饔[1]을 마친 직후였다. 악왕부가 헐레벌떡 달려와 고했다.

"난영이 이미 남문 안으로 들어왔습니다."

범개가 크게 놀랐다. 곧바로 아들 범앙을 불렀다.

"속히 군사를 소집해 적군을 막아라."

1 조옹朝饔은 아침 일찍 먹는 음식을 말한다. 조찬早餐과 같다. 『맹자』「등문공 상」편에 옹손饔飧 표현이 나온다. 조기趙岐는 주注에서 아침밥을 옹饔, 저녁밥을 손飧으로 표현한다고 했다.

악왕부가 재촉했다.

"사세가 급하오. 지금 주공을 모시고 고궁固宮으로 가면 아직 성을 지킬 수 있습니다."

'고궁'은 진문공이 궁궐을 불태운 극예와 여생의 반란을 겪은 뒤 뜻밖의 변란에 대비하기 위해 궁궐의 동쪽에 따로 신축한 궁 이름이다. 넓이는 10리가 넘고 그 안에 궁실宮室과 대관臺觀이 있었다. 나아가 곡식도 대거 비축돼 있었다. 진나라 각처에서 뽑아 온 장사 3천 명으로 하여금 궁성을 지키게 했다. 성 밖에는 깊은 해자를 파놓았고, 성벽도 여러 길이나 됐다. 몹시 견고하다는 취지에서 고궁固宮이라는 명칭이 나왔다.

범개는 성안에서 내응하는 자가 있지나 않을까 걱정했다. 악왕부가 말했다.

"여러 대부들이 모두 난씨의 원수이지만 우려할 만한 것은 위씨魏氏입니다. 속히 군명으로 위서魏舒를 부르면 잡아들일 수 있습니다"

범개가 이를 좇았다. 범앙으로 하여금 위씨의 집에 가서 군명을 내세워 위서를 즉시 불러오게 했다. 이어 종자에게는 궁중으로 들어갈 채비를 속히 하라고 재촉했다.

악왕부가 또 말했다.

"일이 어떻게 될지 모르니 우리 두 사람도 남이 모르게 움직여야 합니다."

당시 진평공은 외가에 초상이 난 까닭에 그에 따른 상례를 지키고 있었다. 범개와 악왕부는 속에 갑옷을 입고 그 위에 다시 검은 상복인 묵최墨縗를 입었다. 이어 여인이 쓰는 수질首絰로 가려 부인네처럼 가장했다.

이들은 곧바로 수레를 타고 들어가 진평공에게 은밀히 반란이 일어난 사실을 고했다. 이어 진평공을 수레에 태우고 급히 고궁으로 갔다.

위서의 집은 원래 도성의 북쪽 구석에 있었다. 범앙은 작은 초거軺車를 타고 급히 달려 위서의 집으로 갔다. 위서의 집 문 앞엔 이미 수레와 군사들이 늘어서 있었다. 위서는 이미 융장戎裝을 하고 수레 위에 앉아 있었다. 난영을 영접하기 위해 막 떠나려던 참이었다.

범앙은 급히 수레에서 내려 위서 앞으로 가 말했다.

"난씨가 반란을 일으켰소. 주공이 이미 고궁에 들어가 있소. 나의 부친과 모든 대신이 고궁에 모여 있소. 주공이 나에게 명해 그대를 불러오게 했소."

위서가 미처 대답도 하기 전에 범앙이 날쌔게 몸을 날려 위서의 수레 위로 뛰어올랐다. 그는 오른손으로 칼을 뽑아 들고 왼손으로 위서의 혁대를 거머잡았다. 위서는 너무 놀라 아무 소리도 내지 못했다.

범앙이 어자에게 호령했다.

"속히 수레를 몰아라!"

어자가 물었다.

"어디로 가야 합니까?"

범앙이 거친 목소리로 호령했다.

"고궁이 있는 쪽으로 몰아라."

범앙의 명에 따라 위서의 수레와 병사들은 모두 고궁으로 가기 위해 동쪽을 향해 달렸다.

뒷일이 어찌 전개될지 알 길이 없으니 다음 회를 보라.

제64회

127話 곡옥성에서 난영이 멸족을 당하다
-곡옥성난영멸족曲沃城欒盈滅族

당시 범개는 위서를 데려오도록 범앙을 보낸 후 도무지 마음이 놓이질 않아 직접 고궁의 성 위로 올라가 북쪽을 바라보았다. 그의 눈에 한 무리의 병거와 병사들이 서북쪽에서 달려오는 게 보였다. 수레 위에 자기 아들과 위서가 함께 타고 있는 걸 보고서야 안심했다.

"난씨는 위서의 내응을 받지 못해 그 세가 외로워지겠구나."

그는 즉시 궁문을 열어 그들을 받아들이게 했다. 위서는 범개 앞으로 와 인사를 하면서도 안색이 불안정했다. 범개가 위서의 손을 덥석 잡으며 말했다.

"일부 사람이 잘 알지도 못하고 장군이 난씨와 가까우니 주의하라고 했소. 하지만 나는 장군이 결코 그런 분이 아니란 것을 믿고 있소. 장군이 나를 도와 우리가 함께 난씨를 물리치면 주공에게 건의해 곡옥 땅을 장군에게 하사하도록 하겠소."

위서는 이 한마디에 범개의 뇌롱牢籠[1]에 떨어지고 말았다. 그는 '예, 예, 명대로 하겠습니다.'라고 말했다. 범개는 위서와 함께 진평공을 알현한 뒤 적을 물리칠 계책을 상의했다. 이윽고 조무趙武, 순오荀䖂, 지삭智朔, 한무기韓無忌, 한기韓起, 기오祁午, 양설적羊舌赤, 양설힐羊舌肹, 장맹적張孟趯 등 여러 신하들이 잇따라 고궁으로 들어왔다. 이들 모두 각각 가병들을 데리고 왔다. 관군의 기세가 더욱 불어났다.

고궁에는 앞뒤로 각각 문이 하나씩 있었다. 성문 앞에는 다시 2중의 관문이 설치되어 있었다. 범개는 조씨와 순씨 두 집안의 군대에게 남문 앞의 관문, 한무기와 한기 형제에게는 북문 앞의 관문을 지키게 했다. 또 기오 등 나머지 제장들에게는 고궁 주위를 돌며 순찰케 했다. 범개 자신은 아들 범앙과 함께 진평공 좌우에서 떠나지 않았다.

난영은 강주성 안으로 들어오긴 했으나 약속한 대로 위서가 군사를 이끌고 나와 영접해 주지 않자 의심을 품었다. 군사를 일단 시정市井 어귀에 머물게 한 뒤 초병哨兵을 보내 성안을 정탐케 했다. 얼마 후 첩자가 돌아와 보고했다.

"진후晉侯가 이미 고궁으로 들어갔고, 신하들 역시 따라 들어갔다고 합니다. 위서도 그 안에 끼여 있었다고 합니다."

난영이 대로했다.

"위서가 나를 속였다. 내가 그 자를 만나기만 하면 단칼에 쳐 죽일 것이

1 뇌롱牢籠는 조수鳥獸를 가두는 울타리 내지 새장 등을 말한다. 남을 교묘한 꾀로 휘잡아서 제 마음대로 놀리거나 이용하는 것을 비유할 때 사용한다. 새장과 고삐라는 뜻의 농락籠絡과 같은 말이다.

다."

이어 독융의 등을 어루만지며 말했다.

"가서 고궁을 공격하되 조심해서 하라. 고궁을 격파하면 나는 그대와 부귀를 함께할 것이다."

독융이 말했다.

"저는 홀로 군사의 절반을 이끌고 남쪽 관문을 치겠습니다. 은주恩主는 나머지 군사를 이끌고 제장들과 함께 북쪽 관문을 치십시오. 누가 먼저 궁문을 깨부수고 고궁으로 들어가는지 살펴보도록 합시다."

당시 제나라 장수 식작과 곽최는 난영을 도우려고 진나라까지 따라왔지만 그 싸움이 남의 나라 일이어서 시큰둥하게 생각했다. 난영이 주작과 형괴를 데리고 오는 바람에 제장공은 오히려 두 사람을 우대하고 그에 따라 찬밥신세(해락奚落)[2]가 되는 수모를 겪었다. 괴상한 나무에 괴상한 가지가 생긴다는 뜻의 '괴수괴아차怪樹怪丫叉'라는 속담이 있다. 속담처럼 식작과 곽최는 제나라에 있을 때 이미 주작과 형괴를 극도로 미워한 까닭에 두 사람에 대한 증오가 난영에게 옮겨갔다. 게다가 난영은 입을 열 때마다 독융의 용기만 칭찬하고 식작과 곽최의 의중은 별로 헤아려주지도 않았다.

식작과 곽최인들 무슨 신명이 나 난영을 돕겠는가? 두 사람은 냉소 띤 얼굴을 한 채 어느 쪽이 이기든 구경이나 하자는 자세여서 별로 힘을 쓰지 않았다. 난영 역시 믿을 사람은 독융 한 사람밖에 없다고 생각했다.

당시 독융은 두 손에 쌍극雙戟을 든 채 자신이 이끄는 군사와 함께 병거를 타고 고궁의 남쪽 관문을 쳤다. 그는 빠른 시일 안에 남문 앞의 관문을 탈취코자 했다. 우선 관문 밖에서 진나라 군사의 형세를 살폈다. 그러면서

2 해락奚落은 날카롭고 각박한 말로 남의 단점을 지척한다는 뜻이다. 통상 2가지 의미로 사용된다. 풍자諷刺와 찬밥대우를 뜻하는 냉락冷落이 그것이다. 여기서는 두 번째 의미로 사용됐다.

병거를 타고 그 앞을 이리저리 달렸다.

독융은 위품이 당당하고 살기가 등등했다. 마치 하늘에서 내려온 1명의 흑살신黑煞神과 같았다. 평소 그의 용맹에 관해 들어온 진나라 병사들은 실제로 그를 한번 보자 모두 간담이 서늘해졌다. 조무도 독융을 보고는 혀를 내두르며 감탄했다.

당시 조무 휘하에도 2명의 효장驍將이 있었다. 해옹解雍과 해숙解肅 형제였다. 이들 모두 장창을 잘 썼다. 그 수법이 정교하기로 소문이 나 있었다. 이들은 대장인 조무가 독융을 칭찬하는 소리를 듣고 내심 승복하지 않았다. 조무에게 말했다.

"독융이 비록 용맹하다고는 하나 머리가 3개이고 팔이 6개인 삼두육비三頭六臂를 가진 자는 아니지 않습니까? 저희 형제는 그를 두려워하지 않습니다. 우리가 일지군을 이끌고 관문 밖으로 나가 당장 그 자를 사로잡아 장군 앞에 바치겠습니다."

조무가 당부했다.

"그대들은 세심히 대처토록 하시오. 적을 가볍게 여겨서는 안 되오."

해옹과 해숙이 몸단속을 하고 병사들을 정비한 뒤 군대와 함께 병거를 몰아 관문 밖으로 나갔다. 두 사람은 해자를 사이에 두고 큰 소리로 외쳤다.

"거기 오는 장수가 독 장군이 아니오? 그대 같은 영웅이 역적을 돕고 있으니 실로 안타깝소. 속히 귀순토록 하시오. 그러면 화가 복으로 바뀌는 반화위복反禍爲福이 될 것이오."

독융이 대로해 휘하 장병들에게 분부했다.

"내가 건널 수 있도록 속히 해자를 메워라."

병사들이 흙과 돌을 나르며 해자를 메우기 시작했다. 성급한 독융이 참고 기다리지 못했다. 쌍극으로 땅을 짚고 외마디 소리를 지르며 몸을 솟구쳐 단번에 해자를 뛰어넘었다. 해옹과 해숙 형제가 크게 놀랐다. 두 형제가 장창을 들고 독융에게 덤벼들었다. 독융이 두 손에 쌍극을 나눠 잡고 춤추듯이 싸웠다. 그는 두 사람을 상대로 싸우면서 조금도 두려워하는 기색이 없었다.

해옹이 탄 병거의 말들 가운데 한 마리가 독융이 내리치는 극戟을 맞고 등뼈가 으스러졌다. 그의 병거가 움직이지 못했다. 다른 말들도 놀라 '히힝' 울며 멈춰 섰다.

해옹과 해숙은 독융이 혼자인 것을 얕잡아보고 각각 병거에서 내려 그에게 다가왔다. 그들은 장창을 들고 지상에서 싸움을 걸었다. 독융의 두 자루 대극大戟이 왼쪽과 오른쪽을 동시에 가격했다. 쌍극을 휘두를 때마다 휘휘呼呼하며 바람 가르는 소리가 났다.

해숙이 장창으로 찔렀지만 독융이 대극으로 장창을 맞받아쳤다. 방嗙하는 소리가 나며 장창이 두 동강 나버렸다. 해숙이 부러진 장창을 버린 채 급히 달아났다.

해옹은 그 광경을 보고 너무 당황한 나머지 손에 쥐고 있던 장창을 떨어뜨렸다. 독융이 대극으로 해옹을 찔러 넘어뜨린 뒤 곧바로 해숙을 쫓아갔다. 해숙은 달리기를 잘했다. 성을 돌아 북쪽 관문으로 달아났고 거기서 성 위에서 내려준 밧줄을 타고 성안으로 들어가 버렸다.

독융은 다시 돌아와 죽어 자빠진 해옹을 요절내려고 했다. 그러나 그땐 이미 관군이 해옹을 떠메고 관문 안으로 들어간 뒤였다. 독융이 노기등등한 얼굴을 한 채 쌍극을 짚고 외쳤다.

"나와서 싸울 실력이 있는 자들은 모두 나와라. 내가 한꺼번에 상대해 주겠다. 그래야 시간을 절약할 수 있다."

감히 누구도 독융을 상대하겠다는 나서는 자가 없었다. 독융이 이내 본영으로 돌아갔다. 이어 병사들에게 다음날 관문을 공격할 터이니 잘 준비해 두라고 명했다.

"내일은 틀림없이 관문을 쳐부숴야 했다."

그날 밤 해옹은 독융의 극에 찔린 상처가 깊었던 탓인지 죽고 말았다. 조무는 그가 죽자 크게 애석해 했다. 해숙이 말했다.

"내일 소장이 다시 결전을 벌여 죽은 형의 원수를 갚겠습니다. 싸우다 죽을지라도 원망치 않겠습니다."

순오가 조무에게 말했다.

"나의 부하 가운데 모등牟登이라는 노장老將이 있습니다. 그에게 모강牟剛과 모경牟勁이라는 아들이 있습니다. 둘 다 1천 근을 드는 힘을 갖고 있습니다. 현재 주공 휘하에서 시위로 일하고 있습니다. 오늘밤 모등을 시켜 그 두 아들을 불러오면 내일 해숙과 함께 3인이 독융과 싸울 수 있습니다. 3인이 그를 상대로 싸우면 어찌 그에게 지겠습니까?"

조무가 동의했다.

"그리하면 좋겠소."

순오가 모등을 부르러 갔다. 이튿날 아침 모강과 모경 형제가 조무에게 왔다. 조무가 보니 형제 모두 체격이 괴위魁偉하고 기강이 씩씩했다. 조무가 이들 형제를 위무한 뒤 해숙과 함께 싸울 채비를 하게 했다.

한편 독융은 아침 일찍부터 해자를 메워 길을 낸 뒤 남쪽 관문 바로 앞까지 다가와 도전했다. 관군 쪽에서 해숙 등 3인의 맹장이 바로 관문을 열고 밖으로 나왔다. 독융이 크게 외쳤다.

"죽음을 두려워하지 않는 자는 모두 나와라."

세 장수가 아무 말 하지 않고 곧바로 한 자루의 장창長槍과 두 자루의 대도大刀를 휘두르며 독융에게 달려들었다. 독융이 조금도 두려워하지 않고 이들과 어울려 싸웠다. 그는 병거에서 뛰어내려 쌍극을 춤추듯이 휘둘러댔다. 기력을 다해 여기저기 닥치는 대로 내리쳤다. 쌍극이 떨어지는 곳에

1천 근의 무게가 가해졌다. 모경의 병거는 독융의 극을 맞고 차축이 불러졌다. 모경이 뛰어내렸으나 독융의 극을 맞고 그 자리서 고깃덩이가 되고 말았다.

모강은 동생 모경이 죽는 것을 보고 격분해 사생결단의 기세로 달려들었다. 독융의 쌍극은 활시위를 떠난 화살처럼 전후좌우를 핍박해 접근할 수 없었다. 노장 모등이 아들을 향해 외쳤다.

"이제 그만 두어라!"

관문에서 징을 울리는 소리가 났다. 모등은 직접 뛰어나가 아들 모강과 해숙을 이끌고 돌아왔다. 독융이 병사들에게 일제히 관문을 공격케 했다. 관문 위에서 돌과 화살이 빗발치듯 쏟아졌다. 독융의 군사가 크게 손상을 입었으나 독융은 추호도 동요하지 않았다. 용맹무쌍한 장수였다.

조무와 순오는 잇달아 2번이나 패하자 전령을 범개에게 보내 급한 사정을 알렸다. 범개가 보고를 받고 탄식했다.

"독융 한 사람에게도 이기지 못하면 어떻게 난씨를 이길 수 있단 말인가?"

그날 밤에 범개는 촛불을 밝히고 잠을 이루지 못했다. 곁에 있던 노비 한 사람이 머리를 조아리며 물었다.

"원수는 마음이 울적한 모양인데 독융 때문에 그러는 게 아닙니까?"

그 노비은 이름이 비표斐豹였다. 원래 도안고의 휘하장수 비성斐成의 아들이었다. 도안고 일당의 범죄에 연좌돼 관직을 몰수당하고 노비로 격하됐다. 지금 중군에서 하역배下役背로 복역 중이었다. 범개가 그의 말을 기특히 여기고 물었다.

"혹여 독융을 이길 수 있는 좋은 계책이라도 있는가? 그렇다면 내가 후한 상을 내리겠다."

비표가 대답했다.

"소인의 이름은 노비 명부인 단서丹書에 올라 있기에 비록 하늘을 찌를 만한 의기를 지니고 있을지라도 출세를 위해 쓸 길이 없습니다. 원수가 단서에 있는 소인의 이름을 지워주면 소인이 독융을 죽여 그 후은에 보답하겠습니다."

범개가 응낙했다.

"네가 독융을 죽이기만 한다면 주공께 청해 단서를 모두 불살라 버리겠다. 뿐만 아니라 너를 중군 아장牙將으로 삼겠다."

비표가 말했다.

"원수는 약속을 지켜야 합니다."

범개가 대답했다.

"내가 약속을 안 지키면 하늘이 나를 벌할 것이다. 헌데 그대는 군사를 얼마나 데리고 나갈 작정인가?"

비표가 대답했다.

"지난날 독융이 이곳 강주성에 있었을 때부터 소인은 그와 잘 알고 지냈습니다. 소인은 때로 그와 내기씨름을 했습니다. 그는 자기 용기만 믿고 성미가 급해 오로지 단독으로 싸우기를 좋아합니다. 소인이 군대와 함께 가면 그를 이기기 힘듭니다. 소인은 이미 그를 사로잡을 계책을 세워 뒀습니다."

범개가 물었다.

"밖으로 나가서 안 돌아오려고 홀로 가겠다는 것은 아닌가?"

비표가 웃으며 대답했다.

"소인에겐 늙은 어미가 있습니다. 올해 78세입니다. 또 어린자식인 유자幼子와 아리따운 아내인 교처嬌妻가 있습니다. 어찌 죄인의 몸으로 또 죄를 짓겠습니까? 소인이 그런 불충하고 불효한 짓을 하면 하늘이 저를 벌할 것입니다."

범개가 비표에게 술과 음식을 주고 위로했다. 이어 상으로 무소 가죽으로 만든 갑옷 한 벌을 내주었다.

이튿날 비표가 갑옷을 속에 입고 그 위에 연포練袍를 걸쳤다. 몸단속을 단단히 한 뒤 머리에 가죽고깔인 위변韋弁을 쓰고 발에는 삼실로 삼은 마구麻屨를 신었다. 또 허리에는 날카로운 비수를 숨겨 차고, 손에는 52근이나 되는 구리 쇠뭉치인 동추銅鎚를 들었다. 범개에게 가서 말했다.

"소인이 이번에 나가면 독융을 죽이고 개선가를 부르며 돌아오거나, 독융의 손에 죽거나 할 것입니다. 결코 두 사람이 모두 사는 일은 없을 것입니다."

범개가 말했다.

"내가 직접 관문에 가서 그대가 용력을 쓰는 것을 볼 것이다."

그러고는 즉시 수레를 대령토록 했다. 이어 비표를 자기 옆에 태우고 함께 남관으로 갔다. 조무와 순오가 나와 범개를 맞이하며 말했다.

"독융의 용맹은 당할 자가 없습니다. 이미 맹장이 2명이나 죽임을 당했습니다."

범개가 말했다.

"오늘은 비표가 단신으로 나가 싸울 것이오. 우리 주공에게 복이 있는지 한번 지켜봅시다."

그 말이 끝나기도 전에 관문 밖에서 독융이 큰 소리로 싸움을 걸었다. 비표가 관문 위에 엎드리고 있다가 일어서며 외쳤다.

"독군督君, 이 비대斐大를 알아보겠는가?"

독융보다 나이가 많아 스스로 '비대'라고 일컬은 것이다. 지난날 피차 그렇게 호칭키로 했다. 독융이 말했다.

"그대는 비대가 아닌가? 지금 거기서 내려와 나와 사생을 건 내기를 하지 않겠는가?"

비표가 대답했다.

"다른 사람은 너를 두려워하지만 나는 그렇지 않다. 네가 데리고 온 군대를 뒤로 물러가게 하라. 나와 너 단 두 사람만이 내기싸움을 하자. 쌍수雙手 대 쌍수, 병기兵器 대 병기의 대결로 말이다. 그래야만 네가 죽고 내가 살거나, 내가 죽고 네가 살거나 후대에 영명英名을 전할 수 있을 것이다."

독융이 쾌히 응낙했다.

"네 말이 내 뜻과 같다. 그러나 너는 죽고 내가 살 것이다."

독융이 병사들을 뒤로 물러나게 했다. 관문이 열리고 비표 홀로 걸어 나갔다. 두 사람이 관문 앞에서 싸웠다. 20여 합을 싸웠으나 승부가 나지 않았다.

비표가 거짓말로 그에게 말했다.

"내가 용변으로 인한 내급內急 상황이니 잠시 쉬었다가 싸우기로 하자."

그러나 독융이 어찌 이를 용납하겠는가? 비표는 이미 서쪽 공터에 낮은 담장이 길게 뻗어 있는 것을 보아두었다. 그는 싸우는 체하다가 갑자기 몸을 돌려 그쪽으로 달아났다. 독융이 그를 쫓아가며 큰 소리로 외쳤다.

"네가 어디로 달아나는 것인가?"

당시 범개 등은 관문 위에서 비표가 쫓겨 달아나는 걸 보고는 손에 땀을 쥐며 마음을 졸였다. 그러나 그게 비표의 계략이었음을 누가 알았으랴? 달아나던 비표는 담장을 뛰어 넘자마자 담장 곁에 있는 커다란 나무 밑에 몸을 숨겼다. 독융이 담장을 뛰어넘어 두 발을 땅에 붙이는 순간 나무 뒤에 숨었던 비표가 번개같이 내달아 출기불의出其不意로 52근이나 되는 동추를 휘둘러 그의 뒤통수를 정통으로 맞혔다. 독융의 머리가 깨지면서 뇌수가 밖으로 흘러나왔고, 그는 털썩 땅바닥에 고꾸라졌다.

독융은 고꾸라지면서도 오른발을 비호처럼 날려 비표의 앞가슴 무소 갑옷 한 조각을 차서 떨어뜨렸다. 비표가 황급히 허리춤에 감춰 뒀던 칼을 뽑아 독융의 목을 잘랐다. 이어 다시 담장을 넘어 밖으로 나왔다.

관문 위의 사람들은 비표가 피가 뚝뚝 떨어지는 수급을 손에 들고 나타나자 그제야 그가 이긴 것을 알았다. 범개가 관문을 활짝 열고 해숙과 모강으로 하여금 군사를 이끌고 나가게 했다. 독융의 군사는 대패해 절반은 살육을 당하고 절반은 항복했다. 달아난 자는 10명 가운데 1–2명에 불과했다.

범개가 하늘을 우러르고 땅에 술을 뿌리며 말했다.

"이는 진후晉侯의 복이다!"

범개가 직접 술을 따라 비표에게 권했다. 이어 비표를 이끌고 진평공에게 갔다. 진평공이 비표에게 병거 1승을 하사한 뒤 사관을 불러 비표의 공을 공적부功績簿에 제1공으로 기록케 했다.

잠연 선생이 이를 시로 읊었다.

독융 신력 천하에 짝이 없는데	督戎神力世間無
노비가 적수일 줄 뉘 알았으랴	敵手誰知出隸夫
사람 쓸 땐 필히 파격 행하라	始信用人須破格
고기 먹는 상층의 무능 비웃다	笑他肉食似雕瓠[3]

당시 난영은 대규모 군사를 이끌고 북쪽 관문을 공격했다. 도중에 잇달아 독융의 승전보를 받았다. 부하들에게 말했다.

"독융 같은 장수가 한 사람만 더 있다면 어찌 고궁을 격파하지 못할까 걱정하겠는가!"

곽최가 그 말을 듣고 발끈했다. 식작이 곽최의 발등을 슬쩍 밟으면서 눈짓을 했다. 곽최가 그 뜻을 알아차리고 눈으로 대답했다. 두 사람은 각각 머

3 소타육식사조호笑他肉食似雕瓠 구절의 육식肉食은 고기반찬을 먹는 상층 귀족을 가리킨다. 조호雕瓠는 겉에 꽃무늬가 있는 외를 말한다. 겉모습만 화려한 무용지물을 상징한다.

리를 숙인 채 짐짓 아무 말도 하지 않았다.

난락欒樂와 난방欒魴은 공을 세우고 싶은 마음이 앞서 시선을 피하지 않고 열심히 싸우고자 했다. 북관을 지키는 한무기와 한기는 여러 번 난영의 군사에게 패한 까닭에 감히 경솔히 출전하지 못하고 엄중히 지키기만 했다.

고궁을 공격한 지 3일째 되던 날 난영은 남쪽 관문을 치던 독융이 패했다는 보고를 접했다. 보고자가 말했다.

"독융이 살해되고, 그의 군사가 전멸했습니다."

난영은 그 말을 듣고 손발을 어디에 둘지 모를 만큼 놀랐다. 그제야 식작과 곽최를 불러 상의했다. 식작과 곽최가 웃으며 말했다.

"독융도 이기지 못했는데 우린들 어찌하겠습니까?"

난영이 그 말을 듣고 눈물만 흘렸다. 난락이 말했다.

"우리의 생사를 건 싸움을 오늘밤에 결판내야 합니다. 모든 장병에게 명해 고궁의 북문으로 모이게 하십시오. 우리가 3경이 지난 뒤 모두 망루가 달린 고가 사다리 수레인 소거轈車를 타고 관문에 불을 지르면 성안으로 들어갈 수 있지 않겠습니까?"

난영이 이를 좇기로 했다.

한편 진평공은 독융을 죽인 것을 기쁘게 생각해 신하들과 함께 술을 마시며 자축했다. 한무기와 한기도 와서 진평공에게 술을 따라 바치며 칭하했다. 2경이 돼서야 술자리가 끝났다.

한무기와 한기가 북쪽 관문으로 돌아가 막 점호를 마쳤을 때 문득 수레 소리가 요란하게 나면서 난영의 병거와 병사들이 크게 모여 들었다. 그들이 끌고 온 소거는 그 높이가 관문과 같았다. 그들은 소거 위에서 일제히 화전火箭을 쏘았다. 화전이 마치 메뚜기 떼처럼 날아와 관문을 불태웠다. 불길이 매우 사나웠다.

관새 안의 병사들은 불길 속에서 제대로 대항하지 못했다. 난락이 앞장서 관새 안으로 쳐들어오자, 뒤를 이어 난방이 쳐들어왔다. 그들은 공세에 올라타 2중으로 된 관새의 외관外關을 점령했다. 한무기 등은 내관內關으로 들어가 방어에 임했다. 한무기가 급히 전령을 범개에게 보내 구원을 청했다. 범개가 위서에게 남관으로 가서 그곳을 지키고, 대신 순오의 군사로 하여금 북관으로 와 한무기와 한기를 돕게 했다.

이어 진평공과 함께 고궁의 누대에 올라가 북관의 외관을 점령한 난영의 군대를 바라봤다. 난영의 군대는 아무 소리도 내지 않고 조용하기만 했다. 범개가 말했다.

"이는 필시 계책이 있기 때문이다."

곧바로 전령을 내관의 한무기에게 보내 조심해서 방어케 했다. 그날 하루도 다 가고 황혼 무렵이 됐다. 난영의 병사들이 다시 소거 위로 올라가 화전으로 내관의 문을 공격했다. 관군은 미리 준비한 가죽장막을 펴서 관문을 가렸다. 물에 담갔다가 꺼낸 쇠가죽 장막인 까닭에 불화살을 맞아도 불이 붙지 않았다.

양측은 밤새도록 일대 공방전을 계속했다. 날이 개자 서로 싸움을 멈추고 잠시 휴식에 들어갔다. 범개가 내심 걱정했다.

"난영의 군사가 우리에게 핍근逼近한 상황에서 쉽게 물러나지 않을 경우 그 기회를 이용해 제나라 군사가 쳐들어올지도 모를 일이다. 그러면 나라가 위태로워진다."

곧 아들 범앙에게 명해 비표와 함께 일지군을 이끌고 남쪽 관문을 빠져나가 북쪽 관문으로 오도록 했다. 범앙으로 하여금 북관 밖에서 난영의 군사를 공격케 하려는 속셈이었다. 또 한무기와 한기에겐 그냥 북관의 내관을 지키게 했다. 다시 순오에게 명해 모강과 함께 북관의 내관으로부터 외관으로 쳐들어가되 범앙과 시간을 약속해 난영의 군사를 협공케 했다. 난영의 군사로 하여금 머리와 꼬리가 서로 돌아볼 수 없게 만들고자 한 것이다. 이어 조무와 위서에게는 남관의 관문 밖에 나가 진을 치고 있으면서 난영의 군사가 남쪽으로 달아나지 못하게 했다.

범개는 모든 조치를 끝낸 뒤 진평공을 모시고 다시 대 위로 올라갔다. 범앙이 떠나며 부친인 범개에게 청했다.

"소자는 아직 젊고 명망도 가볍습니다. 중군의 깃발을 빌려주십시오."

범개는 이를 허락했다. 범앙이 자신의 병거에 중군 원수의 대패大旆를 세웠다. 그는 남관을 떠나면서 부하들에게 말했다.

"오늘의 싸움은 전진만 있을 뿐 후퇴는 없다. 난영의 군사와 싸워 진다면 내가 먼저 자결할 것이다. 결코 제군들만 죽게 만들지는 않을 것이다!"

범앙 휘하의 장병들 모두 그 말을 듣고 용기백배했다.

한편 순오는 범개의 명을 받자 군사들을 배불리 먹인 뒤 전투태세를 갖췄다. 그들은 오로지 범앙과 약속한 시간만 기다리고 있었다. 이때 문득 난영의 군사가 이리저리 어지럽게 움직이며 외관 밖으로 나가기 시작했다. 순오는 범앙이 난군의 배후를 치는 걸 알았다.

그는 북을 크게 울리며 내관의 문을 활짝 열었다. 모강을 앞세우고 자신은 뒤에 있으면서 갑사와 보졸을 독전했다. 난영도 관군의 협공을 우려해 미리 대비했다. 난영이 명령을 내리자 난방은 관군이 쏟아져 나오지 못하도록 외관의 입구를 철판으로 감싼 병거인 철엽거鐵葉車로 틀어막았다. 순오와 모강은 철엽거로 인해 북관의 외관으로 갈 수 없었다.

난영은 범앙이 북관 밖에서 공격해 오자 진나라 군중의 대패大旆를 보고 크게 놀랐다.

"범 원수가 친히 여기까지 왔단 말인가?"

그는 사람을 시켜 그 진위를 알아보게 했다. 그 사람이 돌아와 보고했다.

"범개가 아니라 그 아들 범앙이 왔을 뿐입니다."

난락이 말했다.

"그렇다면 족히 염려할 게 없습니다."

난락은 자기 병거 위에 서서 화살을 시위에 먹이면서 좌우를 둘어보고 말했다.

"갈고리가 달린 밧줄을 준비해 두었다가 내가 활을 쏘아 맞히거든 밧줄을 걸어 잡아당겨라."

그러고는 진나라 진영으로 돌진하며 좌우로 활을 마구 쐈다. 난락이 쏘는 화살은 하나도 빗나가는 게 없었다. 같은 병거에 함께 탄 동생 난영이 말했다.

"화살이 아깝습니다. 이름 없는 소졸을 쏴봐야 뭐합니까?"

그제야 난락은 쏘는 것을 그만뒀다. 얼마 후 저편에서 한 무리의 관군이 달려왔다. 맨 앞에 달리는 병거 위해 위변韋弁을 쓰고 연포練袍를 입은 장수가 있었다. 용모가 괴위했다.

난영이 그를 가리키며 말했다.

"저자가 바로 우리 독 장군을 죽인 비표입니다. 저 자를 쏘십시오."

난락이 대답했다.

"그가 100보 앞으로 다가올 때까지 기다려야 한다. 그땐 내 활솜씨를 보고 갈채喝采를 보낼 것이다."

그 말이 미처 끝나기도 전에 또 다른 병거가 그들 곁을 지나갔다. 난락은 병거에 탄 장수가 범앙이라는 것을 알았다. 속으로 생각했다.

'범앙을 쏘아 죽이는 게 비표를 쏘아 죽이는 것보다 낫지 않겠는가?'

난락은 병거를 몰아 그를 뒤쫓으며 활을 들어 쐈다. 원래 그가 쏜 화살은 백발백중이었다. 그런데 웬일인지 화살이 빗나갔다. 범앙은 화살 한 대가 자기 귀밑을 스치고 지나가자 뒤를 돌아봤다. 난락이 뒤쫓아 오고 있었다. 범앙이 큰 소리로 꾸짖었다.

■ 곡옥성에서 난영이 멸족을 당하다

"이 역적아反賊! 죽음이 네 머리 위까지 내려 왔는데 감히 나를 쏜단 말인가?"

난락이 대답하지 않고 곧바로 병거를 돌려 달아났다. 이는 무서워 달아난 게 아니라 범앙을 유인하기 위한 것이었다. 적당한 곳까지 유인해 화살한 대로 범앙을 쏴 죽일 작정이었다. 그러나 누가 알았겠는가? 이 광경을 본 제나라 장수 식작과 곽최는 난락이 범앙을 죽여 대공을 세울까 우려했다. 식작과 곽최가 난락의 병거를 향해 큰 소리로 외쳤다.

"난씨의 군사가 패주한다!"

난락의 병거를 몰던 어자는 자기네 군사의 다른 부대가 패주하는 줄 알고 머리를 들어 사방을 둘러봤다. 순간 쥐고 있던 말고삐가 엉키고 말이 발을 헛디뎠다. 수레바퀴가 길옆에 서 있던 홰나무 밑동에 부딪치는 바람에 병거가 뒤집혔다.

병거 밑에서 난락이 간신히 정신을 수습하고 기어 나올 때 비호처럼 달려온 비표가 장창으로 난락을 마구 찍은 뒤 다시 칼을 들어 그의 수족을 절단했다.

난락은 난씨 일족 가운데 으뜸가는 장수였다. 가련하게도 홰나무 밑에서 죽고 말았다. 어찌 하늘의 뜻이 아니겠는가?

염옹이 시를 지어 탄식했다.

팔이 긴 장군 화살 빗나가지 않았는데	猿臂將軍射不空
화살 한 대 잘못 쏴 영웅 신세 망쳤다	偏敎一矢誤英雄
하늘이 이미 난씨를 멸망케 하려는데	老天已絶欒家祀
어찌 대공 세우도록 방치할 리 있을까	肯許軍中建大功

병거에 함께 타고 있던 난영은 병거가 전복되기 전에 먼저 뛰어내렸으나 감히 난락을 구할 생각을 하지 못했다. 그는 급히 도주한 덕분에 죽음을 면했다.

식작과 곽최도 난영을 돕기는커녕 되레 방해만 놓은 까닭에 제나라로 돌아가기가 난처했다. 식작은 위나라, 곽최는 진秦나라로 달아났다.

난영은 난락이 죽었다는 소식을 듣고 대성통곡했다. 난영의 군사들도 눈물을 흘리며 슬퍼했다. 난방은 북관 외관의 문을 끝까지 지킬 수 없어 군사를 철수시켰다. 그는 난영을 호위하며 남쪽으로 달아났다. 순오와 범앙은 군사를 합쳐 이들의 뒤를 쫓았다. 난방과 곡옥의 병사들은 목숨을 걸고 진나라 군사에 저항했다. 양군 사이에 치열한 전투가 한바탕 벌어져 서로 크게 손상을 입었다. 진나라 군사는 그제야 물러갔다. 난방은 중상을 입었다.

난영이 난방과 함께 패잔병을 이끌고 고궁의 남쪽 관문 부근에 이르렀을 때 위서가 군사를 이끌고 나타나 앞을 가로막았다. 난영이 눈물을 흘리며 위서에게 말했다.

"그대는 전에 나와 함께 하군에서 일했던 날을 기억하지 못하오? 난 이미 내가 죽을 줄 알고 있소. 그러나 그대의 손에 죽고 싶진 않소."

위서도 차마 그를 상대로 싸울 마음이 생기지 않았다. 수하의 병거와 병사에게 길을 좌우로 갈라서게 했다. 난영과 난방은 패잔병을 이끌고 황급히 곡옥으로 돌아갔다. 잠시 후 조무가 군사를 이끌고 달려와 위서에게 물었다.

"난영이 틀림없이 이곳을 지나갔을 터인데 왜 추격하지 않았소?"

위서가 대답했다.

"저들은 이미 솥 안의 고기인 부중지어釜中之魚이고, 독 안의 자라인 옹중지별甕中之鱉 같은 신세요. 내가 아니더라도 저들을 요리할 포인庖人은 따로 있을 것이오. 그가 내 선대인의 동료라는 것을 알고 있는 터에 차마 그에게 칼을 들이댈 수는 없었소."

조무도 내심 측은한 생각이 들어 난영을 추격하지 않았다. 범개는 난영이 이미 멀리 달아났다는 보고를 받았다. 그는 필시 위서가 난영을 잡지 않고 인정을 쓴 것이라고 생각했다. 그러나 거기에 대해선 말하지 않고 자기 아들 범앙을 불렀다.

"난영을 좇는 무리는 모두 곡옥 땅의 갑사들이었다. 이들 모두 곡옥 땅으로 달아났을 것이다. 이제 저들은 조아爪牙가 다 빠진 사람이나 다름없다. 일지군을 이끌고 가 곡옥을 포위해라. 힘을 별로 들이지 않고도 함락시킬 수 있을 것이다. 이기지 못할까 염려할 게 없다."

순오가 함께 가겠다고 자원했다. 범개가 이를 허락했다. 두 장수가 병거

300승을 이끌고 가 곡옥성을 포위했다.

범개는 진평공을 모시고 고궁을 나와 다시 궁궐로 돌아왔다. 이어 비표에게 약속한 대로 단서丹書를 갖고 오게 해 불살랐다. 비표만 노비 신세에서 벗어났을 뿐만 아니라 그와 함께 단서에 올라 있던 20여 명의 집안사람도 노비 신세에서 벗어났다. 범개는 약속대로 비표를 아장으로 삼았다.

한편 제장공은 난영을 먼저 보낸 뒤 병거와 보졸을 크게 사열했다. 연후 진나라 토벌을 위한 군사를 일으켰다. 왕손휘王孫揮를 대장, 신선우申鮮虞를 부장으로 임명했다. 또 진나라 출신 장수인 주작과 형괴를 선봉, 안리晏氂를 후군으로 삼았다. 이어 가거賈擧와 병사邴師 등을 호위장사로 삼고 길일을 택해 출병했다.

제나라 군사는 먼저 위衛나라 땅을 침공했다. 그러나 위상공衛殤公은 굳게 지키기만 할 뿐 나와 싸우려 하지 않았다. 제나라 군사도 성을 공격하지 않고 곧바로 지금의 하남성 복양현 서남쪽의 제구帝邱를 향해 북상해 진나라 경계를 공격했다. 이어 지금의 하남성 기현인 조가朝歌의 성을 포위해 3일 만에 이를 함락시켰다. 조가 인근의 조양산朝陽山으로 올라가 병사들을 호궤했다.

제장공은 거기서 군사를 2대로 나눴다. 왕손휘는 제장들과 함께 전대前隊가 되어 왼쪽 맹문孟門의 애로隘路로 진격케 했고, 제장공 자신은 용작龍爵과 호작虎爵의 장수들을 이끌고 후대後隊가 되어 오른쪽 길로 쳐들어가 공산共山을 점령코자 했다. 이들은 태항산太行山에서 다시 만나기로 했다. 제나라의 양로 군사가 진격하면서 살육과 약탈을 자행한 건 말할 것도 없다.

제장공을 따라간 형괴는 공산 아래서 노숙하다가 독사에게 물렸다. 배가 부어올라 죽고 말았다. 제장공은 그의 죽음을 크게 애석해 했다. 며칠 만에 제나라의 양로 군사가 태항산 아래서 만났다. 제장공이 태항산에 올라가 진나라의 옛 도성과 새 도성인 구강주舊絳州와 신강주新絳州를 바라보았다. 제장들과 함께 신강주를 습격할 일을 상의했다. 이때 문득 난영이 곡옥성으로 패주했고, 진평공이 군사를 모두 동원해 싸우러 올 것이라는 소식이 들려왔다. 제장공이 말했다.

"내 뜻을 이룰 수 없게 되었다."

마침내 소수少水 땅에서 군사를 사열한 뒤 본국으로 회군했다. 이때 한단邯鄲 땅의 수신인 대부 조승趙勝이 본읍의 군사를 이끌고 제나라 군사를 추격했다. 제장공은 진평공이 몸소 군사를 이끌고 온 줄 알았다. 제나라 군사의 전대는 이미 출발하고 없었다.

제장공이 황망히 달아나면서 후군의 안리에게 명해 진나라 군사의 추격을 차단케 했다. 안리는 조승의 군사와 싸웠으나 패하고 그 자신도 조승의 칼에 맞아 죽고 말았다.

한편 당시 범앙과 순오는 곡옥성을 1달 넘게 포위하고 있었다. 그 사이 난영은 진나라 군사와 누차 싸웠으나 번번이 패했다. 성안의 사람이 절반이나 죽었다. 더 이상 성을 지킬 수 없게 됐다. 성이 함락되던 날 곡옥성의 수신 서오는 칼 위에 엎어져 자진했다. 난영欒盈과 난영欒榮 등은 모두 사로잡혔다.

난영이 탄식했다.

"내가 신유辛俞의 말을 듣지 않다가 이 지경이 됐다."

순오는 난영을 함거에 태워 도성으로 갈 생각이었다. 범앙이 말했다.

"주공은 성품이 우유부단하오. 만일 난영이 살려달라고 애걸하면 그 죄를 용서할지도 모르오. 그리되면 우리는 원수를 놓아주는 꼴이 되오."

그날 밤 범앙이 사람을 시켜 난영을 목매달아 죽이게 했다. 아울러 난영欒榮을 비롯한 난씨 일족을 모두 살해했다. 일족 가운데 오직 난방欒魴만이 줄을 타고 성을 탈출해 송나라로 달아났다.

범앙이 이내 도성으로 회군한 뒤 진평공에게 승전을 고했다. 진평공이 이 소식을 열국의 제후들에게 알렸다. 열국의 제후들이 각각 사자를 진나라로 보내 난씨의 반란 평정을 축하했다.

사신이 이를 시로 읊었다.

난빈은 진환숙 스승이었고	賓傅桓叔
난지는 진문공을 보필했지	枝佐文君
난돈과 난서가 집권한 뒤	傳盾及書
대대로 나라의 기둥 됐지	世爲國楨
난염 교만하고 사치하자	黶一汰侈
난씨 공로가 허물어졌지	遂墜厥勳
난영은 선비 좋아했지만	盈雖好士
아무 보람 없이 횡사했지	適殞其身
집안 보전의 도리 있으니	保家有道
그 도리로 자손 경계하라	以誡子孫

이후 범개는 나이를 이유로 벼슬을 물러나는 고로告老를 행했다. 진평공이 조무를 중군 원수 겸 집정執政으로 임명했다. 이 이야기는 더 이상 하지 않겠다.

128話 저우문에서 기량이 죽기로 싸우다
– 저어문량사전且於門梁死戰

당시 제장공은 진나라를 치려다가 그 뜻을 이루지 못했으나 웅지만은 버리지 않았다. 회군하여 제나라 경계까지 왔지만 제나라로 들어가지 않았다. 제장들에게 말했다.

"지난번 진나라와 평음平陰 땅에서 싸울 때 거莒나라는 진나라와 결탁해 우리를 쳤소. 그 원한을 갚지 않을 수 없소."

국경에 주둔하면서 병거를 크게 차출했다. 이어 주작과 가거 등 용작과 호장의 장수들에게 각각 견고한 병거 5승씩 내주고 이들에게 오승지빈五乘之賓이란 칭호를 내렸다.

가거가 제나라 임치 출신 화주華周와 기량杞梁의 용맹을 칭송하며 제장공에게 천거했다. 제장공이 곧 사람을 보내 이들을 불러오게 했다. 화주와 기량이 제나라 국경으로 와 알현하자 제장공이 두 사람에게 병거 1대를 내주며 이번 싸움에 출전해 공을 세울 것을 명했다. 화주가 제장공 앞에서 물러나온 뒤 기량에게 불평했다.

"주공이 '오승지빈'을 편성한 것은 그들의 용기 때문이오. 주공이 우리를 부른 것 역시 우리의 용기 때문이오. 그들에겐 각각 병거 5승씩 주고, 우리에겐 병거 1승만 주니 이는 우리를 쓰자는 게 아니고 우리를 모욕한 것이오. 함께 사퇴를 고하고 다른 나라로 갑시다."

기량이 말했다.

"나는 노모가 있소. 노모에게 품한 뒤 결정하겠소."

기량이 집으로 돌아온 뒤 노모에게 화주의 말을 고했다. 노모가 말했다.

"살아서 의로운 일을 못하면 죽어서도 이름을 남기지 못할 것이다. 너는 지금까지 의로운 일을 하지 못했다. '오승지빈'과 동등한 대우를 받으려 한다면 남들이 너를 비웃지 않겠는가? 맡은 일이 하찮더라도 힘써 행해야 한다. 더구나 군명을 어겨서는 안 된다."

기량이 화주에게 노모의 말을 전했다. 화주도 마음을 고쳐먹었다.

"노부인도 군명을 거역해선 안 된다고 했는데 하물며 내가 어찌 감히 군명을 거역하겠는가?"

화주는 기량과 함께 병거 1대에 같이 타고 제장공을 수행했다. 제장공이 군사를 며칠 동안 쉬게 한 뒤 이같이 하령했다.

"왕손휘는 대군을 이끌고 국경에 그대로 주둔토록 하라. '오승지빈'과 정예병 3천 명은 함매銜枚한 뒤 북도 치지 말고 신속히 거나라로 쳐들어가도록 하라."

화주와 기량이 전대를 자청했다. 제장공이 물었다.

"병거와 병사가 얼마나 더 필요한가?"

두 사람이 대답했다.

"신들은 원래 단신으로 주공을 알현했습니다. 저희 두 사람만 가고자 합니다. 주공이 하사한 병거 1대 만으로도 족합니다."

제장공은 두 사람의 용기를 시험해 볼 요량으로 웃으며 허락했다. 화주와 기량은 교대로 어자가 되어 병거를 몰기로 했다. 출발 직전 말했다.

"호위병인 융우戎右 1인만 동행하면 1대隊쯤은 무난히 대적할 수 있겠다."

한 소졸이 앞으로 나서서 청했다.

"소인이 두 장군을 따라가겠습니다."

화주가 물었다.

"그대의 이름은 무엇인가?"

소졸이 대답했다.

"저는 제나라 사람으로 이름은 습후중隰侯重입니다. 이제 두 분 장군의 의용義勇을 보고 기꺼이 따르기로 작정했습니다."

화주와 기량은 습후중와 함께 1대의 병거를 타고는 기를 꽂고 북을 단 채 바람처럼 거나라를 향해 출발했다. 거나라 교외에 이르러 하룻밤을 노숙했다.

이튿날 아침, 제나라 군사가 쳐들어올 것이라는 첩자의 보고를 받은 거나라 군주 여비공黎比公은 직접 군사 300명을 이끌고 교외를 순시하다가 이들의 병거와 만났다. 여비공이 힐문하려고 하자 화주와 기량이 먼저 눈을 부라리고 크게 외쳤다.

"우리 두 사람은 제나라 장수다. 누가 감히 우리와 싸우겠는가?"

여비공은 처음엔 크게 놀랐으나 병거가 1대뿐이고 또 후속 부대가 없는 걸 보고 마침내 이들을 포위하기 시작했다. 화주와 기량이 습후중에게 당부했다.

"우리는 싸울 터이니 그대는 쉬지 말고 북을 쳐라!"

두 사람이 각각 장극長戟을 잡고 병거에서 뛰어내렸다. 이어 좌충우돌하며 닥치는 대로 거나라 군사를 쳐 죽였다. 거나라 병사 300명 가운데 부상을 입거나 죽은 자가 거의 절반이나 됐다. 여비공이 말했다.

"과인은 이미 두 장군의 용맹을 알았소. 서로 목숨을 걸고 이토록 싸울 필요는 없소. 장군들이 귀순하면 내가 거나라를 나눠 함께 다스리고자 하오."

두 사람이 대답했다.

"자기 나라를 버리고 적에게 귀순하는 것은 충忠이 아니고, 군명을 받은 몸이 이를 어기는 것은 신信이 아니오. 적군 깊숙이 쳐들어가 많이 죽이는 게 장수의 직분이오. 거나라의 이해 같은 것은 우리가 알 바 아니오."

저우문에서 기량이 죽기로 싸우다

두 장수는 말을 마치자 다시 장극을 휘두르며 싸웠다. 여비공이 그 기세를 당하지 못하고 이내 패퇴했다. 이윽고 제장공의 대군이 왔다. 제장공은 두 장수가 거나라 군사들과 싸워 이겼다는 말을 듣고는 사람을 보내 이들을 불렀다. 제장공이 말했다.

"과인은 이제야 두 장군의 용맹을 알았소. 다시 적과 싸울 필요는 없소. 과인이 앞으로 제나라를 나눠 두 장군과 함께 다스리고자 하오."

화주와 기량이 대답했다.

"주공은 '오승지빈'을 편성했는데도 우리 두 사람을 거기에 넣어주지 않았습니다. 저희의 용기를 얕잡아 보았기 때문입니다. 다시 이득을 내세워 우리 두 사람을 유인하는 것은 우리의 행동을 더럽히는 결과가 됩니다. 깊이 쳐들어가 적을 많이 죽이는 게 장수의 직분입니다. 제나라의 이해 같은 것은 신들의 알 바가 아닙니다."

두 장수는 읍하고 난 뒤 병거를 타지 않고 걸어서 거나라 도성의 성문인 저우문且于門으로 향했다. 거나라 군주 여비공이 두 장수가 오는 걸 보고 군사들에게 명해 좁은 길에 도랑을 파고 그 안에 벌겋게 불타는 숯덩이를 가득 붓게 했다. 숯불이 불꽃을 일으키면서 세차게 타올랐다. 두 장수가 더 이상 앞으로 나아갈 수 없었다.

습후중이 나서서 말했다.

"제가 듣건대 옛날 무사는 이름을 후대에 남기기 위해 목숨도 버렸다고 합니다. 제가 두 분으로 하여금 이 도랑을 건너게 할 것입니다."

그러고는 숯불 위에 방패를 깔고 그 위에 드러누웠다. 화주와 기량이 습후중을 밟고 도랑을 건넜다. 도랑을 무사히 건넌 뒤 돌아보니 습후중은 이미 시커멓게 타 숯덩이가 되어 있었다. 두 장수가 통곡했다. 기량은 이내 울음을 그쳤으나 화주는 아직도 눈물을 흘리고 있었다. 기량이 말했다.

"그대는 죽음을 두려워하는 것인가? 왜 그토록 오래 우는가?"

화주가 대답했다.

"내 어찌 죽음을 두려워하겠소? 습후중의 용기가 나와 같은데도 나보다 먼저 죽었으니 그 때문에 슬퍼하는 것이오."

거나라 군주 여비공은 두 장수가 숯불이 벌겋게 타는 도랑을 건너 점차 가까이 오는 것을 보고 명사수 100명을 불러 성문 좌우에 매복시켰다. 두 사람이 가까이 오면 일제히 활을 쏘도록 했다.

화주와 기량이 거나라 도성의 앞문인 저우문을 향해 돌진했다. 100발의 화살이 일제히 쏟아졌다. 두 장수는 화살을 무릅쓰고 돌진해 성 밖으로 나온 거나라 병사 27명을 찔러 죽였다. 성을 지키는 병사들이 성 위에 빙 둘러서서 활을 쏘았다. 기량이 먼저 중상을 입고 쓰러져 죽었다. 화주도 몸에 화살을 수십 대나 맞았다. 그는 힘이 다해 사로잡혔다. 여비공은 기량의 시체와 중상을 입은 화주를 수레에 싣고 성안으로 들어갔다.

이를 증명한 시가 있다.

모두 다퉈 오승지빈 선망하니	爭羨赳赳五乘賓
범 같고 1천 균 무게를 들다	形如熊虎力千鈞
적을 무찌르고 목숨 버린 자	誰知陷陣捐軀者
바로 병거 1대에 탄 3인이다	卻是單車殉義人

제장공은 전방에서 온 전령의 말을 듣고 화주와 기량이 필사의 각오로 싸울 것으로 생각했다. 그는 드디어 대군을 이끌고 전진했다. 거나라 도성의 저우문 가까이 이르러 3인 모두 죽었다는 보고를 받았다.

대로한 제장공이 곧바로 거나라 도성을 공격코자 했다. 여비공이 사자를 시켜 사죄케 했다. 사자가 말했다.

"과군은 병거 1대가 온 것만 보았기에 대국의 병거인 줄 모르고 잘못을 저질렀습니다. 대국은 2명의 전사자를 냈지만 폐읍은 이미 전사자가 100여 명에 달합니다. 실로 그들은 스스로 죽음을 구했을 뿐 폐읍에선 그들에게 공격을 가하지 않았습니다. 과군은 군후의 위험을 두려워하기에 특별히 하신下臣에게 명해 백배사죄하고, 해마다 대국에 조공을 바치고, 감히 두 마음을 품지 않을 것을 전하도록 했습니다."

제장공의 분노가 풀리지 않았다. 강화를 허락하지 않자 여비공이 다시 사자를 보내 강화를 간청했다. 부상당한 화주와 기량의 시신을 송환하고, 황금과 비단으로 제나라 군사를 호궤한다는 조건을 제시했다. 제장공은 이 또한 응낙하지 않았다. 이때 전령이 와서 왕손휘가 보내는 고급告急문서를 전했다. 대략 이런 내용이었다.

> 진후晉侯가 송나라와 노나라, 위나라, 정나라의 군주와 함께 이의夷儀 땅에서 회맹하고 앞으로 우리 제나라를 칠 계획을 꾸미고 있다고 합니다. 주공은 속히 회군해 대비토록 하십시오.

제장공이 이 급보를 받고서야 거나라와의 강화를 수락했다. 여비공은 많은 황금과 비단을 제장공에게 바치면서 중상 입은 화주는 온거轀車, 기량의 시신은 상여인 연輦에 실어 보냈다. 습후중는 이미 숯불에 타 재가 된 까닭에 시신을 수습할 방도가 없었다.

제장공은 거나라와 강화하자 그날로 회군했다. 제나라에 돌아온 뒤 기량의 빈소를 도성 교외에 차리도록 했다. 그가 임치성으로 들어가기 위해 교외에 이르렀을 때 남편의 시신을 영접하기 위해 나온 기량의 처 맹강孟姜과 만났다. 수레를 멈추고 사자를 보내 그녀를 조문하게 했다. 맹강이 사자를 향해 재배하고 말했다.

"기량이 죄를 지었다면 교외에서라도 감히 주공의 조문을 받겠습니다. 그러나 죄가 없다면 고인의 집이 성안에 있는데 어찌 교외에서 조문을 받을 수 있겠습니까? 첩은 교외에선 조문을 받지 않겠습니다. 예법 상 죄가 없는 사람은 당연히 집 안에 빈소를 차릴 수 있기 때문입니다."

제장공이 그 말을 듣고 크게 부끄러웠다.

"과인이 무심결에 잘못을 했다."

곧 기량의 위패를 그의 집에 모시게 하고 나서 다시 사자를 보내 조문하게 했다. 맹강은 남편의 관을 묻기 위해 성 밖으로 나왔다. 3일 동안 밤낮없이 남편의 관을 붙잡고 대성통곡했다. 너무 많이 운 탓에 눈물이 말라버렸다. 눈물 대신 피가 줄줄 흘러내렸다. 그때 제나라 도성의 벽이 몇 척이나 무너졌다. 사람들은 맹강이 너무 애통하게 운 까닭에 성벽도 감동해 무너져 내렸다고 말했다.

후대인들은 진秦나라 사람 범기량范杞梁이 만리장성을 쌓는 노역에 끌려 나가 죽었을 때의 일화로 생각했다. 당시 그의 아내 맹강녀孟姜女가 남편에게 겨울옷을 전해주려고 성 밑에 이르렀다가 남편이 죽은 것을 알고 통곡하자 장성의 성벽이 무너졌다는 식이다. 그러나 이는 제나라 장수 기량의 고사가 진시황 때의 일로 와전된 것이다.

당시 화주는 제나라로 돌아왔으나 중상을 입은 탓에 얼마 후 죽고 말았다. 화주의 아내도 남편의 죽음을 애통해 하면서 여느 여인들보다 갑절이나 더 통곡했다. 『맹자』에 '화주와 기량의 아내는 남편의 죽음을 너무나 슬피 통곡한 까닭에 제나라 풍속까지 고쳐 놓았다.'는 구절이 나온다.[4] 바로 이 고사를 언급한 것이다.

후대 사신이 이를 시로 읊었다.

기량 화주의 충용 천추에 빛나고	忠勇千秋想杞梁
성벽 무너뜨린 통곡도 비상하다	頹城悲慟亦非常
지금까지 그게 제나라 풍속 되니	至今齊國成風俗
과부의 애곡도 맹강 좇은 것이다	嫠婦哀哀學孟姜

이때는 주영왕 12년인 기원전 550년이었다. 이해에 홍수가 나 곡수穀水와 낙수洛水가 서로 먼저 빠져 나가려고 다퉜고, 황하가 범람했다. 평지도 물이 1척이 넘었다.

진평공이 이로 인해 제나라 토벌 논의를 그쳤다.

4 『열국지』 원문은 『맹자』「고자告子 하」에 나오는 '화주기량지처華周杞梁之妻, 선곡기부善哭其夫, 이변국속而變國俗' 구절을 그대로 옮겨 온 것이다.

한편 제나라 우경右卿 최저는 제장공의 음란한 행실을 증오했다. 진나라 군사가 쳐들어오기만 하면 제장공을 시해할 생각이었다. 좌경左卿인 경봉과 이미 상의한 뒤 성공하는 날엔 제나라를 반씩 나눠 다스리기로 약속까지 했다. 그러나 문득 홍수가 나고 황하가 넘쳐 진나라 군사가 제나라 토벌 계획을 중지하는 등 복안을 결행할 길이 없게 되자 울울불락했다.

제장공의 근시에 가수賈豎라는 자가 있었다. 그는 사소한 잘못을 저질렀다가 제장공으로부터 채찍을 100대나 맞았다. 최저는 그가 내심 제장공에게 원한을 품은 것을 알고는 많은 뇌물을 주고 결탁했다. 제장공을 곁에서 모시며 몸을 움직이는 것에서 숨 쉬는 것에 이르기까지 이른바 일동일식一動一息을 모두 최저에게 보고했다.

필경 최저는 무슨 일을 저지를 것인가? 다음 회를 보라.

제65회

129話 최저와 경봉이 제장공을 시해하고 전횡하다
– 시제광최경전권弑齊光崔慶專權

주영왕 22년인 기원전 550년 여름 5월, 거나라 군주 여비공黎比公이 해마다 제나라에 조공을 바치기로 맹서한 까닭에 직접 제나라 도성 임치로 가서 조공을 바쳤다. 제장공은 여비공이 친히 조례朝禮하러 오자 크게 기뻐했다. 도성의 북곽北郭에서 연회를 베풀고 여비공을 환대했다.

우경 최저의 집이 북곽 근처에 있었다. 최저는 내심 제장공이 또 허튼 짓을 할 것이라고 짐작했다. 그는 병이 났다는 핑계로 침상에서 일어나지 않았다. 그날 잔치에 여러 대부들이 모두 참석했으나 최저만이 참석치 못했다.

최저는 은밀히 심복을 가수에게 보내 제장공의 동정을 알아오게 했다. 가수가 그 심복에게 귀띔했다.

"주공은 잔치가 파한 뒤 곧 우경右卿을 문병하러 갈 것이오."

그 말을 전해들은 최저가 웃으며 말했다.

"군주가 어찌 내 병을 걱정할 리 있겠는가? 문병한답시고 내 집에 와서 또 내 아내와 후안무치厚顏無恥한 짓을 벌이려는 수작이다."

최저가 아내 당강을 불렀다.

"나는 오늘 무도한 혼군昏君을 죽일 생각이오. 그대가 내 말대로 하면 그대의 추행을 들추지 않을 것이고, 그대의 소생 명明을 적자로 삼겠소. 내 말을 따르지 않으면 당신 모자의 머리부터 베겠소."

당강이 대답했다.

"여인은 남편이 시키는 대로 할 뿐입니다. 첩이 어찌 감히 따르지 않겠습니까?"

최저가 가신 당무구棠無咎에게 명해 갑사 100명을 내실의 좌우에 매복시키게 했다. 이어 아들 최성崔成과 최강崔彊에게는 갑사들을 중문 안에 매복시키게 하고, 가신 동곽언東郭偃에게는 갑사를 대문 밖에 매복시키게 했다. 역할을 나눠 배치하는 분발分撥을 마친 뒤 종을 울리는 것을 신호로 삼기로 약속했다. 이어 다시 사람을 시켜 가수에게 밀령을 보냈다. 제장공이 최저의 집으로 오면 이렇게 저렇게 하라는 내용이었다.

당시 제장공은 당강의 미색에 미혹돼 늘 그녀만을 생각했다. 그녀를 그리워하는 바람에 침식도 잊을 정도였다. 근래 최저가 집안단속을 엄히 하는 바람에 당강을 자주 만나러 다니기가 매우 불편했다.

이날 최저가 병이 나 잔치에 참석 못한다는 말을 듣자 마음이 크게 들떴다. 신혼神魂은 이미 당강의 몸 위에 가 있었다. 그는 잔치가 끝나기가 급하게 수레를 타고 최저의 집으로 갔다. 최저의 집 문지기에게 물었다.

"주인의 병세가 좀 어떠한가?"

문지기가 대답했다.

"병세가 심해 조금 전에 약을 먹고 누워 있습니다."

제장공이 다시 물었다.

"어디에 누워 있는가?"

문지기가 대답했다.

"바깥사랑채인 외침外寢에 누워 있습니다."

제장공이 크게 기뻐했다. 곧바로 당강이 있는 내당으로 갔다. 당시 제장공을 수행한 사람은 주작州綽과 가거賈擧, 공손오公孫傲, 누인僂堙 등 4인이었다. 가수가 그들에게 말했다.

"주공이 이곳에 행차한 까닭을 그대들은 알고 있을 것이오. 그대들은 밖에서 조용히 기다리시오. 공연히 시끄럽게 집안으로 들어가 아무 것도 모르는 우경右卿을 경동驚動케 해서는 안 되오."

주작 등이 이를 옳게 여겨 모두 대문 밖에 머물렀다. 다만 가거가 따라 들어오면서 말했다.

"한 사람쯤 들어가기로서니 무슨 큰 방해가 되겠는가?"

그러고는 내당 마당으로 들어갔다. 제장공이 내당으로 들어가자 가수는 내당으로 통하는 중문을 닫은 뒤 제장공을 따라 그 안으로 들어갔다. 최저의 집 문지기는 대문을 닫아걸고 자물쇠를 채웠다.

제장공이 바로 내당의 침실로 들어갔다. 곱게 단장한 당강이 나와 제장공을 맞아들였다. 두 사람이 말을 주고받기도 전에 시비가 들어와 고했다.

"우경이 목이 마르다며 꿀물을 찾고 있습니다."

당강이 제장공에게 말했다.

"첩이 가서 시녀에게 꿀단지를 내주고 바로 돌아오겠습니다."

당강은 시비와 함께 종종걸음으로 곁문을 열고 나갔다. 제장공은 침실 난간에 기대고 앉아 당강이 돌아오기를 기다렸다. 무료해진 제장공이 낮은 목소리로 노래를 불렀다.

그윽한 방이여	室之幽兮
미인이 노는 곳이지	美所游兮
깊숙한 방이여	室之邃兮
미인을 만나는 곳이지	美所會兮
미인이 보이지 않으니	不見美兮
울적한 이내 심사여	憂心胡底兮

노래를 끝낸 제장공의 귀에 방 밖의 낭하에서 창칼이 부딪치는 소리가 들렸다. 의아하게 생각하며 혼잣말을 했다.

'이곳에 어찌 군사가 와 있단 말인가?'

가수를 불렀으나 대답이 없었다. 당시 침실 좌우의 낭하에 매복해 있던 갑사들이 삽시간에 일어났다. 제장공이 크게 놀랐다. 변이 생긴 것을 직감했다. 급히 뒷문으로 갔으나 이미 굳게 잠겨 있었다.

제장공은 원래 힘이 셌다. 뒷문을 부수고 밖으로 나갔다. 뒷문 밖에 다락이 있었다. 다락 위로 올라갔다. 당무구가 갑사를 이끌고 와 다락을 에워쌌다.

갑사들이 소리를 질렀다.

"우경의 명을 받들고 음란한 도적을 잡으러 왔다!"

제장공이 다락 난간에 기대 타일렀다.

"나는 너희들의 군주다. 내가 돌아갈 수 있도록 길을 비켜라."

당무구가 말했다.

"우경의 명에 따를 뿐이다. 내 맘대로 할 수 없다."

제장공이 말했다.

"우경은 어디 있는가? 과인은 이번 일에 대해 보복하지 않겠다고 맹서하겠다."

당무구가 대답했다.

"우경은 병이 대단해서 나올 수 없다."

다급해진 제장공이 사정했다.

"과인은 과인의 죄를 알고 있네. 내가 조상들을 모신 태묘에 가서 자결할 터이니 나를 놓아 주게. 그러면 우경에 사죄하는 것이 되지 않겠는가?"

당무구가 대답했다.

"우리는 다만 유부녀와 간음한 자를 잡으려는 것일 뿐이오. 그가 군주인 것은 알지 못하오. 군주가 자기 죄를 알았으면 즉시 자결해 헛되이 치욕을 당하는 일이 없도록 하시오"

제장공은 더 이상 말을 붙여볼 여지가 없자 이내 다락에서 화단 위로 뛰어 내렸다. 이어 담을 뛰어 넘어 달아나려고 했다. 이때 당무구가 활을 잡아당겨 제장공을 쏘았다. 화살이 제장공의 왼쪽 넓적다리에 맞았다. 제장공이 미처 담을 넘지 못하고 밑으로 굴러 떨어졌다. 갑사들이 일제히 달려가서 땅바닥에 쓰러진 제장공을 마구 찔러 죽였다.

당무구가 곧 사람을 시켜 몇 번 종을 울렸다. 그땐 이미 땅거미가 질 무렵이었다. 가거는 내당 마당에 있다가 그 종소리를 들었다. 문득 가수가 촛불을 켜들고 내당으로 통하는 문을 열고 마당으로 나왔다. 그가 가거에게 말했다.

"내당 침실 안에 도둑이 든 것 같소. 주공이 그대를 부르니 먼저 그곳으로 가보시오. 나는 주작 장군 등에게도 이를 알리러 가겠소."

가거가 청했다.

"그 촛불을 내게 주시오."

가수가 촛불을 가거에게 주는 체하며 짐짓 떨어뜨렸다. 촛불이 꺼지자 가거가 칼에 기댄 채 초를 더듬어 찾았다. 초를 찾아 다시 불을 켠 뒤 침실

최저와 경봉이 제장공을 시해하고 전횡하다

로 가려고 발을 내디뎠다. 그러나 몇 발짝 걷기도 전에 바닥에 깔아놓은 올가미에 걸려 나동그라졌다. 중문 안에 숨어 있던 최강이 번개같이 뛰쳐나와 가거를 쳐 죽였다.

주작 등은 대문 밖에 있었기 때문에 집 안에서 무슨 일이 일어났는지 전혀 알지 못했다. 당시 동곽언은 주작 등을 대문 곁 행랑채로 불러 술과 고기를 대접했다. 황혼이 되자 촛불까지 밝히고 잔뜩 술을 먹였다. 그들을 좇아온 종자들에게도 술과 고기를 주었다. 그들에게 허리에 찬 검을 풀어 놓고 편히 앉아 술을 먹도록 은근히 권했다.

이때 문득 집 안에서 종소리가 울렸다. 동곽언이 말했다.

"주공이 지금은 술을 마시고 있는 모양이오."

주작이 말했다.

"우경의 눈치도 꺼리지 않는 것이오?"

동곽언이 대답했다.

"우경의 병세가 위중한데 눈치를 볼 게 뭐 있겠소?"

잠시 후 또 종소리가 났다. 동곽언이 자리에서 일어서며 말했다.

"내가 들어가서 보고 오겠소."

동곽언이 떠나자 숨어 있던 갑사들이 일제히 일어났다. 주작 등이 급히 칼부터 찾았으나 동곽언이 이미 사람들을 시켜 다른 곳으로 치워 놓은 뒤였다. 대로한 주작이 집 밖으로 뛰쳐나와 대문 앞에 놓여 있는 수레 승강용 디딤돌인 승거석升車石을 들어 올린 뒤 갑사들을 향해 내던졌다. 그러나 승거석은 오히려 마침 그곳에 나와 있던 누인의 다리에 맞았다. 한쪽 다리가 부러진 누인이 절뚝거리며 달아났다.

공손오는 말을 매는 기둥을 뽑아들고 휘둘렀다. 갑사들 여러 명이 기둥에 맞아 크게 다쳤다. 갑사들이 타오르는 횃불로 주작 등을 공격했다. 그들의 머리와 수염이 모두 불에 탔다.

이때 대문이 활짝 열리면서 최성과 최강이 갑사들을 이끌고 대문 밖으로 달려 나왔다. 공손오가 최성을 낚아채 팔을 부러뜨렸다. 최강이 장창으로 그를 마구 찔렀다. 공손오가 그 자리서 쓰러져 죽었다. 다리가 부러져 달아나지 못한 누인도 갑사들의 창에 찔려 죽였다.

제장공을 수행한 4인의 용사 가운데 유일하게 살아남은 주작은 한 갑사의 창을 빼앗아 들고 다시 싸우고자 했다. 동곽언이 큰 소리로 외쳤다.

"음탕하고 무도한 군주는 이미 죽임을 당했다. 모든 장수들은 혼군과 아무 관련이 없소. 어째서 살아남아 새 군주를 섬기려 하지 않는 것이오?"

주작이 땅바닥에 창을 던지며 탄식했다.

"진晉나라 장수인 내가 나그네인 기려羈旅의 신세로 제나라로 망명와 제후齊侯로부터 지기지우知己之遇[1]를 받았다. 오늘 제후를 구하지 못하고 도리어 동료 누인을 해쳤다. 어찌 하늘의 뜻이 아니겠는가? 이 한 목숨을 버려 그간 제후로부터 받은 총애에 보답해야 한다. 어찌 구차하게 살아남아 제나라와 진나라 사람들의 비웃음을 받을 수 있겠는가?"

그러고는 머리를 돌담에 3-4번 찧었다. 돌이 깨지면서 그의 머리도 부서져 그 자리서 죽었다.

이날 주작과 함께 용사의 일원으로 활약한 병사邴師는 제장공이 죽었다는 소식을 듣고는 조문 밖에서 스스로 칼로 목을 찌르고 죽었다. 그들의 동료인 봉구封具는 집의 들보에 목을 매 자진했다. 역시 같은 동료인 탁보鐸父와 양윤襄尹도 제장공의 시신에 곡하기로 약속하고 가다가 도중에 주작 등이 모두 죽었다는 말을 듣고는 이내 자진했다.

염옹이 이를 시로 읊었다.

범 같고 용 같은 장수들이	似虎如龍勇絶倫
군총 연연해 목숨 버리다	因懷君寵命輕塵
사은을 사사로이 갚았으니	私恩只許私恩報
순사한 대신 아무도 없다	殉難何曾有大臣

주작과 함께 용작龍爵에 소속된 왕하王何와 노포계盧蒲癸도 제장공을 따라 함께 죽기로 약속했다. 그러나 마음을 바꾼 노포계가 말했다.

"지금 따라 죽는 건 무익한 일이오. 차라리 다른 나라로 달아났다가 훗

1 지기지우知己之遇는 자기 자신을 알아주며 대우하는 것을 말한다. 『구당서』「위징전魏徵傳」에 '지기지우' 표현이 나온다. 지우知遇로 약칭한다. '지우'의 은혜를 베푸는 것을 통상 지우지은知遇之恩으로 표현한다.

날을 도모합시다. 다행히 우리 둘 가운데 누군가 일이 잘 풀려 귀국하면 남은 사람을 불러들이기로 합시다."

왕하가 말했다.

"그대가 그런 뜻을 품고 있으면 우리가 꼭 그리하기로 맹서합시다."

맹서를 마친 뒤 왕하가 거나라로 달아났다. 노포계는 망명하기에 앞서 동생 노포별盧蒲嫳에게 부탁했다.

"당초 군주가 용작勇爵을 만든 것은 자신을 보호하기 위한 것이었다. 이제 군주가 죽고 없는 마당에 따라 죽는다고 해서 나에게 무슨 이득이 있겠는가? 내가 떠나거든 너는 반드시 최저나 경봉을 섬기도록 해라. 연후에 내가 귀국할 수 있도록 주선해 다오. 내가 돌아와 선군의 원수를 갚는다면 그땐 죽을지라도 헛된 죽음이 되지 않을 것이다."

노포별이 그리하겠다고 약속했다. 노포계가 진晉나라로 달아났다. 이후 노포별은 온갖 수단을 다해 마침내 경봉의 가신이 됐다. 왕손휘王孫揮와 함께 진晉나라를 치러 갔던 신선우申鮮虞는 초나라로 달아났다. 그는 나중에 초나라의 우윤右尹이 됐다.

당시 제나라의 여러 대부들은 최저가 난을 일으켰다는 소문을 듣자 모두 대문을 걸어 잠그고 하회만을 기다렸다. 아무도 감히 제장공의 시신이 있는 곳으로 가지 못했다.

오직 안영만이 곧바로 최저의 집으로 갔다. 그는 제장공의 시신을 뉘어 놓은 내실로 들어가 시신의 허벅지에 머리를 파묻고[2] 앉아 방성통곡했다. 이어 일어나서는 군주가 죽었을 때 3번 펄쩍 뛰어오르는 상례인 3용三踊을

2 '자신의 다리를 베개 삼아 제장공의 머리를 얹어 놓고'의 『열국지』 원문은 침장공지고枕莊公之股이다. 『춘추좌전』「노양공 25년」조에 나오는 침시고枕尸股와 같은 뜻이다. 일부 번역본이 '시신을 자신의 허벅지 위에 올려놓고'로 번역해 놓았으나 문맥상 자연스럽지 못하다. 이는 '침시고'의 시尸를 목적어, 고股를 부사어로 간주한 억지 해석에 가깝다. 시고尸股를 한 단어로 간주해 『열국지』처럼 장공지고莊公之股로 해석하는 게 자연스럽다.

행한 뒤 밖으로 나갔다.

당무구가 최저에게 말했다.

"안영을 죽여야만 여러 사람들의 비방을 막을 수 있습니다."

최저가 말했다.

"안영은 현자로 소문난 사람이다. 그를 죽이면 인심을 잃을까 우려된다."

안영이 돌아와 대부 진수무陳須無를 찾아갔다.

"어째서 새 군주를 세울 의논을 하지 않는 것입니까?"

진수무가 대답했다.

"제나라의 세신世臣으로 고씨高氏와 국씨國氏가 있소. 또 권력은 이제 최저와 경봉이 잡았으니 내가 무슨 일을 할 수 있겠소?"

안영이 돌아가자 진수무가 탄식했다.

"난적亂賊이 조정에 있으니 내가 어찌 그들과 함께 국사를 논할 수 있겠는가?"

그는 즉시 수레를 타고 송나라로 출분했다.

안영이 상경으로 있는 세신 고지高止와 국하國夏를 만났다. 두 사람도 하나같이 말했다.

"우경右卿 최저가 곧 조정으로 들어올 것이고, 좌경左卿 경봉도 건재한 터에 우리가 무엇을 어떻게 주장할 수 있겠소?"

안영은 길게 탄식하고 집으로 돌아갔다. 경봉이 아들 경사慶舍를 시켜 제장공과 평소 가깝던 사람들을 잡아들여 모두 죽이거나 축출했다. 이어 수레를 타고 최저에게 가서 조정으로 영접했다.

두 사람이 조정에 앉아 고지와 국하를 부른 뒤 새 군주의 옹립 문제를 상의했다. 고지와 국하가 사양했다. 경봉이 다시 최저에게 사양했다.

최저가 말했다.

"제영공의 아들 공자 저구杵臼가 이미 장성했소. 그의 생모는 노나라 대부 숙손교여叔孫僑如의 딸이오. 그를 군주로 세우면 노나라와 우호관계를 회복할 수 있소."

제신들이 모두 '예, 예'하며 좇아갔다. 이내 공자 저구를 영립했다. 그가 바로 제경공齊景公이다.

당시 제경공의 아직 나이가 어렸다. 최저는 새 군주 밑에서 스스로 우상右相이 되고, 경봉에게 좌상左相을 맡겼다. 이어 제신들과 함께 제나라의 시조인 강태공姜太公의 묘廟에 가서 희생을 잡아 삽혈하고 새 군주에 대한 충성을 다짐했다.

최저가 먼저 선서했다.

"제군諸君 가운데 만일 최저와 경봉과 함께 뜻을 같이 하지 않는 자가 있으면 하늘의 해가 그를 용서치 않을 것이다."

이어 제신들이 맹서했다. 경봉이 먼저 맹서했고, 이어 고지와 국하도 맹서했다. 이내 안영의 차례가 됐다.

안영이 하늘을 우러러 탄식한 뒤 이같이 맹서했다.

"제군은 능히 군주에게 충성하고 사직을 위해 힘쓰되, 만일 안영과 뜻을 함께 하지 않는 자가 있으면 하늘의 상제가 그를 용서치 않을 것이다."

최저와 경봉의 안색이 변했다. 고지와 국하가 나서서 안영을 거들었다.

"우상과 좌상이 맹서의 의식을 행한 것은 바로 군주에게 충성하고 사직을 이롭게 하기 위한 게 아니겠습니까?"

최저와 경봉이 그제야 얼굴에 띤 노기를 가라앉혔다.

당시 거나라 군주 여비공은 아직 본국으로 돌아가지 않고 제나라에 머물러 있었다. 최저와 경봉은 제경공을 받들고 여비공과 우호 다짐의 동맹을 맺게 했다. 여비공이 기꺼이 동맹을 맺은 뒤 귀국했다.

최저가 당무구에게 명해 주작과 가거 등의 시신을 제장공과 함께 도성의 북곽北郭에 묻게 했다. 그 장례는 예법을 다 갖추지 않고 등급을 낮춘 것이다. 칼이나 창 등의 무기도 묻지 못하게 했다. 그가 말했다.

"그들이 지하에 가서도 용맹을 자랑할까 두렵다."

최저가 사관인 태사太史 백伯에게 명해 제장공이 학질에 걸려 죽은 것으로 기록케 했다. 그러나 태사 백은 사실 그대로 간책簡冊에 썼다. 내용은 대략 이러했다.

여름 5월 을해일, 최저가 그 군주 광光을 시해하다.

최저가 그 기록을 보고 대로해 태사 백을 죽였다. 태사 백에게 3명의 동생이 있었다. 중仲과 숙叔, 계季가 그들이다. 형의 뒤를 이어 태사가 된 중 역시 백과 똑같이 기록했다. 최저가 태사 중도 죽였다. 그 다음 동생 숙도 죽은 두 형과 똑같이 기록했다. 최저가 숙까지 죽였다. 그 밑의 동생 계도 죽은 형들과 똑같이 기록했다.

최저가 기가 질린 나머지 간책을 손에 들고 태사 계에게 말했다.

"그대 3형제가 이 일 때문에 모두 죽었소. 그대 또한 목숨을 아끼지 않을 것이오? 그 말을 고쳐 쓰기만 하면 그대의 목숨을 살려주겠소."

태사 계가 대답했다.

"사실에 입각해 바른대로 쓰는 게 우리 사씨史氏의 직분입니다. 그 직분을 잃고 사는 것은 죽는 것만도 못합니다. 옛날 조천趙穿이 진영공晉靈公을 시해했는데도 진나라 태사 동호董狐는 상국인 조돈趙盾이 정경正卿으로 있으면서도 역적 조천을 토벌하지 못했다고 해서 간책에 조돈이 그 군주 이고夷皐를 시해했다고 썼습니다. 조돈은 그 실록을 보고 아무 말도 하지 않았습니다. 그 일 때문에 사관의 직책을 폐지할 수 없다는 걸 알았기 때문입니다. 오늘 내가 바로 쓰지 않을지라도 틀림없이 천하에는 이를 바르게 쓰는 자가 있을 것입니다. 아무리 해도 최 우상이 저지른 일은 감출 수 없습니다. 자꾸 감추려 들면 오히려 식자들의 비웃음만 받을 것입니다. 나는 이런 이유 등으로 죽음을 두려워하지 않습니다. 상국이 알아서 처결하십시오."

최저가 탄식했다.

"나는 제나라 사직이 무너질까 우려해 부득이 이번 일을 행했소. 비록 정직하게 기록할지라도 사람들 중에는 틀림없이 나를 양해하는 사람이 있을 것이다."

그러고는 간책을 도로 태사 계에게 넘겨주었다. 태사 계가 그 기록을 받아들고 사관史館으로 오다가 자신을 만나러 오는 또 다른 사씨史氏인 남사씨南史氏와 마주쳤다. 태사 계가 온 까닭을 묻자 남사씨가 이같이 대답했다.

"그대 형제들이 모두 죽으면 '여름 5월 을해일의 일'이 후대에 전해지지 못할까 우려해 내가 대신 그 일을 간책에 적으려고 오는 길이오."

태사 계는 그 일을 바른대로 적은 간책을 그에게 보여주었다. 남사씨가 그것을 보고 돌아갔다.

염옹이 사서를 읽다가 이 대목에 이르러 시로써 그 일을 한탄했다.

조정의 기강이 해이해져	朝綱紐解
난신적자가 뒤를 이었다	亂臣接跡
형벌로 죽이진 못했으나	斧鉞不加
붓끝으로 이들을 죽였다	誅之以筆
죽는 것을 두려워 않고	不畏身死
직분을 모독할까 겁내다	而畏溺職
남사씨도 같은 마음이니	南史同心
죽음 무릅쓰고 달려오다	有遂無格

밝은 해와 푸른 하늘은	皎日青天
간웅의 넋 쏙 빼앗으니	奸雄奪魄
저 아첨하는 무리들아	彼哉諛語
사서 읽고 수치를 알라	羞此史冊

최저는 태사의 직필에 부끄러움을 느꼈다. 자신이 지은 죄를 제장공의 근시인 가수에게 뒤집어씌운 뒤 죽여 버렸다.

같은 해 5월, 진평공은 홍수가 물러나자 다시 이의 땅에서 열국의 제후를 소집하고 제나라를 칠 일을 상의했다. 제나라 우상 최저가 당황한 나머지 곧바로 좌상 경봉을 진평공에게 보냈다.

경봉이 이의 땅에 가서 진평공에게 말했다.

"제나라 군신들은 대국이 다시 쳐들어오면 제나라 사직을 보전하지 못할까 염려한 나머지 이미 대국을 대신해 제장공을 제거했습니다. 이후 공자 저구를 새로 군주로 모셨습니다. 이번에 새로 즉위한 저구는 노희魯姬 소생입니다. 원컨대 다시 대국을 섬길 터이니 지난날의 우호를 유념해 허락해 주십시오. 저번에 침공해 점령한 조가朝歌 땅도 대국에 돌려 드리겠습니다."

그러고는 제나라 종묘의 보기寶器 몇 점과 좋은 악기 여러 점을 진평공에게 바쳤다. 이어 열국 제후들에게도 뇌물을 주었다. 진평공이 제나라의 굴복에 만족해하며 강주성으로 철군했다. 열국의 제후들도 각각 본국으로 돌아갔다. 이후 진나라와 제나라는 다시 친한 사이가 됐다.

한편 난영과 함께 진나라로 쳐들어갔다가 위나라로 달아났던 제나라 장수 식작은 이후 주작과 형괴가 모두 죽었다는 소문을 듣고 제나라로 돌아왔다. 당시 제나라엔 대부 손림보와 영식에게 쫓겨난 위나라 위헌공이 아직도 망명 생활을 하고 있었다. 위헌공은 본국인 위나라에서 제나라 장수 식작이 돌아왔고, 그가 매우 용맹하다는 소문을 들었다. 곧 공손 정丁을 시켜 후한 폐백을 주고 자기 밑에서 일하도록 그를 초청케 했다. 식작이 위헌공을 위해 일하게 된 배경이다. 이 일은 일단 접어두기로 하자.

이해에 오왕 제번諸樊이 초나라를 쳤다. 초나라 송巢 땅을 지나면서 그 성문을 공격했다. 송 땅을 지키던 초나라 장수 우신牛臣이 성벽 위의 단장短牆에 숨어 오왕 제번을 향해 활을 쐈다. 제번이 그 화살을 맞고 쓰러져 죽었다.

오나라 신하들이 선왕인 수몽의 유언을 좇아 제번의 동생인 여채餘祭를 군주로 세웠다. 수몽은 자신의 네 아들 가운데 막내인 계찰季札이 가장 현명한 까닭에 그가 보위에 오를 때까지 형제들이 돌아가며 보위를 물려줄 것을 유언한 바 있다.

부친의 유언을 좇아 보위에 오른 여채가 말했다.

"내 형은 짐짓 송 땅에서 죽은 것이오. 부왕의 유언을 지키기 위해 속히 동생인 나에게 보위를 물려주고 싶었던 것이오. 나도 어서 죽어 보위를 동생에게 넘겨줘야겠소."

여채는 밤마다 빨리 죽게 해달라고 하늘에 빌었다. 좌우 신하들이 말했다.

"사람은 누구나 오래 살기를 원합니다. 그런데 왕은 속히 죽기를 기도하니 이는 인정에서 벗어난 게 아닙니까?"

여제가 대답했다.

"옛날에 우리 조상인 태왕 고공단보古公亶父도 첫째 아들 태백泰伯과 둘째 아들 중옹仲雍을 폐하고 셋째 아들 왕계王季를 후사로 삼았소. 왕계의 아들 주문왕과 손자 주무왕은 마침내 은나라를 쳐서 없애고 천하를 차지하는 대업을 이뤘소. 이제 우리 네 형제 가운데 세 사람이 차례로 보위를 이어받아 수명을 다한다면 현명한 막내 동생 계찰은 보위에 오르기도 전에 늙고 말 것이오. 내가 속히 죽기를 원하는 이유요."

이 이야기는 여기서 잠시 접어두기로 하자.

130話 영희가 위헌공 복위 후 정권을 농단하다 – 납위간녕희천정納衛衎寧喜擅政

위나라 대부 손림보와 영식은 위헌공 간衎을 국외로 추방한 후 위헌공의 동생 표剽를 새 군주로 옹립했다. 그가 바로 위상공이란 것은 앞에서 이미 말한 바와 같다. 나중에 영식은 병이 들어 위독해지자 아들 영희寧喜를 불러 말했다.

"우리 영씨는 영장자寧莊子인 영속寧速과 영무자寧武子 영유寧兪 이래 대대로 군주에게 독실한 충성을 바쳐왔다. 위헌공을 좇아낸 일은 사실 손림보가 한 일이지 내 뜻은 아니었다. 그런데도 사람들은 손림보와 나를 하나로 묶어 '손녕孫寧'이라고 말한다. 나는 그 일을 변명하지 못한 것을 원통히 생각한다. 결백을 밝히지 못하면 나는 죽어서 지하에 가더라도 조상을 뵐 면목이 없다. 너는 어떻게 해서라도 이전 군주를 복위시켜 나의 허물을 덮도록 해라. 그래야만 너는 내 자식이라고 할 수 있다. 네가 그리하지 못할 때는 네가 올리는 제사를 흠향하지 않을 것이다."

영희가 울며 영식에게 절하고 대답했다.

"소자가 어찌 감히 그리하려고 애쓰지 않겠습니까?"

영식이 죽고 영희가 부친의 뒤를 이어 좌상左相이 됐다. 이때부터 영희는 제나라에 망명중인 위헌공을 복위시킬 궁리를 했다. 그러나 위상공 표가 누차 열국의 제후와 회맹하고 친선을 도모한 까닭에 위나라는 사방이 태평했다. 위헌공을 몰아낸 손림보가 상경上卿으로 버티고 있어 일을 꾸밀 기회도 잡지 못했다.

주영왕 24년인 기원전 548년, 망명중인 위헌공이 변경의 이의夷儀 땅을 쳐 점령했다. 이어 공손 정丁을 비밀리에 위나라 도성인 제구성帝丘城으로 보내 영희에게 이같이 전하게 했다.

"그대가 죽은 아비의 잘못에 대한 보상으로 과인을 복위시켜 주면 위나라 국정을 모두 그대에게 맡기겠소. 과인은 다만 종묘의 제사를 받드는 것만으로 만족하겠소."

영희는 부친의 유언을 성사시키기 위해 고심하고 있는 터에 그런 전갈과 함께 국정을 맡기겠다는 말을 듣고는 크게 기뻐했다. 한편으로 이같이 생각했다.

'위후衛侯가 복위에만 급급해 달콤한 말로 일시적으로 나를 속이려는 게 아닐까? 혹여 그가 돌아와서 자신이 한 말을 지키지 않으면 어찌해야 하는가? 위후를 좇아 제나라로 망명한 그의 동생 공자 전鱄은 현명하고 신의 있는 사람이다. 그를 증인으로 삼으면 그가 복위한 뒤에도 딴 소리를 하지 못할 것이다.'

영희는 밀서 한 통을 써서 공손 정에게 내주었다. 밀서의 내용은 대략 이러했다.

> 이 일은 국가대사입니다. 신 혼자의 힘만으론 감당할 수 없습니다. 자선子鮮은 백성들의 신임이 두텁습니다. 자선을 이곳에 보내주시면 그와 만나 그 일을 상량商量토록 하겠습니다.

자선子鮮은 공자 전鱄의 자이다. 위헌공이 그 밀서를 보고 공자 전에게 부탁했다.

"과인의 복위는 오로지 영희의 손에 달려 있다. 동생은 나를 위해 꼭 그와 만나보고 오라."

공자 전은 입으로는 응낙했으나 전혀 갈 뜻이 없었다. 위헌공은 며칠이

■ 영희가 위헌공 복위 후 정권을 농단하다

지나도 떠나지 않는 공자 전에게 속히 갔다 올 것을 여러 번 재촉했다.

공자 전이 대답했다.

"천하에 국정에 간여하지 않는 군주는 없습니다. 그런데도 형님은 '국정은 영희에게 맡기겠다.'고 했으니 복위한 뒤에는 반드시 후회할 것입니다. 지키지도 못할 약속을 해놓고 동생에게 영희를 만나라고 하면 저로 하여금 거짓말을 하라는 것이나 마찬가지입니다. 감히 형님의 명을 받들지 못하는 이유입니다."

위헌공이 말했다.

"과인은 오랫동안 제나라에 쫓겨가 있다가 지금에야 이의 땅에 와 있는 터이다. 국정에서 손을 뗀 지 이미 오래 되었다. 그저 조상 제사나 받들 수 있고 자손에게 위나라를 물려줄 수만 있다면 그것만으로 만족하겠다. 과인이 어찌 그에게 식언食言하여 동생에게 누를 끼치겠는가?"

공자 전이 대답했다.

"형님의 뜻이 그처럼 확고하면 제가 어찌 감히 이번 일을 회피해 형님의 간절한 소망을 이루지 못하게 하겠습니까?"

공자 전이 은밀히 위나라 도성인 제구성으로 들어가 영희와 만났다. 이어 위헌공의 약속을 거듭 다짐했다.

영희가 말했다.

"자선이 그 말을 책임질 수 있다면 이 영희도 그 일을 책임지고 하겠소."

공자 전이 하늘을 우러러 맹서했다.

"장차 이 전이 그대에게 다짐한 말을 저버리면 앞으로 위나라의 곡식을 먹지 못할 것이다."

영희가 대답했다.

"자선의 맹서는 태산보다 무거운 줄 알겠소."

공자 전은 이의 땅으로 돌아가 위헌공에게 결과를 보고했다.

한편 영희는 위나라 현자로 자가 백옥伯玉인 거원蘧瑗을 찾아가 부친인 영식의 유언을 고했다. 거원이 귀를 틀어막고 저만큼 달아나며 말했다.

"나는 전 군주가 쫓겨날 때도 관여하지 않았는데 이제 와서 어찌 전 군주가 들어오는 일에 관여하겠는가?"

그러고는 곧바로 위나라를 떠나 노나라로 가버렸다.

영희는 대부 석악石惡과 북궁유北宮遺를 찾아가 그 일을 상의했다. 두 사람은 모두 영희의 의견에 찬성했다. 영희가 이번에는 우재右宰 곡穀을 찾아가서 이를 상의했다. 우재 곡이 언성을 높였다.

"불가, 불가하오. 지금 주공이 보위에 있은 지 이미 12년이나 됐소. 그간

실덕한 것도 없소. 이제 전 군주의 복위를 도모하면 지금의 군주는 어쩔 수 없이 쫓아내야 하오. 그대 부자가 2대에 걸쳐 그와 같은 죄를 지으면 천하에 누가 그대를 용납하겠소?"

영희가 말했다.

"나는 선친으로부터 그리하라는 유언을 받았소. 그 일은 결코 그만둘 수 없소."

우재 곡이 말했다.

"정 그렇다면 내가 이의 땅에 가서 전 군주를 한번 만나 보겠소. 지난날과 비교해 얼마나 달라졌는지 살펴보고 와서 다시 상의하겠소."

영희가 대답했다.

"좋소, 그리합시다."

우재 곡이 잠행해 이의 땅으로 갔다. 위헌공을 만나기로 청했을 때 마침 위헌공은 발을 씻고 있었다. 우재 곡이 왔다는 말을 듣고 맨발로 달려 나왔다. 얼굴에 희색을 띄우며 우재 곡에게 말했다.

"그대는 좌상이 있는 곳에서 왔으니 반드시 좋은 소식인 호음好音을 갖고 왔을 것이오."

우재 곡이 대답했다.

"신은 제 나름대로 문안을 올리러 왔습니다. 영희는 신이 이곳에 온 걸 모릅니다."

위헌공이 말했다.

"그대는 과인을 위해 좌상에게 전해 주시오. 과인을 위해서 속히 그 일을 도모하라고 말이오. 좌상이 설령 과인을 탐탁하게 여기지 않을지라도 위나라 정사를 모두 맡기겠다고 하는 것이야 싫다고 할 까닭이 없지 않겠소?"

우재 곡이 넌지시 물었다.

"무릇 군주가 된 자의 즐거움은 그 나라 국정을 좌우하는 데 있습니다. 정사를 신하에게 넘겨주고 무엇으로 군주 노릇을 한다는 것입니까?"

위헌공이 말했다.

"그렇지 않소. 무릇 군주는 존경스런 호칭인 존호尊號를 받고, 영예로운 명예인 영명榮名을 누리고, 좋은 옷과 맛있는 음식인 미의옥식美衣玉食을 즐기고, 높은 층계와 화려한 궁전인 숭계화궁崇階華宮에 거처하고, 키가 높은 수레인 고거高車를 타고, 네 마리 말이 이끄는 수레인 사거駟車를 몰고, 부고府庫엔 재물이 가득하고, 눈앞엔 사령使令들이 가득하고, 궁 안으로 들어가면 아름다운 비빈과 궁녀들의 시중인 빈어희시嬪御姬侍를 받고, 궁 밖으로 나오면 사냥과 그물질을 하는 전렵필익田獵畢弋의 즐거움을 맛볼 수 있소. 어찌 국정에 노심초사하는 게 군주의 즐거움이 되겠소?"

우재 곡은 아무 말도 하지 않고 물러나와 공자 전과 만났다. 이어 위헌공에게서 들은 바를 상세히 고했다. 공자 전이 말했다.

"주공은 너무 오랫동안 타향살이를 해 크게 지쳐 있소. 고생이 지나치면 편히 쉬고자 하는 게 아니겠소? 그래서 그런 말씀을 한 듯하오. 무릇 군주는 대신을 존경하고 예우하며, 현명한 사람과 능력 있는 사람을 발탁해 씁니다. 재물은 아껴 사용하고 백성은 사랑하는 마음으로 부립니다. 일을 할 때는 너그럽게 하고, 말을 할 때는 반드시 지킬 수 있는 말만 합니다. 그래야만 영화로운 명예를 누리며 군주라는 존호를 받게 됩니다. 그런 일은 내 형님도 익히 알고 있습니다."

우재 곡이 돌아와 영희에게 말했다.

"내가 가서 보니 그가 한 말은 썩은 흙인 분토糞土같은 것뿐이었소. 예전과 조금도 달라지지 않았소."

영희가 물었다.

"그럼 공자 전도 봤소?"

우재 곡이 대답했다.

"만나 봤소. 공자 전의 말은 모두 도리에 합당하오. 전 군주가 과연 자전이 말한 것처럼 행동할 수는 없을 것이오."

영희가 결연히 말했다.

"나는 자선의 말을 믿기로 했소. 선친의 유언을 지켜야 하오. 전 군주가 예전과 달라지지 않았을지라도 그 일을 중단할 순 없소."

우재 곡이 말했다.

"전 군주를 꼭 복위시킬 생각이라면 기회를 잘 봐서 거사토록 하시오."

위헌공의 축출을 주도한 손림보는 이미 늙어 그의 서장자인 손괴孫蒯와 함께 식읍인 척戚 땅에 가서 머물고 있었다. 자가 자숙子叔인 손림보의 손자인 손가孫嘉와 손양孫襄만 도성인 제구성에 남아 벼슬을 살고 있었다.

주영왕 25년인 기원전 547년 봄 2월, 손가가 위상공의 명을 받고 친선 차 제나라에 사자로 갔다. 손양만이 도성에 남아 있었다. 마침 이의 땅에 위헌공의 명을 받은 공손 정丁이 왔다. 그는 영희에게 위헌공의 조속한 복위를 재촉했다.

우재 곡이 영희에게 권했다.

"그대가 거사코자 하면 지금이 가장 좋은 기회요. 손양의 부친과 형이 도성에 없으니 그를 쉽게 제거할 수 있소. 손양을 제거하면 자숙子叔인들 어찌할 수 없을 것이오."

영희가 말했다.

"그대의 말이 내 생각과 같소."

마침내 영희가 수하의 가병들을 은밀히 모았다. 이어 우재 곡과 공손 정으로 하여금 그 가병들을 이끌고 가 손양을 치게 했다.

손씨孫氏의 저택인 부제府第는 궁궐에 버금할 정도로 크고 장려했다. 담장도 높고 견고했다. 손씨가 집안에서 이끌고 있는 가병은 1천 명이나 됐다.

옹서雍鉏와 저대褚帶라는 장수가 가병들을 지휘했다. 두 장수는 하루씩 번갈아가며 손씨 부제를 경비하고 순찰했다.

그날은 저대가 당번이었다. 우재 곡이 가병을 이끌고 손씨 부제에 들이닥치는 것을 보고는 대문을 굳게 닫고 다락 위로 올라가 가병을 이끌고 온 까닭을 물었다.

우재 곡이 대답했다.

"상경上卿의 사인舍人과 만나 의논할 일이 있어 왔소."

저대가 다시 물었다.

"상의할 일이 있어 왔다면서 왜 군사와 갑사를 이끌고 왔소?"

그러고는 활을 들어 우재 곡을 쏘려고 했다. 우재 곡이 급히 몸을 피하면서 갑사들로 하여금 대문을 공격케 했다. 우재 곡이 쳐들어왔다는 보고를 접한 손양이 직접 대문의 문루 위로 올라가 가병들을 독전했다.

저대는 활을 잘 쏘는 자들로 하여금 번갈아가며 앞으로 나와 활을 쏘게 했다. 자신도 활을 잡고 문루의 위쪽에 낸 작은 창인 누유樓牖 곁에 서서 가까이 오는 자를 쏘아 죽였다. 화살을 맞고 쓰러져 죽은 자가 많았다.

옹서도 손씨 부제가 공격을 받고 있다는 소식을 듣고는 곧바로 휘하 갑사를 모아 접응하러 왔다. 손씨의 갑사와 우재 곡의 갑사들 사이에서 한바탕 혼전이 벌어졌다. 양쪽 모두 많은 사상자를 냈다.

우재 곡은 더 싸워봐야 이길 수 없다는 걸 알고 물러났다. 손양이 대문을 연 뒤 준마를 타고 후퇴하는 우재 곡을 뒤쫓았다. 그는 우재 곡과 마주치자 긴 요구창撓鉤槍을 우재 곡의 병거에 걸고 끌어당겼다. 당황한 우재 곡이 큰 소리로 외쳤다.

"공손 정은 속히 나를 위해 활을 쏘시오."

공손 정이 우재 곡을 사로잡으려고 달려드는 손양을 향해 활을 쐈다. 화살이 손양의 가슴을 맞혔다. 옹서와 저대가 달려와 쓰러진 손양을 급히 수레에 싣고 돌아갔다.

호증선생이 이를 시로 읊었다.

손씨가 망하고 영씨가 흥기하니	孫氏無成寧氏昌
하늘이 화살 1대로 적중시키다	天敎一矢中孫襄
천년 부귀 장악해 누리려 하나	安排兎窟千年富
식은 재가 불낼 줄 뉘 알았으랴	誰料寒灰發火光

우재 곡이 돌아가서 영희에게 보고했다.

"손씨 집이 그처럼 공격하기 어려울 줄 몰랐소. 공손 정의 신전神箭이 손양을 맞히지 못했던들 손씨 집 가신들이 우리를 추격할 뻔했소."

영희가 말했다.

"1차 공격으로 무찌르지 못하면 2차 공격으론 더욱 무찌르기 어렵소. 이미 손양을 활로 쏘아 맞혔다면 그쪽 갑사들이 심란해할 것이오. 내가 오늘 밤 직접 가서 손씨 집을 공격하겠소. 성공하지 못하면 다른 나라로 달아나 재앙을 피하겠소. 나는 이미 손씨와 양립할 수 없는 지경에 와 있소."

그러고는 무기와 병거를 정돈한 뒤 처자를 먼저 교외로 내보내 망명에 대비했다. 손씨의 갑사들과 싸워 졌을 때는 처자식을 성 밖으로 내보낼 겨를이 없을 것으로 생각한 것이다.

그는 하년으로 사람을 시켜 손씨 집 동정을 살피게 했다. 황혼 무렵 정탐을 나간 사람이 돌아와 보고했다.

"조금 전 손씨 부제에서 호곡소리가 났습니다. 대문을 출입하는 사람들도 거동이 매우 황망했습니다."

영희가 말했다.

"화살을 맞고 중상을 입은 손양이 죽었기 때문일 것이다."

말이 채 끝나기도 전에 북궁유가 와서 말했다.

"손양이 죽었소. 손씨 집안에 주인이 없는 이때를 틈타 손씨 집을 쳐야 하오."

영희는 이를 그럴 듯하게 여겼다. 그날 밤 3경, 영희가 갑옷을 입은 뒤 북궁유와 우재 곡, 공손 정 등과 함께 가병을 이끌고 손씨 부제를 치러 갔다. 옹서와 저대는 손양의 시신 앞에서 곡을 하다가 영씨의 가병이 쳐들어온다는 말을 듣고는 곧바로 갑옷을 입고 뛰쳐나갔다. 그러나 이땐 영씨의 가병이 이미 대문 안까지 들어온 뒤였다.

옹서 등이 급히 중문을 닫아걸었다. 그러나 손씨의 가병은 주인이 죽은 것을 알고 이미 사방으로 흩어져 달아난 뒤였다. 영희의 가병을 맞아 싸울 사람이 없었다. 중문이 금방 뚫렸다.

옹서가 뒷담을 뛰어넘은 뒤 손림보가 있는 척 땅으로 달아났다. 저대는 영씨의 가병들에게 붙들려 죽임을 당했다. 날이 밝자 영희는 손씨 부제에 남아 있던 손가와 손양의 일족을 몰살했다. 이어 손양의 머리를 끊어 공궁으로 갔다. 위상공 앞에서 말했다.

"손씨가 국정을 전횡하는 전정專政을 행한지 이미 오래됐습니다. 그런데도 다시 반역을 꾀하는 기미를 보인 까닭에 신이 가병을 이끌고 가 그들을 토멸했습니다. 이는 손양의 수급입니다."

위상공이 말했다.

"손씨가 과연 반역을 꾀했다면 왜 그대는 미리 과인에게 고하지 않았는가? 그렇듯 과인을 무시한 그대가 이제 와서 새삼스레 고하는 건 또 무슨 뜻인가?"

영희가 벌떡 일어나 패검에 손을 대고 말했다.

"주공은 손씨가 세운 사람입니다. 결코 이전 군주의 명을 받고 즉위한 건 아닙니다. 군신들과 백성들 모두 이의 땅에 있는 전 군주를 사모하고 있습니다. 청컨대 주공은 보위에서 물러나 요순처럼 선양禪讓의 미덕을 보이십시오."

위상공이 대로했다.

"네가 세신인 손양을 함부로 죽이고 보위의 폐치廢置마저 멋대로 하려드니 너야말로 실로 역적이다. 과인은 보위에 오른 지 이미 13년이 됐다. 차라리 죽을지언정 그런 치욕을 당할 수는 없다."

그러고는 곁에 있는 긴 창을 들어 영희를 찌르려고 덤벼들었다. 영희가 급히 몸을 돌려 궁문 쪽으로 달아났다. 영희의 뒤를 쫓다 궁문까지 온 위상공이 눈을 들어보니 궁 밖에 모여 있는 자들은 모두 영희의 가병들이었다.

창과 칼이 도처에서 번쩍거렸고, 갑옷과 방패가 수풀처럼 빼곡했다. 위상공이 황망히 뒤로 물러섰다. 영희가 그들을 향해 호령하며 손가락으로 위상공을 가리켰다. 갑사들이 일제히 달려들어 위상공을 사로잡았다. 변란이 일어났다는 소식을 들은 태자 각角이 칼을 들고 위상공을 구하러 왔으나 공손 정이 단 1번 휘두른 극戟에 찔려 즉사했다. 영희는 위상공을 태묘안에 가둔 뒤 강제로 짐주鴆酒를 먹여 독살했다. 그때가 주영왕 25년인 기원전 547년 봄 2월 신묘일이었다.

영희는 사람을 시켜 교에 나가 있는 처자를 다시 집으로 데려오게 했다. 이어 문무백관을 조당으로 소집한 뒤 전 군주인 위헌공을 복위시킬 일을 논의케 했다.

신하들이 영희의 명에 따라 모두 모였지만 오직 태숙의太叔儀[3] 한 사람만 병을 핑계대고 참석치 않았다. 당시 그의 나이는 60여세였다. 수하 사람이 태숙의에게 조당으로 가지 않는 이유를 물었다. 태숙의가 대답했다.

"새 군주나 전 군주나 모두 군주임엔 틀림없다. 나라가 불행해 이런 일이

3 태숙의太叔儀는 위희공의 8세손으로 위성공의 아들이며 위문공의 손자이다. 후에 세숙씨世叔氏가 되었다.

생겼다. 노신老臣이 어찌 차마 이런 일에 관여할 수 있겠는가?"

영희는 죽은 위상공의 비빈 등 궁권宮眷을 모두 궁 밖으로 내쫓은 뒤 궁실을 새로 소제했다. 이어 우재 곡과 북궁유, 공손 정으로 하여금 즉시 법가法駕를 준비해 이의 땅으로 가서 위헌공을 모셔오게 했다.

위헌공이 법가를 타고 밤낮없이 달려 3일 만에 당도했다. 위나라 대부 공손 면여免餘가 멀리까지 와 위헌공을 영접했다. 위헌공이 공손 면여의 손을 덥석 잡고 감격해했다.

"과인과 그대가 오늘 다시 군주와 신하로 만날 줄은 미처 몰랐소."

이후 공손 면여는 위헌공의 총애를 받았다. 나머지 대부들은 모두 교외에서 위헌공을 영접했다. 위헌공은 수레에서 내리지 않은 채 모든 대부에게 머리를 숙여 읍했다. 도성으로 들어온 뒤 태묘에 절하고 귀국인사를 올렸다. 이어 조당으로 가서 보위에 앉아 문무백관의 하례를 받았다. 이날도 태숙의太叔儀는 병을 핑계대고 참석하지 않았다.

위헌공이 시신侍臣을 시켜 태숙의를 책망했다.

"태숙은 과인의 귀국을 바라지 않는 것인가? 어째서 과인을 거부하는가?"

태숙의가 머리를 조아리며 위헌공의 시신에게 대답했다.

"신은 지난날 주공이 국외로 쫓겨갈 때 따라가지 못했습니다. 이것이 신의 1번째 죄입니다. 신은 그간 망명중인 주공에게 하등의 연락도 드리지 못했습니다. 이것이 신의 2번째 죄입니다. 주공이 귀국하려 할 때 미리부터 국내 사람과 긴밀히 연락을 취하셨는데 신은 전혀 그걸 몰랐습니다. 이것이 신의 3번째 죄입니다. 주공이 이 3가지 죄로 책망하면 신이 어찌 목숨을 부지할 수 있겠습니까? 신은 타국으로 달아나는 수밖에 없습니다."

그는 즉시 수레를 준비해 다른 나라로 출분하려 했다. 당시 시신은 이 말을 위헌공에게 그대로 전했다. 위헌공이 직접 태숙의의 집으로 갔다. 태숙의에게 떠나지 말라고 만류했다. 태숙의가 울며 위상공의 장례를 치르게 해 달라고 청했다. 위헌공이 수락했다. 태숙의는 위상공의 장례를 치른 뒤 비로소 조당에 나갔다.

당시 위헌공은 약속한 대로 나라의 정사를 영희에게 맡겼다. 영희는 국사를 맘대로 결재했다. 위헌공은 그에게 식읍 3천 실室을 더 내주었다. 북궁유와 우재 곡, 석악, 공손 면여 등도 직위가 올라가고 녹봉도 더 받았다. 공손 정과 식작은 망명중인 위헌공을 수종한 공을 인정받아 높은 벼슬을 받았다. 공손 무지無知와 공손 신臣 등은 선친이 전에 위헌공을 위해 싸우다 죽은 까닭에 모두 대부 벼슬에 올랐다. 그밖에도 태숙의太叔儀와 제악齊惡, 공기孔羈, 저사신褚師申 등은 모두 이전 직위에 유임됐다. 위헌공은 망명한 거원蘧瑗도 불러 지난날의 벼슬에 그냥 있게 했다.

한편 손가孫嘉는 제나라에 사자로 갔다가 돌아오는 길에 위나라에 변이 일어났다는 소식을 듣고는 곧바로 손씨의 식읍인 척 땅으로 갔다. 손림보는 위헌공이 틀림없이 자신을 그대로 두지 않으리라는 것을 알았다. 척 땅을 진晉나라에 바치고 자신도 귀순했다.

손림보는 진평고에게 위상공을 시해한 영희의 극악한 행보를 호소한 뒤 진평공이 직접 나서서 처벌해 줄 것을 청했다. 이어 위헌공이 불원간에 군사를 보내 척 땅을 칠 터이니 자신과 함께 척 땅을 방어할 군사를 파견해 달라고 요청했다.

그러나 진평공은 겨우 군사 300명을 보냈다. 손림보는 이들 300명을 척 땅의 동쪽에 있는 모씨茅氏 땅에 배치했다. 서장자인 손괴가 손림보에게 말했다.

"진나라 군사의 숫자가 얼마 안 돼 동쪽 변경을 지키게 한들 위나라 군사의 침공을 막지 못할 것입니다. 그런데도 그들을 왜 그곳으로 보낸 것입니까?"

손림보가 웃으며 대답했다.

"진나라 군사 300명을 어디에 배치한들 내게 무슨 도움이 되겠는가? 척 땅의 초입인 모씨 땅에 그들을 배치한 이유다. 만일 위나라 군사가 이곳으로 쳐들어오면서 척 땅의 입구인 그곳에서 진나라 군사를 공격해 살육하면 진평공이 대로할 것이다. 진평공이 대군을 이끌고 와 나를 돕지 않겠는가? 뭘 걱정하는 것인가?"

손괴가 감탄했다.

"부친의 높은 식견을 소자는 1만분의 1도 따르지 못하겠습니다."

영희는 손림보가 진나라에 군사를 요청했지만 겨우 300명만 얻었다는 소식을 듣고 기뻐했다.

"진나라가 실로 손림보를 돕고자 했으면 어찌 군사를 300명만 보내는 식으로 책임을 면하기 위하여 겉으로만 둘러대어 꾸미는 색책塞責의 행보를 보일 리 있겠는가?"

이어 식작으로 하여금 병사 1천 명을 이끌고 가 모씨 땅을 치게 했다.

싸움의 결과가 어찌될지 알 길이 없으니 다음 회를 보라.

제66회

131話 영희가 피살되자 공자 전이 망명하다 – 살영희자전출분殺寧喜子鱄出奔

식작은 군사 1천 명을 이끌고 가 모씨 땅을 습격했다. 이때 진나라 군사 300명을 모두 일소한 뒤 모씨 땅에 영채를 세웠다. 사람을 영희에게 보내 승첩을 고했다.

손림보는 위나라 군사가 이미 동쪽 변경인 모씨 땅에 침공했다는 보고를 받자 손괴 및 옹서로 하여금 군사를 이끌고 가 진나라 군사를 돕게 했다. 그러나 진나라 군사 300명이 몰살을 당하고 식작이 제나라의 유명한 용장이라는 사실을 탐지했다. 감히 위나라 군사와 싸우지 못하고 곧바로 철군한 뒤 손림보에게 그 사정을 고했다. 손림보가 화를 냈다.

"악귀惡鬼도 오히려 제 할 일을 하는데 하물며 사람의 경우이겠는가? 식작 한 사람이 두려워 싸우지 못했다면 위나라 대군이 쳐들어왔을 땐 어떻게 방어할 것인가? 다시 나가 싸우도록 하라. 네가 공을 세우지 못하면 내 얼굴을 다시 볼 생각을 하지 마라."

손괴는 크게 고민하며 밖으로 나가 옹서와 상의했다. 옹서가 말했다.

"식작은 장정 1만 명과 대적할 수 있는 용력을 지닌 장수요. 우리가 힘으로는 이길 수 없으니 계책을 씁시다."

손괴가 계책을 내놓았다.

"모씨 땅 서쪽에 어촌圉村이란 마을이 있소. 사방이 무성한 수목으로 둘러싸여 있고, 그 속에 집들이 점재點在하오. 마을 안에 작은 토산이 있소. 나는 병사를 이끌고 가 그 토산 아래에다 함정을 판 뒤 그 위에 나뭇가지와 풀을 덮어 두겠소. 그대는 병사 100명을 이끌고 가 식작을 마을 어귀까지만 유인해 오시오. 그러면 나는 산 위에 병사를 주둔시켜 놓고 있다가 식작이 오면 온갖 욕설을 퍼붓겠소. 틀림없이 식작은 대로해 산 위로 올라올 것이오. 그러면 우리 계책에 떨어지게 되오."

옹서가 이를 좇아 병사 100명을 이끌고 모씨 땅으로 가 적군을 탐색하는 것처럼 행동했다. 순찰하러 나온 식작에게 들키자 거짓으로 두려워하는 척하며 곧바로 말머리를 돌려 달아나기 시작했다.

식작은 자신의 용력만 믿고 있는데다 옹서의 군사가 얼마 되지 않는 것을 보고는 쉬운 상대로 여겼다. 영채의 군사를 더 부르지도 않은 채 자신이 거느린 병사 수십 명만 이끌고 옹서의 뒤를 바짝 쫓아갔다.

옹서는 짐짓 이리저리 돌아 달아나며 어촌 어귀까지 유인했다. 그는 마을 쪽으로 가지 않고 비탈진 길을 달려 무성한 나무숲 속으로 들어갔다. 식작은 복병이 있지나 않을까 의심하고 병거를 멈추도록 했다. 산 위를 바라보니 300명가량의 군사들이 한 장수를 모시고 늘어서 있었다.

몸집이 작은 장수가 금 투구를 쓰고 수놓은 갑옷을 입고 있었다. 그 장수가 식작을 보자 이름을 부르면서 큰 소리로 욕했다.

"너는 제나라에서 쫓겨난 썩은 물건歪貨이 아닌가? 진晉나라 난영에게도 버림을 받은 물건이다. 이제 그런 몸을 이끌고 우리 위나라까지 와서 밥을 빌어먹고 있으니 부끄러운 줄 알아라. 그런 주제에 감히 머리를 들고 앞에 나서는 것인가? 우리 손씨는 8대째 위나라를 섬겨온 세신이다. 너는 그런 것도 모르고 감히 이곳을 범하러 온 것인가? 지체의 고하도 모르는 자는 짐승이나 다름없다."

식작이 대로했다. 위나라 병사들 가운데 손괴의 얼굴을 아는 자가 있었다. 그가 앞으로 나와 손괴를 손가락으로 가리키며 말했다.

"저 사람이 바로 손 상경上卿의 서장자인 손괴입니다."

식작이 말했다.

"저 자를 사로잡으면 손림보를 절반쯤 잡은 거나 다름없다."

식작은 토산이 평탄한데다 별로 높지 않은 것을 보고 어자에게 외쳤다.

"병거를 앞으로 몰아라!"

병거를 끄는 말들이 앞으로 질주했다. 식작이 가까스로 토산 아래 이르렀을 때 맹렬한 기세로 달리던 말들이 함정 덮개를 밟고 수레를 매단 채 아래로 굴러 떨어졌다. 식작이 공중제비를 하며 함정 안으로 나동그라졌다.

손괴는 그의 용력을 제압하지 못할까 염려해 대기해 뒀던 궁노수들을 시켜 함정 속의 식작을 향해 마수 활과 쇠뇌를 쏘게 했다. 가련하게도 용장한 사람이 용렬한 사람의 손에 죽임을 당하고 말았다. 그야말로 물 긷는 옹기는 우물에서 깨지고, 영용한 장군은 진陣 앞에서 죽는다는 뜻의 '와관불리정상파瓦罐不離井上破, 장군다재진전망將軍多在陣前亡'의 꼴이었다.

옛 사람이 시를 지어 이를 증명했다.

신용을 지닌 장수를 누가 당할까　　神勇將軍孰敢當

무명의 손괴는 어찌할 줄 모르다 無名孫蒯已奔忙
한번 꾸중 듣고 기적을 일궈내니 只因一激成奇績
대장부는 자강해야 함을 알리라 始信男兒當自强

손괴는 요구창을 써서 식작의 주검을 땅 위로 끌어올리게 한 뒤 그의 목을 끊었다. 이어 대장을 잃은 위나라 군사를 격퇴했다. 척 땅으로 돌아가 손림보에게 전과를 보고했다.

손림보가 말했다.

"진晉나라가 장차 왜 진나라 군사가 몰살을 당하도록 돕지 않고 내버려뒀냐고 꾸짖으면 우리는 변명할 길이 없다. 차라리 이긴 사실을 감추고 패했다고 보고하는 게 낫다."

그러고는 옹서를 진나라로 보내 위나라 군사에게 패했다고 고하게 했다.

진평공은 위나라 군사가 모씨 땅을 지키는 진나라 군사 300명을 몰살했다는 보고를 받고 격노했다. 정경正卿인 조무에게 명해 열국 제후들을 전연澶淵 땅에 소집토록 했다. 무력으로 위나라를 토벌할 일을 논의할 참이었다.

위헌공과 영희는 진평공이 열국의 제후와 위나라를 칠 일을 상의한다는 소문을 듣고 크게 놀라 함께 진나라로 가 손림보의 반역죄를 호소했다. 그러나 진평공은 오히려 두 사람을 잡아 가뒀다.

일이 이같이 되자 제나라 대부 안영이 제경공에게 말했다.

"지금 진후晉侯가 손림보의 말만 믿고 위후衛侯를 잡아 가뒀습니다. 이러다가는 앞으로 어느 나라를 막론하고 강신强臣이 횡포를 부릴 것입니다. 주공은 왜 진나라로 가서 위후의 석방을 청하지 않는 것입니까? 위후가 우리나라에 망명해 왔을 때 그가 내성萊城 땅에서 살도록 은덕을 베풀었으니 그 은덕을 쓸모없게 만들 수는 없습니다."

제경공이 말했다.

"경의 말이 옳소."

제경공이 사자를 정나라로 보내 정간공과 함께 진나라로 가기로 약속했다. 제경공과 정간공이 함께 진나라로 가서 위헌공의 석방을 청했다. 진평공은 두 나라 군주의 정성에 감동했으나 손림보로부터 들은 이야기가 있어 선뜻 동의하지 않았다

제경공을 따라온 안영이 사적으로 진나라 대부 양설힐에게 말했다.

"진후晉侯는 지금 제후들의 패주伯主입니다. 패주의 직분은 환란을 겪는 나라와 사정이 어려운 나라를 구휼하고, 약자를 붙들어 주면서 강자를 억누르는 게 아닙니까? 당초 손림보가 위후衛侯를 쫓아냈을 때 그 죄를 묻지도 못한 터에 이제 신하인 그를 위해 그 군주를 가둬서야 열국의 군주가 어떻게 군주 노릇을 할 수 있겠습니까? 옛날 상국의 진문공은 원훤元咺의 말을 잘못 믿고 위성공衛成公을 잡아 가두었다가 제후가 제후를 단죄할 수 없다는 여론 때문에 그를 경사京師인 낙양으로 보냈습니다. 천자는 신하인 원훤이 자기 군주를 고발한 것은 군신의 도리에 어긋난다며 그 사건을 기각했습니다. 진문공은 천자의 그런 조처를 보고 자신이 한 일을 부끄럽게 여겨 위성공을 석방했습니다. 제후를 경사에 송치하는 것도 불가하거늘 하물며 제후가 제후를 가둬서야 되겠습니까? 만일 진나라 신하들이 이번 일에 대해 군주에게 간하지 않으면 이는 그대들이 신하의 편이 되어 군주를 억압하는 꼴이 됩니다. 왜 그대들은 그런 불명예스런 오해를 받으려고 하는 것입니까? 진후가 이번 일로 인해 패주의 자리를 잃지나 않을까 염려됩니다. 감히 이런 고언을 하지 않을 수 없는 이유입니다."

양설힐이 안영의 말을 조무에게 전했다. 조무가 진평공에게 위헌공의 석방을 간청했다. 진평공이 이를 받아들여 이내 석방한 뒤 본국으로 돌아가게 했다. 그러나 영희는 석방하지 않고 억류했다. 우재 곡이 위헌공에게 권

해 여악女樂 12명을 잘 꾸며 영희를 석방하는 대가로 진평공에게 바치게 했다. 진평공이 기뻐하며 영희도 석방했다.

영희는 위나라로 돌아온 뒤 대공을 세운 양 얼굴에 덕색德色을 드러냈다. 국정을 전결專決하고 위헌공에게 품하거나 명을 받거나 하지 않았다. 대부들과 논의해야 할 국정이 있을 때는 영희의 사저로 가서 품하고 결재를 받았다. 위헌공은 그저 팔짱을 끼고 편히 앉아 있을 뿐이었다.

송나라 좌사左師 상술向戌은 진나라 정경 조무와도 친한 사이였다. 또 초나라 영윤 굴건屈建과도 사이가 좋았다. 하루는 상술이 초나라에 사자로 가게 됐다. 상술은 지난날 송나라 좌사 화원華元이 초나라와 진나라를 화해시키려고 했던 일을 굴건에게 말했다. 이번에는 자신이 그 일을 주선할 뜻을 밝혔다.

굴건이 말했다.

"좋은 의견이오. 다만 당시 열국 제후들이 각자 파당을 만들어 서로 질시한 까닭에 제후들 사이에 화의가 이뤄질 듯싶다가 결국 실패했소. 만일 초나라와 진나라가 강화하고 휘하의 열국 제후들로 하여금 서로 친선방문을 하면서 한 집안처럼 지내게 하면 싸움은 영원히 근절될 것이오."

상술은 굴건의 의견에 동의했다. 이내 진나라와 초나라에 대해 양국의 대신들이 송나라에 와서 서로 상의하며 전쟁방지를 위한 강화조약을 맺자고 제안했다.

초나라는 초공왕楚共王 이래 자주 오나라의 침공을 받아 변경이 불안했다. 굴건으로 하여금 진晉나라와 우호관계를 수립해 중원에 대한 후고지우後顧之憂를 없애고자 했다. 오나라의 침입에 대비할 수 있다는 이점이 있었다. 진나라 역시 초나라 군사가 기회가 있을 때마다 정나라를 침공한 까닭에 정나라를 구하기 위해 매번 출병해야만 했다. 초나라와 강화하면 몇 년 동안은 휴식을 취할 수 있다는 이점이 있었다. 양국 모두 이해관계가 맞아

▬ 영희가 피살되자 공자 전이 망명하다

떨어진 까닭에 상술의 제안을 흔쾌히 수락한 이유다.

진나라와 초나라는 마침내 자국의 사자를 상대국 진영에 있는 열국에 보내 회맹에 참석토록 날짜를 약속케 했다. 진나라 사자가 위나라에도 와서 회맹 참석을 통보했다. 영희는 이를 위헌공에게 알리지 않고 멋대로 석악石惡을 회맹에 참석케 했다. 위헌공은 나중에 이런 사실을 소문으로 들어서 알고는 대로했다. 총신인 공손 면여免餘를 불러 하소연했다. 공손 면여가 말했다.

"신이 영희를 찾아가 군주에 대한 신하의 예로써 책망하겠습니다."

그러고는 영희에게 가 말했다.

“자고로 열국의 회맹은 중대사입니다. 어째서 신하인 그대가 군주에게 보고하지 않은 것입니까?”

영희가 화를 냈다.

“지난날 군주의 동생인 자선子鮮이 위나라 국정을 내게 위임하기로 약속했소. 내가 어찌 다른 신하와 같을 수 있겠소?”

공손 면여가 돌아와서 위헌공에게 고했다.

“영희는 무례하기 짝이 없습니다. 왜 그를 죽이지 않는 것입니까?”

위헌공이 말했다.

“영희가 없었다면 내가 어찌 복위할 수 있었겠소? 그 약속은 내가 한 것이오. 이제 와서 후회한들 무엇하겠소?”

공손 면여가 말했다.

“신은 주공으로부터 많은 은혜를 받았으나 지금까지 아무런 보답도 하지 못했습니다. 청컨대 신이 가속들을 이끌고 가 영씨를 치겠습니다. 신이 성공하면 그 이득은 주공께 돌아갈 것이고, 성공하지 못하면 그 위해危害는 신이 홀로 감당하게 됩니다.”

위헌공이 당부했다.

“경은 잘 알아서 하시오. 과인에게 누가 미치게 해서는 안 되오.”

공손 면여는 종제인 공손 무지無知와 공손 신臣에게 갔다.

“영희의 전횡은 그대들도 잘 알고 있을 것이오. 주공은 지난날 그에게 한 약속을 지키기 위해 꾹 참고 있소. 앞으로 영희의 세력이 더 커지면 그 피해와 그에 따른 재앙은 손씨들로부터 당한 것보다 훨씬 클 것이오. 이를 어찌하면 좋겠소?”

공손 무지와 공손 신이 대답했다.

“그를 죽여야지 그냥 둬서는 안 됩니다.”

공손 면여가 대답했다.

"나도 주공에게 그리하라고 건의했지만 주공이 듣지 않았소. 우리 3인이 거짓으로 반란을 일으켜 그를 잡아 죽이는 일에 성공하면 그건 주공의 복일 것이오. 설령 성공하지 못할지라도 다른 나라로 달아나면 그뿐이오."

공손 무지가 말했다.

"우리 형제가 앞장서겠습니다."

공손 면여는 공손 무지 및 공손 신과 함께 삽혈하고 맹서했다. 그때가 주 영왕 26년인 기원전 546년이었다.

이해 봄, 영희는 자기 집에서 춘연春宴을 열었다. 공손 무지가 공손 면여에게 말했다.

"영희가 오늘부터 춘연을 연다고 하니 평소보다 경비가 덜할 것입니다. 청컨대 제가 먼저 영희의 집을 치겠습니다. 형님은 제 뒤를 이어서 치십시오."

공손 면여가 말했다.

"왜 점을 치지 않는 것인가?"

공손 무지가 말했다.

"이번 일은 반드시 해야 할 일인데 점을 쳐서 뭐합니까?"

마침내 공손 무지와 공손 신이 가병을 모두 이끌고 나와 영씨 집을 쳤다. 영희의 저택 대문 안에는 대문 바로 밑에 깊은 구덩이를 파고 그 위에 목판을 덮어 놓은 이른바 복기伏機가 설치돼 있었다. 목판과 연결된 기계장치가 있어 사람이 그것을 건드리면 목판이 열리면서 사람이 함정 안으로 빠지게 되어 있었다. 낮이면 복기의 기관을 떼어 놓았다가 밤이면 다시 설치했다.

이날 영희 집에서 열린 춘연은 자못 성대했다. 영희 집안 가족과 시종, 집을 지키는 갑사 모두 안마당에 모여 배우의 연극을 관람했다. 대문을 지키는 자가 아무도 없었다. 갑사들의 우두머리는 경비의 허점을 메우기 위해 낮인데도 복기를 설치해 두었다.

이를 알 리 없는 공손 무지는 영씨 집 대문을 지키는 문지기가 없는 것을 보고는 절호의 기회라고 생각해 가병들을 이끌고 대문 안으로 들어가다가 기계장치를 건드렸다. 목판이 열리는 바람에 이내 함정 속으로 굴러 떨어졌다.

영희는 복기에 걸려 누군가 함정 속으로 떨어지는 소리를 듣고는 크게 놀랐다. 갑사들을 시켜 속히 뛰쳐나가 침입자들을 잡아들이게 했다. 함정에 빠진 공손 무지를 포획했다. 당시 공손 무지를 뒤따라오던 공손 신은 창을 휘두르며 구출코자 했다. 그러나 영씨 집 가병이 훨씬 많았다. 공손 신은 싸우다가 죽고 말았다.

영희가 포획된 공손 무지에게 물었다.

"그대는 누구의 사주를 받고 내 집에 쳐들어왔는가?"

공손 무지가 눈을 크게 부라리며 욕설했다.

"너는 하찮은 공을 믿고 국정을 전횡하니 불충하기 짝이 없는 자이다. 우리 형제는 사직을 위해 너를 죽이려고 이곳에 왔다. 이 일이 성공치 못한 것은 천명이다. 우리 형제가 어찌 누가 시켜서 왔겠는가?"

영희는 대로해 공손 무지를 마당의 기둥에 묶고 죽을 때까지 채찍으로 때렸다. 이어 그의 목을 끊었다. 그러는 사이 날이 저물어 밤이 됐다.

당시 영희 일당인 우재 곡이 소문을 듣고는 사정을 알아보기 위해 한밤중에 병거를 타고 달려왔다. 문지기들이 그를 맞이하려고 대문을 열자 마침 군사를 이끌고 들이닥친 공손 면여가 대문이 열린 틈을 타 집안으로 쇄도했다. 그는 대문 안으로 들어가자마자 먼저 우재 곡을 참했다. 뒤이어 양측 갑사들 사이에 싸움이 벌어져 영희의 집이 큰 혼란에 빠졌다.

영희가 놀라고 황망한 와중에 소리를 질렀다.

"너희 도적들은 도대체 누구인가?"

공손 면여가 대답했다.

"온 나라 사람들이 너를 미워하는데 성명은 물어 무엇 하려는가?"

영희는 곧바로 달아났다. 공손 면여가 칼을 뽑아 들고 그를 뒤쫓았다. 영희는 공손 면여를 피하기 위해 중당中堂의 기둥을 세 바퀴나 돌았다. 마침내 그의 칼을 2번이나 맞고 기둥 아래 쓰러져 죽었다. 공손 면여가 영희 집안의 가속을 모두 찾아내 죽였다. 이어 위헌공에게 이를 보고했다.

위헌공이 영희와 우재 곡의 시신을 운반해 조정 앞에 전시하게 했다. 공자 전鱄은 그 소식을 듣고 맨발로 급히 조정으로 들어왔다. 그는 영희의 시신을 어루만지며 통곡했다.

"주공이 그대에게 한 약속을 지키지 않았으니 결국 내가 그대를 속인 게 됐소. 무슨 면목으로 조정에 설 수 있겠소?"

그러고는 3번이나 하늘을 부르면서 호곡한 뒤 조정 밖으로 나갔다. 그는 그날로 우거牛車에 처자식을 싣고 진晉나라로 출분했다. 위헌공이 사람을 보내 만류했으나 듣지 않았다.

공자 전이 황하 기슭에 이르렀을 때 위헌공의 명을 받은 대부 제악齊惡이 다시 그를 쫓아왔다. 공자 전에게 주공의 뜻을 전하고 같이 돌아가자고 청했다.

공자 전이 대답했다.

"영희를 살려내야 돌아갈 수 있을 것이오."

제악이 거듭 함께 돌아갈 것을 간청했다. 그는 꿩 한 마리를 수레에서 꺼낸 뒤 제악 앞에서 패검을 뽑아 꿩의 목을 쳤다. 그러면서 맹서했다.

"나와 내 처자가 다시 위나라 땅을 밟거나 위나라 곡식을 먹으면 이 꿩처럼 될 것이다."

제악은 더 이상 강제할 수 없음을 알고 홀로 돌아갔다. 공자 전은 진晉나라로 가서 한단 땅에 숨어 살았다. 아내와 함께 짚신을 삼아 좁쌀과 바꿔 밥을 지어먹었다. 죽을 때까지 위衛라는 말을 단 1번도 입에 올리지 않았다.

사신이 시를 지어 찬했다.

타향이 어찌 고향만 할까마는	他鄕不似故鄕親
짚신을 삼으며 빈한히 살았지	織屨蕭然竟食貧
한번 한 말 금석처럼 여기니	只爲約言金石重
구천에서도 위약 후회하리라	違心恐負九泉人

제악은 홀로 돌아와서 위헌공에게 경과를 보고했다. 위헌공은 공자 전의 영희에 대한 신의를 감탄해 마지않았다. 공자 전에게 미안한 생각이 들어 영희와 우재 곡의 주검을 장사지내게 했다.

이어 공손 면여를 정경正卿으로 삼고자 했다. 공손 면여가 사양했다.

"신은 덕망이 부족합니다. 태숙의로 하여금 국정을 맡게 하십시오."

위헌공이 이 말을 좇아 태숙의를 정경으로 삼았다. 위나라는 점차 안정을 찾아갔다.

132話 최저를 죽이고 경봉이 홀로 재상이 되다
– 육최저경봉독상戮崔杼慶封獨相

이야기가 둘로 나뉜다. 당시 송나라 좌사 상술은 진나라와 초나라의 동의를 얻어 두 나라 사이의 전쟁 방지를 위한 협상을 차질 없이 추진해 나갔다. 마침내 진나라 정경 조무와 초나라 영윤 굴건이 송나라로 왔다. 각각 두 나라 진영에 속해 있는 열국의 대부들도 연이어 송나라에 도착했다.

진나라 진영에 있는 노나라와 위나라 및 정나라 대표들은 왼쪽 진나라 진영, 초나라 진영에 있는 채나라와 진陳나라 및 허나라 대표들은 오른쪽 초나라 진영에서 여장을 풀었다. 양쪽 경계선에 수레를 모아 각각 성채를 쌓고 그 한쪽을 차지했다.

회맹의 주최국인 송나라는 중재자의 역할을 맡았다. 회맹에서 합의한 사항은 다음과 같았다.

1. 두 진영 사이의 교류를 위해 정기적으로 조빙을 하되 초나라 진영의 나라는 진나라, 진나라 진영의 나라는 초나라를 빙문한다.

2. 양 진영에 각각 속해 있는 나라는 자기 진영의 맹주에게만 바쳐온 공물貢物과 예물을 부담이 배가倍加되는 것을 막기 위해 반으로 나눠 각각 초나라와 진나라에 바친다.

3. 제나라와 진秦나라는 대국이고 국력이 진晉나라 및 초나라와 거의 대등한 까닭에 어느 한쪽의 진영에 포함시키지 않는다. 두 나라는 양 진영의 맹주인 초나라와 진나라에 조빙하지 않는다.

4. 진나라 진영에 속해 있는 주邾나라와 거莒나라와 등滕나라와 설薛나

라 등의 소국과 초나라에 속해 있는 돈頓나라와 호胡나라와 심沈나라와 미麋나라 등의 소국은 역량이 있으면 자력으로 조빙하고, 역량이 없으면 부용국附庸國의 관례에 따라 인근 나라가 조빙할 때 그 나라를 좇아 조빙한다.

진나라와 초나라의 합의를 이끌어낸 상술은 마침내 송나라 도성의 서문 밖에서 회맹의 대표들로 하여금 삽혈하고 맹서토록 했다. 초나라 영윤 굴건은 은밀히 군사들에게 속에 갑옷을 입고 그 위에 예복을 입도록 조치했다. 회맹의 장소에서 진나라 정경 조무를 습격해 죽일 작정이었다. 낌새를 알아챈 대부 백주리伯州犁가 강력히 간했다. 굴건이 당초의 계획을 철회했다.

당시 진나라 정경 조무도 초나라 영윤 굴건이 은밀히 군사를 무장시켰다는 소문을 듣고 양설힐과 상의했다.

양설힐이 말했다.

"이번 회맹의 본래 목적은 전쟁의 방지입니다. 초나라 굴건이 무력을 사용하면 그는 열국 제후들에게 신의를 잃을 것입니다. 그런 신의 없는 굴건의 말을 어느 제후가 받아들이겠습니까? 정경은 다만 신의를 지키십시오. 그러면 아무 걱정이 없을 것입니다."

회맹이 시작되기 직전 초나라 굴건은 송나라 상술에게 자신이 회맹의 주맹主盟이 되어 먼저 삽혈하고 맹서할 터이니 진나라 쪽에 그같이 전해달라고 요구했다. 상술은 진나라 진영으로 갔으나 차마 입을 열지 못했다. 상술의 수행원이 대신 초나라 쪽의 의사를 조무에게 전했다.

조무가 말했다.

"옛날 우리 선군 진문공은 천토의 회맹 당시 천자의 명을 받아 방백이 됐소. 사방을 굴복시키고 중원 열국의 수장으로 활약했소. 초나라가 어떻게 진나라보다 먼저 맹서할 수 있다는 것이오?"

상술은 다시 초나라 진영으로 가서 조무의 말을 전했다. 굴건이 화를

최저를 죽이고 경봉이 홀로 재상이 되다

냈다.

"만일 천자의 명으로 논하면 우리 초나라도 예전에 주혜왕의 명을 받은 바 있소. 이번에 송나라에 와서 회맹한 것은 두 나라가 서로 맞수가 될 만한 강국이기 때문이오. 진나라는 그간 여러 차례 맹회를 주도해 왔소. 이번에는 초나라에 양보하는 게 도리에 합당하오. 이번에도 진나라가 회맹을 주도하면 이는 우리 초나라가 진나라보다 약하다는 걸 인정하는 게 되오. 진나라와 대등한 초나라의 체면이 손상되는 것이오."

상술은 다시 진나라 진영에 가서 굴건의 말을 전했다. 조무는 양보하려 하지 않았다.

양설힐이 조무에게 말했다.

"회맹를 주제하는 것은 덕으로 하는 것이지, 결코 위세로써 하는 게 아닙니다. 덕이 있다면 우리가 나중에 삽혈할지라도 제후들이 그 나라를 따를 것이고, 덕이 없다면 비록 먼저 삽혈할지라도 제후들은 그 나라에 등을 돌릴 것입니다. 이번에 여러 나라 대부들이 이 자리에 모인 것은 전쟁의 방지에 그 목적이 있습니다. 전쟁을 일으키지 않으면 천하 각국이 누릴 이익이 막대합니다. 양측이 회맹을 주재하는 일로 다투면 다시 무기를 써야 하고, 무기를 쓰면 신뢰를 잃고, 결국 천하를 이롭게 하겠다는 의지를 잃게 됩니다. 정경은 잠시 초나라에 양보토록 하십시오."

조무가 이를 좇았다. 마침내 초나라 대표 굴건이 먼저 삽혈하고 맹서했다. 이어 진나라를 비롯한 열국의 대표들이 차례로 삽혈하고 맹서했다. 회맹이 끝나자 각각 본국으로 돌아갔다.

당시 영희의 명을 받고 회맹에 참석한 위衛나라 대표 석악石惡은 도중에 영희가 피살됐다는 소식을 들었다. 공손 면여가 권력을 잡은 위나라로 돌아갈 순 없었다. 이내 조무를 따라 진나라로 가서 머물렀다. 이후 진나라와 초나라는 전쟁을 하지 않고 무사하게 지냈다.

한편 제나라 우상 최저는 제장공을 시해하고 제경공을 옹립한 후 그 위세는 날로 높아졌다. 좌상 경봉은 원래 술과 사냥을 좋아해 도성에 잘 붙어있지 않았다. 최저는 조정의 권력을 잡은 이후 날이 갈수록 전횡이 심해졌다. 지난날 동지였던 경봉은 내심 시기했다.

최저는 전번에 그의 아내인 당강棠姜에게 그녀 소생인 최명崔明을 적자로 세우겠다고 허락한 바 있다. 그러나 전처소생인 장자 최성崔成이 제장공을 시해할 당시 제장공 수하의 장수와 싸우다 팔이 부러진 것을 불쌍히 여겨 차마 그 일을 발설하지 못했다. 최성은 부친의 고민을 눈치챘다. 스스로 자신의 모든 권리를 서동생인 최명에게 양도하고 최씨의 식읍인 최읍崔邑

을 물려받아 그곳에서 여생을 살기로 작심했다. 이를 부친 최저에게 이야기하자 최저가 이를 허락했다.

하지만 당강의 오라비인 동곽언과 전 남편의 아들인 당무구가 반대했다.

"최읍은 최씨의 종읍宗邑입니다. 반드시 우상의 후사로 책정된 종자宗子 최명에게 종읍을 내줘야 합니다."

최저가 최성을 불러 말했다.

"나는 본래 너에게 최읍을 주려고 했으나 동곽언과 당무구가 반대하니 어찌해야 좋을지 모르겠다."

최성이 동모제同母弟인 최강에게 그 일을 말했다. 최강이 대답했다.

"형님은 적자의 자리까지 양보했는데 동곽언 등이 오히려 고을 하나도 주지 말라고 간했다니 어찌 그토록 인색하게 굴 수 있는 것입니까? 부친이 살아계시는데도 동곽언 등이 이토록 우리 일을 방해하는 터에 만일 부친이 돌아가시기라도 하면 우리가 종노릇을 하겠다고 빌어도 우리를 용납지 않을 것입니다."

최성이 말했다.

"부친의 동료인 좌상 경봉에게 가서 도와 달라고 청하면 어떻겠는가?"

최성 형제가 경봉을 찾아가 이를 호소했다. 경봉이 말했다.

"자네들 부친은 오직 동곽언과 당무구의 말만 듣는다. 내가 말해도 듣지 않을 것이다. 두 사람은 훗날 세력이 커지면 자네들 부친에게 해를 끼칠지도 모른다. 왜 그들을 제거하지 않는 것인가?"

최성이 대답했다.

"저희 역시 그런 생각을 갖고 있지만 힘이 부족합니다. 성공하지 못할까 우려해 결행하지 못하고 있습니다."

경봉이 말했다.

"사정이 그렇다면 나중에 다시 상의해 보도록 하지."

최성 형제가 돌아간 뒤 경봉이 가신 노포별盧蒲嫳을 불러 두 형제가 하던 말을 했다. 노포별이 말다.

"최씨 집안의 내분은 경씨에게 이득이 됩니다."

경봉이 크게 깨달았다. 며칠 뒤 최성 형제가 다시 경봉의 집으로 와 동곽언과 당무구의 횡포를 호소했다.

경봉이 말했다.

"자네들이 거사하겠다면 내가 가병을 동원해 도와주도록 하겠다."

그러고는 정예한 갑사 100명을 내주고, 무기도 그 수효만큼 지급했다. 최성 형제가 크게 기뻐했다. 한밤중에 갑옷을 입고 무기를 든 그들을 이끌고 가 최씨 부제府第 부근에 매복시켰다.

동곽언과 당무구는 날마다 반드시 최씨 부제로 가서 최저에게 문안을 올렸다. 그날 새벽도 두 사람은 문안을 올리기 위해 최씨 부제의 대문으로 들어가려고 했다. 이때 매복하고 있던 경봉의 갑사들이 일제히 뛰쳐나와 동곽언과 당무구를 마구 찔러 죽였다.

최저는 변란 소식을 전해 듣고 대로했다. 급히 시종에게 명해 수레에 말을 매게 했다. 하지만 수레를 모는 어자가 모두 달아나거나 숨고 없었다. 다만 말을 기르는 어인圉人 한 사람만 마구간에 남아 있었다. 최저가 어인에게 명해 수레에 말을 매게 한 뒤 어린 종인 수자豎子에게 수레를 몰게 했다.

그는 경봉의 집으로 가서는 두 아들이 변란을 일으켰다고 울며 호소했다. 경봉은 아무 것도 모르는 체하며 말했다.

"최씨와 경씨는 비록 성은 다르지만 한 집안이나 다름없소. 그대의 자식들이 어른을 몰라보고 그런 짓을 할 줄은 전혀 몰랐소. 그대가 그들의 죄를 묻겠다면 내가 응당 힘을 보태겠소."

최저는 그 말을 믿었다. 경봉에게 사례했다.

"그대의 도움으로 두 역자逆子를 제거하고 최씨 집안을 안정시킬 수만 있다면 내가 막내아들 최명으로 하여금 그대를 부친처럼 섬기도록 하겠소."

경봉이 가병을 모두 무장시킨 뒤 노포별로 하여금 그들을 지휘케 했다. 이어 그의 귀에 입을 대고 이리저리 하라고 분부했다. 노포별이 경봉의 명을 받고 최씨 집으로 갔다.

최성 형제는 노포별이 갑사를 이끌고 온 것을 보고는 방어태세를 취했다. 노포별이 최성 형제를 유인했다.

"나는 좌상 경봉의 명을 받고 왔소. 그대들을 돕기 위한 것이오. 해치러 온 게 아니오."

최성이 동생 최강에게 말했다.

"서출 동생인 얼제孽弟 최명을 제거하러 온 건 아닐까?"

최강이 대답했다.

"그럴지도 모르겠습니다."

최성이 이내 대문을 열어 노포별을 맞아들였다. 노포별이 들어오자 가병들 모두 뒤따라 들어왔다. 최성 형제는 이들을 막을 수가 없었다.

최성이 노포별에게 물었다.

"좌상의 명이 어떤 것이오?"

노포별이 대답했다.

"좌상은 너희 부친의 호소를 듣고는 나에게 명해 너희 두 사람의 목을 베어오라고 했다."

이어 갑사들에게 호령했다.

"아직도 손을 움직이지 않고 무엇을 하는가?"

최성 형제가 뭐라고 말하기도 전에 그들의 머리는 갑사들의 칼을 맞고 땅바닥에 떨어져 굴렀다. 노포별은 가병들로 하여금 최씨 부제를 마음대로 노략질하게 했다. 집안의 가속들 모두 살해되거나 포로가 되었다. 가재도구와 수레, 말, 의복, 보물 등이 모두 약탈당했다. 그들은 저책의 창문과 지게문, 대문 등도 닥치는 대로 두들겨 부쉈다.

당강은 그 광경을 보고 너무 놀라 내실에서 스스로 목을 매고 죽었다. 최명은 마침 출타중이어서 위기를 면했다. 노포별은 수레를 타고 경봉의 집으로 돌아가서 최저 앞에 최성과 최강의 목을 내놓았다. 최저는 두 아들의 목을 보자 일면 분하고 일면 슬펐다. 최저가 노포별에게 물었다.

"내실은 혹여 놀라지나 않았을까?"

노포별이 대답했다.

"부인은 깊이 잠이 들어서 아직 일어나지 않았다고 합니다."

최저는 그 말을 듣자 얼굴에 기쁜 빛을 띠었다. 경봉에게 청했다.

"내가 집으로 돌아가려는데 우리 집 수자豎子가 말을 잘 몰지 못하오. 어자御者 한 사람만 빌려 주오."

노포별이 대신 대답했다.

"제가 우상을 위해 수레를 몰겠습니다."

최저가 경봉에게 재삼 칭사稱謝한 뒤 노포별이 모는 수레를 타고 떠났다. 최저가 자기 집에 당도해 보니 대문은 활짝 열렸고 집안엔 사람 하나 없었다. 황망히 중당으로 들어가 내실 쪽을 바라보니 영창과 방문이 모두 부서진 채 텅 비어 있었다. 내실에는 대들보에 목을 맨 당강이 아직 그대로 매달려 있었다.

최저는 처참한 집안 꼴을 보자 혼이 몸에 붙어 있지 않을 정도로 놀랐다. 어찌 된 영문인지를 알아보기 위해 노포별을 불렀다. 노포별은 간다는 인사도 없이 이미 돌아간 뒤였다. 최저는 최명을 불러봤으나 그림자도 없었다. 그는 목을 놓아 울었다.

"내가 이제 와서 경봉에게 속았으니 분하다. 아내와 자식, 집이 모두 없어졌으니 어찌 산단 말인가?"

최저 역시 스스로 목을 매고 죽었다. 최저가 당한 재앙이 참혹하지 않은가?

염옹이 이를 시로 읊었다.

전에 동지로서 함께 시역하더니	昔日同心起逆戎
이젠 알력 생겨서 동지 해치다	今朝相軋便相攻
최씨 집 비참하다 말하지 마라	莫言崔杼家門慘
제 수명 누린 간웅 얼마나 되리	幾個奸雄得善終

그날 밤 최명은 은밀히 최씨 부제로 잠입해 아비 최저와 어미 당강의 시신을 훔쳐 관 하나에 넣은 뒤 수레에 싣고 집 밖으로 나왔다. 이어 조상들의 묘소가 있는 산으로 가서 땅을 판 뒤 관을 묻고 흙을 덮었다. 어인圉人 한 사람이 이 일을 도왔다. 그 외는 아무도 몰랐다.

이튿날 경봉이 제경공에게 말했다.

"최저는 제장공을 시해한 자입니다. 그 죄를 다스리지 않을 수 없었습니다."

제경공이 '네, 네'라고 할 뿐 더 이상 말하지 않았다. 경봉이 마침내 제나라 정권을 단독으로 잡았다. 이어 그는 군명을 내세워 외국에 망명 중인 진수무陳須無를 돌아오게 했다. 진수무는 제나라로 돌아왔으나 늙은 걸 이유로 벼슬에서 물러났다. 제경공은 진수무의 아들 진무우陳無宇로 하여금 아비의 벼슬을 잇게 했다. 그때가 주영왕 26년인 기원전 546년이었다.

당시 오나라와 초나라는 서로 여러 차례 침공했다. 초강왕楚康王은 수군인 주사舟師를 양성해 오나라를 쳤다. 오나라도 이미 만반의 준비가 돼 있었다. 초나라 주사가 여러 차례 싸웠으나 아무런 공도 세우지 못한 채 그냥 돌아간 배경이다.

오왕 여채는 보위에 오른 지 2년이 됐다. 그는 용기를 좋아하고 목숨을 가볍게 여겼다. 초나라 주사가 침공한 사실에 분노했다. 초나라 신하로서 진晉나라에 귀화한 굴무屈巫의 아들인 재상 굴호용屈狐庸에게 명해 초나라의 속국인 서구舒鳩를 유인해 초나라를 배반케 했다.

서구나라가 초나라에 반기를 들자 초나라 영윤 굴건이 서구를 치기 위해 군사를 일으켰다. 초나라 명궁 양유기養由基가 나서며 자청했다.

굴건이 대답했다.

"장군은 이제 늙었소. 서구는 워낙 작은 나라이니 이기지 못할까 염려할 건 없소. 장군은 번거롭게 출전하지 않아도 되오."

양유기가 대답했다.

"우리 초나라가 서구를 치면 틀림없이 오나라가 서구를 구원하러 올 것이오. 나는 오나라 군사와 여러 번 싸워서 이들을 잘 알고 있소. 이번에 한 번만 더 출전케 해주시오. 죽을지라도 누구를 원망치 않겠소."

굴건은 노장군인 양유기의 입에서 '사死'자 표현이 나오자 더욱 측은한 생각이 들어 출전시키지 않으려고 했다. 양유기가 또 청했다.

"나는 선왕으로부터 남다른 지우知遇를 받았기에 늘 몸으로 나라에 보답하겠다는 생각을 품어왔소. 그런데도 그럴 기회를 얻지 못해 늘 불만스럽게 여겨왔소. 이제 내 머리와 수염이 모두 허옇게 변했소. 이런 나를 집안에 처박혀 있다가 병사케 만들면 이는 영윤이 나를 업신여기는 것이오."

영윤 굴건은 양유기의 결연한 뜻을 보고 마침내 그의 청을 수락했다. 대부 식환息桓으로 하여금 양유기를 보좌케 했다. 양유기가 군사들과 함께 서구로 향했다.

초나라 군사가 서구에 당도하자 오왕 여채의 동생 이말夷昧이 상국인 굴호용과 함께 군사를 이끌고 서구나라를 구원하러 왔다. 초나라 대부 식환은 양쪽 군대가 모두 모이기를 기다려 싸우는 방안을 제시했다. 양유기가 말했다.

"오나라 사람은 수전水戰에 능하오. 그런데도 이들은 모두 배를 버리고 뭍으로 올라왔소. 우리에게 크게 유리하오. 병거를 몰며 싸우는 거전車戰과 활쏘기는 그들의 장기가 아니오. 그들이 이곳에 막 당도해 아직 대오를 갖추지 못했을 때 기습공격을 가하면 그들은 곧 무너지고 말 것이오."

양유기가 사졸들보다 먼저 병거를 달리며 활을 쐈다. 화살은 1대도 빗나가지 않았다. 화살을 맞은 병사들은 그 자리서 넘어져 죽었다. 오나라 병사들이 겁이 나 뒤로 물러섰다.

양유기가 그들을 추격하다가 병거를 타고 달리는 굴호용과 마주쳤다. 그가 큰 소리로 굴호용을 꾸짖었다.

"나라에 반역한 역적아! 네가 감히 무슨 면목으로 나를 대하려고 하는 것인가?"

그러고는 활로 쏘려고 했다. 굴호용이 어자로 하여금 병거를 돌려 뒤로 달아나게 했다. 마치 질풍 같았다. 양유기가 크게 놀랐다.

"오나라 사람도 병거를 저토록 잘 모는 것인가? 빨리 굴호용에게 활을 쏘지 못한 게 한이다!"

그의 말이 채 끝나기도 전에 오나라 군사의 철엽거鐵葉車가 사방에서 양유기를 에워싸고 조여들어왔다. 철엽거를 탄 오나라 장병들 모두 강남의 사수들이었다. 일시에 수천 발의 화살을 양유기를 향해 쏘았다. 신궁 양유기도 빗발치듯 날아오는 화살을 맞고 쓰러져 죽었다.

지난날 초공왕은 말하기를, '양유기는 자기 재주를 믿다가 그로 인해 죽을 것이다.'라고 한 적이 있다. 그 말이 이날에 이르러 그대로 들어맞은 셈이다.

싸움에 패한 식환은 패잔병을 수습해 본진으로 돌아왔다. 싸움에 패한 초나라 군사를 수습해 돌아온 뒤 굴건에게 패전을 보고했다. 굴건은 양유기를 잃은 것을 더욱 애석해하며 탄식했다.

"양숙養叔이 죽음을 자초했다."

굴건은 정예병을 이산㮰山에 매복시켰다. 그는 별당別將 자강子疆을 시켜 가병을 이끌고 가 오나라 군사를 유인케 했다. 자강은 오나라 군사와 만나자 오나라 장수와 10여 합 싸우다 짐짓 달아나기 시작했다. 굴호용은 초나라 군사가 매복계를 쓰는 것을 아는 까닭에 자강의 추격을 만류했다.

오왕 여채의 동생 이말은 이성離城의 높은 누대에 올라가 싸움을 관망하다가 초나라 군사가 보이지 않자 이같이 말했다.

"초나라 군사가 이미 퇴각한 모양이다."

그러고는 군사를 대동한 채 성문을 열고 나와 초나라 군사를 추격했다. 그가 이산에 아래에 이르자 달아나던 자강과 그의 가병들이 되돌아와 다시 오나라 군사를 영격했다. 그러자 이산 아래 매복해 있던 초나라 군사가 모두 일어나 오나라 군사를 공격했다. 이말은 비로소 속은 걸 알고 포위망을 뚫고 나가려 했으나 역부족이었다. 이때 굴호용이 군사를 이끌고 달려와서 초나라 군사를 물리치고 간신히 이말을 구했다.

그러나 이말만 구출했을 뿐이지 오나라 군사는 크게 패해 본국으로 황급히 달아났다. 굴건은 여세를 몰아 서구를 쳐 멸망시켰다.

그 이듬해, 초강왕이 다시 오나라를 치려고 했다. 먼저 진秦나라에 군사 원조를 청했다. 진경공秦景公은 동생인 공손 감鍼에게 명해 군사를 이끌고 가 초나라 군사를 돕게 했다.

초나라 공자 위圍는 진秦나라 군사의 원군과 함께 오나라를 쳤다. 그러나 오나라 정예군이 장강 어귀를 굳게 지킨 까닭에 방어망을 돌파할 수 없었다.

오나라 침공에 실패한 초나라 공자 위는 정나라가 오랫동안 진晉나라를 섬기고 있다는 이유를 들어 말머리를 돌려 정나라로 쳐들어갔다. 정나라가 온 힘을 기울여 방어했다.

초나라 대부 천봉술穿封戌[1]이 정나라 장수 황힐皇頡을 사로잡았다. 초강왕의 동생 공자 위가 황힐을 가로채려고 했다. 천봉술이 자신의 공을 빼앗기지 않기 위해 그를 내주지 않았다.

철군한 뒤 공자 위는 초강왕을 만난 자리에서 천봉술을 무함했다,

"제가 정나라 장수 황힐을 포획했는데 천봉술이 빼앗아갔습니다."

얼마 후 천봉술이 황힐을 끌고 와 공을 청하면서 호소했다.

"공자 위가 신이 잡은 황힐을 빼앗으려 했습니다."

초강왕은 누구 말을 믿어야 할지 몰랐다. 젊은 태재 백주리伯州犁에게 판결을 내리게 했다.

백주리가 초강왕에게 말했다.

"정나라 포로는 서민 출신이 아니라 어엿한 대부입니다. 그에게 직접 물어보면 쉽게 알 수 있습니다."

초강왕이 정나라 포로 황힐을 조정 앞마당에 세워놓은 뒤 백주리는 오른쪽, 공자 위와 천봉술은 왼쪽에 서게 했다. 이어 백주리로 하여금 판결을 내리게 했다. 백주리가 두 손을 맞잡고 위쪽으로 올리며 말했다.

"이 분은 왕자 위圍이다. 과군의 개제介弟[2]이시다."

이어 맞잡은 손을 아래로 내리면서 말했다.

"이 분은 대부 천봉술이다. 지방에 있는 방성方城의 현윤縣尹이시다. 누가 너를 포획했는가? 바른대로 말하라."

1 천봉술穿封戌이 『열국지』 원문에는 천봉수穿封戍로 돼 있으나 『춘추좌전』「노양공 26년」조에는 수戍가 술戌로 나온다. 번역문은 『춘추좌전』을 좇아 '천봉술'로 바꿔 놓았다.

2 개제介弟는 타인의 동생에 대한 경칭敬稱이다. 간혹 자기 동생에 대한 애칭愛稱으로 사용키도 한다. 개介가 갑골문 복사卜辭에서는 친親의 의미로 사용됐다. 조부를 개조介祖, 부친을 개부介父, 형을 개형介兄, 동생을 개제介子로 표현한 게 그렇다. 본문의 '개제'가 『춘추좌전』「노양공 26년」조에는 귀개제貴介弟로 표현돼 있다.

황힐은 백주리의 속뜻을 금방 알아차렸다. 백주리의 손짓은 공자 위에게 유리하도록 증언해 달라는 주문이었다. 황힐이 짐짓 분한 듯이 눈을 부릅뜨고 공자 위를 노려보며 말했다.

"나는 이 왕자와 만나 싸우다가 이기지 못하고 사로잡혔소."

천봉술이 대로했다. 마당의 무기시렁에서 창을 잡아 올려 공자 위를 찌르려고 했다. 공자 위가 깜짝 놀라 달아났다. 천봉술이 결국 따라잡지 못했다. 백주리가 쫓아가서 천봉술을 달랬다. 이어 돌아와서는 초강왕에게 이같이 건의했다.

"이번 공은 반씩 나눠 두 사람에게 똑같이 상을 내리십시오."

그는 다시 공자 위와 천봉술을 한 자리에 초청한 뒤 술잔을 권하며 화해시켰다.

오늘날도 사정私情에 따라 사실을 왜곡하는 것을 두고 상하기수上下其手로 표현하는 이유가 여기에 있다. 당시 백주리가 공자 위를 가리킬 땐 손을 위로 올리고, 천봉술을 가리킬 땐 손을 아래로 내린 것을 지칭한 것이다.

후대인이 시를 지어 이를 탄식했다.

누가 공을 세웠는지 가리면서　　斬擒功績辨虛眞
술수를 써 귀공자에 아첨하다　　私用機門媚貴臣
막부 논공에 유사사례 많으니　　幕府計功多類此
공정히 일 처리한 자 누구인가　　肯持公道是何人

당시 오나라 곁에 월越나라가 있었다. 월나라는 자작子爵의 나라로 하나라 우왕의 후예였다. 주왕실로부터 월 땅에 처음으로 책봉 받은 사람은 이름이 무여無余였다. 하나라 말기부터 은나라를 거쳐 주나라 무여에 이르기까지 그 집안의 대수代數는 30여 대나 되었다.

당시 월왕越王은 윤상允常이었다. 그는 부지런히 나라를 다스렸다. 덕분에 월나라가 이때부터 강성해졌다. 오나라는 월나라의 국력이 강해지는 것을 시기했다. 즉위 4년이 되는 기원전 544년, 오왕 여채는 군사를 일으켜 월나라로 쳐들어갔다. 월왕의 인척인 종인宗人을 포로로 잡았다. 발꿈치를 자르는 월형刖刑[3]에 처한 뒤 문지기로 삼아 큰 전함인 여황艅艎[4]을 지키게 했다.

하루는 오왕 여채가 여황에 올라 술을 마시며 즐겼다. 이내 대취해 잠이 들었다. 월나라 종인이 오왕 여채의 허리에서 패검을 뽑아 여채의 목을 찔렀다. 여채의 시종들이 황급히 달려와 종인을 죽였다.

여채의 동생 이말이 즉위했다. 그는 국정을 동생인 계찰季札에게 맡겼다. 계찰은 군대를 쉬게 하고, 백성을 안정시키는 일에 주력했다. 중원의 열국과도 우호관계를 맺었다. 모든 일을 형인 오왕 이말에게 고한 뒤 시행했다. 이말 역시 그의 뜻대로 국정을 수행토록 허락했다.

계찰은 중원의 각국과 우호를 다지기 위해 열국을 두루 순방했다. 맨 먼저 노나라를 방문했다. 요임금의 당뇨唐堯, 순임금의 우순虞舜, 하夏, 은殷, 주周 등 오대五代에 걸친 악기와 각국의 악기를 요청해 관람했다. 이어 악기의 소리를 듣고 일일이 품평했다. 악기의 특색을 정확히 지적했다. 노나라 대부들 모두 그를 두고 음악을 잘 아는 지음知音이라고 칭찬하며 존경을 표했다.

계찰은 이어 제나라로 가서 안영과 친교를 맺었다. 또 정나라에 가서는

3 월형刖刑은 원래 좌각左脚이나 우각右脚 또는 쌍각雙脚을 끊는 혹형을 말한다. 단족斷足을 뜻하는 월刖로 표현된 이유다. 비형剕刑으로도 표현된다. 주나라 때는 무릎뼈인 슬개골膝蓋骨을 제거해 앉은뱅이를 만드는 바람에 빈형臏刑으로 불렸다. 진시황의 진秦나라 때는 발뒤꿈치만 자른 까닭에 참지斬趾로 불렸다.

4 여황艅艎이 일부 판본에는 여황餘皇으로 나온다. 『춘추좌전』「노소공 17년」조를 좇은 것이다. 그러나 글자의 뜻에 비춰 볼 때 여황艅艎이 옳다.

상국인 공손 교僑와 친분을 맺었다. 위나라에 이르러서는 현대부로 명성이 높은 거원蘧瑗과 사귀었다. 진晉나라에 가서는 조무趙武를 비롯해 한기韓起 및 위서魏舒 등과 친교를 맺었다.

그가 친분을 맺은 사람들 모두 당대의 현신賢臣으로 이름을 떨치는 사람들이었다. 이를 통해 그가 얼마나 현명한 사람이었는지 짐작할 수 있을 것이다.

뒷일을 알고자 하면 다음 회를 보라.

제67회

133話 노포계가 계략을 써 경봉을 쫓아내다
–노포계계축경봉盧蒲癸計逐慶封

주영왕의 장자는 이름이 진晉, 자가 자교子喬이다. 천품이 총명했다. 생황을 잘 불어 봉황의 울음소리를 똑같이 흉내 냈다. 그는 진 태자로 책봉됐다. 17세 때 경사 부근의 이수伊水와 낙수洛水 일대를 순유했으나 돌아오자마자 세상을 떠났다.

주영왕은 죽은 아들 진을 잊지 못해 늘 통탄했다. 하루는 어떤 사람이 조정으로 찾아와 말했다.

"태자가 구령緱嶺이라는 산에서 백학을 타고 생황을 불며 돌아다녔다고 합니다. 태자가 그곳에 사는 한 농부에게 말하기를, '나는 천자의 자리를 버리고 부구공浮丘公을 따라 숭산嵩山에서 사는데, 이보다 즐거운 일은 없다.

그대들은 천자에게 가서 아무 걱정도 하지 말라고 전하라.'고 당부했답니다. 저는 농부의 부탁을 받고 와서 고하는 것입니다."

부구공은 옛날의 신선 이름이다. 주영왕이 곧 사람을 시켜 태자 진의 무덤을 파게 했다. 관을 열어 보니 관은 텅 비어 있었다. 주영왕은 태자 진이 신선이 되어 선계仙界로 떠난 걸 알았다.

주영왕 27년인 기원전 545년, 주영왕은 태자 진이 백학을 타고 내려와 자신을 영접하는 꿈을 꾸었다. 꿈에서 깬 주영왕의 귀에 아직도 태자 진이 창 밖에서 부는 생황 소리가 들렸다. 주영왕이 말했다.

"내 아들이 나를 데리러 왔다. 나도 응당 떠나야 할 것이다."

이튿날 주영왕이 보위를 차자인 왕자 귀貴에게 전한다는 유언을 남기고 자는 듯이 세상을 떠났다. 차자 귀가 보위를 이었다. 그가 바로 주경왕周景王이다.

초나라 초강왕도 이해에 세상을 떠났다. 영윤 굴건이 모든 대부와 상의한 뒤 초강왕의 동모제인 균麇을 옹립했다. 얼마 안 돼 영윤 굴건도 죽었다. 공자 위圍가 영윤이 됐다. 여기서 이야기를 잠시 돌리기로 하자.

제나라 좌상 경봉은 죽은 최저를 대신해 단독으로 국정을 전결했다. 그는 날로 방종해지고 황음荒淫에 빠졌다. 하루는 가신 노포별盧蒲嫳의 집에 가서 술을 마셨다. 노포별이 아내를 불러내 경봉에게 술을 따르게 했다. 경봉은 노포별의 아내를 보고는 음심이 동했다. 그날 밤 노포별의 아내와 통간했다.

이후 경봉은 국정을 모두 아들 경사慶舍에게 맡기고, 처첩과 재물까지 갖고 노포별의 집으로 옮긴 뒤 밤마다 노포별의 아내와 동숙同宿했다. 노포별도 터놓고 경봉의 아내 및 첩들과 동숙했다.

시간이 지나면서 이들은 남의 눈을 꺼리지 않게 됐다. 자신의 부인에게 그런 짓을 하지 못하게 금지시키지도 않았다. 이들은 자신들의 부인과 함께 한자리에 모여 술을 마시면서 서로 희학질을 했다. 술에 취하면 마구 떠들며 즐겼다. 시중드는 종복들이 오히려 이런 해괴망측한 모습을 보고 손으로 입을 막거나 외면했다.

노포별은 경봉에게 노나라에 있는 자신의 형 노포계를 이제 제나라로 불러들일 것을 청했다. 경봉이 곧바로 허락했다. 노포계가 돌아오자 경봉은 그에게 자기 아들 경사를 곁에서 돕게 했다.

원래 경사는 완력이 대단했다. 노포계도 힘이 장사인데다 아첨을 잘했다. 경사는 그를 신임한 나머지 자기 딸 경강慶姜을 노포계와 결혼시켰다. 서로 장인과 사위관계가 된 것이다.

노포계는 내심 제장공의 원수를 갚아야 한다는 일념뿐이었다. 그러나 동생인 노포별 이외에는 동지가 없었다. 하루는 경사를 모시고 사냥을 나갔을 때 짐승을 잡는 이야기를 하다가 지난날의 동지인 왕하王何의 용기를 극구 칭찬했다.

경사가 물었다.

"그 왕하는 지금 어디에 있소?"

노포계가 대답했다.

"지금 거莒나라에 있습니다."

경사가 사람을 거나라로 보내 왕하를 데려왔다. 그는 왕하도 자기 수하로 부리면서 총애했다.

최저와 경봉이 제장공을 죽인 이후 경씨 일족은 암살을 두려워했다. 바깥출입을 할 때는 반드시 측근 장사들로 하여금 창을 들고 앞뒤를 호위케 했다.

경사도 노포계와 왕하를 데리고 다녔다. 그는 두 사람을 총신한 까닭에 그들로 하여금 창을 들고 앞뒤를 경호케 했다. 외부 사람들이 감히 경사에게 접근하지 못했다.

제나라 공가公家의 관례에 따르면 군주의 식탁에 날마다 오르는 반찬 가운데 한 가지는 반드시 경대부가 마련해 제공토록 되어 있다. 대개 대부 1인당 닭 2마리였다.

제경공은 닭고기 중에서도 닭발鷄跖을 몹시 좋아했다. 그는 매 식사 때마다 수십 마리분의 닭발을 먹었다. 이로 인해 제나라에서는 닭을 여러 식품들 가운데 최상급으로 치는 풍습이 생겨났다. 닭 값이 폭등했다.

궁중 주방에서도 일정하게 제공받은 닭만으로는 닭발을 제대로 공급할 수 없었다. 궁중의 주방장이 경사에게 가서 닭을 더 많이 제공해 줄 것을 청했다.

노포계는 경씨의 불충을 드러내게 하려고 그 요청을 거절하도록 권했다. 경사가 이를 좇아 주방장에게 말했다.

"주공에게 올리는 음식은 그대가 알아서 만들면 되지 않는가? 왜 하필 닭만 쓰려고 하는 것인가?"

주방장이 돌아온 뒤 닭 대신 오리 요리를 만들어 제공했다. 음식을 나르는 시종배들은 주공을 위한 밥상에 오리 요리를 해놨을 리 없다고 생각해 오리 고기를 훔쳐 먹었다.

대부 고채高蠆는 자가 자미子尾이고, 대부 난조欒竈는 자가 자아子雅였다. 두 사람이 오찬 자리에 나가 제경공을 모시고 식사할 차례였다. 제경공은 식탁에 닭이 올라와 있지 않고 오리의 뼈다귀가 올라와 있는 걸 보고 대로했다.

"경씨가 국정을 좌우하면서 궁중의 식품을 삭감하다니 과인을 이토록 업신여길 수 있는 것인가?"

그는 음식을 먹지 않고 밖으로 나가버렸다. 고채는 당장 경봉에게 가서 책망코자 했다. 난조가 만류했다. 경씨의 밀정이 이를 경봉에게 밀고했다. 경봉이 노포별에게 말했다.

노포계가 계략을 써 경봉을 쫓아내다

"자미와 자아가 나에게 화를 냈다고 하니 이들을 어찌하면 좋겠소?"

노포별이 대답했다.

"감히 화를 냈다고 하니 그들을 죽여 버리십시오. 뭘 두려워하십니까?"

노포별이 이를 노포계에게 고했다. 노포계가 왕하와 함께 제장공의 원수를 갚는 일을 상의하며 말했다.

"고씨와 난씨 두 대부가 경씨와 틈이 벌어졌으니 우리가 두 집안의 힘을 빌려야 하오."

그날 밤 왕하가 고채를 찾아가 부추겼다.

"경씨가 두 대부의 집을 칠 생각입니다."

고채가 대로했다.

"경봉은 최저와 함께 제장공을 시해한 자요. 이제 최씨는 멸망하고 경씨만 남았소. 우리는 마땅히 선군을 위해 복수해야만 하오."

왕하가 말했다.

"그것은 저의 뜻이기도 합니다. 대부는 난 대부와 함께 바깥일을 도모하십시오. 저희는 경씨 집안에서 일을 도모하겠습니다. 그리하면 능히 성공할 수 있습니다."

고채가 은밀히 난조를 찾아가서 상의한 뒤 기회를 보아 거사키로 결정했다. 당시 제나라 대부 진무우陳無宇와 포국鮑國 및 안영晏嬰 등은 이를 훤히 알고 있었다. 그러나 경씨 일족의 횡포를 미워한 까닭에 아무도 경씨에게 이를 알려주지 않았다.

하루는 노포계와 왕하가 거북점을 치는 점쟁이를 찾아가 점을 쳤다. 점쟁이가 귀갑龜甲을 불에 구워 점을 친 뒤 점괘의 주사繇詞를 내주었다. 주사의 내용은 이러했다.

범이 굴을 떠나니	虎離穴
새끼 범 피를 보다	彪見血

노포계가 거북점의 주사를 경사에게 보여주며 이같이 말했다.

"원수의 집을 칠 일이 있어 점을 쳤더니 이런 점괘가 나왔습니다. 길흉을 풀이해 주십시오."

경사가 대답했다.

"반드시 이길 수 있을 듯하오. 범과 새끼 범은 부자지간이오. 범이 떠나고 새끼 범이 피를 본다고 했으니 누가 이기겠소? 그런데 그대의 원수는 누구요?"

노포계가 대답했다.

"제 향리에 사는 한 평민입니다."

경사는 이를 그대로 믿고 노포계를 의심치 않았다.

그해 가을 8월, 경봉이 일족인 경사慶嗣 및 경유慶遺 등을 이끌고 동래東萊 땅으로 사냥을 나갔다. 그는 진무우에게도 함께 갈 것을 청했다. 진무우가 부친 진수무에게 이를 고했다.

진수무가 말했다.

"경씨는 곧 화를 당할 것이다. 경봉과 동행했다가 재앙을 당하지나 않을까 두렵다. 왜 못 가겠다고 거절하지 않았는가?"

진무우가 대답했다.

"그러면 의심을 받을 것 같기에 거절하지 않았습니다. 제가 떠난 뒤 부친이 다른 핑계를 대고 저를 부르면 무사히 돌아올 수 있을 것입니다."

진무우는 경봉과 함께 사냥에 나섰다. 경봉이 사냥하러 나가자 노포계가 기뻐했다.

"점쟁이가 말하기를, '범이 굴을 떠난다.'고 말했는데 그게 딱 들어맞고 있다."

그는 사냥한 짐승을 바치고 제사를 올리는 상제嘗祭를 틈타 거사하기로 고채 등과 약속했다.

진수무는 이를 알고 아들이 경봉과 함께 화를 당할까 우려해 곧바로 심복을 동래의 진무우에게 보내 자신의 아내가 병이 들어 위독하니 속히 돌아오라고 전했다. 진무우가 경봉에게 거북점을 부탁했다. 경봉이 거북점을 치는 사이 진무우는 마음속으로 진씨와 경씨의 길흉을 모두 보여 달라고 빌었다.

경봉이 점을 친 뒤 말했다.

"이건 몸을 잃는 멸신滅身의 괘요. 또한 천한 자가 존귀한 자에게 이기는 극비극기존卑克其尊의 하극상을 나타내고 있소. 그대 모친은 회생키 어려울 듯싶소."

진무우는 귀갑을 듣고 거짓으로 슬피 울었다 경봉이 불쌍히 여겨 돌아가게 했다. 경봉의 일족인 경사慶嗣는 진무우가 급히 수레에 오르는 것을 보고 의아해하며 물었다.

"어디로 가는 것이오?"

진무우가 대답했다.

"모친이 위독하다고 하니 불가불 돌아가지 않을 수 없소."

그러고는 급히 수레를 몰아 그곳을 떠났다. 경사가 경봉에게 가서 말했다.

"모친이 위독하다는 진무우의 말은 아마도 거짓인 듯싶습니다. 도성 안에서 무슨 변이라도 일어나지나 않을지 두렵습니다. 우리도 속히 돌아가도록 합시다."

경봉이 말했다.

"나의 아들 경사慶舍가 도성에 있는데 무엇을 걱정한단 말인가?"

진무우는 치수淄水를 건너자 다리를 부수고 배들은 바닥에 구멍을 뚫어 가라앉혔다. 경봉이 도성으로 돌아오지 못하게 귀로를 끊은 것이다. 경봉은 이를 알지 못했다.

때는 8월 초순이 끝날 무렵이었다. 노포계는 휘하 갑사들의 부서를 새로 정하고 전투에 대비하는 것처럼 바삐 움직였다. 노포계의 아내 경강이 물었다.

"당신은 요즘 무슨 일을 준비하는 모양인데 나에게 일러주지 않으면 틀림없이 성공하지 못할 것입니다."

노포계가 웃으며 대답했다.

"그대는 부인婦人인데 어찌 나와 함께 일을 도모할 수 있겠소?"

경강이 말했다.

"당신은 지혜 있는 부인이 남자보다 낫다는 말을 듣지 못했습니까? 주무왕을 보필한 10명의 난신亂臣[1] 가운데 강태공의 딸로 정실이 된 읍강邑姜도 포함돼 있습니다. 어째서 아내와 일을 도모하지 못한다는 것입니까?"

노포계가 말했다.

"옛날 정나라 대부 옹규雍糾는 정여공과 모의한 비밀을 아내 옹희雍姬에게 누설했다가 장인인 채족祭足에 의해 자신은 살해당하고 정여공은 쫓겨나게 됐소. 이 일은 세상 사람들에게 큰 교훈이 됐소. 나도 혹시 그런 경우를 당하지나 않을까 두렵소."

경강이 말했다.

"부인은 남편을 하늘로 삼습니다. 남편이 노래하면 여인은 따라서 부르는 부창부수夫唱婦隨 표현이 나온 이유입니다. 하물며 군명君命을 중히 여기는 남편을 어찌 배반할 리 있겠습니까? 정나라 옹희는 모친의 말에 현혹돼 남편을 해쳤을 뿐입니다. 그런 여인은 남편을 모시는 부인들의 적이므로 족히 말할 게 없습니다."

노포계가 물었다.

"그대가 만일 옹희의 처지였다면 어찌하겠소?"

경강이 대답했다.

"그 일이 도모할 수 있는 것이면 남편과 함께 도모하고, 그럴 수 없는 것

1 난신亂臣의 난亂은 다스릴 치治의 뜻이다. 『논어』「태백」에 "순임금이 5명의 신하를 두어 천하를 잘 다스렸다. 주무왕이 말하기를, '나는 10명의 난신亂臣을 두었다.'고 했다. 공자가 말하기를, '인재를 얻기가 어렵다고 하는데 사실 그렇지 않은가. 요순시대만 주무왕 때보다 융성했다. 주무왕 때에는 강태공의 딸로 정실부인인 읍강邑姜이 한 사람 끼어 있으니 사실 모두 9명일뿐이다. 주무왕은 천하를 3분하여 그 둘을 소유하고도 은나라에 복종하여 섬겼으니 그 덕은 가히 지덕이라고 이를 만하다.'고 했다(舜有臣五人而天下治. 武王曰, '予有亂臣十人.' 孔子曰, '才難, 不其然乎. 唐虞之際於斯爲盛, 有婦人焉九人而已. 三分天下有其二, 以服事殷, 周之德, 其可謂至德也已矣)'"는 구절이 나온다.

이면 남편을 위해 감히 누설하지 않을 것입니다."

노포계가 사실대로 말했다.

"지금 주공은 경씨들의 전횡에 크게 괴로워하고 있소. 나는 고채와 난조 두 대부와 함께 당신 일족을 축출하려 하고 있소. 그 때문에 준비하고 있는 것이오. 당신이 누설하면 이 일은 실패하고 말 것이오."

경강이 대답했다.

"경봉 재상은 지금 동래로 사냥을 가고 없으니 이때 거사하는 게 좋을 것입니다."

노포계가 말했다.

"그러지 않아도 상제嘗祭를 거행할 때 거사키로 작정했소."

경강이 말했다.

"나의 친정아버지는 원래 강퍅剛愎하고 고집이 셉니다. 게다가 주색을 탐하고 공무에 나태합니다. 첩이 격려하지 않으면 상제에 참석하지 않을지도 모릅니다. 내가 가서 참석하지 말라고 말리면 도리어 화를 내며 참석할 것입니다."

노포계가 말했다.

"내 목숨을 당신에게 맡긴 거나 다름없소. 당신은 정나라 옹희를 본받아서는 안 되오."

경강이 친정으로 가서 아비인 경사에게 말했다.

"제가 듣건대, 자미子尾와 자아子雅가 상제를 올리는 날을 틈타 부친을 저격할 것이라고 합니다. 그날 밖에 나가서는 안 됩니다."

경사가 대로했다.

"그 두 사람은 비유하면 짐승 같은 자들이다. 내가 오히려 그 자들을 죽여 그 고기를 씹고 가죽 위에서 잠을 잘 터인데 누가 감히 난을 일으킨단 말인가? 설사 그들이 난을 일으킬지라도 난 하나도 두려울 게 없다."

경강이 집으로 돌아와 경사의 말을 그대로 전했다. 노포계가 거사를 위한 준비를 서둘렀다.

상제를 올리는 날 제경공이 종묘로 가서 상제를 거행했다. 여러 대부들이 제경공의 뒤를 따라 제사에 참여했다. 경사慶舍는 제사를 주관했다. 경씨 일족인 경승慶繩은 잔을 올리는 헌작獻爵을 맡았다. 경사는 가병들로 하여금 종묘 주변을 지키게 했다. 노포계와 왕하는 관례에 따라 창을 들고 경사의 전후에 서서 한 발짝도 그 곁을 떠나지 않았다.

당시 진무우와 포국 두 집안의 어인圉人들 가운데 배우 흉내를 잘 내는 자들이 몇 명 있었다. 이들은 일부로 종묘에서 가까운 어리가魚里街의 빈터에서 광대놀이를 했다. 이때 노포계의 부하가 짐짓 경사의 수레를 모는 말들을 때렸다. 말들이 놀라 고삐를 끊고 내달렸다.

경씨의 가병들이 그 말을 쫓아가 가까스로 붙잡아 끌고 왔다. 말들을 나무에 매는 계마繫馬를 한 뒤 이들은 뛰어다니느라 몸에 열이 난 까닭에 갑옷을 벗고 무기도 풀어놓았다. 이어 광대놀이가 벌어지고 있는 곳으로 가 놀이를 구경했다.

난조와 고채, 진무우, 포국 등 네 집안의 가병들이 종묘 대문 밖으로 모여들었다. 노포계는 잠시 소변을 보러 간다는 핑계를 대고 대문 밖으로 나와 그들과 만났다. 약속을 다시 확인한 뒤 그들로 하여금 비밀리에 종묘를 에워싸게 했다.

노포계는 다시 종묘 안으로 들어가 경사의 등 뒤에 섰다. 이어 창을 거꾸로 들어 고채에게 신호를 보냈다. 고채가 한 종자로 하여금 문빗장으로 종묘의 대문을 3번 치게 했다. 이를 신호로 네 집안의 가병들이 벌 떼처럼 일어나 대문 안으로 쇄도해 들어갔다.

경사는 그들을 보고 크게 놀라 일어나려고 했다. 이때 노포계가 창으로 그를 찔렀다. 창날이 옆구리에 깊이 박혔다. 왕하도 창으로 그의 왼쪽 어깨를 내리쳤다. 그의 어깨가 부러졌다.

경사가 눈을 부릅뜨고 왕하를 노려봤다.

"난을 일으킨 게 바로 너희들인가?"

그는 오른손으로 제사에 쓰는 술항아리인 조호俎壺를 들어 왕하에게 던졌다. 왕하는 이를 정통으로 맞고 그 자리서 쓰러져 죽었다. 노포계가 갑사를 불러 먼저 경승慶繩을 잡아 죽이게 했다. 앞뒤로 치명상을 입은 경사가 한 팔로 종묘의 기둥을 안고 마구 흔들었다. 종묘의 대들보와 기둥이 흔들렸다. 그는 외마디 소리를 크게 지르고 나서 숨이 끊어졌다.

제경공은 끔찍한 광경을 보고 크게 놀라 몸을 피하려고 서둘렀다. 안영이 말했다.

"신하들이 선군의 원수를 갚고 종묘사직을 안정시키기 위해 경사를 죽였을 뿐입니다. 염려할 게 없습니다."

제경공이 겨우 안정을 찾았다. 그는 제복祭服을 벗고 난 뒤 수레를 타고 내궁으로 들어갔다. 노포계의 지휘 아래 네 집안의 가병들이 경씨 일족과 그 일당을 모두 잡아 죽였다.

고채와 난조는 네 집안의 가병들로 하여금 각각 성문을 하나씩 맡아 지키도록 했다. 경봉이 도성으로 돌아오는 것을 막고자 한 것이다. 성문을 물샐 틈 없이 엄중히 방비했다.

당시 경봉은 사냥을 마치고 돌아오다가 치수淄水를 건너기 전에 도망쳐 나온 경사의 집안 장정들을 만났다. 그들은 경봉에게 모든 사실을 고했다. 경봉은 아들 경사가 피살됐다는 말을 듣고 대로했다. 끊어진 치수의 다리를 다시 놓고 귀경한 뒤 도성의 서문을 공격했다. 방비가 엄중해 그가 거느린 병사들로는 도저히 이길 수 없었다. 아무 효과가 없자 경봉의 병사들이 점차 흩어져 달아났다. 군사를 잃은 경봉은 두려운 나머지 마침내 노나라로 달아났다.

제경공이 사자를 노나라로 보내 노양공魯襄公을 힐난했다.

“반역을 일으킨 자를 이웃나라에서 받아들이는 것은 부당한 일입니다.”

노양공이 경봉을 붙잡아 제나라로 압송하려고 했다. 소문을 듣고 경봉은 크게 놀라 다시 오나라로 달아났다. 오왕 이말은 경봉으로 하여금 주방朱方 땅에 살게 했다. 그에게 초나라 동정을 살피는 임무를 부여한 것이다. 그 대가로 경봉에게 후한 녹봉을 주었다. 제나라에 있을 때보다 오히려 부유했다.

노나라 대부 자복하子服何가 숙손표叔孫豹에게 말했다.

“경봉이 오나라에서도 부유하게 살고 있다고 하오. 하늘이 악독한 자에게 복을 내리나 봅니다!”

숙손표가 말했다.

“선인善人이 부유한 것은 하늘이 내린 상이나, 악인惡人이 부유한 것은 재앙일 뿐이오. 경씨에게 곧 재앙이 닥칠 터인데 그게 무슨 복이겠소?”

경봉이 망명한 후 제나라에서는 고채와 난조가 정권을 잡았다. 두 사람은 최저와 경봉의 죄를 온 나라에 널리 선전했다. 경사의 시체를 조문 앞에 전시해 백성들로 하여금 와서 보게 했다.

고채와 난조는 죽은 최저의 관도 찾아내고자 했으나 알지 못했다. 현상금을 내걸었다.

> 최저의 관이 있는 곳을 알려주는 자에게는 최저가 보유했던 둘레가 한 아름이나 되는 큰 옥인 공벽拱璧을 상으로 주겠다.

전날 최명과 함께 관을 묻은 최씨 집 어인圉人이 보물이 탐이 나 관청에 가서 신고했다. 관원들이 최씨 선산에 암매장되어 있는 최저의 관을 파냈다. 관을 쪼개고 보니 최저와 당강의 시체가 함께 있었다. 제경공이 2개의 시체를 모두 전시하려고 했다.

안영이 간했다.

"부인에게까지 그런 벌을 내리는 것은 예가 아닙니다."

제경공이 이를 좇아 최저의 시체만 저잣거리에 내걸게 했다. 국인들이 모여 시체를 보았다. 평소 최저를 알던 사람들이 한마디씩 했다.

"이건 틀림없는 최저다."

대부들이 최저와 경봉 소유의 식읍을 몰수해 나눠 가졌다. 경봉의 재산은 모두 노포별의 집에 옮겨져 있었다. 대부들은 노포별이 경봉과 함께 음란한 짓을 한 죄를 물어 북연北燕으로 추방했다. 경사의 딸과 결혼했다는 이유로 노포계도 추방했다. 두 형제의 재산도 여러 대부들이 나눠 가졌다.

오직 진무우만 그런 재물을 하나도 차지하지 않았다. 경봉 소유의 장원에는 목재가 100여 수레에 실을 만큼 많이 쌓여 있었다. 대부들이 상의한 끝에 이를 진무우에게 주었다. 진무우가 이를 모두 국인들에게 나눠주었다. 국인들이 입을 모아 진무우의 덕을 칭송했다. 그때가 주경왕周景王 원년인 기원전 544년이었다.

이듬해에 난조가 죽고, 아들 난시欒施가 벼슬을 이어 받아 대부가 됐다. 고채가 난시와 함께 제나라 국정을 주도했다. 고채는 고씨 일족인 고후高厚의 아들 고지高止를 시기했다. 고씨 일족 가운데 두 사람이 함께 권력을 나눠 갖는 것을 꺼린 것이다. 고채는 마침내 고지를 추방했다. 고지도 북연으로 달아났다.

고지의 아들 고견高豎이 지금의 산동성 평음현 북쪽의 노읍盧邑에서 난을 일으켰다. 제경공이 대부 여구영閭邱嬰에게 명해 군사를 이끌고 가 노읍을 포위케 했다. 고견이 여구영에게 말했다.

"나는 반란을 일으킨 게 아니오. 고씨의 종가 자손인 내가 고씨 제사를 받들지 못하게 될까 항의한 것뿐이오."

여구영은 고견에게 후사를 세우는 것을 허락했다. 고견은 아들 고연高酀을 후사로 세우고 난 후 난을 일으킨 책임을 지고 진晉나라로 망명했다. 여구영은 고견의 소청을 제경공에게 복명復命했다.

제경공은 여구영의 건의를 받아들여 고연으로 하여금 세신인 고씨의 종통을 이어받아 선조인 고혜高傒의 제사를 모시게 했다. 고채가 이 사실을 알고 화를 냈다.

"본래 여구영을 노읍에 보낸 것은 고견을 제거키 위한 것이었다. 이제 그를 쫓아내고 그의 아들을 세웠으니 고견을 추방한 보람이 없지 않은가?"

고채가 여구영을 참소해 사형에 처하게 했다. 자산子山과 자상子商 및 자주子周 등 여러 공자들이 고채의 그런 행동에 불만을 품었다. 이들이 고채의 잘못을 비방했다. 고채가 다른 일로 핑계를 만들어 여러 공자들을 국외를 축출했다. 국인들이 고채를 두려워해 바로 쳐다보지 못했다.

얼마 후 고채가 죽고, 아들 고강高彊이 부친의 벼슬을 이어받아 대부가 됐다. 고강은 아직 나이가 어려 경卿의 벼슬을 받지 못했다. 제나라 권력은 모두 난시에게 돌아갔다. 이 이야기는 여기서 잠시 접어두기로 하자.

134話 초영왕이 제후들을 크게 모아 회맹하다
– 초영왕대합제후楚靈王大合諸侯

당시 남북의 강대국인 진晉나라와 초나라는 송나라 좌사 상술의 중재로 강화조약을 맺은 덕분에 전쟁을 일으키지 않았다. 정나라와 위나라 및 진陳나라 같은 약소국들은 정쟁에 시달리지 않아 안식安息을 취했다.

정나라 대부 양소良霄는 자가 백유伯有이다. 공자 거질去疾의 손자이고, 공손 첩輒의 아들이었다. 그는 정나라의 상경이 되어 정권을 잡고 있었다. 성품이 사치를 좋아해 술을 몹시 즐겼다.

양소는 술을 마실 때마다 매번 밤을 지새웠다. 술을 마실 때 다른 사람을 만나거나 다른 것을 보는 것도 싫어했다. 땅을 파고 지하실을 만든 뒤 그 안에 술을 마시는 데 필요한 모든 도구와 종고鐘鼓 등의 악기를 비치했다. 그 안에 들어가 밤새도록 술을 마셨다. 그에게 볼 일이 있어 찾아오는 가신들조차 그를 만날 수 없었다.

그는 낮에도 술에 취해 조정에 들어갈 때가 많았다. 하루는 양소가 술에 취해 정간공鄭簡公에게 말했다.

"초나라를 빙문하기 위한 사자를 보내야 하는데 공손 흑黑을 보내십시오."

그때 마침 공손 흑은 서오범徐吾犯의 누이를 아내로 맞아들이기 위해 공손 초楚와 다투고 있었던 까닭에 마음에 드는 여인을 두고 먼 길을 떠나려 하지 않았다.[2] 양소에게 간청하기 위해 그의 집으로 갔다. 문지기는 그

2 이 일화에서 사촌형제인 공손 흑黑과 공손 초楚가 서로 창을 들고 싸웠다는 의미의 동실조과同室操戈 성어가 나왔다. 형제간이나 가까운 친척 사이의 불화를 지칭한다. 『춘추좌전』

가 집안으로 들어오는 것을 막았다.

"지금 주인이 이미 지하실로 들어갔습니다. 한번 들어가면 아무도 그 안으로 들어가 바깥일을 여쭐 수 없습니다."

공손 흑이 이 말에 대로했다. 집으로 돌아오자 공족인 인단印段과 함께 가병을 모두 소집했다. 그날 밤 양소의 집을 에워싸고 불을 질렀다.

양소는 술에 취해 있었다. 시종들이 그를 붙들어 수레에 태우고 옹량雍梁 땅으로 달아났다. 그는 이튿날 술이 깬 뒤 공손 흑이 자기 집으로 쳐들어 왔다는 말을 듣고 크게 화를 냈다.

양소가 며칠 동안 옹량 땅에 머무는 사이 가신들도 점차 그곳으로 모여들었다. 그들은 도성 안의 사정을 고했다.

"지금 도성에선 여러 씨족들이 공손 흑과 결당해 주인의 집안인 양씨와 대항하고 있습니다. 오직 국씨國氏와 한씨罕氏만 이들에게 가담하지 않았습니다."

양소가 기뻐했다.

"두 집안이 나를 도와줄 것이다."

그는 가병을 이끌고 도성으로 돌아와 북문을 쳤다. 공손 흑은 조카인 사대駟帶와 인단으로 하여금 여러 집안의 가병을 이끌고 가서 성문을 지키게 했다. 양소는 그들과 싸웠으나 대패해 다시 옹량 땅으로 달아났다. 옹량 땅의 염소 도축장으로 숨었으나 거기까지 쫓아온 공손 흑의 가병들에 의해 피살됐다. 가신들 역시 모두 죽임을 당했다.

공손 교僑가 이 소문을 듣고 곧바로 옹량 땅으로 달려갔다. 양소의 시체를 어루만지며 울었다.

"형제끼리 서로 공격하니 하늘이여 이 무슨 불행입니까?"

「노소공 원년」조에서 인용한 일화이다.

자가 자산子産인 공손 교는 양소와 가신들의 시신을 거둬 두성斗城 땅에 장사지냈다. 공손 흑이 이 소식을 듣고 화를 냈다.

"자산이 양씨의 일당이란 말인가?"

상경 한호罕虎가 말렸다.

"자산은 죽은 자에게 예를 다한 것뿐이오. 하물며 산 자에게는 얼마나 예를 다하겠소? 예는 나라의 근본이오. 그런 예를 지킨 사람을 죽이면 상서롭지 못한 법이오."

공손 흑은 그 말을 듣고 자산의 집을 공격하지 않았다. 정간공이 한호에게 국정을 맡기려고 했다. 한호가 사양했다.

"신은 여러모로 자산만 못합니다."

정간공이 이를 좇아 자산을 상국으로 임명했다. 그때가 주경왕 3년인 기원전 542년이었다.

자산은 상국이 된 이후 도성과 지방의 수레와 의복을 신분에 맞게 정비하고, 상하의 위계와 등급을 명확히 밝혔다. 또 논밭의 경계를 확정해 백성들의 다툼이 없게 하고, 민가를 5호戶 단위로 1개 오伍로 묶어 유사시에 대비했다. 이어 충성과 검약을 권장하고, 낭비와 사치를 추방했다.

정사를 어지럽힌 죄를 따져서 공손 흑을 잡아 죽이고, 백성에게 형법 조항을 새겨 넣는 큰 솥인 이른바 형정刑鼎[3]을 주조해 백성들에게 위엄을 보이고, 향교를 세워 자신이 지은 잘못을 스스로 깨닫게 했다.

정나라 백성들 사이에 자산을 칭송하는 노래가 유행했다.

우리의 자제를 我有子弟

3 『열국지』 원문에는 형서刑書로 되어 있으나 『춘추좌전』「노소공 23년」조에는 기원전 513년에 사상 최초로 형벌 조문을 정鼎에 새겨 넣은 이른바 형정刑鼎을 주조한 것으로 되어 있다. 번역문은 '형서' 대신 '형정'으로 바꿔 번역해 놓았다.

자산이 가르치고	子産誨之
우리의 논밭을	我有田疇
자산이 늘려주다	子産殖之
자산이 죽으면	子産而死
누가 뒤 이을까	誰其嗣之

어느 날 도성에 사는 정나라 사람이 볼 일이 있어 북문 밖으로 나갔다. 정신이 황홀한 가운데 자신 앞에 나타난 양소를 보았다. 몸에 갑옷을 입고 손에 창을 든 채 성안으로 들어가며 말했다.

"사대와 인단이 나를 죽였다. 반드시 그들을 죽일 것이다."

그 사람이 돌아와 다른 사람들에게 그 이야기를 했다. 그러고 나서 병이 나 자리에 누웠다. 소문이 퍼지자 도성 사람들은 바람이 불어 풀만 움직여도 양소가 오는 것으로 알았다. 성안의 남녀는 바람이 조금만 불어도 마치 창칼이라도 피하려는 양 미쳐 날뛰는 모습을 보였다.

민심이 어수선한 터에 마침 사대가 병사했다. 며칠 뒤 인단도 죽었다. 국인들은 밤낮으로 불안에 떨며 크게 두려워했다.

자산은 민심을 수습하기 위해 정간공의 허락을 받아 양소의 아들 양지良止를 대부로 임명했다. 이어 양지로 하여금 양씨의 제사를 받들게 했다. 국정을 전횡하다가 정간공에게 죽임을 당한 공자 가嘉의 아들 공손 설洩도 대부에 임명해 아비의 제사를 모시게 했다.

이후 나라 안에 떠돌던 귀신 이야기가 문득 사라졌다. 공족으로서 외교를 담당하는 행인行人으로 있던 유길游吉은 자가 자우子羽이다. 그가 자산에게 물었다.

"양소의 후사를 세우자 귀신에 관한 소문이 문득 사라졌습니다. 이는 무슨 까닭입니까?"

자산이 대답했다.

"무릇 흉한 사람이 비명에 죽으면 그 혼백이 흩어지지 않고 악귀가 되는 경우가 있소. 악귀에게 돌아갈 곳을 마련해 주면 다시 나타나지 않게 되오. 내가 후사를 세워 그로 하여금 사당을 세우고 제사를 지내게 해 돌아갈 자리를 마련해 준 이유요."

유길이 다시 물었다.

"그렇다면 양씨의 후사만 세우지 어째서 공손 설을 공자 가의 후사로 함께 세운 것입니까? 공자 가 역시 악귀가 될까 염려해 그리한 것입니까?"

자산이 대답했다.

"사실 양소에겐 죄가 있으니 후사를 세우는 것은 옳지 않소. 그러나 악귀가 되어 사람들을 불안하게 한 까닭에 이를 해소하기 위해 부득이 그의 제사를 허용한 것이오. 국인들은 그것을 보고 그가 악귀가 되어 나타난 까닭에 그리된 것으로 여기고 있소. 귀신 따위에 현혹돼 자기 할 일을 제대로 하지 않는다면 백성들에게 바람직한 교훈이 되지 못하오. 나는 이른바 7목七穆[4]의 자손들 가운데 한 사람인 공자 가의 제사도 끊겨서는 안 된다는 핑계를 대고 그 아들인 공손 설을 공자 가의 후사로 세운 것이오. 백성들이 공손 설도 양지와 같은 경우로 여기도록 만들고자 한 것이오. 그래야만 백성들이 내가 귀신이 나타났기에 양소의 후사를 세운 것으로 오해하는 것을 막을 수 있었소."

4 7목七穆은 정목공鄭穆公의 일곱 아들의 후손을 지칭한 말이다. 『춘추좌전』「노양공 26년」 조에 따르면 자가 자전子展인 공손 사지舍之의 한씨罕氏, 자가 자서子西인 공손 하夏의 사씨駟氏, 자가 자산子産인 공손 교僑의 국씨國氏, 자가 백유伯有인 양소良霄의 양씨良氏, 자가 태숙大叔인 유길游吉의 유씨游氏, 자가 자석子石인 인단印段의 인씨印氏, 자가 백석伯石인 공손 단段의 풍씨豊氏를 말한다. 이들 7목은 노환공魯桓公의 세 아들의 후손을 3환三桓으로 통칭한 것과 같은 경우다. 원래 정목공은 아들을 13명 두었다. 장자와 차자인 정영공과 정양공은 보위에 올랐고, 나머지 11명 가운데 서자 4명을 제외한 적자 7명이 바로 '7목'의 조상에 해당한다.

유길이 탄복했다.

이보다 1년 전인 주경왕 2년인 기원전 543년, 채경공蔡景公은 태자 반般을 초나라 종녀宗女인 미씨芈氏와 결혼시켰다. 미씨는 미인이었다. 채경공이 며느리인 미씨와 사통했다. 태자 반이 그 사실을 알고 격분했다.

그가 말했다.

"아비가 아비답지 못한데 자식이 어찌 자식다울 수 있겠는가?"

그는 거짓으로 사냥을 나간다고 말하고는 심복 내시 몇 명과 함께 동궁의 내실에 잠복했다. 채경공은 태자 반이 사냥을 간 줄 알고 동궁으로 가서 곧바로 미씨의 내실로 들어갔다. 태자 반이 내시들과 함께 들이닥쳐 채경공을 칼로 쳐 죽였다. 이어 폭질暴疾로 세상을 떠났다고 열국의 제후에게 부고한 뒤 스스로 보위에 올랐다. 그가 바로 채영공蔡靈公이다.

사신이 이를 평했다.

> 태자 반이 자식으로서 아비를 시해한 것은 천고에 없는 대변大變이다. 채경공도 자부子婦를 간음해 스스로 패륜을 저질렀으니 죄가 없다고 말할 수 없다.

그러고는 시를 지어 이를 한탄했다.

옛날 위선공 자부를 간음했는데	新臺醜行汚青史
채경공은 왜 그 전철 밟았을까	蔡景如何復蹈之
태자 반은 시역의 칼 휘두르니	逆刃忽從宮內起
자진한 위나라 태자만 가련하다	因思急子可憐兒

채나라 태자 반은 채경공이 폭질로 죽었다고 부고했으나 시역의 흔적을

모두 숨길 수는 없었다. 시역의 소문이 채나라에서 사방으로 퍼져나갔다. 열국의 군신 모두 이 사실을 알게 됐다. 중원의 맹주인 진평공이 나태해 나라 밖의 일에 관심을 두지 않았다. 이런 중대한 시역행위를 응징하지 못한 이유다.

그해 가을, 송나라 궁중에서 실화에 의한 화재가 발생했다. 송평공宋平公의 부인은 노나라 출신 백희伯姬였다. 백희의 좌우 시녀들은 불이 번져오는 것을 보고 불을 피하라고 권했다.

백희가 말했다.

"부인의 예법에 따르면 '궁궐에서 비빈에게 예의범절을 가르치는 부모傅母가 곁에 없으면 여자는 밤에 방 밖으로 나가지 않는다.'고 했다. 비록 화세火勢가 박두하고 있으나 한밤중에 어찌 그 예법을 어길 수 있는가?"

그러나 보모가 내실로 달려왔을 때 백희는 이미 분사焚死한 뒤였다. 송나라 백성들이 백희의 죽음을 탄식했다.

진평공은 송나라가 진나라와 초나라의 강화를 주선한 공을 인정하고 있었던 까닭에 송나라 궁궐이 불탄 것을 안타깝게 생각했다. 곧 열국의 제후들을 전연澶淵 땅에 소집했다. 이어 각각 재물을 추렴해 송나라를 돕게 했다. 훗날 북송 때 섬서성의 안정安定 일대에서 활약해 흔히 '안정선생安定先生'으로 불린 유학자 호원胡瑗은 그 일을 이같이 평했다.

> 진평공은 채나라 태자 반이 그 아비를 시해한 중대한 죄는 토벌하지 않고 사소한 화재를 당한 송나라를 돕는 일만 도모했다. 이는 일의 경중과 대소를 분간하지 못하고 우선순위를 망각한 처사이다. 진평공이 천하의 패권을 잃은 이유다.

주경왕 4년인 기원전 541년, 송나라의 주선으로 강화를 이룬 진晉나라와 초나라는 다시 정나라의 괵虢 땅에서 우의를 다지는 대부들의 회합을 갖기로 했다.

당시 초나라에선 공자 위圍가 굴건 대신 영윤이 돼 있었다. 공자 위는 초공왕의 서자로 같은 항렬에서는 가장 연장자였다. 그는 오만불손해 남의 밑에 있는 것을 부끄럽게 여겼다.

게다가 자신의 재능과 기량을 믿고 남몰래 신하의 위치에서 벗어나고자 했다. 보위에 앉아 있는 웅균熊麇[5]이 미약한 것을 얕보고 국사를 거의 혼자 전결했다. 이어 대부 위엄薳掩[6]의 충직한 행보를 시기해 모반죄로 무함해 처형한 뒤 그 재산까지 가로챘다. 또 대부 위피薳罷와 오거伍擧[7]를 심복으로 삼아 날마다 반역을 모의했다.

하루는 공자 위가 교외로 사냥을 나갔다. 그는 무엄하게도 자기 수레에 초왕의 기를 꽂고 다녔다. 이들 일행은 사냥을 나간 김에 우읍芋邑까지 갔다. 우읍의 지방관인 우윤芋尹 신무우申無宇는 성품이 강직했다. 공자 위의 참람한 행보를 꾸짖으면서 깃발을 회수해 부고에 넣었다. 이후 그의 기세가 약간 꺾였다.

공자 위는 괵 땅의 회맹에 참석하러 가는 길에 먼저 정나라에 들러 정나라 대부 풍씨豊氏의 딸에게 장가들기 위한 빙례聘禮를 행하고자 했다.

출발하기에 앞서 초왕 웅균에게 말했다.

"우리 초나라는 이미 왕호를 쓰고 있습니다. 열국의 제후보다 지위가 높습니다. 제후와 맞먹는 의례를 갖춰야 합니다. 그래야만 초나라의 위엄을 널리 알릴 수 있습니다."

5 『춘추좌전』에는 초강왕의 아들 웅균熊麇이 웅원熊員으로도 나온다.

6 위엄薳掩의 위薳는 통상 '원'으로 읽으나 성씨로 사용될 때 '위'로 발음한다. 위蔿와 같다.

7 위피薳罷의 '피罷'는 통상 '파'로 읽으나 이름으로 사용될 때 '피'로 발음한다. 피疲와 같다. 오거伍擧는 오삼伍參의 아들로 오사伍奢의 부친이자 오자서伍子胥의 조부이다.

초왕 웅균이 이를 허락했다. 공자 위가 무엄하게도 제후의 의장儀仗을 사용했다. 의복과 기구들은 후백侯伯의 것을 본떴다. 의장병 2명으로 하여금 창을 들고 앞에 서서 자신을 인도하게 했다.

그가 정나라 도성의 교외에 당도하자 정나라 사람들은 초왕이 직접 온 줄 알고 크게 놀라 급히 사람을 궁으로 보내 초왕이 왔다고 고했다. 정간공과 군신들이 크게 놀란 나머지 밤새 교외로 달려가 포복匍匐하는 자세로 영접했다. 그들의 눈앞에 나타난 것은 초왕이 아니라 공자 위였다.

정나라 상국 자산이 눈살을 찌푸렸다. 그는 공자 위가 도성 안으로 들어오면 무슨 변이 생길까 우려했다. 접대를 맡은 행인行人 유길에게 그의 입성을 사절케 했다.

유길이 공자 위에게 말했다.

"도성 안의 관사가 몹시 헐었는데 아직 수리를 끝내지 못했습니다. 성 밖의 관사에 머물러야 하겠습니다."

공자 위가 오거에게 명해 도성 안으로 들어가 풍씨와 혼사를 의논케 했다. 정간공이 이를 허락했다. 공자 위가 친영親迎에 앞서 사람을 풍씨에게 보내 빙례를 행했다. 폐백을 담은 상자와 광주리인 광비筐篚가 아주 풍성했다.

혼례일이 다가오자 공자 위가 정나라 도성을 칠 생각을 했다. 친영을 핑계로 여러 대의 수레에 많은 병사를 태운 뒤 수레를 화려하게 꾸몄다. 도성 안으로 들어간 뒤 기회를 틈타 도성을 약탈할 생각이었다.

정나라 상국 자산이 이를 알아채고 유길에게 말했다.

"공자 위의 속셈을 헤아릴 길이 없소. 반드시 병사들을 성 밖에 떼어놓고 들어와야 할 것이오."

유길이 말했다.

"제가 성 밖의 관사에 다시 가서 그 뜻을 전하고 오겠습니다."

그러고는 성 밖 관사로 가 공자 위에게 말했다.

"듣건대 영윤이 많은 무리를 이끌고 도성 안으로 온다고 하는데 우리 도성은 협소해 많은 시종을 받아들일 수 없습니다. 청컨대 성 밖의 넓은 땅에서 신부를 맞이하는 친영의 예를 행하십시오."

공자 위가 말했다.

"귀국 군주가 과대부寡大夫 위圍에게 풍씨 딸과 혼인할 것을 허락했소. 야외에서 친영하는 것을 어찌 예라고 할 수 있겠소?"

유길이 대답했다.

"평상시에는 군사를 이끌고 다른 나라에 들어가지 않는 게 예법입니다. 하물며 혼인하는 자리에 어찌 데리고 들어올 수 있겠습니까? 만일 많은 무리를 동원해 혼인식을 성대하게 치르고자 하면 무기를 버리고 참석케 해야 할 것입니다."

오거가 가만히 공자 위에서 말했다.

"정나라 신하들이 우리의 계책을 눈치 챈 것 같습니다. 무기를 성 밖에 놓아두고 들어가십시오."

공자 위가 이를 좇아 병사들로 하여금 무기를 성 밖에 놓아둔 채 활집을 거꾸로 메고 성안으로 들어가게 했다. 이어 풍씨의 딸을 관사로 맞아들여 혼인식을 치렀다. 그런 뒤 회맹장소인 괵 땅으로 갔다.

진나라 상국 조무趙武를 위시해 송나라와 노나라, 제나라, 위나라, 진陳나라, 채나라, 정나라 허나라 등 열국을 대표한 대부들이 먼저 와 있었다.

공자 위가 사람을 시켜 조무에게 자신의 뜻을 전하게 했다.

"우리 초나라와 진나라는 전번에 송나라에서 강화하고 전쟁을 하지 않기로 맹서했소. 이번 회맹은 두 진영의 우호를 다지는 취지에서 개최한 것이니 다시 맹서를 하거나 삽혈을 할 필요가 없소. 송나라 성문 앞에서 맹서한 전날의 맹서를 다시 읽고 열국의 대부들로 하여금 그 맹서를 잊지 않도록 하는 것으로 족할 것이오."

초나라 사자가 돌아가자 대부 기오祁午가 조무에게 말했다.

"공자 위의 말은 우리가 이번 회맹을 주도할까 두려워해 한 말입니다. 전번은 우리가 초나라에 회맹을 주도하도록 양보했습니다. 이번은 우리가 주도해야 합니다. 만일 전날의 맹서를 읽고 말면 이번에도 초나라가 주도한 셈이 됩니다. 정경正卿의 생각은 어떻습니까?"

조무가 대답했다.

"초나라 공자 위가 이번 맹회에 참석해 자기 거처를 부들을 엮어 왕궁처럼 만들고 의전도 초왕과 다르지 않게 행하고 있소. 밖으로만 높이는 체하는 게 아니라 반역을 도모할 뜻을 품고 있는 듯하오. 차라리 그의 말을 들어줘 그의 마음이 더욱 교만해지도록 부추기는 게 낫겠소."

기오가 말했다.

"비록 그렇기는 하나 전번에 굴건이 우리를 겁박하려고 옷 속에 갑옷을 입고 회맹에 참여했습니다. 다행히 불발로 그쳤으나 지금 공자 위는 굴건보다 더 심한 것 같습니다. 정경은 응당 불의의 사태에 대비해야 할 것입니다."

조무가 대답했다.

"이번에 다시 우호를 다지는 것은 전쟁을 하지 않기로 한 맹서를 다시 확인하려는 게 기본 취지요. 나는 그런 신의를 지키는 것만 알 뿐 그 밖의 것은 모르오."

이튿날 열국을 대표한 대부들이 모두 단 위에 올라갔다. 공자 위는 조무로 하여금 전날의 서서誓書를 읽게 했다. 조무가 시키는 대로 서서를 읽었다.

괵 땅의 맹회가 끝나자 공자 위가 급히 초나라로 돌아갔다. 열국 대부들은 공자 위가 장차 초왕의 자리에 오를 것이라고 짐작했다.

사신이 시를 지은 게 있다.

공자로서 부귀 누리면 그만이지 任敎貴倨稱公子
굳이 초왕 위의 본받으려 하나 何事威儀效楚王
열국 모두 초나라 위기 알건만 列國盡知成跋扈
초당의 제비처럼 겹오만 모르다 郟敖燕雀尙怡堂[8]

조무는 내심 공자 위가 시키는 대로 고분고분 서서를 읽은 것을 부끄럽게 생각했다. 그는 이 일이 구설수에 오를까 불안했다. 열국의 대부들을 만날 때마다 변명키를, '나는 약속한 대로 신의를 지켰을 뿐이다.'라고 했다.

그는 귀국 도중 정나라를 지나면서 마침 노나라 대부 숙손표와 동행케 됐다. 조무가 그 일에 대해 거듭 변명했다. 숙손표가 물었다.

"정경은 전쟁을 하지 않기로 한 약속이 끝까지 지켜질 것이라고 봅니까?"

조무가 대답했다.

"우리 신하들은 국록이나 받아먹고 조석으로 세상의 안녕을 도모할 뿐이오. 어느 겨를에 먼 장래의 일까지 생각하겠소?"

숙손표가 조무와 작별하고 정나라 대부 한호에게 말했다.

"조무는 조만간 죽을 것 같소. 그의 말을 들어보니 눈앞의 일만 생각할 뿐 앞날을 도모하려는 마음이 조금도 없소. 아직 50세도 안 된 사람이 80–90세 먹은 노인 같으니 어찌 오래 살겠소?"

8 겹오연작상이당郟敖燕雀尙怡堂의 겹오郟敖는 초왕 웅균을 말한다. 재위 도중 시해를 당한 까닭에 왕호가 없다. 겹郟 땅에 묻힌 까닭에 '겹오'로 불리게 됐다. '오'는 당초 초나라 최고의 관직으로 존재하다가 점차 영윤보다 등급이 낮아진 막오莫敖를 뜻한다. 참새가 아직도 초당草堂에 둥지를 튼 것을 즐긴다는 뜻의 연작상이당燕雀尙怡堂은 극히 위험한 상황을 의미한다. 『춘추좌전』「노양공 29년」조는 제비가 천막 위에 둥지를 틀고도 위험한 줄 모른다는 뜻의 연소막상燕巢幕上으로 표현해 놓았다.

과연 조무는 진나라로 돌아간 뒤 얼마 안 돼 세상을 떠났다. 한기韓起가 뒤를 이어 상국이 됐다.

초나라 공자 위가 귀국했을 때 초왕 웅균은 마침 병이 나 내궁의 침상 위에 누워 있었다. 공자 위는 병문안을 위해 그의 침실로 갔다. 그 자리서 기밀 사항을 고한다는 핑계를 대고 병시중을 들고 있는 비빈과 시신들을 밖으로 내보냈다.

이어 자신의 갓끈으로 웅균의 목을 졸랐다. 웅균이 이내 숨을 거뒀다. 웅균에게 두 아들이 있었다. 공자 막幕과 평하平夏였다. 어린 두 공자는 내궁에 변이 일어났다는 이야기를 듣고 곧바로 칼을 뽑아들고 내궁으로 가 공자 위에게 달려들었다. 그들은 공자 위의 용력을 당해내지 못했다. 두 공자 모두 살해당하고 말았다.

초왕 웅균에게는 또 2명의 동생이 있었다. 한 사람은 자가 자간子干인 웅비熊比로 우윤으로 있었다. 또 한 사람은 자가 자석子晳인 웅흑굉熊黑肱으로 궁중 마구간을 총괄하는 궁구윤宮廐尹으로 있었다. 두 사람은 웅균 3부자가 피살됐다는 소식을 듣고 자신들에게도 화가 미칠까 두려워했다. 웅비는 진晉나라, 웅흑굉은 정나라로 출분했다.

공자 위가 열국에 사자를 파견해 부고를 전하게 했다.

"과군 균麇이 무록즉세無祿卽世[9]했습니다. 과대부 위圍가 보위를 이어야만 했습니다."

9 무록즉세無祿卽世가 『열국지』 원문에는 불록즉세不祿卽世로 나온다. '불록'과 '즉세' 모두 죽음에 대한 아어雅語이다. '불록'은 원래 선비의 죽음을 뜻한다. 『춘추좌전』「노성공 13년」 조에 '무록無祿, 헌공즉세獻公卽世' 표현이 나온다. 여기의 '무록'은 원래 복록이 없다는 뜻으로 여기서는 '불행히도'의 부사어로 사용된 것이다. 공자 위가 열국의 제후들에게 부고를 보내면서 초왕 웅균의 죽음을 두고 선비들의 죽음을 뜻하는 '불록'으로 표현했을 가능성은 거의 없다고 보는 게 합리적이다. 풍몽룡은 '불록'과 '무록'의 차이를 간과한 듯하다. 즉세卽世는 거세去世와 같은 말로 제후 등 신분이 높은 사람의 죽음을 의미한다. 여기의 즉卽은 봉황의 울음소리인 즉즉卽卽을 가리킨다.

당시 오거는 빙문 차 정나라에 와 있었다. 그는 부고를 전하러 온 초나라 사자에게 초왕 겹오의 후계자인 공자 위를 어떻게 표현해야 좋을지 물었다. 사자가 대답했다.

"공자 위는 초공왕의 여러 아들 가운데 가장 맏이고, 선왕에게는 후가 없으니 공자 위가 보위를 계승할 수밖에 없습니다."

공자 위는 즉위한 뒤 이름을 웅건熊虔으로 바꿨다. 그가 바로 초영왕楚靈王이다. 그는 위피薳罷를 영윤, 정단鄭丹을 우윤, 오거伍擧를 좌윤, 투성연鬪成然을 도성 주변을 관장하는 교윤郊尹으로 삼았다.

당시 태재 백주리伯州犁는 공무를 수행하기 위해 겹 땅에 가고 없었다. 초영왕은 백주리가 자신에게 복종하지 않을까 염려해 사람을 겹 땅으로 보내 그를 죽이게 했다. 이어 죽은 초왕 웅균을 겹 땅에 장사 지냈다. 후대인이 웅균을 겹오郟敖로 부른 이유다. 죽은 백주리를 대신해 대부 위계강薳啓疆을 태재로 임명했다. 또 장자 녹祿을 태자로 세웠다.

초영왕은 평소 소원대로 자신의 뜻을 이루자 더욱 교만하고 방자하게 행동했다. 내심 진晉나라를 제치고 천하의 패권을 차지할 생각을 품었다. 곧 오거로 하여금 진나라로 가서 중원의 제후들로 하여금 초나라의 말을 듣게 해 달라고 요청하게 했다. 동시에 아내로 맞아들인 정나라 풍씨의 딸은 지체가 낮아 초왕의 부인으로 삼기에는 적당치 않다고 생각해 진평공의 딸에게 구혼하게 했다.

진평공은 조무가 마침 세상을 떠난 상황에서 초나라가 강성해진 것을 두려워했다. 초영왕의 청혼을 거절하지 못한 이유다. 그는 오거가 전한 2가지 청을 모두 수락했다. 때는 주경왕 6년이자, 초영왕 2년인 기원전 539년 12월 겨울이었다. 당시 정간공과 허도공許悼公이 초나라에 왔다. 초영왕은 두 군주에게 도성인 영郢에 머물러 있게 하면서, 진나라에 간 오거가 돌아오기를 기다렸다.

오거가 돌아와 복명했다.

"진후晉侯가 2가지 요청을 모두 수락했습니다."

초영왕이 크게 기뻐했다. 곧바로 사자를 시켜 열국의 제후에게 명년 봄 3월에 신申 땅에서 회맹할 터이니 모두 참석해 달라고 통보했다.

정간공이 먼저 신 땅으로 가서 제후들을 영접하겠다고 자청했다. 초왕이 승낙했다.

이듬해 봄, 열국의 제후들이 신 땅의 회맹에 참석키 위해 속속 모여들었다. 다만 노나라와 위나라 군수는 바쁜 일을 핑계로 참석치 않았다. 송나라는 송평공宋平公을 대신해 대부 상술을 보냈다. 그 밖에 채나라와 진陳나라, 서徐나라, 등滕나라, 돈頓나라, 호胡나라, 심沈나라, 소주小邾나라 등 초나라 진영의 열국이 대거 참석했다.

초영왕은 많은 병거를 이끌고 신 땅으로 가 열국의 제후와 상면했다.

초나라 우윤 오거가 초영왕에게 말했다.

"신이 듣건대, 패업을 도모코자 하는 자는 반드시 먼저 열국 제후들의 마음을 얻어야 하고, 제후들의 마음을 얻으려면 반드시 예법을 지켜야 한다고 했습니다. 이제 대왕이 처음으로 진晉나라에 청해 열국의 제후들을 모았습니다. 송나라 대표인 상술과 정나라 대표인 자산 같은 사람은 열국의 대부들 내에서 모두 준량俊良한 사람들로 예법에 밝은 것으로 알려졌습니다. 신중히 처신하지 않을 수 없습니다."

초영왕이 오거에게 물었다.

"제후들을 규합하는 옛날의 예법은 어떠했소?"

오거가 대답했다.

"하나라 군주 계啓는 균대鈞臺에서 제후들에게 향연을 베풀었고, 은나라 군주 탕湯은 경박景亳에서 제후들에게 명을 내렸고, 주무왕周武王은 맹진孟津에서 제후들과 맹서했고, 주성왕周成王은 기양岐陽에서 제후들을 크게 소집했고, 주강왕周康王은 풍궁酆宮에서 제후들의 조례를 받았고, 주목왕周穆王은 도산塗山에서 대회를 열었고, 제환공齊桓公은 소릉召陵에서 제후들에게 군사의 위엄을 보였고, 진문공晉文公은 천토踐土에서 맹약했습니다. 이상 말한 것이 열국의 제후를 합치고 천하 패권을 잡았던 6왕 2공의 사적입니다. 이들 6명의 왕과 2명의 패자인 이른바 6왕2공六王二公이 제후들을 모은 것은 모두 예법을 좇았기 때문입니다. 대왕은 이들이 행한 여러 모습 가운데 하나를 택하십시오."

초영왕이 말했다.

"과인의 목표는 제후들의 패주가 되는 것이오. 응당 제환공이 소릉에서 제후들에게 위엄을 보인 전례를 따를 생각이오. 다만 그 예절이 어떠했는지 알지 못하오."

오거가 대답했다.

"무릇 6왕2공의 예법을 신도 듣긴 했지만 그 자세한 걸 배우진 못했습니다. 들은 바에 의하면, 제환공은 우리 초나라를 치려고 군사를 이끌고 소릉 땅까지 와서 주둔했다고 합니다. 초나라에서 대부 굴완을 제나라 군중에 보내 강화를 교섭하게 했습니다. 제환공이 송나라와 노나라 및 정나라 등 자신이 이끌고 온 8개국의 군사와 병거를 대대적으로 늘어놓고 위세를 과시했습니다. 연후에 열국의 제후들을 이끌고 굴완과 맹약했습니다. 이제 열국의 제후들이 우리 초나라에 새로 복종하게 됐습니다. 대왕 역시 여러 제후들이 우리 초나라에 귀부한 그 강성한 세력을 과시해 회맹에 참석치 않은 제후들에게 두려움을 준 뒤 다시 회맹해 두 마음을 품은 제후를 치십시오. 그러면 어느 누가 감히 우리에게 복종하지 않겠습니까?"

초영왕이 말했다.

"과인도 제환공이 우리 초나라를 친 전례를 좇아 우리에게 복종하지 않은 나라를 치고자 하는데 어느 나라를 먼저 치는 게 좋겠소?"

초영왕이 제후들을 크게 모아 회맹하다

오거가 대답했다.

"제나라 대부 경봉이 군주를 시해하고 오나라로 달아나 있습니다. 오나라는 그 죄를 벌하기는커녕 그를 우대해 주방朱方 땅에 가서 살게 했습니다. 경봉은 그곳으로 일족을 끌어들여 함께 살면서 제나라에 있을 때보다 오히려 더 부유하다고 합니다. 제나라 사람들 모두 그에게 분노를 품고 있다고 합니다. 더구나 오나라는 우리나라의 원수입니다. 대왕이 군사를 보내 경봉의 죄를 응징한다는 명분으로 오나라를 치면 일거양득一擧兩得에 해당합니다."

초영왕이 말했다.

"좋은 생각이오."

그러고는 우선 초나라 군사와 병거를 크게 도열시킨 뒤 강성한 군세를 과시하며 제후들을 위압했다. 연후에 신 땅에 단을 설치하고 그 위에 올라가 제후들과 회맹의 의식을 치렀다.

서徐나라 군주의 모친이 오희吳姬인 것을 알고는 오나라에 붙을까 의심했다. 서나라 군주를 3일 동안 억류한 이유다. 서나라 군주는 초나라가 오나라 토벌에 나설 때 향도嚮導 역할을 할 것을 자원해 간신히 풀려날 수 있었다.

마침내 초영왕이 대부 굴신屈申에게 명해 제후들의 군사를 이끌고 오나라를 치게 했다. 이들이 곧 주방 땅을 포위했다. 굴신이 경봉을 포획한 뒤 경씨 일족을 몰살했다. 이어 오나라 군사가 엄중히 방비하고 있는 것을 알고는 더 이상 진격하지 않고 신 땅으로 회군했다.

굴신이 경봉을 초영왕 앞에 바치고 상을 청했다. 초영왕이 즉시 경봉을 죽여 그 시체를 열국의 제후들에게 구경시킬 작정이었다.

오거가 간했다.

"신은 허물이 없는 자만이 사람을 죽일 수 있다는 뜻의 '무하자無瑕者, 가이육인可以戮人' 이야기를 들었습니다. 경봉을 죽이는 과정에서 그가 말을 뒤집어 주상을 헐뜯을까 두렵습니다."

그러나 초영왕은 듣지 않았다. 그는 결박당한 경봉의 등에 도끼를 짊어지우고 군대 앞에 끌어내 꿇어앉혔다. 이어 군졸을 시켜 칼을 경봉의 목에 대고 이같이 말하게 했다.

"열국의 대부들은 내 말을 들으시오! 제나라 경봉처럼 자신의 군주를 시해하고 외로운 태자를 핍박한 대부가 있으면 그 자와는 맹서하지 마시오."

경봉이 큰 소리로 외쳤다.

"열국 대부들은 내 말을 들으시오! 초공왕의 서자 공자 위처럼 자신의 조카인 균을 시해하고 대신 보위를 차지한 자가 있으면 그런 제후와는 맹서하지 마시오."

그 말을 들은 사람들 모두 입을 가리고 웃었다. 초영왕이 크게 부끄러워했다. 군졸을 시켜 속히 목을 베게 했다.

호증 선생이 이를 시로 읊었다.

역적이 오히려 역적을 잡아 죽이려니	亂賊還將亂賊誅
역부족으로 잡혔으나 어찌 수긍할까	雖然勢屈肯心輸
초영왕은 불의를 친다고 자랑했지만	楚虔空自誇天討
초장왕이 하징서를 죽인 것만 못하다	不及莊王戮夏舒

초영왕은 맹회를 마친 뒤 신 땅에서 귀국했다. 그는 굴신이 오나라 주방 땅만 치고 회군한 것을 못마땅하게 생각했다. 내심 '굴신이 오나라로 깊숙이 들어가지 않은 것은 오나라와 내통한 탓인 아닌가?'라고 의심한 나머지 마침내 그를 죽였다. 그 대신 굴생屈生을 대부로 삼았다.

당시 진나라에 갔던 초나라 대부 위피薳罷는 진평공의 딸 희씨姬氏를 모시고 돌아왔다. 초영왕이 희씨를 부인으로 삼고 위피를 영윤으로 삼았다.

그해 겨울, 오왕 이말夷昧이 군사를 이끌고 가 초나라를 쳤다. 오나라 군사가 초나라 동쪽에 있는 극棘, 역櫟, 마麻 땅의 세 곳을 노략질하고 돌아갔다. 초나라 군사가 주방 땅을 친 것에 앙갚음을 한 것이다.

초령왕이 대로했다. 다시 제후들의 군사를 일으켜 오나라를 쳤다. 당시 월왕 윤상允常은 늘 오나라의 침략 때문에 골치를 앓고 있었다. 그는 대부 상수과常壽過에게 명해 군사를 이끌고 제후들의 군사와 합세해 오나라를 치게 했다.

초나라 장수 위계강이 선봉이 되어 수군을 이끌고 오나라 작안鵲岸에 이르렀으나 오나라 군사에게 패했다. 마침내 초영왕은 직접 대군을 이끌고 장강의 나예羅汭에 상륙했다.

오왕 이말이 이번에는 종제인 궐유蹶由로 하여금 나예로 가서 초나라 군사를 호궤하게 했다. 초영왕이 화가 나 궐유를 포박했다. 그를 죽여 그 피를 새로 만든 북에 뿌리는 이른바 흔고釁鼓의 의식을 치를 생각이었다.

이에 앞서 초영왕이 사람을 시켜 궐유에게 묻게 했다.

"네가 이곳으로 올 때 너의 길흉을 쳐 봤는가?"

궐유가 태연히 대답했다.

"점을 쳐보니 길했소."

사자가 말했다.

"우리 대왕이 장차 너를 죽인 뒤 '흔고'의 의식을 지내려고 하는데 무엇이 길하단 말인가?"

궐유가 말했다.

"우리 오나라가 나를 보낼 때 점을 친 것은 오나라 사직을 위해 그런 것이지 나 개인의 길흉을 점친 게 아니오. 과군이 나에게 초나라 군사를 호궤하도록 한 것은 초왕이 얼마나 노했는지 알아보기 위한 것이오. 그래야 우리도 방어의 완급을 조절할 수 있기 때문이오. 초왕이 사자인 나를 호의로 맞이하면 우리 오나라는 방어에 힘쓰지 않을 것이니 초나라는 우리를 공격하기 쉬울 것이오. 그러나 나를 죽여 '흔고'의 의식을 치르면 오나라는 초왕의 진노가 크다는 것을 알고 곧바로 군비에 전력을 기울일 것이오. 그러면 우리는 초나라의 공격을 여유 있게 막아낼 것이오. 어느 쪽이 초나라에 더 유리하겠소?"

초영왕이 그 말을 전해 듣고 말했다.

"궐유는 현사賢士이다."

그러고는 석방해 돌아가게 했다. 초나라 군사가 오나라 경계에 이르렀다.

오나라 군사가 국경의 관새關塞를 엄히 방비하고 있었다. 방어망을 뚫고 쳐들어갈 수 없었다. 결국 회군했다. 초영왕이 돌아오면서 탄식했다.

"오나라를 공격하기가 이토록 힘들 줄 모르고 지난번에 굴신을 잘못 죽였다!"

그는 귀국 후 대군을 이끌고 오나라를 쳤다가 아무 공도 이루지 못하고 빈손으로 돌아온 것을 부끄럽게 생각했다. 수치를 씻기라도 하려는 듯 토목공사를 크게 일으켰다. 토목공사를 통해 초나라의 풍부한 물력物力과 성대한 제도制度를 과시코자 한 것이다.

토목공사의 일환으로 세워진 궁이 바로 장화궁章華宮이다. 가로 세로 길이가 40리나 되었고, 한가운데에 사방을 볼 수 있는 높은 누대를 세웠다. 누대의 높이는 30장丈이나 되었다. 장화궁의 그 누대를 일명 삼휴대三休臺라고 했다. 너무나 높아 꼭대기까지 오르려면 누구나 3번은 쉬어야 오를 수 있기에 붙은 별명이다. 궁실을 비롯해 정자와 다락인 정사亭榭를 모두 장려하게 꾸몄다.

장화궁 둘레에는 궁을 짓는데 동원된 백성들의 민가가 빼곡히 들어서 있었다. 그래도 일손이 부족했다. 죄를 짓고 타국으로 도망간 자들도 사면을 조건으로 불러들여 투입했다.

장화궁이 준공되자 초영왕은 사자를 열국에 보내 제후들을 모두 낙성식落成式에 초청했다.

제후들이 얼마나 참석했는지 알 길이 없으니 다음 회를 보라.

제68회

135話 사기궁 낙성 때 사광이 새 노래를 변별하다
-하사기사광변신성賀虒祁師曠辨新聲

초영왕은 기이한 성미인 벽성僻性이 있었다. 허리가 가는 이른바 세요細腰를 편집적으로 좋아하는 게 그것이다. 남녀를 불문하고 허리가 굵고 큰 사람은 마치 눈에 못이라고 박힌 양 미워했다.

장화궁이 낙성되자 초영왕은 허리가 가는 미인만 선발해 거처하게 했다. 사람들이 장화궁을 일명 세요궁細腰宮이라고 부른 이유다. 많은 궁녀들이 초영왕의 눈에 들기 위해 허리를 가늘게 만들려고 배고픔을 참고 허리를 졸라맸다. 심지어 굶어 죽으면서도 후회하지 않는 궁녀까지 등장했다.

국인들도 그 영향을 받았다. 허리를 가늘게 만드는 일이 시중에 유행한 이유다. 국인들 모두 허리가 굵은 것을 추악하게 여긴 까닭에 감히 포식飽

食하는 자가 없었다. 문무백관도 조정에 들어갈 때는 띠로 허리를 묶어 허리가 가는 것처럼 보이게 했다. 초영왕의 증오를 모면코자 한 것이다.

초영왕은 세요궁에서 허리가 가는 미녀와 함께 노니는 것을 좋아했다. 매일 세요궁에 가서 먹고 마셨다. 세요궁 안에는 밤낮으로 관현管絃의 소리가 그치지 않았다.

하루는 초영왕이 장화궁의 누대에 올라 관현의 소리를 들으면서 환음歡飮했다. 이때 문득 누대 아래서 떠들썩한 소리가 들렸다. 장화궁의 수문장인 반자신潘子臣이 한 관원을 데리고 나타났다.

초영왕이 보니 우芋 땅의 신무우申無宇였다. 의외의 사람이 나타난 걸 보고 크게 놀라 물었다.

반자신이 대신 대답했다.

"신무우가 왕명도 없이 왕궁으로 틈입闖入해 멋대로 수졸守卒 한 사람을 체포하는 무례를 저질렀습니다. 잡아 가려고 했습니다. 이런 무례한 행동이 어디 있습니까? 이것이 신이 맡고 있는 부서에서 생긴 일인 만큼 책임상 신무우를 끌고 왔습니다. 왕은 그의 죄를 다스리십시오."

초영왕이 신무우에게 물었다.

"그대는 누구를 잡아가려고 했는가?"

신무우가 대답했다.

"신의 집 문지기입니다. 그는 문을 지키지 않고 담을 넘어 안채로 들어와 신의 주기酒器를 훔쳤습니다. 발각되자 곧바로 달아났습니다. 1년 남짓 찾았으나 결국 잡지 못했습니다. 이제야 그가 장화궁으로 들어와 수졸 노릇을 하고 있는 것을 알았습니다. 신이 궁으로 들어와 체포한 이유입니다."

초영왕이 말했다.

"그가 이미 과인을 위해 궁을 지키고 있는데 용서해 주도록 하라."

신무우가 대답했다.

"하늘에 10개의 천간天干이 있고, 사람에게 10개의 등급이 있습니다. 왕王으로부터 시작해 공公, 경卿, 대부大夫, 사士, 조皂, 여輿, 요僚, 복僕, 대臺가 그것입니다. 아래로 내려가면서 윗사람의 신하로 복종하게 되어 있습니다. 그래야만 윗사람이 아랫사람을 제어하고, 아랫사람으로 하여금 윗사람을 섬기게 할 수 있습니다. 위아래가 서로 질서를 유지해야 나라가 어지럽지 않습니다. 신이 죄를 지은 문지기를 법에 따라 처벌해야 하는데도 왕궁의 수졸이라는 이유로 처벌하지 못하면 나라의 질서가 무너지고 도적이 공공연히 횡행할 것입니다. 그러면 누가 도적을 금할 수 있겠습니까? 차라리 죽을지언정 대왕의 명을 받들 수 없습니다."

초영왕이 말했다.

"경의 말이 옳소."

그러고는 좌우에 명해 수졸을 신무우에게 내주게 했다. 신무우가 왕궁으로 들어와 함부로 수졸을 포박한 죄는 불문에 붙였다. 신무우가 초영왕에게 사은하고 물러났다.

며칠 후 노나라에 갔던 위계강이 노소공과 함께 초나라로 돌아왔다. 초영왕이 크게 기뻐했다. 위계강이 보고했다.

"노후魯侯는 당초 우리나라에 오지 않으려고 했습니다. 신이 지난날 노성공魯成公이 초나라 대부 영제嬰齊와 촉蜀 땅에서 우호관계를 맺은 과거사를 들추며 재삼 함께 올 것을 촉구했습니다. 노후가 계속 난색을 표시하기에 노나라를 치겠다고 위협했습니다. 그제야 두려움을 느끼고 행장을 꾸려 따라왔습니다. 노후는 예법에 밝다고 합니다. 대왕도 예법에 주의해 노후의 비웃음을 사지 않도록 하십시오."

초영왕이 물었다.

"노후의 생김새는 어떠한가?"

위계강이 대답했다.

"얼굴이 희고 키가 크며 수염이 한 자 남짓합니다. 용모가 볼 만합니다."

초영왕은 내밀히 전령傳令했다. 키가 크고 수염이 길며 용모가 뛰어난 출색出色의 인물 10명을 선발한 뒤 화려한 의관을 갖추고 3일 동안 예절을 익히게 했다. 이들을 빈객을 접대하는 빈상賓相으로 삼아 노소공을 영접케 했다. 노소공은 초나라에 그토록 뛰어난 인물이 많은 것을 보고 크게 놀랐다.

초영왕이 노소공과 함께 장화궁을 구경했다. 노소공은 장려한 궁전과 정원을 보고 크게 칭찬했다.

초영왕이 물었다.

"상국上國에도 이런 아름다운 궁실이 있소?"

노소공이 공손히 허리를 굽히는 국궁鞠躬의 자세로 대답했다.

"폐읍敝邑은 작고 협소한 현소褊小한 나라입니다. 어찌 상국의 장려한 궁궐의 1만분의 1이나 되겠습니까?"

초영왕의 얼굴에 교만한 빛이 떠올랐다. 그는 노소공과 함께 높은 누대 위로 올라갔다. 누대는 과연 얼마나 높았을까? 이를 뒷받침한 시가 있다.

누대의 절반이 구름 위로 솟아	高臺半出雲
우러러 쳐다봐도 끝이 없어라	望望高不極
굽어보니 초목 크기 구별 없고	草木無參差
산과 강 빛깔은 모두 하나같다	山河同一色

높은 누대는 계단을 따라 돌고 돌아 올라가게 되어 있었다. 올라가다 쉬어갈 수 있는 곳이 3곳 설치돼 있었다. 그곳은 화려한 낭하廊下와 굽은 난간으로 꾸며져 있었다.

거기에는 각지에서 선발한 20세 미만의 미동美童이 선명하고 화려한 옷을 입고 대기하고 있었다. 그 모습이 부인婦人과 닮았다. 그들은 조각을 한 술상과 옥잔을 받든 채 도성인 영도에서 유행하는 노래를 부르며 술을 권했다. 악사들은 금석사죽金石絲竹의 각종 악기를 연주했다.

초영왕과 노소공이 누대의 정상에 올랐을 때 음악소리가 더 화사하게 울려 퍼졌다. 두 사람은 마치 천상에라도 오른 것 같았다. 서로 술잔을 주고받을 때마다 불어오는 바람을 따라 여인의 분 냄새와 꽃향기가 어울려 스며들었다. 마치 신선들이 사는 동부洞府에 들어온 듯해 정신이 혼미해지고, 인간 세상에 있는 것조차 잊을 지경이었다.

초영왕과 노소공이 대취한 뒤 헤어졌다. 헤어질 때 초영왕이 노소공에게 대굴大屈이라는 활을 선사했다. 초나라 부고에 소장돼 있는 보궁寶弓이었다.

이튿날 술에서 깬 초영왕은 활을 내준 것을 내심 몹시 아깝게 생각하며 후회했다. 위계강을 불러 자신의 속마음을 털어 놓았다.

위계강이 말했다.

"신이 노후魯侯로 하여금 도로 반환토록 하겠습니다."

그러고는 곧 공관公館으로 가서 시치미를 떼고 거짓으로 꾸며 말했다.

"과군이 어제 연회 자리에서 군후에게 무슨 선물이라도 했습니까?"

노소공은 대굴을 꺼내 위계강에게 보였다. 위계강이 그 활을 보고 곧바로 일어나 재배하고 나서 칭하稱賀했다.

노소공이 물었다.

"활 하나를 받았는데 뭐가 그리 대단해 칭하하는 것이오?"

위계강이 대답했다.

"이 활은 그 명성이 천하에 널리 알려져 있습니다. 전에 제나라와 진晉나라, 월나라가 모두 우리 초나라에 사람을 보내 이 활을 달라고 청했으나 과군은 어느 나라는 주고 어느 나라는 안 줄 수 없어 그 요청을 모두 거절했습니다. 그런 보물을 이제 군후에게 내줬으니 세 나라 군주가 달라고 요청할 것입니다. 노나라가 이를 허락지 않으려면 그들의 강청을 막기 위해 나라의 방비를 단단히 해야 할 것입니다. 노나라가 이런 보물을 갖게 됐으니 어찌 감히 칭하하지 않을 수 있겠습니까?"

노소공이 사람을 시켜 그 활을 도로 초나라에 반환했다. 이어 초영왕에게 작별을 고하고 노나라로 돌아갔다.

오거가 이 소문을 듣고 탄식했다.

"우리 왕은 제 명에 죽지 못하겠구나. 장화궁의 낙성식에 여러 제후를 초청했지만 아무도 오지 않았다. 겨우 노후만이 끌려오다시피 왔는데 활 하나를 주었다가 다시 빼앗았으니 그런 신의 없는 짓이 어디 있는가? 무릇 자기 것을 남에게 줄 줄 모르는 사람은 반드시 남의 것을 빼앗게 마련이다. 남의 것을 빼앗으면 반드시 그만큼 원망을 사는 법이다. 그러고도 어찌 빨리 망하지 않을 수 있겠는가?"

그때가 주경왕 10년인 기원전 535년이었다.

당시 진평공은 초영왕이 장화궁을 짓고 열국의 제후를 초청했다는 소문을 듣고 대부들에게 말했다.

"초나라는 만이蠻夷의 나라인데 오히려 장려한 궁을 지어 제후들에게 자랑했소. 우리 진晉나라가 어찌 초나라보다 못해서야 되겠소?"

대부 양설힐이 나서서 말했다.

"패자伯者가 제후들을 덕으로 복종시켰다는 말은 들었으나 궁실로 복종시켰다는 말은 듣지 못했습니다. 이번에 초나라가 장화궁을 지은 것은 덕을 잃었기에 이를 은폐코자 한 것입니다. 주공이 무엇 때문에 이를 본받으려고 하는 것입니까?"

진평공은 이를 듣지 않았다. 곡옥曲沃의 분수汾水 곁에 새 궁실을 지었다. 궁실은 규모가 장화궁만 못했으나 정미精美한 점에서는 장화궁을 능가했다.

진평공은 그 궁실의 이름을 사기궁虒祁宮이라고 명명했다. 이어 사자들을 열국의 제후들에게 보내 사기궁 준공 소식을 널리 알렸다.

염옹이 시를 지어 이를 탄식했다.

초왕이 장화궁 짓자 원성 높았는데 章華築怨萬民愁
무도하게 초왕 본받아 사기궁 짓다 不道虒祁復效尤
패주에게 원략이 없는 걸 비웃으니 堪笑伯君無遠計
토목공사 일으켜 제후 부른 까닭에 卻將土木召諸侯

열국의 제후들은 사기궁을 준공했다는 진晉나라의 통보를 받고 진평공을 비웃었다. 그러나 사자를 보내 경하하지 않을 수 없었다.

정간공鄭簡公 가嘉는 전에 초영왕이 주최한 맹회에 참석하느라 진晉나라에 조례하러 간 일이 없었던 까닭에 조만간 한번 조례하러 갈 생각이었다. 위영공衛靈公 원元 역시 즉위한 뒤 진평공을 만난 적이 없었다. 두 나라 군주는 이번 기회에 진나라에 가서 친선을 도모코자 했다.

두 나라 군주 가운데 위영공이 먼저 당도했다. 그는 사기궁으로 가는 도중 날이 저물 때쯤 복수濮水 기슭에 이르렀다. 역사驛舍에서 하룻밤 유숙하게 됐다.

객지에 온 까닭에 밤이 늦도록 잠을 이루지 못했다. 이때 문득 고금鼓琴의 소리가 귀에 들려왔다. 이불을 헤치고 일어나 앉아 베개를 의지하고 악기를 들었다. 비록 희미하기는 하나 맑은 소리여서 가락을 분별할 수 있었다. 이제까지 악공이 연주한 적이 없는 새로운 곡이었기 때문이다.

그가 좌우 시종들에게 들어본 적이 있는지 물었다. 하나같이 입을 모아 말했다.

"들은 적이 없습니다."

위영공은 원래 음악을 좋아했다. 위나라에는 연涓이라는 태사太師가 있었다. 뛰어난 악사여서 새로운 곡을 잘 만들었다. 사시四時에 관한 곡도 만든 적이 있다.

위영공이 사연師涓을 총애한 까닭에 어디를 가든 반드시 데리고 갔다. 좌우 시종을 시켜 그를 데려오게 했다. 사연이 숙소로 왔을 때 연주가 계속되고 있었다.

위영공이 말했다.

"내가 시험 삼아 들어보니 귀신이 연주하는 것과 파사頗似하지 않소?"

사연이 그 소리를 조용히 앉아서 들었다. 소리는 한참 뒤에야 끝났다.

사연이 말했다.

"그 소리의 대략을 알았습니다. 청컨대 주공은 내일 하룻밤만 더 이곳에 머무십시오. 신이 그 소리를 제대로 베끼겠습니다."

위영공이 이를 좇아 하룻밤을 더 머물렀다. 그날 밤 자정께가 되자 그 소리가 다시 들려왔다. 사연이 거문고를 무릎 앞에 당겨놓고 그 소리에 따라 거문고를 타며 가락을 익혔다. 그는 가락을 완전히 익혔다.

이후 위영공은 곡옥 땅 분수 가의 사기궁에 도착한 뒤 진평공을 만나 조례를 행했다. 의식이 끝나자 진평공은 사기궁의 누대에서 연회를 베풀고 위영공을 대접했다. 술이 얼근히 취하자 진평공이 위영공에게 물었다.

"과인은 위나라에 사연이라는 뛰어난 악사가 있는데 새 곡조를 잘 만든다고 들었소. 이번에 그 사람을 데리고 왔소?"

위영공이 일어나 대답했다.

"지금 누대 아래 와 있습니다."

진평공이 말했다.

"과인을 위해 그 사람을 이 자리에 부를 수 있겠소?"

위영공은 사연을 누대 위로 불렀다. 동시에 진평공도 진나라의 태사인 사광師曠을 불렀다. 사광은 소경이기 때문에 돕는 사람이 그를 부축해 데리고 나왔다. 사광과 사연은 누대의 계단에서 머리를 조아리며 참알參謁했다. 진평공이 사광에게 자리를 주어 앉게 하고, 사연은 그 곁에 앉게 했다.

진평공이 사연에게 물었다.

"근일近日 새로 지은 곡이 있소?"

사연이 대답했다.

"진나라로 오는 도중 마침 듣게 된 가락이 하나 있습니다. 거문고를 내주면 한번 그 곡을 탄주해 보겠습니다."

진평공이 좌우에 명해 탄주할 자리를 마련하고, 오래된 오동나무로 만든 거문고를 갖다 놓게 했다. 사연은 먼저 7현弦 가닥을 조율한 뒤 두 손가락으로 줄을 눌렀다 놓았다 하며 거문고를 타기 시작했다.

진평공이 거문고 소리를 들으며 감탄했다.

"실로 좋은 가락이오."

사연이 가락을 절반도 타기 전에 사광이 문득 손으로 그 거문고를 잡아누르면서 말했다.

"그만 타시오. 이는 망국亡國의 곡조요. 탄주해서는 안 되오."

진평공이 물었다.

"어떻게 망국의 소리인 줄 아는 것이오?"

사광이 대답했다.

"은나라 말년 때 사연師延이란 악사가 있었습니다. 그는 은나라 마지막 왕인 주紂를 위해 퇴폐한 음악인 미미지악靡靡之樂을 지었습니다. 주가 그 소리를 듣고 온갖 권태를 잊었습니다. 그 소리가 바로 이 가락입니다. 주무왕이 주를 토벌하자 사연은 거문고를 안고 동쪽으로 달아나 복수濮水에 몸을 던졌습니다. 이후 그 소리가 복수의 물속에서 가끔 일어난다고 합니다.

사연이 우리 진나라로 오다가 도중에 복수에 들렀다고 하니 틀림없이 이 소리를 복수 가에서 들었을 것입니다."

위영공이 속으로 경탄했다. 진평공이 사광에게 물었다.

"이는 전대前代의 음악일 뿐이오. 지금 탄주할지라도 해가 되지는 않을 것이오."

사광이 대답했다.

"은나라 왕 주는 이 음란한 소리를 좋아하다가 나라를 망쳤습니다. 이는 상서롭지 못한 음악입니다. 탄주하게 해서는 안 되는 이유입니다."

진평공이 말했다.

"과인이 좋아하는 것은 종전에 들어보지 못한 새로운 소리요. 사연은 과인을 위해 그 소리를 끝까지 탄주하도록 하시오."

사연은 다시 거문고를 무릎 앞에 끌어다놓고 탄주했다. 능숙하게 가락의 높낮이를 조절하는 솜씨를 보였다. 호소하는 것 같기도 했고, 흐느껴 우는 것 같기도 했다. 진평공이 그 소리를 다 듣고 나서 크게 기뻐했다.

그가 사광에게 물었다.

"이 곡은 무슨 조調라 하오?"

사광이 대답했다.

"이른바 청상조清商調라 합니다."

진평공이 물었다.

"청상조가 가장 애절한 가락이오?"

사광이 대답했다.

"청상조가 비록 구슬프기는 하되 청치조清徵調만 못합니다."

진평공이 청했다.

"청치조의 가락을 들어볼 수 있겠소?"

사광이 거절했다.

사기궁 낙성 때 사광이 새 노래를 변별하다

"불가합니다. 자고로 청치조는 덕의德義가 있는 군주라야만 들을 수 있습니다. 요즘 군주는 덕이 박해 그 곡조를 들을 수 없습니다."

진평공이 말했다.

"과인은 한 번도 들어보지 못한 새로운 가락을 듣는 것을 좋아하오. 그대는 거절하지 말고 한번 탄주해 보도록 하시오."

사광은 부득이 거문고를 끌어당겨 청치조를 탄주했다. 한 번 탄주하자 한 무리의 현학玄鶴이 날아왔다. 학들은 차례로 궁문 지붕에 내려앉았다. 모두 8개 쌍이나 되었다. 두 번 탄주하자 학들이 하늘로 올라가 울다가 누대 계단 아래로 내려와 좌우로 각각 8마리씩 줄지어 늘어섰다. 세 번 탄주하자 학들이 목을 늘이고 노래하듯 울다가 다시 날개를 펴고 춤을 추었다. 거문고에서 울려나오는 그 가락의 소리들 가운데 궁성宮聲과 상성商聲은 하늘로 치솟았다.

진평공이 자신도 모르는 사이 손뼉을 치며 크게 기뻐했다. 좌중의 신하들도 환희의 탄성을 내질렀다. 누대 위아래서 거문고의 탄주를 구경하던 시종들도 어깨를 들썩이며 감탄했다.

탄주가 끝나자 진평공은 곧 백옥잔에 잘 익은 술을 가득 부어 직접 사광에게 주었다. 사광이 두 손으로 공손히 받아 마셨다.

진평공이 연신 탄복했다.

"음악이 청치조에 이르고 보니 더 보탤 게 없소."

사광이 말했다.

"그것도 청각조淸角調만 못합니다."

진평공이 크게 놀랐다.

"청치조보다 더 나은 소리가 있단 말이오? 그대는 과인에게 그걸 들려주지 않겠소?"

사광이 대답했다.

"청각은 청치에 비할 바가 아닙니다. 신은 감히 탄주할 수 없습니다. 옛날 황제黃帝가 태산 아래서 귀신들을 소집한 적이 있습니다. 황제는 코끼리 수레를 타고 교룡蛟龍을 몰았으며, 불새의 신인 필방畢方[1]도 수레 굴대 옆에서 함께 날게 했습니다. 치우蚩尤는 앞에서 길을 인도하고, 풍백風伯은 먼지를 쓸어내고, 우사雨師는 길에 물을 뿌리고, 호랑虎狼은 앞에서 달리고,

1 필방畢方은 중국 전설에 나오는 불새를 말한다. 몸은 파란색에 붉은 반점이 있고, 부리는 흰색이고, 다리가 하나뿐이다. 곡식을 먹지 않고 화염을 먹고 사는 까닭에 늘 불을 입속에 머금고 있다. 필방이 나타나는 곳은 반드시 큰 화재가 난다고 했다.

귀신鬼神은 뒤를 따르고, 등사螣蛇[2]는 땅에 엎드리고, 봉황鳳凰은 수레 위를 덮었습니다. 당시 황제는 이렇게 귀신들을 소집한 뒤 청각조를 지었습니다. 이후 군주의 덕이 박해져 귀신을 복종시킬 수 없는 까닭에 귀신과 인간이 서로 단절됐습니다. 만일 이 음악을 연주하면 귀신이 모두 모여들 것입니다. 재앙만 있을 뿐 아무 복도 받을 수 없습니다."

진평공이 굳이 청했다.

"이제 과인은 늙었소. 실로 청각조를 한번 들을 수만 있다면 비록 죽을지라도 여한이 없겠소."

사광이 고사했다. 진평공은 자리에서 일어나 재삼 압박했다. 사광이 부득이 거문고를 끌어당겨 탄주하기 시작했다.

한 번 탄주하자 검은 구름이 서쪽에서 일어났다. 두 번 탄주하자 광풍이 문득 휘몰아쳤다. 누대의 주렴과 비단 장막이 찢기고, 식탁 위의 그릇이 굴러 떨어지고, 궁실 지붕의 기왓장이 어지러이 날리고, 낭하의 기둥이 모두 뽑히듯 했다.

이윽고 하늘에서 질뢰疾雷 소리가 나더니 대우大雨가 쏟아졌다. 삽시간에 누대 아래로 물이 수척이나 괴었다. 누대 안의 사람들 모두 비에 흠뻑 젖었다. 시종들이 놀라 흩어져 달아났다. 진평공과 위영공은 너무 두려운 나머지 낭하와 방실 사이의 좁은 마룻바닥에 엎드렸다.

사광이 탄주를 그치자 바람과 비가 그쳤다. 그제야 시종들이 다시 모여들었다. 이들은 두 군주를 부축해 누대 아래로 내려갔다. 진평공은 내궁, 위영공은 공관으로 갔다.

그날 밤, 진평공은 놀란 가슴이 병이 되어 신음하다가 잠이 들었다. 꿈속에서 한 괴물을 보았다. 색이 노랗고 크기가 수레바퀴만 했다. 절뚝거리며

2 등사螣蛇는 중국 전설에 나오는 신수神獸로 날개나 발이 없이 하늘을 난다. 등사騰蛇로도 쓴다.

침궁 안으로 들어왔다. 살펴보니 모습이 자라 같았다. 앞 다리는 2개, 뒷다리는 1개였다. 기어가는 곳마다 물이 솟구쳤다. 진평공이 놀라 외쳤다.

"괴이하구나!"

그가 지른 소리에 놀라 문득 잠에서 깨어났다. 가슴이 다시 두근거리기 시작했다.

아침이 되자 문무백관은 문안問安드리기 위해 침궁 앞으로 모여들었다. 진평공이 지난밤 꿈 이야기를 하며 물었으나 아무도 제대로 대답하지 못했다.

문득 한 역리驛吏가 와서 보고했다.

"정군鄭君이 조하朝賀하기 위해 이제 막 관역館驛에 도착했습니다."

진평공이 양설힐에게 명해 영접케 했다. 양설힐이 기뻐하며 말했다.

"이제야 군주의 꿈을 해몽할 수 있게 됐다."

대신들이 그 까닭을 묻자 양설힐이 대답했다.

"내가 듣건대 정나라 대부 자산子産은 두루 배우고 널리 듣는 박학다문博學多聞을 했다고 했소. 정백鄭伯은 예의가 필요한 자리는 반드시 자산을 데리고 간다고 했소. 우리 진나라로 올 때 틀림없이 그를 데리고 왔을 것이오. 그를 만나면 군주의 꿈 이야기를 물어볼 생각이오. 그는 그 괴물이 무엇인지 알고 있을 것이오."

양설힐이 관역에 음식을 가져다주면서 진평공이 환후 중이라 상견할 수 없다는 사실을 전했다. 당시 위영공도 크게 놀란 나머지 몸이 편치 않았다. 위영공은 이내 진평공에게 하직 인사를 올린 뒤 본국으로 돌아갔다.

정간공도 자산에게 진평공에게 병문안을 하라는 당부의 말을 남기고 환국했다. 양설힐이 자산에게 물었다.

"과군이 꿈속에서 자라 같은 괴물을 보았는데, 몸이 노랗고 다리가 3개였다고 하오. 이는 무슨 몽조夢兆요?"

자산이 대답했다.

“제가 들은 바로는 다리가 3개 달린 자라가 나타난 듯합니다. 그 자라의 이름은 내能[3]라고 합니다. 옛날 우왕의 부친 곤鯀이 황하의 치수를 담당했지만 성공하지 못하자 요임금의 섭정이 된 순임금이 곤을 동해 가의 우산羽山에서 그 죄를 물어 죽였습니다. 곤을 처형할 때 먼저 다리 하나를 자르게 했습니다. 죽은 곤의 귀신은 노란 자라 황내黃能로 변해 우산의 못 속으로 들어갔습니다. 우왕은 순임금의 선양禪讓을 받아 보위에 오르자 교사郊祀를 올리면서 황내에게도 제사를 지냈습니다. 이후 하나라와 은나라 및 주나라 등 3대가 이어져 내려오면서도 그 제사를 궐한 적이 없습니다. 이제 주 왕실이 쇠미해지는 바람에 천하의 정사가 제후의 맹주盟主에게 들어갔습니다. 맹주는 응당 천자를 돕는 마음으로 여러 신들에게 제사를 지내야 할 것입니다. 지금 상국의 군후는 혹여 제사를 지내지 않는 게 아닙니까?”

양설힐이 자산의 말을 진평공에게 고했다. 진평공은 대부 한기韓起에게 명해 교례郊禮를 올릴 때의 예로 황내가 된 곤에게도 제사를 올리게 했다. 그러자 병세가 약간 호전됐다.

진평공이 감탄했다.

“자산은 실로 박물군자博物君子이다!”

그러고는 거莒나라가 공물로 바친 네모난 제기祭器인 방정方鼎을 하사했다. 자산이 정나라로 돌아가면서 양설힐에게 사적으로 말했다.

“상국의 군후가 백성의 드러나지 않은 어려움은 구제하려 하지 않고 초왕의 사치나 본받았으니 그 마음이 이미 치우쳐 있다고 봐야 하오. 병이 도지면 그땐 어찌 해볼 방법이 없을 것이오. 내가 이번에 임시방편으로 그런 말을 한 것은 군후의 마음을 너그럽게 해 그 심신을 안정시키려 한 것일 뿐

3 내能는 다리가 3개인 자라인 삼족별三足鼈을 가리킨다. 통상 ‘능’으로 읽으나 삼족별을 뜻할 때는 ‘내’, 별자리 이름일 때는 ‘태’로 읽는다.

이오."

당시 어떤 사람이 아침 일찍 위유魏楡 땅을 지나갔다. 산 아래서 여러 사람이 진晉나라에 관한 의논을 하는 소리가 들렸다. 이상하게 여겨 가보니 돌덩이 10여개가 있을 뿐이었다.

그가 그곳을 떠나자 다시 사람들이 말하는 소리가 들렸다. 급히 뒤를 돌아보니 소리가 돌덩이 속에서 흘러나오고 있었다. 나그네가 크게 놀라 그 지방 백성들에게 이 이야기를 했다.

그 지방 사람이 말했다.

"우리는 그 돌덩이들이 말하는 것을 며칠 전부터 듣고 있소. 그 일이 너무 괴이하여 남에게 감히 말하지 못하고 있을 뿐이오."

소문이 이내 도성인 강주絳州까지 퍼졌다. 진평공이 사광을 불러 물었다.

"돌이 어떻게 말을 할 수 있는 것이오?"

사광이 대답했다.

"돌이 어찌 사람 말을 할 수 있겠습니까? 귀신이 돌에 붙어 말을 했을 것입니다. 무릇 귀신은 백성에 의지합니다. 백성들이 원망을 품으면 귀신들도 불안해합니다. 귀신이 불안해지면 요얼妖孼이 나돌아 다니게 됩니다. 이제 주공이 호화로운 궁실을 지어 백성들의 재력이 모두 말려 버렸습니다. 돌들이 요얼이 되어 돌에 붙어 그 일을 원망한 게 아니겠습니까?"

진평공은 묵연嘿然히 아무 말도 하지 않았다. 사광이 물러나온 뒤 양설힐을 만나 말했다.

"귀신이 노하고 백성들이 원망하니 주공이 오래 살지는 못할 것이오. 주공의 사치를 촉발한 것은 초왕의 장화궁이오. 초왕에게 닥칠 재앙은 능히 손을 꼽아 기다릴 수 있을 것이오."

1달 남짓 지나자 진평공의 병이 재발했다. 얼마 후 숨을 거뒀다. 사기궁을 지은 후 세상을 떠날 때까지 3년이 채 되지 않았다. 그 사이 백성들에게 해만 끼치고 평안한 날을 거의 누리지 못했다. 이 어찌 가소로운 일이 아닌가?

사신이 이를 시로 읊었다.

고대광실서 새로운 곡 연주하니	崇臺廣廈奏新聲
백성 고혈 다하고 원망 가득하다	竭盡民脂怨黷盈
요물귀신이 군주 목숨 재촉하니	物怪神妖催命去
사기궁 짓느라 재물만 허비했다	虒祁空自費經營

진평공 사후 문무백관이 어린 태자 이夷를 옹립했다. 그가 바로 진소공晉昭公이다. 그러나 이는 훗날의 이야기다.

136話 진씨가 집안 재산을 풀어 제나라를 사다 –산가재진씨매제국散家財陳氏買齊國

제나라 대부 고채高蠆가 동족인 고지高止를 국외로 추방하고 여구영閭邱嬰을 무고히 죽인 까닭에 불평을 듣다가 죽자, 이들 고강高疆이 뒤를 이어 대부가 됐으나 젊은 나이에 술을 크게 좋아했다. 제나라 정권을 잡은 난조欒竈의 아들 난시欒施 역시 술을 좋아했다. 두 사람은 자주 만나 술을 마시면서 서로 가까워졌다.

그러나 진무우와 포국鮑國은 난시 및 고강과 사이가 좋지 않았다. 양쪽 관계가 서로 소원해진 이유다. 결국 진씨와 포씨 그리고 난씨와 고씨 네 집안은 2개의 당파로 갈렸다.

난시와 고강은 만나서 술을 마실 때마다 술에 취하면 곧바로 진무우와 포국을 헐뜯었다. 진무우와 포국은 이를 알고 점차 난시와 고강을 의심하며 꺼려했다.

하루는 고강이 취중에 자신의 시동侍童에게 매질을 가했다. 함께 술을 마시던 난시는 말리기는커녕 더 때리라고 부추겼다. 원한을 품은 시동이 그날 밤 진씨 집으로 달려가 진무우에게 고했다.

"고강과 난시가 가병을 모아 진씨와 포씨 집안을 습격키로 결정했습니다. 그날이 바로 내일입니다."

이어 다시 포국의 집으로 달려가 같은 말을 했다. 평소 난시와 고강을 의심한 포국이 이 말을 믿었다. 당황한 그는 시동을 진무우에게 보내 자신의 뜻을 전했다. 그날 밤 안으로 당장 난시와 고강을 칠 생각이니 속히 가병을 이끌고 자신의 집으로 오라는 내용이었다.

전갈을 받은 진무우가 가병들에게 무기를 나눠준 뒤 수레에 올라 포국의 집으로 달려갔다. 도중에 공교롭게도 수레를 타고 오는 고강과 마주쳤다. 술이 얼근히 취한 고강이 진무우를 보자 수레 안에서 공수拱手하며 물었다.

"가병들을 이끌고 어디로 가는 것이오?"

진무우가 거짓으로 대답했다.

"반노叛奴를 잡으러 가는 길이오."

진무우도 자가 자량子良인 고강에게 물었다.

"자량은 어디를 가는 중이오?"

고강이 대답했다.

"나는 술을 마시러 난씨欒氏 집으로 가는 중이오."

고강과 헤어진 진무우는 어자를 독촉해 포국의 집으로 내달렸다. 포국의 집 앞에 당도하니 이미 포국의 가병과 병거는 가지런히 늘어선 제제濟濟, 가병의 칼과 창은 숲처럼 빽빽한 삼삼森森의 모습이었다. 포국도 갑옷을 입고 손에 활을 쥔 채 막 수레에 오르려던 참이었다.

두 사람이 다가서서 상의했다. 진무우가 고강의 말을 포국에게 고했다.

"오는 길에 고강을 만났소. 난시 집으로 술을 마시러 간다고 했소. 사실인지 여부를 알 길이 없소. 사람을 시켜 난시의 집을 염탐토록 합시다."

포국이 심복을 난시 집으로 보내 동정을 살피게 했다. 그가 돌아와 보고했다.

"난시와 고강 모두 의관을 벗어 놓은 채 쭈그리고 앉아 술내기를 하고 있습니다."

포국이 말했다.

"그 수자竪子가 우리에게 거짓말을 했소."

진무우가 말했다.

"수자가 비록 거짓말을 했으나 나는 이곳으로 오는 도중 고강이 어디로 가냐고 물을 때 거짓으로 반노를 잡으러 간다고 말했소. 이제 반노를 잡으러 간다는 말이 들통 나게 됐으니 고강은 반드시 나를 의심할 것이오. 혹여 우리를 축출하기 위해 먼저 일을 꾸미면 그땐 후회해도 소용없소. 차라리 그들이 술을 마시느라 아무런 준비도 하지 않은 이때를 틈타 저들을 먼저 기습하는 게 어떻겠소?"

포국이 머리를 끄덕였다.

"좋소, 그리합시다."

두 사람은 각각 가병을 이끌고 난시의 집으로 갔다. 진무우가 앞장서고 포국이 그 뒤를 따랐다. 진무우와 포국은 난시 부제府第의 앞문과 뒷문을 기습키로 약속하고 엄중히 포위했다.

당시 난시는 바야흐로 큰 술잔인 거굉巨觥에 가득 담은 술을 마시려다가 진무우와 포국이 가병을 이끌고 와 부제를 포위했다는 보고를 받고 크게 놀라 자신도 모르게 거굉을 바닥에 떨어뜨렸다. 고강은 비록 취하기는 했으나 아직 위급한 상황에 대처할 만한 정신이 3분三分가량 남아 있었다.

고강이 난시에게 말했다.

"빨리 가병들을 모으고 무기를 나눠주십시오. 우리가 가병들과 함께 조정으로 들어가 주공을 받들고 진무우와 포국을 치면 이길 수 있습니다."

난시가 이를 좇아 가병을 모두 불러 모았다. 고강이 앞장서 이들을 거느리자 난시가 그 뒤를 따랐다. 두 사람은 후문으로 가서 포국의 가병들과 결전을 벌여 한 가닥 혈로를 열었다. 부중을 빠져나온 뒤 곧바로 궁중으로 갔다.

진무우와 포국은 고강과 난시가 궁중으로 들어가 제경공을 앞세워 자신들을 공격할까 두려웠다. 곧바로 두 사람을 추격한 이유다. 고씨 일족은 변란이 일어났다는 소문을 듣자 가병을 이끌고 고강을 지원하러 나왔다.

진씨가 집안 재산을 풀어 제나라를 사다

제경공은 궁중에 있다가 문득 난씨 등 네 가문이 서로 가병을 동원해 싸운다는 소식을 듣고는 왜 그런 일이 빚어졌는지 알지 못했다. 궁궐 수문장에게 급히 명해 아무도 들어오지 못하도록 궁궐의 호문虎門을 걸어 잠그게 했다. 이어 궁중의 갑사들로 하여금 엄중히 문을 지키게 했다. 그러고는 내시를 시켜 안영을 즉시 입궁케 했다.

난시와 고강은 궁문이 굳게 닫힌 까닭에 들어가지 못하고 궁문 오른쪽에 진을 쳤다. 진무우와 포국은 궁문 왼쪽에 진을 쳤다. 이들은 서로 상대방을 공격할 기회만 노렸다.

잠시 후 높은 관을 쓰고 검은 조복을 입은 안영이 수레를 타고 호문 앞에 당도했다. 난시와 고강을 비롯해 진무우와 포국 등은 수레에서 내리는 안영에게 서로 사람을 보내 자기 진영으로 초청했다. 안영은 어느 쪽의 초청에도 응하지 않았다.

그가 말했다.

"나는 주공의 명을 따를 뿐이오. 어느 쪽도 사사롭게 만날 수 없소."

수문장이 호문을 열자 안영은 궁 안으로 들어갔다. 제경공이 안영에게 물었다.

"네 집안이 두 패로 갈라져 서로 공격하다가 궁문 앞까지 와 있소. 이들을 어찌 대해야겠소?"

안영이 대답했다.

"난씨와 고씨는 누대에 걸쳐 군주의 총애를 받은 것만 믿고 방자한 짓을 거리낌 없이 해온 게 하루 이틀이 아닙니다. 지난날 고채가 고지를 축출하고 여구영을 죽인 것에 대해 국인들이 고씨와 난씨을 원망하고 있습니다. 그런 터에 지금 그들은 또 궁문까지 공격했습니다. 실로 그 죄를 용서할 수 없습니다. 또 진무우와 포국 역시 군명을 기다리지 않고 멋대로 가병을 일으켰으니 그 죄가 없다고 할 수 없습니다. 이런 점을 참작해 결정을 내리십시오."

제경공이 물었다.

"난시와 고강의 죄가 진무우와 포국의 죄보다 중하오. 응당 두 사람을 제거해야 할 것이오. 누구에게 그 일을 맡기면 좋겠소?"

안영이 대답했다.

"대부 왕흑王黑에게 맡기면 될 것입니다."

제경공이 명을 내려 왕흑으로 하여금 궁중의 갑사를 이끌고 가 난시와 고강을 치게 했다. 왕흑은 궁 밖으로 나온 뒤 진무우와 포국과 함께 난시와 고강을 공격했다. 난시와 고강이 패해 임치성의 중앙 네거리로 후퇴했다. 평소 이들을 미워하던 백성들이 몰려나와 팔을 걷어붙이고 왕흑의 군사를 도왔다.

당시 고강은 아직 술에 취해 있었다. 힘을 다해 싸울 수 없었다. 난시가 먼저 동문으로 달아났다. 고강도 이를 보고는 그 뒤를 따라 달아났다. 왕흑이 진무우 및 포국과 함께 동문까지 추격해 싸웠다.

궁지에 몰린 난시와 고강의 무리가 점차 흩어져 달아났다. 더 이상 싸울 수 없게 된 난시와 고강은 간신히 동문 밖으로 빠져나갔다. 결국 두 사람은 노나라로 달아났다.

진무우와 포국은 두 집안의 처자를 모두 국외로 내쫓고 난시와 고강의 재산을 나눠가졌다.

안영이 진무우에게 권했다.

"그대는 군명을 멋대로 남용해 세신世臣인 고강과 난시를 국외로 축출했소. 게다가 두 집안의 재산을 멋대로 차지했소. 사람들은 장차 그 일에 관해 뒷말을 할 것이오. 왜 두 집안에서 빼앗은 재산을 모두 공실에 헌납하지 않는 것이오? 그대가 이번 일로 아무런 이득을 보지 않으면 사람들은 반드시 그대의 겸양을 칭송할 것이오. 그러는 게 그대에게 더 많은 이득이 될 것이오."

진무우가 대답했다.

"대부가 저를 깨우쳐 주니 고맙기 이를 데 없습니다. 이 진무우가 어찌 감히 그 가르침을 좇지 않겠습니까?"

마침내 진무우는 포국과 나눠가진 난시와 고씨의 식읍과 재물을 모두 나라의 재산목록에 기록한 뒤 그 목록을 제경공에게 바쳤다. 제경공이 크게 기뻐했다.

제경공의 모부인母夫人은 맹희孟姬였다. 진무우는 맹희에게도 사사로이 재물을 바쳤다. 맹희가 아들 제경공에게 말했다.

"진무우는 방자하고 세력이 강한 두 대부를 내쫓고 공실을 강화했소. 더구나 그들로부터 빼앗은 재산을 모두 공실에 헌납했소. 그런 겸양의 덕을 어찌 모른 체 할 수 있겠소? 주공은 그에게 고당高唐의 땅을 하사토록 하시오."

제경공이 이를 좇았다. 진무우는 고당 땅을 하사받아 크게 부유해졌다.

진무우는 제나라 백성들의 마음을 얻기 위해 우선 고채에 의해 쫓겨난 공자들에게 호의를 베풀 생각을 했다. 제경공에게 말했다.

"여러 공자들이 지난날 고채의 무함으로 국외로 쫓겨났습니다. 그들은 무고無辜합니다. 응당 다시 불러들여야 합니다."

제경공이 이를 허락했다. 진무우는 군명을 내세워 자유子由와 자상子商, 자주子周 등 국외로 추방을 당한 공자들을 국내로 불러들였다. 그들에게 우선 필요한 가재도구와 천막, 종복의 옷과 신까지 자신의 재산으로 빠짐없이 마련해 제공했다. 이어 자신의 식객을 나누어 보내 각각 공자들을 마중하게 했다.

여러 공자들이 진무우의 주선으로 귀국하게 된 것만도 고마운데 그런 가재도구까지 모두 갖춰놓은 것을 보고 감격해 마지않았다. 그는 또 공실에도 큰 혜택을 베풀었다. 공자와 공손들 가운데 녹을 받지 못하는 자들을 찾아내 그들에게 사재를 털어 생활자금을 대주었기 때문이다.

이밖에도 그는 국내의 빈자와 고아, 홀아비, 과부들에게 사적으로 곡식을 나눠주었다. 꿔주는 형식으로 주면서 받을 때엔 꿔준 것보다 적게 받았다. 워낙 가난해서 도저히 갚지 못하면 차용증서를 불태워 없애 버렸다.

제나라의 모든 사람이 그의 은덕을 칭송했다. 그를 위해 기꺼이 목숨까지 바치려는 사람이 부지기수로 늘어났다.

후대의 사신은 그를 이같이 평했다.

진씨陳氏가 백성에게 후한 은덕을 베푼 것은 훗날 제나라를 도모하려는 마음이 있었기 때문이다. 군주를 통해 은덕을 베풀지 않고 사사로이 베풀며 백성들의 환심을 산 배경이다.

사신은 또 시를 지어 이를 비난했다.

재물로 감히 군권을 침범하고	威福君權敢上侵
딴 생각에 사사로이 민심 얻다	輒將私惠結民心
제나라 넘보는 진씨 계책 봐라	請看陳氏移齊計
당시 베푼 은덕이 깊은 탓이다	只爲當時感德深

제경공은 안영을 상국으로 삼았다. 상국이 된 안영은 민심이 모두 진무우에게 쏠리는 걸 보고 사석에서 제경공에게 이를 고했다. 이어 제나라 민심을 군주 쪽으로 되돌리기 위한 방안을 설명했다. 그 방안은 주로 형벌을 관대히 시행하며 조세를 감면하는 관형박렴寬刑薄斂, 재물을 풀어 가난한 자를 도와주는 흥발보조興發補助 등 백성에게 혜택을 베풀어 민심을 되돌리는 조치였다. 제경공은 이를 듣지 않았다.

이야기가 둘로 나뉜다. 초나라에 관해 다시 이야기하자. 당시 초영왕은 장화궁을 지었으나 낙성식에 온 제후는 노소공밖에 없었다. 그러나 진晉나라는 사기궁을 완공하자 여러 제후들이 사절을 보내거나 몸소 가서 축하했다는 소문을 듣게 됐다. 내심 큰 불만이었다.

곧 군사를 일으켜 초나라를 무시한 중원을 침공할 생각을 품었다. 오거를 불러 상의했다.

오거가 말했다.

"대왕이 덕의로 열국의 제후를 불렀는데도 오지 않았다면 그건 그들의 잘못입니다. 그러나 토목공사의 준공을 이유로 제후들을 불러놓고 오지 않았다고 해서 그들을 책망할 수는 없습니다. 만일 군사를 동원해 그들을 치면 장차 무엇으로 그들을 복종시키겠습니까? 군사를 동원해 중화中華를 위압코자 하면 반드시 죄가 있는 제후를 골라 쳐야 합니다. 그래야 명분이 섭니다."

초영왕이 물었다.

"지금 죄를 지은 제후의 나라가 어느 나라요?"

오거가 대답했다.

"채나라 태자 반般이 군부君父를 시해했습니다. 그리한 지 벌써 9년이나 지났습니다. 전에 대왕이 처음으로 제후들을 규합했을 때 태자 반이 즉위해 그 회맹에 참석한 적이 있습니다. 당시 대왕은 은인隱忍하며 그를 주살하지 않았습니다. 그러나 시역죄는 비록 그 자손일지라도 응당 처벌해야 하는데 당사자의 경우야 더 말할 게 있겠습니까? 채나라는 우리 초나라에서 가깝습니다. 대왕이 채나라를 쳐 그 땅을 병탄하면 명분과 실리를 모두 얻을 수 있습니다."

그의 말이 미처 끝나기도 전에 근신近臣의 진陳나라의 부고를 전했다.

"진후陳侯 익溺이 홍거하고 공자 유留가 보위을 이어받았다고 합니다."

오거가 말했다.

"진陳나라 태자의 이름은 언사偃師입니다. 그의 이름은 이미 제후들의 간책簡策에 올라와 있습니다. 공자 유가 즉위했으면 태자 언사는 어디로 갔단 말입니까? 신이 헤아려 보건대 진나라에 틀림없이 변란이 일어난 듯합니다."

필경 진陳나라 사태는 어찌 전개될 것인가? 다음 회를 보라.

제69회

137話 초영왕이 사술로 진채를 멸망시키다
– 초영왕협사멸진채楚靈王挾詐滅陳蔡

진애공陳哀公 약弱[1]의 원비元妃는 정나라에서 온 정희鄭姬였다. 정희가 낳은 아들이 언사偃師이다. 그는 진즉에 태자로 책봉됐다. 차비次妃가 낳은 아들이 공자 유劉, 삼비三妃가 낳은 아들이 공자 승勝이었다.

차비는 애교가 대단해 진애공의 총애를 받았다. 그녀가 공자 유를 낳자 진애공은 그를 극히 사랑했다. 다만 언사를 이미 태자로 삼은 데다 그를 태자 자리에 폐출할 명분이 없었다.

1 약弱이 『열국지』 원문에는 익溺으로 나온다. 그러나 『사기』「진세가」에는 약弱으로 되어 있다. 『열국지』 제60회에도 '약'으로 나온다. 풍몽룡의 착오가 있었던 듯하다. 번역문은 '약'으로 바꿔 놓았다.

진애공은 그의 동생인 사도司徒 공자 초招를 공자 유의 태부太, 공자 과過를 소부少傅로 삼았다. 그러고는 이같이 당부했다.

"훗날 과인이 죽으면 태자 언사를 옹립하되 그로 하여금 자기 아들이 아닌 공자 유에게 보위를 물려주게 하시오."

주경왕 11년인 기원전 534년, 진애공이 병이 들어 자리에 눕게 됐다. 병상에서 일어나지 못해 오랫동안 조회를 열지 못했다. 공자 유의 태부인 공자 초가 소부인 공자 과에게 말했다.

"지금 태자 언사의 아들 공손 오吳도 이미 장성했소. 만일 태자 언사가 보위를 잇게 되면 틀림없이 자신의 아들 공손 오를 후사로 세울 것이오. 그리되면 공자 유에게는 보위가 돌아가지 않을 것이오. 이대로 놔두다가는 주공의 당부를 이행하지 못하기 십상이오. 지금 주공이 병상에 누운 지 이미 오래됐소. 나라의 대소사는 우리 두 사람이 장악하고 있소. 주공이 세상을 떠나기 전에 우리가 주공의 가짜 명을 내세워 언사를 죽인 뒤 공자 유를 옹립토록 합시다. 그래야 후회가 없을 것이오."

공자 과가 찬동했다. 두 사람은 대부 진공환陳孔奐을 불러 상의했다.

진공환이 말했다.

"태자 언사는 매일 내궁으로 들어가 3번씩 주공을 문병합니다. 또 조석으로 병상 곁에서 주공을 모시고 있습니다. 주공의 명을 쉽게 조작할 수 없는 이유입니다. 차라리 갑사나 역사 한 사람을 궁중 길목에 매복시켰다가 태자가 내궁을 출입할 때 척살하는 게 좋을 것입니다. 그리하면 한 사람의 힘만으로도 쉽게 제거할 수 있습니다."

공자 초와 공자 과는 이를 수락한 뒤 그 일을 진공환에게 맡겼다. 두 사람은 진공환에게 공자 유가 즉위하면 큰 고을을 하사하도록 주청하겠다고 약속했다.

진공환은 집으로 간 뒤 은밀히 심복 역사를 불러 계책을 일러 주었다.

궁궐 문지기들 속에 섞여 있다가 척살하는 계책이었다. 문지기들은 그 역사를 태자의 측근으로 생각해 전혀 의심치 않았다.

그날 밤 태자 언사는 군부인 진애공에게 문안을 올리고 밤이 되자 동궁으로 돌아가기 위해 대궐 문 밖으로 나가려고 했다. 순간 진공환의 심복 역사가 앞에 오는 자의 초롱을 낚아 채 불을 꺼버린 뒤 태자를 척살했다. 궁문 안팎에서 일대 소동이 일어났다.

잠시 후 공자 초와 공자 과가 달려와 짐짓 크게 놀란 척했다. 두 사람은 일면 사람을 풀어 범인을 잡게 하고, 일면 변란 소식을 듣고 모여든 신하들에게 외쳤다.

"지금 주공의 병환이 위독하니 응당 차자인 공자 유를 옹립해야 하오."

진애공은 자신이 의도하지 않은 뜻밖의 사태가 벌어진 것을 알고 대로했다. 분을 삭이지 못한 그는 스스로 목을 매고 자진했다.

사신이 시를 지어 탄식했다.

장자가 즉위해야 나라 편한데	嫡長宜君國本安
왜 서자 총애해 혼란 일으키나	如何寵庶起爭端
자식 편애하는 세상 부친이여	古今多少偏心父
진애공 사례를 교훈으로 삼게	請把陳哀仔細看

사도인 공자 초가 공자 유를 받들어 국상을 주관하게 하는 동시에 군주로 옹립했다. 대부 우징사于徵師를 초나라에 보내 진애공이 병으로 죽었다는 부고를 전하게 했다.

그때 오거가 초영왕을 모시고 있다가 이런 보고를 듣고는 태자 언사의 행방을 우징사에게 물어보고자 했다. 이때 문득 다시 보고가 올라왔다.

"진후陳侯의 셋째아들 공자 승이 조카 공손 오를 이끌고 와 알현을 청합니다."

초영왕이 두 사람을 불러들여 초나라에 온 이유를 물었다. 두 사람이 들어오자마자 바닥에 부복해 울었다. 공자 승이 하소연했다.

"저의 형님 태자 언사를 사도인 공자 초와 공자 과가 음모를 꾸며 척살했습니다. 이로 인해 군부는 목을 매 자진하고 말았습니다. 그들은 멋대로 공자 유를 새 군주로 세웠습니다. 우리는 이들의 해를 입을까 두려운 나머지 특별히 상국에 와 그 일을 고하는 것입니다."

초영왕은 우징사를 불러 공자 승 및 공손 오와 대면을 시켰다. 우징사는 시치미를 떼다가 공자 승이 사실을 들이대며 날카롭게 지적하자 아무 대답도 못했다. 초영왕이 대로해 큰 소리로 외쳤다.

"너는 공자 초와 공자 과의 일당이구나!"

그러고는 도부수刀斧手에게 명해 그의 목을 치게 했다.

오거가 말했다.

"대왕이 이미 역신逆臣의 사자를 참했으니 이젠 공손 오를 도와 연신인 공자 초와 공자 과를 치십시오. 이 일은 명분이 뚜렷하고 언사가 도리에 맞는 이른바 명정언순名正言順의 사안에 해당합니다. 누가 감히 복종치 않을 수 있겠습니까? 진陳나라부터 친 후 채나라를 치도록 하십시오. 그러면 대왕의 업적은 선군인 초장왕의 업적을 능가할 것입니다."

초영왕이 크게 기뻐했다. 곧 진나라 토벌의 명을 내렸다.

당시 보위에 오른 공자 유는 우징사가 초나라에서 죽임을 당한 것을 알고는 자신도 그런 변을 당할까 두려워 더 이상 군주 노릇을 할 생각이 없어졌다. 이내 정나라로 달아났다.

한 대부가 공자 초에게 권했다.

"그대는 어째서 공자 유와 함께 출분하지 않는 것이오? 국외로 달아나야 화를 면할 수 있소."

공자 초가 말했다.

"초나라 군사가 쳐들어올지라도 나는 그들을 물리칠 계책을 갖고 있소."

마침내 초영왕은 대군을 이끌고 진陳나라로 쳐들어왔다. 백성들은 태자 언사의 죽음을 불쌍히 생각하던 참이었다. 초나라 군사가 태자 언사의 아들 공손 오를 이끌고 온 것을 보고는 기쁜 나머지 춤을 추며 펄쩍 뛰는 용약踊躍을 하지 않는 자가 없었다. 모두 단식호장簞食壺漿으로 초나라 군사를 환영했다.

다급해진 사도 공자 초가 사람을 시켜 공자 과를 불렀다. 공자 과가 조정으로 와 자리에 앉자 이렇게 물었다.

"초나라 군사를 물리칠 계책이 있다고 했는데 그게 어떤 것입니까?"

공자 초가 대답했다.

"초나라 군사를 물러가게 하려면 꼭 한 가지 필요한 것이 있소. 그걸 그대에게서 빌려야겠소."

공자 과가 재차 물었다.

"그게 무엇이오?"

공자 초가 대답했다.

"바로 너의 머리다!"

공자 과가 크게 놀라 자리에서 벌떡 일어섰다. 사도인 공자 초를 좌우에서 모시고 있던 자들이 채찍으로 마구 후려갈겨 그를 쓰러뜨렸다. 즉시 칼로 그의 목을 끊었다. 사도 초가 그의 머리를 들고 초나라 군중으로 가서는 초여왕에게 머리를 조아리며 말했다.

"태자 언사를 죽이고 공자 유를 보위에 앉힌 것은 모두 공자 과의 소행이었습니다. 신은 대왕의 위엄에 의지해 그를 참하고 그 머리를 바칩니다. 대왕은 신의 불민不敏한 죄를 용서해 주십시오."

초영왕은 공자 초의 말이 비손卑遜한 것을 보고 내심 크게 만족해했다.

공자 초가 감히 일어서질 못하고 무릎으로 기어가 초영왕에게 은밀히 고했다.

“지난날 초장왕은 우리 진陳나라 하징서의 난을 평정하고 현으로 삼았다가 다시 독립시켜 주었습니다. 그래서 마침내 진나라를 정벌한 공을 잃고 말았습니다. 지금 공자 유는 자신이 저지른 죄가 무서워서 다른 나라로 달아났습니다. 우리 진나라엔 군주가 없습니다. 원컨대 대왕은 우리 진나라를 지난날처럼 초나라의 고을로 편입시켜 주십시오. 그래야만 진나라 땅이 다른 나라 소유가 되지 않을 것입니다.”

초영왕은 크게 기뻐했다.

“그대의 생각이 과인의 뜻과 같소. 그대는 돌아가서 과인을 위해 진나라 궁실을 미리 깨끗이 청소하는 벽제辟除를 해 놓으시오. 과인이 도성을 순행巡幸하러 갈 때까지 기다리도록 하시오.”

공자 초가 머리를 조아려 초영왕에게 사례하고 나갔다. 공자 승은 초영왕이 공자 초를 그대로 돌려보냈다는 말을 듣고 다시 초영왕 앞에 나아가 울면서 호소했다.

“원래 역모를 획책한 자는 공자 초이고 기회를 보아 그 일을 행한 자가 공자 과입니다. 공자 과는 진공환을 시켜 태자 언사를 죽인 것입니다. 이제 와서 공자 초는 모든 죄를 공자 과에게 뒤집어씌운 채 자신은 무관한 것처럼 행동하고 있습니다. 그를 이대로 놔두면 진나라 선군과 선태자 모두 지하에서도 눈을 감지 못할 것입니다.”

말을 마친 뒤 다시 슬피 통곡했다. 초나라 군사 모두 그의 충성스런 행동을 보고 감동했다.

초영왕이 공자 승을 위로했다.

“공자는 너무 슬퍼하지 마시오. 과인이 알아서 처리하겠소.”

이튿날 공자 초가 서둘러 법가法駕의 의장대를 준비해 놓고 초나라 군중으로 왔다. 그는 자진해 초영왕을 모시고 진나라 도성 안으로 모시기 위해 영접을 나온 것이다.

초영왕이 진나라 조정으로 들어가 좌정했다. 진나라 문무백관이 초영왕을 배견했다.

초영왕이 대부 진공환을 앞으로 불러낸 뒤 크게 꾸짖었다.

"네가 태자 언사를 죽였다는 이야기를 들었다. 너를 주살하지 않으면 내 어찌 여러 사람을 교훈할 수 있겠는가?"

그러고는 좌우에 명해 그를 참수한 뒤 그의 머리를 도성의 문에 걸어 놓게 했다. 이어 다시 공자 초에게 말했다.

"과인은 그대를 너그럽게 봐주려고 했으나 공론이 그렇지 않으니 어찌하겠는가? 목숨은 살려줄 터이니 지금 당장 가솔을 이끌고 멀리 동해 바닷가로 가서 살도록 하라."

공자 초가 당황해 손발을 어디에 두어야 할지 몰랐다. 감히 변명도 못한 채 목숨을 살려 준 것에 숙배肅拜하며 물러날 것을 고하는 배사拜辭를 했다. 초영왕이 곧바로 사람을 시켜 공자 초를 월나라로 압송해 바닷가에 안치케 했다.

공자 승은 공손 오와 함께 초영왕 앞에 나아가 진나라 역적을 토적討賊한 것에 대해 숙배하며 사의를 표하는 배사拜謝를 했다.

초영왕이 공손 오에게 말했다.

"과인은 본래 그대를 군주로 세워 진나라 시조 진호공陳胡公의 제사를 이어나가게 할 생각이었소. 하지만 공자 초와 공자 과의 일당이 아직도 많이 남아 있소. 그들은 그대를 크게 원망하고 있을 터이니 그들에게 죽임을 당할까 걱정되오. 당분간 과인을 따라 초나라에 와 있도록 하시오."

그러고는 진나라 종묘를 헐어 버린 뒤 진나라를 초나라 현으로 편입시켰다. 그는 지난날 공자로 있을 때 정나라 포로 황힐을 놓고 대부 천봉술穿封

戌이 초강왕 앞에서 자신과 다투면서 조금도 아첨하지 않은 것을 높이 평가하고 있었다. 곧 천봉술을 진공陳公으로 삼아 진나라 땅을 다스리게 했다. 진나라 백성이 이를 보고 크게 실망했다.

염옹이 시를 지어 이를 한탄했다.

본시 역적 치려고 군사 일으켰는데	本興義旅誅殘賊
되레 진나라 산하를 현으로 삼았다	卻愛山河立縣封
소가 밭을 밟았다고 뺏을 수 없는데	記得蹊田奪牛語
신숙시 같은 현신이 없는 걸 한하다	恨無忠諫似申公[2]

초영왕이 진나라 공손 오를 이끌고 본국으로 돌아왔다. 1년 뒤 초나라가 채나라를 치기 위해 다시 군사를 일으켰다.

오거가 말했다.

"채후蔡侯 반般이 군부인 채경공을 시해한 지 이미 오래돼 세인들이 그 일을 잊었습니다. 우리가 이번에 채나라를 치면 그는 도리어 자신도 할 말이 있다고 변명할 것입니다. 차라리 그를 유인해 제거토록 하십시오."

초영왕은 이를 좇았다. 지방 순시를 핑계로 군사를 이끌고 가 신申 땅에 주둔시켰다. 이어 사람을 시켜 예물을 채나라에 보내면서 채영공蔡靈公 반을 신 땅으로 초청했다. 채영공이 초나라 사자가 올린 국서를 받아 보니 골자는 대략 이러했다.

2 신공申公은 초장왕 때의 현대부 신숙시申叔時를 말한다. 그는 초장왕이 진영공陳靈公을 시해한 하징서를 토벌한 뒤 진나라를 현으로 삼으려 하자 이른바 혜전탈우蹊田奪牛 일화로 초장왕을 설득해 이를 저지했다. '혜전탈우'는 남의 소가 자신의 밭을 밟았다는 이유로 그 소를 빼앗을 수는 없다는 이치를 담고 있다.

과인은 군후의 얼굴이나 한 번 볼까 하오. 청컨대 군후가 신 땅으로 왕림해 주시오. 넉넉지 못한 폐백을 보내는 부전지의不腆之儀를 표하니 군후의 종자들을 호궤토록 하시오.

채영공 반이 융거를 타고 신 땅으로 가고자 했다. '공손'이 성으로 굳어진 대부 공손귀생公孫貴生이 간했다.

"초왕은 탐욕스럽고 신의가 없습니다. 이번에 예물까지 보내고 공손한 말로 주공을 부르니 이는 주공을 융니하기 위한 것입니다. 가지 마십시오."

채영공이 대답했다.

"우리 채나라 땅은 초나라의 현 하나만도 못하오. 부르는데 안 갔다가 혹여 우리를 공격하면 누가 그를 막을 수 있겠소?"

공손귀생이 말했다.

"정 그렇다면 청컨대 태자를 세우고 가십시오."

채영공이 아들 유有를 태자로 세운 뒤 공손귀생에게 태자를 보좌해 나라를 감독케 했다. 이어 그날로 수레를 타고 신 땅으로 가서 초영왕을 알현했다.

초영왕이 그에게 말했다.

"지난날 이곳에서 회맹할 때 만나고 작별한 지 벌써 8년이 됐소. 군후의 안색이 지난날과 조금도 다름없는 걸 보니 마음이 기쁘오."

채영공이 대답했다.

"이 반은 상국이 우리 채나라를 동맹에 가입시켜 준 것을 큰 은혜로 알고 있습니다. 군왕의 영험에 의지해 폐읍을 다스리고 있으니 그 은혜가 실로 막중합니다. 군왕이 상허商墟 땅을 개척했다는 말을 듣고 경하를 올리려던 참인데 사자를 보내 불러주니 어찌 감히 오지 않을 수 있겠습니까?"

초영왕이 신 땅의 행궁에 연회를 베풀고 환대했다. 악공과 기녀를 불러 노래를 부르고 춤을 추게 했다. 그 사이 초영왕과 채영공은 통음痛飮하며 크게 즐겼다. 이어 침소로 술자리를 옮기게 한 뒤 오거로 하여금 채영공의 수행원을 따로 외관外館으로 데리고 가 노고를 풀어주게 했다.

채영공 반은 초영왕이 권하는 대로 기꺼이 술을 마시다가 자신도 모르게 정신을 잃을 만큼 대취했다. 그 방의 사방에 둘러친 휘장 뒤에는 이미 갑사들이 매복하고 있었다.

초영왕이 마시던 술잔을 던지자 갑사들이 뛰쳐나와 채영공을 결박했다. 대취한 채영공은 자신이 결박당하는 것도 몰랐다. 초영왕은 사람을 외관으로 보내 채영공의 수행원들에게 알렸다.

"채후 반은 지난날 군부를 시해한 자이다. 과인이 하늘을 대신해 그를 죽이려고 한다. 너희 종자들은 아무 죄가 없다. 투항하는 자에겐 상을 내릴 것이다. 돌아가길 원하는 자는 돌아가도 좋다."

원래 채영공은 아랫사람들에게 많은 은혜를 베풀고 대우를 잘했다. 한 사람도 투항하는 자가 없었다. 소식을 들은 초영왕이 불호령을 내렸다. 초나라 군사가 일제히 달려들어 수행원들을 모두 결박했다.

채영공은 한참 뒤에야 술에서 깨어났다. 그는 자신이 결박되어 있는 걸 알고 초영왕에게 물었다.

"이 반에게 무슨 죄가 있다고 이러는 것이오?"

초영왕이 말했다.

"너는 네 손으로 네 아비를 죽였다. 이는 천리天理를 거스른 패역悖逆이다. 오늘 너를 죽이게 된 것은 오히려 늦은 감이 있다."

채영공이 탄식했다.

"공손귀생의 말을 듣지 않은 게 후회가 된다."

초영왕이 좌우에 명해 채영공을 사지를 찢어 죽이는 책살磔殺에 처하게 했다. 함께 죽임을 당한 수행원이 70명이나 되었다. 초영왕은 채영공을 따

초영왕이 사술로 진채를 멸망시키다

라온 가마꾼과 허드렛일을 하는 자들까지 투항하지 않는 걸 보고 대로한 나머지 모두 죽여 버렸다.

이어 채영공의 시역 행위를 목판에 적은 뒤 온 나라에 배포하게 했다. 초영왕은 공자 기질棄疾에게 명해 대군을 이끌고 장구長驅하여 채나라를 치게 했다.

후대 송나라 학자가 이를 평했다.

> 아비를 죽인 채영후 반은 응당 처벌해야 하지만 초영왕이 그를 유인해 죽인 것은 법도에 어긋난 비법非法이다.

염옹도 이를 시로 읊었다.

채후는 아비도 군주도 없으니	蔡般無父亦無君
북 울려 인륜 바로잡아야 하리	鳴鼓方能正大倫
유인해 죽이니 괴이한 일이다	莫怪誘誅非法典
그 또한 시군한 자에 불과하다	楚靈原是弑君人

채나라 태자 유有는 부친인 채영공이 신 땅으로 불려간 뒤 첩자로 하여금 그곳의 소식을 매일 보고케 했다. 문득 첩자의 보고가 올라왔다.

"채후가 살해되고 초나라 대군이 하루도 지체하지 않고 불일不日, 채나라를 향해 떠났습니다."

태자 유가 곧바로 군사를 소집해 무기를 나눠준 뒤 성가퀴에 올라가 도성을 지키게 했다. 초나라 군사가 당도해 채나라 도성을 겹겹으로 에워쌌다. 공손귀생이 태자 유에게 말했다.

"우리 채나라가 오랫동안 초나라에 귀부했지만 진晉나라와 초나라가 전쟁을 하지 않기로 송나라 땅에서 동맹을 맺을 때 신도 참석해 문서에 서명한 일이 있습니다. 지금 진나라에 사자를 보내 구원을 청하십시오. 진나라가 맹서를 지킬 생각이 있으면 원군을 보내 도울 것입니다."

태자 유가 이를 좇아 진나라에 사자로 갈 사람을 모집했다. 채유蔡洧의 부친 채략蔡略은 채영공을 수행해 신 땅으로 갔다가 피살된 70인 가운데 한 사람이었다. 채유가 부친의 원수를 갚기 위해 사자를 자원했다.

그는 국서를 소지하고 한밤중에 몰래 줄을 타고 성 밖으로 나왔다. 밤낮으로 북쪽으로 달려가 진나라에 당도했다. 채유가 진소공晉昭公을 알현하는 자리에서 울며 호소했다.

진소공이 군신들을 소집해 대책을 상의했다.

대부 순오荀吳가 말했다.

"우리 진나라는 열국의 맹주입니다. 열국 모두 우리나라에 의지해 자국의 안보를 도모하고 있습니다. 우리가 이미 진陳나라를 구원하지 않은 터에 다시 채나라마저 구원하지 않으면 맹주의 대업大業이 땅에 떨어지고 맙니다."

진소공이 탄식했다.

"초나라 웅건熊虔이 횡포한데다 우리의 병력 또한 초나라에 미치지 못하니 어찌해야 하오?"

대부 한기韓起가 나서서 말했다.

"비록 그렇기는 하나 초나라의 횡포를 좌시할 수는 없습니다. 주공은 어찌하여 열국의 제후를 소집해 초나라를 제압할 대책을 논의하지 않는 것입니까?"

진소공이 곧 한기에게 명해 열국의 제후를 궐은厥慭 땅에 모이도록 조치케 했다. 송나라와 제나라, 노나라, 위나라, 정나라, 조나라 등 6국만 대부를 궐은 땅으로 보냈다. 한기가 이들에게 열국이 합세해 채나라를 구원해야 한다고 역설했다. 하지만 열국 대부들 모두 혀를 내두르며 머리를 흔들었다. 그들 가운데 아무도 호응하지 않았다.

한기가 말했다.

"여러분은 왜 그처럼 초나라를 무서워하는 것이오? 이대로 놓아두면 초나라는 점차 중원을 잠식해 들어올 것이오. 그래도 그대들은 보고만 있을 것이오? 초나라가 진陳나라와 채나라를 쳐 없애고, 그대들의 나라까지 침공할지라도 과군은 그대들의 위급함을 돕지 않을 것이오."

열국 대부들 모두 서로 얼굴만 쳐다볼 뿐 한기의 말에 대답하지 않았다. 당시 송나라 대표로 우사右師 화해華亥가 참석해 있었다. 한기가 화해를 지목해 말했다.

"지난날 우리 진나라가 초나라와 송나라에서 강화조약을 체결한 것은 그대의 선대인 화원華元이 그리해야 한다고 제창했기 때문이오. 주지主旨는 북쪽의 진晉나라와 남쪽의 초나라가 전쟁을 일으키지 말자는 것이었소. 만일 전쟁이 날 경우 각국이 힘을 합쳐 그 나라를 치기로 맹약했소. 지금 초나라는 그 맹약을 어기고 진陳나라를 쳐 없애고 다시 채나라마저 공격하고 있소. 이런 사태가 빚어진 것에 맹약을 주선한 송나라와 그대는 책임을 느껴야 할 것이오. 그대는 말을 한마디도 하지 않고 모른 체 하고 있으니 그래도 되는 것이오? 나는 초나라가 신의가 없는 게 아니라 송나라가 우리를 기만했다고 볼 수밖에 없소."

화해가 두려워 벌벌 떠는 곡속觳觫의 자세로 대답했다.

"하국下國이 어찌 감히 열국을 기만할 리 있겠습니까? 더구나 맹주인 상국에 죄지을 짓을 하겠습니까? 다만 만이蠻夷가 신의를 불고不顧하고 전쟁을 일으켰으니 우리 송나라로서는 어찌할 도리가 없습니다. 열국이 오랫동안 전쟁준비를 제대로 하지 않은 까닭에 군사를 일으킬지라도 승부를 예상할 수 없습니다. 차라리 전쟁을 일으키지 않기로 한 약속인 이른바 미병지약弭兵之約을 준수하느니만 못합니다. 초왕에게 사자를 보내 채나라에서 철수토록 타이르면 그도 거절하지는 못할 것입니다."

한기는 열국의 대부 모두 초나라를 두려워하는 걸 보고는 채나라 구원을 설득해 봐야 아무 소용이 없다는 걸 깨달았다. 열국 대부들과 상의해 한 통의 서신을 작성했다.

이어 자신을 수행한 대부 호보狐父로 하여금 서신을 소지한 채 신 땅으로 가서 초영왕을 만나보게 했다. 구원을 청하러 온 채유는 열국이 군사를 일으켜 채나라를 구하려 하지 않는 것을 보고는 호읍號泣하며 귀국했다.

대부 호보가 신 땅에 도착해 서신을 초영왕에게 올리자 초영왕이 열어보았다. 내용은 대략 이러했다.

지난날 송나라에서 남북이 회맹한 것은 서로 싸움을 멈추는 미병弭兵이 목적이었습니다. 이어 괵虢 땅의 회맹도 그 약속을 다짐하는 게 목적이었고, 천지신명이 진나라와 초나라를 지켜보았습니다. 과군은 여러 제후들을 이끌고 그 맹약을 성실히 지키고 있습니다. 지금까지 한 번도 군사를 움직인 일이 없는 게 그렇습니다. 이제 진陳나라와 채나라가 천륜의 대죄를 짓자 상국이 진노한 나머지 군사를 일으켜 두 나라를 친 것은 의분義憤이 표출된 것으로 대략 권도權道의 일환이라고 봅니다. 상국은 이미 두 나라 죄인을 주살했는데도 채나라에 대한 공격을 계속하고 있으니 상국은 그 이유를 어찌 설명하려는 것입니까? 지금 열국의 집정執政과 대부들은 폐읍으로 몰려와 과군에게 곤경에 처한 나라를 구하고 초나라와 채나라 사이의 분규를 해결해 달라고 항의하고 있습니다. 지금 과군은 난처한 입장에 처해 있습니다. 군사를 일으켜 제후들의 요구에 응할 수도 있으나 이는 맹약을 위반하는 일이 되기 때문입니다. 과군은 신 한기로 하여금 열국 대부들과 함께 이 문제를 상의토록 했습니다. 열국 대부들의 의견을 모아 우선 채나라를 위해 이 척서尺書를 상국에 올립니다. 상국이 지난날 체결한 맹약을 준수하고 채나라 종묘를 존치시키면 과군과 열국 군주들도 군후의 은덕을 입게 되는 것입니다. 어찌 그 은덕이 채나라에 그치겠습니까?

서신 말미에 송나라와 제나라 등 각국 대부들의 이름이 서명돼 있었다.
초영왕이 서신을 읽고는 웃으며 말했다.
"채나라 도성이 단석旦夕에 함락될 판인데 너희가 빈 말로 포위를 풀려고 하는가? 너희는 과인을 아무것도 모르는 삼척동자三尺童子로 아는가?

너는 곧 돌아가서 너희 군주에게 '진陳나라와 채나라는 초나라의 속국으로 북쪽 중원의 나라와 아무 관계가 없으니 쓸데없이 간섭하지 말라.'고 전하라."

호부가 다시 간청하려고 하자 초영왕이 벌떡 일어나 안으로 들어가 버렸다. 그는 끝내 답서 한 줄도 써주지 않았다. 호보가 부득이 불쾌한 심사로 돌아왔다. 진소공晉昭公과 신하들은 초영왕의 처사에 분노했으나 어찌해볼 도리가 없었다. 당시의 상황이 다음 시와 같았다.

힘은 있되 마음이 없어 힘자랑만 하고	有力無心空負力
마음은 있되 힘이 없어 마음만 끓이다	有心無力枉勞心
마음과 힘이 가지런히 한곳에 모이면	若還心力齊齊到
바다를 말리고 산을 옮긴들 뉘 막으랴	涸海移山孰敢禁

진나라에 구원을 청하러 간 채유는 아무 성과도 없이 채나라로 돌아오다가 초나라 군사에게 붙잡혔다. 그들은 채유를 결박해 공자 기질 앞으로 끌고 갔다. 공자 기질이 위협하며 투항을 권했으나 채유는 끝내 투항하지 않았다. 공자 기질이 그를 후군後軍의 수거囚車에 가두게 했다.

공자 기질은 진晉나라 원군이 오지 않는 것을 알고는 더욱 맹렬히 채나라 도성을 공격했다.

대부 공손귀생이 태자 유에게 말했다.

"사태가 몹시 위급합니다. 신이 목숨을 버릴 각오로 초나라 군영으로 가서 퇴병을 설득해 보겠습니다. 혹여 신의 말을 들어주면 생령生靈이 도탄에서 벗어날 수 있을 것입니다."

태자 유가 물었다.

"도성 안의 일을 모두 대부에게 맡긴 터에 대부가 나를 놓아두고 적진으로 가면 나는 어찌하란 말이오?"

공손귀생이 대답했다.

"주공이 신을 보낼 수 없다면 신의 자식인 조오朝吳를 신 대신 초나라 군영으로 보내십시오."

태자 유는 조오를 불러 막중한 임무의 차질 없는 수행을 당부했다. 이어 눈물을 뿌리면서 그를 초나라 군영으로 보냈다. 조오가 성 밖으로 나가 초나라 대장인 공자 기질을 만났다. 공자 기질이 예를 갖춰 조오를 대접했다.

조오가 말했다.

"공자가 대군을 이끌고 와 채나라를 치니 채나라는 앞으로 망할 것입니다. 하지만 채나라 백성은 무슨 죄가 있어 망하는 것인지 모르고 있습니다. 만일 선군 반般이 시역의 죄를 저질러 덕을 잃었다면 그건 용서받을 수 없는 죄인 줄 알겠습니다. 그러나 태자와 채나라 종묘사직이야 무슨 죄가 있겠습니까? 공자는 채나라를 불쌍히 여겨 그 점을 헤아려 주십시오."

공자 기질이 대답했다.

"나 역시 채나라가 패망해야 할 이유가 없다고 생각하오. 다만 왕명을 받고 성을 공격할 뿐이오. 만일 공을 세우지 못하고 돌아가면 처벌을 받게 되오."

조오가 청했다.

"제가 꼭 한 가지 말씀드릴 게 있습니다. 청컨대 좌우를 물리쳐 주십시오."

공자 기질이 대답했다.

"그냥 말하시오. 좌우는 모두 내 심복이니 무슨 말이든 해도 괜찮소."

조오가 말했다.

"초왕이 바르지 못한 방법으로 즉위했다는 것은 공자도 잘 알고 있을 것입니다. 생각이 있는 초나라 백성 모두 초왕에 대해 분노하고 있습니다. 초왕은 안으로 장려한 장화궁을 짓는 등 토목공사를 일으켜 백성의 지고脂膏를 짜고, 밖으로 전쟁을 일으켜 백성의 근골筋骨을 전쟁터에 나뒹굴게 만들었습니다. 더구나 피폐해진 백성을 구제하지 않고 끝없는 탐욕을 채우는 일에 매달려 있습니다. 지난해에는 진陳나라를 쳐서 없애고, 올해에는 우리 채후를 유인해 죽였습니다. 공자는 억울하게 시해당한 이전 군주의 원수를 갚을 생각은 하지 않고 오히려 초왕의 명을 받들며 부림을 당하고 있습니다. 불원간 초나라 백성의 원성이 높아질 것입니다. 공자는 초왕과 함께 그 원성을 나눠 가질 것입니까? 제가 듣기로는 공자는 현명하고 명망도 높다고 합니다. 더구나 공자는 어렸을 때 옥구슬을 밟은 상서로운 일까지 있었다고 들었습니다. 초나라 백성 모두 공자를 받들어 옹립코자 한다는 이야기도 들어서 알고 있습니다. 공자는 군사를 국내로 돌려 이전 군주를 시해하고 백성을 학대하는 초왕부터 치십시오. 그러면 민심이 호응할 것입니다. 공자에게 감히 대항할 자는 없을 것입니다. 누가 무도한 초왕 쪽에 서서 만민의 원망을 받으려 하겠습니까? 공자가 다행히 저의 우계愚計를 채택하면 이 조오는 망해 가는 채나라의 무리나마 이끌고 나가 공자의 선구先驅가 되겠습니다."

공자 기질이 화를 내며 말했다.

"필부匹夫가 감히 교묘한 말로써 우리 군신 사이를 이간시키려 하는가? 당장 네 목을 참해야 하지만 아직은 붙여둘 터이니 속히 돌아가 너의 태자에게 스스로 결박한 뒤 성 밖으로 나와 항복해야 한다는 말을 전하도록 하라. 그래야만 구차한 목숨이나마 보전할 수 있을 것이다."

그러고는 좌우에 명해 조오를 영채 밖으로 쫓아내도록 했다.

원래 죽은 초공왕楚共王에겐 총첩의 소생을 포함해 5명의 아들이 있었다. 장자는 웅소熊昭로 죽은 초강왕이다. 차자는 웅위熊圍로 즉위 후 웅건熊虔으로 개명한 현재의 초영왕이다. 삼자는 공자 비比로 자가 자간子干이다. 사자는 공자 흑굉黑肱으로 자가 자석子晳이다. 5자가 훗날 초평왕楚平王으로 즉위한 후 이름을 웅거熊居로 고친 공자 기질이다.

초공왕은 생전에 이들 5명의 아들 가운데 누구를 태자로 세울 것인지 여부를 놓고 고심했다. 결국 스스로 결정하지 못하고 종묘의 모든 신위에게 크게 제사를 지내면서 옥구슬을 손으로 받들고 은밀히 기도했다.

"청컨대 선조 여러 신위는 저의 5명의 아들 가운데 현명하고 복이 있는 자를 하나만 선택해 우리 초나라 사직의 주인이 되게 해 주십시오."

기도를 마치고는 옥구슬을 은밀히 종묘의 태실太室 앞뜰에 묻은 뒤 그곳을 암기暗記했다. 이어 5명의 아들에게 3일 동안 재계한 뒤 마지막 날 5경에 종묘로 들어오게 했다.

그날이 되자 5명의 아들로 하여금 장유의 순서대로 선조들 신위에 배알케 했다. 그러고는 누가 구슬이 묻힌 곳에서 절을 하는지 유심히 지켜봤다. 그곳에 서서 절하는 아들을 선조의 선택을 받은 것으로 간주했기 때문이다.

장자인 초강왕이 맨 먼저 들어왔으나 구슬이 묻힌 곳을 지나가서 절을 했다. 둘째인 초영왕은 절을 할 때 팔꿈치가 구슬이 묻힌 곳에 닿았을 뿐이다. 자간과 자석은 구슬이 묻힌 곳에서 멀찌감치 떨어진 곳에서 절을 했다.

당시 공자 기질은 아직 어렸던 까닭에 보모가 안고 들어가 절을 하게 했다. 그는 구슬이 묻힌 곳에 앉아 절을 했다. 초공왕은 선조들이 공자 기질에게 뜻을 두고 있다는 걸 알았다. 이후 공자 기질을 특히 사랑한 이유다.

초공왕은 죽을 때 공자 기질이 아직 장성하지 않은 까닭에 장자 웅소를 후사後嗣로 세웠다. 그가 초강왕이다. 하지만 초나라 대부들 가운데 구슬을 묻은 사실을 알고 있는 사람들은 공자 기질이 응당 보위에 오를 것임을 알았다.

채나라의 조오는 공자 기질이 어렸을 때 구슬 위에서 절을 한 상서로움

조짐인 이른바 당벽지상當璧之祥을 전해 들어 알고 있었다. 공자 기질은 조오가 한 말이 널리 퍼져 초영왕의 시기를 받을까 두려운 나머지 짐짓 대로한 체하며 조오를 몰아낸 것이다.

조오는 도성으로 돌아와 태자 유에게 공자 기질의 말을 그대로 보고했다.

태자 유가 말했다.

"국군國君은 사직을 위해 죽는 게 올바른 도리요. 내가 비록 아직 국상도 치르지 못한 채 보위에 오르기는 했으나 섭정으로 나라를 지키고 있소. 응당 이 도성과 함께 생사를 같이 할 것이오. 비굴하게 부친을 죽인 원수 앞에 무릎을 꿇고 노예처럼 살지는 않을 것이오."

태자 유는 백성과 병사를 있는 대로 그러모아 더욱 굳게 성을 지켰다. 초나라 군사는 여름 4월에 도성을 포위했지만 그해 겨울 11월까지 성을 함락시키지 못했다.

격무에 시달린 채나라 대부 공손귀생은 병석에 누운 뒤 쉽게 일어나지 못했다. 성안의 양식은 이미 바닥이 났다. 굶어죽는 사람이 성안 인구의 절반이나 됐다. 살아남은 자도 지칠 대로 지쳐 적군을 막아낼 수 없었다. 마침내 초나라 군사가 개미떼처럼 성벽에 붙어 위로 올라오기 시작했다. 결국 채나라 도성은 함락되고야 말았다.

채나라 태자 유는 성루에 단정히 앉아 있다가 손을 내밀어 결박을 받았다. 입성한 공자 기질은 채나라 백성들을 위무했다. 이어 태자 유를 수거에 실은 뒤 진晉나라에 구원을 청하러 갔다가 포로로 잡힌 채유와 함께 초영왕에게 보내면서 승첩勝捷을 보고했다.

그러나 '당벽지상'을 언급한 조오는 채나라 도성에 남겨둔 채 초영왕에게 보내지 않았다. 조오가 '당벽지상'을 발설하는 것을 막기 위한 조처였다. 얼마 안 돼 공손귀생이 숨을 거뒀다. 그의 아들 조오는 공자 기질 곁에 머물며 마침내 그를 섬기게 됐다. 이는 주경왕 14년인 기원전 531년의 일이었다.

138話 안영이 교변으로 초나라를 굴복시키다
– 안평중교변복형만晏平仲巧辯服荊蠻

당시 초영왕은 이미 초나라 도성 영도에 돌아와 있었다. 하루는 꿈을 꾸었는데 꿈속에 한 신인神人이 나타나 자신을 구강산九岡山의 신이라고 소개하면서 이같이 말했다.

"나에게 제사를 지내면 천하를 얻게 해주겠다."

꿈에서 깬 초영왕이 크게 기뻐했다. 곧 산신에게 제사를 지내기 위해 수레를 타고 구강산으로 떠날 채비를 했다. 마침 공자 기질로부터 채나라 도성이 함락됐다는 승첩의 보고가 포로로 잡은 채나라 태자 유 및 채유와 함께 도착했다. 초영왕이 태자 유를 산신에게 제사지내는 희생으로 쓸 생각을 했다.

이 소식을 들은 대부 신무우申無宇가 간했다.

"옛날 송양공이 수수睢水 가의 사당에서 수신을 위해 증鄫나라 군주인 증자鄫子를 희생으로 썼습니다. 열국의 제후들이 이를 보고 반기를 들었습니다. 대왕은 그 전철을 밟아서는 안 됩니다."

초영왕이 대답했다.

"채나라 태자 유는 시역의 죄를 범한 역적 반의 자식이다. 어찌 그를 열국의 제후와 견줄 수 있는가? 그를 희생으로 쓰는 것은 6축六畜을 희생으로 쓰는 것이나 다름없다."

신무우가 물러나오면서 탄식했다.

"왕이 이토록 잔인하니 어찌 좋은 결과가 있겠는가!"

마침내 신무우는 늙었다는 이유로 벼슬을 물러나는 고로告老를 한 뒤 전원으로 돌아갔다. 며칠 후 채나라 태자 유는 마침내 희생으로 바쳐졌다. 채유는 태자 유가 살해되는 것을 보고 3일 동안 슬피 울었다.

초영왕은 채유의 충성심을 높이 평가해 결박을 풀어준 뒤 초나라 신하로 삼았다. 채유는 내심 초영왕에게 피살당한 부친 채략의 원수를 갚을 생각으로 이를 수락했다.

채유가 초영왕에게 말했다.

"지금 천하의 제후들이 진晉나라를 섬기며 초나라를 섬기지 않는 것은 진나라는 가깝고 초나라는 멀기 때문입니다. 이제 진陳나라와 채나라를 차지해 경계선이 중원의 각국과 맞닿게 됐습니다. 만일 진나라와 채나라의 옛 도성인 진성陳城과 채성蔡城을 넓고 높게 쌓아 방치를 튼튼히 하고, 병거 1천 승을 마련할 수 있는 조세를 그곳 백성에게 부과하면 초나라 전력이 크게 강화될 것입니다. 이어 전력으로 제후들을 위압하면 사방의 제후들 가운데 그 누가 감히 초나라에 굴복하지 않겠습니까? 강화된 병력으로 먼저 오나라와 월나라를 친 뒤에 서북쪽의 진晉나라를 도모하십시오. 그러면 가히 주나라를 대신해 천자가 될 수 있을 것입니다."

초영왕은 채유가 아첨하는 말을 듣고 크게 기뻐했다. 날이 갈수록 그를 더욱 총애한 이유다.

그는 채유의 말을 좇아 진성과 채성을 전보다 배나 넓고 높게 확장했다. 이어 동생인 공자 기질을 채공蔡公으로 삼았다. 채나라를 멸망시킨 공에 보답한 것이다. 이어 초나라 동서쪽에 2곳의 불갱성不羹城[3]을 쌓고 요새로 삼았다. 초영왕은 천하에 초나라보다 강한 나라는 없다고 확신했다. 당장이라도 천하를 손아귀에 넣을 듯이 자신만만했다.

하루는 초영왕이 태복太卜을 불러 거북점을 치게 하며 물었다.

3 2곳의 불갱성不羹城은 동갱성東羹城과 서갱성西羹城을 말한다. '동갱성'은 지금의 하남성 무양현 북쪽, '서갱성'은 하남성 양성현 동남쪽에 위치했다.

"과인이 언제 왕이 될 수 있는가?"

태복이 말했다.

"군주는 이미 왕을 칭하고 있지 않습니까? 또 왕이 되겠다고 하니 신은 그 뜻을 모르겠습니다."

초영왕이 말했다.

"과인이 비록 왕이라고는 하나 초나라와 주나라가 양립해 있으니 진정한 왕이라고 할 수 없소. 과인이 주왕실을 몰아내고 천하를 얻어야만 비로소 진정한 왕이 될 수 있을 것이오."

태복이 점을 치기 위해 귀갑龜甲에 구멍을 뚫은 뒤 불에 굽는 설귀爇龜를 행했다. 귀갑이 갈라지는 균열龜裂이 일어나면서 여러 개의 금이 생겼다. 태복이 말했다.

"균열을 보건대 아무것도 이루지 못할 징조입니다."

초영왕이 귀갑을 땅바닥에 내팽개쳤다. 이어 팔을 휘두르며 외쳤다.

"하늘이여, 하늘이여! 그까짓 구구區區한 천하를 왜 기꺼이 주려고 하지 않으니 도대체 나 웅건을 무엇에 쓰려고 세상에 태어나게 한 것입니까?"

채유가 말했다.

"만사는 사람이 하기에 달려 있습니다. 저까짓 썩은 뼈다귀가 무엇을 알겠습니까?"

초영왕이 그 말을 듣고 크게 기뻐했다.

당시 열국의 제후들은 초나라의 강성함을 두려워했다. 소국은 초나라에 조공을 하고, 대국은 사자를 보내 우호를 다지는 빙문聘問을 행했다. 초나라에 조공하거나 빙문하러 가는 각국 사자들의 행렬이 초나라로 가는 길에 그치질 않았다.

각국 사자들의 행렬에 제나라 상대부 안영晏嬰도 끼어 있었다. 안영은 자가 평중平仲이다. 제경공의 명을 받고 친선 차 초나라로 가는 길이었다.

■ 안영이 교변으로 초나라를 굴복시키다

초영왕이 이 소식을 듣고 신하들에게 물었다.

"과인이 듣건대 제나라 안영은 키가 5척도 안 되지만 매우 현명하다는 명성이 열국 제후들 사이에 널리 퍼졌다고 하오. 열국 가운데 제나라가 가장 크고 번성하오. 과인은 안영이 오면 치욕을 안겨줘 초나라의 위엄을 과시할 작정이다. 경들에게 무슨 묘계妙計가 없소?"

태재 위계강薳啓疆이 은밀히 상주했다.

"안영은 응대應對를 잘한다고 합니다. 한 가지 계책만으로는 그를 욕보일 수 없습니다. 대왕은 여차여차如此如此 하십시오."

초영왕이 그 말을 듣고 크게 기뻐했다. 그날 밤, 위계강은 병사를 이끌고 도성인 영도郢都의 동문으로 간 뒤 동문 곁의 성벽에 5척쯤 되는 구멍을 뚫게 했다. 이어 문을 지키는 군사에게 분부했다.

"제나라 사자가 오면 성문을 닫아걸고 저 구멍으로 들어오도록 하라."

이튿날 아침, 제나라 사자 안영이 도성 동문에 이르렀다. 그는 해진 갖옷을 입고 여윈 말이 이끄는 가볍고 허름한 수레를 타고 있었다. 그는 성문을 열어주지 않자 수레를 멈추고 한참 동안 기다리다가 어자를 시켜 계문開門을 외치도록 했다. 어자가 큰 소리로 문을 열라고 외쳤다. 문을 지키는 초나라 군사가 나타나 작은 구멍을 가리키며 말했다.

"대부는 작은 구멍으로 출입해도 아무런 문제가 없는데 굳이 '계문'할 필요가 있겠습니까?"

안영이 대답했다.

"저것은 개구멍이지 사람이 드나드는 문이 아니다. 개가 사는 구국狗國에 온 사자라면 개구멍을 통해 들어가겠지만 사람이 사는 나라에 온 사자는 사람이 다니는 문을 통해 들어가야 한다."

이를 지켜보던 내시가 곧바로 궁 안으로 들어가 초영왕에게 이를 보고했다. 초영왕이 말했다.

"내가 그를 조롱하려다가 오히려 조롱을 당했다."

곧 성문을 열어 맞아들일 것을 명했다. 안영은 영도의 성곽이 견고하고 시정市井이 주밀綢密한 것을 눈여겨 살펴보았다. 땅이 영험하면 걸출한 인물이 난다는 뜻의 지령인걸地靈人傑이라는 말이 있듯이 저잣거리를 다시는 사람들은 영특해 보였고, 도성은 강남의 승지勝地에 위치해 있었다.

북송 때의 문인 소동파蘇東坡가 지은 「형주荊州」 10수 가운데 초나라 도성의 문을 읊은 첫 수가 이를 뒷받침한다.

나그네가 삼협 나서는데	游人出三峽

초나라 땅 모두 평탄하다 楚地盡平川
북쪽 빈객 남쪽으로 오고 北客隨南廣
오국 돛대 촉 땅 길 열다 吳檣開蜀船

강물은 흘러 평야를 끊고 江侵平野斷
바람 부니 흰모래 날리다 風掩白沙旋
나라의 흥망 묻고 싶으니 欲問興亡意
자고로 높은 성 견고하다 重城自古堅

안영이 수레를 타고 저잣거리를 구경하며 갈 때 문득 저편에서 2대의 병거가 큰 거리에서 달려왔다. 수레 위에는 키가 크고 수염이 긴 병사들이 타고 있었다. 선명한 투구와 갑옷을 입고 손에 큰 활과 긴 창을 들고 있었다. 풍채가 마치 천신天神 같았다. 초영왕이 짐짓 화려하게 꾸민 거구의 병사들을 보낸 것은 단소短小한 안영을 주눅 들게 만들려는 속셈이었다.

안영이 말했다.

"나는 오늘 우호를 다지려고 온 것이지 싸우러 온 게 아니다. 이들 무사를 어디에 쓸 것인가!"

안영이 이들을 꾸짖어 한쪽으로 물러나게 한 뒤 어자로 하여금 서둘러 수레를 몰아 조정으로 들어가게 했다. 조문朝門 밖에 10여 명의 관원이 제각기 높은 관과 넓은 띠인 아관박대峨冠博帶의 조복 차림으로 의젓한 모습을 한 채 두 줄로 늘어서 있었다. 조복이 화려했고 태도에 위엄이 넘쳤다.

안영은 이들이 초나라의 관원들 가운데 호걸이라는 것을 짐작하고 황망히 수레에서 내려 이들과 일일이 상견례를 행했다. 그들은 임시로 위계에 따라 안영과 인사를 나눴다.

이들 가운데 말단에 서 있는 젊은 관원이 먼저 말을 걸었다.

"이제 보니 대부가 바로 제나라 이유夷維 땅 출신인 안영이 아니십니까?"

안영이 보니 대부 투위구鬪韋龜의 아들 투성연鬪成然이었다. 투성연의 벼슬은 교윤郊尹이었다.

안영이 대답했다.

"그렇소. 대부는 나에게 무슨 좋은 가르침이라고 일러줄 생각이오?"

투성연이 말했다.

"제가 듣건대 제나라는 옛날 강태공이 주무왕의 책봉을 받은 나라라고 했습니다. 병력은 진秦나라 내지 우리 초나라와 필적할 만하고 재화는 노나라 내지 위나라에서도 유통되고 있다고 했습니다. 제환공이 한번 천하의 패권을 잡은 이후론 끊임없이 공자들이 서로 보위를 놓고 다투고 이로 인해 송나라 및 진晉나라가 번갈아가며 제나라를 토벌했습니다. 오늘날 제나라는 아침엔 진晉나라, 저녁엔 우리 초나라를 섬기기 위해 군신이 분주히 돌아다니는 까닭에 거의 평안한 날이 없습니다. 지금 제후齊侯의 뜻이 제환공만 못할 리 없고, 또 대부의 재주가 관중만 못하지 않을 것입니다. 그런데도 군신이 서로 힘을 합쳐 큰 경륜을 펼치거나 옛날의 패업을 다시 일으켜 선대의 영광을 되찾을 생각은 못하고 왜 타국에 복종하거나 섬기거나 하면서 스스로를 남의 신하 내지 종복처럼 여기는 것이오? 실로 어리석은 저로서는 그 점을 이해할 수 없소."

안영이 소리를 높여 대답했다.

"무릇 시대의 임무인 시무時務를 아는 자를 준걸俊傑, 임기응변인 기변機變에 능통한 자를 영웅호걸인 영호英豪라고 하오. 주왕실이 제후들을 제어하지 못하게 되자 5패五霸[4]가 잇달아 일어났소. 제환공齊桓公과 진문공

4 5패五霸를 언급해 놓고도 『열국지』는 4명만을 거론해 놓았다. 5패에 대해서는 예로부터 여러 견해가 있지만 대개 오왕 합려闔廬와 부차夫差 또는 월왕 구천句踐을 거론하곤 한다. 안

晉文公은 중원을 제패했고, 진목공秦穆公은 서융을 제패했고, 초장왕楚莊王은 남만을 제패했소. 인재와 영웅이 비록 당시의 시대에 맞게 출현한다고 하나 그 역시 천지의 기운이 그같이 만드는 것이오. 시운時運을 얻지 못한 까닭에 진양공晉襄公은 웅대한 지략을 가지고 있었지만 여러 차례 타국의 침공을 받았고, 진목공은 나라를 강성하게 만들었지만 자손들은 나약해졌소. 그대 초나라 역시 초장왕 이후 매번 진晉나라 및 오나라로부터 수모를 당해 오지 않았소? 그대는 유독 제나라만 거론하는 것이오? 과군은 천운의 성쇠를 알 뿐만 아니라 시무에 따른 기변을 잘 알고 있소. 우리 제나라는 장병을 열심히 육성하고 훈련시키면서 그들을 써먹을 때를 기다리는 중이오. 오늘 내가 초나라를 빙문한 것은 나라끼리 선린관계를 맺기 위한 예절일 뿐이오. 그런 예절은 주왕실의 제도에 규정돼 있소. 어째서 그런 예절을 다하는 것을 남의 나라 신하나 종복에 견주는 것이오? 그대의 선조인 투자문鬪子文은 초나라의 명신으로서 시무와 기변에 능했다고 들었소. 그대는 그 적통후예인데도 어째 그리 사리에 어긋난 말을 하는 것이오?"

투성연이 얼굴을 붉힌 채 목을 움츠리며 물러났다. 잠시 후 좌반左班 가운데 한 사람이 나서서 물었다.

"평중平仲은 스스로 때를 알고 임기응변에 능한 선비를 자처한다고 들었소. 전번에 최저와 경봉의 난이 일어났을 때 제나라 신하들 가운데 가거賈擧 이하 많은 신하들이 절의를 위해 목숨을 바쳤소. 진수무는 말을 10승이나 갖고 있는 부유한 대부였으나 최저와 함께 조정에 서지 않으려고 송나라로 달아났소. 그러나 그대는 제나라에서 벼슬을 산 집안의 자손인데도 역적을 치지 못했을 뿐만 아니라 벼슬을 버리지도 않았고 대의를 위해 죽지도 않았소. 어째서 그토록 부귀에 연연한 것이오?"

영이 활약할 때는 이들이 본격 등장하기 전이다. 풍몽룡은 이를 간과한 채 '4패' 대신 일상적인 용어인 '5패'로 언급해 놓은 듯하다.

안영이 보니 초나라 상대부 양개陽匃였다. 자가 자하子瑕로 초목왕의 증손이었다. 안영이 곧바로 대답했다.

"무릇 대절大節을 품고 있는 자는 사소한 양해인 소량小諒에 얽매이지 않는 법이오. 어찌 먼 앞날에 대한 고려인 원려遠慮를 하는 자가 눈앞의 일을 꾀하는 근모近謀를 행하겠소. 내가 듣건대 군주가 사직을 위해 죽으면 신하도 응당 따라서 죽어야 한다고 했소. 우리의 선군인 제장공은 사직을 위해 죽은 게 아니었소. 당시 따라 죽은 사람들은 그대가 방금 거명한 가거처럼 모두 제장공이 평소 사사로이 총애했던 무리였소. 이 안영이 비록 재주는 없지만 일신을 위해 군주에게 아첨하고 군주의 총애를 받던 그런 무리에 끼일 수 있겠소? 신하된 자는 나라가 변란을 당했을 때 자신이 능히 할 수 있으면 그 변란을 진압하고, 할 수 없으면 나라를 떠나야 하오. 내가 제나라를 떠나지 않은 것은 새 군주를 안정시켜 종묘사직을 보호하기 위한 것이었소. 결코 벼슬자리를 탐해 그리한 것은 아니었소. 만일 신하들이 일신의 명예나 생각하고 저마다 나라를 떠나버리면 누가 나랏일을 맡아 보겠소? 군주가 시해당하는 변은 어느 나라에서나 있어 왔소. 그대에게 묻건대 지금 초나라 조정의 공경대부들이 저마다 역적을 토벌하고 변을 당한 군주를 위해 죽음을 각오하고 그 잘못을 고치려는 사람들이라고 생각하는 것이오?"

그의 마지막 말은 암암리에 초영왕 웅건이 군주를 시해하고 보위에 올랐는데도 도리어 그를 추대한 것을 지적한 것이다. 남을 책망할 줄만 알고 자신은 책망할 줄 모르는 자들이 아닌지 묻는 말이기도 했다. 양개가 답변을 하지 못하고 물러섰다.

이번엔 우반右班 가운데 한 사람이 나서서 물었다.

"그대는 새 군주를 세우고 종묘사직을 보전하기 위해 벼슬을 버리지 않았다고 말했소. 그러나 그 말은 과장된 것 같소. 최저와 경봉의 난이 일어났을 때는 물론 난씨와 고씨, 진씨, 포씨 등 네 집안이 서로 다툴 때도 그대는 그 사이에서 관망만 했지 나서서 수습할 생각을 하지 않았소. 나는 그대가 난국을 수습하기 위해 특별히 계책을 세우거나 어떤 일을 도모했다는 말을 들어보지 못했소. 무릇 모든 일은 사람으로 인해 이뤄지는 법인데 마음을 다해 나라에 보답하겠다는 사람의 태도가 겨우 그 정도에 그칠 수 있는 것이오?"

안영이 보니 그는 바로 우윤右尹 정단鄭丹이었다.

안영이 웃으며 대답했다.

"그대는 하나만을 알고 둘은 모르고 있소. 최저와 경봉이 일을 꾸밀 때 이 안영만은 홀로 그 일에 가담하지 않았소. 네 집안이 서로 다툴 때도 이 안영만은 거기에 휘말리지 않고 군주 곁에 있으면서 상황에 따라 혹은 강하게 혹은 부드럽게 움직였소. 이는 오로지 군주와 나라를 지키기 위한 배려였소. 그런 일을 어찌 방관자가 눈치나 보는 일에 비유할 수 있는 것이오?"

좌반 가운데 또 한 사람이 나서서 말했다.

"대장부가 시국을 바로잡는 이른바 광시匡時를 위해 군주를 모시게 되었으면 응당 큰 재략才略이 있어야 할 것이고, 그 규모도 응당 웅대해야 하오. 그러나 내 어리석은 눈으로 보건대 그대는 비루하고 인색한 인물을 면치 못하고 있소."

안영이 보니 태재 위계강이었다. 안영이 물었다.

"족하足下는 어떻게 이 안영이 비루하고 인색한 사람이란 것을 아시오?"

위계강이 대답했다.

"대장부가 명주明主를 섬겨 상국이 되었으면 응당 좋은 의복을 입고 거마를 호화롭게 꾸밈으로써 군주가 특별히 총애해 하사하는 이른바 총석寵錫을 밝게 드러내야 할 것이오. 그런데 어째서 그대는 다 해진 갖옷을 입고,

여윈 말이 이끄는 수레를 탄 채 타국에 사자로 온 것이오? 나라에서 주는 봉록이 부족해서 그런 것이오? 내가 듣건대 그대는 여우 가죽으로 만든 갖옷 하나를 30년 동안 입고 있고, 제사를 지낼 때도 제사음식이 제기祭器에 차지 않을 만큼 제수祭需를 적게 마련한다고 하오. 그것이 비루하고 인색한 짓이 아니고 무엇이오?"

안영이 손바닥을 쓰다듬으며 크게 웃었다.

"족하의 소견이 어찌 그리 천박한 것이오? 이 안영이 제나라 상국의 자리에 앉은 이래 내 부족父族은 모두 값비싼 갖옷을 입고, 모족母族은 모두 고기를 먹고, 처족妻族조차도 배가 고파 추위에 떠는 이른바 동뇌凍餒에 처한 자가 없소. 또 초야의 선비들 가운데 내가 보내는 곡식으로 밥을 해먹는 집안이 70여 호나 되오. 내 집안은 비록 검소하나 삼족三族이 모두 넉넉히 살고 있소. 내 자신은 인색한 것 같지만 여러 선비들이 부족함 없이 살고 있소. 이만하면 군주의 총석을 선양하는 방안으로는 나름 큰 게 아니겠소?"

그 말이 끝나기도 전에 우반 가운데 또 한 사람이 나섰다. 그는 안영을 손가락으로 가리키며 크게 비웃었다.

"내가 듣건대 은나라를 세운 탕왕은 키가 9척이기에 현왕賢王이 될 수 있었고, 진秦나라 장수 공손지公孫枝는 그 용력이 1만 명의 병사에 필적할 만하기에 명장이 될 수 있었소. 옛날의 명군과 달사達士 모두 용모와 체구가 크고 건장한 괴오魁梧의 모습을 보였고, 웅대한 용력인 웅용雄勇이 한 시대를 압도하는 관세冠世의 모습을 보였소. 절륜했소. 사실 그리 해야만 당대에 공을 세워 후대에 그 이름을 남길 수 있었소. 그런데 그대는 5척에도 미치지 못하고, 힘은 닭 한 마리도 묶지 못할 만큼 약하오. 그런 터에 오로지 구설口舌을 능사로 여기며 오히려 부끄러운 줄도 모르고 있소."

안영이 보니 공자 진眞의 손자인 낭와囊瓦였다. 자가 자상子常으로 초영왕의 거우車右로 있었다.

안영이 미소를 지으며 대답했다.

"저울추는 비록 작지만 능히 1천 근의 무게를 단다는 '칭추수소秤錘雖小, 능압천근能壓千斤' 속담과 배의 삿대는 공연히 길어봐야 결국 물속에 잠길 뿐이라는 의미의 '주장공장舟槳空長, 종위수몰終爲水沒' 속담을 들은 적이 있소. 노나라 대부 숙소교여는 키가 컸지만 끝내 노나라에서 죽임을 당했고, 송나라 장수 남궁만은 힘이 천하장사였지만 끝내 송나라에서 죽임을 당했소. 족하는 키가 크고 힘이 꽤 센 모양인데 이들과 비슷한 게 아니오? 이 안영은 스스로 무능하다는 것을 알고 있으나 단지 그대들이 묻기에 대답한 것일 뿐이오. 내 어찌 감히 스스로 구설을 능사로 삼아 입을 놀릴 리 있겠소?"

낭와가 무색해져 아무 대답도 하지 못했다.

이때 초나라 영윤 위피薳罷가 조당으로 온다는 전갈이 왔다. 여러 대부들이 조당으로 들어가 두 손을 맞잡고 줄지어 서서 기다렸다. 오거伍擧가 먼저 와 안영에게 읍을 한 뒤 그를 조당 안으로 맞아들였다.

오거가 여러 대부들에게 말했다.

"평중은 제나라의 현사賢士요. 그대들은 무슨 까닭에 구설로 그를 몰아세우는 것이오?"

잠시 후 초영왕이 나타나 전상에 올랐다. 오거가 안영을 인도해 초영왕 앞으로 가서 조례를 올리게 했다. 초영왕이 안영의 알현을 받자마자 문득 물었다.

"제나라엔 원래 그토록 인물이 없단 말이오?"

안영이 대답했다.

"우리 제나라엔 사람이 너무 많아 한번 숨만 내쉬어도 바로 구름이 되고, 땀을 흘리면 바로 비가 될 정도입니다.[95] 또 길 가는 사람이 서로 어깨를 부딪치고, 서 있는 사람이 서로 발꿈치를 밟을 정도입니다.[96] 어째서 사람이 없다고 말하는 것입니까?"

초영왕이 말했다.

"그렇다면 어째서 그대처럼 작은 사람이 우리나라에 빙문 차 온 것이오?"

안영이 대답했다.

"폐읍은 외국에 사자를 보내는 기준과 관례가 있습니다. 현자는 현명한 나라인 현국賢國, 불초자는 불초국不肖國, 대인은 대국大國, 소인은 소국小國에 보내는 게 그렇습니다. 신은 소인인데다 불초하기 때문에 초나라에 사자로 온 것입니다."

초영왕은 부끄러운 나머지 얼굴이 붉어졌지만 내심 그의 기지에 경탄했다. 안영이 사자의 임무를 마쳤을 때 내시가 교외 백성이 진상한 합환귤合歡橘을 초영왕 앞에 내놓았다. 초영왕이 합환귤 1개를 안영에게 내렸다. 안영이 합환귤을 껍질 채 먹었다. 초영왕이 박장대소했다.

"제나라 사람은 귤을 한 번도 먹어보지 못했단 말인가? 그대는 어째서 껍질도 벗기지 않은 채 먹는 것인가?"

안영이 대답했다.

"신이 듣건대 군주가 하사한 과일은 참외나 복숭아도 깎지 않고, 감귤도 껍질을 벗기지 않는다고 했습니다. 지금 대왕이 하사한 합환귤은 저의 군주가 하사한 것이나 다름없습니다. 대왕이 깎아 먹으란 분부를 하지 않았는데 어찌 껍질을 벗기고 먹을 수 있겠습니까?"

초영왕은 자신도 모르는 가운데 벌떡 일어나 안영에게 경의를 표했다.

5 이 대목의 『열국지』 원문은 '가기성운呵氣成雲, 휘한성우揮汗成雨'이다. 『전국책』「제책」에 인산인해를 이룰 정도로 사람이 많다는 뜻의 '휘한성우' 구절이 나온다.

6 이 대목의 『열국지』 원문은 '행자마견行者摩肩, 입자병적立者幷跡'이다. 서로 몸이 닿고, 발 디딜 틈이 없다는 의미이다. 『안자춘추晏子春秋』「내편內篇, 잡하雜下」에는 비견계종比肩繼踵으로 표현돼 있다.

이어 새삼스레 자신의 옆자리를 내주면서 내시로 하여금 술을 가져와 대접케 했다.

얼마쯤 지나 무사 3—4명이 두 손을 뒤로 결박한 죄수 한 사람을 데리고 전각 아래로 지나갔다. 초영왕이 물었다.

"그 죄수는 어느 나라 사람인가?"

한 무사가 대답했다.

"제나라 사람입니다."

초영왕이 물었다.

"그 죄수가 무슨 죄를 저질렀는가?"

무사가 대답했다.

"도둑질을 했습니다."

초영왕이 안영을 돌아보며 말했다.

"제나라 사람은 으레 도둑질을 잘하는 모양이오."

안영은 초영왕이 자신을 조롱하기 위해 짐짓 그런 일을 꾸민 것을 알았다. 돈수頓首하며 말했다.

"강남에 있는 귤나무도 강북으로 옮겨 심으면 이내 탱자나무가 되고 만다는 뜻의 '강남유귤江南有橘, 이지강북移之江北, 즉화이위지則化而爲枳' 이야기를 들은 적이 있습니다.[7] 이는 토질이 다르기 때문입니다. 저 사람도 제나라에서 살았으면 도둑질을 하지 않았을 것입니다. 초나라에 와서 살기에 도둑이 된 듯합니다. 초나라의 토질이 그렇게 만든 것입니다. 제나라와 무슨 상관이 있겠습니까?"

초영왕은 말문이 막혀 입을 다물었다가 한참 후에 말했다.

"과인이 본래 그대에게 모욕을 주려고 했는데 도리어 그대에게 모욕을

7 『안자춘추』「내편, 잡하」에서 인용한 말이다. 여기서 환경에 따라 습성이나 기질이 변한다는 취지의 귤화위지橘化爲枳 내지 남귤북지南橘北枳 성어가 나왔다.

당했소."

안영은 초영왕으로부터 후한 예우를 받고 귀국했다. 제경공은 안영이 초나라로 가서 제나라의 국위를 크게 떨친 공을 높이 사 상상上相이라는 존칭을 내렸다. 이어 값이 1천 금이나 나가는 새 갖옷을 선사하고, 더 많은 식읍을 하사코자 했다. 안영이 이를 굳이 사양하며 받지 않았다. 제경공이 다시 안영의 집을 더 크게 지어주려고 했으나 안영은 그것마저 사양했다.

하루는 제경공은 안영의 집으로 행차했다. 안영의 아내가 나와 인사를 올렸다. 제경공이 안영에게 물었다.

"저 여인이 경의 내자內子인가?"

안영이 대답했다.

"그렇습니다."

제경공이 웃으며 말했다.

"허, 너무 늙고 못났소. 과인에게 사랑하는 딸이 있소. 젊고 아름다우니 경의 아내로 삼게 해주겠소."

안영이 대답했다.

"여인이 젊고 아름다울 때 남편을 섬기는 것은 훗날 늙고 추해졌을 때 몸을 의탁하기 위한 것입니다. 신의 처가 비록 늙고 추하나 여느 여인처럼 노후를 의탁하기 위해 신을 정성껏 섬겨 왔습니다. 그런 아내를 어찌 저버릴 수 있겠습니까?"

제경공이 감탄했다.

"경이 아내를 저버리지 않는데 하물며 군주의 경우이겠는가?"

안영의 충성을 더욱 깊이 신뢰하며 국사를 안영에게 일임한 이유다.

뒷일을 알고자 하면 다음 회를 보라.

보설 – 진초시대의 등장인물과 약사

1. 조돈趙盾

진나라의 권신으로 진문공의 고굉지신股肱之臣인 조최趙衰의 아들이다. 기원전 621년 여름, 진문공의 사후 대략 7년 동안 제후들의 맹주 역할을 수행했던 진목공秦穆公이 재위 39년 만에 세상을 떠났다. 사위인 진문공보다 17세나 어렸던 그의 나이는 당시 69세였다. 그는 비록 제한적이기는 했으나 백리해 등과 같은 뛰어난 인물의 도움을 받아 나름 패업을 이뤘다고 평할 만하다. 실제로 『백호통白虎通』과 『한서』 등은 그의 공업을 높이 평가해 춘추오패의 일원으로 꼽았다.

진목공 사후 태자 앵罃이 뒤를 이어 진강공秦康公으로 즉위했다. 태자 앵은 진문공의 이복누이인 백희 소생이었다. 사서는 진강공이 진목공을 장사지내면서 서융의 풍습을 좇았다고 기록해 놓았다. 진나라가 중원의 여러 나라와 다른 풍습을 지니고 있었음을 보여주는 대목이다. 진秦나라가 중원의 여러 제후국들로부터 이적 취급을 받은 것도 이와 무관치 않다. 사서의 기록에 따르면 당시 진강공은 진목공을 장사지내면서 170명의 인물을 순장했다고 한다.

진목공이 죽은 지 얼마 안 돼 진양공晉襄公도 이내 병사했다. 조돈은 진양공의 서제庶弟인 공자 옹雍을 옹립하려다가 조야의 반대로 어린 세자 이고夷皐를 진영공晉靈公으로 옹립했다. 이고는 겨우 7세에 지나지 않아 그를 대신해 사실상 대권을 행사했다. 진영공 이고는 장성한 후 조돈이 권신의 모습을 보이자 총신 도안고屠岸賈를 시켜 조돈을 제거코자 했다. 도안고는 진문공 때 활약한 도안이屠岸夷의 손자였다.

몇 차례에 걸쳐 조돈을 제거하려던 계획이 모두 실패하자 결국 진영공은 주연을 벌이던 중 조돈의 족제族弟인 조천趙穿 휘하의 시위 군사들에 의해 척살됐다. 조돈은 짐짓 외국으로 달아나는 모습을 보이다가 척살 소식을 듣자마자 곧바로 되돌아 왔다. 그는 진영공을 곡옥 땅에 장사지낸 뒤 대신들과 함께 새 군주 옹립문제를 상의했다. 이때 주나라 왕실에서 벼슬을 살고 있는 진문공의 아들 흑둔黑臀을 천거했다. 덕분에 흑둔이 진성공晉成公으로 즉위할 수 있었다. 진성공은 즉위 직후 보답 차원에서 국사를 조돈에게 일임했다.

이때 사관 동호董狐가 사초에 쓰기를, "조돈이 그의 군왕을 시해했다!"고 했다. 조돈이 크게 놀라 동호를 찾아가 항의했다. 동호가 힐책키를, "그대는 나라의 정경正卿이오. 비록 망명을 하기 위해 현장에 없었다고 하나 아직 국경을 넘지 않았으니 국내에 있었던 셈이오. 더구나 돌아와서는 군주를 시해한 죄인을 찾아내 죄를 벌하려 하지도 않았소. 그러니 그대가 시해한 것이 아니고 누가 했단 말이오?"라고 했다. 조돈이 수정을 요구했으나 동호는 거절키를, "있는 사실을 사실대로 기록하는 것이 사관의 직책이오. 내 머리를 끊을 수는 있어도 이 기록만은 고칠 수 없소!"라고 했다. 조돈이 물러나오며 탄식키를, "아, 『시』에 이르기를, '내가 조국을 그리워하다가 오히려 우환을 자초했네.'라고 한 것이 바로 나를 두고 한 말인가!"라고 했다.

이를 두고 훗날 공자는 평하기를, "동호는 훌륭한 사관이다. 역사를 있는 그대로 기록해 사실을 숨기지 않았기 때문이다. 조돈 또한 동호의 글을 인정해 악명을 받아들였으니 훌륭한 대부이다. 그가 국경을 넘었더라면 악명을 면했을 터인데 참으로 애석하다!"고 했다. 이 일로 인해 동호의 사필史筆은 후대 사관들의 전범이 되었다. 당시 동호는 대략 2가지 논점에서 조돈의 간접 책임을 물었다. 첫째, 조돈이 비록 망명 차 출성했으나 아직 국경을 넘지 않았다는 점이다. 둘째, 복귀한 뒤 진영공을 시해한 자를 찾아내 벌하려 하지도 않았다는 점이다.

객관적으로 볼 때 당시 조돈이 자신의 수족역할을 한 조천이 진영공을 살해할 때까지 매우 오랜 시간이 흘렀는데도 며칠 동안이나 국경 근처에 머물러 있었던 것은 의문이다. 조천과 밀모했을 가능성을 시사한다. 또한 진영공이 아무런 의심도 없이 조천의 말만 믿고 그에게 시위를 맡겼다는 점도 이해할 수 없다. 진영공이 조돈을 죽이기로 했다면 의당 조천에 대해 경계심을 보여야 했음에도 불구하고 이런 과정이 보이지 않는다. 진영공은 현군은 아니었으나 그렇다고 암군도 아니었다. 조돈이 전횡하고 있는 상황에서 전적으로 조돈에 의해 보위에 오른 진영공은 나이도 어렸지만 실제로 할 일이 별로 없었다. 성년이 된 후 진영공이 총신 도안고를 시켜 조돈을 제거코자 했으나 일이 실패로 돌아감에 따라 조돈은 사지를 빠져나오게 되었다. 조돈은 몸을 숨긴 뒤 은밀히 조천과 교신하면서 마침내 조천 휘하의 군사를 동원해 진영공을 척살했을 가능성이 높다.

당시 동호는 명확한 물증이 없는 상황에서 직접적인 책임을 묻는 기술이 불가능한 만큼 여러 가지 정황을 종합한 뒤 권신 조돈에게 간접적으로 시해의 책임을 물은 셈이다. 공자의 동호에 대한 평가는 타당하나 조돈에 대한 평가만큼은 역사적 사실과 괴리되어 있다. 조돈은 선군 진양공의 유훈을 어겼을 뿐만 아니라 멋대로 군주 옹립을 자행해 마침내 군주인 진영공을 시해하는 짓까지 서슴지 않은 일개 권신에 지나지 않았다. 사관 동호가 그에게 붓으로 벌을 가하는 이른바 필주筆誅를 가한 것은 당연했다. 동호의 직필정신은 수준 높은 역사의식을 상징한다.

2. 초장왕楚莊王

초목왕楚穆王의 태자이자 초나라의 22대 군주로 본명은 웅려熊侶이다. 초장왕은 제환공과 진문공에 이어 춘추시대의 3번째 패자가 된 인물이다. 『사기』를 비롯한 사서는 그를 크게 부각시키지 않았으나 그는 어떤 면에서 제환공 및 진문공을 뛰어넘는 당대 최고의 인물이었다. 훗날 춘추시대 말기인 '오월시대'에 오왕 부차와 월왕 구천이 등장하기는 했으나 이들은 춘추시대보다는 전국시대의 인물에 가까웠다. 수단방법을 가리지 않고 패업을 이루고자 했기 때문이다. 그런 점에서 초장왕은 춘추시대의 키워드인 존왕양이尊王攘夷를 기치로 내세운 제환공과 진문공의 패업을 이었다. 가히 춘추시대 최후의 패자라고 일컬을 만하다.

주양왕 31년인 기원전 621년 여름, 서쪽의 패자로 군림하던 진목공 임호마저 세상을 떠나자 초나라를 견제할 나라가 사실상 존재하지 않는 상황이 연출되었다. 진목공은 진문공의 사후 대략 7년 동안 제후들의 맹주 역할을 수행했다. 이때 그의 나이는 69세로 재위 39년 만에 마침내 생을 마감한 것이다. 진목공이 죽었을 때의 나이는 공교롭게도 진문공과 같았다. 진목공은 비록 제한적이기는 했으나 뛰어난 공업을 이룬 인물로 기억될 만하다. 진목공의 공업을 높이 평가한 『백호통白虎通』과 『한서』가 그를 '춘추5패'의 일원으로 규정한 이유다.

원래 진秦나라는 중원의 서쪽에 있는 일개 제후국에 불과했다. 실제로 중원의 제후들은 진나라를 서융西戎의 일원으로 낮춰 보았다. 동쪽으로 진출해 중원의 패권을 장악코자 해도 앞을 가로막고 있는 진晉나라로 그 뜻을 실현할 길이 없었다. 부국강병을 통해 이런 한계를 돌파한 인물이 바로 진목공이다. 일부 사가들이 진목공을 '춘추5패'의 일원으로 꼽는 것은 그가 세운 공이 간단치 않았음을 반증한다. 여기에는 '기려지신' 백리해百里奚의 보필이 결정적인 배경으로 작용했다.

진목공 사후 중원이 어지러운 모습을 보이자 초목왕楚穆王 상신商臣은 이런 보고를 받고는 곧바로 군신들을 모아놓고 대책을 논의했다. 원래 초장왕의 부친인 초목왕은 초성왕의 세자로 있었다. 도중에 장수 투발鬪勃을 참소한 사건을 계기로 부왕의 미움을 받고 이복동생 직職에게 세자 자리를 빼앗길 위험에 처하게 됐다. 이때 사부 반숭潘崇의 계책을 사용해 부왕인 초성왕을 시해한 뒤 즉위했다.

초목왕이 마침내 중원을 공략할 생각으로 군신들에게 계책을 주문하자 대부 범산范山이 건의키를, "진晉나라는 어린 군주가 들어선 이후 조돈이 독재를 하면서 대부들이 서로 죽이는 것을 일삼고 있습니다. 차제에 중원을 도모하면 감히 누가 우리와 대적하려 하겠습니까!"라고 했다. 초목왕이 크게 기뻐하며 이를 좇았다. 투월초에게 명해 병거 3백 승을 이끌고 정나라를 치게 하면서 자신은 친히 정병을 이끌고 낭연狼淵에 영채를 세우고 이들을 후원했다. 이에 놀란 정목공이 급히 사람을 진나라로 보내 구원을 청하면서 굳게 성문을 닫고 버텼으나 이내 초나라의 계략에 말려들어 크게 패하고 말았다. 정나라가 다시 충성을 다짐하며 항복하자 초목왕은 포로로 잡은 정나라 장수들을 석방한 뒤 곧바로 철군했다.

당시 진나라의 권신 조돈은 노나라 및 송나라 군사 등과 함께 정나라를 구원하러 오던 중이었다. 이들은 정나라 국경에 이르렀을 때 항복 소식을 듣게 되었다. 송나라 대부 화우華耦 등이 격분해 조돈에게 건의키를, "차제에 반복무상하기 그지없는 정나라를 쳐 후환을 덜도록 합시다."라고 했다. 조돈이 반대했다. 당시 천하형세는 진秦·초楚 두 나라가 중원의 패권국을 자처하는 진晉나라를 상대해 치열한 각축전을 벌이는 3파전의 양상으로 전개되고 있었다. 춘추시대 첫 패권국인 제나라는 제환공이 죽은 후 아직 옛날의 위세를 회복치 못하고 있었다. 진·진 두 나라가 중원의 패권을 놓고 상호 견제하는 사이에 어부지리를 얻은 나라는 말할 것도 없이 초나라였다.

초목왕은 중원의 진나라가 내분 등으로 인해 어수선한 틈을 타 정나라를 위시해 진陳과 채蔡 등의 소국을 차례로 자신의 세력권에 편입시켰다. 송나라 및 노나라 등의 중소국은 말할 것도 없고 제나라와 같은 대국도 초나라로부터 압박을 받기 시작했다. 초목왕에게 유리하게 조성된 주변 상황을 최대한 활용한 셈이다. 그러나 사태가 꼭 초나라에게만 유리하게 진행된 것은 아니었다. 영윤 성대심이 죽고 그의 동생 성가成嘉가 영윤이 된 것을 계기로 회수와 장강 주변의 6개 소국이 초나라를 배반하는 일이 빚어진 게 그렇다. 초목왕이 곧바로 영윤 성가에게 명해 군사를 이끌고 가 이들을 치게 했다. 성가가 이들을 평정한 데 이어 소巢나라까지 포위했다. 초목왕은 차제에 군소의 나라들을 모두 병탄해 초나라의 성읍으로 편입시키고자 했다. 그러나 그는 기원전 614년에 문득 병사하고 말았다.

비록 부친 초성왕을 죽음으로 몰아넣은 뒤 스스로 보위에 오르기는 했으나 전례 없이 초나라의 위세를 드높인 초목왕으로서는 유한遺恨이 남을 만한 허망한 죽음이었다. 초목왕이 죽자 곧 그의 아들 웅려가 뒤를 이어 보위에 올랐다. 바로 제환공 및 진문공에 이어 사상 세 번째로 패업을 이룬 초장왕이었다.

초장왕이 즉위한 이듬해인 기원전 613년 봄, 주경왕 임신任臣의 죽음을 계기로 왕실의 피폐한 상황이 그대로 드러났다. 이는 주왕실의 대신 주공 열閱과 왕손 소蘇가 주도권 다툼을 벌인 결과였다. 태자 반班이 주광왕周匡王으로 즉위하면서 가까스로 혼란이 진정됐으나 당시 주왕실은 천자의 붕어에도 불구하고 제후들에게 제때 부음을 전하지 못할 정도로 쇠락해 있었다. 초장왕이 즉위할 당시 그의 맞수는 제후가 아닌 진나라 권신 조돈이었다. 조돈은 어린 군주를 대신해 사실상 제후들의 맹주 노릇을 하고자 했다. 비록 진나라가 진문공 이래 시종 패권국을 자처해 오기는 했으나 일개 권신이 제후들과 같은 반열에 올라가 맹주 노릇을 하고자 한 것은 참람한 짓이었다. 훗날 진나라가 권신들에 의해 3분되고, 이어 전국시대가 도래케 된 것도 따지고 보면 조돈의 이같이 방자한 행각에서 비롯된 것이다.

당시 초장왕은 이상한 행보를 보였다. 『사기』「초세가」에 따르면 그는 즉위한지 3년이 지나도록 호령號令을 발하지 않고, 사냥하러 갈 때만 출궁出宮하고, 사냥을 나가지 않을 때는 궁내에서 밤낮으로 여러 부인들과 함께 술만 퍼마셨다. 이때 그는 시종을 시켜 이런 글을 문 밖에 내걸게 했다. "감히 간하는 자가 있으면 죽음을 내릴 것이다!" 하루는 오삼伍參이 간하기 위해 궁으로 들어갔다. 마침 초장왕은 왼손으로 정희鄭姬, 오른손으로 월녀越女를 껴안은 채 음악 연주를 듣고 있었다. 『사기』「초세가」 원문에는 오삼이 오거伍擧로 되어 있으나 이는 잘못이다. 오거는 훗날 오월시대를 풍미한 오자서의 조부이고 오삼은 증조부이다. 오삼은 초장왕 때 활약했으나, 오삼의 아들 오거는 초장왕의 손자인 초강왕과 초영왕 때의 인물이다. 오삼을 오거로 착각했거나 잘못된 항간의 전설을 그대로 옮겼을 공산이 크다.

『사기』「골계열전」에는 이 일화가 전국시대 초기 제위왕의 일화로 나온다. 당시 초장왕과 관련해 이와 관련된 일화가 여러 형태로 전해졌을 가능성을 시사한다. 종합적으로 볼 때 이는 초장왕과 오삼의 일화는 보는 게 옳다. 당시 초장왕은 위협조로 오삼에게 묻기를, "대부는 술을 마시러 왔는가, 아니면 음악을 들으러 왔는가?"라고 했다. 오삼이 반문키를, "몸에 오색 빛이 빛나는 커다란 새 한 마리가 언덕에 앉아 있은 지 3년이 되었습니다. 그런데 그 새가 나는 것을 본 사람도 없고 우는 소리를 들은 사람도 없습니다. 과연 이 새는 무슨 새이겠습니까?"라고 했다. 초장왕이 그 뜻을 짐작하고는 미소를 지으며 대답키를, "그 새는 3년 동안 날지 않았으나 만일 한 번 날게 되면 곧바로 하늘로 치솟아 오를 것이다. 3년 동안 지저귀지 않았으나 만일 한 번 지저귀게 되면 사람들을 크게 놀라게 만들 것이다!"라고 했다. 여기서 한 번 떨치고 일어나면 사람을 놀라게 할 만한 재주를 지닌 사람을 지칭하는 '명장경인鳴將驚人'과 '일명경인一鳴驚人' 성어가 나왔다.

기원전 597년 남방의 강국 초나라와 중원의 패자 진나라가 맞붙게 됐다. 초나라의 공격을 받은 정나라의 구원 요청에 따른 것이었다. 진문공과 초성왕이 정면으로 충돌한 이후 두 번째 사례에 해당한다. 당시 진나라의 총사령관은 순림보荀林父였다. 그는 황하에 이르렀을 때 정나라가 이미 초나라와 강화조약을 맺었다는 말을 듣고는 곧 회군코자 했다. 그러나 중군 부장 선곡先穀을 비롯해 중군대부 조동趙同과 상군대부 조괄趙括 형제 등이 반대해 이내 휘하의 군사들을 이끌고 황하를 건넜다. 당시 진나라 장수들은 극심한 내분을 겪고 있었다. 이들의 논의는 크게 두 가지로 갈라져 있었다. 초나라 군사의 예기가 성하니 일단 싸움을 피하자는 '피전파避戰派'와 중원의 맹주로서의 지위를 유지하기 위해서는 반드시 일전을 겨룰 수밖에 없다는 '주전파主戰派'가 그것이다. 중군 원수 순림보와 상군 주장 사회士會는 '피전파', 중군 부장 선곡과 조동 형제 등은 '주전파'에 해당했다. 일찍이 총사령관 순림보는 일찍이 제후들의 군사를 이끌고 송나라를 토벌하러 갔다가 송나라로부터 뇌물을 받고는 도중에 돌아간 적이 있었다. 그는 뇌물을 좋아하는 데다 우유부단하기까지 했다. 최악의 인물이 3군을 통수하는 총사령관이 된 셈이다. 진나라의 참패는 이미 예견된 것이었다.

실제로 싸움은 그런 식으로 진행됐다. 당시 대부 오삼이 진나라 군사를 뒤쫓아 가 그들을 모조리 무찌를 것을 건의했으나 초장왕이 반대키를, "우리는 전에 성복城濮 땅에서 진문공에게 패한 이래 사직까지 치욕을 받아야만 했소. 그러나 이번 싸움으로 가히 전날의 분을 씻게 되었소. 이제 우리도 진나라와 강화할 도리를 생각해야만 하오."라고 했다.

그러고는 더 이상 전진하지 않고 필 땅에 영채를 세웠다. 덕분에 진나라 군사는 황하를 무사히 건널 수 있게 되었다. 그러나 사지를 빠져나온 진나라 군사들은 이미 크게 놀란 까닭에 대오를 이루지 못한 채 어지럽기 짝이 없었다. 이들은 다음날 아침이 되어서야 겨우 황하를 모두 건너게 되었다. 사가들은 기원전 597년 여름에 초나라 군사가 지금의 하남성 섬현 동쪽의 필邲 땅까지 밀어붙이며 진나라 군사를 격파한 이 싸움을 이른바 '필지역邲之役'이라고 부른다. 오랫동안 남만南蠻으로 얕보이던 초나라가 마침내 중원의 패자를 자처하던 진나라를 격파하고 천하의 패업을 이룬 싸움을 가리킨다. 초장왕이 제환공과 진문공의 뒤를 이어 세 번째 패자가 된 근본배경이 여기에 있다.

초장왕은 즉위 이후 부국강병을 기치로 내걸고 안팎으로 많은 공을 세웠다. 낙수 유역의 주나라 왕성 부근에서 대규모 열병식을 거행해 초나라의 군사력과 위엄을 만방에 떨친 게 대표적이다. 이때 주나라 왕실이 보유한 보기인 구정九鼎의 크기를 물어 천하를 지배하겠다는 야심을 표현했다. 여기서 나온 성어가 문정問鼎이다. 기원전 605년에는 초나라의 대족이자 왕권의 최대 장애 세력이었던 약오씨 세력을 제압했다. 이후 내정에 대한 근심 없이 영토를 크게 확장해 장강 이남은 물론 중원의 패권까지 차지했다. 초나라 전 역사를 통틀어 가장 뛰어난 군주로 꼽을 만하다.

3. 손숙오孫叔敖

초장왕 때의 명신으로 위가蔿賈의 아들이다. 원래 이름은 위오蔿敖였다. 도중에 성씨를 위蔿에서 '손숙'으로 바꾼 것이다. 당초 영윤을 지낸 투자문이 죽을 당시 그의 아들 투반鬪般이 영윤, 투초가 사마가 되었다. 이후 공정工正으로 있던 위가의 무함으로 투반이 죽자 투초가 영윤, 위가는 사마가 되었다.

이후 투초는 위가와 사이가 벌어지자 이내 일족을 이끌고 가 위가를 죽인 뒤 곧바로 반기를 들었다. 결국 그가 초장왕에게 패하면서 투씨 일족은 모두 도륙되고 말았다. 세족 간의 권력투쟁이 투씨 집안이 궤멸할 때 가장 큰 원인을 제공한 인물이 바로 손숙오의 부친 위가였다. 『국어』「초어」는 오직 투자문의 후손만이 살아남을 수 있었다고 기록해 놓았다.

손숙오의 조부는 위여신蔿呂臣, 부친은 위가蔿賈였다. 당초 초나라는 초성왕 때 기원전 632년 여름 4월의 성복지역城濮之役에서 중원의 진나라에게 대패했다. 이는 남과 북을 대표하는 '패자'들이 G1의 자리를 놓고 다툰 대회전大會戰에 해당한다. 이 싸움에서 영윤 성득신이 자진하자 위여신이 뒤를 이어 영윤의 자리에 올랐다. 『춘추좌전』에 나오는 위여신에 관한 일화는 이게 전부다. 다른 사서에는 그에 관한 이야기가 아예 없다. 그러나 훗날 사마씨가 서진西晉을 세울 당시 대공을 세운 두예杜預는 『춘추좌전』을 주석하면서 『춘추좌전』에 위여신에 관한 일화가 또 하나 있다고 주장했다.

이에 따르면 초성왕 때의 영윤 투자문이 성득신의 공을 높이 사 그를 자신의 후임으로 천거했다. 대부 숙백叔伯이 투자문을 찾아가 따지자 투자문이 대답키를, "나는 성득신을 이용해 나라를 편하게 만들려는 것이오. 큰 공을 세웠는데도 고귀한 벼슬을 주지 않으면 나라를 안정시키려고 노력할 사람이 과연 몇이나 되겠소?"라고 했다. 두예는 여기에 나오는 '숙백'이 바로 위여신이라고 주장한 것이다. 두예의 주석을 따를 경우 투자문이 위여신의 말을 듣지 않은 결과 성득신이 영윤으로 선발됐고, 그 결과 '성복지역'의 패배로 연결됐다는 이야기가 된다. 비록 결과론에 지나지 않으나 위여신이 간단치 않은 인물임을 뒷받침한다.

이는 위여신의 아들 위가에 관한 여러 뛰어난 일화들이 뒷받침한다. 『춘추좌전』에 나오는 위가의 여러 일화 중 대표적인 것을 들면 기원전 633년 초성왕이 장차 송나라를 포위할 생각으로 투자문에게 명해 군사훈련을 시행토록 한 바 있다. 그러나 투자문은 겨우 정오까지만 훈련을 한 뒤 곧바로 끝내버렸다. 이에 반해 성득신은 정반대의 모습을 보였다. 단 하루 사이에 7명을 매질하고 3명에게 이른바 관이貫耳의 벌을 내렸다. '관이'는 귓바퀴를 화살로 꿰는 군대 내의 형벌을 말한다. 엄격한 군사훈련을 실시한 것이다.

원로대신들이 투자문을 찾아와 성득신을 천거한 일을 하례했다. 투자문이 큰 잔치를 베풀어 이들을 대접했다. 당시 대부 위여신은 몸이 아파 연회에 참석치 못하고 대신 아들 위가를 참석시켰다. 위가는 빈객들 중 상대적으로 나이가 어린 데다 참석도 늦게 했다. 더구나 그는 투자문에게 전혀 하례하지 않았다. 투자문이 이를 이상히 여겨 그 연고를 묻자 위가가 이같이 대답했다.

"무엇을 하례해야 하는지 모르겠습니다. 공은 성득신을 천거하면서 나라를 안정되게 할 필요성 때문이라고 했습니다. 그러나 설령 나라를 안정되게 할지라도 장차 진나라 등과 싸워 패한다면 과연 초나라가 얻는 것이 과연 무엇이겠습니까? 성득신의 패배는 결국 공의 천거로 인한 것이 됩니다. 잘못된 천거로 인해 나라가 어렵게 될 터인데 무엇을 하례한단 말입니까. 성득신은 고집이 세고 무례하여 군사를 제대로 다스릴 수 없습니다. 그가 대군을 이끌고 나가 싸울지라도 무사히 귀국할 수 있을지 의문입니다. 그가 개선한 뒤 하례할지라도 결코 늦은 하례가 아닐 것입니다."

성득신을 성토한 위가의 언급은 '숙백'을 위여신으로 해석한 두예의 주석이 타당한 것임을 뒷받침하는 대목이다. 훗날 위가는 투자문의 아들 투반鬪般이 영윤, 사촌인 투초鬪超가 사마가 되었을 때 공정工正 즉 백공의 장관이 되었다. 『춘추좌전』은 위가가 투초와 합세해 투반을 모함해 죽게 만들고, 투초가 영윤이 되자 위가는 사마의 자리에 오르게 되었다고 기록해 놓았다. 당시 세족들 내에서 치열한 권력다툼이 있었음을 암시한다.

이후 영윤 투초는 위가와 대립한 나머지 일족을 이끌고 가 위가를 잡아 가둔 뒤 얼마 후 죽여 버렸다. 투초는 내친 김에 반기를 들고 초장왕과 대립했다가 패했다. 투씨 일족이 전멸한 이유다. 이런 점 등을 감안할 때 위가의 아들 손숙오는 어렸을 때 적잖은 어려움을 겪으면서 생장했고, 위오蔿敖로 부르던 이름이 도중에 '손숙오'로 바뀐 게 확실하다. 그는 초장왕 때 영윤이 되었다. 조부인 위여신의 뒤를 이은 셈이다. 부친 위가도 사마의 자리에 오른 만큼 그의 집안은 당시 초나라 최고의 명문가인 투씨와 어깨를 나란히 하는 명문가였다고 평할 수 있다.

손숙오와 관련된 유명한 일화로 어렸을 때 마주 본 사람을 죽게 만든다는 요물 쌍두사雙頭蛇를 보고 타인에게 해가 될까 두려워 즉시 죽여서 땅에 묻었다는 일화를 들 수 있다. 어릴 때부터 남다른 용기와 지혜, 사려를 지닌 인물이었음을 짐작할 수 있다. 실제로 그는 초장왕의 둘도 없는 책사가 되어 군제를 개혁하고 내정을 쇄신하는 데 결정적인 공헌을 했다. 초나라가 안으로 부국강병을 이룩하고 밖으로 춘추의 3대 패업을 성취하는 데 일등공신의 역할을 한 셈이다. 초장왕이 그의 공적을 가상하고 고맙게 여겨 부유하고 넓은 성읍을 하사하고자 했다. 그러나 그는 초나라와 월나라 경계의 동쪽 변경 침구寢丘 땅을 청했다. 그의 자손들이 대대로 어려움 없이 침 땅을 영유한 근본 배경이 여기에 있다. 앞날을 멀리 내다보는 그의 지혜를 대략 짐작할 수 있다.

4. 영유寧兪

위문공衛文公의 아들 위성공衛成公 정鄭을 지성으로 섬긴 당대의 충신이다. 그의 부친 영속寗速은 위의공衛懿公 때 적인의 침입으로 인해 거의 패망한 나라를 다시 일으켜 세운 바 있다. 위혜공衛惠公의 아들 위의공은 주혜왕 9년인 기원전 668년에 즉위했다. 재위 9년 동안 놀고 즐기면서 거만하게 행동하고 게으름을 피웠다. 나라의 정사는 돌보지 않고, 날짐승을 좋아했다. 그게 바로 학鶴이었다. 위의공이 기르는 학은 모두 품계와 직위가 있고, 그에 해당하는 녹봉을 받았다. 가장 좋은 학은 대부大夫, 그만 못한 학은 사인士人의 녹봉을 받았다. 위의공이 밖으로 행차할 때면 학들도 좌우 양반兩班으로 나뉘어 그 뒤를 따랐다. 또 큰 수레에 학을 태워 어가 앞에서 달리게 했다. 학장군鶴將軍으로 불렸다. 궁에서 학을 기르는 자들도 많은 녹봉을 받았다. 학들을 기르기 위해 백성들로부터 많은 세금을 거둬들인 까닭에 백성들 가운데 굶주리고 추위에 떠는 자들이 자꾸 늘어났다. 위의공은 그런 백성을 전혀 돌보거나 구해주지 않았다.

적인이 쳐들어와 위나라 백성들 모두 산골이나 들판으로 달아나 몸을 숨겼다. 모병에 응해 무기를 잡으려는 자가 거의 없었다. 위의공이 사도司徒로 하여금 달아난 백성을 닥치는 대로 잡아 오게 했다. 얼마 후 100여 명이 잡혀 왔다. 위의공이 달아난 까닭을 물었다. 백성들이 이구동성으로 대답키를, "주공은 학만 쓰면 족히 적인을 막아 낼 수 있을 것입니다. 학이 전쟁을 할 수 없는 것이라면 그것들은 곧 무용지물無用之物입니다. 그런데도 주공은 이제까지 유용한 백성은 돌보지 않고 무용한 학들만 길렀습니다. 백성들이 복종하지 않는 이유입니다."라고 했다. 위의공이 즉시 사람을 시켜 학을 모두 날려 보냈다. 그러나 학들은 워낙 지극한 사랑을 받은 까닭에 궁중의 동산 위를 빙빙 날아 돌아다닐 뿐 떠나려고 하지 않았다. 영속 등이 직접 저잣거리에 나가 떠들기를, "주공이 허물을 뉘우쳤으니 백성들은 모이도록 하시오!"라고 했다. 그제야 백성들이 여기저기서 모여들기 시작했다. 그러나 이미 늦었다. 위의공은 위나라 군사들과 함께 전사했다.

영속이 곧 제나라로 가 공자 훼燬를 영접코자 했다. 제환공이 공자 훼를 보내 위나라를 다시 일으키게 했다. 공자 훼가 바로 위문공衛文公이다. 원래 위문공 훼는 위혜공 삭朔의 서형인 공자 석碩의 혈육이다. 공자 석이 서모인 선강宣姜과 증음烝淫해 낳은 아들이다. 사가들은 이를 두고 통상 존망계절存亡繼絶로 표현한다. 패망한 나라의 후사를 이어준다는 뜻이다. '존망계절'은 존왕양이

尊王攘夷와 더불어 패자의 양대 의무에 해당한다. 제환공 때 이런 원칙이 확립됐다.

위성공은 위문공 훼의 아들이다. 그는 시기심과 변덕으로 인해 패자 진문공의 노여움을 사는 바람에 진나라로 끌려왔다. 기원전 632년 어떤 사람이 위성공에게 대부 원훤元咺이 위성공의 동생인 숙무叔武를 보위에 앉히려 한다고 무함했다. 당시 원훤의 아들 원각元角이 위성공을 따르고 있었다. 위성공이 원혼을 의심한 나머지 사람을 보내 원각을 죽이게 했다. 그러나 이때 원훤은 위성공의 명을 어기지 않고 숙무를 모시고 도성으로 들어가 나라를 지켰다. 이해 6월, 진문공이 위성공을 군주의 자리에 복귀시켰다. 위나라 대부 영유甯兪가 위나라의 관원 및 호족들과 함께 완복宛濮에 모여 맹세키를, "하늘이 위나라에 화를 내렸다. 군신君臣이 협심하지 않아 이런 우환을 만나게 된 것이다."라고 했다. 위나라 사람들이 이 맹약을 듣고는 두 마음을 갖지 않게 됐다. 이때 위성공은 숙무를 의심해 약정된 귀국 날짜에 앞서 위나라로 들어갔다. 한 발 먼저 위성공에 앞서 귀국했다. 대부 장장長牂이 성문을 지키다가 그를 군주의 사자로 여겨 같은 수레를 타고 성 안으로 들어갔다. 공자 천견歂犬과 대부 화중華仲이 앞장을 서게 됐다.

이때 숙무는 마침 머리를 감던 중이었다. 위성공이 온다는 도착했다는 말을 듣고는 기쁜 나머지 머리카락을 움켜잡고 달려 나갔다. 앞장서서 달려오던 천견이 활을 쏘아 그를 죽였다. 얼마 후 위성공은 숙무에게 죄가 없음을 알고는 이내 자신의 머리를 시신의 허벅지 위에 올려놓는 수침기고首枕其股를 한 뒤 통곡했다. 이때 천견이 달려 나가자 위성공이 사람을 시켜 그를 죽이게 했다. 원훤이 이내 진晉나라로 달아났다. 당시 영유는 위성공을 시종 충심으로 섬겼다. 여러 위기를 갖은 기지와 용기로 극복하면서 결국 위성공을 복위시키는 데 성공했다. 그러나 그 과정에서 맹목적인 충성으로 인해 위성공의 동생인 공자 숙무와 충신 원훤 등을 죽게 만들었다. 후대의 사가들이 그를 두고 충신이기는 하되 위기에 처한 나라를 구한 '사직지신社稷之神'으로는 보지 않는 이유다.

5. 하희夏姬

정목공鄭穆公의 서녀로 절세의 미인이다. 미야기타니 마사미쓰宮城谷昌光는 소설 『하희』에서 절세의 미녀인 하희로부터 춘추시대의 모든 권력이 만들어졌다는 식으로 기술해 놓았다. 이에 따르면 하희는 태어날 때부터 아름다웠다. 눈썹이 나방의 촉각 같고, 눈이 봉황처럼 또렷한 아미봉안蛾眉鳳眼의 모습이었다. 얼굴이 살구꽃처럼 분홍색이고, 뺨이 복숭아꽃처럼 발그레한 이른바 행렴도시杏臉桃腮의 용모를 갖췄다. 절세미인으로 소문난 진헌공의 총희 여희驪姬나 초문왕의 부인이 된 식나라 부인 식규息嬀에 비유할 만했다. 그러나 요염하고 음탕한 점에서는 은나라 주紂의 애첩인 달기妲己 내지 이복오빠 제양공과 간통해 남편인 노환공을 죽게 만든 문강文姜과 짝할 만했다. 결혼하기 전부터 행실이 나빠 이복 오빠인 공자 만蠻과 깊은 관계를 가졌고, 하희를 본 사람 가운데 혼을 빼앗기고 넋을 잃은 나머지 자빠지고 넘어지지 않은 사람이 없었다는 식으로 묘사해 놓은 게 그렇다.

그러나 이는 『열국지』에 나오는 내용을 침소봉대한 것으로 지나친 점이 있다. 『열국지』의 내용 자체가 『춘추좌전』에 나오는 여러 이야기를 소설적으로 구성해 놓은 것이다. 소설 『하희』는 '소설의 소설'에 해당한다. 소설의 내용을 모두 터무니없다고 할 수는 없으나 '문학적 상상력'이 지나쳤다는 지적을 면키 어렵다.

『춘추좌전』과 『사기』 등 사서의 기록을 종합해 볼 때 대략 그녀는 남편인 진陳나라 대부 하어숙夏御叔이 죽은 뒤부터 음행을 시작한 것으로 보는 것이 옳다. 하어숙은 진나라 군주인 진정공陳定公의 손자이고, 부친은 공자 소서小西였다. 나름 서로 격이 맞은 셈이다. 하어숙은 아들 하징서夏徵舒를 낳고 요절하고 말았다. 이후 음행이 시작됐다.

당시 진영공陳靈公은 대부 공녕孔寧 및 의행보儀行父와 함께 과부가 된 하희와 사통했다. 이들이 각자 하희의 속곳인 일복衵服을 입고 조정에서 서로 농지거리를 했다. 후에 대부 설야洩冶가 진영공에게 간하기를, "공경公卿이 모두 음탕한 모습을 보이면 백성이 본받을 것이 없습니다. 소문 또한 좋지 않게 날 것이니 군주는 속히 그 속곳을 거두십시오."라고 했다. 진영공이 이내 사과한 뒤 곧바로 공손 영寧과 의행보에게 이 사실을 알렸다. 두 사람이 설야를 죽였다.

설야가 죽은 뒤 진영공과 두 신하는 더욱 거침없이 놀았다. 마침내 세 사람은 남의 이목을 피하지도 않고 공공연하게 주림 땅으로 가 하희와 간통했다. 당시 진영공은 하희를 기쁘게 해주기 위해 하징서에게 부친 하어숙의 뒤를 이어 사마로 일하게 했다. 『춘추좌전』에 따르면 하징서가 진영공을 시해하게 된 것은 진영공이 하희와 간통한 지 얼마 안 된 기원전 599년 봄이었다. 공교롭게도 이날 진영공은 두 신하와 함께 하희의 집에서 함께 술을 마셨다. 주흥이 도도해지자 이들은 또 다시 희학질을 시작했다. 이때 진영공이 의행보에게 말하기를, "하희의 아들 하징서夏徵舒는 그대를 닮았소."라고 했다. 의행보가 대답키를, "또한 군주를 닮기도 했습니다."라고 했다. 하징서가 이 말을 듣고 이들을 크게 원망했다. 하징서가 마구간에 몸을 숨기고 있다가 진영공이 밖으로 나갈 때 활을 쏘아 그를 죽였다. 공녕과 의행보는 두려운 나머지 초나라로 달아났다.

하징서는 진영공을 살해한 뒤 군사를 이끌고 성으로 들어가 진영공이 대취해 급서했다고 선포했다. 이에 태자 오午가 보위에 올랐다. 그가 진성공陳成公이다. 이때 공녕과 의행보는 초장왕을 만나 진나라 토벌을 사주했다. 초장왕이 곧 군신들과 함께 이를 논의하자 지금의 상해 일대인 신읍申邑를 다스리는 신공申公 무신巫臣 즉 굴무屈巫가 하희를 거둘 생각으로 건의키를, "우리 초나라가 천하의 패권을 바로 잡으려면 먼저 저들부터 쳐야 합니다."라고 했다. 영윤 손숙오孫叔敖도 적극 동조하고 나섰다.

『춘추좌전』에 따르면 초장왕이 진나라 토벌을 결심한 것은 사건이 일어난 지 1년 뒤인 기원전 598년 겨울이었다. 공녕과 의행보 등의 사주에도 불구하고 1년간 뜸을 들인 셈이다. 당시 초장왕은 주변의 군소 제후국의 군사들과 함께 진나라를 치면서 다음과 같은 내용의 격문을 중원의 진晉나라에 보냈다. "하징서가 그 군주를 죽였으니 이는 천인공노할 일이다. 너희가 능히 역신을 치지 못하니 과인이 너희를 위해 불의를 치는 것이니 놀라지 말라. 벌은 오직 죄 지은 자만이 받을 것이다. 나는 다만 하징서를 토벌하려는 것이다." 그러고는 초장왕이 군사를 이끌고 진陳나라로 쳐들어가 하징서를 응징했다. 하징서를 진나라 도성 성문인 율문栗門에서 거열형車裂刑 즉 환형轘刑에 처한 뒤 진나라를 초나라의 현으로 편입시키는 이른바 멸국치현滅國置縣을 행했다.

마침 초나라 대부 신숙시申叔時가 사신으로 제나라에 갔다가 돌아와 간하기를, "지금 진나라를 초나라의 일개 고을로 삼은 것은 그 부를 탐낸 것입니다. 죄인을 토벌한다는 구실을 내세워 제후들을 부른 뒤 그들의 욕심을 이용해 결속을 도모하는 것은 불가하지 않겠습니까?"라고 했다. 초장왕이 이를 좇았다. 곧 진나라를 새로 세우면서 진陳나라의 각 고을마다 한 사람씩 초나라로 보내게 했다. 그러고는 그들을 한 곳에 모여 살게 했다. 그들이 사는 곳을 일컬어 하주夏州라고 했다. 달아났던 공녕과 의행보가 진나라로 돌아갔다.

당초 초장왕이 쳐들어갔을 당시 하징서는 모친 하희와 함께 부친의 식읍인 주림 땅에 은신하고 있었다. 초장왕이 즉시 대군을 이끌고 주림 땅으로 갔다. 하징서는 모친 하희와 함께 정나라로 달아나려고 하던 중이었다. 그러나 이미 때가 늦었다. 초나라 군사가 주림 땅을 포위하고 하희의 집으로 들어가 하징서를 사로잡았다. 하희가 초장왕에게 용서해 줄 것을 호소하자 초장왕도 문득 생각이 바뀌었다. 좌우를 향해 "과인이 하희를 데려가 후궁으로 삼을까 하는데 경들의 생각은 어떻소?"라고 묻자 굴무가 간하기를, "불가합니다. 군주가 제후들을 소집해 죄인을 토벌하고 있는데 이제 하희를 거두면 이는 여색을 탐하는 것이 됩니다."라고 했다. 초장왕이 당초의 생각을 버렸다.

이번에는 공자 측側이 하희를 거두려고 하자 굴무가 회유키를, "그 여인은 상서롭지 못한 사람이오. 그는 자신의 오라비인 자만子蠻 정영공鄭靈公을 일찍 죽게 했고, 남편인 하어숙夏御叔을 살해당하게 했고, 진영공을 시해 당하게 만들었고, 하징서를 초나라 군사에게 죽게 만들었고, 공녕과 의행보를 나라 밖으로 도망가게 했고, 끝내는 진나라를 거의 멸망 지경에 이르도록 만들었소. 그 어떤 사람이 이보다 더 상서롭지 못할 수가 있겠소? 천하에는 아름다운 여인이 숱하게 많은데 굳이 이 여인이어야만 할 이유가 있겠소?"라고 했다. 초장왕이 연윤連尹 양로襄老에게 하희를 준 이유다.

얼마 후 양로는 필邲 땅의 싸움에서 죽게 됐다. 그의 시체를 찾지 못했다. 이때 양로의 아들 흑요黑要가 하희와 어머니뻘 여인과 간통하는 이른바 증烝을 행했다. 무신이 은밀히 사람을 하희에게 보내 회유키를, "친정인 정나라로 돌아가면 내가 당신을 아내로 맞이하겠소."라고 했다. 또 정나라로 사람을 보내 그곳에서 하희를 회유하면서 "양로의 시신을 찾을 수 있으니 반드시 와서 그의 시신을 맞이해 가도록 하시오."라고 말하게 했다.

하희가 초장왕에게 이 사실을 고하자 초장왕이 굴무를 불러 자문을 구했다. 굴무가 대답키를, "초나라에 잡혀와 있는 진晉나라 공자 지앵知罃의 부친 순수荀首는 새로 중군의 부장副將이 됐는데 평소 정나라 대부 황술皇戌과 가까웠고 특히 아들 지앵을 매우 사랑합니다. 그는 틀림없이 정나라에 의뢰해 포로가 된 대왕의 아들 곡신穀臣과 양로의 시신을 보내고 자신의 아들을 찾고자 할 것입니다. 정나라는 필 땅의 싸움으로 인해 진나라의 환심을 사기 위해 고심하고 있기 때문에 반드시 응할 것입니다."라고 했다. 초장왕이 하희를 정나라로 돌려보내게 된 배경이다. 하희가 정나라로 떠날 즈음 호송하는 사람에게 말하기를, "남편인 양로의 시체를 찾지 못하면 나는 돌아오지 않을 것이다."라고 했다. 굴무가 정나라를 향해 하희를 아내로 맞이하겠다는 뜻을 밝히자 정양공이 이를 허락했다.

굴무는 정나라에 이르자 곧 수행하는 사람을 시켜 빙문 차 가지고 가던 예물을 초나라로 돌려보내게 하고 자신은 하희를 데리고 떠났다. 굴무는 당초 제나라로 도망치려고 했다. 마침 그때는 제나라 군사가 진晉나라 군사에게 패하고 있을 때였다. 굴무가 이내 진나라로 달아나 권신인 극지郤至에게 몸을 맡겼다. 이어 극지를 등에 업고 진나라의 벼슬을 얻게 됐다. 진나라가 그를 형읍邢邑의 대부로 삼았다. 후에 이 사실을 알게 된 초나라가 그의 일족을 모두 처형하고 재산을 몰수했다. 굴무는 한 여인을 손에 넣기 위해 멸문지화滅門之禍를 감수한 셈이다.

굴무는 초나라에 복수하기 위해 장강하류의 신흥국가인 오나라를 적극 지원하여 전거戰車와 진법陣法등을 전수해주면서 오나라를 부추겼다. 그 결과 오나라는 마침내 기원전 584년에 초나라를 집요하게 공격하다가 마침내 부차夫差가 보위에 올랐을 때 초나라 도성을 점령한 데 이어 중원의 제나라와 진나라를 압박하면서 천하의 패권을 차지하게 됐다. 따지고 보면 하희로 인해 천하가 뒤

집힌 셈이다.

하희와 관련된 사건은 여기에 그치지 않는다. 『춘추좌전』에 따르면 기원전 514년에 진晉나라 대부 숙향叔向 즉 양설힐羊舌肸이 하희가 낳은 굴무의 딸을 아내로 맞이하고자 했다. 그러나 그의 모친은 친정의 일족 중에서 고르고자 했다. 숙향이 말하기를, "저는 서모가 많은데도 불구하고 서형제가 매우 적습니다. 외가집 딸들은 애를 잘 낳지 못하니 저는 이를 감계鑑戒로 삼고자 합니다."라고 했다. 그러자 그의 모친이 충고키를, "굴무의 아내 하희는 젊었을 때부터 공자 만과 하어숙 및 굴무 등 3명의 남편을 비롯해 진영공이라는 1명의 군주, 하징서라는 1명의 자식을 죽게 만들었다. 또 진陳나라 1국一國을 멸망케 했고, 공녕과 의행보 등 2명의 대부를 망명케 만들었다. 어찌 이를 감계로 삼지 않을 수 있겠는가? 무릇 뛰어난 미인은 사람의 마음을 미혹케 만들기에 족하다. 실로 덕의德義를 완비한 사람이 아니면 반드시 화를 입게 돼 있다."고 했다. 숙향이 크게 두려워해 감히 무신의 딸을 아내로 맞이할 수 없었으나 진평공晉平公이 숙향에게 억지로 무신의 딸을 아내로 삼게 했다.

이로 인해 숙향이 굴무와 하희 사이에서 난 여인을 취해 양이아楊食我라는 아들을 얻게 됐다. 양이아가 막 태어났을 때 숙향의 형수가 시어머니에게 달려가 이같이 고하기를, "큰 아주버님의 처가 아들을 낳았습니다."라고 했다. 숙향의 모친이 아이를 보려고 내당으로 갔다가 아이의 우는 소리를 듣고는 곧바로 되돌아와 말하기를, "이는 시랑豺狼의 소리이다. 시랑을 닮은 사내는 반드시 야심野心을 갖게 마련이다. 저 아이만 아니었다면 우리 양설씨 집안이 결코 망하지는 않을 터인데 실로 큰일이다!"라고 했다. 결국 이후 양설씨 가문은 멸문지화를 당하고 말았다. 요녀 하희로 인한 천하의 소요騷擾가 그녀 소생 딸의 시대까지 계속 이어진 셈이다.

6. 양유기養由基

초나라의 장군으로 춘추전국시대를 통틀어 최고의 신궁神弓이다. 전설에 따르면 백발백중의 신기를 지닌 까닭에 "양유기는 화살 하나면 족하다!"라는 말까지 생겨났다고 한다. 『춘추좌전』에 따르면 기원전 597년 봄, 초장왕이 중원의 진나라를 격파하는 필지역邲之役을 행할 때 수레를 함께 타고 호위하는 거우車右가 된 바 있다. 이것이 사서에 나오는 첫 기록이다.

기원전 575년의 언릉鄢陵 전투 당시 초장왕의 뒤를 이어 즉위한 초공왕이 중원의 진나라에게 밀리고 한쪽 눈까지 잃는 큰 부상을 당한 바 있다. 『춘추좌전』「노성공 16년」조에 따르면 초공왕이 소거巢車에 올라 진나라 군사의 동태를 살폈다. 이때 초나라로 망명해 있던 백주리伯州犁를 보내 초공왕을 뒤에서 모시게 했다. 백주리가 초나라 군사 앞에서 진여공晉厲公 휘하 군사들의 동정을 초공왕에게 일일이 설명해 주었다. 정반대로 진나라 진영에서는 초나라에서 진나라로 망명한 투초의 아들 묘분황苗賁皇이 진여공의 곁에 있으면서 초공왕 휘하 군사들의 동정을 진여공에게 일일이 설명해 주었다. 진여공 휘하의 시초점을 관장하는 관원인 서사筮史가 점을 친 뒤 길하다고 풀이하자 진여공이 곧 병력을 집결시켜 초공왕의 친병에게 공격을 퍼부었다.

진나라 군사가 전진할 때 앞에 진흙 수렁이 나타나자 모두 그 좌우 양옆으로 돌아 이를 비켜갔다. 이때 초나라에서는 대부 팽명彭名이 초공왕의 전차를 몰고 반왕潘尫의 아들 반당潘黨이 거우가 됐다. 이해 6월 28일, 반왕의 아들 반당이 대부 양유기와 함께 갑옷을 겹쳐 놓은 뒤 활쏘기 시합을 벌였다. 두 사람 모두 화살 한 대로 갑옷 일곱 벌을 꿰뚫었다. 그러고는 곧 이를 초공왕에게 보이면서 자랑스럽게 말하자 초공왕이 화를 내며 꾸짖기를, "오직 활 쏘는 재주만 믿고 지모를 쓸 줄 모르니 이는 초나라의 커다란 치욕이다. 내일 아침에 너희들이 활을 쏘게 되면 그 활 쏘는 재주로 인해 죽을 것이다."라고 했다.

진나라와 초나라 군사가 교전하게 되자 진나라 장수 위기魏錡가 활을 쏘아 초공왕의 눈을 맞혔다. 초공왕이 양유기를 소리쳐 부른 뒤 화살 두 개를 주고는 위기를 쏘게 했다. 양유기가 위기를 겨눠 화살을 날리자 위기는 양유기의 화살을 인후에 맞고 곧바로 활집에 엎어져 죽었다. 양유기는 남은 한 대의 화살을 초공왕에게 돌려주었다.

기원전 560년 가을, 초공왕이 세상을 떠날 때도 뛰어난 신궁의 실력을 발휘한 바 있다. 당시 오나라가 초나라의 국상을 틈타 쳐들어왔다. 양유기가 명을 받아 영격에 나섰다. 초장왕의 아들인 공자 오午가 군사를 이끌고 그의 뒤를 따라갔다. 양유기가 공자 오에게 말하기를, "오나라는 우리의 국상을 틈타 침공하면서 우리가 출병할 수 없을 것으로 오판했을 것입니다. 오나라 군사는 틀림없이 우리를 경시해 계비를 소홀히 하고 있을 터이니 공자는 세 곳에 복병을 깔아둔 뒤 저를 기다리도록 하십시오. 내가 싸움을 걸어 그들을 유인하도록 하겠습니다."라고 했다. 두 나라 군사가 초나라의 용포庸浦에서 교전했다. 초나라 군사가 오나라 군사를 대파하고 오나라의 공자 당黨을 포획했다.

기원전 558년에 공자 오가 영윤이 됐을 때 양유기가 궁중의 말을 관리하는 궁구윤宮廐尹으로 임명됐다. 훗날 당나라 때의 공영달은 『좌전정의』에서 명궁 양유기가 사관射官이 아닌 '궁구윤'이 된 것을 두고 초나라가 양유기를 중용하지 않은 결과로 분석했다.

7. 진도공晉悼公

진양공晉襄公의 증손이자 진혜백晉惠伯 담談의 아들이고, 진여공의 7촌 조카로 이름은 주周이다. 기원전 573년, 진여공晉厲公이 순언 등의 음모로 시해된 뒤 14세의 나이로 즉위했다. 그는 대부들이 청원淸原까지 와서 맞이할 때 말하기를, "사람들이 군주를 구함은 군주로 하여금 명령을 내게 하자는 것인데 그 군주를 세우고 나서 그 명에 따르지 않는다면 어찌 군주가 필요하겠소? 공손하게 군주에게 복종하는 것은 신이 내리는 복을 받는 일이오."라고 했다 대부들이 당황해하며 대답키를, "이는 저희 모든 신하들이 바라는 바입니다. 어찌 감히 명령만 내리면 곧바로 좇는 유명시종唯命是從을 행하지 않겠습니까?"라고 했다. 그가 간단한 인물이 아니었음을 능히 짐작할 수 있다. 실제로 후대의 사가들은 '춘추오패'와 어깨를 나란히 할 정도로 뛰어난 지략과 재능을 보유한 명군으로 평했다.

그는 자신을 제후로 추대한 여러 경대부들로부터 충성의 서약을 받아낸 뒤 간신 이양오夷陽五와 정활程滑 등을 처형하며 관기를 확립했다. 이어 부세를 경감하고, 빈민을 구휼하고, 부채를 탕감하고, 재난을 구제하고, 형벌을 경감하고, 농사철을 준수하고, 법률을 정비하는 등 대대적인 내정개혁을 추진했다. 이를 바탕으로 부국강병을 이뤄 진나라의 위세를 크게 떨쳤다. 8년간 재위하는 동안 노양공 5년의 척戚과 성체城棣, 7년의 위鄬, 8년의 형구邢丘, 9년의 희戲, 10년의 사柤와 호뢰虎牢, 11년의 박亳과 소어蕭魚에서의 제후들을 소집하는 등 중원의 제후들과 모두 9번 회맹함으로써 진문공 때와 유사한 패업을 이뤘다.

여기에는 위강魏絳 등과 같은 뛰어난 인물의 보필이 결정적인 배경으로 작용했다. 위강은 진문공을 보필한 부친 위주魏犨 못지않게 진나라 공실을 위해 많은 공을 세웠다. 그는 군령과 군기를 단 한 치의 빈틈도 없이 엄정히 한 것으로 유명하다. 『춘추좌전』「노양공 3년」조에 따르면 기원전570년 가을, 진도공의 동생 양간揚干이 계택 부근에 있는 곡량曲梁에서 군사를 통솔하면서 군대행렬을 어지럽게 만들었다. 중군 사마로 있던 위강이 양간의 어자御者인 복인僕人을 처형했다. 진도공이 대로해 대부인 숙향叔向에게 말하기를, "제후들을 규합하는 것은 커다란 영광이오. 이런 상황에서 위강이 양간의 어자를 처벌했으니 그 어떤 모욕이 이보다 더하겠소? 반드시 위강을 죽여야 하오. 실수가 없도록 하시오."라고 했다. 숙향이 간하기를, "위강은 두 마음이 없기에 군주를 섬기면서 어려운 일을 피하지 않고 죄가 있으면 형벌을 피하지 않는 인물입니다. 곧 찾아와 자초지종을 고할 것입니다. 어찌 수고스럽게 군명을 발포할 필요가 있겠습니까?"라고 했다.

과연 위강이 찾아와 주사奏事를 담당하는 관원인 진도공의 복인僕人에게 서신을 전한 뒤 칼로 자살코자 했다. 대부 사방士魴과 장로張老가 급히 만류했다. 진도공이 위강의 서신을 펴보자 그 글에 이런 내용이 실려 있었다. “지난날 군주가 부릴 사람이 부족해 신에게 이 사마의 자리를 맡게 했습니다. 신이 듣건대 ‘병사들이 상관의 명령에 복종하는 것을 무武, 군대 내에서 차라리 죽을지언정 군기를 훼손치 않는 것을 경敬이라 한다’고 했습니다. 군주가 제후들을 규합하는 상황에서 신이 어찌 감히 공경을 다하지 않겠습니까? 군주의 군사가 ‘무’와 ‘경’을 다하지 못하면 이보다 더 큰 죄가 없습니다. 신은 죽음을 ‘불무不武’와 ‘불경不敬’의 죄를 범할까 두려워 양간에게 누를 끼쳤으니 그 죄를 피할 길이 없습니다. 신은 군사를 잘 가르치지 못하고 사람을 처형하는 지경에 이르렀으니 그 죄가 무겁습니다. 어찌 감히 처벌을 피해 군주를 격노케 하겠습니까? 청컨대 사구司寇 앞으로 나아가 형을 받게 해주기 바랍니다.” 진도공이 위강의 글을 읽은 뒤 맨발로 달려 나가 위강에게 사죄키를, “과인의 말은 형제간의 친애에서 나온 것이고 그대의 처벌은 군법의 집행에서 비롯된 것이오. 과인이 아우를 가르치지 못해 군령을 어기게 했으니 이는 과인의 허물이오. 그대는 과인에게 거듭 허물이 더하게 하지 말도록 하시오. 감히 간절히 부탁하오.”라고 했다. 진도공은 이 일을 계기로 위강이 형벌을 옳게 시행하며 군주를 보좌해 백성을 잘 다스리는 좌민佐民을 행한다고 여기게 됐다. 곧 위강을 신군 부장으로 임명했다.

이듬해인 기원전 569년, 산융山戎인 무종無終의 군주 가보嘉父가 신하 맹락孟樂을 진나라에 사자로 보낸 뒤 위강魏絳에게 부탁해 진나라가 모든 융인戎人의 나라와 화목하게 지낼 것을 청하게 했다. 진도공이 말하기를, “융적은 친한 사람이 없고 탐람하기 그지없으니 그들을 치느니만 못하다.”고 했다. 위강이 간하기를, “우리가 덕을 베풀면 제후들은 우리와 친목할 것이고 그렇지 않으면 곧 배반할 것입니다. 융인은 금수와 같은 자들인데 융인을 얻고 중원의 제후국들을 잃는 것은 불가하지 않겠습니까?”라고 했다. 진도공이 융인과 화친하는 것보다 나은 계책이 없는지 묻자 위강이 대답키를, “융인과 화친하면 5가지 이익이 있습니다. 융적은 수초를 따라 이주하기 때문에 재화를 중시하고 땅을 경시하니 재화로 그들의 땅을 쉽게 살 수 있습니다. 이것이 첫 번째 이익입니다. 융인과 화친하면 융인과 접해 있는 변경에 걱정이 없어져 변경 백성들이 안심하고 전야에서 경작을 하고 수확하는 사람도 그 업무를 무사히 마칠 수 있습니다. 이것이 두 번째 이익입니다. 융적이 진나라를 섬기게 되면 사방의 인국隣國이 모두 진동震動할 것이니 제후들이 우리를 두려워하며 따를 것입니다. 이것이 세 번째 이익입니다. 덕으로 융적을 안무하면 병사들을 수고스럽게 만들 이유도 없고 무기 또한 손실될 이유가 없을 것입니다. 이것이 네 번째 이익입니다. 끝으로 예의 고사를 거울삼아 덕행과 법도인 덕도德度를 베풀면 먼 나라는 찾아와 복종하고 가까운 나라는 안심하는 원지이안遠至邇安를 행할 것입니다. 이것이 다섯 번째 이익입니다. 군주는 이를 깊이 헤아리기 바랍니다."라고 했다. 진도공이 크게 기뻐하며 위강을 보내 융인들과 결맹케 했다. 진도공이 융인 및 제후들과 우호적인 관계를 맺고 천하를 안정시킬 수 있었던 것은 전적으로 위강의 공이었다. 진도공은 그의 노고를 치하하기 위해 정나라가 바친 기물들 중 절반을 하사하려고 했으나 고사하며 받지 않았다.

기원전 562년 10월, 정나라가 진도공에게 악사를 보냈다. 또 광거廣車와 돈거軘車가 짝을 이뤄 각각 15승씩 보내졌다. 수레에는 갑옷과 무기 등이 모두 갖춰져 있었다. 광거와 돈거를 포함한 총 1백승의 전차와 가종歌鍾 두 벌 및 이와 짝을 이루는 일종의 종인 박鎛과 경磬, 여악 16명이 헌납됐다. 이때 진도공은 악기와 악공의 절반을 위강에게 하사하면서 말하기를, "그대가 과인을 가르쳐 여러 융적과 평화롭게 지내고 모든 중원의 제후국들을 바로 잡게 했소. 또 과인이 8년간에 걸쳐 9합제후九合諸侯를 이루면서 매번 음악 소리 같이 화목하게 회동하지 않은 적이 없었소. 나는 그대와 함께 가악을 즐기고자 하오."라고 했다.

위강이 사양키를, "융적과 평화롭게 지내게 된 것은 나라의 복이고 8년 동안 '9합제후'를 하면서 제후들의 잘못이 없었던 것은 군주의 위령威靈과 동료들의 공로였습니다. 신에게 무슨 힘이 있었겠습니까? 신은 군주가 이런 즐거움 속에서 편안히 거처하며 끝맺음도 잘하기를 바랄 뿐입니다. 『시경』「소아·채숙采菽」에 이르기를, '즐겁구나, 제후들이여, 천자의 나라를 안정시켰네. 즐겁구나, 제후들이여, 복록을 함께 하리라. 이웃 나라를 잘 다스리니, 서로 이끌며 내조해 복종하네!'라고 했습니다. 음악으로 마음을 편히 하고, 의로 처신하며, 예로 행하고, 신으로 지키며, 인으로 면려해야 합니다. 그래야만 나라를 안정시킬 수 있고, 복록을 함께 누리며, 먼 곳의 사람이 찾아오게 되니 이것이 바로 이른바 '낙樂'이라고 하는 것입니다. 생각이 미치면 곧바로 대비하고, 대비가 있으면 걱정할 일이 없게 됩니다. 신이 감히 규간規諫하는 이유입니다."라고 했다. 진도공이 크게 기뻐하며 거듭 수령할 것을 재촉하자 위강이 비로소 금석 악기를 가졌다. 이를 통해 대략 짐작할 수 있듯이 진도공이 진무공과 어깨를 나란히 할 정도의 패업을 이룬 것은 바로 위강과 같은 뛰어난 인물들의 보필이 있었기에 가능한 일이었다.

그의 친동생 위과魏顆는 진경공晉景公 때 활약한 장수 위강의 동생으로 인구에 회자하는 결초보은結草報恩 고사의 주인공이기도 하다. 『춘추좌전』「노선공 15년」조에 따르면 기원전 594년 7월 27일, 진경공이 직稷산서성 직산현 남쪽 땅에서 군사훈련을 실시한 후 적인의 땅을 점령했다. 이어 여후黎侯를 다시 옹립한 후 회군했다. 낙수雒水 섬서성 대리현 동남쪽에 이르렀을 때 위주魏犨의 아들인 진나라 장수 위과가 진秦나라 군사를 보씨 땅에서 격파했다. 이때 그는 진秦나라의 역사力士 두회杜回를 포로로 잡게 됐다. 당초 위주에게 애첩이 있었으나 그녀는 아들을 두지 못했다. 위주가 중병重病을 앓자 아들 위과에게 분부키를, "내가 죽으면 반드시 그녀를 개가시키도록 해라." 고 했다. 그러나 병이 더욱 위독해지자 다시 이같이 분부키를, "내가 죽으면 반드시 그녀를 순장시키도록 해라."고 했다. 그러나 위과는 위주가 죽자 그녀를 개가시키면서 말하기를, "병이 위중하면 정신이 어지러워지는 법이니 나는 아버님이 정신이 맑았을 때 하신 말씀을 따르는 것입니다."라고 했다. 이후 위과가 보씨 땅에서 진秦나라 군사와 싸울 때 한 노인이 풀을 묶어 두회의 전진을 저지하려는 모습을 보게 됐다. 두회가 그 풀에 걸려 넘어지게 되자 위과가 손쉽게 그를 생포하게 됐다. 이날 밤에 위과가 꿈을 꾸는데 그 노인이 꿈에 나타나 말하기를, "나는 그대가 개가시킨 여인의 아비요. 그대가 선부先父가 맑은 정신일 때 내린 분부를 좇았기에 내가 그대에게 보답한 것이오."라고 했다. 여기서 인구에 회자하는 '결초보은' 성어가 나왔다.

8. 최저崔杼

제장공齊莊公 때의 권신으로 자신이 옹립한 제장공을 시해하고 공자 저구를 제경공으로 세운 뒤 우상右相으로 있었으나 이내 좌상左相인 경봉慶封의 무함에 걸려 멸문지화滅門之禍를 당했다. 춘추시대 말기 제장공은 늘 심심하면 대부 최저崔杼 및 경봉慶封의 집에 행차해 이들과 함께 술도 마시고 음악도 듣곤 했다. 하루는 제장공이 최저의 집으로 행차하자 최저가 후처인 당강棠姜으로 하여금 술을 따르게 했다. 제장공은 당강의 미색을 보고 크게 혹했다. 곧 당강의 오라비인 동곽언東郭偃에게 많은 뇌물을 주고 밀회의 주선을 당부했다. 결국 동곽언의 주선으로 당강과 사통하게 됐다. 당강은 최저의 모자까지 내주게 됐다. 제장공의 시종 가거賈擧가 간했으나 제장공이 일축키를, "쓰지 않는 최저의 모자를 어찌 다른 사람까지 쓰지 못할 이유가 있겠는가?"라고 했다. 최저가 제장공에 대해 원망을 품게 된 이유다. 일찍이 제장공은 시종 가거에게 매질을 하고도 그를 그대로 가까이 두고 있었다. 이때에 이르러 가거가 최저를 위해 제장공을 시해할 틈을 엿보았다. 이때 당강은 앞뒤의 일을 모두 최저에게 고해 바쳤다.

『춘추좌전』「노양공 25년」에 따르면 기원전 548년 5월 16일, 제장공이 제나라 도성의 북곽北郭에서 향례를 베풀었으나 최저가 병을 핑계로 공무를 보지 않았다. 이튿날인 5월 17일, 제장공이 최저를 문병한 뒤 빈틈을 엿보다가 당강과 은밀히 만났다. 당강은 내실로 들어간 뒤 최저와 함께 옆문으로 빠져 나갔다. 제장공은 아무 것도 모른 채 기둥을 두드리며 노래를 불렀다. 시종 가거가 제장공의 수종들을 모두 문 밖에 머물러 있게 한 뒤 홀로 안으로 들어가 대문을 걸어 잠갔다.

이를 신호로 무장한 갑사들이 뛰쳐나와 제장공에게 덤벼들었다. 놀란 제장공이 높은 대 위로 올라가 살려줄 것을 간청했으나 갑사들이 들어주지 않았다. 제장공이 결맹을 청했으나 받아들여지지 않자 다시 종묘에 가 자살하겠다고 제안했으나 이 또한 받아들여지지 않았다. 이때 갑사들이 말하기를, "군주의 신하인 최저는 병이 중해 군명을 받들 수 없습니다. 더구나 여기는 공궁과 가까운 데다가 저희 배신陪臣들은 이미 간부奸夫를 잡아내라는 명을 받았으니 이를 받들 뿐 그 밖의 다른 명은 알지 못합니다."라고 했다. 제장공이 급히 담을 넘어 도망가자 갑사들이 그에게 화살을 날렸다. 제장공이 다리에 화살을 맞고 떨어지자 갑사들이 곧바로 달려들어 제장공을 시해했다.

제장공의 뒤를 이어 공자 저구杵臼가 제경공齊景公으로 즉위했다. 제경공의 즉위에 공을 세운 최저의 위세가 날로 높아졌다. 좌상左相 경봉은 국사를 최저에게 맡긴 뒤 유락遊樂에 빠졌으나 최저가 국사를 홀로 처결하자 점차 반감을 품게 됐다. 이때 최저가 전처의 아들 최성崔成을 쫓아낸 뒤 후처인 당강 소생의 최명崔明을 후계자로 삼고자 했다.

이로부터 2년 뒤인 기원전 546년, 최성이 동복동생 최강崔疆과 함께 경봉을 찾아가 도움을 청했다. 경봉이 한참 만에 대답키를, "그대들은 잠시 물러가 있도록 하시오. 내가 계책을 세운 뒤 알려주도록 하겠소."라고 했다. 그러고는 가신인 노포별盧蒲嫳을 불러 대책을 상의했다. 노포별이 건의키를, "최씨 집안에 난이 일어났는데 무엇을 근심하는 것입니까? 최씨 일족이 약해지는 것은 곧 경씨 집안이 강해지는 것을 뜻합니다."라고 했다. 며칠 후 최성과 최강이 다시 경봉을 찾아가자 경봉이 속여 말하기를, "실로 그대들의 부친에게 이로운 일이라면 내가 최명 일당을 제거해 그대들을 돕도록 하겠소."라고 했다. 그러고는 은밀히 부하들을 보내 최명의 후원 일당을 제거했다.

뒤늦게 이 사실을 보고받은 최저가 대로했다. 곧장 경봉의 집으로 달려가 묻기를, "최성과 최강이 이 애비를 배반했소. 내 집안이 이같이 될 줄이야 내가 어찌 짐작이나 했겠소?"라고 했다. 경봉이 천연덕스럽게 위로키를, "최씨와 경씨 가문은 하나요. 만일 자식들의 죄를 묻겠다면 내가 그대를 위해 힘껏 도와 드리도록 하겠소."라고 했다. 곧바로 노포별로 하여금 가병들을 이끌고 가 최성과 최강 등 최씨 일족을 도륙케 했다. 최명은 외출 중이라 간신히 화를 면했다.

최씨 집안이 쑥대밭이 되는 상황에서 당강이 이내 자진했다. 노포별이 경봉의 집으로 가 최저 앞에 최성과 최강의 목을 내놓자 최저가 사례한 뒤 급히 집으로 달려갔다. 최저는 집으로 돌아와 난장판이 된 집안을 보고는 경악했다. 이어 당강의 시신이 보이자 풀썩 주저앉아 통곡키를, "내가 간악한 경봉에게 속아 멸문지화를 당하고 말았다. 아내도 자식도 없는 마당에 더 이상 사는 게 무슨 의

미가 있겠는가?"라고 했다. 그리고는 이내 자진했다.

이튿날 경봉이 공궁으로 들어가 제경공에게 말하기를, "최저는 선군을 시해한 자입니다. 신이 역신逆臣을 제거했습니다."라고 했다. 제경공은 크게 두려워한 나머지 겨우 머리를 끄덕이며 아무 말도 하지 못했다. 경봉이 마침내 제나라 정권을 장악했다. 최저는 '멸문지화'를 당하는 순간까지 경봉에게 집안일 처리를 부탁하는 우를 범한 것이다. 『한비자』「유도有度」에 나오는 이른바 부신구화負薪救火 성어의 전형에 해당한다. '부신구화'는 당사자가 그 내막을 전혀 눈치 채지 못하는 까닭에 철저히 패망한 이후에야 비로소 자신의 어리석음을 깨닫게 되는 것을 뜻한다.

이후 경봉은 노나라로 도망했다가 다시 오나라로 달아난 뒤 오나라 군주 구여로부터 주방 땅을 분봉 받았다. 그러나 이후 6년 뒤인 기원전 539년에 초나라 대부 굴신이 연합군을 이끌고 오나라를 공격했을 때 처형을 당했다.

9. 안영晏嬰

제경공齊景公 때의 명신으로 자는 평중平仲이다. 춘추시대 말기 제경공이 제나라를 부흥시키는 데 결정적인 공헌을 했다. 춘추시대 말기에 활약한 안영은 관중 사후 1백여 년 뒤에 태어난 공자와 거의 비슷한 시기에 살았다. 『논어』에는 안영에 대한 공자의 언급이 딱 1번밖에 안 나온다. 공자가 안영을 그다지 높게 평가하지 않았음을 뒷받침한다. 『논어』「공야장」의 "안평중은 사람과 더불어 사귀기를 잘하여 사람들이 오래도록 그를 공경했다." 구절이 그렇다. 물론 칭송이기는 하나 매우 뜨뜻미지근하다. 공자가 『논어』에서 4개 장에 걸쳐 정나라 재상 자산子産을 극찬한 것과 대비된다.

이에 반해 사마천은 『사기』「관안열전」에서 춘추전국시대에 등장한 재상들 가운데 안영을 가장 높이 평가했다. 「관안열전」은 "안자晏子는 제장공이 대부 최저에게 죽임을 당하자 시신 위에 엎드려 곡을 하고 예를 다한 후 떠났다. 이것이 바로 '의를 보면 용기를 드러내지 않은 적이 없다.'고 말하는 사례가 아니겠는가? 간언을 할 때는 군주의 면전에서 심기를 거스르며 시비를 가리는 범안犯顔을 행했으니 이 어찌 '나아가면 군주에게 충성을 다할 것을 생각하고, 물러나면 군주의 과실을 보완한다.'는 취지에 부합한 게 아니겠는가? 안자가 다시 살아난다면 나는 비록 말채찍을 들어 마부 노릇을 하는 집편執鞭을 할지라도 이를 기뻐하며 사모하는 흔모忻慕를 할 것이다."고 기록해 놓았다. '안자가 다시 살아난다면 나는 비록 말채찍을 들어 마부 노릇을 하는 집편執鞭을 할지라도 이를 기뻐하며 사모하는 흔모忻慕를 할 것이다.'라고 표현한 대목을 통해 사마천이 안영을 얼마나 사모했는지 대략 짐작할 수 있다. 군주의 면전에서 심기를 거스르며 시비를 가리는 안영의 면절

정쟁面折廷爭을 높이 평가한 결과로 보인다. 죽는 것보다 더욱 수치스런 궁형宮刑을 당하고도 선친의 유업인 『사기』의 집필을 끝내 완수한 사마천은 죽음을 무릅쓰고 신하의 도리를 다한 자들을 보고 동병상련同病相憐의 느낌을 받았을 공산이 크다.

『안자춘추晏子春秋』는 춘추시대 말기에 제나라 재상으로 활약한 안영의 저서로 알려져 있다. 안영이 지은 것으로 알려진 『안자춘추』에는 공자와 안영에 관한 일화가 모두 6번 나온다. 그러나 여기서는 공자가 안영에게 누차 굴복당하는 것으로 묘사돼 있다. 안영을 추종하는 자들에 의해 편제됐을 공산이 크다. 이 일화들은 대부분 역사적 사실과 동떨어진 것이기는 하나 당시 일각에서 공자보다 안영을 더 높이 평가하는 흐름이 존재했음을 보여준다. 원래 안영은 관중 사후 1백여 년 뒤에 태어난 공자와 거의 비슷한 시기에 살았다. 명나라 말기 풍몽룡馮夢龍이 쓴 『동주열국지』는 공자와 안영이 몇 차례 만난 것으로 묘사해 놓았으나 이는 허구이다.

『안자춘추』에 인구에 회자하는 '귤화위지橘化爲枳' 성어의 전거가 된 일화가 나온다. '귤화위지'는 기후와 풍토가 다르면 강남의 귤도 강북에서는 탱자가 된다는 뜻으로, 사람도 주위 환경에 따라 달라진다는 것을 비유할 때 사용한다. 『안자춘추』「내잡內雜 하」의 "귤도 회남淮南에서 생장해야 귤이 되지, 회북淮北에서 생장하면 탱자가 된다."라는 구절에서 나온 성어이다.

이에 따르면 하루는 안영이 초나라에 사신으로 가게 됐다. 초영왕楚靈王이 인사말이 끝나자마자 안영에게 묻기를, "제나라에는 사람이 없소? 하필 경卿과 같은 사람을 사신으로 보낸 이유가 뭐요?"라고 했다. 안영의 단구短軀를 비웃은 것이다. 초영왕은 무력으로 조카인 겹오郟敖를 몰아내고 보위를 찬탈한 자이다. 신흥국 오吳나라가 맹주 자리를 위협하자 수차례 원정군을 파견한 데 이어 기원전 529년에 몸소 출정했다가 동생들이 일개 현으로 편입된 진陳과 채蔡의 군사들을 규합해 난을 일으키자 이내 자결한 인물이다. 초영왕이 제나라의 사자로 온 안영에게 이처럼 무례한 농담을 마구 해댄 것은 제나라를 얕보았기 때문에 가능한 일이었다. 안영이 조금도 당황하지 않고 반박키를, "저의 나라에선 사자를 보낼 때 상대국에 맞게 사자를 골라서 보내는 관례가 있습니다. 소국에는 작은 사람, 대국에는 큰 사람을 보내는 게 그렇습니다. 신은 사자들 가운데 가장 작은 편에 속하기 때문에 초나라로 오게 된 것입니다."라고 했다.

안영의 뛰어난 대응에 기세가 꺾인 초영왕이 맞대응을 하지 못하고 화를 삭이고 있을 때 마침 포졸이 절도죄를 범한 제나라 출신 죄수를 끌고 갔다. 초영왕이 포졸에게 묻기를, "그는 어디 출신인가?"라고 했다. "제나라 사람입니다."라는 대답을 들은 초영왕이 안영에게 들으라는 듯이 큰소리로 "제나라 사람은 도둑질을 잘 하는구나!"라고 했다. 그러자 안영이 대꾸키를, "제가 듣기로는 귤이 회남淮南에서 나면 귤이 되지만, 회북淮北에서 나면 탱자가 된다고 했습니다. 귤과 탱자는 모양만 같을 뿐 그 맛이 다릅니다. 그 이유가 무엇이겠습니까? 수토水土가 다르기 때문입니다. 지금 백성들 가운데 제나라에서 생장한 자는 도둑질을 하지 않습니다. 그러나 초나라로 들어오면 도둑질을 하게 됩니다. 초나라의 수토가 백성들로 하여금 도둑질을 잘하게 만든 것입니다."라고 했다.

19세기 말 영국 왕립지리학회의 최초 여성 멤버였던 비숍은 조선을 방문해 탐사한 뒤 『한국과 이웃나라들』을 저술했다. 이 책에 따르면 비숍의 조선인에 대한 첫 인상은 매우 안 좋았다. 거리가 지저분한데다 사람들이 온통 게으른 모습을 보였기 때문이다. 내심 가망이 없다고 느꼈다. 그러나 시베리아에 이주한 조선인들을 만나 그들이 근면성실한 자세로 재산을 모으는 것을 보고는 생각을 완전히 바꿨다. 그녀가 내린 결론은 이렇다.

"조선에 있는 백성들이 게으른 것은 양반과 관원들의 가렴주구苛斂誅求 때문이다. 이익이 안전하게 보호된다는 보장이 없기에 하루 세끼를 먹을 수 있을 정도로만 일을 하고 땅을 경작하는 것이다. 시베리아 정착민들 역시 조선에 그대로 있었으면 똑같이 게으른 모습을 보였을 것이다."

구한말 당시의 풍토가 귤의 자질을 지닌 자를 탱자로 만들 정도로 부정부패에 찌들어 있었음을 뒷받침하는 대목이다. 동서고금을 막론하고 부정부패가 만연한 곳에서는 결코 귤이 생장할 수 없다. 온통 탱자뿐이다.

안영과 관련해 가장 유명한 고사는 제상호구齊相狐裘이다. 이는 그가 30년 동안 똑같은 여우갖옷인 호구狐裘를 입고 나라를 다스린 일화에서 나온 것이다. 고관대작이 매우 검박한 생활을 영위하며 치국평천하에 임하는 것을 상징한다. 『예기주소禮記注疏』「단궁檀弓 하」의 "안자晏子는 같은 여우갖옷을 30년 동안 입었다." 구절에서 나왔다. 안영호구晏嬰狐裘로 표현키도 한다. 제나라는 안영이 재상으로 있던 제경공 때 제환공 당시의 영광을 어느 정도 회복할 수 있었다. 모두 안영 덕분이다. 제환공 사후 중원의 패자 진나라와 남방의 강자 초나라의 패권 다툼에서 일면 초연한 입장을 보였던 제나라가 제경공 때 천하의 패권다툼에 적극 개입케 된 것도 이런 사실과 무관할 수 없다. 안영의 뛰어난 보필이 있었기에 가능한 일이었다.

10. 자산子産

춘추시대 말기 일련의 부국강병 정책으로 약소국 정나라를 북쪽의 진晉나라와 남쪽의 초나라가 모두 통교코자 하는 '허브국가'로 만들어낸 당대 최고의 현상賢相이다. 공자가 『논어』에서 칭송 일변도로 극찬하면서 군자君子의 '롤모델'로 삼은 당사자이기도 하다. 많은 학자들이 그를 공자의 사상적 스승으로 손꼽는 이유다.

그는 제나라 재상 안영처럼 공자보다 1세대 정도 앞서 태어났다. 당시는 중원의 패자 진나라와 남방의 패자 초나라가 상대적으로 약화되고 대신 동쪽의 오월이 이들을 대신해 천하를 호령하기 시작한 때이다. 춘추시대 말기를 오월에 초점을 맞춰 이른바 '오월시대'로 부르는 이유다. 이 시기에 뛰어난 재상들이 우후죽순처럼 등장했다. 안영을 포함해 정나라 재상 자산을 포함해 진나라의 숙향叔向, 제나라의 안영晏嬰, 오나라의 계찰季札 등이 그들이다. 이 점에 주목해 사람들은 이들이 활약한 시기를 이른바 '현상賢相시대'로 부르기도 한다. 시기적으로는 오월이 천하를 호령하는 이른바 '오월시대'보다 약 1세대 정도 앞선다. 당시 여러 나라에 '현상'이 이처럼 동시에 출현한 것은 춘추전국시대를 통틀어 처음 있는 일이다.

이들보다 1세대 정도 늦게 태어나 주로 '오월시대'에 활약한 공자는 재상을 지내지 않은 까닭에 이들과 같은 범주에 넣을 수 없다. 공자는 오월시대의 책사인 오자서 및 범리 등과 같은 시대를 살았다. 후대인들은 공자가 노나라의 재상을 지낸 것으로 미화해 놓았으나 이는 사실과 다르다. 공자는 당시 신분세습의 상황에서 공경대부公卿大夫 밑에 있는 사족士族 중 가장 밑에 있는 하사下士 집안 출신이었다. 아무리 노력해도 대부의 직급으로 올라가는 게 거의 불가능했다. 이미 많은 제자를 가르치며 명성을 떨쳤던 공자가 천하유세를 떠나기 직전 가장 높이 올라간 신분이 대부 중 가장 낮은 하대부下大夫였다. 천하유세 과정에서 열국의 제후들로부터 비록 공경대부에 준하는 대우를 받기는 했으나 신분만큼은 여전히 노나라의 '하대부'였다. 14년간에 걸친 천하유세 끝에 고국인 노나라로 돌아왔을 때의 신분 역시 '하대부'였다.

그의 제자와 주변 사람들이 그를 두고 부자夫子 내지 '공부자'로 부른 것은 그가 대부 신분으로 상승한 것을 유념한 결과다. '부자'는 당시 대부 이상의 신분을 지닌 사람을 지칭할 때 사용하는 통상적인 존칭어이다. 『맹자』「공손추 상」편에서 맹자의 제자 공손추가 맹자를 두고 '부자'로 칭한 게 그 증거다. 공자는 고전을 정리하고 수많은 제자를 육성해 최초의 학단學團인 유가儒家의 조종이 되었다는 점에서 '현상'보다는 '제자백가'의 효시로 보는 게 옳다.

『논어』에는 모두 3곳에 걸쳐 자산에 대한 공자의 평이 나온다. 모두 칭찬 일색이다. 관중에 대한 평이 4곳에 걸쳐 나오고 있음에도 비난과 칭찬이 뒤섞여 있는 것과 대비된다. 이는 자산을 '군자'의 모델로 삼은 결과다. 「공야장」의 "자산에게는 군자의 도가 4가지 있었다. 몸소 행하면서 공손했고, 윗사람을 섬기면서 공경스러웠고, 백성을 양육하면서 은혜로웠고, 백성을 부리면서 의로웠다." 구절이 이를 뒷받침한다. 행기이공行己以恭, 사상이경事上以敬, 양민이혜養民以惠, 사민이양使民

以義은 '군자'인 신하가 행할 수 있는 '신도'의 덕목을 요약한 것이다. 공자의 평은 자산이야말로 군자인 신하가 갖춰야 하는 덕목을 모두 갖췄다는 칭송에 해당한다. 유사한 내용이 『춘추좌전』「노문공 2년」조에도 나온다.

일본의 대표적인 역사소설가 미야기타니 마사미쯔宮城谷昌光의 작품에 『자산의 꿈』이 있다. 정나라의 현상 자산子産을 집중 조명한 책이다. 그는 춘추전국시대와 삼국시대 등 난세의 인물을 주제로 삼아 일종의 전기적 성격의 소설을 쓰는 것으로 유명하다. 『관중』을 비롯해 제환공의 뒤를 이어 제2의 패업을 이룬 진문공을 다룬 『중이』 등을 차례로 펴낸 게 그 증거다. 일본에서 약소국인 정나라를 강소국으로 만든 자산을 제1−2 패업을 이룬 관중 및 제환공과 진문공 등에 비유하는 흐름이 형성됐음을 시사한다. 『춘추좌전』「노소공 18년」조에 이를 뒷받침할 만한 일화가 소개돼 있다.

이에 따르면 기원전 524년 여름 5월, 큰 바람이 불었다. 바람이 더욱 거세지더니 송나라와 위나라, 진나라 등에서 화재가 일어났다. 대부 이석里析이 자산에게 말하기를, "이는 하늘의 경고입니다. 장차 커다란 이변이 생겨 백성이 사방으로 흩어지고 나라가 거의 망하는 지경에 이르게 될 것입니다. 도성을 미리 옮겨 화를 피하는 것이 가하지 않겠습니까?"라고 했다. 자산이 듣지 않자 대부 유길游吉이 간하기를, "나라의 보물은 백성을 지키기 위한 것입니다. 만일 화재가 나면 나라가 거의 망하게 됩니다. 지금 비조가 나라를 구할 수 있다고 하는데 집정은 무엇을 아끼려는 것입니까?"라고 했다. 자산이 대답키를, "천도는 아득하고 먼 유원悠遠, 인도는 매우 가까운 절근切近의 모습을 하고 있소. 천도가 인도에 미치는 게 아닌데 무엇을 근거로 천도로써 인도를 안다는 것이오? 더구나 비조가 어찌 천도를 알 수 있겠소? 그는 워낙 말을 너무 많이 하니 간혹 맞아떨어지는 경우가 있을지는 모르겠소."라고 했다. 그러고는 끝내 보물을 내주지 않았다.

얼마 후 정나라에도 큰 화재가 일어났다. 자산이 세족과 관원을 총동원해 진화에 나섰다. 역대 군주의 신주를 신속히 옮기면서 곡식 및 무기 창고 담당 관원 등에게는 각자 맡은 바 임무를 충실히 수행토록 독려했다. 유사시에 대비해 공궁의 경계를 철저히 하면서 궁인들을 안전한 곳으로 대피시켰다. 또 백성들에게는 대열을 지어 차분히 안전한 곳으로 대피하게 했다. 화재가 난 이튿날 관원을 보내 각자 자신들이 징발한 인부들을 잘 단속케 했다. 화재로 인해 집을 잃은 사람들을 기록한 뒤 그들의 세금과 요역 등을 면제하고 집을 지을 재료를 공급했다. 그러자 이내 불길이 잡혔다. 송나라와 위나라 등도 자산이 하는 것을 보고 모두 이를 좇아 불길을 잡았다. 『사기』「정세가」는 불길을 잡은 뒤 자산이 "하늘에 제사를 지내며 비는 것은 인간이 스스로 덕을 닦느니만 못하다."고 말한 것으로 기록해 놓았다. 이는 천도天道와 인도人道 문제의 정곡을 찌른 것이다.

춘추전국시대 당시 제자백가 사이에 커다란 논쟁이 벌어진 사안 중 하나가 바로 이 문제이다. 이는 크게 둘로 나뉜다. 하나는 맹자가 주장한 이른바 '천인합일설天人合一說'이 그것이다. 하늘의 이치를 뜻하는 천도가 인간이 나아가야 할 길을 뜻하는 윤리도덕적인 인도에 직접적인 영향을 미친다는 생각에 기초한 것이다. 이와 대비되는 것이 순자가 이야기한 이른바 '천인각분설天人各分說'이다. 만물이 순환하며 운행하는 천도의 이치는 자연의 법칙이고, 세상의 흥망성쇠와 치란 등의 순환이치는 인간 자신의 현우賢愚와 근만勤慢 등에 따른 것으로 천도와 인도는 서로 다르다는 입장이다.

21세기의 관점에서 볼 때 '천인합일설'은 진리의 절대성을 전제로 한 도덕철학의 색채가 짙고, '천인각분설'은 진리의 상대성을 인정하는 매우 과학적인 접근임을 알 수 있다. 관중과 공자와 순자가 바로 이런 입장에 서 있었다. 인간의 이지理智에 전폭적인 신뢰를 보낸 결과다. 이들은 동서를 통틀어 '인간학' 내지 '인문학'의 효시로 간주하는 이유다.

자산이 활약할 당시 중원의 정세는 진晋과 초楚 양대 강국을 중심으로 대립과 항쟁이 지속되고 있었다. 약소국 정나라는 두 강대국의 틈새에서 무수한 침략을 받으며 심한 고초를 치르고 있었다. 설상가상 격으로 내부적으로 세족들의 정쟁이 그치지 않았다. 이 상태가 지속될 경우 이내 패망할 수밖에 없었다. 자산은 바로 이런 절체절명의 위기상황에서 집정의 자리에 올라 20여 년 동안 부국강병을 추구해 마침내 내우외환에 시달리는 패망위기의 정나라를 독자적인 목소리를 내며 자주독립을 이룬 강소국으로 탈바꿈시킨 것이다. 당시의 기준에서 볼 때 이는 기적에 가까웠다. 뛰어난 리더십을 지닌 지도자를 만나면 아무리 절체절명의 위기상황에 처한 나라일지라도 문득 크게는 천하를 호령하는 강대국이 될 수 있고, 작게는 열강에 얕보이지 않는 강소국을 만들 수 있음을 보여준 사례다.

현재 많은 학자들은 자산이 행한 일련의 개혁조치의 특징을 크게 3가지로 요약하고 있다. 첫째, 형정刑鼎의 주조이다. 그는 기원전 536년에는 형법과 법률 조문들을 새겨 넣은 중국 최초의 성문법 형정을 주조함으로써 전국시대 말기 한비자에 의해 확립된 법가사상의 선구자로 꼽히기도 한다. '형정'의 주조는 세족들의 불법행위를 억제했다는 차원에서 사가들로부터 매우 긍정적인 평가를 받고 있다.

둘째, 구부제이다. 이는 농민들을 병사로 동원한 제도로 갑사甲士의 신분제한을 철폐했다는 점에서 매우 획기적인 조치로 평가되고 있다. '형정'을 주조하기 2년 전인 기원전 538년, 자산은 이른바 '구부제丘賦制'를 실시했다. 이 제도의 핵심은 경작하는 사람에게 토지를 나눠주는 이른바 경자유

전耕者有田과 일하면서 싸우는 경전耕戰에 있다. 1구丘인 전답 16정井마다 말 1필, 소 3두를 공출했다. 경제와 군사를 하나로 통합한 것이다. 그러나 '증세' 효과로 인해 반발도 만만치 않았다. 전에는 공동으로 경작하여 나오는 수확물을 세금으로 냈지만 구부제로 인해 부담이 더 늘어난 결과다. 세족은 세족대로, 농민은 농민대로 사방에서 불만을 마구 터뜨렸다. 자산을 제거해야 한다는 노래가 유행한 배경이다. 그러나 3년 뒤 그 효과가 나타나면서 문득 모든 사람이 그를 칭송했다. 국내의 정치경제를 일신하고 의연한 외교를 통해 정나라를 열국 외교의 '허브'로 만든 비결이 여기에 있다.

셋째, 경지 정비인 봉혁封洫이다. 이는 정목공의 아들인 공자 비騑가 시행한 전혁田洫 조치를 계승한 것이다. 이는 농지의 구획 정리와 관개용수의 정비를 포함해 농민을 5호五戶 단위의 이른바 '오伍'로 편성한 조치를 말한다. 생산력의 향상과 군제 개편을 동시에 꾀한 것이다. 식량 증산에 커다란 기여를 했다는 평가를 받고 있다.

주목할 것은 이런 일련의 개혁조치와 더불어 사치를 엄격히 금하는 조치를 동시에 취한 점이다. 그는 의복이나 거마 등을 신분에 맞게 규정하고 위반자는 엄벌로써 다스렸다. 신분에 맞지 않는 사치를 엄금한 것이다. 이는 개혁의 효과를 극대화하기 위한 부수적인 조치로 볼 수 있다.

그가 실시한 일련의 변법은 관중이 사농공상의 4민四民을 엄격히 통제할 때 이미 실시한 것이다. 자산의 사상적 뿌리가 관중으로 올라가는 이유이다. 문화대혁명 시절 사인방은 관중과 순자를 유가가 아닌 법가로 분류했다. 공자 이전에 출현한 관중을 두고 유가와 법가의 분류 잣대를 들이대는 것은 잘못이다. 굳이 말하면 그는 유가와 법가, 도가 등 제자백가 사상적 연원淵源에 해당한다. 순자를 유가가 아닌 법가로 분류한 것도 지나쳤다. 순자가 역설한 '예치'가 법가의 '법치'와 종이 한 장의 차이밖에 없는 것이 사실이나 왕도를 전혀 인정치 않은 제자 한비자와는 분명한 차이가 있다. '왕도'의 인정 여부가 유가와 법가를 가르는 분기점에 해당한다. 자산이 왕도와 패도를 혼용해 구사하면서 방점을 패도에 찍은 것도 이런 맥락에서 이해할 수 있다. 이를 뒷받침하는 유명한 일화가 『춘추좌전』「노정공 14년」조에 나온다.

이에 따르면 기원전 496년, 자산이 병으로 자리에 누워 사경을 헤맸다. 그는 곧 자신이 수명이 다된 것을 알고 대부 유길을 불러 당부키를, "내가 죽게 되면 그대가 틀림없이 집정이 될 것이오. 오직 덕이 있는 자만이 관정寬政으로 백성을 복종시킬 수 있소. 그렇지 못한 사람은 맹정猛政으로 다스리느니만 못하오. 무릇 불은 맹렬하기 때문에 백성들이 이를 두려워하므로 불에 타 죽는 사람이 많지 않소. 그러나 물은 유약하기 때문에 백성들이 친근하게 여겨 쉽게 가지고 놀다가 이로 인해 매우 많은 사람이 물에 빠져 죽게 되오. 그래서 관정을 펴기가 매우 어려운 것이오."라고 했다.

그러나 유길은 자산의 당부를 제대로 이행치 않았다. '맹정'을 펴지 못하고 '관정'으로 일관하자 도둑이 급속히 늘어났다. 유길이 크게 후회했다. 그리고는 곧 보병을 출동시켜 무리지어 숨어 지내는 도둑들을 토벌했다. 도둑이 점차 뜸해졌다.

이를 두고 공자는 평하기를, "참으로 잘한 일이다. 정치가 관대해지면 백성이 태만해진다. 태만해지면 엄히 다스려 바르게 고쳐놓아야 한다. 정치가 엄하면 백성이 상해를 입게 된다. 상해를 입게 되면 관대함으로 이를 어루만져야 한다. 관대함으로 백성들이 상처 입는 것을 막고 엄정함으로 백성들의 태만함을 고쳐야 정치가 조화를 이루게 되는 것이다. 『시』에 이르기를, '다투거나 조급하지 않고, 강하지도 유하지도 않네. 정사가 뛰어나니 온갖 복록이 모여 드네!'라고 했다. 이는 관정과 맹정이 잘 조화된 지극한 정치를 말한 것이다."라고 했다. 이는 왕도와 패도를 섞어 쓰는 이른바 '관맹호존寬猛互存'의 이치를 언급한 것이다. 그럼에도 성리학자들은 맹자처럼 오직 왕도만을 주장하는 우를 범했다. 오랫동안 관중과 자산을 제대로 평가치 못한 것도 이와 무관치 않을 것이다.

춘추시대 전 시기를 통틀어 관중과 자산만큼 국기國紀를 바로잡아 나라를 부강하게 만들고, 백성들로 하여금 평안히 생업에 종사케 만들고, 천하를 병란의 위협으로 구해낸 인물도 없다. 두 사람 모두 공자가 갈파했듯이 '관맹호존'의 입장을 취한 결과다.

한반도에서 빚어질 수 있는 최악의 시나리오는 남북의 공멸이다. 분단 상황이 그렇듯이 통일도 4강의 협력이 절대 필요하다. 일각에서는 '평화' 운운하고 있으나 이는 '아이디어'에 불과할 뿐이다. 덕정을 베풀어 이상국을 만들 수 있다고 주장하는 것과 다를 바가 없다. 이런 최악의 시나리오를 면하기 위해서는 미국의 확고한 지지 위에 북한의 목을 쥐고 있는 중국을 적극 활용해야 한다. 자산을 본받을 필요가 있다.

자산이 이룬 외교적 업적은 강대국의 틈에 낀 약소국의 생존과 독립, 국가적 존엄의 유지로 집약된다. 한반도가 궁극적으로 살아남기 위해서는 남북이 통일돼야 하는 이유가 여기에 있다. 반쪽으로 남아서는 이들 4강의 농락 대상이 될 소지가 크기 때문이다. 이에 성공하기만 하면 한국 스스로 강소국 차원을 넘어 강대국의 일원이 될 수 있다. 이는 한반도가 21세기 동북아시대의 '허브'가 되는 것을 의미한다. 그 첫 단계가 바로 한국이 주도하는 통일이다. 안팎의 위기를 '전화위복'의 계기로 삼는 중지衆智가 절실한 이유다. 이는 우리 모두가 어떻게 하는가 여부에 달려 있다.

풍몽룡의 동주열국지 3 – 진초시대

발행일 1쇄 2018년 12월 30일
지은이 풍몽룡
역　주 신동준
펴낸이 여국동
펴낸곳 도서출판 인간사랑
출판등록 1983. 1. 26. 제일 – 3호
주소 경기도 고양시 일산동구 백석로 108번길 60 – 5 2층
물류센타 경기도 고양시 일산동구 문원길 13 – 34(문봉동)
전화 031)901 – 8144(대표) | 031)907 – 2003(영업부)
팩스 031)905 – 5815 **전자우편** igsr@naver.com
페이스북 http://www.facebook.com/igsrpub
블로그 http://blog.naver.com/igsr
인쇄 하정인쇄 **출력** 현대미디어 **종이** 세원지업사

ISBN 978–89–7418–776–7 04910
978–89–7418–772–9 (세트)

이 도서의 국립중앙도서관 출판시도서목록(CIP)은 서지정보유통지원시스템 홈페이지(http://seoji.nl.go.kr)와 국가자료공동목록시스템(http://www.nl.go.kr/kolisnet)에서 이용하실 수 있습니다.(CIP제어번호: CIP2018039406)